법학입문

[제6판]

송덕수 · 김상일 · 김선욱 · 김현철
옥무석 · 이승욱 · 장영민 · 정재훈
최승원 · 최원목 · 최희경

法 文 社

제6판 머리말

내가 이 책의 관리를 맡기 시작한 것은 제4판이 출간될 때(2011년)부터였다. 당시 이화여대 법학전문대학원 원장이었기 때문이다. 그런데 후임 원장들이 이 책의 공동 저자가 아니어서 그 후에도 여전히 내가 관리를 해오게 되었다. 그렇지만 대표 저자(김문현 교수)는 변경하지 않았다. 그리고 그러한 상태에서 2014년 8월에 제5판을 출간하였었다. 이 책의 제5판이 출간된 뒤 민법, 상법 등 많은 법률이 개정되었다. 그리고 각 분야에서 매우 중요한 판례가 다수 출현하였다. 그리하여 법률의 개정사항과 새로운 중요 판례를 반영하기 위해서라도 개정판을 출간해야 했다.

이번 개정판의 준비는 보다 철저하고 충실하게 하기 위하여 작년 여름부터 시작하였다. 개정판 출간의 필요성을 일깨워준 이는 이 책의 공동 저자 중 한분이면서 이화여대에서 이 책으로 법학개론 강의를 하시는 김현철 교수이다. 김교수는 이 책이 개정된 지 오래되었고, 따라서 새롭게 할 필요가 있음을 역설하셨다. 이에 그 동안 다른 일로 바빠 지내느라 잊고 있던 나는 법문사와 의논하여 올 1월에 맞추어 개정판을 출간하기로 하고, 작년 7월에 저자 중 일부를 변경하고 각 저자에게 개정판 원고의 집필을 의뢰하였다. 개정 원고는 10월 중순까지 모두 모아졌고, 그 후 편집 등을 거쳐 계획된 일정대로 출간하게 되었다.

이번 판에서는 헌법과 경제법 분야의 저자가 변경되었다. 그 두 분야의 기존 저자였던 분들이 정년퇴직을 하시고 상당한 기간이 지나 개정 원고를 집필해 달라고 하기가 죄송스러워서, 이화여대 법전원의 해당 법 교수들로 변경하게 된 것이다. 구체적으로 헌법은 최희경 교수가, 경제법은 정재훈 교수가 새로 집필을 하였다. 그리고 헌법 분야의 저자가 변경되는 바람에 부득이 대표 저자도 바뀌게 되었다. 기존의 대표 저자이신 김문현 교수가 헌법 분야 저자였기 때문이다. 새로운 대표 저자는 의논 끝에 내가 맡게 되었다. 그리하여 오랜 만에 내부적인 관리자와 대외적인 대표자가 일치하게 되었다.

이 개정판(제6판)에서는 이 책의 모든 분야에 대해, 그리하여 전면적으로 개정을 하였다. 그리고 최근까지의 새로운 법령, 판례, 이론을 모두 반영하였다. 또한 전체적으로 보다 쉽게 다듬었다. 그런가 하면 이 책의 편집 프로그램이 오래된 것이어서 새로운 프로그램으로 바꾸었다. 그 결과 글자의 모양과 전체적인 책 모습이 보다 깔끔해졌다. 그 외에 표지 디자인도 새롭게 바꾸었다.

각 부분의 저자들에게 문의하여 이번 판의 주요 개정내용을 분야별로 아래에 소개한다.

제1장(법의 기초)은 그 동안 이 책으로 강의하면서 미진하다고 생각했던 부분들을 명료하게 수정하였고, 특히 어려운 개념을 쉽게 이해할 수 있도록 설명을 보충하고 문장을 가다듬었다.

제2장(법의 운용과 실현)은 어려운 말을 풀어 써서 좀 더 이해하기 쉽게 하였다. 또 간통죄의 폐지 등과 같은 법 개정에 맞추어 내용을 수정하였다.

최희경 교수가 새로 집필한 제3장(헌법)은 헌법의 개념 및 제정과 개정, 대한민국의 국가형태와 구성요소, 한국헌법의 기본원리와 제도, 기본권, 통치기구에 관하여 그 내용을 새롭게 작성하였으며, 헌법을 처음 접하는 입문자들이 헌법 전반의 기본적 내용을 쉽게 이해할 수 있도록 하였다.

제4장(행정법)은 그 동안 개정된 법령을 반영하고, 온라인 행정 내용을 추가하였으며, 새로운 판례를 소개하였다.

제5장(민법)은 이 책의 제5판 발간 후 현재까지 7차례나 개정된 민법의 개정내용, 그 가운데서도 특히 친권·면접교섭권·친생자추정 관련 규정의 내용을 반영하고, 부분적으로 보다 정확하게 하기 위하여 또는 보다 쉽게 하기 위하여 설정된 사례와 이론에서 설명을 보충하거나 수정하였다.

제6장(상법)은 우선 이전 판과 비교하여 법령이 개정된 부분 및 새로운 체계로 설명할 필요가 있는 부분에 대해 집중하여 보완하였다. 그 동안 상법에서는 공중운송과 특수계약 부분이 대폭 보완되었고 회사편에서도 새로운 제도들이 다수 추가되어 이에 대한 설명을 개정판에서 보충하였다.

제7장(형법)은 이전에 범죄였다가 비범죄화한 행위(간통죄 등)가 있고, 행위의 대상과 범위가 확대 변경된 경우(강간죄)가 있어서, 그에 따라 내용을 수정하였다.

제8장(소송법) 중 민사소송법 부분은 그 동안 변경된 법령을 반영하였다. 그리고 형사

소송법 부분은 큰 수정은 없고 오탈자 등을 정리하였다.

제9장(노동법)은 전체적으로 문장을 이해하기 쉽게 다듬고 내용을 수정하였다. 그리고 분량을 줄이면서도 최근의 입법 동향을 반영하였다.

제10장(국제법)에서는 국제사회의 새로운 경향인 다자주의로부터의 탈퇴 움직임에 대해, 브렉시트(Brexit), WTO 규범 약화, 국제형사재판소 탈퇴 등의 예를 들어 설명하고, 한·일간 첨예한 의견대립을 보이고 있는 한일 청구권협정의 해석문제에 대하여 보완설명을 하였다.

정재훈 교수가 새로 집필한 제11장(경제법)에서는 공정거래법과 소비자보호법의 핵심적인 개념과 제도를 소개하였으며, 특히 최근 주목을 받고 있는 공정거래법이 우리 사회와 시장에서 어떤 기능을 수행하고 있는지를 쉽게 설명하였다.

제12장(법여성학)에서는 그 동안의 여성 관련법의 개정과 여성폭력방지법 등 새로운 법제정 내용을 추가하면서 시대별 발전을 간결하게 분석하였고, '성인지 감수성' 관련 대법원판례 등 최근 판례의 변화를 보완하였으며, 그 동안 성평등 실현을 위한 정책이행 시스템이 정비된 성주류화 관련법을 새로 다루었고, 여성의 현황 관련통계를 업데이트하였다.

이 책이 계획대로, 그것도 충실한 내용으로 출간될 수 있었던 것은 무엇보다도 매우 바쁜 중에도 신속하게 원고를 써주신 공동 저자들 모두의 노력 덕택이다. 이러한 저자들의 정성이 독자들에게도 그대로 전해졌으면 하는 바람이다.

이 책이 훌륭한 모습으로 나오기까지 여러 분의 도움을 받았다. 특히 이 책의 편집을 맡아 수고해주신 법문사 편집부 배은영씨의 노고가 컸다. 그리고 법문사 기획영업부의 유진걸 대리도 출간계획 수립에서부터 연락·교정지 전달 등 여러 면에서 많이 도와주셨다. 이 분들을 포함하여 도와주신 모든 분들에게 깊이 감사드린다.

2020년 1월
공동 저자 모두를 대신하여
송덕수 씀

차 례

제4장　행 정 법

제 5 장　민　　　법

제 6 장　상　　　법

제 7 장 형 법

제 8 장　소 송 법

제 9 장 노 동 법

제10장　국 제 법

제11장　경 제 법

제 1 장

법의 기초[*]

현대 사회와 법

법의 필요성

옛날 서양 사람들은 '법은 공기와 같다'고 생각했다. 눈에 보이지는 않지만 살아가기 위해 반드시 필요한 공기처럼, 법도 삶을 영위하는 데 없어서는 안 되는 소중한 것이라고 생각한 것이다. 법과 관련하여 잘 알려진 격언 중의 하나는 '사회가 있는 곳에 법이 있다'는 말이다. 이는 사람이 모여 사는 곳이면 반드시 행동을 규율하는 규범이 필요하다는 뜻이다. 이 격언에서 사용되는 '법'은 현대 사회에서 국가 공권력에 의해 강제되는 좁은 의미의 법이나 법률을 뜻하는 것이 아니고, 넓은 의미에서 사회가 존재하면 늘 있는 그리고 있어야 하는 사회생활의 원칙과 질서를 말한다. 이런 격언들을 통해 알 수 있듯이, 법이란 사람들이 함께 모여 사는 사회생활에서 사람들의 행동을 규율하는 질서와 원칙을 형성하는 '사회규범'으로서 공동체의 삶에 매우 중요한 요소이다.

법이 과연 필요한지를 생각해 보려면, 만약 법이 없다면 세상이 어떻게 될 것인가를 상상하는 것도 좋을 것이다. 만약 법이 없다면 사람들 사이에 이해관계의 충돌을 해결할 수 없을 것이다. 사람들이 살아가기 위해서는 다른 사람들과 관계를 맺고 서로 교섭을 해야 한다. 그런 과정에서 사람들은 자신의 이익을 최대한 확보하려고 노력할 것이고, 그러다 보면 서로 이해가 충돌하는 경우도 생길 것이다. 이러한 충돌은 반드시 고의적으로 생

---

* 김현철: 이화여대 법학전문대학원 교수, 법철학.

기는 것만은 아니고, 많은 경우 서로 다른 관행이나 계약에 대한 해석이나 관점의 차이 때문에 생기기도 하고 또 어떤 경우에는 계약의 문구가 확실하지 않아서 생기기도 한다. 이런 경우 해결할 수 있는 기준과 권위가 있어야 이해의 충돌을 막을 수 있다. 그렇지 않다면 사람들은 일상적인 거래에서도 서로 다른 의견을 주장하며 시간을 허비해야 할지 모른다.

또 만약 법이 없다면, 사람들이 다른 사람에게 피해를 주는 행위를 할 때 이를 규율할 수 없을 것이다. 서양 근대 철학자 홉스가 얘기했던 '만인의 만인에 대한 투쟁 상태'까지는 안 될지라도, 다른 사람에게 피해를 주는 반사회적인 행동들은 공권력의 뒷받침을 갖는 법이 아니고서는 제어하기가 어려울 것이다. 물론 사람들은 다양한 관심과 욕망을 가지고 있고, 자신의 관심과 욕망을 실현하면서 살아간다. 그러나 그 관심과 욕망을 실현하는 방식이 타인의 관심과 욕망을 실현하지 못하게 피해를 주는 방식이라면, 혼자 사는 사회가 아닌 이상 그 행위를 규율하는 것은 당연하다. 그런 의미에서 자신의 관심과 욕망이 법이 금지하는 내용과 다를 수도 있겠지만, 그럼에도 불구하고 법을 형성하고 준수하는 것은 모든 사람의 관심과 욕망을 조금씩이나마 실현하기 위한 최소한의 조건이 된다고 할 수 있을 것이다.

이런 의미에서 결국 사회는 '법의 지배(rule of law)' 위에서만 유지되고 존속될 수 있다. 법의 지배란 사회의 구성원들이 민주적인 입법과정에 따라 고안한 규범이 있고, 모든 구성원들이 그 규범을 존중하여 따를 때 이루어진다. 이러한 규범을 존중하여 따른다면 사회 구성원들은 서로의 이해관계를 조화롭게 조정하고 규율할 수 있는 슬기로운 방법을 알 수 있게 될 것이다. 즉 우리의 일상생활에서 법이 필요한 이유는 무엇보다도 이러한 이해와 이익을 조화롭게 조정할 수 있는 수단을 가짐으로서, 그 기초 위에 각자의 삶을 원하는 대로 살아갈 수 있는 자유를 얻기 위해서라고 할 수 있다.

법의 언어적 유래

그렇다면 법은 어디에서 유래했고 언제부터 사용되기 시작했을까? 위에서 말했듯이, 법을 넓은 의미의 '사회규범'이라고 한다면 그 기원은 인간 사회가 형성되기 시작했을 때부터라고 할 수 있을 것이다. 그러나 현재 우리가 이해하고 있는 법은 국가 공권력의 뒷받침을 가지고 있으며, 입법기관에 의해 인위적으로 제정되고 사법기관에 의해 유권 해석되는 규범이다. 이런 좁은 의미의 법은 언제 국가가 형성되었는지, 언제 입법기관과 사법기관이 형성되었는지 등의 역사적 맥락과 밀접하게 관련되어 있다. 그런데 이런 복잡한 역사적 맥락이 있어 법의 유래를 단적으로 얘기하기는 어렵다. 다만 최소한 현재 우리가 '법'이라는 단어로 표시되는 그 무엇의 공간적, 시간적 맥락은 개략적으로 찾아볼 수 있을 것이다.

우선 고려할 점은 우리가 '법'이라고 쓰는 그 단어의 의미는 영어의 'law', 독어의 'Recht', 불어의 'droit', 중국어의 '法' 등의 의미와 완전히 동일하지는 않다는 점이다. 물론 일상 언어에서 위 언어들은 상호 교환해서 사용하고 있으며, 그 교환이 의사소통을 근본적으로 가로막는 일도 거의 없다. 그러나 그럼에도 불구하고 '법'에 대한 미묘한 의미 차이가 법의식과 법문화의 차이와 함께 발견되는 경우도 많이 있다. 예를 들어 독어의 'Recht'는 우리말의 '법'에 해당하는 글자이긴 하지만, 동시에 우리말 '권리'나 '정당함' 그리고 '오른쪽'에 해당하는 글자이기도 하다. 따라서 독일 사람이 독어 'Recht'를 일상 언어에서 사용할 때 그 사람은 권리와 정당함과 오른쪽이라는 의미가 가지는 총체적인 지평 속에서 이 단어를 이해하게 된다. 반면, 우리는 '법'을 권리, 정당함, 오른쪽과는 전혀 다른 맥락 속에서 이해하게 된다. 우리의 역사적 맥락에서 법이라는 단어는 왕의 통치를 위한 수단으로서 강제력을 의미하기는 했으나, 정당함이나 권리를 의미하지는 않았던 것이다. 이러한 말 쓰임새의 차이는 법을 성찰하는데 있어서 미묘하지만 중요한 기초이해라고 할 수 있다.

우리말 '법'은 중국의 '法'이라는 한자어의 우리 발음을 표기한 것이라고 할 수 있다. 그런데 이 중국의 '法'이라는 한자어는 학자들에 따르면 원래 물과 해치(豸), 그리고 제단을 의미하는 글자들이 합해져서 이루어진 것이라고 한다. 물은 정결함과 순결함을 의미하는 것이고, 해치는 정의로움과 악한 자에 대한 징벌을 의미한다고 한다. 그리고 이러한 징벌은 인간이 인간에게 하는 것이 아니라 하늘이 인간에게 하는 것으로서, 하늘을 대신한 신령한 동물인 해치의 행동으로 죄인을 판별할 수 있다고 옛날 중국 사람들은 믿었다.

해치는 외뿔을 가진 동물로서 악한 자를 보면 그 뿔을 찔러 응징함으로서 정의를 실현하게 된다. 반면 순결한 자에게는 순종하는 행동을 취함으로써 그 무고함을 보여주게 된다. 이 얘기에서 실제로 해치가 세상에 존재하였는지는 중요한 쟁점이 아니다. 중요한 것은 옛날 사람들은 이처럼 법은 인간의 영역을 넘어선 하늘의 뜻이 담긴 것이며, 그러한 법에 따르는 것은 하늘의 질서와 명령에 따르는 것으로 생각했다는 것이다. 이처럼 법은 '정당한' 사회생활의 규범이라는 의미를 예부터 강하게 가지고 있었다. 이러한 해치에 대한 상상력은 동양에서뿐만 아니라 서양에서도 발견된다. 그 대표적인 것이 외뿔짐승인 유니콘으로서 역시 악한 자를 뿔로서 응징하지만 동시에 순결한 자에게는 온순하게 복종하는 동물로 묘사된다.

서양에서 법에 대한 생각은 이러한 유니콘과 같은 상징으로서 등장할 뿐만 아니라 그 단어의 어원에서도 발견된다. 법을 뜻하는 그리스 어인 노모스(Nomos)는 원래 관습과 관행을 뜻하는 말로서, 그 뜻을 좀 더 풀어보면 예부터 행해져 내려오던 정당한 무엇이라는 의미를 갖고 있다. 라틴어인 유스(Ius)도 그 어원은 산스크리트 어의 신령한 존재를 부르는 주문에 있다고 한다. 즉 신령한 존재는 인간의 정의로움을 보장해 주는 존재로서 법은 그러한 정당함이나 정의로움과 떨어질 수 없는 단어들인 것이다. 이러한 노모스와 유스의 관념은 현재 서양에서 사용되고 있는 법을 의미하는 단어들인 law, Recht, droit 등에서도 여전히 보존되고 있으며, 특히 독어인 Recht나 불어인 droit에서는 정당하다는 뜻과 법이라는 뜻 나아가 권리라는 뜻이 서로 구별되지 않고 한 단어의 의미로 포괄되어 있다. 그러한 역사적, 어원적인 면에서 보았을 때 법은 적어도 사회생활을 함에 있어서 마땅히 따라야하는 정당한 질서와 규범을 뜻하는 것으로 이해되어 왔다는 것을 알 수 있다.

따라서 동양과 서양 모두 법을 이해하는 데 있어서 어원적으로 '정당함'이라는 요소를 가지고 있다는 것을 알 수 있다. 그리고 그 정당함의 연원은 인간이 아니라 인간을 초월한 신적 존재라는 것을 알 수 있다. 중국의 法도 하늘에 지내는 제사와 관련되어 있고, 서양의 노모스나 유스도 종교적인 의미를 가지고 있다는 것은 이를 의미한다. 다르게 말하면 종교와 재판과 법이 서로 밀접하게 관련되어 있다고도 할 수 있다. 이렇게 법을 인간을 넘어선 존재와 연관시키는 것은 두 가지의 의미가 있을 것으로 생각된다. 첫째는 재판을 받는 사람들에 대한 정당화 기능이다. 즉 법을 초월적인 신과 연관시킴으로써, 그들은 그들과 동일한 '인간'이 재판하였다는 관념이 아니라 '신'을 대신한 누구 혹은 무엇이 재판하였다는 관념을 가지게 되는 것이다. 둘째는 재판을 받는 사람 이외의 다른 사회 구성원들에 대한 정당화 기능이다. 즉 현대와 달리 국가공권력이 합리적으로 조직되지 못한 고대 사회에서 일시적으로 형벌을 피해간다 하더라도, 결국 신에 의해 언젠가는 응보를 받게 되리라는 관념을 일반인들에게 심어주는 역할을 한다. 이는 법의 집행력을 현실의 조직과 권력 속에서 담보하기 보다는 문화와 의식 속에서 담보하는 역할을 수행하는 것이다. 즉, 법의 어원에서 보이는 '정당함'이라는 요소는 단순히 법은 도덕적으로 옳은 것과 관련되어 있다는 의미를 넘어서는 사회적 기능을 하고 있는 것이다.

법의 역사적 맥락

이런 언어적 유래를 가진 법은 현대 사회에서는 새로운 형식과 의미를 가지게 되었다. 우선 법이 전제하는 사회의 성격이 대단히 많이 변화되었다. 현대 사회는 옛날과는 다르게 사람들의 직업은 분화되어 전문화되어 있으며, 사회의 구조와 기능들은 복잡하고, 빠르게 변화하고 있다. 따라서 애매하고 모호한 고대적인 법의 형식으로는 사회의 질서도 잡히지 않고 행동에 대한 규율도 제대로 되지 않을 것이다. 이런 사회의 변화에 따라 법도 보다 명확하고, 예측이 가능한 형태 그리고 보다 구체적이고 실질적인 형태로 발달하게 되었다.

법의 발달에 중요한 역할을 한 것은 국가와 정부라는 제도의 발달이었다. 국가나 정부는 인간 사회에 보다 명확한 질서를 부여하고, 이러한 질서의 유지를 위해 권력을 행사할 수 있도록 정당화하는 법을 통하여, 질서잡힌 사회로 만드는 데 큰 기여를 하게 된다. 과거와 같이 사람들이 비슷한 환경에서 비슷한 일을 하며 살았던 때에는 사람들 사이의 이해관계의 대립이라는 것은 크게 존재하지 않았다. 오히려 같은 일을 하면서 생계를 유지하는 한 집단과 이와 다른 일을 하면서 생계를 유지하는 집단 사이의 집단적 이해관계가 문제되었다.

그러나 현대 사회에서는 직업이 분화되고 인구가 늘어나게 됨에 따라 집단의 범위가 커지게 되었다. 이러한 대단위 집단 속에서는 개인들이 같은 일을 하는 것도 아니고 같은 문화와 의식을 공유하는 것도 아니어서 개인과 개인의 이해관계의 충돌이 한 집단 내에서도 일어나게 되었다. 이러한 복잡한 상황에서 국가나 정부는 이런 이해관계의 충돌을 규제하여 사회의 질서를 잡을 수 있는 방법의 하나로 법을 확정하고 공포하여 사람들이 모두 알 수 있도록 하는 방법을 채택하게 되었다. 나아가 그러한 법을 위반하는 사람들에 대해서는 국가나 정부의 권력을 통해 강제함으로써 법을 어기지 못하도록 하고, 이를 통해 사회의 질서를 유지하고 평화로운 삶을 영위할 수 있도록 하는 사회 유지 전략이 나타나게 된다. 이렇게 사회의 질서를 유지하고 평화로운 삶을 영위할 수 있기 위한 예측 가능한 법을 만들기 위해서 법을 만들고, 법을 해석하고, 법을 집행하는 여러 가지 법기관들이 필요하게 되었다.

법을 만드는 것은 전통적으로 왕이 행했다. 왕은 스스로 법을 만들었다고 주장하기 보다는 하늘로부터 법을 받아왔다고 주장함으로써 그 정당성을 확보하려고 하였다. 이 생각은 '자연법'의 관념으로 이어지게 되었다. 자연법이란 인간이 만든 법이 아니라 신이 세상을 만들 때 세상 속에 만들어 놓은 법으로서, 인간은 그 본성상 이 자연법에 복종해야 편안하고 행복하게 살 수 있다는 것이다. 이러한 자연법사상에 따르면 왕이 어떠한 법을 만들 때 자기 마음대로 원하는 법을 만들 수 있는 것이 아니다. 왕은 세상의 이치와 질서를 살펴서 그에 합당하게 법을 만들어야 한다는 자연법에 따른 의무를 지게 된다. 만일 자연법에 맞지 않는 법을 왕이 만들어 시행한다면, 그 법은 신의 이름으로 무효가 되며 아주 큰 혼란이 벌어질 수 있는 경우가 아니라면 시민들은 그에 복종할 필요가 없게 된다.

자연법 개념은 근대 이후 서양에서 개인의 중요성에 대한 자각이 정치적으로 표현되게 됨으로써 중대한 전환을 맞이하게 되었다. 시민들은 자연법의 핵심은 인간의 본성이라고 할 수 있는 이성이며, 이러한 이성에 맞지 않는 왕이 만든 실정법은 모두 거부하게 된 것이다. 그리고 그들은 자연법에 따른 권리는 신이 인간에게 부여한 것으로 생각했고, 따라서 모든 사람은 태어나면서 자유롭고 평등한 권리를 가진다고 주장했다. 이러한 사상을 자연권 이론이라고 하는데, 이러한 자연권 이론은 현대 사회에서 최고의 법으로 인정받는 헌법 속에서 '기본권'이라는 이름으로 잘 표현되고 있다.

자연권 이론은 시민들의 정치적 성장의 중요한 밑거름이 되었지만, 시민들은 자연권 이론을 넘어서서 스스로 법을 정할 수 있는 그러한 권력을 원하게 되었다. 프랑스 혁명이나 미국의 독립전쟁, 영국의 명예혁명 등을 통해 시민들은 스스로 법을 만들 수 있는 제도적 권한을 얻게 되었으며, 이는 의회제도와 의회주의 원리로서 발달해 나가게 된다. 현대 사회에서 법을 만드는 권한은 이러한 역사적인 맥락을 거쳐 의회에게 주어지게 되며, 의회가 제정한 법률에 근거하여 이를 집행하는 행정부, 이를 해석하고 판결하는 사법부가 그 역할을 수행하게 되는 것이다. 이러한 법제도들이 정비되고 구비됨에 따라 시민들은 법이 정한 질서의 테두리 안에서 자유롭게 삶을 영위할 수 있게 되었다.

법의 기능

이런 역사적 맥락을 살펴 볼 때, 법은 다음과 같은 기능들을 수행한다고 정리할 수 있다. 첫째는 분쟁의 해결이다. 사회생활을 하는 한 분쟁은 피할 수 없는 것들이다. 그리고 분쟁의 당사자들은 저마다 나름의 이유를 대면서 자신에게 유리한 방향으로 해결하고자 할 것이다. 따라서 분쟁을 해결하기 위해서는 분명하고 확인 가능한 판단 기준이 있어야 하며, 이 기준은 객관적이고 공정해야 한다. 물론 '도덕'이나 '관습'도 이러한 기준의 역할을 오랫동안 수행해 오기는 하였으나, 이 '도덕'과 '관습'은 명확한 내용을 확인하기 어려울 뿐 아니라 설령 확인한다 하더라도 오늘날의 복잡·다양한 사회 현상들로부터 비롯되는 각종 형태의 분쟁들을 도덕적 관습적 가치 기준에 의해 합리적으로 해결하기란 불가능하다. 따라서 객관적인 분쟁 처리 기준으로서 법이 등장하게 되는 것이다.

둘째는 이익조정의 기능이다. 법이 분쟁해결을 한다는 것은 무조건 한쪽을 승자로 다른 한쪽을 패자로 만들고, 이를 강제력을 통해 강압하여 분쟁을 없앤다는 의미는 아니다. 사회생활은 넓게 봐서 이익을 서로 나누고 거래하는 생활이다. 그런 의미에서 이익을 거래하고 나누는 과정에서 서로 충돌이 없을 수가 없으며, 이를 위해서는 이익조정이 필요하다. 다만 이익조정이 분쟁해결과 다른 점은 분쟁해결이 분쟁의 발생을 전제로 하는 것인데 반해, 이익조정은 분쟁이 발생하기 전에 이미 법을 통해 질서와 규범을 만들어 놓음으로써 행해진다는 점에서 차이가 있다.

셋째, 법은 사회의 질서를 유지하는 기능이 있다. 이러한 이익조정의 기능은 결국 사회의 질서를 유지하는 기능과 긴밀하게 연결된다. 이런 사회의 질서를 유지하는 기능은 결국 법의 분쟁해결기능과도 밀접한 관련이 있다. 구성원들 사이의 분쟁이 원만하게 해결되지 않고서는 그 사회의 평화와 질서가 유지되기를 기대할 수 없기 때문이다. 형법을 보면 이러한 질서유지의 기능을 잘 알 수 있다. 형법은 범죄로부터 시민의 생명과 재산을 보호하게 된다. 형법은 이렇게 범죄 행위로 인해 사회의 질서가 흔들리는 것을 막을 수 있다. 뿐만 아니라 형벌권을 국가가 독점함으로써, 범죄의 피해자가 사적으로 일종의 복수를 함으로써 생길 수 있는 혼란과 무질서도 막는다. 물론 형법만이 질서유지기능을 하는 것은 아니며, 민사법은 경제적 질서를 유지하고, 헌법은 헌정 질서를 유지하는 기능을 담당하게 된다.

넷째, 법은 공익과 공공복리를 추구한다. 법치주의 원리는 법제도의 구축이 그 자체로서 공익을 달성하기 위한 적합한 수단이라는 생각을 담고 있다. 법은 공동체 구성원의 합의에서 비롯된 것이기 때문에, 특정 개인이나 소수 집단의 이익만을 추구한다는 것은 있을 수 없는 일이다. 따라서 법은 공동체 전반의 이익을 추구하는 것을 그 기능으로 하며, 또 이런 기능을 실제로 달성해야 한다. 역사적으로도 권력자가 공적인 힘을 남용해 사적 이익을 도모하거나 국가 정책의 목표와 방향을 공동체 구성원들의 뜻과 달리 설정해 더 큰 혼란을 불러일으킨 사례가 적지 않다. 법제도를 통해 공익을 추구하려는 발상은 이러한 문제점들을 극복하고자 했던 과거의 노력과 시행착오의 산물이라고 할 수 있다.

마지막으로 법은 정의와 인권을 수호하는 기능을 한다. 일찍이 근대 시민혁명에서 시민들이 정의와 인권을 법의 형식으로 약속받았던 데서도 볼 수 있듯, 전통적으로 법의 역사는 인권 보장의 역사이기도 했다. 특히 법이 정하고 있는 각종 재판제도와 청원제도 등은 정의와 인권의 수호를 위한 공식적인 절차라고 이해할 수 있다. 공권력에 의한 중대한 인권 침해에서부터 일상적인 거래 관계에서 발생할 수 있는 부당한 금전적 손해에 이르기까지, 시민들은 이러한 공식적 절차에 따라 국가 등 권력기구로부터 정의와 인권을 보장 받을 수 있다.

법이란 무엇인가

법의 개념

법이란 무엇인가 라는 물음은 법의 개념에 대한 물음이다. 이 물음은 법과 법학에서 가장 근본적인 것이라고 할 수 있다. 그러나 그 근본성에도 불구하고 이 물음에 대해 쉽게 대답하기는 어렵다. 영국의 법학자 하트는 그 이유로 무엇을 법이라고 할 것인가에 대해서는 표준적인 사례와 함께 경계선상의 사례도 있기 때문이라고 한다. 예를 들어 빛나고 매끄러운 머리를 가진 사람은 분명히 대머리이고 머리카락이 풍부한 사람은 분명히 대머리가 아니지만, 머리 군데군데 머리카락이 있는 사람은 대머리인가 아닌 가라는 의문이 생기게 된다는 것이다. 법에서 국제법처럼 확립된 입법기관 이 모호하고, 법의 효력을 담보할 수 있는 집행력도 미비한 규범을 과연 법이라고 할 수 있는가 라는 의문이 지속적으로 제기되고 있는 것도 이러 한 이유 때문이다. 나아가 현대 사회의 법기관과 과거의 법기관은 기능이 나 조직에서 큰 차이가 있을 수밖에 없는데 그렇다면 과거의 법기관에서 운영하던 것은 법이 아니라고 할 수 있는가 라는 물음에 대해서도 쉽게 대 답하기 어렵다. 이처럼 이것은 법이고 저것은 법이 아니게끔 하는 아주 명 쾌한 구분은 사실상 존재하지 않는 것이다.

원래 개념이란 의사소통과정에서 아주 일반적으로 이해되는 관념이나 생각을 뜻한다. 따라서 개념을 가진다는 것은 그 개념을 통해 의사소통하 는 것이 일반적으로 가능하다는 것을 뜻한다. 그런 의미에서 어느 정도 사 회생활을 경험한 사람들은 법의 개념을 가지고 있다고 해도 무방할 것이 다. 물론 위에서 언급한 대머리 사례와 같이 어떤 한계적인 상황에서 개념 이란 무엇인가라는 근본적인 문제는 늘 제기된다. 그러한 근본적인 문제는 사실상 언어의 한계에 기인하는 것이어서 어떤 정답이 분명하게 존재하기 보다는 새로운 언어의 실천이나 형성을 통해서 극복할 수밖에 없는 것이 다. 그러므로 법이란 무엇인가 라는 근본적인 물음은 법학을 공부하고 실 천해 나가면서 오랫동안 생각해야 하는 문제라고 할 수 있다. 다만 여기서 는 법의 개념은 늘 분명하게 구분되는 것이 아니라는 것을 이해하는 것으 로 족할 것이다.

법과 법률

법의 개념을 이해하는 데 있어, 법률과의 차이점을 인식하는 것은 중요 하다. 우리는 일상적으로 법과 법률을 거의 구분하지 않고 사용하는 경향 이 있다. 사실 많은 경우 법과 법률을 구분하지 않고 사용해도 큰 불편이 있는 것은 아니다. 그러나 때때로 법률의 개념을 명확히 하는 것이 필요한 경우가 많이 있다. 특히 법학을 전문적으로 공부하는 사람에게 법률의 개념을 명확히 하는 것은 우리 법체계의 근간을 이루는 근대법의 이상을 이해하는 첫걸음이 된다.

근대법의 이상에 따라 법률을 이해하면, 법률은 의회에서 제정한 법규범을 뜻한다. 첫째, 법률은 법규범의 일종이다. 더 정확하게 표현하면, 법률은 법의 연원 중의 하나라고 할 수 있다. 법을 알 수 있게 하는 연원을 줄여서 법원(法源)이라고 하는데, 이에는 법률 이외에도 명령, 규칙, 조례 등이 있고, 불문법인 관습법, 판례법 등도 있다. 따라서 법은 법률 이상의 규범이다. 둘째, 법률은 의회에서 제정한 법규범이다. 명령이 대통령이나 정부 각 부 즉 정부가 제정하는 것인 반면에, 법률은 의회에서 제정한 법규범이다. 법률의 가장 중요한 의미는 바로 여기에 있다. 서양 근대 이후 민주주의 사상이 널리 퍼지면서, 의회가 새로운 권력기관으로 부상하게 되었다. 의회는 국민의 대표가 모여서 국가의 중요한 사안을 결정하는 자리이기 때문이다. 그런 의회가 행했던 중요한 임무 중의 하나가 국민의 자유, 재산, 생명을 제한할 수 있는 국가 공권력 행사의 요건을 규정한 '법률'을 제정하는 것이었다. 왜냐하면 국민의 자유와 재산, 생명과 같은 중요한 가치를 제한할 수도 있는 공권력의 행사는 그러한 가치를 제한당하는 국민의 동의 없이 이루어 져서는 안 되기 때문이다. 또한 국민이 자신의 중요한 가치를 제한할 수 있는 법률을 제정한다는 것은 제한당하는 가치보다 더 중요한 법률 제정의 이유와 근거가 있다는 것에 대해 동의했다는 것을 뜻한다.

이 근대법의 이상은 현행 우리나라 법에서도 기본적인 이상이 되고 있다. 따라서 국민의 자유와 재산 그리고 생명이라는 기본적 가치를 '법률사항'이라고 하는데, 원칙적으로 이 법률사항을 제한할 수 있는 규범을 법률이 아닌 명령이나 규칙의 형태로 제정해서는 안 된다. 예외적으로 명령이나 규칙의 형태로 국민의 자유, 재산, 생명을 제한하는 것은 오로지 법률에 이미 그 근거가 있고, 법률에 의해 명령이나 규칙에 위임되어 있는 경우에만 가능하다. 우리 헌법 제40조에도 '입법권은 국회에 속한다'라고 규정하고 있고, 이때의 입법권은 법률을 제정하는 권한이므로, 의회 즉 국회가 법률을 제정하는 것은 헌법적 원칙이라고 할 수 있다.

부당한 법의 효력

법을 이해하는 데 있어 또 하나의 근본적인 문제는 부당한 법, 부정의한 법도 과연 법으로서 효력을 가지는가 라는 물음일 것이다. 특히 의회에서 제정한 법률이 부당하거나 부정의하다면, 법률이 민주적일 것이라는 요청과 법률이 정당할 것이라는 요청이 충돌하는 셈이 된다. 이 물음에 대한 가장 잘 알려진 두 가지 대답은 '악법도 법이다'라는 명제와 '악법은 법이 아니다'라는 명제일 것이다. 이 대답을 중심으로 부당한 법의 효력에 대해 생각해 보자.

먼저 악법 즉 부당한 법이라고 할 때 '악', '부당'이 무엇일까? 사람마다 생각이 다르기 때문에 모든 사람이 동의할 수 있는 '악', '부당'이라는 것은 그렇게 많지는 않을 것이다. 즉, 사람들이 주관적으로 가지고 있는 가치를 기준으로 한다면 '악', '부당'의 문제는 풀리지 않을 것이다. 그래서 사람들은 '악'과 '부당', '부정의' 등을 판별할 수 있는 객관적 가치가 있으며, 이를 찾을 수 있다고 믿어 왔다. 그리고 이런 정의로운 법을 '자연법'이라고 불렀다.

자연법은 인간의 본성에 따라 도출되는 인간이 마땅히 지켜야 할 법으로 이해된다. 고전적인 이해에 따르면 인간의 본성의 핵심은 이성이며, 이성은 무엇인 선한지 악한지를 구분할 수 있는 능력이다. 그리고 모든 인간은 신의 피조물로서 부분적으로 이성을 가지고 있으므로 무엇이 선하지 악한지의 기준이 되는 자연법을 알 수 있다.

그리고 자연법은 자연법에 어긋나는 실정법 즉 악한 법의 효력을 거부하는 근거가 된다. 전통적인 자연법론인 이른바 3법론에 따르면, 법에는 3가지 즉 영원법과 자연법과 실정법이 있다고 한다. 영원법은 세상의 이치와 질서로서 기독교 문명에서는 하느님의 섭리로 표현된다. 자연법은 이러한 세상의 이치와 질서가 인간 세계에 적용된 것이며, 영원법보다 하위의 것으로 영원법을 어길 수 없다. 실정법은 자연법보다 하위에 있는 것으로 자연법을 어길 수 없다. 만일 실정법이 자연법을 어긴다면 그때의 실정법은 부당한 것이 되어 법의 효력을 가지지 못하여 법으로 인정받지 못하게 된다.

그러나 자연법은 그 순기능에도 불구하고 몇 가지의 약점을 가지고 있다. 먼저 자연법은 모든 인간의 본성이라는 시간과 공간을 초월한 기준에 의해 정립되는 법으로 이해할 수 있지만, 그러한 가정은 지나치다는 점이 지적되고 있다. 사람마다 다를 수 있는 생각이나 개성을 자연법은 포함하기 어렵다는 것이다. 실제로 구체적으로 무엇이 자연법의 내용인가 라는 물음에 대해 자연법을 옹호하는 사람들 사이에서도 합의를 보기란 쉽지 않은 일이다. 그리고 자연법의 가정과는 달리 법은 현실의 사회생활을 규율하는 것이므로, 보편적인 인간의 본성보다 현실의 사회가 처한 시간적 공간적 특수성을 더 고려해야 한다는 점도 자연법에 대한 주요한 반론이 된다.

그런 점에 착안하여 근대 이후의 여러 법학자들은 법실증주의적인 관점을 자연법에 대한 대안으로 제시하게 되었다. 법실증주의는 자연법처럼 인간의 본성이라는 추상적이고 모호한 기준이 아니라 현실의 의회에서 제정된 법률 또는 현실 사회에서 통용되는 법규범을 중심으로 법을 이해하려는 입장이다. 이러한 법실증주의의 입장에 따르면 무엇이 법인지 여부는 경험적으로 파악할 수 있으므로, 자연법의 입장에 비해 훨씬 법의 내용을 파악하기 쉽다.

그렇다면 법실증주의의 입장에서는 의회에서 제정되거나 현실 사회에서 통용되면 모두 법으로서 효력을 가지는가? 물론 그렇게 생각하는 사람들이 없지는 않겠지만, 많은 법실증주의자들은 실정법이 모두 정당하다거나, 실정법이 항상 준수되어야 된다고 생각하지는 않는다. 하트와 같은 법실증주의자들에 따르면, 법이 정당한지 아닌지는 그 사회의 '비판 도덕'에 의해 평가받아야 한다고 한다. '비판 도덕'이란 인간의 건전한 상식과 이성에 의해 정당한 것으로 파악되는 도덕으로, 단순히 그 사회의 다수의 사람들에 의해 공유되는 도덕적 가치인 '지배 도덕'과는 다른 것이다. 하트는 비판 도덕에 위반되는 실정법은 그 자체 법이긴 하지만 '부당한' 법이라고 파악한다. 그리고 '법'은 언제나 준수해야 한다는 도그마만 버린다면, '부당한' 법은 '부당하기' 때문에 반드시 법을 준수해야 할 필요는 없다고 주장한다. 따라서 자연법론이 부당한 법은 법의 효력이 없고 법으로 인정받지 못한다고 주장하는 반면, 법실증주의는 부당한 법도 법이 아닌 것은 아니지만, 비판 도덕에 반하는 '부당한' 것으로서 법복종의 의무는 없다고 파악하게 된다.

그렇다면 자연법이나 법실증주의나 정말 부당한 법에 대해서는 표현의 차이, 논리 구성의 차이는 있지만, 그 부당한 법에게 온전한 효력을 인정하지 않는 셈이 된다. 그렇다면 법학을 하거나 전문적으로 법을 다루는 사람의 입장에서는 그 법이 '부당한' 것은 아닌지를 생각하는 버릇이 필요할 것이다. 그것이 법이기만 하면 무조건 받아들여야 된다고 생각하는 것은 법을 가지고 장사하는 '법률상인'의 자세일 수는 있어도 정의와 인권을 수호하는 법전문가의 자세일 수는 없는 것이다.

법의 이념

정의와 인권

정의는 법의 이념 중의 하나이다. 이념이란 현실에서 실현될 수는 없지만 현실의 사회와 인간이 나아가야 할 방향을 제시해 주는 것을 말한다. 앞에서 언급한 자연법도 현실의 실정법에 대해서 이념으로서의 역할을 수행한다고도 말할 수 있다. 그러나 이러한 이념들 중에 가장 잘 알려진 이념은 역시 정의이다.

정의는 역사적이고 공동체적인 맥락 속에서 이해해야만 하는 이념이어서, 정의의 뜻을 정확하게 포착하는 것은 어려운 일이다. 파스칼이 언급했듯이 '산맥 너머의 정의는 이쪽의 정의와 다를 수 있'기 때문이다. 전통적으로 정의는 아리스토텔레스의 분류에 따라서 '각자에게 그의 몫을 주는 것'을 의미했다. 즉 모든 사람은 자신이 마땅히 받아야 할 몫과 대우가 있으며, 그에 합당하게 몫을 나눠주거나 대우를 해주면 그것은 정의로운 것이 된다. 다만 무엇이 그의 몫인지 그의 대우인지에 대해서는 쉽게 말할 수가 없다. 따라서 때로는 권력자의 입김이 정의를 좌우하기도 한다. 그러나 현실에서 정의가 그렇게 다루어지더라도 이념으로서의 정의는 여전히 그 기능을 발휘한다. 즉 이념으로서의 정의는 현실에서 정의라고 일컬어지는 것이 사실은 정의가 아니고 불의라고 말해주는 것이다.

정의는 이러한 이념임과 동시에 현실에서 구현되는 제도의 이름이기도 하다. 영어의 저스티스(Justice, justice)는 이념으로서의 정의를 뜻하기도 할 뿐만 아니라, 현실의 사법제도와 법관을 뜻하기도 한다. 이러한 법관은 말 그대로 정의를 이 땅에 실현하는 사람일 것이다. 물론 현실에는 여러 가지 제약이 있어서 순수한 이념으로서의 정의를 모두 실현할 수는 없다. 그러나 그럼에도 불구하고 법관은 정의를 최대한 실현하는 사람이어야 하며, 불의를 일삼는 법관이 되어서는 안 된다.

정의로운 법과 밀접한 연관이 있는 것이 인권의 개념이다. 인권은 인간으로서의 권리를 말하는 것으로 자연권으로부터 유래한 개념이다. 다시 말해 인간이 단지 인간이라는 이유만으로 누릴 수 있는 자연적이고 양도불가능하며 신성불가침적인 자유와 권리가 인권이다. 이런 인권의 관념은 인간의 존엄을 기본으로 하고 있다. 근대 초기에는 인권은 주로 국가의 불법적인 폭력으로부터 개인의 자유와 권리를 지키려는 목적으로 주장되어졌다. 당시에는 국가와 정부가 가장 막대한 힘을 가지고 있는 존재였기 때문이다. 그러나 현대 사회에서 대기업이나 언론 등은 어떤 의미에서는 국가 보다 더 큰 영향력을 개인에게 행사하기도 한다. 그런 의미에서 인권은 단순히 국가와 개인 간의 관계에서만 중요한 것이 아니라 개인과 개인 간의 관계에서도 중요하게 되었다. 기업에서 여성이 결혼하게 되면 퇴직을 강요하는 경우와 같이, 비록 기업과 여성이라는 국가가 아닌 당사자들의 일이라 하더라도 여성의 평등이라는 인권을 침해하는 일이 생길 경우에는 인권의 이름으로 적극적으로 대처해 나가야 한다.

오늘날 민주주의 국가의 헌법 속에는 이러한 인권이 기본권이라는 이름으로 들어가 있다. 이러한 경향은 다른 말로 '인권의 제도화' 혹은 '인권의 실정권화'라고도 할 수 있을 것이다. 이런 인권 보호는 이러한 국가 내에서뿐만 아니라 국제적인 관계에서도 행해지고 있다. 가장 대표적인 인권선언이라고 할 수 있는 1948년 UN 인권선언에서는 모든 인간은 기본적 자유와 평등을 누릴 수 있는 존엄성을 지니고 있으며, 시민적, 정치적, 경제적, 사회적, 문화적 권리를 향유함을 확인하고 있다. 또한 인권의 문제가 국제사회의 관심 사항이라는 점을 선언하고, 포괄적인 인권의 목록을 제시하려고 한 점 및 인권의 보편성을 최초로 확인한 점 등은 오늘날 많은 다른 인권선언들의 모범이 되고 있다. 이와 같은 인권선언을 통해 국제사회가 나서서 한 국가 내에서 자행되는 인권 침해를 억제하고, 인권 관련 국제조약의 국내적 실행을 감시하며 그 이행을 권고하고 있다.

정의 이념의 형성

현대 정의 사상의 뿌리는 주로 고대 그리스의 사상에서 찾을 수 있다. 그리스에 있어서 정의 개념에 해당하는 단어는 정의의 여신을 뜻하는 Dike와 정당함을 뜻하는 Dikaiosyne와 같은 것들이다.

Dike는 원래 그리스어로 방법이나 방식을 뜻하는 것이라고 한다. 거드리에 의하면 희랍문학에서 그 최초의 의미는 어떤 계층에 속한 사람들의 '일상적인 행동양식' 또는 '정상적이고 자연스러운 과정'을 의미하는 것 이상의 것은 아니었다. 그 dike에는 '정의로운 방법'이라는 의미도 없고 또한 의무에 대한 어떤 제시가 내포되어 있지도 않다. 따라서 플라톤이 그의 국가론에서 dike에 따르는 상태를 의미하는 Dikaiosyne를 '너 자신의 업무에 전념하는 것', '너 자신의 업무에 종사하거나', '당연히 너 자신의 방식에 따른다' 등을 의미하는 것으로 파악한 것은 이러한 맥락과 관련되어 있다. 이 단어는 옛 호메로스 시대에 있어서의 귀족사회의 계층 구분에 뿌리를 박고 있던 것으로 그 당시의 사회에서 '정의로운 행동'이란, 사람이 그 자신에게 적합한 분수를 알고 그것에 충실하게 행동하는 것이라고 요약할 수 있으며, 이는 새로운 귀족 정치와 계층구분을 확립하고자 한 플라톤에게 가장 적절한 역사적 의미를 지닌 단어였을 것이다.

그런데 플라톤은 이러한 맥락을 기초로 정의에게 새로운 지위를 부여하게 된다. 플라톤의 저서 『국가』에 따르면 인간의 영혼에는 3가지 요소가 있다고 한다. 욕망과 의지와 이성이 그것이다. 플라톤은 이 3가지 요소에 상응하는 탁월함 즉 덕이 존재한다고 말하는데, 욕망의 덕인 절제, 의지의 덕인 용기, 이성의 덕인 지혜가 그것이다. 정의는 이 영혼의 덕과는 다른 차원의 덕으로 상정된다. 정의는 이 3가지 덕이 제대로 기능할 수 있도록 질서지우는 역할을 하는 덕이며, 그런 의미에서 이 3가지의 덕보다 높은 차원의 덕이라고 할 수 있다. 특히 플라톤에 따르면 정의의 덕은 이상 국가에서 실현되는 것으로서, 이러한 논변은 현대적으로 말하자면 헌법적 차원의 논의이며 적어도 개인적 차원은 넘어선 사회적 차원의 논의로 파악될 수 있는 것이다. 즉 플라톤에게 정의는 개인적 덕목이라기보다는 일정한 공동체를 전제로 하는 사회적 덕목으로 인식되었다고 할 수 있다.

플라톤뿐만 아니라 아리스토텔레스도 정의에 관한 논의에 있어 중요한 출발점이 된다. 물론 둘 다 이성을 지닌 이성에 의한 통치가 아테네 폴리스에 가장 적합한 통치라고 본 점에서는 동일하다. 그러나 기본적으로 플라톤이 이상적으로 생각한 것이 과거 아테네의 귀족정치였다면 아리스토텔레스는 귀족계급이 아니더라도 이성적인 자질과 교육이 되어 있는 시민이라면 통치의 주체로서 충분히 역할을 수행할 수 있다는 보다 현실적인 대안을 가졌다는 점에서 차이가 있다.

그런 의미에서 아리스토텔레스가 그의 저서 『정치학』에서 가장 바람직한 정체(politeia)로 본 것이 이성적인 자질을 가진 시민들에 의한 정치구조였다는 것은 비계층적인 방식, 다르게 말하면 평등이라는 관념이 정의관념에 들어오기 시작했다는 것을 의미한다. 이는 플라톤이 말하는 정의 즉 dikaiosyne가 dike라는 단어의 용법과 관련되는 반면, 아리스토텔레스가 말하는 정의 즉 dikaiosyne는 그 스스로 『니코마코스 윤리학』에서 밝히고 있듯이 dichaion 즉 균등분할이라는 의미와 관련되어 있다는 것을 통해서도 짐작할 수 있다.

또 플라톤과 아리스토텔레스를 비교하자면, 플라톤의 정의는 국가구조에 관한 덕목인데 반해 아리스토텔레스는 보다 실용적인 시민사회의 덕목이다. 즉 플라톤은 정의로운 국가에 관한 논변에서 이성과 용기와 절제의 3원덕이 살아 숨 쉬는 이상사회의 상태를 정의로운 상태로 정의하는 논변 즉 국가를 구성하는 것에 관련된 논변을 구사한데 반해, 아리스토텔레스는 이미 성립되어 있는 폴리스를 전제로 하여 그 폴리스 속에서 질서와 중용의 덕을 지키면서 시민으로서 살기 위해 필요한 속성으로 정의를 파악하는 것이다.

특히 아리스토텔레스가 정의에 대해 언급한 부분은 그 이후 서구 사회에서 그래도 가장 일반적이고 널리 알려진 정의의 내용을 제공하는데 밑받침이 된다. 아리스토텔레스는 정의를 일반적 정의와 부분적 정의로 구분한다. 일반적 정의는 폴리스의 시민으로서 일반적으로 지켜야 할 덕목이며 이는 결국 폴리스의 체제와 노모스를 준수하라는 명령이 된다. 부분적 정의는 이런 일반적 정의 하에서 구체적인 판단이 필요한 특수한 경우에 적용되는 것이다. 이런 판단은 보통은 민회나 재판에서 사용되는 것이며 이런 의미에서 부분적 정의는 이념적이라기보다는 실용적인 기능을 한 것으로 보인다.

이 부분적 정의는 3가지로 구성된다. 첫째는 분배적 정의로서 각자의 응분에 맞게 기하학적 비례를 맞추어 차별적으로 적용하는 것이며, 둘째는 교정적 정의로서 각자가 마땅히 가져야 할 응분이 깨어졌을 경우 산술적인 평등 원리를 통해 이를 바로잡는 것으로서 형벌이나 손해배상 등은 그 수단이 된다. 마지막은 교환적 정의인데 서로간의 거래나 교환의 경우 그 가치가 동일해야 한다는 것을 뜻한다. 다만 마지막 교환적 정의가 독립된 정의의 원리가 되는가에 대해서는 논란이 있다.

이러한 아리스토텔레스의 논의는 사실 당시 그리스의 상식적인 논의와도 가장 부합하는 것이었다. 즉 "같은 것은 같게, 다른 것은 다르게"로 표현되는 당시 그리스의 상식적인 견해들이 아리스토텔레스를 통하여 체계화된 것이라고 할 수 있다. 이 중 '같은 것은 같게'는 교정적 정의를 뜻하는 표현이고, '다른 것은 다르게'는 분배적 정의를 뜻하는 표현이다. 이런 아리스토텔레스의 정의에 관한 논의는 그 이후 서양 세계에서 대체로 받아들여졌다. 다만 아리스토텔레스의 3가지 정의의 구분은 로마시대를 지나면서 2가지로 정리되었다. 즉 기하학적 비례에 따른 취급을 하는 분배적 정의와 산술적인 의미의 평등 취급을 의미하는 평균적 정의가 그것이다. 특히 분배적 정의가 일반적인 형태로 알려졌는데 분배적 정의를 표현한 "각자에게 그의 것을"이라는 키케로의 말이나, "각자에게 그의 것을 주는 항구 불변의 의지"라는 울피아누스의 말은 당시 정의를 정의(定義)하는 것으로 가장 알려진 것들이다.

그리스 시대 이후 정의에 관한 논의에서 주목할 만한 사건은 기독교와 그리스·로마 문명이 만나면서 그리스·로마에서 논의되던 정의라는 개념이 기독교 신학의 '하느님의 정의'라는 개념과 결합되었다는 것이다. 그리스나 로마의 정의는 기본적으로 플라톤과 같은 예외가 있기는 했지만 그것이 현실과 분리되는 것을 전제로 한 것은 아니었다. 오히려 그들의 정의에 관한 논의는 상식적이고 실용적인 차원의 것들이었다고 말할 수 있다. 그러나 기독교 신학에서 정의는 신의 중요한 속성으로 받아들여지기 때문에 그것은 초월적인 이념적인 속성으로 파악되게 되었고, 이러한 기독교 신학이 중세의 중요한 사유들을 결정하는 역할을 수행하였기 때문에 정의라는 것도 보다 이념적인 것으로 고양되어진 면이 있다. 아우구스티누스는 다음과 같이 말한다. "정의는 영혼의 질서이다. 우리는 이 영혼의 질서에 의해 그 누구의 하인으로도 되지 않는다. 우리는 오직 하느님만의 하인이다"

중세 기독교 신학을 대표하는 토마스 아퀴나스는 기본적으로 그리스·로마의 정의에 관한 이성적인 논변을 기독교 신학과 결합시키는 작업을 수행했다. 그에게 정의(Iustitia)는 정당함(iustum)이라는 속성과 관련되어 있는 것이며, iustum은 법(ius)의 속성이다. 따라서 정의란 울피아누스가 정의(定義)한 것과 유사하게 "확고하고 변함 없는 의지가 각자에게 각자의 정당한 몫을 인정해 주는 그런 마음상태(habitus)"이다. 그는 아리스토텔레스가 분류하고 후대에 체계화된 그리스·로마적인 사고를 바탕으로 정의를 구분하는데, 일반적 정의와 분배적 정의와 평균적 정의가 그것이다.

아퀴나스는 공동체 생활의 세 가지 기초적인 구조들을 질서지우는 세 가지 기본적인 관계들이 올바르게 질서 잡혀있을 때 그 공동체에 정의가 실현된 것이라고 말한다. 그 관계는 첫째 개인들 간의 관계, 둘째 개인에 대한 사회 전체의 관계, 셋째 사회 전체에 대한 개인들의 관계이며, 이 관계들에 대응하는 것이 앞서 말한 평균적 정의(iustitia commutativa), 분배적 정의(iustitia distributiva), 법률적·일반적 정의(iustitia legalis/generalis)이다.

이런 지상의 정의는 지상의 공동선(commom good)을 증진시키는 역할을 한다.

그러나 아퀴나스는 이러한 지상의 정의는 완전한 것이 아니라고 주장한다. 그에게 정의는 신에 대한 신앙과 사랑과 공경이 없다면 불완전한 덕목인 것이다. 또한 신에 대한 신앙과 사랑과 공경에도 정의가 필요하다. 그의 유명한 말인 "정의가 없는 자비는 해체의 어머니이고, 자비가 없는 정의는 잔인함"이라는 표현은 이러한 사고를 반영하고 있다. 즉 "정의의 명령으로 사람들 사이에 평화와 일치를 유지하기를 원하는 것은, 사람들 사이에 사랑이 뿌리내리지 못했을 때에는 불충분하다."

정의 개념에 대한 그리스적인 맥락과 기독교적인 맥락은 정의라는 개념을 이해하는데 중요한 2가지 요소를 보여준다. 그리스적인 맥락에서 정의는 개인적 차원에서 정당한 것이 사회적 차원에서 어떻게 근거 지워질 수 있는가를 보여주는 주요한 덕목이 된다. 즉 나의 행위가 정당하기 위해서는 폴리스의 기본적인 정의 원리에 합당해야 하는 것이다. 이런 폴리스의 기본적인 정의 원리는 아리스토텔레스의 일반적 정의가 보여주듯이 그 사회를 지탱하는 기본 원리가 되며, 현대적으로 말하자면 사회적 차원의 근거가 된다.

이에 반해 기독교적 맥락에서 정의는 이러한 특징을 전제로 하여 보다 고양된 속성을 부여받는다. 즉 그리스 시대에 정의는 폴리스의 유지를 위한 기본적인 것이며, 다른 덕보다 높은 지위를 받기는 했지만 여전히 그 차이는 중요하지 않았다. 즉 정의가 다른 덕보다 높은 지위이기는 했지만 다른 덕을 능가하는 지위를 갖지는 않았던 것이다. 예를 들어 플라톤에게 지혜의 덕은 정의의 덕보다 못한가 라는 질문을 던져본다면, 이에 대해 쉽게 그렇다 라고 할 수는 없을 것이다. 그런데 기독교적 맥락에서 정의는 최고선이라고 할 수 있는 신과 연관되는 덕목이다. 즉 기독교적 맥락이 들어오면서 정의는 최고성(supremacy)을 획득한다.

기독교적 맥락에서는 인간의 덕은 세속적인 것과 성스러운 것으로 나눌 수 있다. 세속적인 덕은 플라톤이 말한 지혜, 용기, 절제를 의미하는 것이며, 성스러운 것은 성서에 나와 있는 대로 사랑, 믿음, 소망을 의미한다.

그런데 정의는 세속적인 3가지 덕과 성스러운 3가지 덕이 교차하는 지점에서 그 덕들을 연결하여 주는 역할을 수행한다. 즉 정의는 세속적인 덕이면서 동시에 성스러운 덕으로서의 역할을 수행하는 것이다. 그런 의미에서 정의는 지혜, 용기, 절제를 넘어서는 최고의 덕이 된다. 기독교적 맥락에서 말하자면, 지혜의 덕은 정의의 덕보다 아래에 있는 것이다.

이런 의미에서 정의 개념의 여러 가지 속성들은 그리스적 맥락과 기독교적 맥락을 통해 형성되었다고 할 수 있다. 즉 그것은 정당성, 공동체성, 최고성 등의 속성들이며, 이러한 속성들은 역사적인 과정을 걸쳐 정의라는 개념의 핵으로 자리 잡게 된다. 즉 정의의 내용(conception)은 얼마든지 다르게 파악될 수 있지만, 정의라는 개념 그 자체(concept)는 이러한 2가지 맥락 속에서 정립된 것이다. 즉 정의의 개념에 정당성, 공동체성, 최고성이라는 속성이 부과되어 있는 이상, 정의라는 그 개념 자체는 결코 포기할 수 없는 중요한 가치를 가지게 되는 것이다.

법적 안정성

법의 이념에 대해 논의할 때에는 정의 이외에도 법적 안정성이라는 이념과 합목적성이라는 이념도 같이 논의하고 있다. 특히 법적 안정성은 정의와 대립되는 이념으로 파악되어, 어느 이념을 중요시 하느냐에 따라 법에 대한 입장이 달라진다. 전통적으로 법은 사회의 질서와 평화를 형성하고 유지하기 위한 장치라는 사회적 기능을 중요하게 생각했다. 즉 질서와 평화가 없는 세상은 가장 큰 고통이기 때문에, 질서와 평화를 유지하는 것은 인간의 생존의 가장 중요한 조건이 되며, 그런 의미에서 질서와 평화를 유지하는 법의 기능은 양보할 수 없다는 것이다. 따라서 법적 안정성을 중요시 하는 사람들에 따르면, 만약 정의를 실현하는 것이 그 사회의 질서와 평화에 대한 중요한 위협이 된다면, 정의를 질서와 평화 즉 법적 안정성보다 후순위로 고려해야 한다고 한다. 이렇게 법을 통한 평화와 질서의 유지로 법적 안정성의 이념은 이해되어 왔다.

반면에 법철학자 라드브루흐는 가치상대주의를 전제한다면 무엇이 절대적으로 정당한가는 말할 수 없다고 한다. 그러나 오히려 그렇기 때문에 무엇인가를 현실적으로 결정하는 것이 필요한 것이다. 라드브루흐는 법적 안정성이라는 이념의 가치를 이런 실증성의 요청에서 찾았다. 즉, 이러한 생각에 따르면 법을 '통해 실현된' 평화와 질서 이전에 법을 '정립'하는 것 자체가 이미 법적 안정성의 이념에 관계하게 된다. 이러한 두 가지 사고를 모두 고려한다면 법적 안정성은 법을 정립하는 것 그 자체, 그리고 그러한 법의 정립을 통해 실현된 사회의 질서와 평화의 유지 모두가 법적 안정성의 주요한 목표가 될 것이다.

법사회학자인 가이거는 이러한 법적 안정성을 두 가지 형태로 구별한다. 하나는 정향상의 안정성으로서 우리가 우리 스스로에게 요청된 행위가 무엇이며 다른 이로부터 우리가 기대하는 행위가 어떤 것인가를 알아야 한다는 것이다. 즉 정향상의 안정성은 법을 정립할 때 고려해야 하는 법적 안정성의 요청으로서 명확하고 모순 없게 법을 정립하고 공포해야 한다는 요구를 포함하고 있다. 따라서 정향상의 안정성이 확립된 사회에서는 명확하게 법이 제정되어 있고 시민들은 법의 내용을 잘 숙지하고 있을 것이다. 다른 하나는 실현상의 안정성이다. 실현상의 안정성이란 우리가 현존하는 법을 준수하거나 실현해야 한다는 것, 즉 일단 선고된 판결은 집행되고 맺어진 계약은 이행되어야 한다는 것을 의미한다. 이는 단순히 법이 명확하게 정립되고 시민들이 그 내용을 안다는 것을 넘어서, 실제로 법의 내용대로 법이 사회 속에서 실현되어야 한다는 것을 의미한다. 그래야만 법을 일부러 위반하거나 질서를 해치는 일이 없어질 것이기 때문이다.

법과 법학

법학이란 무엇인가

이상에서는 법의 개념과 법의 기능 그리고 법의 이념에 대해 간단하게 알아보았는데, 그렇다면 이런 법을 공부하는 법학이란 무엇인가에 대해 생각해보자. 법학은 법을 소재로 하는 고유한 방법론을 가진 학문이라고 일응 얘기할 수 있다. 법이 무엇인지에 대해서는 앞에서 간단하게 고찰했으므로 생략하고, 여기서는 법학의 학문성과 법학의 방법론에 대해 언급하고자 한다.

법학이 학문인가에 대해서는 오래전부터 여러 의견이 분분하였다. 고전적으로 이해된 학문관에 따르면 학문이란 불변의 진리를 탐구하는 지적 활동이었다. 그런데 법학의 대상이 되는 법은 불변의 진리이기 보다는 시간과 장소에 따라 가변적인 것이기 때문에 진리 활동의 대상이 될 수 없다고 생각될 수 있다. 따라서 로마법이라는 훌륭한 문화유산이 있음에도 불구하고 법학은 학문이라기보다는 실무기술에 가까운 것으로 여겨졌다. 독일의 법률가 키르히만은 "법학의 학문적 무가치성"이라는 글에서 '입법자가 세 마디만 수정하면 도서관의 모든 법서는 휴지가 된다'고 주장하기까지 하였다. 그러나 학문에는 순수학문도 있지만 응용학문도 있을 수 있다. 그리고 현대에서는 학문의 본성을 그 대상 뿐 아니라 그 방법에서도 찾는 것이 일반적이다. 즉, 논리적이고 체계적으로 지식의 체계를 수립하고 집적해 나가는 것을 전반적으로 학문 활동이라고 부른다면 오히려 법학은 그런 의미에 가장 부합하는 학문 분야가 될 수 있다.

뿐만 아니라 법학은 그 고유한 방법론을 가지고 있다는 점에 주목해야 한다. 법학의 대상인 법은 물리적 실체가 아니므로 물리적 실체와 현상을 연구하는 자연과학과 동일한 방법을 가질 수는 없다. 법은 "~을 하여야 한다"라는 규범적 의미를 가진 어떤 것이고 언어적으로만 파악되기 때문에, 법학은 법의 규범적 의미를 해석하고 그 해석된 것을 현실의 사건에 적용하는 방법론을 고유하게 가지게 된다. 이러한 법학의 고유한 측면에서 법을 해석하고 적용하는 법해석학이라는 세부적인 법학 분야가 성립한다.

그러나 이러한 법해석학만이 법학의 전부는 아니다. 법의 언어적 규범적 의미를 해석하고 적용하기 위해서는, 실제로 벌어지는 법적 현상에 대한 파악과 평가가 수반되어야 한다. 그리고 현실의 법적 현상은 우리의 일상적인 생활 전체에 관계하고 있다. 그런 의미에서 법학은 일상생활을 여러 관점에서 파악하고 있는 다른 인접 학문들과 밀접한 연관을 가질 수 밖에 없다. 이 중에서 경험과학적 방법론으로 법현상을 파악하는 것을 법사실학이라고 부른다. 이때 경험과학적 방법론으로는 사회학, 경제학, 역사학, 정치학 등에서 사용되는 방법론이 될 것이다. 이런 방법론을 적용시킨 법학의 분야가 법사회학, 법경제학, 법사학 등이 된다. 그리고 가치평가적 방법론으로 법과 법현상을 파악하는 것을 법가치학이라고 부른다. 가치평가적 방법론의 대표적인 것이 철학이기 때문에 법철학은 대표적인 법가치학에 속하며, 입법학도 더 나은 법을 찾는다는 의미에서 법가치학으로 분류하기도 한다.

우리가 흔히 민법학, 형법학이라고 부르는 법학의 세부 분야들을 생각해 보자. 위의 법해석학, 법사실학, 법가치학은 방법론에 따른 분류이고, 민법학, 형법학 등은 법의 분야에 따른 분류이다. 민법학을 예로 든다면, 먼저 '민법'이라는 한국의 법률이 있으므로 그 법률과 그 법률에 관련된 다른 법률 및 하위 법령의 규범적 의미를 해석하고 적용하는 민법해석학이 존재할 것이다. 이 민법해석학은 민법을 공부하는 데 있어 기초가 되는 것이고, 민법 공부의 가장 많은 부분을 차지하고 있는 것이기도 하다. 그러나 민법을 '제대로' 해석하기 위해서는 단순히 의미의 문법적 구조와 논리에 익숙한 것으로는 부족하다. 사회에서 시민들이 실제로 어떻게 경제생활을 하고 있는지에 대한 경험과 지식이 없는 상태에서 이루어지는 민법해석학은 실제 생활을 규율할 수 없기 때문에, 무용지물이 될 것이다. 그런 의미에서 민법해석학을 제대로 하기 위해서는 실제 시민들의 경제생활에 대한 고찰이 필요하며, 이는 민법사실학의 중요한 부분을 이룬다. 때로는 민법에서 사용되는 개념들의 역사적 근원을 고려해야 할 경우도 있을 것이므로 법사학이, 때로는 실제 거래 관계에 대한 분석을 필요로 할 경우도 있을 것이므로 법사회학이나 법경제학이 의의를 가지게 되는 것이다. 나아가 민법은 영원히 변화하지 않는 것이 아니고, 사회의 변화에 따라 적절한 시점에서 변화해야만 법과 현실의 괴리가 없을 것이다. 그렇다면 어떻게 변화하는 것이 타당한가? 현재의 법내용은 과연 정당한가와 같은 민법에서 상정하는 기본적인 가치에 대한 철학적 검토도 역시 제대로 민법학을 하기 위해서 필요할 것이다. 이런 의미에서 민법가치학 즉 민법철학 또한 민법학의 중요한 부분이 된다고 할 수 있다. 그러므로 민법학은 크게 민법해석학, 민법사실학, 민법가치학을 포괄하는 넓은 개념으로 이해하여야 하며, 이러한 민법해석학, 민법사실학, 민법가치학의 협동 속에 진정한 민법학을 구현할 수 있을 것이다.

리걸 마인드(Legal Mind)

법학을 공부하는 궁극적인 목적은 법학을 공부하는 학생들에게 리걸 마인드 즉 법적 사고력을 기르는 데 있다. 법학을 공부함으로써 우리는 법적 문제를 해결하기 위한 능력과 지식을 얻게 된다. 특히 법적 문제를 해결하기 위한 능력을 갖추기 위해서는 일상의 문제를 법적인 사고를 통해 법적 문제의 틀로 옮겨 오는 능력을 배양해야 한다. 그리고 이렇게 법적 문제의 틀 속에서 '법적으로' 가장 타당한 결론을 도출할 수 있어야 한다. 그러한 능력 전반을 리걸 마인드라고 할 수 있다.

그러나 리걸 마인드 자체가 무엇인지를 명확하고 구체적으로 제시할 수는 없다. 오랜 법학 공부와 법실무를 통해 자연스럽게 형성되고 몸에 익히게 되는 그 어떤 무엇이기 때문이다. 때로는 법적 사고 그 자체보다는 법적 사고를 할 수 있는 마음가짐을 포함하는 것으로 이해할 수도 있을 것이다. 어쨌든 리걸 마인드는 법적 문제를 해결하는 데 필요한 사고력이기 때문에, 예술가나 경영인에게 필요한 사고력과는 다를 수밖에 없다.

리걸 마인드의 필수적인 요소로는 분석력, 논리력, 판단력 등이 있다. 먼저 법적 문제를 해결하기 위해서는 그 법적 문제를 법적 개념의 틀을 사용하여 분석하여야 한다. 법적 문제는 기본적으로 현실 세계에서 벌어지는 사건이며, 그러한 사건은 여러 가지 복합적인 원인들이 얽혀있는 경우가 대부분이다. 그러한 복합적인 원인들을 차근차근 분석하여 법적 개념의 틀로 옮겨오는 작업이 있어야만 법적 문제화되고 그 이후에 법적 해결을 모색할 수 있을 것이다. 이러한 작업을 하기 위한 분석력은 다르게는 법적 쟁점을 파악하는 능력이라고 할 수 있으며, 리걸 마인드의 출발점이 된다.

그리고 다음으로는 분석력을 통해 법적 쟁점으로 파악된 사항을 논리적으로 추론하고 논증하는 능력이 필요하다. 법적 문제를 해결한다는 것은 그 해결책이 합리적이며 논리적이라는 것을 논증하여 상대방을 설득하는 것을 의미한다. 그러한 작업을 수행하기 위해서는 법적 문제에 대한 해결책이 훌륭한 이유와 근거를 가지고 있다는 점을 밝혀야 할 것이다. 그러한 이유와 근거를 밝히는 작업, 그리고 그 이유와 근거가 논리적인 연관성을 가지는 합리적인 것이라는 것을 밝히는 작업은 논리력을 향상시킴으로써 이루어진다. 현실에서도 사람들은 많은 문제를 놓고 다투고 토론을 한다. 그런데 논리적인 오류를 가지고 있으면서도 우겨서 자신의 주장을 관철시키는 경우를 흔히 발견할 수 있다. 적어도 법학에서 말하는 리걸 마인드는 이러한 논리적인 오류를 가지지 않으려는 마음가짐을 전제로 하는 것이다. 그리고 그런 의미에서 논리력은 객관적인 합리성의 차원을 담보하게 된다.

이러한 분석과 논리의 과정을 거쳤음에도 불구하고 여전히 법적 문제는 명쾌하게 해결되지 않는 경우가 생기게 된다. 왜냐하면 현실의 복잡다단하고 유동적인 측면은 법적 개념의 몇 가지 도구만으로 다 담아낼 수가 없기 때문이다. 극단적인 경우에는 훌륭한 분석과 논리적용이 있었음에도 불구하고, 동일한 사건에 대해 서로 다른 해결책이 제시될 수도 있다. 그것은 동일한 현상에 대해서도 서로 다른 가치관으로 파악하고 있기 때문이다. 인간의 삶과 사회에 대한 가치관이 잘 정립되어야만 법전문가로서 법적 사건에서 일관된 태도를 유지할 수 있다. 특히 우리나라 헌법에서 채택하고 있는 기본적인 가치들과 법령에 내재한 가치들은 반드시 내적으로 체화해야 할 것들이다. 자신의 결론이 가장 타당하고 적절한 것이라는 것을 궁극적으로 논증하기 위해서는 이런 가치들을 동원하여 자신의 이유와 근거를 종합적으로 설명하는 작업이 필요하다. 이렇게 분석력과 논리력을 넘어서 자신의 가치관을 토대로 최종적인 결론을 찾아나가는 능력을 판단력이라고 할 수 있다. 이런 의미에서 판단력이란 자신의 정립된 가치를 바탕으로 개별적 사고를 종합하는 능력이며, 종합이라는 의미에서 분석력과 논리력을 포괄하는 능력이기도 하다.

이러한 리걸 마인드를 갖추기 위해서는 어떠한 노력이 필요할까? 가장 기초적인 것은 법적 개념에 대한 명확한 이해를 하는 것일 것이다. 그러기 위해서는 법적 지식을 습득하는 것을 게을리 해서는 안 될 것이다. 법적 지식 없이 법적 개념을 이해할 수 없고, 법적 개념에 대한 이해 없이 법적 문제를 분석할 수는 없기 때문이다. 그리고 아무래도 실제 사례 혹은 가상 사례를 많이 다루어야 법적 문제를 분석하고 논리적으로 추리하는 능력이 향상될 것이다. 특히 논리력을 위해서는 개인적인 학습보다는 토론을 통한 생각의 검증이 많이 요구된다. 무엇보다 법정에서의 공방과정이 이러한 토론 과정이기 때문이다. 그리고 판단력을 위해서는 삶과 사회에 대한 세계관과 가치관을 확립하는 것이 필요할 것이다. 그러므로 법학 이외의 여러 인접 학문을 경험해 보고, 시사 등 사회적 쟁점에 대해 자료를 모으고 생각하는 여러 경험은 모두 올바른 판단력을 위한 중요한 요소가 된다.

제 2 장

법의 운용과 실현[*]

법   원
───

법원의 의의

　　법원(法源, sources of law, Rechtsquelle)이라는 말은 문자상의 의미로는 '법이 솟아 나오는 원천(샘)'을 뜻한다. 그런데 법이 솟아 나오는 현대의 가장 중요한 원천은 국회(의 입법)이다. 그렇다면 법원이란 입법기관을 의미하는 것인가? 그렇지는 않다. 법원이란 모종의 원천으로부터 솟아 나와서 적용될 것을 요구하면서 기다리는 '법규범의 모습들'을 지칭한다. 일반적으로 법원은 법의 존재형식 내지 법의 존재형태라고 정의되는데, 그 의미가 바로 이것이다. 즉 법원이란 입법기관을 지칭하는 것은 아니지만, 입법기관을 포함하여 법이 솟아 나온 곳을 기준으로 분류할 수 있다.

　　법에 따라 행위하려고 할 때 또는 법을 적용하려고 할 때 우리는 먼저 법의 내용을 인식하여야 한다. 그러기 위해서는 우선 법이 어떤 모습으로 존재하는지를 알 필요가 있다. 오늘날 우리나라에서 법은 대체로 입법기관인 국회에서 일정한 절차를 거쳐서 제정된 법률이 중심을 이루고 있다. 이에 관하여 헌법은 제103조에서 "법관은 헌법과 법률에 의하여 그 양심에 따라 독립하여 심판한다"고 규정함으로써, 헌법과 법률이 재판의 준거가되는 법원임을 명정하고 있다.

　　근대 국가가 성립된 이후 입법권은 국가에 의하여 독점되었고, 권력분립원칙이 정착된 후에는 입법권은 입법부가 독점하게 된다(대륙법계 국가.

───────────────

* 장영민: 이화여대 법학전문대학원 명예교수, 법철학.

이에 반하여 영미법계 국가는 계약법이나 불법행위법 등 일부 주요 분야에서는 판례법을 중시하고 이 경우 의회의 입법은 부차적 지위를 지닌다). 그럼으로써 종래 법으로 통용되던 자연법이나 이성법, 종교법 등은 법원의 지위를 잃게 되었고, 입법기관이 제정한 법률을 중심으로 한 법형식들이 배타적 법원의 지위를 획득하였다.

한편 각국은 헌법을 제정하여 입헌국가가 됨으로써, 의회의 입법과는 다른 성격을 갖지만 헌법 또한 제정법으로서 법 중의 법의 지위를 갖게 되었다. 우리나라나 일본, 미국 등은 이러한 성문의 헌법을 가지고 있다. 이에 비하여 영국과 같은 나라는 단일한 성문의 헌법을 가지고 있지는 않으나, 대헌장, 권리장전 등의 역사적 합의 내지 타협들이 헌법으로 통용되고 있다(불문헌법: 근자에 영국에서도 성문의 헌법을 가져야 하는가에 관한 논의가 있다).

이리하여 근대국가가 성립된 이후에는 법원의 문제는 그 이전과는 다른 양상을 보이게 되었다. 즉 입법기관이 제정하지 않는 규범이 법으로서 존재할 수 있는가의 문제가 중심주제가 된 것이다.

법원의 제양상

법원(法源)은 헌법을 정점으로 하여 입법기관이 제정한 법과 입법기관이 제정하지 않은 법으로 나눌 수 있다. 전자를 성문법(또는 제정법)이라고 하고, 후자를 불문법이라고 한다. 일반적으로 성문법과 불문법을 법의 성문 형식을 기준으로 구별하는 경우가 많으나, 다소 부정확하다고 생각된다. 예컨대 일반적으로 대헌장을 영국의 불문헌법을 이루는 규범이라고 말하지만, 대헌장은 훌륭한 성문규정으로 이루어져 있다.

성문법으로서는 헌법과 법률이 있으며, 명령이나 자치법규는 의회의 입법은 아니지만, 법률에 의하여 수권을 받아 제정한 법형식이며, 국제법의 법원이 되는 조약 등의 법형식도 있다. 한편 불문법에는 관습법, 판례(법) 그리고 조리가 있다.

1. 성 문 법

(1) 헌 법

헌법은 헌법제정권력의 결단으로 제정되고, 일정한 절차(예컨대 국회의 의결과 국민투표)를 거쳐 개정되는 당해 국가에서 최고의 지위를 갖는 법이다. 헌법은 단순히 국회에서 제정되는 법률과는 차원을 달리하는 최고의 법이다(따라서 헌법은 법률에 속하지 않는다). 헌법은 국민의 기본권을 확인하고, 권력분립을 규정함으로써 근대적 의미의 헌법을 구현하는데서 나아가 사회국가적 요구에도 부응하는 여러 제도를 창설하고 국가 스스로 의무를 지고 있다. 따라서 오늘날 헌법은 단순히 장식적인 의미를 갖는데 그치는 것이 아니라, 구체적인 권리와 의무를 형성해 주는 '법원(法源)'으로서의 의미가 한층 강화되어 있다. 예컨대 오늘날의 헌법재판의 일상화나 기본권의 제3자적 효력논의, 헌법적 형사소송의 요구등은 헌법의 법원성을 웅변해 주는 현상이라고 할 수 있다.

헌법은 그 성격상 세세하게 규정하기 어려운 사항을 법률에 규정할 것을 위임하고 있다. 예컨대 국가의 요소의 하나인 "'국민'이 되는 요건은 법률로 정한다"(헌법 제2조 1항)고 함으로써 헌법의 핵심사항을 법률(이 경우 국적법)로 규정할 수 있도록 국회에 대하여 수권하고 있다. 헌법은 법률에 대하여 상위법으로서의 지위를 가지고 있어서 수권할 수 있으며, 이 수권의 범위에서 제정된 법률은 효력을 갖게 된다.

(2) 법 률

법률은 입법기관인 국회에서 일정한 절차를 거쳐 제정하여 대통령이 공포한 법형식을 말한다. 민법, 형법, 상법 등은 법률의 예이다. 행정법의 경우는 행정법이라고 칭하는 법영역은 존재하나 행정법이라는 이름의 법률은 존재하지 않는다. 행정법(영역)은 정부조직법, 국가공무원법, 행정심판법 등 방대한 양의 법률 및 하위법형식으로 이루어져 있다.

법률들 가운데에는 일반법과 특별법이 있어 효력의 범위가 다른 경우가 있다. 예컨대 민법이 일반법인데 비하여 상법은 특별법이다(이에 관하여는 후술하는 법의 분류 참조).

(3) 명 령

입법부(국회)가 스스로 입법을 하지 않고 타기관에 대하여 입법의 위임을 하는 경우에는 그 기관은 입법의 권한을 부여받게 된다. 이리하여 국회의 의결을 거치지 않고 성립되는 법형식이 나타나게 되는데 명령이 그 예이다. 명령은 법률의 하위 법형식으로서, 대통령이 법률의 위임을 받아 제정하는 대통령령, 국무총리가 제정하는 총리령, 각부장관이 제정하는 부령(部令)이 있다. 예컨대 공무원 임용의 기본틀을 규정하는 법은 대통령령인 '공무원임용령'으로 되어 있다.

(4) 자치법규: 조례와 규칙

자치단체는 법률에 의하여 인정된 자치권의 범위 안에서 법규를 제정할 권한을 갖는다. 이 권한에 기하여 제정된 법규를 자치법규라고 한다. 자치법규에는 조례와 규칙이 있는데, 조례는 지방자치단체가 지방의회의 의결을 거쳐 제정한 규범이고, 규칙은 지방자치단체의 장이 제정한 규범이다.

이와 같은 여러 제정법들은 동일 평면에서 동등한 지위를 향유하고 있는 것이 아니라, 보다 상위에서 위임을 하는 상위법과 보다 하위에서 상위법으로부터 수권을 받아 제정되는 하위법이 있다. 예컨대 형법은 헌법 제37조 2항에 의한 수권에 따라 범죄를 저지른 자에 대하여 자유와 권리를 제한하는 형벌 등 형사제재를 부과하는 법률이다. 상위법과 하위법과의 관계에 관하여는 "상위법은 하위법을 개폐한다"는 원칙이 적용된다.

(5) 국제조약 및 국제법규

조약은 국가의 국제법상의 권리, 의무를 정하는 2개국 이상의 국가의 합의이다. 우리나라에서 국제조약은 국회의 동의를 얻어 대통령이 비준, 공포하면 국내법과 동일한 효력을 갖는다. 그리고 일반적으로 승인된 국제법규도 국내법과 동일한 효력을 갖는다(헌법 제6조 1항).

일반적으로 국제법의 법원으로는 국제조약, 국제관습법 그리고 일반적으로 승인된 법원칙을 드는데 국제관습법과 일반적으로 승인된 법원칙은 후술할 불문법에 속한다.

2. 불 문 법

불문법에 관하여는 관습법과 판례(법) 그리고 조리가 논의된다.

(1) 관습법

관습이란 일정한 사회에서 그 구성원들에 의하여 장기간 반복적으로 행하여 짐으로써 형성된 행위준칙이라고 정의할 수 있다. 관습은 단순히 반복되는 행위라는 사실의 차원에 그치는 것이 아니라 행위준칙이 된다는 면에서 규범으로서의 지위를 갖는다. 모든 사회는 가족관계나 상거래 등 사회생활의 여러 면에서 관습을 가지고 있다. 그리고 이러한 관습은 우리의 생활에 밀착하여 행위를 규율하고 있다.

그런데 이와 같이 자생적으로 형성된 행위준칙으로서의 관습이 국가강제력에 의하여 뒷받침되는 '법'의 지위를 갖는 규범으로 고양되는 경우가 있다. 예컨대 민법이 제정되기 전부터 우리 사회에는 '동성동본간에는 혼인하지 못한다'는 관습이 있었고 이 관습은 대부분의 우리나라 사람들로부터 법으로 인식되고 있었다(그래서 민법을 제정할 때 이를 명문의 규정으로 두게 되었으나, 근자에 헌법재판소는 이 규정을 위헌이라고 결정함으로써 민법의 이 규정은 효력을 상실하게 되었다). 어떤 관습이 관습법의 지위를 갖게 되면 법원은 이를 법원(法源)으로 인정한다.

그렇다면 이러한 관습은 어떻게 법의 지위를 얻게 되는가? 이에 관하여는 법을 보는 관념에 따라서 견해가 다르다. 예컨대 입법자의 입법권 독점을 강조하는 영국의 법학자 오스틴(John Austin)은 법을 '주권자의 명령'이라고 보기 때문에 관습도 주권자의 승인을 통해서만 관습'법'으로서의 지위를 갖는다고 한다. 그러나 일반적인 견해에 따르면 관습이 법으로서의 지위를 획득하여 '관습법'이 되는 것은, 그 관습이 그 사회의 구성원들로부터 '법적 확신'(opinio juris)을 얻을 때이다. 이는 19세기 중반 심리학적 법실증주의가 등장하여, 법의 효력을 심리적 사실로 환원하여 보기 시작한 이래 통설의 지위를 차지하고 있다. 법적 확신이 있다는 것은 그 사회의 구성원이 대체로 이를 행위준칙으로 삼아 행동하고, 이에 따라 행동하지 않는 자에 대하여 비판의 근거로 원용된다는 의미이다. 그러나 오늘날은 관습법이 되기 위하여는 사회 구성원의 법적 확신만으로는 부족하고, 그 사회의 당대의 가치관 내지 가치질서와 부합하여야 한다는 요구를 추가하고 있다. 이를 통해서 관습법 속에 온존할 수 있는 전근대적·봉건적 규범을 법으로 수용하지 않을 수 있게 된다.

(2) 판 례(법)

영미법계 국가는 판례법계 국가라고도 하여, '선례(＝선판결) 기속의 원칙'(stare decisis)이 지배하고 있어서 상급법원이 어떤 법률문제에 대하여 판결을 내리면 그 후 당해 법원이나 하급법원은 동일한 법률문제에 관하여 선례에 기속되어 재판하여야 한다. 따라서 영미법계에서는 선례가 바로 법이며(엄격하게 말하자면 선례 가운데 holding이라고 불리우는 판결이유(ratio decidendi)가 법으로서 기속력을 갖는다. 방론이라고도 번역되는 이유설시(obiter dictum)는 기속력을 갖지 않는다), 의회의 입법은 판례법을 보충하는 2차적 지위를 가지고 있다. 이에 비하여 우리나라를 포함한 대륙법계 국가는 성문법주의를 취하고 있어서 구체적인 법률문제에 대한 판단은 선례에 기속되지는 않는다. 따라서 판결이유도 사안이 제정법 등에 포섭됨을 보이는데 집중되며, 선례와의 동일성이 원칙적인 논거로 제시되지 않는다.

우리나라의 경우 상급법원의 판결은 하급법원을 기속하는데, 상급법원의 판결은 당해 사안에 대한 기속력만을 갖는다. 그러나 상급법원은 정의 내지 법적 안정성의 요청상 동일한 사안에 대하여는 동일하게 판결하는 경향을 보이며, 하급법원은 상소심에서의 파기가능성 때문에 상급법원의 선례를 답습하는 경향을 보인다. 이러한 면에서 선례가 사실상의 기속력을 갖는다는 점은 부정할 수 없다.

그러나 이와 같은 사실상의 기속력을 갖는다고 하여 선례를 법원이라고 보기는 어렵다. 왜냐하면 앞서 언급한 바와 같이 법원의 지위를 갖기 위하여는 적어도 '일반적' 효력을 가져야 하는데, 판결은 당해 사건을 기속하는 효력만을 갖기 때문이다(법원조직법 제8조). 또 선례위반은 재판에 대한 독자적인 불복사유로 되어 있지 않다.

그렇다면 선례는 어떤 의미를 갖는가. 선례는 당해 사건에 대하여는 구체적 법이지만 법원(法源)은 아니기 때문에 후일의 재판에 대하여 '법적' 기속력을 갖지는 않는다. 그러나 선례는 정의(같은 것은 같게 취급하라)와 법적 안정성의 요청을 하고 있기 때문에 후일의 판결이 이를 이탈하는 경우에는, 이러한 가치(정의, 법적 안정성)를 능가하는 가치의 실현이 있음을 보여야 한다. 이는 법관의 논증의무로 귀결된다. 그래서 법원조직법도 대법원에서 판례를 변경하는 경우 대법관 전원의 3분의 2 이상의 합의체에서 하도록 하고 있다(동법 제7조 1항). 이는 판례변경을 신중히 하라는 의미뿐 아니라, 더 많은 다수를 설득시켜야 한다는 논증요구의 표현이기도 하다. 이렇게 보면 선례는 법관과 후일의 법관 및 당사자, 나아가 일반대중에 대하여 제시하는 '반증의 대상이 되는 논거의 제시'라고 할 수 있다. 이리하여 궁극적으로는 법원의 권위가 아니라 '보다 나은' 논거가 승리하는 제도를 갖게 된다.

(3) 조 리(條理)

민법 제1조는 "민사에 관하여 법률에 규정이 없으면 관습법에 의하고 관습법이 없으면 조리에 의한다"고 규정하고 있다. 따라서 조리는 법률의 규정에 의하여 민사에 관하여 보충적 법원으로 승인되고 있다. 한편 스위스 민법 제1조는 이와 같은 경우에 "법관은 자기가 입법자였다면 제정했을 규정에 따라서 재판하여야 한다"고 규정하고 있다. 이와 같은 경우 법관은 입법자의 지위에서 입법을 하고 그에 따라서 재판하여야 한다는 것이다.

스위스 민법의 이 조항은 (독일권 법학사에 등장했던 사조인) 자유법론의 승리라고 말하고 있다. 그런데 자유법론자들이 이러한 주장을 한 이유는, 현실과 동떨어진 개념의 체계속에서 사안에 대한 해답을 발견하려 했던 개념법학의 경직성을 완화하고자 한 데 있고, 이들이 대안으로 제시한 방법은 사안 자체에 내재한 질서나 이익형량, 정의의 요청 등 다양한 가치표상의 도입이었다. 따라서 통상의 입법자인 국회의원들처럼 여론에 귀를 기울이고 정치적 타협을 능사로 하는 정치적 입법자를 모델로 한 것은 아니었다는 점을 유념하여야 한다.

한편 이러한 규정이 없는 독일의 경우에는 이 영역을 '법의 흠결(欠缺)'이라고 이름하고 이를 보충하기 위한 법관의 활동을 '법(의 발전적) 형성'(Rechtsfortbildung)이라고 한다. 그 방법으로서는 유추, 법의 보충, 법률의 수정, 나아가 법률문언에 반하는 법형성에 이르기 까지 다양한 경우를 유형화하여 그 해결방안을 모색하고 있다. 대체로 이 영역에서는 당해 영역의 법가치, 법의 목적, 이익형량 등이 종합적으로 고려된다. 이러한 유형화와 그 해결노력은 우리나라에서 법원으로 승인하고 있는 조리를 실질화하는 데 도움이 될 수 있을 것이다.

이에 비하여 우리나라는 조리를 보충적 법원으로 인정하고 있다(민법 제1조). 조리(條理)란 '사물 내지 사실 자체가 내포하고 있는 척도와 질서'라고 정의할 수 있다. "생활관계에는 정도의 차이는 있지만 그 자체내에 자신의 척도와 자신의 내적 질서가 들어 있다. 이러한 관계속에 내재하는 이 질서는 '사물의 본성'이라고 불리운다. 실정규범이 존재하지 않거나, 실정규범이 존재한다 하더라도 규범이 불완전하거나 불명확한 경우에는, 법률가는 이에 의존하여야 한다"(Dernburg).

이와 관련하여 역사상 자주 인용되는 두 예를 들어 보자. 로마 시대의 가장(*fater familias*)은 그 가에서 법적 권리와 의무를 가질 수 있는 유일한 사람이었다. 성인인 자(子)를 포함한 가(家)의 다른 구성원은 가장의 지배하에 있었고, 이들은 가장의 인격의 일부로 여겨졌다. 이때 부(父)는 자기의 물건을 훔친 자(子)에 대하여 반환청구의 소를 제기할 수 있는가? 이에 관한 명문의 규정이 없지만 이는 조리상 불가능하다고 판단하게 된다. 왜냐하면 이는 자기 자신에 대하여 소송을 제기하는 것이었기 때문이다. 또 카톨릭 교회는 혼인을 성사(聖事)의 신성한 힘이 부여하는 영원한 결합이라고 본다. 교회법의 이혼금지는 이러한 관념에 근거하고 있다. 따라서 교회법상 명문의 이혼금지규정이 없어도 사리(事理)상 이혼금지는 명백하다.

이러한 식의 조리에 대한 이러한 정의는 대체로 서구의 '사물의 본성'(rerum natura)에 대한 정의와 동일한 것으로서, 여기서는 조리의 언어적 의미 가운데 사리(事理)가 중심을 이루고 있다. 조리라는 말에는 이 이외에 논리의 의미도 함축되어 있다. 논리란 사고의 법칙으로서 사고과정의 일관성, 무모순성, 정합성을 지칭한다. 법적 사고도 당연히 이러한 법칙에 따라야 하는데, 그것은 논리법칙이 법원이기 때문이 아니라, 논리 자체가 인간의 모든 합리적 사고에 전제가 되는 것이기 때문이다.

사리를 중심으로 조리를 파악할 때, 조리는 다음과 같은 4가지의 범주로 나눌 수 있다. ① 자연사물의 속성(여성의 회임기간, 인간의 수명 父子관계 등), ② 인간 본성의 고정된 필연적인 여건(所與)(소유, 거래, 과실, 착오), ③ 인간의 정치생활 내지 사회생활상의 제도들이 갖는 본질적 속성(일부일처제, 교육제도 등), ④ 특정 형태의 사회가 입각하고 있는 전제 내지 요청(인간의 존엄, 기본권) 등.

이러한 범주에 내재하고 있는 속성, 전제, 요청들은 성문법이 존재하지 않고 관습법도 존재하지 않는 경우에 보충적 법원으로서 법관이 원용하여 재판할 수 있다.

법의 분류

법은 여러 가지 기준에 의하여 다양하게 분류할 수 있다. 앞에서 이미 '자연법과 실정법'(본서 7면 이하, 13면 이하 참조), '성문법과 불문법'(본서 9면 이하 참조)의 구분에 대하여 살펴보았다. 이하에서는 그 외의 분류에 관하여 간단히 살펴보기로 한다.

국내법과 국제법

국내법은 한 국가내에서 효력을 갖는 법인데 비하여, 국제법은 국가 상호간의 권리, 의무를 정한 국가간에 통용되는 법이다. 오늘날에는 개인이나 단체도 국제법의 주체로서 인정되는 경향을 보이고 있어서 국제법의 적용 범위는 국가 상호간 뿐 아니라 국가와 개인, 단체의 관계에 까지 확장되고 있다.

한편 국제사법(섭외사법)이라는 법률은 사인의 여러 나라에 걸친 법률관계(예컨대 한국인 남자와 혼인하여 한국에 살고 있는 미국인 여자가 사망한 경우 그 여자의 미국에 있는 재산의 상속에 관한 준거법은 어느 나라 법인가)에 적용할 한 준거법을 정하는 법으로서 '국제'라는 말을 사용하고 있지만 국내법이다.

공법과 사법

공법과 사법의 구별은 이미 로마법 시대부터 있었던 구분방법이다. 로마 시대에는 국가와 시민사이를 규율하는 법을 공법으로, 시민과 시민 간을 규율하는 법을 사법이라고 보았다. 공사법의 구별이 근대적 의미를 갖게 된 것은, 시민계급이 성장하여 국가권력으로부터의 간섭을 받지 않는 사적 자치의 자율적 영역을 확보하고자 했던 시기부터이다. 이들은 우선 법과 도덕의 분리를 통해서 국가형벌권의 전횡을 막고, 공법으로부터의 사법의 분리를 통해서 사적 자치의 공간을 확보하였다. 사법은 소유권 절대의 원칙과 과실책임의 원칙의 틀 안에서 사적 자치를 전면적으로 보장하는 내용으로 형성되었다. 시민계급은 이러한 공간에서 번영을 구가하였다. 그러나 이러한 시민사회에 대한 사적 자치의 보장은 많은 부작용을 노정하였다. 왜냐하면 사적 자치란 시민사회 구성원을 개인 차를 도외시하고 각자를 추상적 인격체로서 구성하고 이들 사이의 추상적 평등을 전제로 인정된 것이었기 때문이다. 그러나 구체적 개인은 여러 측면에서 불평등하고 이러한 불평등은 사적 자치의 보장 속에서 더욱 확대되어 갔다. 그리고 이러한 불평등은 각인의 추상적 평등이라는 시민사회의 기본전제를 붕괴시킬 정도에 이르렀다. 이 때문에 사적 자치의 영역에 국가권력이 개입하여 사적 자치를 제한하는 법들이 다수 나타나기 시작하였다. 노동법, 사회법 그리고 경제법이 그 예이다. 이러한 법영역을 공사법 이외의 제3의 법이라고 말하기도 한다.

공법과 사법을 구별하기 위하여 이익설, 법률관계설, 주체설, 통치관계설 등 여러 학설이 주장되어 왔지만, 헌법, 행정법, 형법 그리고 민사소송법, 형사소송법은 공법으로, 민법과 상법은 사법으로 분류하는데에는 이론이 없다. 오늘날 문제가 되는 것은 제3의 법이 나타남으로써 종래의 각 법 영역에서 통용되던 법원리들이 제한받거나(예컨대 사적 자치의 원리의 제한), 새로운 원리들이 등장하고 있다는(인간다운 생활을 할 권리) 점이다. 나아가 공사법의 고유한 영역에서도 사법의 공법화(예컨대 토지공개념, 부동산실명제), 공법의 사법화(형법에서의 원상회복제도 구상) 현상이 나타나고 있다. 이러한 현상은 전통적인 공사법의 구별의 의미를 완화시키는 변화로서 주목할 필요가 있다.

실체법과 절차법

실체법이란 권리, 의무와 같은 법질서의 실질적 내용을 정하는 법으로서, 민법, 형법, 상법이 그 대표적인 예이다. 이에 비하여 절차법이란 실체법에 의하여 정하여진 실질적 내용(권리·의무)을 실현하는 형식과 절차를 정한 법이다. 민사소송법, 형사소송법이 그 대표적인 예이다.

민법과 같은 사법에서는 권리의 발생, 변경, 소멸이 사적 자치에 맡겨져 있을 뿐 아니라, 이를 둘러싸고 발생하는 분쟁해결도 사적 자치에 의존할 수 있다. 따라서 민사적 분쟁의 경우 소송절차에 의하지 않고 해결할 수도 있지만, 형사소송은 국가 형벌권의 존부와 양을 정하는 절차이기 때문에 사적 자치는 인정되지 않고, 당사자(검사와 피고인) 간의 합의를 통한 범죄의 인정 및 형벌의 부과는 인정되지 않는다.

일반법과 특별법

법은 효력의 범위에 따라 일반법과 특별법으로 나눌 수 있다. 그 적용대상이나 적용범위에 제한이 없이 일반적으로 적용되는 법을 일반법이라고 하며, 이에 일정한 제한을 갖는 법을 특별법이라고 한다.

법적용의 장소적 범위를 기준으로 할 때, 전국에 적용되는 법은 일반법이며, 일정한 지방에만 적용되는 법은 특별법이다. 이러한 의미에서 보통의 법률은 모두 일반법이며, 도의 조례나 규칙은 특별법이다.

법적용의 인적 범위를 기준으로 할 때, 일반인에게 적용되는 법은 일반법이며, 특수한 집단의 사람에게만 적용되는 법은 특별법이다. 형법은 일반법인데 대하여 군형법은 군인에게만 적용되는 특별법이다.

규율하는 사항을 기준으로 할 때, 보다 일반적 사항을 규율하는 법이 일반법, 보다 특별한 사항을 규율하는 법이 특별법이다. 예컨대 민법은 일반법인데 비하여 상법은 특별법이다. 그러나 상법과 증권거래법과의 관계에서는 상법이 일반법이고 증권거래법은 특별법이다. 또 형법은 일반법이며, 특정범죄가중처벌법이나 조세범처벌법, 경범죄처벌법, 국가보안법 등은 특별법이다.

일반법과 특별법은 효력의 면에서 차이를 갖는다. 여기에는 "특별법은 일반법을 개폐한다"는 원칙이 적용된다. 일반법과 특별법이 저촉하는 경우에는 특별법이 적용되고, 일반법은 특별법에 규정이 없는 경우에 보충적으로 적용된다. 특별법이 적용된다고 하여 일반법이 종국적으로 폐지되는 것은 아니고, 일반법의 적용범위내에서는 여전히 일반법이 적용된다.

법의 적용과 해석

법의 적용

실정법학(법해석학)은 실정법의 의미해명을 사명으로 한다. 이 점은 구체적인 사안에 대하여 심판하는 법원도 같다. 법원도 실정법의 의미내용에 따라 재판해야 하기 때문이다. 그런데 구체적 사안에 대하여 법을 얻는다는 것, 즉 실정법의 의미내용에 따라 재판한다는 것은 무엇인가. 이에 관하여는 오늘날 다양한 견해가 제시되고 있지만, 통설적인 견해에 따라서 간단히 살펴보기로 한다.

사법(司法)의 사명은 법을 적용하는 것이다. 법의 적용이란 구체적인 사안에 대하여 법을 재생산하는 작업이라고 할 수 있다. 이는 법규범을 대전 제로 하고 사안을 소전제로 하여 결론을 획득하는 삼단논법적 추론과정을 통해서 이루어진다. 이때의 결론은 법을 창조한 것이 아니라 법을 적용한 것이다. 거꾸로 말하자면 이러한 판단은 기존의 법의 단순한 재생산이라는 면에서 '정당화'된다.

그러나 이 과정은 이와 같이 간단한 것은 아니다. 우선 소전제와 관련 하여 볼 때 소전제가 되는 것은 역사적 사실 자체가 아니라, 역사적 사실을 일정한 법률적 관점에서 구성한 구성물이며, 대전제의 경우에도 많은 법규 가운데 사안에 대한 포섭가능성이 있는 법규를 직접 또는 해석을 통해서 대전제로 설정하는 것이다. 이렇게 볼 때 대전제를 설정하는 것과 소전제를 설정하는 것은 별개의 과정이 아니라, '법규범과 사안 사이의 부단한 시선 왕래'를 통하여 이루어지는 것이다. 이렇게 볼 때 포섭은 법발견의 방법이 라기보다는 법발견의 결과라고 하는 것이 더 정확하다고 하겠다.

이와 같이 법문에의 포섭을 통해서 이루어지는 구체적 판단의 발견을 '법에 따른'(secundum legem) 법발견이라고 한다. 그러나 법률에 명시적인 규정이 없고 다른 법원을 통해서도 답을 발견할 수 없는 경우 법관은 직접 적으로 법문에의 포섭을 할 수는 없지만, 유추등의 방법으로 법의 한계를 일탈하지 않는 '법내재적'(praeter legem) 법발견을 하게 된다. 그리고 드물 게는 도저히 법내재적인 법발견도 할 수 없는 경우에는 '법의 한계를 벗어 나는'(contra legem) 법발견도 이루어지는 경우가 있다. 형법 제55조 1항은 "벌금을 감경할 때는 그 다액의 2분의 1로 한다"고 규정하고 있다. 그런데 벌금액이 3천만원 이상 5천만원 이하인 경우, 이를 감경하면 3천만원 이상 2천5백만원 이하가 되어 벌금액을 정할 수 없는 경우가 생긴다. 이 때문에 대법원은 '다액'을 '금액'으로 해석하여 상한과 하한을 모두 2분의 1로 감경 하였다(이른바 '금액판결'). 이러한 해석은 법의 한계를 벗어나는 법발견의 예라고 할 수 있다.

법의 해석

1. 법해석의 필요성: 유권해석, 학리해석

법을 적용하기 위하여는 법의 이해가 선행되어야 한다. 법학에 중심을 이루는 법해석학은 바로 이 실정법의 의미이해, 의미해명을 사명으로 한다. 그런데 법의 의미내용은 법언어를 통해서 주어진다. 언어는 본질적으로 불명확성을 가지며, 비교적 명료한 내포와 외연을 가졌다고 생각하는 언어도 이에 대한 언어공동체의 구성원간의 의미의 폭이 다를 수 있기 때문에 해석의 필요성은 크다. 나아가 법 자체가 규범적 개념(예컨대 '음란성'), 일반조항('상당한 이유') 등 해석의 필요성이 큰 개념을 사용하는 경우에는 더욱 그러하다.

따라서 이러한 해석상의 이견의 가능성을 줄이고 법질서의 통일성을 확보하기 위하여 권한있는 기관 자체가 법을 해석하는 경우가 있는데 이를 유권해석이라고 한다(학자들이 행하는 권한없는 해석은 학리해석이라고 하는데, 이는 유권해석을 비판적으로 검토하고 법해석의 지평을 넓혀 주기 때문에 중요한 의미를 갖는다). 유권해석에는 입법해석, 행정해석, 사법해석이 있다.

입법해석이란 입법자 스스로가 법문의 의미를 정의하여 확정해 놓은 경우를 말한다. 예컨대 형법상 내란죄는 '국헌문란'이라는 말을 사용하고 있는데, 입법자는 이에 관하여 '헌법 또는 법률에 정한 절차에 의하지 아니하고 헌법 또는 법률의 기능을 정지시키는 것' 그리고 '헌법에 의하여 설치된 국가기관을 강압에 의하여 전복 또는 그 권능행사를 불가능하게 하는 것'이라고 정의하고 있다. 행정해석이란 행정관청이 내리는 해석으로서, 상급행정관청은 하급 행정관청에 대하여 법령의 해석에 관하여 훈령을 내리고 하급관청의 신청 또는 질의에 대하여 지령을 발한다. 그리고 행정각부는 법령의 해석에 관하여 의문이 생기면 법제처장에게 유권해석을 구한다. 사법해석이란 법원이 내린 해석을 말한다. 법원의 해석은 판결을 통해서 이루어진다.

이러한 제 유권해석이 있지만 해석에 관한 다툼이 있는 경우에 최종적으로는 법원(대법원)의 해석이 구체적인 법으로 확정된다. 이는 당해사건에 대한 해석으로서 (입법과 같은) 일반적 구속력을 갖지는 않으나 하급심을 기속하며 이후의 대법원의 법률해석의 준거가 된다는 점에서 사실상의 구속력은 크다고 하겠다.

2. 법해석의 방법

유권해석은 해석이 어떻게 행하여 지는가에 대하여는 아무런 답을 주지 못한다. 따라서 해석과정에 대한 실질적 내용의 해명이 필요하다. 이하에서는 이를 간단히 살펴본다.

법해석에는 전통적으로 다듬어져 온 다음과 같은 4가지의 해석방법이 있다. 이는 독일의 법학자 사비니(Friedrich Carl von Savigny)가 다듬어서 제시한 방법의 목록으로서 보통 '사비니의 카논'이라고 한다. 문리해석, 체계적 해석, 역사적 해석, 목적론적 해석이 그것이다.

(1) 문리해석

문리해석은 해석의 대상이 되는 언어의 관행적 용법(의미)을 확인하는 해석방법이다. 이를 위하여는 사전이나 문법 또는 전문적인 문헌을 찾아보아야 할 경우도 있다. 그런데 대체로 언어는 의미의 폭을 가지고 있어서 그 언어의 의미를 잃지 않으면서 가장 좁게 쓰이는 경우와 가장 넓게 쓰이는 경우 사이의 폭을 생각할 수 있는데, 문리해석은 이 양 극단을 한계로 한다. 예컨대 '사람을 살해한 자'를 '백인을 살해한 자'라든가 '남자를 살해한 자'라고 해석하는 것은 가장 좁은 의미의 한계를 넘어서 어의를 축소하는 것이며, (구형법의 강간죄의 구성요건이었던) '부녀(=여자)를 강간한 자'를 '사람을 강간한 자'로 해석하는 것은 가장 넓은 의미의 한계를 넘어서는 해석으로서 문리해석의 한계를 넘는 것이다. 언어가 가진 핵심적 의미(이를 '개념의 핵'이라고도 한다)는 대체로 이 중간에 있게 되는데, 이를 넘어서 가능한 어의의 외적 한계에 접근하는 해석을 확장해석이라고 하고, 개념의 핵보다 더 좁은 한계에 접근하는 해석을 축소해석이라고 한다.

어의에 대하여 여러 해석의 가능성이 있는 경우에는 문리해석은 그 각각의 가능성을 확인해 줄 뿐 이 경우 어떤 가능성을 택하여야 하는가는 확정지어 줄 수 없다. 이를 위하여서는 다른 해석방법에 의존하여야 한다.

특별히 다른 해석가능성이 없이 문리해석이 마무리된 경우 이를 토대로 하여 명시적으로 규정되지 않는 사안에 대한 적용가능성을 추론할 수 있다. 이를 일반적으로 논리해석이라고 말하기도 하지만 엄밀하게는 '추론'방법이라고 하는 것이 타당하다. 왜냐하면 이는 해석과는 무관한 것이기 때문이다. 이에는 물론추론과 반대추론 그리고 유비추론(유추)가 있다. 예컨대 "역 구내에 개 동반자 출입금지"라는 규칙이 있는 경우에 '곰을 동반하고 온 사람'은 출입할 수 있는가(이 경우 개에 관하여 해석의 문제는 없다. 어디부터가 구내인가에 관하여는 해석의 문제가 있을 수 있지만 여기서는 문제되지 않는다). 이때 개 동반자가 출입금지라면 곰 동반자도 출입금지라고 추론하는 방법이 물론추론이다. 이에 반하여 곰은 개가 아니므로 곰 동반자는 출입이 허용된다고 추론하는 방법이 반대추론이다. 일반적으로 유추해석이라고 말하는 유비추론도 이러한 추론방식의 하나로서 유비추론에 의하면 이 경우 곰은 개와 '유사한' '동물'이므로 출입금지라고 추론하게 될 것이다.

이러한 추론방법이 있지만 각 경우에 어느 추론방법을 택해야 하는가의 문제 역시 이 단계에서 정해지지는 않는다. 이를 위해서는 이 규정의 취지 내지 목적과 같은 다른 관점이 필요하다.

(2) 체계적 해석

어떤 법개념이나 법규정도 고립되어 존재하지는 않는다. 이들은 통일적 법질서의 일부를 구성하고 있으며, 다른 규정으로부터 비로소 그 내용과 의미를 부여받기도 한다. 따라서 체계적 해석은 해석의 대상이 되는 법개념 또는 법규정과 다른 규범간의 관계를 고려하여 그 의미의 폭과 내용을 조정한다. 당해 규정이 법률의 어느 편장 속에 어떤 자리에 규정되어 있는가가 해석의 지표가 되기도 하며, 당해 법영역 뿐 아니라 전체 법질서와의 관계를 고려하는 경우도 있다. 이를 통하여 어떤 해석이 그 규정을 당해 법질서 내지 전체 법질서에 정합하지 못하고 이물질로 보이게 만드는 경우에는 그러한 해석은 배제되게 된다.

체계적 해석은 법질서 전체와의 관련성을 고려하기 때문에 법체계의 위계적 구조상 상위법에 모순되는 해석은 배제된다. 특히 그 규정이 헌법과 모순되는 것으로 해석될 가능성이 있는 경우에도 헌법과 합치하게 해석하여야 한다. 이를 '헌법합치적 해석'이라고 한다.

체계적 해석의 예를 들어 보자. 형법은 낙태죄와 살인죄를 처벌하고 있는데, 분만중에 있는 자가 태아로서 보호되는가 사람으로서 보호되는가에 관하여는 낙태죄와 살인죄의 어느 규정도 명시하지 않고 있다. 그런데 형법 제251조는 '직계존속이 … 분만중 또는 분만 직후의 영아(嬰兒)를 살해'한 경우를 규정함으로써 분만중의 자는 태아의 지위를 벗어나서 영아(사람)의 지위에 있음을 명시하고 있다. 따라서 형법 제250조의 살인죄의 '사람'에 관한 해석은 동법 제251조에 의하여 그 의미의 폭이 결정된다.

(3) 역사적 해석

역사적 해석은 발생사(성립사)적 해석이라고도 하는데, 해석의 대상이 된 법이 제정되던 당시에 어떤 사안이 어떤 상황에서 문제되어 이 법을 제정하게 되었는가를 탐구한다. 즉 역사적 해석은 법을 역사적 실체로 보고 그 성립과 변화를 추적함으로써 그 법을 이해하고자 하는 해석방법이다. 예컨대 프랑스혁명은 왜 발생했는가를 연구하기 위하여 당시의 방대한 역사적 자료를 검토해야 하는 것처럼, 법에 대하여도 이 법이 왜 제정되었는가를 파악하기 위하여는 당시의 법률을 기초한 개인이나 위원회의 자료를 검토하고, 입법이유서나 입법부의 심의과정도 참조하며, 제정된 후의 법 운용에 관하여서도 검토한다.

일반적으로 역사적 해석은 다음에 설명할, 법을 제정한 '입법자의 의사'를 탐구하는 주관적 해석론과 동일시되기도 하는데, 양자는 유사하지만 동일하지는 않다. 주관적 해석은 '입법자의 의사'를 탐구하는데 비하여, 역사적 해석은 법률이 제정되기 전의 사정, 제정경과, 제정된 이후의 적용양상까지도 고려하고 입법자 자신의 견해의 변경도 고려한다.

(4) 목적론적 해석

목적론적 해석이란, 법규범은 항상 일정한 목적을 추구한다는 것을 전제하고 이러한 목적과 관련하여 법문의 의미를 해석하는 방법이다. 이때의 목적이란 입법자가 의욕하여 법에 명정한 목적일 수도 있고, 입법자가 의욕하지는 않았지만 사후적으로 법률이 그것을 추구하는 것이 적절하다고 밝혀진 목적도 포함한다. 예컨대 법률의 모두(冒頭)에서 규정하는 당해 법률의 목적은 입법자가 명시한 목적이라고 할 수 있다.

규범의 목적을 확인하기 위하여는 그 법이 달성하려고 하는 사회적 목적이 무엇인가, 그 법은 어떤 이익을 우위를 두고 있는가, 이 법이 일차적으로 실현시켜야 할 이익은 무엇인가, 이 법은 어떤 원리위에서 규정되었는가 하는 점을 검토해야 하고, 가능한 해석들의 효과와 결과도 고려하여야 한다.

목적론적 해석의 관점에서 볼 때 여러 해석 가능성들 중에서 법률의 목적을 가장 잘 실현하는 해석이 우위에 놓인다. 그러나 그중에는 목적실현에 작용하지만 동시에 원하지 않은 부작용을 가져오는 경우도 있다. 이러한 경우에는 그 해석의 가치와 반가치는 교량의 대상이 된다. 따라서 목적론적 관점에서는 법률의 목적을 가장 잘 실현하는 해석이 우위를 갖지만 부정적인 부작용은 가능한 한 피할 수 있는 해석을 택해야 한다. 이렇게 볼 때 목적론적 해석은 법률해석에 있어서 이득 극대화와 손실 극소화를 추구한다고 말할 수 있다.

(5) 해석방법들의 상호관계

이와 같은 해석방법들은 구체적인 사안을 해석함에 있어서 상호간 어떠한 관계에 있는가. 결론부터 말하자면 해석방법들의 절대적 서열관계를 정하기는 불가능하다. 논리적으로는 문리해석이 최초의 해석방법이 된다. 그러나 이는 해석의 기초를 형성해 줄 뿐이다. 왜냐하면 이를 통해서는 언어의 일반적 관용과 여러 해석가능성을 확인할 수 있을 뿐, 어느 해석이 해석의 목표에 도달하게 해주는가는 밝혀지지 않기 때문이다. 따라서 문리해석을 통해서 얻은 규범가설(=해석가능성)들은 다른 해석방법을 통해서 검증과 반증을 거듭하여 법해석의 목표에 접근하는 것으로 보아야 할 것이다. 그리고 이것은 앞에서 열거한 순서대로 이루어지는 것도 아니며 일종의 시행착오적 방식으로 행하여 진다.

3. 법해석의 목표

우리가 해석을 통해서 얻으려는 것은 무엇인가? 일상생활에서 말이나 글의 의미가 문제될 때 우리는 말한 사람이나 글 쓴 사람의 의사가 무엇이었는가를 묻는다. 법률의 해석에 있어서도 이러한 태도를 생각할 수 있는데 이러한 입장에서는 우리가 해석을 통해서 알고자 하는 것은 '입법자의 의사'라고 본다. 이를 '주관설'이라고 한다(이때 주관적이라고 하는 것은 해석자의 주관이 개입한다는 뜻이 아니라, 입법의 주체인 입법자의 의사가 해석의 목적이 된다는 의미이다).

이러한 입장에 대하여 '객관설'은 법해석의 목표는 '법률의 의사'를 확인하는 것이라고 주장한다. 그런데 법률이 사람과 같이 의사를 가질 수는 없는 것이기 때문에 이러한 표현은 다소간 비유적인 것으로서, 입법자는 법률을 제정함으로써 언어적 의미체를 제공함으로써 그 소임을 다하는 것이며 해석자는 그 의미체 자체의 의미를 해석하는데 몰두하여야 한다는 입장이다. 이러한 입장에서는 사회의 변화와 언어의 의미의 변화에 따라서는 법률은 입법자가 뜻하지 않았던 의미를 가질 수 있다고 본다. 예술작품의 경우 작자가 생각하지 못했던 면을 해석자(평론가)가 찾아내는 경우가 있어서 "해석자는 저자보다 현명하다"는 말이 통용되기도 한다. 이러한 생각을 법률해석에 적용해 보면, 법률텍스트는 입법자의 의사로부터 독립하여 독자적인 고유의 생명을 갖기 때문에 해석자는 법률의 의사를 탐구하는 것을 사명으로 하여야 한다는 것이다(객관설의 명칭에서 '객관적'이라는 말은 주체인 입법자의 의사는 기준이 되지 못하고 2차적인 지위를 갖는데 불과하다는 의미이다).

주관설은 그 근거를 이해와 해석에 관한 철학적 입장(이해는 작자의 사유과정을 반복함으로써 이루어진다)과 권력분립의 원칙에서 찾는다. 즉 해석자의 자의적인 법해석을 막기 위하여는 해석자를 입법자의 의사에 기속시키는 주관설이 타당하다는 것이다. 이에 비하여 객관설은 언어(적 창조물)를 저자와 독립한 실체로 보는 철학적 입장을 토대로 법의 의사소통의 '매개체'로서의 역할을 강조하며, 나아가 이러한 입장이 상황변화에 대한 적응력의 면에서 강점이 있음을 지적한다. 사실 주관설은 여러 면에서의 결함을 가지고 있다. 그리하여 주관설을 철저히 관철하는 경우 해석불능의 상태에 빠질 수도 있다. 입법자가 다수인 경우 그 의사를 개별적으로 확인하기 어렵고, 법률이 통과될 때 의원들간에는 여러 의사가 있을 수 있는데 과연 입법자의 의사가 어느 것인지를 파악하기는 불가능하다. 또 여러 정치적 노선을 갖는 집단이 동일한 법률텍스트에 합의를 하였지만, 그 법률을 통해서 얻으려고 한 것에 대해서까지 합의를 보지 않은 경우에는 어떻게 해석할 것인가가 문제된다. 또 오늘날의 입법부에서 제정된 법률에 대하여 개개의 의원들이 각 조항에 대하여 충분히 숙고할 수 없는 것이 현실이다. 의원들은 다만 자신이 잘 알고 있다고 생각하는 주제에 대하여만 관심을 기울여 법안을 검토하고 그밖의 사항에 대하여는 전문의원이나 행정부의 관료의 판단에 맡기는 것이 현실이다. 물론 주관설도 법률의 표현된 문언의 한계내에서의 입법자의 의사를 추구하는 것으로 보지만, 문언의 한계 자체는 어떻게 정할 것인가가 문제된다.

오늘날 다수의 지지를 얻고 있는 견해는 객관설이다. 이러한 입장에서 보면 법률을 해석함에 있어서 제정당시의 입법자의 의사가 아니라, 오늘날의 법질서의 의사를 찾아야 한다. 해석의 규준은 역사적으로 존재했던 입법자의 의사가 아니라, 법규범에 대한 오늘날의 이해이어야 한다는 것이다.

법 형 성

이러한 복잡한 과정을 통한 해석에 의해서도 통해서 사안을 포섭할 수 있는 법규범을 발견할 수 없는 경우가 있을 수 있다. 이러한 경우가 생길 수 있는 이유는 입법자가 완벽을 기하지 못하여 규제가 필요한 사안을 간과하거나, 입법과정에서 견해의 대립이 격심하여 규정을 두기를 포기하거나, 사회발전이나 기술진보에 입법이 보조를 맞추지 못함으로써 무규제상태로 두는 경우가 있기 때문이다. 이러한 법률의 흠결을 피하기 위하여 극히 '포괄적인 규정'(이른바 일반조항)을 두는 방법을 생각할 수 있지만, 궁극적으로 흠결을 피하기는 어렵다. 왜냐하면 모든 사안을 포괄적으로 규정하는 법률은 구체적인 경우에 적절한 규범을 찾아내기가 어렵기 때문에 다시 흠결을 갖는 셈이 되기 때문이다. 이와는 반대로 상황을 구체적인 경우로 나누어 규정하는 입법의 방법(카주이스틱 Kasuistik: 우리말로 '결의론'(決疑論)이라고 한다)을 생각할 수 있는 데 이 경우에도 입법자가 생각하지 못한 상황이 나타날 수 있기 때문에 흠결을 피하기는 어렵다.

이러한 흠결의 경우에도 법원은 재판을 해야 하며, 법규정이 없음에도 불구하고 법을 찾아내야 한다. 그리고 이는 현행의 전 법질서의 테두리 내에서 행하여 져야 한다. 헌법은 제103조에서 "법관은 헌법과 법률에 의하여 그 양심에 따라 독립하여 심판한다"고 규정하고, 앞서 언급한 바와 같이 민법은 제1조에서 이러한 경우를 대비하여 '조리'를 법원으로 수용하고 있다. 한편 형법상으로는 죄형법정주의의 원칙에 따라 법형성이 금지되어 있다.

이러한 법형성의 영역에서 활용되는 방법은 유추, 목적론적 축소해석, 법률수정, 법에 반하는 법형성 등이 있는데 여기서는 유추와 목적론적 축소해석만을 간단히 보기로 한다.

1. 유 추(類推)

흠결보충은 법적용자(법관)의 자의에 맡겨져 있는 것이 아니라, 기존의 법에 가능한 한 최대한 접근하여야 한다. "같은 것은 같게 취급하라"는 정의의 요청이 있기 때문이다. 따라서 유추적용은 중요한 흠결보충의 중요한 방법이다. 유추적용은 법률에 의하여 규제되지 않은 사안에 대하여, 법률에 규정되어 있는 그와 가장 유사한 사안에 대한 규정을 적용하는 방법이다. 법률의 적용이 그러한 것처럼, 유추도 모든 사람이 동일한 결과에 도달하는 수학적 공식과 같은 것이 있는 것은 아니며, 유사성의 평가에 관한 교량은 중요한 역할을 한다. 어떤 사안이 법률에 규정된 사안과 유사하여 그 유사성을 토대로 법률에 규정된 사안에 규정된 법률효과를 규정되지 않은 사안에 이전하는 것이 정당화되는가는 그 자체 다시 평가의 문제가 된다. 유사성이란 전면적인 동일성이 아니라 부분적인 동일성이므로 항상 부분적으로는 비유사성이 있다. 따라서 비유사성이 더 큰 경우에는 유추를 해서는 안되고 반대추론을 해야 한다. 즉 법률에 규정되지 않은 사안에 대하여는 법률에 규정된 것과 반대되는 법률효과를 부여해야 한다.

유추는 민사법의 영역에서는 필연적으로 요구되는 법형성의 방법이지만 다음과 같은 경우에는 금지된다. 첫째로 법규 자체가 그 적용되는 사안을 한정하고 있는 경우에는 유추는 금지된다. 둘째, 법규가 일정한 법효과를 처음부터 일정한 사안에만 부과하고 있는 경우에도 다른 요건의 면에서 이를 법률의 흠결이라고 보아서는 안된다. 이 경우에도 유추는 배제된다. 셋째, 형법규범의 경우 피고인에게 불리한 유추는 금지된다(죄형법정주의). 넷째, 법규의 유추적용의 결과가 명백히 부당한 경우에도 유추는 금지된다.

2. 목적론적 축소

목적론적 축소는 유추의 정반대의 경우이다. 즉 목적 표상에 의거하여 법개념을 그 의미의 핵에 미달하게 해석함으로써 법률효과를 배제하는 해석방법이다. 이 해석은 "다른 것은 다르게 취급하라"는 정의의 요청에 입각하고 있다. 예컨대 부동산을 매수한 자가 그 목적물을 인도받은 경우에 그 매수인의 등기청구권이 소멸시효에 걸리는가의 문제를 생각해 보자. 민법 제162조 1항은 "채권은 10년간 행사하지 아니하면 소멸시효가 완성한다"는 규정을 두고 있다. 이 규정에 의하면 채권인 등기청구권은 10년간 행사하지 않으면 소멸시효가 완성한다. 그러나 법원은 등기제도가 부동산 소유제도를 뒷받침하는 제도라는 제도의 취지(목적)를 고려하여 이 규정의 '채권'을 목적론적으로 축소하여 등기청구권은 이에 해당되지 않는 것으로 보아, "매수인의 등기청구권은 당사자 사이의 물권적 합의에서 발생하고 그 성질은 다분히 물권적인 것에 가깝고, 물권적 청구권은 성질상 소멸시효에 대상이 되지 않으므로 등기청구권은 소멸시효에 걸리지 않는다"고 해석함으로써 소멸시효의 성립범위를 축소하고 있다.

다른 예로서는 자수(自首)에 관한 해석을 들 수 있다. 통상 자수는 '죄를 범한 사람이 수사기관에 자기의 범죄사실을 신고'하는 행위를 말한다. 그리고 형법은 자수자에 대하여 형을 감경·면제할 수 있도록 규정하고 있다(형법 제52조 제1항). 이때 자수의 시기에는 특별한 제한이 없어서 범인이 누구인가가 발각된 후에 자수를 하더라도 자수로서의 효력에는 변함이 없다. 그런데 구 공직선거및선거부정방지법(현 공직선거법)(제262조)은 금품 등의 제공행위를 한 후 자수한 자에 대하여 형법의 규정과는 달리 필요적 형면제를 규정하고 있었다(신법에서는 임의적 감경·면제로 개정되었다). 이러한 필요적 형면제는 범죄행위자에 대하여 부당한 특혜를 주고 있다는 인식 아래, 자수의 시기를 '범행발각전'으로 국한하여 새김으로써 자수의 성립범위를 축소하는 해석이 하급심에서 나온 바 있다. 이와 같이 법의 취지를 고려하여 어의의 가능한 외연을 배제하는 해석은 목적론적 축소라고 할 수 있고, 나아가 이는 결과적으로 피고인에 대하여 불리한 해석이며 국가형벌권의 범위를 확장하는 해석으로서 유추와 같은 효과를 가져오기 때문에 형법상으로는 금지되는 해석이 된다. 대법원은 이렇게 해석한 하급심의 판결을 파기하였다(대판(전합) 1997.3.20. 96도1167).

제 3 장

헌   법[*]

헌법의 개념 및 제정과 개정

헌법의 개념과 분류

1. 헌법의 개념

헌법은 국가 조직과 작용의 원리를 정하고 국민의 기본권을 보장하는 국가의 기본법이다. 헌법은 국내에서는 그 이상의 상위규범이 존재하지 아니하는 최상위의 법규범이며, 최고규범으로서의 헌법은 법률·명령·규칙 등 하위법령의 입법기준과 해석기준이 된다.

헌법의 개념은 역사적 발전에 따라 고유한 의미의 헌법과 근대입헌주의적 헌법, 현대사회국가적 헌법으로 정의될 수 있다. 고유한 의미의 헌법은 국가기관의 권한과 그 행사에 관한 법규범을 뜻하며, 어느 시대이든 국가가 있는 곳에서는 존재하는 것이다. 이와 달리 근대 시민혁명 이후 등장한 근대입헌주의적 헌법은 개인의 자유와 권리를 보장하고 국가권력의 분립을 통하여 국가권력의 남용과 전제를 방지하고자 하는 헌법으로서, 국민주권주의, 기본권보장주의, 대의민주주의, 권력분립주의, 법치주의, 성문헌법주의 등을 내용으로 한다. 이러한 근대입헌주의적 헌법의 기반위에 실질적 민주화와 사회화 등을 그 내용적 특징으로 하는 헌법을 현대사회국가적 헌법이라고 하며, 형식적 법치주의에 대한 반성으로 채택된 실질적 법치주의 외에도 국제평화주의, 사회적 기본권의 수용, 헌법재판제도 도입 등을 내용으로 한다.

---

* 최희경: 이화여대 법학전문대학원 교수, 헌법.

또한 헌법의 개념은 존재형식에 따라 실질적 의미의 헌법과 형식적 의미의 헌법으로 구별된다. 실질적 의미의 헌법이란 법의 형식이나 효력에 상관없이 그 실질적 내용이 헌법사항을 규정하는 법규범 전체를 말한다. 이러한 의미의 헌법에는 헌법전을 비롯하여 국회법, 정당법, 선거법, 정부조직법 등이 포함된다. 형식적 의미의 헌법이란 법의 형식적 효력 또는 존재형식을 기준으로 하여 헌법전의 형식으로 존재하는 법규범을 말한다. 형식적 의미의 헌법은 법률보다 까다로운 절차를 통해서 개정되며 그 효력도 법률보다 우위에 있다.

2. 헌법의 분류

(1) 성문헌법과 불문헌법

헌법은 존재형식에 따라 성문헌법과 불문헌법으로 분류되며, 이 중 성문헌법은 문장으로 헌법규범이 명시되어 있는 헌법전을 지칭한다. 우리나라는 성문헌법을 가진 나라로서 헌법전이 헌법의 법원이 된다.

성문헌법 국가인 우리나라에서 불문헌법 내지 관습헌법이 인정될 수 있는 지가 문제된다. 헌법재판소는 성문헌법 속에 모든 헌법사항을 빠짐없이 완전히 규율하는 것은 가능하지 않고, 헌법은 국가의 기본법으로서 간결성과 함축성을 추구하기 때문에 형식적 헌법전에는 기재되지 아니한 사항이라도 이를 불문헌법 내지 관습헌법으로 인정될 소지가 있다고 한다. 관습헌법을 전면적으로 부인하는 입장도 있지만 성문헌법 속에 모든 헌법사항을 규율하는 것은 가능하지 않으며, 성문헌법의 공백이나 흠결을 보충할 필요성이 있을 수 있으므로 관습헌법이 인정된다고 보아야 한다.

헌법재판소는 관습헌법이 성립하기 위하여서는 먼저 관습이 성립하는 사항이 단지 법률로 정할 사항이 아니라 반드시 헌법에 의하여 규율되어 법률에 대하여 효력상 우위를 가져야 할 만큼 헌법적으로 중요한 기본적 사항이 되어야 하며, 관습헌법이 성립하기 위하여서는 관습법의 성립에서 요구되는 일반적 성립요건이 충족되어야 한다고 한다. 즉 "첫째, 기본적 헌법사항에 관하여 어떠한 관행 내지 관례가 존재하고, 둘째, 그 관행은 국민이 그 존재를 인식하고 사라지지 않을 관행이라고 인정할 만큼 충분한 기간 동안 반복 내지 계속되어야 하며(반복·계속성), 셋째, 관행은 지속성을 가져야 하는 것으로서 그 중간에 반대되는 관행이 이루어져서는 아니 되고 (항상성), 넷째, 관행은 여러 가지 해석이 가능할 정도로 모호한 것이 아닌 명확한 내용을 가진 것이어야 한다(명료성). 또한 다섯째, 이러한 관행이 헌 법관습으로서 국민들의 승인 내지 확신 또는 폭넓은 컨센서스를 얻어 국민 이 강제력을 가진다고 믿고 있어야 한다(국민적 합의). 이와 같이 관습헌법 의 성립을 인정하기 위해서는 이러한 요건들이 모두 충족되어야 한다(헌재 2004.10.21. 2004헌마554등)"고 한다.

(2) 연성헌법과 경성헌법

개정절차의 난이도에 따라 연성헌법과 경성헌법으로 분류된다. 연성헌법 은 일반법률과 동일한 절차와 방법으로 개정할 수 있는 헌법을 말하며, 경성 헌법은 법률보다 까다로운 절차와 방법으로 개정할 수 있는 헌법을 뜻한다.

(3) 흠정헌법, 민정헌법, 협약헌법, 국약헌법

제정주체를 기준으로 흠정헌법, 민정헌법, 협약헌법, 국약헌법으로 분류 할 수 있다. 흠정헌법은 제정주체가 군주이며, 민정헌법은 국민이 국민투표 등의 방법으로 제정하거나 국민의 대표로 구성된 제헌의회에서 제정하는 헌법을 말한다. 협약헌법은 군주와 국민의 합의에 의하여 제정되는 헌법을 말하며, 국약헌법은 둘 이상의 국가가 국가연합을 구성하는 경우 국가간 합의에 의해서 제정된 헌법이다.

헌법의 제정과 개정

1. 헌법의 제정

헌법의 제정이란 국가의 법적 기본질서를 마련하는 법창조행위이며, 헌 법제정권력이라 함은 헌법을 시원적으로 창조하는 힘으로서 이는 헌법제정 권력에 의하여 조직되고 제도화된 헌법개정권력과 구별된다. 헌법제정권력 은 신생국가의 건설이나 혁명을 통해서 새로운 헌법을 필요로 하는 경우에 행사된다. 민주국가에서는 국민이 국민투표를 통해 직접 헌법제정권력을 행사하는 방법을 채택하거나 국민에 의하여 선출된 대표들로 구성된 헌법제정국민의회에서 국민의 합의를 법규범화하게 하거나 두 방법을 혼용하여 행사하는 방법으로 행해진다.

2. 헌법의 개정

(1) 헌법개정의 의의 및 한계

헌법개정이란 헌법에 규정된 개정절차에 따라 헌법전의 특정조항을 수정, 삭제하거나 또는 새로운 조항을 추가함으로써 헌법의 형식이나 내용에 변경을 가하는 행위를 말한다. 이때 기존 헌법과의 기본적 동일성은 유지되어야 한다.

헌법개정은 헌법에 규정된 개정절차를 밟기만 하면 어떠한 조항도 개정할 수 있는 지가 문제된다. 헌법개정의 한계가 없다고 보는 개정무한계설은 사회생활의 내용이 변하면 헌법도 변화해야 하며, 헌법개정권력과 구별되는 헌법제정권력은 인정될 수 없으며, 동일헌법전 중의 헌법규범간의 위계질서를 부인한다. 그리고 현실적으로 헌법개정의 한계를 벗어난 헌법개정에 대하여 무효를 선언할 기관이 없다고 한다.

이와 달리 헌법에 규정된 개정절차에 의할지라도 특정한 조항이나 일정한 사항은 개정할 수 없다고 보는 개정한계설은 헌법개정권력은 헌법제정권력에 의하여 조직화되고 제도화된 권력이므로 헌법제정권력 그 자체의 소재변경이나 헌법의 기본적 가치질서는 변경할 수 없다고 한다. 또한 헌법규범간의 위계질서를 인정하며, 동일한 헌법에 있어서도 헌법핵심에 해당하는 조항은 다른 조항보다 높은 효력을 지니므로 이 헌법핵심은 개정할 수 없다고 한다. 그리고 개정한계설은 자연법원리에 위반되는 헌법개정은 허용되지 않는다고 한다.

헌법개정의 한계를 부정하는 학설은 형식적 합법성에 치중하여 헌법개정의 정당성, 실질적 합리성을 부인하고 있다. 헌법개정은 기존 헌법과의 동일성이 유지되어야 하며, 헌법제정권력에 의하여 제도화된 권력인 헌법개정권력이 그 한계를 넘어 어떠한 제한도 받지 않고 헌법을 개정할 수 있다는 것은 기존의 헌법을 부정하고 본질을 왜곡시킬 수 있도록 하는 것으로서 타당하지 않다.

(2) 우리나라 현행헌법의 개정

헌법개정은 국회재적의원 과반수 또는 대통령의 발의로 제안되며(제128조 제1항), 국회의원이 헌법개정안을 발의함에는 재적의원 과반수의 찬성이 있어야 한다. 제안된 헌법개정안은 대통령이 20일 이상의 기간 이를 공고하여야 하는데(헌법 제129조), 국민에게 헌법개정안의 내용을 주지시키고 국민적 합의를 이끌어 낼 수 있도록 하기 위해 공고기간을 마련하고 있다. 국회는 헌법개정안이 공고된 날로부터 60일 이내에 의결하여야 하며, 국회의 의결은 재적의원 3분의 2 이상의 찬성을 얻어야 한다(제130조 제1항). 헌법개정안은 일부투표는 허용되지 않으며 전부로써 가부투표에 회부하여야 하며, 국회에서의 표결은 기명투표로 한다. 헌법개정안은 국회가 의결한 후 30일 이내에 국민투표에 붙여 국회의원선거권자 과반수의 투표와 투표자 과반수의 찬성을 얻어야만 확정된다(동조 제2항). 헌법개정안이 확정되면, 대통령은 즉시 이를 공포하여야 한다(동조 제3항).

헌법개정절차에 의하더라도 헌법개정에는 일정한 한계가 있으며, 개정금지대상으로는 민주공화국, 국민주권주의, 자유민주적 기본질서, 핵심적 기본적 인권, 국제평화주의, 복수정당제, 사유재산제와 시장경제질서 등을 들 수 있다.

헌법의 보장

헌법의 보장이란 헌법의 핵심적 내용이나 규범력이 헌법에 대한 침해로 말미암아 변질되거나 훼손되지 아니하도록 헌법에 대한 침해행위를 사전에 예방하거나 사후에 배제하는 것을 말한다.

평상적 헌법보장제도는 사전예방적 헌법보장제도와 사후교정적 헌법보장제도로 구별할 수 있으며, 사전예방적 헌법보장제도로는 헌법의 최고규범성 선언, 헌법준수의무의 선언, 국가권력의 분립, 헌법개정의 곤란성, 공무원의 정치적 중립성보장, 방어적 민주주의를 들 수 있다. 또한 사후교정적 헌법보장제도는 헌법이 현실적으로 침해되었을 때 헌법을 침해한 행위를 배제하거나 그 효력을 부인함으로써 헌법의 규범력을 회복하기 위한 것으로 위헌법령심사제도, 탄핵제도, 위헌정당해산제도, 의회해산제, 각료의 해임건의·해임의결을 들 수 있다.

비상적 헌법보장제도는 국가비상사태의 경우와 같이 평상시의 통상적 헌법수호제도를 가지고 헌법의 수호가 불가능한 경우에 이용되는 특수한 것으로서, 국가긴급권, 저항권을 들 수 있다. 국가긴급권은 국가의 존립이나 헌법질서를 위태롭게 하는 비상사태가 발생한 경우에 국가원수가 헌법에 규정된 통상적인 절차와 제한을 무시하고 국가의 존립과 안전을 확보하기 위하여 필요한 긴급한 조치를 강구할 수 있는 비상적 권한을 말한다. 우리 헌법은 국가긴급권을 대통령의 권한으로 규정하면서도 국가긴급권의 내용과 효력, 한계를 분명히 함으로써 그 남용을 막아 국가긴급권이 헌법보호의 비상수단으로서의 기능을 다할 수 있도록 하고 있다.

한편 저항권은 국가권력에 의하여 헌법의 기본원리에 대한 중대한 침해가 행하여지고 그 침해가 헌법의 존재 자체를 부인하는 것으로서 다른 합법적인 구제수단으로는 목적을 달성할 수 없을 때에 주권자로서 국민이 자신의 권리·자유를 지키기 위하여 실력으로 저항하는 권리이다. 저항권을 행사할 수 있는 상황은 민주적·법치국가적 기본질서 또는 기본권체계가 전면적으로 부정되고, 공권력 행사의 불법성이 객관적으로 명백해야 하며, 국민의 저항권의 행사가 헌법이나 법률에 규정된 일체의 수단이 유효한 것이 될 수 없어 최후의 수단으로 행하는 것이어야 한다. 우리나라의 경우 대법원은 저항권은 실정법에 근거를 두지 못하고 오직 자연법에만 근거하고 있는 한 법관은 이를 재판규범으로 원용할 수 없다(대판 1980.5.20. 80도306)고 하여 이를 부정하고 있다. 하지만 저항권은 헌법에 명시적으로 규정되어 있지 않더라도 '불의에 항거한 4.19 민주이념을 계승하고'라는 헌법 전문에 의하여 간접적으로, 그리고 명문화 여부와 상관없이 헌법을 수호하기 위한 최후의 수단으로서 국민에게 인정되어야 한다.

대한민국의 국가형태와 구성요소

국가형태

국가형태라 함은 국가의 전체적 구조나 조직에 관한 형태를 말하며, 국가권력구조에 있어서 권력분립 원리의 실현형태를 의미하는 정부형태와는 구별된다.

헌법 제1조 제1항은 "대한민국은 민주공화국이다"라고 규정하고 있다. 동 조항은 우리나라의 국가형태를 공화국으로 규정한 것이며, 이때 민주는 공화국의 정치적 내용이 민주주의적으로 형성될 것을 요구하는 공화국의 내용에 관한 규정이다. 민주공화국이란 비군주국가라는 의미뿐만 아니라 자유국가 반독재국가라는 의미도 아울러 가지고 있다. 이는 한국 국민이 정치적 공동체의 구조형태와 조직체계에 관하여 이룩한 국민적 합의로서 헌법개정절차에 의해서도 개정할 수 없는 것이다.

국가의 구성요소

전통적인 국가이론에 의하여 국가는 주권을 가지며, 국민을 그 구성원으로 하며 공간적으로 한정된 영역을 기초로 한다. 우리 헌법은 제1조 제2항에서 주권을, 제2조에서 국민을, 제3조에서 영역을 규정하고 있다.

1. 주　　권

주권은 국가의사를 전반적 최종적으로 결정할 수 있는 최고의 권력 또는 권위로서, 국내에서는 최고의 권력이고 대외적으로는 한 국가를 외국에 대하여 독립된 지위에 있게 하는 힘을 의미한다. 헌법 제1조 제2항은 "대한민국의 주권은 국민에게 있고, 모든 권력은 국민으로부터 나온다"고 하여 주권이 국민에게 있음을 명시적으로 규정하고 있다.

주권개념은 장 보댕(Jean Bodin)에 의해 이론적으로 정립되고 발전되었다. 왕권신수설을 배경으로 하여, 국왕의 권력은 절대적이고 항구적인 최고의 권력이라 하고, 이 권력을 주권이라 하였으며, 주권은 단일 불가분·불가양의 권력이라고 하였다. 이후 근대에 와서 국민이 주권을 가진다는 국민주권설이 주장되었다. 이는 전제국가에서의 절대적·자의적 권력행사에 대한 항의적 이데올로기로서 발전하였다.

헌법 제1조 제2항에서 '주권'은 본래적 의미의 주권을 의미하고, 후단의 '모든 권력'은 주권에 의하여 조직된 국가권력인 통치권을 뜻한다.

2. 국 민

국민은 국가의 인적 구성원이며, 국민이 되는 자격·신분을 국적이라고 한다. 헌법 제2조 제1항은 대한민국의 국민이 되는 요건을 법률로 정하도록 함으로써 국적법정주의를 채택하고 있다. 이에 따라 국적의 취득, 상실 등을 규정한 「국적법」이 제정되어 있다. 「국적법」 제2조 제1호에서는 출생 당시에 부 또는 모가 대한민국의 국민인 자는 출생과 동시에 대한민국 국적을 취득하도록 규정함으로써 부모양계혈통주의를 원칙으로 하고 있다. 출생이라는 사실에 의하여 자동적으로 국민이 되는 이러한 선천적 취득 이외에도 인지, 귀화, 수반 등으로 국적을 취득할 수 있도록 하고 있다.

또한 국적단일주의가 원칙이나 2010년 「국적법」 개정으로 예외적으로 혼인관계를 유지하고 있는 결혼이민자, 대한민국에 특별한 공로가 있거나 우수 외국인재로서 특별귀화한 자 등에게는 대한민국에서 외국 국적을 행사하지 아니하겠다는 뜻을 법무부장관에게 서약한 후 복수국적을 가질 수 있도록 하고 있다(국적법 제10조 제2항). 복수국적자는 대한민국의 법령 적용에서 대한민국 국민으로만 처우한다.

3. 국가영역

영역은 한 국가가 배타적·독점적으로 지배할 수 있는 힘이 미치는 공간의 범위로서 영토, 영해, 영공을 포함한다. 이 중 영토는 국가영역의 기초가 되는 일정한 범위의 육지를 뜻한다.

헌법 제3조는 "대한민국의 영토는 한반도와 그 부속도서로 한다"고 규정하고 있다. 이에 의하면 헌법상 북한지역은 대한민국의 영토로 인정되는 것이다. 헌법상 영토조항은 한반도에서 유일한 합법정부는 대한민국뿐이라는 것과 휴전선 이북지역은 인민공화국이 불법적으로 점령한 미수복지역이라는 해석론의 근거가 되고 있다. 나아가 북한과의 관계가 국가대 국가의 관계가 아닌, 한민족내부의 특수관계라는 규범적 의미를 가지고 있다.

한국헌법의 기본원리와 제도

한국헌법의 기본원리

1. 국민주권주의

국민주권주의는 국가의사를 전반적 최종적으로 결정할 수 있는 최고의 권력인 주권을 국민이 보유한다는 것을 뜻한다. 우리 헌법은 제1조 제2항 전단에서 "대한민국의 주권은 국민에게 있고"라고 규정함으로써 국민주권주의를 선언하고 있다. 국민주권주의의 구현을 위한 이상적인 제도는 주권자와 통치자가 동일체이어야 한다는 동일성원리의 요청과 민주적인 국가의사결정이라는 요청을 동시에 만족시켜 주는 직접민주제라고 할 수 있지만, 현대 국가는 여러 가지 현실적인 이유로 간접민주제인 대의제를 채택하고 있다. 우리 헌법도 국민에 의해 선출된 국민의 대표자로 하여금 국민을 대신하여 국가의사를 결정토록 하는 간접민주제를 원칙으로 하고 있으며, 예외적으로 국민이 헌법개정안과 국가안위에 관한 중요정책을 국민투표의 방식으로 직접 결정하는 직접민주제를 채택하고 있다.

2. 민주적 기본질서

민주주의는 일의적으로 정의하기 어려운 개념이지만 민주주의는 주권자인 국민에 의한 통치를 의미한다. 우리 헌법은 전문에서 "자유민주적 기본질서를 더욱 확고히 하여"라고 하고, 제4조도 "자유민주적 기본질서에 입각한 평화적 통일정책"이라고 하여 자유민주적 기본질서라는 용어를 규정하고 있으면서도, 제8조 제4항에서는 "정당의 목적이나 활동이 민주적 기본질서에 위배될 때"라고 하여 민주적 기본질서를 규정하고 있다. 민주적 기본질서는 자유민주적 기본질서 뿐만 아니라 사회민주적 기본질서를 포함하는 개념이다. 헌법재판소는 제8조 제4항의 민주적 기본질서에 대하여 개인의 자율적 이성을 신뢰하고 모든 정치적 견해들이 각각 상대적 진리성과 합리성을 지닌다고 전제하는 다원적 세계관에 입각한 것으로서, 모든 폭력적·자의적 지배를 배제하고, 다수를 존중하면서도 소수를 배려하는 민주적 의사결정과 자유·평등을 기본원리로 하여 구성되고 운영되는 정치적 질서를 말한다고 한다(헌재 2014.12.19. 2013헌다1).

3. 법치주의

법치주의란 모든 국가활동은 국민의 대표기관인 의회가 제정한 법률에 근거를 두고 법률에 따라 이루어져야 한다는 헌법원리이며, 자의적인 권력행사로부터 국민의 자유와 권리를 보장하기 위한 것이다. 오늘날의 법치주의는 집행과 사법이 법률에 적합하도록 행해질 것만을 요구하고 그 목적이나 내용은 문제삼지 않았던 형식적 법치주의에 머무르는 것이 아니라 국가공권력의 행사가 법률에 의거하는 것뿐만 아니라 그 법률의 목적과 내용도 정의에 합치되는 정당한 것이어야 한다는 실질적 법치주의를 의미한다.

우리나라 헌법에는 법치국가의 원리나 법치주의에 관한 명시적 규정은 없지만 여러 헌법조항에서 이를 구현하고 있다. 기본권과 적법절차의 보장, 권력분립의 원리, 위헌법률심사제의 채택, 포괄적 위임입법금지 등이 그것이다. 또한 헌법상 법치국가의 파생원칙으로 신뢰보호의 원칙, 소급입법금지의 원칙 등이 인정되고 있다. 먼저 신뢰보호의 원칙은 국민이 법률적 규율이나 제도가 장래에도 지속할 것이라는 합리적인 신뢰를 바탕으로 이에 적응하여 개인의 법적 지위를 형성해 왔을 때에는 국가로 하여금 그와 같은 국민의 신뢰를 되도록 보호할 것을 요구한다.

소급입법은 새로운 입법으로 이미 종료된 사실관계 또는 법률관계에 적

용하도록 하는 진정소급입법과 현재진행중인 사실관계 또는 법률관계에 작
용하도록 하는 부진정소급입법으로 나눌 수 있으며, 부진정소급입법은 원
칙적으로 허용되지만, 진정소급입법은 개인의 신뢰보호와 법적 안정성을
내용으로 하는 법치국가원리에 의하여 특단의 사정이 없는 한 헌법적으로
허용되지 아니하는 것이 원칙이다.

4. 문화국가주의

문화국가는 국가가 문화활동의 자유를 보장할 뿐만 아니라 국가에 의하
여 문화의 지원이 이루어질 것을 요구한다. 헌법 제9조는 "국가는 전통문
화의 계승·발전과 민족문화의 창달에 노력하여야 한다"고 규정하여 문화
국가주의를 규정하고 있다. 여기서의 '전통', '전통문화'란 역사성과 시대성
을 띤 개념으로서 헌법의 가치질서, 인류의 보편가치, 정의와 인도정신 등
을 고려하여 오늘날의 의미에서 파악되어야 한다.

5. 사회적 시장경제질서

우리나라의 경제질서는 사유재산제의 보장과 자유경쟁을 기본으로 하는
시장경제질서를 근간으로 하되, 사회복지·사회정의·경제민주화 등을 실
현하기 위하여 부분적으로 사회주의적 계획경제를 가미한 사회적 시장경제
질서를 택하고 있다.

현행 헌법은 제23조 제1항에서 재산권을 보장함으로써 사유재산제를
원칙적으로 보장하고, 제119조 제1항은 "대한민국의 경제질서는 개인과 기
업의 경제상의 자유와 창의를 존중함을 기본으로 한다"고 하여 자유시장경
제를 채택하고 있다. 이러한 자유시장경제질서를 근간으로 하면서도 제119
조 제2항에서 "국가는 균형있는 국민경제의 성장 및 안정과 적정한 소득의
분배를 유지하고, 시장의 지배와 경제력의 남용을 방지하며, 경제주체간의
조화를 통한 경제의 민주화를 위하여 경제에 관한 규제와 조정을 할 수 있
다"고 하여 사회정의와 경제민주화를 지향하는 사회적 시장경제질서를 채
택하고 있는 것이다.

그 구체화를 위해서 헌법은 자연자원의 원칙적 사회화, 균형있는 지역

경제의 육성, 농업 및 어업의 보호 육성, 중소기업의 보호육성, 소비자보호운동, 대외무역의 육성과 그 규제 및 조정 등을 규정하고 있으며, 특히 국방상 또는 국민경제상 긴절한 필요로 인하여 법률이 정하는 경우를 제외하고는 사영기업을 국유 또는 공유로 이전하거나 그 경영을 통제 또는 관리할 수 없다고 규정하여 사영기업의 경영권에 대한 불간섭의 원칙을 구체적으로 밝히고 있다.

6. 국제평화주의

인간존엄성에 대한 중대한 침해를 경험했던 2차 세계대전 이후 각국헌법에서는 국제평화주의 이념을 헌법에 명시하여 왔다. 우리헌법도 대한민국이 국제평화의 유지에 노력하고 침략적 전쟁을 부인함을 규정하고 있다. 또한 제6조 제1항은 "헌법에 의하여 체결·공포된 조약과 일반적으로 승인된 국제법규는 국내법과 같은 효력을 가진다"고 하여 국제법존중주의를 명시하고 있다. 이에 따라 헌법상의 규정과 절차에 따른 조약, 특히 국회의 사전적 동의를 요하는 조약은 법률과 동일한 효력을 가진다.

외국인의 법적 지위에 관해서는 상호주의 혹은 평등주의를 채택하고 있다. 헌법 제6조 제2항은 "외국인은 국제법과 조약이 정하는 바에 의하여 그 지위가 보장된다"고 규정하여 상호주의를 채택하고 있다.

한국헌법의 기본제도

1. 공무원제도

공무원은 임용주체가 국민이고 직무가 공공성을 띠고 있기 때문에 국민 전체의 이익을 위하여 봉사하여야 하며 특정인이나 특정당파, 계급, 지역 등을 대표해서는 안 된다. 헌법은 제7조 제1항에서 공무원은 '국민전체에 대한 봉사자'임을 명확히 하고 있다.

또한 헌법 제7조 제2항은 "공무원의 신분과 정치적 중립성은 법률이 정하는 바에 의하여 보장된다"고 하여 직업공무원제도를 규정하고 있다. 직업공무원제도는 직업적 공무원들로 하여금 정권교체에 따르는 국정운영의 중단과 혼란을 예방하며, 일관성 있는 공무수행을 유지하게 함으로써 안정적이고 능률적인 정책집행을 보장하는 공직구조이다. 공무원은 신분이 보장되므로, 정권교체에도 영향을 받지 않을 뿐만 아니라 동일한 정권하에서도 정당한 이유없이 해임당하지 아니한다. 국가공무원법 제68조는 공무원에 대한 부당한 휴직, 강임, 면직 기타 징계처분을 금지하고 있다. 다만 정부조직의 개폐나 예산의 감소 등에 의하여 폐직 또는 과원이 되었을 때 직권면직이 가능하다.

공무원의 정치적 중립성은 공무원의 직무의 성질상 그 직무집행의 중립성을 유지하기 위하여 필요한 것으로서 정당제 국가에 있어 집권당의 영향으로부터의 독립과 공무원의 정당에 대한 불간섭, 불가담을 의미한다. 국가공무원법 제65조에 의하면 공무원은 정당이나 그 밖의 정치단체의 결성에 관여하거나 이에 가입할 수 없으며, 선거에서 특정 정당 또는 특정인을 지지 또는 반대하기 위한 투표를 하거나 하지 아니하도록 권유 운동을 하는 것 등의 행위가 금지된다.

직업공무원제도의 본질을 구성하는 다른 요소는 실적주의로서, 공무원의 임용과 승진에 있어서 정치적 또는 정실적 요소는 배제되며 자격이나 능력을 기준으로 임용할 것이 요구된다.

2. 정당제도

(1) 정당의 개념과 지위

정당의 개념에 관하여 헌법은 일의적이고 명시적인 규정을 두고 있지는 않지만, 제8조 제2항에서 "정당은 … 국민의 정치적 의사형성에 참여하는 데 필요한 조직을 가져야 한다."고 규정하고 있고, 헌법상 정당제도의 구체화법인 「정당법」 제2조는 "정당이라 함은 국민의 이익을 위하여 책임 있는 정치적 주장이나 정책을 추진하고 공직선거의 후보자를 추천 또는 지지함으로써 국민의 정치적 의사형성에 참여함을 목적으로 하는 국민의 자발적 조직을 말한다."고 규정하고 있다.

정당을 국가기관으로 보는 견해도 있지만 국가기관은 그 설립이 엄격히 제한되어 있고 그 구성원은 공무원 또는 이에 준하는 신분을 가지고 있는 것과 달리 정당은 자유롭게 설립되고 운영되고 있는 점에서 국가기관으로 볼 수 없다. 또한 정당이 갖는 정치적 의사형성의 중요성과 헌법 제8조에 의한 특별한 보장을 고려할 때 단순히 사법상의 결사로 보는 것은 타당하지 않다.

그러므로 정당은 국가기관은 아니지만 국민의 정치적 의사형성을 매개하는 역할을 하는 기관이라는 점에서 매개체설(중개적 기관설)이 타당하다. 정당은 개개인의 정치적 의사를 집약하여 정리하고 구체적 방향을 제시하며 국정을 책임지는 공권력으로까지 매개하는 중요한 공적 기능을 수행한다.

(2) 정당의 조직, 등록취소와 해산

헌법 제8조 제1항에서는 '정당설립의 자유'만 규정하고 있지만 여기에는 정당설립의 자유뿐만 아니라 정당조직의 자유, 정당활동의 자유, 정당해산의 자유를 포괄하는 정당의 자유를 의미하는 것으로 보아야 한다. 특히 정당설립의 자유는 설립할 정당의 조직형태를 어떠한 형태로 할 것인가에 관한 정당조직선택의 자유 및 그와 같이 선택된 조직을 결성할 자유를 포괄하는 정당조직의 자유를 포함한다.

정당은 중앙당과 시·도당으로 구성되며(정당법 제3조), 지구당은 폐지되었다. 정당은 5 이상의 시·도당을 가져야 하고, 각 시·도당은 1천인 이상의 당원을 가져야 한다. 5 이상의 시·도당을 가지도록 하는 「정당법」 제17조는 특정 지역에 지역적 연고를 두고 설립·활동하려는 이른바 지역정당을 배제하기 위한 것이며, 각 시·도당에게 1천인 이상의 당원을 요구한 제18조의 규정은 군소정당을 배제하려는 취지로 볼 수 있다.

정당의 등록이 취소되는 경우는 i) 정당법상 제17조(법정시·도당수) 및 제18조(시·도당의 법정당원수)의 요건을 구비하지 못하게 된 때, ii) 최근 4년간 임기만료에 의한 국회의원선거 또는 임기만료에 의한 지방자치단체의 장선거나 시·도의회의원선거에 참여하지 아니한 때이며, 당해 선거관리위원회가 그 등록을 취소한다.

정당의 해산은 자진해산과 위헌정당에 대한 헌법재판소의 결정에 따른 강제해산이 있다. 먼저 정당은 그 대의기관의 결의로써 해산할 수 있다. 등록이 취소된 경우와 마찬가지로 자진해산한 정당의 잔여재산은 당헌이 정하는 방법에 따르고 당헌에 규정이 없으면 국고에 귀속한다. 그리고 '정당의 목적이나 활동이 민주적 기본질서에 위배될 때'에는 정부는 헌법재판소에 그 해산을 제소할 수 있고, 정당은 헌법재판소의 심판에 의하여 해산된다(제8조 제4항). 이와 같은 위헌정당해산제도는 정당존립의 특권을 보장함과 동시에 정당활동의 자유에 대한 한계를 정하고 있는 것이다. 이때 민주적 기본질서 위배란 민주적 기본질서에 대한 단순한 위반이나 저촉을 의미하는 것이 아니라 정당의 목적이나 활동이 민주적 기본질서에 대한 실질적 해악을 끼칠 수 있는 구체적 위험성을 초래하는 경우를 가리킨다. 헌법재판소의 해산결정은 중앙선거관리위원회가 「정당법」에 따라 집행하며, 대체정당은 금지되며 명칭사용도 금지되며 잔여재산은 국고에 귀속된다. 해산정당 소속 국회의원직이 상실되는 가에 대해서는 국회의원의 국민대표성과 자유위임의 원리에 근거하여 상실되지 않는다는 견해도 있으나, 국회의원직을 유지시키는 것은 방어적 민주주의 원리에 어긋나며 정당해산결정의 실효성을 확보할 수 없도록 하는 것이기 때문에 의원직이 상실된다고 보아야 한다.

3. 선거제도

(1) 의의와 선거원칙

선거는 국민적 합의에 바탕한 대의제민주주의를 구현하기 위하여 주권자인 국민이 그들을 대표할 국가기관을 선임하는 행위이다. 우리 헌법상 선거제도와 관련하여서는 국회의원선거와 대통령선거에서 국민의 '보통·평등·직접·비밀선거'(헌법 제41조 제1항, 제67조 제1항)를 명시하고 있다.

선거제도의 기본원칙 중 첫 번째는 보통선거의 원칙이다. 보통선거의 원칙은 사회적 신분·재산·인종·교양 등 자격요건을 정함이 없이, 일정 연령에 달한 모든 국민에게 원칙적으로 선거권을 인정하는 제도이다. 두 번째는 평등선거의 원칙이다. 평등선거의 원칙은 1인 1표를 원칙으로 모든 선거인의 투표가치를 평등하게 취급하는 제도이다. 오늘날 평등선거의 원칙은 선거구가 인위적으로 획정되는 국회의원 및 지방의회의원 선거에서의 선거구인구불균형과 자의적인 선거구획정에서 특히 문제된다. 세 번째는 직접선거의 원칙이며, 선거 결과가 선거권자의 투표에 의하여 직접 결정될 것을 요구하는 것이다. 네 번째는 비밀선거의 원칙이며 선거인이 누구에게 투표하였는지를 제3자가 알지 못하게 하는 상태로 투표하는 것을 말한다. 무기명투표제, 투표에 대한 증언거부권 등이 비밀선거를 보장하기 위해 채택되어진다. 마지막으로 자유선거의 원칙이다. 자유선거는 선거인이 외부의 강제나 간섭없이 자유로이 선거권을 행사할 수 있는 것을 의미한다. 이는 헌법에서 명시적으로 적시되어 있지는 않지만 민주주의 선거제도에 내재하는 법원리이다.

(2) 우리나라의 선거제도

선거제도는 대표의 결정방식을 어떻게 할 것인지, 선거구의 규모를 어느 정도로 할 것인지에 관한 논의를 포함한다. 대표제는 대표의 결정방식을 말한다. 대표제는 대표자의 선출을 그 선거구의 다수자의 의사에 따르게 하는 다수대표제, 소수파에게도 대표자를 낼 수 있도록 하는 소수대표제, 각 정당의 득표율에 비례하여 의석을 배분하는 비례대표제, 선거인을 각 직능별로 분할한 후 그 직능을 단위로 대표를 선출하는 직능대표제가 있다. 이중 비례대표제는 각 선거인의 투표가치의 평등을 실현하고 소수자 보호와 민주주의원리에 적합하다는 장점을 가지고 있으나 다수 혹은 군소 정당의 난립으로 정국의 혼란을 초래하며, 기술적 곤란성과 절차적 복잡성을 수반한다는 단점이 있다.

선거구제는 대표자를 선출하는 단위이며, 한 선거구에서 5인 이상의 대표자를 선출하는 대선거구제, 2~4인의 대표자를 선출하는 중선거구제, 1인의 대표자를 선출하는 소선거구제가 있다.

우리나라 국회의원선거제도는 소선거구 상대적 다수대표제로 선출되는 지역구의원과 전국선거구 비례대표제로 선출되는 비례대표의원으로 구분된다. 이때 비례대표의원의 경우 비례대표국회의원선거에서 유효투표총수의 100분의 3 이상을 득표하였거나 지역구국회의원총선거에서 5석 이상의 의석을 차지한 각 정당에 대하여 비례대표국회의원선거에서 얻은 득표비율에 따라 비례대표국회의원의석이 배분된다(공직선거법 제189조 제1항).

대통령선거제도는 상대적 다수대표제를 채택하고 있으며 국민의 직접선거에 의하여 선출된다. 다만 최고투표자가 2인 이상인 경우 국회의 재적의원 과반수가 출석한 공개회의에서 투표결과 다수표를 얻어야 한다.

한편 우리나라의 선거법제는 법적 규제를 받지 않고 자유롭게 선거운동이 행해지는 서구의 민주국가들과 비교해 볼 때 선거운동의 자유에 대해서 많은 제약을 가하고 있다. 즉 공직선거법 제58조 제1항은 '선거운동'을 당선되거나 되게 하거나 되지 못하게 하기 위한 행위로 정의하고 있으며, 제58조 제2항에서 "누구든지 자유롭게 선거운동을 할 수 있다"고 규정하여 선거운동의 자유를 원칙으로 하고 있음에도 불구하고 그 단서조항으로 "그러나 이 법 또는 다른 법률의 규정에 의하여 금지 또는 제한되는 경우에는 그러하지 아니하다"라고 함으로써 선거운동의 주체나 기간, 방식에 대해서 일정한 제한을 가하고 있다.

4. 지방자치제도

지방자치제도는 일정한 지역을 단위로 일정한 지역의 주민이 그 지방에 관한 사무를 그들 자신의 책임에 따라 자신들이 선출한 기관을 통하여 직접 처리하게 함으로써 지방자치행정의 민주성과 능률성을 제고하고 지방의 균형있는 발전과 아울러 국가의 민주적 발전을 도모하는 제도이다.

우리나라 지방자치단체의 종류는 i) 특별시, 광역시, 특별자치시, 도, 특별자치도와 ii) 시, 군, 구의 두 가지 종류가 있다. 지방자치단체에는 의결기관으로 지방의회가 있으며, 집행기관으로서 지방자치단체의 장이 있다. 지방의회는 지역주민을 대표하고 지방행정사무와 법령의 범위 안에서의 지방자치단체의 의사를 결정하며, 지방행정사무에 관한 조례를 제정한다. 또한 집행기관의 업무를 감시, 감독하는 역할을 한다. 지방자치단체의 장은 지방자치단체를 대표하고 지방자치단체의 최고집행기관으로서 자치단체의 사무를 통할하고 집행할 권한을 가진다.

지방자치단체는 주민의 복리에 관한 사무를 처리하고 재산을 관리하며, 법령의 범위 안에서 자치에 관한 규정을 제정할 수 있다(제117조 제1항). 지방자치단체가 수행하는 사무는 자치사무와 단체위임사무, 기관위임사무가 있다. 지방자치단체의 본래적 사무인 '자치사무'란 당해 지방자치단체의 존립을 위한 사무 및 주민의 복리를 증진시키기 위한 사무 등을 말한다. 한편, 국가사무나 광역지방자치단체의 사무가 법령에 의하여 그 관리나 집행이 지방자치단체의 장에게 위임된 사무를 '기관위임사무'라 하는데, 국가사무로서 지방자치단체의 장에게 위임된 기관위임사무는 지방자치단체의 집행기관에 의해 행해지지만 그 사무의 성질은 '국가사무'이다. 그리고 지방자치단체는 법령의 범위 안에서 그 사무에 관하여 조례를 제정할 수 있다. 다만 주민의 권리 제한 또는 의무 부과에 관한 사항이나 벌칙을 정할 때에는 법률의 위임이 있어야 하며, 이때의 위임은 구체적 위임을 요구하는 법률과 달리 포괄적인 것으로 족하다.

우리 지방자치법은 주민에게 주민투표권(제14조)과 조례의 제정 및 개폐청구권(제15조) 및 감사청구권(제16조), 주민소환권(제20조)을 부여함으로써 주민이 지방자치사무에 직접 참여할 수 있는 길을 열어 놓고 있다.

기 본 권

기본권 일반론

1. 기본권의 의의와 전개 등

(1) 기본권의 의의

인권이라 함은 인간이 인간이기 때문에 당연히 가지는 생래적 기본적 권리를 말하며, 이러한 인권관념은 근대 자연법론, 사회계약설의 전개와 더불어 나타난 천부인권사상을 기초로 형성되었다. 이와 달리 기본권은 헌법에 의하여 보장되는 국민의 권리이며, 기본권 중에는 생래적 권리도 있지만 국가내적인 생존권, 참정권을 포함한다. 따라서 엄밀히 구분하면 인권과 기본권은 구별될 수 있지만 대다수 국가의 헌법에서 보장되는 기본권은 인권사상에 기초하여 인간의 권리를 실현하기 위한 것이므로 기본권은 인권을 의미한다고 할 수 있다.

(2) 기본권의 전개

전제 국가시대에서 국가로부터 보장받지 못하던 개인의 자유와 권리는 근대시민혁명 이후 인권선언과 헌법에 규정되어졌다. 미국의 1776년 버지니아 권리장전은 생명권, 자유권, 재산권, 저항권, 종교의 자유 등을 규정하였으며, 인권을 천부적 자연권으로 규정하였다. 또한 프랑스의 1789년 '인간과 시민의 권리 선언'은 인권을 자연권으로 규정하고 평등권을 특히 강조하였으며, 소유권을 신성불가침의 권리로 규정하였다. 이러한 인권선언은 1791년 헌법에 수용되었으며 인권선언 자체가 근대 헌법전의 필수적 구성요소가 되었다.

하지만 제1차 세계대전 이후 독일의 나치즘, 일본의 군국주의 등 전체주의에 의한 대량학살·강제노동·고문·인간실험 등의 인권유린사태를 경험하였으며, 세계대전 이후에 기본권보장은 새로운 몇 가지 양상을 보여준다. 먼저 2차 세계대전 이후 반전체주의 사상은 자연법사상의 부활을 가져왔으며 개인존엄이라는 자연권적 이념이 고양되어 기본권이 전국가적 자연권임을 강조하고 있다.

그리고 자본주의 발전 이후 빈부격차, 계급갈등과 같은 사회적 문제가 야기되었으며, 이를 해결하기 위한 노력이 나타나면서 헌법상 기본권내용에도 변화를 가져왔다. 1919년 독일 바이마르 헌법에서 인간다운 생활의 보장에 관한 조항이 규정되었으며, 이는 각국 헌법에 계승되었다. 실질적 평등이 강조되었으며 사회권이 강화되어 자유권과 함께 사회권이 중요한 기본권으로 대두되었다.

또한 인권보장이 국가적 보장의 수준에서 머무는 것이 아니라 국제조직의 발달에 기초하여 국제적 차원의 보장으로 확산되었다. 먼저 제1차 세계대전 이후 국가간의 개별조약으로 기본권의 국제적 보장을 추진하였고, 제2차 세계대전 이후에는 국제적 차원에서 인권을 보장함으로써 기본권보장의 국제화현상이 나타났다. 이러한 현상은 1945년 유엔헌장, 1948년 세계인권선언, 1950년 유럽인권규약, 1961년 유럽사회헌장, 1966년 국제인권규약 등 이후의 다양한 국제인권조약들을 가져왔다. 특히 선언적 효력만을 가지는 세계인권선언과 달리 국제인권규약은 법적 구속력을 가지며 이는 경제적·사회적 및 문화적 권리에 관한 국제규약(A규약), 시민적 정치적 권리에 관한 국제규약(B규약), B규약선택의정서로 구성되어 있다. 우리나라도 1990년 국회동의를 얻어 국제인권규약에 가입하였다.

(3) 기본권의 법적 성격

기본권이 어떤 성격의 권리인가를 살펴볼 필요가 있다. 기본권은 인간으로 당연히 가지는 권리로서 자연권이며, 헌법에 규정되어야만 비로소 권리로 인정되는 것이 아니라 헌법 이전에 인간이 태어날 때부터 가지는 생래적 권리이다. 또한 기본권은 개개인이 자신의 권리로서 누리는 주관적 권리로서 공법에 의하여 보장되는 주관적 공권이다. 단순히 국가가 개인에게 일정한 의무를 강제하지 않았기 때문에 인정되는 반사적 이익이 아니라 개인이 자신을 위하여 국가의 작위 부작위를 요청할 수 있는 권리이다.

기본권은 이처럼 주관적으로는 개인을 위한 대국가적 공권을 의미하지만, 객관적으로는 기본적 법질서를 구성하는 요소로서 이중성을 가진다. 즉 국민의 기본권은 국가권력에 의하여 침해되어서는 아니된다는 의미에서 소극적 방어권으로서의 의미를 가지고 있을 뿐만 아니라, 헌법 제10조에서 국가는 개인이 가지는 불가침의 기본적 인권을 확인하고 이를 보장할 의무를 진다고 선언함으로써, 국가는 적극적으로 국민의 기본권을 보호할 의무를 부담하고 있다는 의미에서 기본권은 국가권력에 대한 객관적 규범 내지 가치질서로서의 의미를 함께 가진다. 객관적 가치질서로서의 기본권은 입법·사법·행정의 모든 국가기능의 방향을 제시하는 지침으로서 작용하므로, 국가기관에게 기본권의 객관적 내용을 실현할 의무를 부여한다(헌재 1995.6.29. 93헌바45).

2. 기본권의 효력

(1) 기본권의 대국가적 효력

모든 국가권력은 입법권이든, 행정권이든, 사법권이든 모두 국민의 기본권에 구속되며 기본권의 보장을 위해서 노력하여야 한다. 국회는 기본권을 침해하는 법률을 제정해서는 아니되며, 행정부나 법원도 법률을 집행하고 재판을 함에 있어 국민의 기본권을 존중하고 이를 보장하여야 한다. 국가의 권력적 작용뿐만 아니라 비권력적 공법작용과 국고작용에도 기본권의 효력이 미쳐야 한다.

(2) 기본권의 대사인적 효력

기본권은 국가에 대한 주관적 공권으로서 국가에 대한 관계에서 당연히 효력을 미치지만 더 나아가 사인간의 관계에서도 이를 적용할 수 있는지가 문제된다. 기본권의 대사인적 효력은 오늘날 공권력 못지않은 사적단체나 개인에 의한 기본권 침해가 나타나면서 문제가 부각되고 있다. 미국의 경우 기본권은 국가에 대한 방어권으로서의 성격만을 인정하였으나 국가행위로 의제할 수 있는 사인의 행위에 대하여는 사인간의 관계에도 기본권을 적용하는 이론, 즉 국가행위의제론(state action doctrin)을 발전시켰다. 1940년대 이후 미국 연방대법원은 사인의 행위라 하더라도 국가의 행위로 귀속될 수 있는 것은 헌법의 적용대상이 된다고 보았는데, 예컨대 국유재산을 임차한 사인이 그 시설에서 행한 기본권침해행위나 국가로부터 재정적 원조나 조세감면 등의 원조를 받은 사인이 행한 행위 등을 국가의 행위로 동일시하여 헌법규정을 적용하였다.

독일의 경우 기본권의 대사인적 효력을 인정하지 않는 부정설이 바이마르 공화국시대에는 통설이었지만 지금은 사인간의 관계에도 기본권을 적용하고 있다. 다만 기본권을 직접 적용하는 것이 아니라 공·사법의 구별과 사적 자치의 원칙을 존중하여 민법상의 일반조항을 통하여 간접적으로 이를 적용하고 있다. 즉 간접적용설에 의하면 기본권규정은 헌법이 사법에 진입하는 관문이라고 할 수 있는 공서양속, 신의성실의 원칙 등과 같은 사법상의 일반원칙을 통하여 간접적으로 사법질서에 적용되어야 한다고 한다.

우리나라의 경우에도 기본권의 성질상 직접 적용될 수 있는 기본권을 제외하고는 원칙적으로 공서양속 조항 등 일반조항을 매개로 해서 간접 적용하고 있다. 즉 "헌법상의 기본권은 제1차적으로 개인의 자유로운 영역을 공권력의 침해로부터 보호하기 위한 방어적 권리이지만 다른 한편으로 헌법의 기본적인 결단인 객관적인 가치질서를 구체화한 것으로서, 사법(私法)을 포함한 모든 법영역에 그 영향을 미치는 것이므로 사인간의 사적인 법률관계도 헌법상의 기본권 규정에 적합하게 규율되어야 한다. 다만 기본권 규정은 그 성질상 사법관계에 직접 적용될 수 있는 예외적인 것을 제외하고는 사법상의 일반원칙을 규정한 민법 제2조, 제103조, 제750조, 제751조 등의 내용을 형성하고 그 해석기준이 되어 간접적으로 사법관계에 효력을 미치게 된다(대판(전합) 2010.4.22. 2008다38288)." 다만 사법절차적 기본권과 같이 그 성질상 사인간의 관계에 적용될 수 없는 기본권의 경우에는 기본권의 대사인적 효력이 인정되지 않는다.

3. 기본권의 제한과 한계

(1) 의   의

기본권은 최대한 보장되어야 하지만, 일체의 제약을 받지 않고 어떠한 경우에도 제한될 수 없는 권리는 아니다. 기본권은 국가의 구성원인 다른 개인의 기본권과 조화를 이루어야 하며 국가의 이익을 위하여 일정한 제한이 이루어질 수 있다. 이 경우에 기본권 제한의 남용을 방지하고 기본권이 최대한 보장될 수 있도록 일정한 기본권 제한의 범위와 방법 등이 설정되어야 한다.

(2) 기본권제한의 유형

a) 헌법유보에 의한 제한

헌법에서 직접 기본권을 제한하는 경우 이를 헌법유보에 의한 제한 또는 헌법직접적 제한이라고 한다. 모든 기본권을 헌법에서 제한하는 것을 일반적 헌법제한이라고 하며 특정 기본권을 제한하는 것을 개별적 헌법제한이라고 한다. 우리 헌법의 경우 특정 기본권에 대한 개별적 헌법제한만이 인정되고 있다. 예컨대 헌법 제21조 제4항은 "언론·출판은 타인의 명예나 권리 또는 공중도덕이나 사회윤리를 침해해서는 안 된다"고 규정하고 있다.

b) 법률유보에 의한 제한

헌법이 법률에 의하여 기본권을 제한할 수 있도록 위임하고 있는 경우 이를 법률유보라고 하며, 개별적 법률유보와 일반적 법률유보로 구별된다. 개별적 법률유보란 특정한 기본권을 법률로 제한할 수 있도록 규정한 것으로서 제12조 신체의 자유를 예로 들 수 있다. 이에 대하여 일반적 법률유보란 모든 기본권들에 대하여 법률에 의하여 일반적으로 제한할 수 있게 한 것이며, 헌법 제37조 제2항은 일반적 법률유보조항이다.

c) 기본권의 내재적 한계

기본권은 헌법이나 법률 등 외부적 사유와 무관하게 그 자체에 내재하는 한계가 있는데 이를 기본권의 내재적 한계라고 한다. 우리나라의 경우 독일과 달리 모든 기본권에 대한 일반적 제한이 인정되는 일반적 법률유보를 규정하고 있기 때문에 독일기본법에서와 같은 절대적 기본권은 인정되지 않고 있다. 따라서 절대적 기본권을 제한하기 위한 기본권의 내재적 한계를 인정할 필요성이 적으며 내재적 한계를 인정하는 것이 기본권의 본질적 내용침해금지를 무의미하게 만들 수 있는 점이 고려되어야 한다.

(3) 일반적 법률유보에 의한 기본권제한

헌법 제37조 제2항은 "국민의 모든 자유와 권리는 국가안전보장·질서유지 또는 공공복리를 위하여 필요한 경우에 한하여 법률로써 제한할 수 있으며, 제한하는 경우에도 자유와 권리의 본질적인 내용을 침해할 수 없다"고 하여 일반적 법률유보조항을 규정하고 있다.

법률로써 제한할 수 있는 기본권의 범위는 자유권에 한정되지 않으며 기본권 전반이다. '모든 자유와 권리'라고 규정하고 있으므로 자유권뿐만 아니라 생존권, 청구권 등 모든 기본권이다.

기본권은 국회가 제정한 형식적 의미의 법률에 의하여 제한된다. 그리고 형식은 법률이 아니지만 헌법규정에 따라 법률의 효력을 가지는 긴급명령, 긴급재정경제명령 그리고 국회의 동의를 얻어 성립된 법률적 효력을 가지는 조약에 의해서도 기본권을 제한할 수 있다. 기본권을 제한하는 법률은 특정 사람만을 대상으로 하는 것이 아니라 원칙적으로 모든 사람들에게 일반적으로 적용될 가능성을 가져야 한다. 또한 법률은 추상성을 가져야 한다.

기본권을 제한함에 있어서는 그 제한을 정당화하는 사유가 존재하여야 한다. 헌법 제37조 제2항에서는 국가안전보장, 질서유지, 공공복리를 명시적으로 기본권 제한사유로 규정하고 있다. 국가안전보장은 국가의 존립과 헌법의 기본질서유지 등을 포함하는 개념이며, 질서유지는 널리 사회의 안녕질서를 의미하며, 공공복리란 사회구성원전체를 위한 공공적 이익을 말한다.

국민의 기본권을 제한하는 법률은 그 제한의 방법에 있어서도 비례의 원칙이 준수되어야 한다. 즉 국민의 기본권을 제한하려는 입법의 목적이 헌법 및 법률의 체제상 그 정당성이 인정되어야 하고, 그 목적의 달성을 위하여 그 방법이 효과적이고 적절하여야 한다. 또한 입법권자가 선택한 기본권제한의 조치가 입법목적 달성을 위하여 적절한 것일지라도 보다 완화된 형태나 방법을 모색함으로써 기본권의 제한이 필요한 최소한도에 그치도록 하여야 하고, 그 입법에 의하여 보호하려는 공익과 침해되는 사익을 비교 형량할 때 보호되는 공익이 더 커야 한다(헌재 1992.12.24. 92헌가8).

또한 기본권을 제한하는 경우에도 자유와 권리의 본질적 내용은 침해할 수 없다. 기본권의 본질적 내용은 기본권의 근본요소 내지 당해 기본권의 핵이 되는 실체로 정의된다.

4. 기본권 보호의무

우리 헌법은 제10조 제2문에서 "국가는 개인이 가지는 불가침의 기본적 인권을 확인하고 이를 보장할 의무를 진다"라고 규정함으로써 국가의 적극적인 기본권 보호의무를 선언하고 있다. 국가의 기본권 보호의무란 기본권에 의하여 보호받을 법익을 국가나 사인으로부터 침해받지 않도록 보호해야 할 국가의 의무를 말한다. 따라서 국가는 국민과의 관계에서 국민의 기본권을 스스로 침해해서는 안 될 뿐만 아니라 국민의 기본권보호를 위하여 적극적으로 노력할 의무가 있으며, 나아가 국가는 사인 상호간의 관계를 규율하는 사법질서를 형성하는 경우에도 헌법상 기본권이 존중되고 보호되도록 할 의무가 있다.

　국가의 기본권 보장의무의 이행여부를 판단함에 있어서 헌법재판소는 입법자가 기본권 보호의무를 최대한 실현하는 것이 이상적이지만, 그러한 이상적 기준이 헌법재판소가 위헌 여부를 판단하는 심사기준이 될 수는 없으며, 권력분립의 관점에서 소위 '과소보호금지원칙'을, 즉 국가가 국민의 기본권 보호를 위하여 적어도 적절하고 효율적인 최소한의 보호조치를 취했는가를 기준으로 심사하게 된다고 한다. 따라서 입법부작위나 불완전한 입법에 의한 기본권의 침해는 입법자의 보호의무에 대한 명백한 위반이 있는 경우에만 인정될 수 있다고 본다(헌재 1997.1.16. 90헌마110).

기본권의 내용

1. 인간의 존엄과 가치 행복추구권

(1) 인간의 존엄과 가치

　헌법 제10조는 "모든 국민은 인간으로서의 존엄과 가치를 가지며"라고 하여 인간의 존엄과 가치를 규정하고 있다. 인간의 존엄과 가치는 근본규범으로서 국가의 근본질서이며, 법해석의 최고 기준이 되며 헌법개정의 한계가 된다. 인간의 존엄과 가치가 기본권의 이념적 기초로서의 성격을 가진다는 것에는 의문이 없지만 개별적 구체적 권리로서의 권리성이 인정되는지에 대해서는 논란이 있어 왔다. 인간의 존엄과 가치는 기본권보장의 목표임이 분명하지만 기본권으로서의 성격도 아울러 가지는 것이며, 헌법재판소도 "헌법 제10조는… 인간의 본질이며 고유한 가치인 개인의 인격권을 보장한다(헌재 1990.9.10. 89헌마82)"고 하여 기본권으로 인정하고 있다. 일반적 인격권의 구체적 내용으로는 명예권, 성명권, 초상권 등이 있으며, 이러한 구체적 권리로서의 성격은 다른 기본권과 마찬가지로 헌법 제37조 제2항에 따른 제한을 받는다.

(2) 행복추구권

　헌법 제10조는 "모든 국민은 행복을 추구할 권리를 가진다"고 하여 행복추구권을 보장하고 있으며, 행복추구권은 안락하고 만족스러운 삶을 추구하는 권리를 의미한다. 행복추구권은 1980년 헌법에서 추가되었지만, 그 내용의 불명확성으로 인해 논란을 가져왔다.

행복추구권은 국민이 행복을 추구하기 위하여 필요한 급부를 국가에게 적극적으로 요구할 수 있는 것을 내용으로 하는 것이 아니라, 국가권력의 간섭 없이 자유롭게 할 수 있다는 포괄적인 의미의 자유권으로서의 성격을 가진다. 헌법재판소는 행복추구권의 보호영역 내에 '일반적 행동자유권', '개성의 자유로운 발현권', '자기결정권', '계약의 자유' 등을 포함시키고 있다. 일반적 행동의 자유권은 적극적으로 자유롭게 행동을 하는 것은 물론 소극적으로 행동을 하지 않을 자유도 포함한다. 헌법재판소는 행복추구권을 적용함에 있어서 다른 기본권과의 관계에서 보충적 기본권으로 적용을 신중히 하는 것과는 별개로 행복추구권으로부터 파생되는 일반적 행동자유권의 범위에는 운전의 자유, 기부금품 모집행위의 자유, 위험한 스포츠를 즐길 자유 등 상당히 많은 내용을 포함시키고 있다.

한편 헌법재판소는 성적 영역과 사적 영역 등에서 개인의 자기결정권을 인정하고 있는 바, 성적 영역에서 개인의 자기결정권과 관련하여 "헌법 제10조에서 보장하고 있는 개인의 인격권·행복추구권에는 개인의 자기운명결정권이 전제되는 것이고, 이 자기운명결정권에는 성행위여부 및 그 상대방을 결정할 수 있는 성적자기결정권이 또한 포함된다"(헌재 1990.9.10. 89헌마82)고 한다. 개인의 성적 자기결정권을 침해하는 혼인빙자간음죄, 간통죄는 위헌으로 결정되었다. 또한 사적 영역에서 개인의 자기결정권과 관련하여 "개인의 인격권·행복추구권에는 개인의 자기운명결정권이 전제되는 것이고, 이 자기운명결정권에는 임신과 출산에 관한 결정, 즉 임신과 출산의 과정에 내재하는 특별한 희생을 강요당하지 않을 자유가 포함되어 있다"(헌재 2012.8.23. 2010헌바402; 헌재 2019.4.11. 2017헌바127)고 하였으며, 자기낙태죄 조항에 대하여 여성의 자기결정권을 침해한다고 판단하였다.

2. 평 등 권

(1) 평등권의 의의

헌법 제11조 제1항은 "모든 국민은 법 앞에 평등하다. 누구든지 성별·종교 또는 사회적 신분에 의하여 정치적·경제적·사회적·문화적 생활의 모든 영역에 있어서 차별을 받지 아니한다"라고 하여 평등권에 대한 일반적인 원칙을 규정하고 있으며 그 외에도 교육기회의 균등(제31조 제1항), 여성근로자에 대한 차별금지(제32조 제4항), 혼인과 가족생활에 있어서의 양성평등(제36조 제1항)에 대한 규정을 개별적으로 두고 있다.

헌법 제11조에서의 '법 앞에 평등'과 관련하여 우선 이때의 '법'은 국회가 제정하는 법률뿐만 아니라 일체의 법규범을 말하며, '법 앞의' 평등이란 법의 적용이나 집행에 있어서의 평등만을 말하는 것은 아니며 법의 내용에 있어서도 평등할 것이 요구된다. '평등'은 일체의 차별적 대우를 부정하는 절대적 평등을 의미하는 것이 아니며 입법과 법의 적용에 있어서 합리적 근거가 없는 차별을 배제하는 상대적 평등을 뜻한다.

(2) 평등권에 대한 심사기준

평등권에 대해서는 종래에는 합리적 사유가 있는지 여부만을 심사하는 자의심사원칙만이 적용되었으나 1999년 제대군인가산점 사건(헌재 1999.12.23. 98헌마363) 이후 엄격한 심사인 비례원칙심사가 적용되고 있다. 즉 헌법재판소는 평등위반 여부를 심사함에 있어 엄격한 심사척도에 의할 것인지, 완화된 심사척도에 의할 것인지는 입법자에게 인정되는 입법형성권의 정도에 따라 달라진다고 보면서, 헌법에서 특별히 평등을 요구하고 있는 경우와 차별적 취급으로 인하여 관련 기본권에 대한 중대한 제한을 초래하게 되는 경우에는 엄격한 심사척도(비례성원칙)를 적용하며, 그렇지 않은 경우에는 완화된 심사척도(자의금지원칙)를 적용하고 있다. 그리고 완화된 심사척도인 자의심사기준과 관련하여 어느 법률조항이 평등원칙에 반하는 자의적 입법인지를 구체적으로 심사함에 있어서는 ① 우선 그 조항이 본질적으로 동일한 집단을 다르게 취급하고 있는가 하는 차별취급의 존재 여부와

② 그러한 차별취급이 자의적인가의 여부가 문제된다(헌재 2004.12.16. 2003헌바78)고 한다.

(3) 차별금지사유 및 차별금지 영역

헌법에서 차별금지사유로 성별, 종교, 사회적 신분을 규정하고 있는 것은 예시적인 것으로서 이외에도 연령, 인종 등에 의한 합리적 근거없는 차별은 금지된다.

성별에 의한 차별금지란 합리적 이유없는 남성과 여성에 대한 차별을 금지하는 것이며 성에 대한 고정관념에 근거한 차별은 허용되지 않는다. 종교를 이유로 하는 차별은 금지되며 특정 종교를 가지고 있다는 이유로 취업이나 입학에서 차별을 받는 것은 평등권의 침해이다. 그리고 '사회적 신분'이란 출생에 의하여 고정된 생래적 신분에 한정된 것이 아니라 선천적 신분은 물론 후천적 신분도 포함된다. 따라서 사회적 신분이란 사회에서 장기간 점하는 지위로서 일정한 사회적 평가를 수반하는 것을 의미하며, 교원, 공무원, 학생, 상인, 전과자 등도 사회적 신분에 해당한다. 특히 존·비속과 관련하여 존속상해죄, 존속살인죄 등의 합헌성이 문제되었으며, 우리 헌법재판소는 존속상해죄에 대해서 "그 패륜성에 대하여는 통상의 상해치사죄에 비하여 고도의 사회적 비난을 받아야 할 이유가 충분하므로, 이를 엄벌하여 반인륜·패륜행위를 억제하는 것이 꼭 불합리하다고 만은 할 수 없다"고 하여 합헌으로 결정하였으며(헌재 2002.3.28. 2000헌바53), 존속살인죄에 대해서도 "존속살해는 그 패륜성에 비추어 일반 살인죄에 비하여 고도의 사회적 비난을 받아야 할 이유가 충분하다"고 보고 있다(헌재 2013.7.25. 2011헌바267).

헌법 제11조 제1항 후문은 "누구든지… 정치적·경제적·사회적·문화적 생활의 모든 영역에 있어서 차별을 받지 아니한다."고 규정하고 있다. 정치적·경제적·사회적·문화적 생활이란 예시적인 것으로서 그 외 모든 생활영역에서 차별이 금지된다. 특히 경제적 생활영역의 경우 국민의 일상생활 속에서 경제적 활동이 많고 관계된 영역도 광범위하기 때문에 평등권과 관련한 문제가 많이 제기되고 있다.

(4) 특권제도의 금지

헌법 제11조 제2항은 "사회적 특수계급의 제도는 인정되지 아니하며, 어떠한 형태로도 이를 창설할 수 없다"고 규정하고 있으며, 제3항은 "훈장 등의 영전은 이를 받은 자에게만 효력이 있고, 어떠한 특권도 이에 따르지 아니한다"고 한다. 영전의 세습제를 부인하는 것은 그로 인한 특권을 부인하는 것이며 연금지급이나 유족에 대한 보훈까지 금지되는 것은 아니다.

3. 자유권적 기본권

(1) 총 론

자유권적 기본권은 개인의 자유로운 영역이 국가로부터 간섭이나 침해받지 않을 권리를 의미한다. 근대 시민혁명 이후의 인권선언과 헌법들은 인신의 자유, 정신적 자유, 재산권의 불가침 등을 그 주된 내용으로 하였으며, 파시즘 등 전체주의로 인해 개인의 자유가 유린된 경험 이후 자유권의 자연권성이 다시 강조되고 있다. 자유권적 기본권은 성질과 내용에 따라 신체의 자유, 정신적 자유, 사생활의 자유, 사회·경제적 자유 등으로 분류되어 진다.

(2) 신체의 자유

모든 국민은 신체의 자유를 가진다(제12조). 신체의 자유는 신체활동을 자율적으로 할 수 있는 자유와 신체의 안전성을 침해당하지 아니할 자유를 포함한다. 신체의 자유는 인간의 존엄과 가치를 구현하기 위한 기본권보장의 핵심적 자유이며, 신체의 자유의 보장은 실체적 보장과 절차적 보장으로 나눌 수 있다. 실체적 보장으로는 죄형법정주의, 이중처벌금지의 원칙, 연좌제 금지 등을 들 수 있다. 그리고 절차적 보장으로는 법률주의, 적법절차, 영장주의, 체포·구속 이유 등 고지제도, 체포·구속적부심사제도 등을 들 수 있다.

a) 신체의 자유의 실체적 보장

죄형법정주의란 범죄와 형벌이 법률로써 정해져야 한다는 원칙으로서 파생원칙으로서 관습형법금지, 형벌불소급의 원칙, 절대적 부정기형금지, 유추해석금지원칙이 있다. 헌법 제12조 제1항 후문은 "… 법률과 적법한 절차에 의하지 아니하고는 처벌·보안처분 또는 강제노역을 받지 아니한다." 라고 규정하고, 헌법 제13조 제1항 전단은 "모든 국민은 행위시의 법률에 의하여 범죄를 구성하지 아니하는 행위로 소추되지 아니하며…"라고 하여 죄형법정주의와 형벌불소급원칙을 규정하고 있다. 형벌불소급의 원칙과 관련하여 보안처분의 경우에도 형벌불소급의 원칙이 적용되는지가 문제되며, 헌법재판소는 형벌불소급원칙에서 의미하는 '처벌'은 단지 형법에 규정되어 있는 형식적 의미의 형벌 유형에 국한되지 않으며, 범죄행위에 따른 제재의 내용이나 실제적 효과가 형벌적 성격이 강하여, 신체의 자유를 박탈하거나 이에 준하는 정도로 신체의 자유를 제한하는 경우 형벌불소급원칙이 적용되어야 한다고 본다(헌재 2012.12.27. 2010헌가82 등). 예컨대 노역장유치는 그 실질이 신체의 자유를 박탈하는 것으로서 징역형과 유사한 형벌적 성격을 가지고 있으므로 형벌불소급원칙의 적용대상이 된다.

일사부재리의 원칙은 한번 판결이 확정되면 동일한 사건에 대해서는 다시 심판할 수 없다는 원칙을 말한다. 연좌제 금지는 자기의 행위가 아닌 친족의 행위로 인하여 불이익한 처우를 받지 아니하는 것을 말하며, '친족의 행위와 본인 간에 실질적으로 의미 있는 아무런 관련성을 인정할 수 없음에도 불구하고 오로지 친족이라는 사유 그 자체만으로' 불이익한 처우를 가하는 경우 이 원칙이 적용된다(헌재 2005.12.22. 2005헌마19).

b) 신체의 자유의 절차적 보장

적법절차는 국가작용은 정당한 법률에 근거하고 정당한 절차에 따라 행사되어야 한다는 원칙이다. 적법절차는 형사절차상의 영역에 한정되지 않고 입법, 행정 등 국가의 모든 공권력의 작용에 적용되며, 절차상의 적법성뿐만 아니라 법률의 구체적 내용도 합리성과 정당성을 갖춘 것이어야 한다는 실질적 의미로 확대되고 있다.

영장주의 내지 영장제도는 체포·구속·압수 또는 수사를 할 때에는 원칙적으로 법관이 발부한 영장에 의하도록 함으로써 수사기관에 의한 체포·구속 등의 남용을 방지하기 위한 것이다. 영장주의는 구속의 개시시점에 한하지 않고 구속영장의 효력을 계속 유지할 것인지 아니면 취소 또는 실효시킬 것인지의 여부도 법관의 판단에 의하여 결정되어야 한다는 것을 의미한다. 또한 체포·구속심사제도가 인정되므로 누구든지 체포·구속을 당한 때에는 적부의 심사를 법원에 청구할 수 있다.

형사피의자나 피고인은 변호인의 조력을 받을 권리를 가지며, 체포 또는 구속의 이유와 변호인의 조력을 받을 권리가 있음을 고지받지 아니하고는 체포 또는 구속을 당하지 아니한다. 변호인의 조력을 받을 권리에는 변호인과의 자유로운 접견교통권뿐만 아니라 피고인이 변호인을 통하여 수사서류를 포함한 소송관계 서류를 열람·등사하고 이에 대한 검토 결과를 토대로 공격과 방어의 준비를 할 수 있는 권리도 포함된다. 형사피의자나 피고인은 유죄의 판결이 확정될 때까지 무죄로 추정되므로, 피고인이나 피의자를 유죄판결이 확정되기 전에 죄 있는 사람에 준하여 취급함으로써 법률적·사실적 측면에서 유·무형의 불이익을 주어서는 안 된다.

고문은 금지되며 형사상 자기에게 불리한 진술을 강요당하지 아니한다. 피고인의 자백이 고문·폭행·협박·구속의 부당한 장기화 또는 기망 기타의 방법에 의하여 자의로 진술된 것이 아니라고 인정될 때 또는 정식재판에 있어서 피고인의 자백이 그에게 불리한 유일한 증거일 때에는 이를 유죄의 증거로 삼거나 이를 이유로 처벌할 수 없다.

(3) 양심의 자유

헌법 제19조는 "모든 국민은 양심의 자유를 가진다"고 하여 양심의 자유를 보장한다. 윤리적 범주로서의 양심의 자유는 가치관을 기초로 하는 체계적인 사고 내지 신념인 사상과 밀접한 관계를 가지므로 헌법 제19조의 양심에는 도덕적·윤리적 판단만이 아니라 가치관, 신조까지 포함하는 것으로 보아야 한다.

양심의 자유는 양심형성의 자유와, 양심을 지킬 자유를 주된 내용으로 한다. 양심형성의 자유란 외부로부터의 부당한 간섭이나 강제를 받지 않고 개인의 내심영역에서 양심을 형성하고 양심상의 결정을 내리는 자유를 말한다. 양심을 지킬 자유는 형성된 내면의 양심을 외부로 표명하도록 강제받지 않을 자유와 양심에 반하는 행동을 강제당하지 아니할 자유를 내용으로 한다. 사죄광고, 준법서약서, 양심적 병역거부 등이 양심에 반하는 행동을 강제당하지 아니할 자유와 관련해서 종래 문제되어 왔다. 특히 양심적 병역거부와 관련하여 병역의 종류 중 하나로 대체복무제를 인정하고 있지 아니한 병역법 제5조 제1항에 대하여 헌법재판소가 불합치결정(헌재 2018. 6.28. 2011헌바379 등)을 내린 이후 대체복무제 도입을 위한 구체적 법안이 마련되고 있다.

양심상의 결정을 실현할 자유가 양심의 자유에 포함되는지에 대해서 학설이 대립하고 있으나 양심의 자유의 보장이 양심에 따른 행동의 자유까지 무제한적으로 보장하는 것은 아니다. 양심의 자유가 어떠한 경우에 어느 정도로 보장되어야 하는 가에 관해서 내심의 작용에 머물러 있는 경우에도 일정한 제한이 따른다는 내재적 한계설, 양심이 외부에 표명되는 경우에는 일정한 제한을 받지만 내심의 작용으로 머물러 있는 이상 제한을 받지 않는다는 내면적 무한계설, 양심이 내심에 머물러 있는 경우뿐만 아니라 외부에 표명되는 경우에도 제한을 받지 않는다는 절대적 보장설이 있다. 내심적 자유, 양심형성의 자유와 결정의 자유는 내심에 머무르는 한 절대적 자유로 보아야 하므로 내면적 무한계설이 타당하다.

(4) 종교의 자유

헌법 제20조 제1항은 "모든 국민은 종교의 자유를 가진다"고 하여 종교의 자유를 인정하고 있다. 종교의 자유는 신앙의 자유, 종교적 행위의 자유 및 종교적 집회·결사의 자유를 내용으로 한다. 먼저 신앙의 자유는 신과 피안 또는 내세에 대한 인간의 내적 확신에 대한 자유를 말하며 신앙의 선택, 신앙의 변경, 무신앙의 자유가 포함된다. 종교적 행위의 자유는 의식·예배 등 자신의 신앙을 외부에 나타내는 모든 종교적 행위를 할 수 있는 자유를 말하며, 종교의식의 자유, 선교의 자유, 종교교육의 자유가 포함된다. 종교교육의 자유가 안정되므로 특정 종교단체에서 설립한 학교에서 종교교육을 실시하는 것은 원칙적으로 자유이다. 종교적 집회·결사의 자유는 종교적 목적으로 같은 신자들이 집회하거나 단체를 조직하는 자유를 말한다. 이러한 종교적 행위의 자유와 종교적 집회·결사의 자유는 신앙의 자유와는 달리 절대적 자유가 아니므로 헌법 제37조 제2항에 의거하여 질서유지, 공공복리 등을 위해서 제한될 수 있다.

헌법 제20조 제2항은 "국교는 인정되지 아니하며, 종교와 정치는 분리된다"고 규정하여 국교불인정 및 정교분리원칙을 선언하고 있다. 따라서 국가가 특정종교를 국교로 지정하는 것은 금지되며, 국가에 의한 특정 종교에 대한 우대나 차별대우는 금지된다. 모든 종교를 동등하게 보호하거나 우대하는 조치도 무종교의 자유를 고려하면 헌법이 규정하고 있는 종교와 정치의 분리원칙에 어긋난다. 그리고 종교가 정치에 간섭하거나 종교단체가 정치활동을 하는 것은 금지된다. 국가와 지방자치단체가 특정한 종교를 위한 종교교육을 하는 것 역시 금지된다.

(5) 학문과 예술의 자유

학문의 자유는 진리탐구의 자유를 의미하며, 학문적 활동에 관하여 공권력의 간섭이나 방해를 받지 아니하는 자유이다. 학문의 자유는 가장 본질적인 부분인 연구의 자유뿐만 아니라 연구결과를 외부에 공표하는 연구결과발표의 자유, 교육자가 자유로이 교수하는 교수의 자유, 공동연구나 발표를 위하여 집회를 개최하거나 단체를 결성하는 학문적 집회·결사의 자유를 내용으로 한다. 학문연구의 자유는 절대적으로 보장되지만, 연구결과의 발표나 교수의 자유 등은 일정한 제한에 놓인다.

또한 연구와 교육의 중심인 대학에 대하여는 자율과 자치를 최대한 보장하여야 한다. 대학의 자치는 학문의 자유의 핵심적 내용이므로 제22조 제1항에 의하여 보장되며, 헌법 제31조 제4항에서 규정하는 대학의 자율성 보장은 이를 확인하고 강조하는 것이다. 대학의 자치의 내용은 대학인사에 관한 자치, 관리·운영에 관한 자치, 학생선발, 성적평가 등 학사에 관한 자치, 대학의 재정에 관한 자치 등을 포함한다.

헌법 제22조 제1항은 "모든 국민은 학문과 예술의 자유를 가진다"고 하여 학문의 자유와 함께 예술의 자유를 규정하고 있다. 예술의 자유는 아름다움을 추구하는 자유이며, 예술가에게만 인정되는 것이 아니라 모든 사람에게 인정되는 자유이다. 예술의 자유는 그 핵심내용인 예술창작의 자유뿐만 아니라 예술표현의 자유, 예술적 집회·결사의 자유를 포함한다.

(6) 언론·출판·집회·결사의 자유

a) 언론·출판의 자유

헌법은 제21조 제1항에서 "모든 국민은 언론·출판의 자유…를 가진다"라고 규정하여 언론·출판의 자유를 보장하고 있다. 언론·출판의 자유라 함은 사상 또는 의견을 언어·문자 등으로 불특정다수인에게 표명하거나 전달하는 자유를 말하며, 현대적 의미에서의 언론·출판의 자유는 사상이나 의견을 표명하고 전달하는 자유 외에도 알권리, 액세스권, 언론기관의 자유 등을 포함한다.

언론출판의 보호대상이 되는 의사표현 또는 매개체는 담화·연설·토론·연극·방송·인터넷·소설·서화·음반 등을 포함한다. 특히 광고도 사상·지식·정보 등을 불특정다수인에게 전파하는 것으로서 언론·출판 자유의 보호대상이 된다.

액세스권은 광의로는 자신의 의사표현을 위하여 매스미디어를 이용할 수 있는 권리를 말하며 협의로는 자기와 관계있는 보도에 대한 반론 내지 해명을 요구할 수 있는 권리를 말한다. 액세스권은 언론사 등 사인을 대상으로 한다는 점에서 정부나 공공기관에 대한 정보공개청구권과는 구별된다. 언론기관의 자유는 신문·잡지·방송 등 매스미디어의 자유를 포괄하는 것이며, 대외적으로 뉴스 등의 보도 및 논평의 자유, 취재의 자유, 신문 등의 발행 및 배포의 자유를 포함한다. 언론기관의 자유는 국가로부터의 자유도 중요하지만 언론종사자의 편집권이 경영자로부터의 독립성과 공정성을 확보할 수 있어야 한다.

알 권리는 모든 정보원으로부터 일반적 정보를 수령·수집하거나, 국가기관 등에 대하여 정보의 공개를 청구할 수 있는 권리를 말한다. '일반적'이란 신문·잡지·방송 등 불특정다수인에게 개방될 수 있는 것을 뜻하며, '정보'란 양심·사상·의견·지식 등의 형성에 관련 있는 일체의 자료를 말한다. 알 권리는 일반적으로 정보에 접근하고 수집·처리함에 있어서 국가권력의 방해를 받지 않는다는 점에서 자유권적 성질을 가지며, 의사형성이나 여론형성에 필요한 정보를 적극적으로 수집할 권리라는 점에서 청구권적 성질도 함께 가진다.

헌법 제21조 제2항은 "언론·출판에 대한 허가나 검열은 인정되지 아니한다"고 규정하고 있다. 여기서 말하는 검열은 실질적으로 행정권이 주체가 되어 사상이나 의견 등이 발표되기 이전에 예방적 조치로서 그 내용을 심사, 선별하여 발표를 사전에 억제하는, 즉 허가받지 아니한 것의 발표를 금지하는 제도를 뜻한다. 헌법재판소는 헌법이 금지하는 사전검열의 요건으로 첫째, 일반적으로 허가를 받기 위한 표현물의 제출의무가 존재할 것, 둘째, 행정권이 주체가 된 사전심사절차가 존재할 것, 셋째, 허가를 받지 아니한 의사표현을 금지할 것, 넷째, 심사절차를 관철할 수 있는 강제수단이 존재할 것을 제시하고 있다(헌재 1996.10.31. 94헌가6; 헌재 2008.6.26. 2005헌마506 참조). 영화에 대한 공연윤리위원회의 사전심의 및 영상물등급위원회의 등급분류보류, 의료광고에 대한 사전심의, 건강기능식품에 대한 사전심의 등이 헌법상 허용되지 않는 검열에 해당한다고 결정되어졌다.

언론·출판의 자유가 인정된다고 하더라도 타인의 명예나 권리 또는 공중도덕이나 사회윤리를 침해하여서는 안된다. 언론·출판이 타인의 명예나 권리를 침해한 때에는 피해자는 이에 대한 피해의 배상을 청구할 수 있다(제21조 제4항).

b) 집회·결사의 자유

헌법 제21조는 집단적 의사의 표현인 집회·결사의 자유를 보장한다. 집회의 자유란 다수인이 공동의 목적을 가지고 일정한 장소에서 일시적으로 회합할 수 있는 자유를 말한다. '공동의 목적은' 집회 참가자들 사이의 내적인 유대관계로 족하다. 집회의 자유에는 적극적으로 집회를 개최하는 자유, 집회를 진행하는 자유, 집회에 참가하는 자유뿐만 아니라 소극적으로 집회를 개최하지 아니할 자유, 집회에 참가하지 아니할 자유 등이 포함된다.

결사의 자유란 다수의 자연인 또는 법인이 공동의 목적을 위하여 단체를 결정할 수 있는 자유를 말한다. 여기서의 '결사'란 다수가 상당한 기간 동안 공동의 목적을 위하여 자유의사에 기하여 결합하고 조직화된 의사형성이 가능한 단체를 말한다. 결사의 자유는 적극적으로 단체결성의 자유, 단체존속의 자유, 단체활동의 자유, 결사에 가입할 자유뿐만 아니라 소극적으로 기존의 단체에서 탈퇴할 자유, 결사에 가입하지 않을 자유도 포함한다.

집회·결사의 자유도 국가안전보장, 질서유지, 공공복리를 위하여 필요한 경우 법률로 제한할 수 있다. 그러나 집회·결사에 대한 허가는 인정되지 않는다. 「집회 및 시위에 관한 법률」상의 옥외집회에 대한 사전신고의 위헌성 여부에 대하여, 헌법재판소는 일정한 신고절차만 밟으면 원칙적으로 옥외집회를 할 수 있도록 보장하고 있으므로, 헌법 제21조 제2항의 사전허가금지에 위배되지 않는다고 보고 있다(헌재 2014.1.28. 2011헌바174등).

(7) 주거의 자유

주거의 자유는 주거의 평온과 불가침을 보장하는 것이며, 개인의 공간적인 사생활영역을 보호하는 것이다. 헌법 제16조는 "모든 국민은 주거의 자유를 침해받지 아니한다"고 규정하여 주거의 자유를 보장하고 있다. 주거란 주택에 한정되지 않고, 사람이 거주하기 위하여 점유하고 있는 일체의 건조물을 포괄하는 개념으로서 학교, 회사, 사무실 등도 포함한다.

또한 주거에 대한 압수나 수색을 할 때에는 검사의 신청에 의하여 법관이 발부한 영장을 제시하도록 하고 있다(제16조 후단). 행정상 즉시강제와 같은 행정절차에도 원칙적으로 영장주의가 적용되어야 하지만, 전염병 예방 등과 같이 순수한 행정목적의 달성을 위한 것으로 영장을 발부받을 수 있는 시간적 여유가 없는 긴급한 경우에는 예외적으로 영장제도가 배제될 수 있다.

(8) 사생활의 비밀과 자유

헌법 제17조는 "모든 국민은 사생활의 비밀과 자유를 침해받지 아니한다"고 하여 사생활의 비밀과 자유를 국민의 기본권으로 보장하고 있다. 사생활의 비밀과 자유에는 소극적으로 개인의 사생활의 비밀과 자유를 침해당하지 않을 권리뿐만 아니라 적극적으로 자신에 관한 정보를 통제할 수 있는 권리 즉 개인정보자기결정권도 포함된다.

'사생활의 비밀'이란 사생활에 관한 사항으로 일반인에게 아직 알려지지 아니하고 일반인의 감수성을 기준으로 할 때 공개를 원하지 않을 사항을 의미한다. 개인의 질병기록, 전과사실 등 사적 사항이 무단으로 공개되어서는 안 된다. '사생활의 자유'는 사생활을 방해받지 않고 자유롭게 형성하고 전개할 권리로서, 사생활의 자유의 불가침이란 국가가 사생활의 자유로운 형성을 방해하거나 금지하는 것에 대한 보호를 의미한다. 사생활의 비밀과 자유도 국가안전보장, 질서유지, 공공복리를 위하여 법률로 제한될 수 있다. 「특정 범죄자에 대한 보호관찰 및 전자장치 부착 등에 관한 법률」에서는 특정범죄자(성폭력범죄, 미성년자 대상 유괴범죄, 살인범죄 및 강도범죄)에 대하여 위치추적 전자장치를 신체에 부착하도록 하고 있는 바, 위치추적 전자장치부착은 특정범죄자 중 성폭력범죄자를 대상으로 하였으나 이후 대상을 확대하였다. 성폭력범죄자에 대한 위치추적 전자장치부착은 성폭력범죄로부터 국민을 보호하고 성폭력범죄자의 재범을 방지하기 위한 것으로 사생활의 비밀과 자유를 침해한다고 볼 수 없다.

'개인정보자기결정권'은 자신에 관한 정보가 언제 누구에게 어느 범위까지 알려지고 이용할 수 있도록 할 것인지를 정보주체 스스로 결정할 수 있는 권리이다. 개인정보결정권의 보호대상이 되는 개인정보는 개인의 신체, 사회적 지위, 신분 등과 같이 개인의 인격주체성을 특징짓는 사항이며, 개인의 내밀한 영역이나 사사(私事)의 영역에 속하는 정보는 물론 공적 생활에서 형성되었거나 이미 공개된 개인정보도 보호대상이 된다.

(9) 통신의 자유

헌법 제18조는 "모든 국민은 통신의 비밀을 침해받지 아니한다"라고 규정하여 통신의 비밀보호를 그 핵심내용으로 하는 통신의 자유를 보장하고 있다. 통신의 비밀이란, 서신·우편·전신의 통신수단을 통하여 개인 간에 의사나 정보의 전달과 교환(의사소통)이 이루어지는 경우, 통신의 내용과 통신이용의 상황이 개인의 의사에 반하여 공개되지 아니할 자유를 의미한다.

통신의 자유는 국가안전보장, 질서유지, 공공복리를 위하여 법률로써 제한될 수 있다. 「통신비밀보호법」에서는 국가안보를 위한 통신제한조치와 범죄수사를 위한 통신제한조치에 대해서 규정하고 있다.

(10) 거주·이전의 자유

거주·이전의 자유는 모든 국민이 국가의 간섭없이 자유롭게 거주지와 체류지를 정할 수 있는 자유를 말하며, 헌법 제14조는 "모든 국민은 거주·이전의 자유를 가진다"고 하여 이를 보장하고 있다. 거주·이전의 자유는 국내 거주·이전의 자유, 국외 거주·이전의 자유, 국적 변경의 자유를 내용으로 한다. 모든 국민은 국내에서 자유로이 체류지와 거주지를 설정하고 이전할 수 있는 국내 거주·이전의 자유를 가진다.

그리고 국외 거주·이전의 자유를 가지며, 이는 국외에서 체류지와 거주지를 자유롭게 정할 수 있는 '해외여행 및 해외이주의 자유', 외국에서의 체류 또는 거주를 위하여 대한민국을 떠날 수 있는 '출국의 자유'와 다시 대한민국으로 돌아올 수 있는 '입국의 자유'를 포함한다. 또한 거주·이전의 자유는 대한민국의 국적을 이탈할 수 있는 '국적변경의 자유'도 그 내용으로 한다. 거주·이전의 자유는 헌법 제37조 제2항에 따른 제한을 받으며, 국가안보, 국제외교, 수사, 국민보건 등의 필요에 의하여 제한될 수 있다.

(11) 직업선택의 자유

모든 국민은 직업선택의 자유를 가진다(제15조). 직업이란 생활의 기본적 수요를 충족시키기 위한 계속적인 활동을 의미하며 그러한 내용의 활동인 한 그 종류나 성질을 불문한다. 직업선택의 자유라 함은 자신이 원하는 직업 내지 직종을 자유롭게 결정할 수 있는 직업결정의 자유뿐만 아니라 그가 선택한 직업을 자기가 결정한 방식으로 자유롭게 수행할 수 있는 직업수행의 자유를 포함한다. 또한 직업을 변경할 자유, 영업의 자유, 경쟁의 자유도 그 내용으로 한다.

직업선택의 자유를 제한함에 있어서는 단계이론이 주장되어 왔다. 이 이론은 직업선택의 자유를 직업수행의 자유와 직업결정의 자유와 구분하여 제한의 정도에 차이를 두어야 한다는 이론이다. 우리 헌법재판소 역시 "직업결정의 자유나 전직의 자유에 비하여 직업수행의 자유에 대하여는 상대적으로 더욱 넓은 법률상의 규제가 가능하다"고 한다(헌재 1993.5.13. 92헌마80).

구체적으로 제1단계는 직업수행의 자유를 제한하는 것이다. 그리고 제2단계는 주관적 사유에 의한 직업결정의 자유를 제한하는 것이다. 이는 변호사시험에 합격한 사람에게만 법조인으로서의 자격을 부여하는 것과 같이, 직업에서 요구하는 일정한 자격과 결부시켜 직업선택의 자유를 제한하는 것이다. 마지막 제3단계는 객관적 사유에 의한 직업결정의 자유의 제한이다. 당사자의 능력이나 자격과 상관없는 객관적 사유에 의한 제한은 월등하게 중요한 공익을 위하여 명백하고 확실한 위험을 방지하기 위한 경우에만 정당화 될 수 있다.

(12) 재산권

헌법은 제23조 제1항에서 "모든 국민의 재산권은 보장된다. 그 내용과 한계는 법률로 정한다"라고 하여 개인의 재산권을 보장하고 있다. 우리 헌법이 보장하고 있는 재산권은 경제적 가치가 있는 모든 공법상·사법상의 권리를 뜻한다. 이러한 재산권의 범위에는 동산·부동산에 대한 모든 종류의 물권은 물론, 재산가치 있는 모든 사법상의 채권과 특별법상의 권리 및 재산가치 있는 공법상의 권리 등이 포함된다. 그렇지만 단순한 기대이익이나 반사적 이익 또는 경제적인 기회 등은 재산권에 속하지 않는다.

재산권보장은 사유재산제와 개인을 위한 구체적 재산권을 보장하는 것이다. 사유재산제는 생산수단의 사유화를 인정하며, 생산수단의 전면적인 국·공유화는 인정될 수 없다. 상속제도 역시 사유재산제도와 이념적 기반을 같이 하는 것으로서 보장된다. 개인의 구체적 재산권이 보장된다는 것은 재산의 소유뿐만 아니라 재산을 사용·수익·처분할 수 있는 권능을 보장한다는 것이다.

하지만 재산권의 행사는 무제한적인 것이 아니며, 재산권의 절대적 보장으로 인한 사회적 폐단을 최소화하고 사유재산제의 기본이념을 보호하기 위해서는 재산권의 사회적 구속성이 강조된다. 재산권의 사회적 구속성이라 함은 공공복리를 위하여 재산권의 주체가 무보상으로 재산에 대하여 일반적인 기대가능한 제한을 수인하는 것을 의미한다. 헌법 제23조 제2항은 "재산권의 행사는 공공복리에 적합하도록 하여야 한다"고 하여 재산권행사의 공공복리적합의무를 규정하고 있다.

헌법 제23조 제3항은 "공공필요에 의한 재산권의 수용·사용 또는 제한 및 그에 대한 보상은 법률로써 하되, 정당한 보상을 지급하여야 한다"고 하여 재산권행사의 사회적 구속성의 한계를 넘는 재산권의 수용·사용·제한과 그에 대한 보상의 원칙을 규정하고 있다. 재산권의 수용은 특정한 공익사업시행을 위해 국민의 재산권을 강제적으로 박탈하는 것을 의미한다. 따라서 공용수용은 공익적 필요성이 있을 것, 법률에 의거할 것, 정당한 보상을 지급할 것의 요건을 모두 갖추어야 한다. 여기서 정당한 보상이란 원칙적으로 피수용재산의 객관적인 재산가치를 완전하게 보상하는 것이어야 한다는 완전보상을 뜻하는 것이다.

4. 사회적 기본권

(1) 총 론

사회적 기본권은 국민이 국가에 대하여 현실의 생존 또는 생활을 위하여 필요한 조건들을 국가권력이 적극적으로 관여하여 확보해 줄 것을 청구할 수 있는 권리라고 할 수 있으며, 현행 헌법은 제31조 제1항에서 교육을 받을 권리, 제32조에서 근로의 권리, 제33조에서 근로3권, 제34조에서 인간다운 생활을 할 권리, 제35조에서 환경권 등을 보장함으로써 다양한 내용의 사회적 기본권 내지 국가의 사회적 의무를 명시하고 있다.

사회적 기본권은 국가권력으로부터의 침해를 보장하는 자유권과 달리 국가의 적극적 배려를 통하여 실현될 수 있기 때문에 국가권력의 개입을 필요로 한다. 사회적 기본권의 법적 성격에 대해서는 법적 권리로 볼 수 있는 지, 그 경우 추상적 권리인지, 아니면 구체적 권리인지가 문제되어 왔다. 사회적 기본권을 구체적 권리가 아니라 사회정책적 강령을 선언한 것에 불과하다고 보는 프로그램설이 주장되어 왔지만 사회적 기본권은 국민 개개인이 국가에 요구할 수 있는 법적 권리로 이해되고 있다. 추상적 권리설은 사회적 기본권에 관한 헌법규정에 따라 국민은 국가에 대하여 추상적인 것일지라도 법적 권리를 가지며, 다만 구체적 입법이 없는 경우 사회적 기본권 규정을 근거로 소송을 통한 권리구제를 구할 수 없다고 한다. 이와 달리 구체적 권리설은 사회적 기본권에 관한 헌법규정은 이를 구체화하는 입법이 존재하지 않는 경우에도 직접 효력을 가지며, 사회적 기본권 실현에 관한 국가의 부작위는 구체적 권리의 침해가 되어 사법적 구제의 대상이 된다고 한다.

헌법재판소는 "인간다운 생활을 할 권리로부터는 인간의 존엄에 상응하는 생활에 필요한 최소한의 물질적인 생활의 유지에 필요한 급부를 요구할 수 있는 구체적인 권리가 직접 도출될 수 있다"(헌재 1995.7.21. 93헌가14)라고 하여 '최소한의 물질적 생활'을 요구할 수 있는 범위 내에서 구체적 권리성을 인정하고 있다.

(2) 인간다운 생활을 할 권리

헌법은 제34조 제1항에서 "모든 국민은 인간다운 생활을 할 권리를 가진다"고 하여 국민의 인간다운 생활을 할 권리를 보장하는 한편, 제34조 제2항에서는 "국가는 사회보장·사회복지의 증진에 노력할 의무를 진다"고 하여 국가의 사회보장 및 사회복지증진의무를 규정하고 있다. 제34조 제5항에서는 "신체장애자 및 질병·노령 기타의 사유로 생활능력이 없는 국민은 법률이 정하는 바에 의하여 국가의 보호를 받는다"고 규정함으로써 신체장애자 및 생활능력이 없는 국민에 대한 국가의 보호의무를 명시하고 있다.

'인간다운 생활을 할 권리'는 사회적 기본권의 총칙적 규정이며, 동시에 국민이 인간의 존엄에 상응하는 최소한의 물질적인 생활의 유지에 필요한 급부를 국가에게 요구할 수 있는 권리이다.

인간다운 생활을 할 권리의 구체적 내용으로는 사회보장을 받을 권리를 들 수 있으며, 사회보장제도는 사회보험, 공공부조나 사회서비스를 포함한다. 즉 '사회보장'이란 출산, 양육, 실업, 노령, 장애, 질병, 빈곤 및 사망 등의 사회적 위험으로부터 모든 국민을 보호하고 국민 삶의 질을 향상시키는 데 필요한 소득·서비스를 보장하는 사회보험, 공공부조, 사회서비스를 말한다(사회보장기본법 제3조 제1호). 한편 생활보호제도를 공공부조로 전환하는 「국민기초생활 보장법」이 2000년 10월 1일부터 시행되어 종전의 「생활보호법」을 대체하고 있다. 국민기초생활보장제도는 생활이 어려운 사람에게 필요한 급여를 실시하여 최저생활을 보장하고 자활을 지원하기 위한 제도이다.

모든 국민은 인간다운 생활을 할 권리를 가지며 국가는 생활능력 없는 국민을 보호할 의무가 있다는 헌법의 규정은 모든 국가기관을 기속하지만 그 기속의 의미는 동일하지 않다. 먼저 입법부나 행정부에 대하여는 국민소득, 국가의 재정능력과 정책 등을 고려하여 가능한 범위 안에서 최대한으로 모든 국민이 인간의 존엄성에 맞는 건강하고 문화적인 생활을 누릴 수 있도록 하여야 한다는 행위의 지침, 즉 행위규범으로서 작용한다. 하지만 헌법재판에 있어서는 다른 국가기관, 즉 입법부나 행정부가 국민으로 하여금 인간다운 생활을 영위하도록 하기 위하여 객관적으로 필요한 최소한의 조치를 취할 의무를 다하였는지를 기준으로 국가기관의 행위의 합헌성을 심사하여야 한다는 통제규범으로 작용한다(헌재 1997.5.29. 94헌마33; 헌재 2001.4.26. 2000헌마390 등 참조).

(3) 교육을 받을 권리

헌법 제31조 제1항은 "모든 국민은 능력에 따라 균등하게 교육을 받을 권리를 가진다"고 규정하여 국민의 교육을 받을 권리를 보장하고 있다. 이는 국민이 능력에 따라 균등하게 교육받을 것을 공권력에 의하여 부당하게 침해받지 않을 것과 능력에 따라 균등하게 교육받을 수 있도록 국가가 적극적으로 배려하여 줄 것을 요구할 수 있는 권리이다. 학교교육은 교육 중에서도 가장 효과적이고 일반적인 교육형태이므로 교육을 받을 권리에서의 교육은 주로 학교교육을 의미한다.

한편, 이러한 국민의 교육을 받을 권리를 현실적으로 보장하기 위하여 제31조 제2항에서 "모든 국민은 그 보호하는 자녀에게 적어도 초등교육과 법률이 정하는 교육을 받게 할 의무를 진다"라고 하여 국민에게 교육의 의무를 부과하였고, 나아가 국가는 학부모가 경제적 여건에 관계없이 교육의 의무를 이행할 수 있도록 제31조 제3항에서 의무교육은 무상으로 할 것을 천명하고 있다. 의무교육에 있어서 무상의 범위에는 수업료나 입학금의 면제뿐만 아니라 학용품, 교재 등 의무교육에 있어서 본질적이고 필수불가결한 비용을 포함한다.

헌법 제31조 제4항은 "교육의 자주성·전문성·정치적 중립성 및 대학의 자율성은 법률이 정하는 바에 의하여 보장된다"고 하여 교육의 자주성·전문성과 정치적 중립성 등을 보장하고 있으며 동조 제6항은 "학교교육 및 평생교육을 포함한 교육제도와 그 운영, 교육재정 및 교원의 지위에 관한 기본적인 사항은 법률로 정한다"고 하여 교육제도 법정주의를 규정하고 있다.

(4) 근로의 권리

헌법 제32조 제1항은 "모든 국민은 근로의 권리를 가진다. 국가는 사회적·경제적 방법으로 근로자의 고용 증진과 적정임금의 보장에 노력하여야 하며, 법률이 정하는 바에 의하여 최저임금제를 시행하여야 한다"라고 규정하여 근로의 권리를 보장하고 있다. '근로'라 함은 근로자가 사용자로부터 임금을 받는 대가로 제공하는 육체적·정신적 활동을 의미한다. 근로의 권리는 사회적 기본권으로서 국가에 대하여 고용증진을 위한 사회적·경제적 정책을 요구할 수 있는 권리이며, 직접 일자리를 청구하거나 일자리에 갈음하는 생계비의 지급청구권을 의미하는 것은 아니다.

근로자의 최저임금을 보장하기 위하여 「최저임금법」이 제정되어 시행되고 있으며, 근로조건의 기준은 인간의 존엄성을 보장하도록 법률로 정하도록 하는 근로조건법정주의(제32조 제3항)에 따라 「근로기준법」이 제정되어 있다. 여자의 근로는 특별한 보호를 받으며, 고용·임금 및 근로조건에 있어서 부당한 차별을 받지 아니한다(제32조 제4항). 연소자의 근로 또한 특별한 보호를 받는다(제32조 제5항).

(5) 근로3권

근로3권 즉 단결권, 단체교섭권, 단체행동권은 경제적 약자인 근로자로 하여금 사용자와 대등한 지위를 갖출 수 있도록 하기 위하여 인정되어진다. 헌법 제33조 제1항은 "근로자는 근로조건의 향상을 위하여 자주적인 단결권·단체교섭권 및 단체행동권을 가진다"고 규정하여 근로3권을 보장하고 있다. '근로자'라 함은 직업의 종류를 불문하고 임금·급료 기타 이에 준하는 수입에 의하여 생활하는 자를 말한다(노동조합 및 노동관계조정법(이하 "노정법"이라 한다) 제2조 제2호).

단결권은 근로조건의 유지 개선을 위하여 근로자들이 자주적 단체를 결성하고 이에 가입하여 활동할 수 있는 권리를 말하며, 근로자 개개인의 단결권뿐만 아니라 근로자 집단의 단결권도 보장된다. 단체교섭권은 근로자의 단체가 근로조건의 향상을 위하여 사용자나 사용자 단체와 교섭할 수 있는 권리이다. 그리고 헌법에서 '단체협약체결권'을 명시적으로 규정하고 있지는 않지만 근로조건의 향상을 위한 근로자 및 그 단체의 본질적인 활동의 자유인 '단체교섭권'에는 단체협약체결권이 포함되어 있다고 보아야 한다. 사용자가 정당한 이유 없이 단체교섭을 거부하면 이는 부당노동행위가 된다. 단체행동권은 노동쟁의가 발생한 경우에 쟁의행위 등을 할 수 있는 권리이다. 쟁의행위라 함은 파업·태업·직장폐쇄 기타 노동관계 당사자가 그 주장을 관철할 목적으로 행하는 행위와 이에 대항하는 행위로서 업무의 정상적인 운영을 저해하는 행위를 말한다(노정법 제2조 제6호).

공무원인 근로자는 법률이 정하는 자에 한하여 단결권·단체교섭권 및 단체행동권을 가진다(제33조 제2항). 종래 교원과 공무원의 노동운동은 금지되었으나, 1999. 1. 29. 제정된 「교원의 노동조합 설립 및 운영 등에 관한 법률」과 2005. 1. 27. 제정된 「공무원의 노동조합 설립 및 운영 등에 관한 법률」을 통해 교원과 일부 공무원에게 단결권과 단체교섭권이 인정되고 있다. 또한 법률이 정하는 주요방위산업체에 종사하는 근로자의 단체행동권은 법률이 정하는 바에 의하여 이를 제한하거나 인정하지 아니할 수 있다(동조 제3항). 방위산업체 근로자의 경우 단체행동권만이 제한되고 있으며, 모든 방위산업체가 아니라 주요한 산업방위체로 그 범위가 제한되어 있다.

(6) 환경권

환경권은 건강하고 쾌적한 환경에서 생활할 권리로서 '쾌적한 환경'이란 안락하고 평온한 환경을 말한다. 헌법 제35조 제1항은 "모든 국민은 건강하고 쾌적한 환경에서 생활할 권리를 가지며, 국가와 국민은 환경보전을 위하여 노력하여야 한다"고 규정하고 있으며, 제2항에서는 환경권의 내용과 행사에 관하여는 법률로 정하도록 하고 있다.

환경권의 대상이 되는 환경은 자연환경뿐만 아니라 생활환경을 포함하며, '생활환경'이란 대기, 물, 토양, 폐기물, 소음·진동, 악취, 일조(日照), 인공조명, 화학물질 등 사람의 일상생활과 관계되는 환경을 말한다(환경정책기본법 제3조 제3호).

환경권은 i) 수인한도를 초과하는 환경오염이나 공해가 발생한 경우 그 환경오염이나 공해를 배제하여 주도록 요구할 수 있는 공해배제청구권과 ii) 개발, 공사 등을 시행함에 있어 환경오염이나 공해를 유발하는 결과를 초래하지 않도록 충분한 예방적 조치를 취할 것을 요구할 수 있는 공해예방청구권을 통해 구현된다.

헌법 제35조 제3항은 "국가는 주택개발정책을 통하여 모든 국민이 쾌적한 주거생활을 할 수 있도록 노력하여야 한다"고 하여 쾌적한 주거생활권을 보장하고 있다.

(7) 보건권

헌법은 제36조 제3항에서 "모든 국민은 보건에 관하여 국가의 보호를 받는다"고 규정하고 있다. 동 조항에서 "국가에 의하여 보호를 받는다"라고만 규정하고 있어 권리로 보장되는 것인지에 대한 논란이 있기는 하지만 이는 건강에 대한 권리로 이해되어질 수 있다. 헌법재판소 역시 헌법 제36조 제3항이 규정하고 있는 국민의 보건에 관한 권리는 국민이 자신의 건강을 유지하는 데 필요한 국가적 급부와 배려를 요구할 수 있는 권리를 말하는 것으로서, 국가는 국민의 건강을 소극적으로 침해하여서는 아니 될 의무를 부담하는 것에서 한걸음 더 나아가 적극적으로 국민의 보건을 위한 정책을 수립하고 시행하여야 할 의무를 부담한다는 것을 의미한다고 보고 있다(헌재 2009.11.26. 2007헌마734).

5. 청구권적 기본권

(1) 총 론

청구권적 기본권은 국민이 국가에 대하여 일정한 행위를 적극적으로 청구할 수 있는 주관적 공권이다. 청구권적 기본권은 다른 권리나 이익을 확보하기 위한 수단적 성질을 가진 권리로서 기본권보장을 위한 기본권이라고도 한다. 헌법이 규정하고 있는 청구권적 기본권으로는 청원권, 재판청구권, 형사보상청구권, 국가배상청구권, 범죄피해자구조권 등이 있다.

(2) 청원권

헌법 제26조 제1항은 "모든 국민은 법률이 정하는 바에 의하여 국가기관에 문서로 청원할 권리를 가진다"고 규정하여 국가기관에 일정한 사항에 관한 의견이나 희망을 진술할 권리를 국민의 기본권으로 보장하고 있다. 청원권은 사법절차와 비교할 때 이용에 많은 시간과 비용을 요구하지 않으며, 국가기관이 접수된 청원의 해결을 위해 적극적으로 노력할 경우 신속하고도 경제적인 권리구제수단으로 기능할 수 있다. 청원의 대상은 피해의 구제, 공무원의 위법·부당한 행위에 대한 시정이나 징계의 요구, 법률·명령·조례·규칙 등의 제정·개정 또는 폐지, 공공의 제도 또는 시설의 운영, 그 밖에 국가기관 등의 권한에 속하는 사항 등이다(청원법 제4조).

국가는 청원에 대하여 심사할 의무를 지며, 청원을 관장하는 기관이 청원을 접수한 때에는 특별한 사유가 없는 한 90일 이내에 그 처리결과를 청원인에게 통지하여야 한다.

(3) 재판청구권

헌법 제27조 제1항은 "모든 국민은 헌법과 법률이 정한 법관에 의하여 법률에 의한 재판을 받을 권리를 가진다"고 하여 재판청구권을 보장하고 있다. 재판청구권이라 함은 국가에 대하여 헌법과 법률이 정한 법관에 의하여 법률에 의한 재판을 받을 권리를 의미한다. '헌법과 법률이 정한 법관'이란 헌법과 법률이 정한 자격을 갖추어야 하며, 헌법과 법률에 정해진

임명절차에 따라 임명되고, 신분이 보장되어야 한다. 그리고 법률상 제척이나 기타의 사유로 당해 재판에 관여하는 것이 금지되어 있지 아니한 법관이어야 한다. '법률에 의한 재판'이란 절차법이 정한 절차에 따라 실체법이 정한 대로 재판을 받을 권리를 보장하는 것이다. '재판'을 받을 권리에서의 재판은 헌법재판, 민사재판, 형사재판, 행정재판 등 모든 재판을 말한다.

또한 공정하고 신속한 공개재판을 받을 권리를 가진다. 공정한 재판을 받을 권리가 헌법에 명시적으로 규정되어 있지는 않지만 국민의 권리구제를 하여야 할 재판은 공정해야 하며, 공정한 재판이 진행되더라도 재판이 지연되면 당사자의 정신적·육체적 고통이 가중되고 비용이 많이 들기 때문에 신속한 재판이 보장되어야 한다. 또한 재판의 공정성을 제고하기 위하여 비밀재판을 배제하고 일반국민의 감시하에 재판의 심리와 판결을 받을 수 있도록 재판의 심리와 판결은 공개되어야 한다.

한편 일반국민은 원칙적으로 군사법원의 재판을 받지 아니할 권리를 가진다. 군인 또는 군무원인 경우, 중대한 군사상 기밀·초병·초소·유독음식물 공급·포로·군용물에 관한 죄 중 법률이 정한 경우, 비상계엄이 선포된 경우를 제외하고는 일반국민은 군사법원의 재판을 받지 아니한다(제27조 제2항 참조).

(4) 국가배상청구권

헌법 제29조는 제1항에서 "공무원의 직무상 불법행위로 손해를 받은 국민은 법률이 정하는 바에 의하여 국가 또는 공공단체에 정당한 배상을 청구할 수 있다. 이 경우 공무원 자신의 책임은 면제되지 아니한다"고 하고, 제2항에서 "군인·군무원·경찰공무원 기타 법률이 정하는 자가 전투·훈련 등 직무집행과 관련하여 받은 손해에 대하여는 법률이 정하는 보상 외에 국가 또는 공공단체에 공무원의 직무상 불법행위로 인한 배상은 청구할 수 없다"고 하여 국가배상청구권과 군인이나 경찰 등에 대한 국가배상청구권의 제한을 규정하고 있다.

국가배상청구권은 공무원의 직무상 불법행위로 말미암아 재산 또는 재산 이외의 손해를 받은 국민이 국가 또는 공공단체에 대하여 그 손해를 배상하여 주도록 청구할 수 있는 권리를 말한다. 국가배상청구권은 그 요건에 해당하는 사유가 발생한 개별 국민에게는 금전청구권으로서의 재산권으로 보장된다.

국가배상청구권이 성립하기 위해서는 '공무원의 직무상 불법행위로 손해를 받은' 것을 요건으로 한다. 이때의 '공무원'은 「국가공무원법」이나 「지방공무원법」에 의하여 공무원으로서의 신분을 가진 자에 국한하지 않고, 널리 공무를 위탁받아 실질적으로 공무에 종사하고 있는 모든 사람을 말한다. 또한 '직무상 불법행위'에서의 공무원의 직무에는 권력적 작용만이 아니라 비권력적 작용도 포함되며, 직무상 행위에는 직무집행 그 자체는 물론이고 객관적으로 직무집행으로서의 외형을 갖추고 있는 경우도 포함된다. '불법행위'라 함은 고의 또는 과실로 법령을 위반한 행위를 의미한다. 이와 같이 국가를 상대로 손해배상청구권이 발생한 경우에도 공무원 자신의 책임은 면제되지 않는다.

한편 헌법 제29조 제2항은 일반 국민에게는 인정되는 공무원의 직무상 불법행위로 인한 손해배상청구권을 합리적 이유없이 군인 등에게는 인정하지 않음으로써 평등권을 침해하며, 나아가 동 조항으로 인해 이들에 대한 불법행위 배상책임이 사실상 면제된 국가로 하여금 불법행위가 발생할 수 있는 현실에 대한 개선이나 노력을 회피할 수 있도록 하고 있어 그 개정이 요구된다.

(5) 형사보상청구권

헌법 제28조는 "형사피의자 또는 형사피고인으로서 구금되었던 자가 법률이 정하는 불기소처분을 받거나 무죄판결을 받은 때에는 법률이 정하는 바에 의하여 국가에 정당한 보상을 청구할 수 있다"고 하여 형사보상청구권을 규정하고 있다. 형사보상을 청구할 수 있으려면 형사피의자로서 구금되었던 자가 법률이 정하는 불기소처분을 받거나 형사피고인으로서 구금되었던 자가 무죄판결을 받아야 하며, 이 경우 국가에 대하여 물질적·정신적 피해에 대한 정당한 보상을 청구할 수 있다. 「형사보상 및 명예회복에 관한 법률」에서 형사보상의 방법과 절차 등을 규정하고 있다.

(6) 범죄피해자구조청구권

헌법 제30조는 "타인의 범죄행위로 인하여 생명·신체에 대한 피해를 받은 국민은 법률이 정하는 바에 의하여 국가로부터 구조를 받을 수 있다"고 하여 범죄피해자구조청구권을 규정하고 있다. 범죄피해자구조청구권은 국가가 범죄방지책임 또는 범죄로부터 국민을 보호할 의무를 다하지 못하였다는 것과 그로 인한 범죄피해자들이 피해에 대해 보상을 받지 못하여 생활에 어려움을 겪고 있는 경우 국가가 이를 구조해 줄 필요성 때문에 인정된다. 범죄피해자구조청구권의 내용은 범죄피해자구조금의 청구와 지급에 관한 것으로서, 「범죄피해자보호법」에 의하면 구조금은 유족구조금·장해구조금 및 중상해구조금으로 구분하며, 일시금으로 지급된다.

6. 참 정 권

(1) 총　론

참정권은 국민이 국가기관의 형성이나 정책결정에 참여할 수 있는 권리이다. 참정권은 국가구성원으로서 국민이 선거에 참여하거나 투표에 참여하는 권리를 의미하기 때문에 국민의 권리이며, 원칙적으로 외국인은 그 주체가 될 수 없다. 우리 헌법은 대의제에 기초한 간접민주제를 원칙으로 하고 있으며, 직접민주제로는 헌법개정안에 대한 국민투표제와 대통령이 부의하는 국가안위에 관한 중요정책에 대한 국민투표제만이 규정되어 있다. 국민이 선임한 국가기관으로 하여금 국민을 대신하여 국가의사나 정책을 결정하는 대의제에 있어서 국민의 선거권과 공무담임권은 중요한 의미를 가진다. 현행 헌법은 법률이 정하는 바에 따른 '선거권'과 '공무담임권' 및 국가안위에 관한 중요정책과 헌법개정에 대한 '국민투표권'을 헌법상의 참정권으로 보장하고 있다.

(2) 선거권

모든 국민은 법률이 정하는 바에 의하여 선거권을 가진다(제24조). 헌법상 국민의 선거권은 국회의원선거권, 대통령선거권, 단체장선거권과 지방의

회의원선거권을 내용으로 한다. 이 중 지방자치단체의 장에 대해서는 헌법 제118조 제2항에서 "…… 지방자치단체의 장의 '선임방법'……에 관한 사항은 법률로 정한다."라고만 하여 지방의회의원의 '선거'와는 문언상 구별하고 있으므로, 지방자치단체의 장 선거권도 헌법상 보장되는 기본권인지 여부가 문제되어 왔다. 지방자치단체의 대표인 단체장 역시 주민의 자발적 지지에 기초를 둔 선거를 통해 선출되어야 하며, 지방자치단체의 장 선거권만을 법률상의 권리로 보아 지방의회의원 선거권, 국회의원 선거권 및 대통령 선거권과 구별하는 것은 타당하지 않다. 지방자치단체의 장 선거권 역시 다른 선거권과 마찬가지로 헌법 제24조에 의해 보호되는 기본권으로 인정된다(헌재 2016.10.27. 2014헌마797 참조).

(3) 공무담임권

모든 국민은 법률이 정하는 바에 의하여 공무담임권을 가진다(제25조). 공무담임권이란 국가기관·공공단체의 구성원으로서 그 직무를 담당할 수 있는 권리이다. 여기서 직무를 담당한다는 것은 모든 국민이 현실적으로 그 직무를 담당할 수 있다는 의미가 아니라, 국민이 공무담임에 관한 평등한 기회를 보장받음을 의미한다. 공무담임권의 보호영역에는 공직취임 기회의 자의적인 배제뿐만 아니라 공무원 신분의 부당한 박탈이나 직무의 부당한 정지도 포함된다(헌재 2002.8.29. 2001헌마788등).

공무담임권도 국가안전보장, 질서유지, 공공복리를 위하여 법률로 제한될 수 있다. 예컨대 공무원의 경우 일정한 자격을 갖추어야 하며 국가공무원법에서 규정하고 있는 결격사유가 없어야 한다.

(4) 국민투표권

대의제 민주주의를 원칙으로 하는 경우에도 직접민주제가 보완적으로 채택되어진다. 직접민주제적 제도로는 국민투표제를 비롯하여 국민발안제와 국민소환제 등이 있지만, 우리 헌법은 국민투표제만을 규정하고 있다.

국민투표권에는 헌법개정안에 대한 국민투표권(제130조 제2항)과 국가중요정책에 대한 국민투표권(제72조)이 있다. 이 중 국가중요정책에 대한 국민투표의 경우 대통령에게 투표 실시여부 등을 결정할 수 있는 임의적인 국민투표발의권이 부여되어 있기 때문에, 특정 국가정책에 관하여 국민투표에 회부하도록 요구할 권리가 국민에게 인정되지는 않는다. 대통령이 특정정책을 국민투표에 부의한 경우에 비로소 국민투표권의 행사가 가능하다. 「국민투표법」상 국민투표권은 19세 이상의 국민에게 인정되며, 투표일 현재 선거권이 없는 사람에게는 인정되지 않는다.

　「지방자치법」 제14조에서 주민투표권을 규정하고 있지만, 국민투표권과 달리 주민투표권은 법률이 보장하는 참정권이며 헌법이 보장하는 참정권으로 인정되고 있지 않다.

통치기구

권력분립주의와 정부형대

1. 권력분립주의

　권력분립주의는 국민의 자유와 권리를 보장하기 위하여 국가권력을 입법, 사법, 행정으로 나누어 별개의 기관이 담당하도록 함으로써 권력이 특정 개인이나 기관에게 집중되지 않도록 하고 권력상호간의 견제와 균형관계가 유지될 수 있도록 하는 원리이다. 로크가 입법권과 집행권 중 입법권의 우월성을 강조한 것과 달리 몽테스키외는 입법권과 집행권, 사법권간의 견제와 균형을 통한 엄격한 3권분립론을 주장하였다.

　그러나 정당정치의 발달과 함께 정당을 매개로 한 입법권과 행정권의 통합현상, 복지국가이념의 실현과 위기상황 극복을 위한 강력한 집행부의 요구, 헌법재판제도의 강화로 인한 사법국가화의 경향 등을 통해 고전적 의미의 3권분립론이 가지는 의미는 상당히 약화되었다. 하지만 오늘날에도 입법은 국민의 대표인 국회에게, 집행은 행정부에게, 사법은 법률전문가로 구성된 법원에게 분담시킨다는 국가기능의 분할은 의미를 가진다. 그리고 국가의 여러 기능을 상이한 주체에게 합리적으로 분산시키고, 국가기관간 및 국가기관내에서, 국가기관과 시민사회간의 통제와 함께 공화와 협조를 도모하는 기능적 권력분립론은 중요한 의미를 갖는다. 복수정당제, 의회내 여당과 야당간 통제, 연방국가에 있어서 중앙정부와 지방정부간의 권력분산, 이익집단들에 의한 정부통제 등이 가지는 권력분립적 의미가 강조되고 있다.

2. 정부형태

정부형태는 국가권력구조에 있어서 권력분립의 실현형태를 말한다. 정부형태의 기본유형은 대통령제, 의원내각제이며, 이러한 대통령제적 요소와 의원내각제적 요소가 혼합되어 있는 이원집행부제 등이 있다.

(1) 의원내각제

의원내각제는 역사적 산물이며 완화된 권력분립론을 기초로 하고 있다. 일반적으로 의원내각제란 의회에서 내각이 선출되고 내각이 의회에 대하여 책임을 지는 정부형태를 말한다. 의원내각제는 집행부가 국가원수인 대통령이나 군주와 행정부의 수반으로 집행에 관해 실질적 권한을 가진 내각으로 이원화되어 있다. 내각은 의회에서 선출되고 내각은 의회에 대하여 정치적 책임을 지며, 입법부와 집행부는 법적으로는 분리되어 있지만 정치적으로 서로 밀접한 협조관계에 있다. 입법부와 집행부의 권력적 균형을 유지하기 위하여 의회는 내각불신임권을 가지며 내각은 의회해산권을 가진다. 의원내각제는 의회와 내각이 서로 정치적으로 대립하는 경우 내각불신임결의와 의회해산을 통해 신속한 해결을 가져올 수 있으며, 내각이 의회에 대하여 연대하여 책임을 지므로 책임정치를 구현할 수 있다.

(2) 대통령제

대통령제는 입법부, 집행부, 사법부가 엄격하게 분리 독립됨으로써 상호 견제와 균형이 이루어지는 정부형태를 말한다. 대통령제는 몽테스키외의 권력분립론에 기초하여 미국에서 창안되었으며, 오늘날까지 미국에서 가장 성공적으로 운용되고 있다. 대통령제는 집행부의 구조가 일원적이며, 대통령이 국가원수이고 행정부수반이 된다. 집행부의 성립과 존속이 의회로부터 독립되어 있으며, 대통령은 임기동안 의회에 대하여 책임을 지지 않는다. 입법부와 집행부 상호간의 견제와 균형을 위하여 대통령에게는 법률안거부권이 인정되며, 의회에는 집행부고위공무원에 대한 임명동의권, 탄핵소추권 등이 인정된다. 대통령제는 의회의 신임과 관계없이 대통령이 재직하므로 집행부의 안정을 가져올 수 있으나 대통령의 독재화가 가능하며, 입법부와 집행부간의 충돌을 해소하거나 조정하는데 어려움이 있다.

(3) 이원집행부제

이원집행부제는 대통령제와 의원내각제적 요소를 동시에 가지고 있으며, 반대통령제, 분권형 대통령제, 이원정부제, 권력분산형 대통령제, 권력분산형 의원내각제, 이원적 의원내각제로도 불려진다.

이원집행부제는 집행부가 각기 실질적 권한을 가지는 대통령과 내각의 두 기구로 구성되는 정부제도를 말한다. 일반적으로 대통령은 외교에 관한 권한, 국가긴급권을 보유하며, 내각은 일반행정에 관한 권한과 법률집행권을 보유한다. 대통령과 수상이 소속정당이 서로 다른 경우 권한배분을 둘러싼 정치적 갈등과 권력투쟁으로 인하여 정국의 불안정을 가져올 수 있다.

국   회

1. 국회의 헌법상 지위

첫째, 대의제 민주주의에서 국회는 국민의 대표기관이다. 국회는 국민이 직접 선출한 국회의원으로 구성되며 특정 정당이나 개인이 아닌 국민 전체를 대표한다.

둘째, 국회는 국가의 입법기관이다. 국회가 입법기관이라는 것은 입법권이 원칙적으로 국회에 속한다는 것을 의미하며, 국회가 입법권을 독점한다는 것을 의미하지는 않는다. 헌법은 입법권은 국회에 속한다(제40조)고 하여 국회입법의 원칙을 인정하고 있지만, 행정입법권, 대통령의 긴급명령권, 긴급재정경제명령권 등과 같은 예외가 인정되고 있다.

셋째, 국회는 국정통제기관이다. 국회는 집행부와 사법부를 감시·견제

하는 국정통제기관으로서의 지위를 가지며 이러한 지위는 상대적으로 약화
되고 있는 국회의 국민대표기관으로서의 지위와 입법기관으로서의 지위에
비하여 강화되고 있다. 국정에 대한 통제권으로 국정감사·조사권, 대통령
등에 대한 탄핵소추권, 국무총리·국무위원의 해임건의권 등을 들 수 있다.

2. 국회의 기관과 의사원칙

(1) 국회의 기관

의장 1인과 부의장 2인을 두며, 의장과 부의장은 국회에서 무기명투표
로 선거하고 재적의원 과반수의 득표로 당선된다. 의장의 임기는 2년이며,
국회를 대표하고 의사를 정리하며, 질서를 유지하고 사무를 감독한다.

국회의 위원회는 상임위원회와 특별위원회 두 종류로 한다. 상임위원회
는 그 소관에 속하는 의안과 청원 등의 심사, 그 밖에 법률에서 정하는 직
무를 수행한다. 특별위원회는 특정한 사안을 심의하기 위하여 임시적으로
활동하는 위원회이다. 국회법에서 이미 특정한 임무를 명시한 특별위원회
로는 예산결산특별위원회, 윤리특별위원회, 인사청문특별위원회가 있으며,
예산결산특별위원회는 상설의 위원회다.

교섭단체는 국회에 일정수 이상의 의석을 가진 정당에 소속된 의원들로
구성되는 원내의 정당 또는 정파를 말한다. 국회에 20명 이상의 소속 의원
을 가진 정당은 하나의 교섭단체가 된다. 그리고 '다른 교섭단체에 속하지
아니하는 20인 이상의 의원'으로 따로 교섭단체를 구성할 수 있다(국회법
제33조 제1항). 교섭단체는 정당소속 의원들의 의사를 교섭단체별로 사전에
통합, 조정하여 국회의 의사를 원활하게 운영할 수 있도록 하며, 원내 행동
을 통일하여 정당정책을 의안심의에서 최대한 반영될 수 있도록 한다.

(2) 국회의 의사원칙

국회의 의사원칙으로 중요한 것은 의사공개의 원칙, 다수결의 원칙, 회
기불계속의 원칙, 일사부재의의 원칙을 들 수 있다.

헌법 제50조 제1항은 "국회의 회의는 공개한다"라고 하여 의사공개의
원칙을 규정하고 있는바, 의사공개의 원칙은 민의의 전당인 국회에서의 의

사진행을 공개함으로써 국민의 비판과 감시를 받게 하는 원칙이다. 이는 단순한 행정적 회의를 제외하고 국회의 헌법적 기능과 관련된 모든 회의는 원칙적으로 국민에게 공개되어야 함을 천명한 것으로서, 국회 본회의뿐만 아니라 위원회의 회의도 공개되어야 한다.

헌법 제49조는 "국회는 헌법 또는 법률에 특별한 규정이 없는 한 재적의원 과반수의 출석과 출석의원 과반수의 찬성으로 의결한다. 가부동수인 때에는 부결된 것으로 본다"고 하여 의회민주주의의 기본원리인 다수결 원리를 규정하고 있다. 다수결 원리는 단순히 재적의원 과반수의 출석과 출석의원 과반수에 의한 찬성을 형식적으로 요구하는 것에 그치지 않는다. 다수결 원리는 의사형성과정에서 소수파에게도 토론에 참가하여 의견을 밝힐 수 있는 기회를 보장하여 다수파와 소수파가 공개적이고 합리적 토론을 거쳐 다수의 의사로 결정한다는데 그 정당성의 근거가 있는 것이므로, 입법과정에서 소수파에게 출석기회조차 주지 않고 토론과정을 거치지 않은 채 다수파의 다수의사로 단독 처리하는 것은 다수결 원리에 의한 의사결정이라고 할 수 없다.

우리나라는 미국과 달리 회기계속의 원칙을 채택하고 있으며, 국회에 제출된 법률안 기타의 의안은 회기중에 의결되지 못한 이유로 폐기되지 않는다(제51조). 그리고 일사부재의의 원칙에 따라 회기 중에 부결된 안건은 같은 회기 중에 다시 발의하거나 제출할 수 없다. 특히 이 원칙은 소수파에 의한 의사방해를 방지하려는데 목적이 있다.

3. 국회의 권한

(1) 입법에 관한 권한

입법권은 국회에 속하며(제40조), 국회의 입법에 관한 권한 중 가장 중요한 것은 법률제정에 관한 권한이다. 법률은 일반적이어야 하지만 현대사회국가에서는 국민의 생존배려를 위한 방법과 기준을 제시하기 위하여 일반적 법률 외에 처분적 법률을 인정하고 있다. 처분적 법률이라 함은 행정적 집행을 매개로 하지 아니하고 직접 국민에게 권리나 의무를 발생하게 하는 법률을 말하며, 개인대상법률 또는 개별사건법률 등의 유형이 있다.

특정규범이 개인대상법률 또는 개별사건법률에 해당한다고 하여 곧바로 헌법에 위반되는 것은 아니며, 차별적 규율이 합리적 이유로 정당화되는 경우에는 이러한 처분적 법률도 허용될 수 있다.

국회의 법률제정 절차는 법률안의 제안, 심의 및 의결, 정부에의 이송 등을 거친다. 헌법상 법률안제출권은 국회의원과 정부가 가지며, 의원은 10인 이상의 찬성으로 의안을 발의할 수 있다. 법률안이 제출되면 국회의장은 이를 인쇄하거나 전산망에 입력하는 방법으로 의원에게 배부하고, 본회의에 보고한 후 소관상임위원회에 회부하여 심사하게 한다. 위원회의 심사가 끝나면 본회의에 부의되며, 본회의에 상정된 법률안의 의결은 재적의원 과반수의 출석과 출석의원 과반수의 찬성으로써 한다. 국회를 통과한 법률안은 정부에 이송되고 15일 이내에 대통령이 공포한다. 법률안에 이의가 있을 때에는 대통령은 15일 이내에 이의서를 붙여 국회로 환부하고, 재의를 요구할 수 있다. 대통령의 재의의 요구가 있을 때 국회가 재의에 붙이고, 재적의원과반수의 출석과 출석의원 3분의 2 이상이 찬성하면 그 법률안은 법률로서 확정된다. 법률은 특별한 규정이 없는 한 공포한 날로부터 20일을 경과함으로써 효력을 발생한다.

국회가 가지는 입법에 관한 권한은 법률제정권 외에도 헌법개정에 관한 권한과 중요한 조약의 체결·비준에 대한 동의권이 있다. 헌법개정과 관련하여 국회재적의원과반수의 발의로 헌법개정을 제안할 수 있으며, 국회는 헌법개정안이 공고된 날로부터 60일 이내에 이를 의결하여야 한다. 또한 국회는 상호원조 또는 안전보장에 관한 조약, 중요한 국제조직에 관한 조약, 우호통상항해조약, 주권의 제약에 관한 조약, 강화조약, 국가나 국민에게 중대한 재정적 부담을 지우는 조약 또는 입법사항에 관한 조약의 체결·비준에 대한 동의권을 가진다(제60조 제1항).

(2) 재정에 관한 권한

국가의 존립을 유지하고 활동하는데 필요한 재정조달은 기본적으로 국민의 부담을 통해서 이루어진다. 우리 헌법은 "조세의 종목과 세율은 법률로 정한다"(제59조)고 하여 조세법률주의를 규정하고 있다. 조세법률주의의 핵심적 내용은 과세요건 법정주의 및 과세요건 명확주의로서, 과세요건 법정주의는 납세의무자·과세물건·과세표준·과세기간·세율 등의 과세요건과 조세의 부과·징수절차를 모두 국민의 대표기관인 국회가 제정한 법률로 규정하여야 한다는 것이며, 과세요건 명확주의란 과세요건을 법률로 규정한 그 내용이 명확하고 일의적이어야 한다는 것이다.

한편 헌법은 "국회는 국가의 예산안을 심의·확정한다"(제54조)고 하여 법률과 별개의 존재형식으로 예산을 인정하고 있다. 예산은 1회계연도에 있어서 국가의 세입·세출에 관한 예정준칙을 의미하며, 예산안은 회계연도마다 정부가 편성하여 국회에 제출하고, 예산안은 각 상임위원회별 예비심사, 예산결산특별위원회의 종합심사를 거쳐 본회의에서 의결된다.

(3) 국정통제에 관한 권한

국회의 국정통제에 관한 권한으로는 국정감사 및 조사권, 국무총리 및 국무위원해임건의권, 탄핵소추권 기타 중요공무원 임명에 대한 동의권 등이 있다.

국정감사권은 매년 정기적으로 국회가 국정전반을 감사하는 권한이며, 국정조사권은 특정한 사안에 대하여 국회가 조사할 수 있는 권한이다. 국정감사가 정기적으로 국정 전반을 대상으로 하는 것과 달리 국정조사는 부정기적으로 특정 사안을 대상으로 한다는 점에서 구별된다. 국정조사는 국회재적의원 4분의 1 이상의 요구가 있는 때에 특별위원회 또는 상임위원회에서 행한다. 영국, 미국, 프랑스 등이 국정조사권만을 제도화하고 있는 것과 달리 우리나라 헌법은 국정감사권과 국정조사권 모두를 규정하고 있다.

해임건의권은 임기 중 정치적 책임을 직접 물을 수 없는 대통령을 대신하여 국무총리·국무위원에 대하여 정치적 책임을 추궁함으로써 대통령을 간접적으로 견제하는 것이며, 해임건의는 법적 구속력을 가지지 못한다. 탄핵소추권은 고위공무원이나 법관 등 신분이 보장된 공무원이 직무상 위헌·위법행위를 한 경우 이를 소추하여 파면하는 제도로서 탄핵심판권은 헌법재판소가 가지지만 탄핵소추권은 국회가 가진다. 탄핵소추의 의결을 받은 사람은 소추의결서가 송달된 때부터 헌법재판소의 탄핵심판이 있을 때까지 그 권한행사가 정지된다.

(4) 국회의 자율권

국민의 대표기관, 입법기관으로서 국회는 스스로의 문제를 자주적으로 처리할 수 있는 폭넓은 자율권을 가지며, 규칙제정권, 의사진행권, 질서유지권, 내부조직권, 의원의 자격심사와 징계 등 국회의원의 신분에 관한 권한 등을 가진다. 하지만 법치주의의 원리상 모든 국가기관은 헌법과 법률에 의하여 기속을 받는 것이므로 국회의 자율권도 헌법이나 법률을 위반하지 않는 범위 내에서 허용되어야 하고, 국회의 의사절차나 입법절차에 헌법이나 법률의 규정을 명백히 위반한 흠이 있는 경우에도 국회가 자율권을 가진다고는 할 수 없다(헌재 1997.7.16. 96헌라2).

4. 국회의원의 헌법상 지위와 특권

(1) 국회의원의 헌법상 지위

국회의원은 국민에 의하여 직접 선출된 국민대표자로서의 지위를 가지며, 국회구성원으로서의 지위를 가진다. 또한 정당국가화 경향과 관련하여 정당의 당원으로서 정당을 대표하는 지위를 가진다. 오늘날 민주주의가 정당국가적 민주주의로 변화하고 있음에 따라 국회의원의 국민대표성보다는 정당국가적 현실을 고려하여 정당에 의하여 국회가 운영되고 있음을 강조하려는 견해가 주장되고 있다. 하지만 국회의원의 국민대표성이 정당국가적 현실에 의해 변화되고 국회의원이 정당에 대한 예속이 일반화되고 있을지라도 헌법규범상의 대의제 민주주의 원리를 부정하는 것까지 허용되는 것은 아니다. 국회의원의 국민대표자로서의 지위와 정당소속원으로서의 지위가 충돌하는 경우에도 국민대표자로서의 지위가 우선한다고 보아야 한다. 헌법 제46조 제2항은 "국회의원은 국가이익을 우선하여 양심에 따라 직무를 행한다"고 하여 국가이익우선의무를 규정하고 있다.

(2) 국회의원의 특권

a) 면책특권

국회의원은 국회에서 직무상 행한 발언과 표결에 관하여 국회 외에서 책임을 지지 아니한다(제45조). 국회의원만이 면책특권의 주체이며 국무위원을 겸직하는 경우 국무위원으로서 행한 발언에 대해서는 면책특권이 인정되지 않는다.

'국회에서'는 장소를 뜻하는 제한적 의미로 파악하기 보다는 국회의 실질적 기능을 중심으로 이해되어야 한다. 국회의원의 직무와 관련이 있는 것이라면 국회 외부에서의 공청회, 청문회에서 행한 발언과 표결이라도 국회에서의 행위에 해당한다고 볼 수 있다.

'발언과 표결'은 직무상 관련되어야 하며, 국회의원의 면책특권 범위에는 직무상의 행위뿐만 아니라 통상적으로 직무에 부수하는 행위도 포함된다. 따라서 국회에서의 대정부 질문이나 질의뿐만 아니라 이를 준비하기 위하여 자료제출을 요구하는 행위도 면책특권의 범위에 포함되며, 회의발언 전 보도의 편의를 위하여 기자들을 상대로 한 원고배포행위의 경우에도 면책특권이 미친다. 하지만 직무와 관련이 없는 야유, 폭력행위는 원내에서 행해졌다 하더라도 직무행위로 볼 수 없다.

'국회 외에서의 책임'은 법적 책임을 의미하며, 국회내에서의 징계나 정치적 책임까지 면제되는 것은 아니다. 또한 국회 내에서의 직무상 발언과 표결을 다시 원외에서 출판하는 것은 면책특권의 범위에 포함되지 않는다. 다만 회의록을 그대로 공개하는 것은 보도의 자유의 일환으로서 책임이 면제된다.

b) 불체포특권

국회의원은 불체포특권을 가진다. 국회의원은 현행범인인 경우를 제외하고는 회기 중 국회의 동의없이 체포 또는 구금되지 아니하며, 회기전에 체포·구금된 경우에는 국회의 요구가 있으면 회기중 석방될 수 있다(제44조 참조). 이 특권은 형사책임을 면제하는 것은 아니며 일시적으로 체포·구금을 유예하는 것이다.

정   부

1. 대통령의 지위와 권한

(1) 대통령의 헌법상 지위

첫째, 대의제 민주주의에 있어서 대통령은 국회와 더불어 국민을 대표하는 기관이며, 현행 헌법규정상 대통령은 국민에 의하여 직접 선출된다는 직선제 조항은 이를 시사한다.

둘째, 대통령은 국가원수로서 대외적으로 국가를 대표하고, 대내적으로 국가와 헌법을 수호하고, 국정을 통합하고, 헌법기관을 구성한다. i) 대통령은 외국에 대하여 국가를 대표하며, 조약의 체결·비준권, 선전포고와 강화권, 외교사절의 신임·접수·파견권을 보유한다. ii) 대통령은 국가와 헌법 수호자로서의 지위를 가지며, 이 지위에서 국가의 독립·영토의 보전, 국가의 계속성과 헌법을 수호할 책무를 지고 있다. 긴급명령권, 긴급재정경제처분 및 명령권(제76조), 계엄선포권(제77조), 위헌정당해산제소권(제8조) 등은 국가와 헌법을 수호하기 위하여 대통령에게 부여된 권한이다. iii) 대통령은 국정의 통합조정자로서의 지위를 가지며 이를 위해 헌법개정안의 제안권, 국가안위에 관한 중요정책의 국민투표부의권, 사면권 등이 인정된다. 또한 iv) 대통령은 헌법기관구성권자로서의 지위를 가지며, 헌법재판소장과 헌법재판소재판관에 대한 임명권, 대법원장과 대법관에 대한 임명권 등이 부여된다.

셋째, 대통령은 행정부수반으로서의 지위를 가진다(제66조 제4항). 대통령은 행정부수반으로서 행정에 관한 실질적 최고결정권과 최고지휘권을 가진다. 또한 대통령은 정부를 조직하기 위해 국무총리와 국무위원, 행정각부의 장을 임명하며 공무원임명권을 가진다. 대통령은 국무회의 의장으로서 국무회의를 소집하고 주재하며 그 운영을 통할한다.

(2) 대통령의 신분상 지위

a) 대통령의 선출

대통령선거는 직선제를 원칙으로 하며, 대통령은 국민의 보통, 평등, 직접, 비밀선거에 의하여 선출된다. 대통령후보자 중 유효투표의 다수를 얻은 자를 당선자로 하며, 최고득표자가 2인 이상인 때에는 국회의 재적의원 과반수가 출석한 공개회의에서 다수표를 얻은 자를 당선자로 한다. 대통령후보자가 1인일 때에는 그 득표수가 선거권자 총수의 3분의 1 이상이 아니면 대통령으로 당선될 수 없다.

대통령의 임기는 5년으로 하며, 중임할 수 없다(제70조). 이와 같은 대통령 단임제는 장기집권으로 인한 폐해를 방지하기 위한 것이다.

b) 대통령의 불소추특권

대통령은 내란 또는 외환의 죄를 범한 경우를 제외하고는 재직 중 형사상의 소추를 받지 아니한다(제84조). 즉 대통령은 재직 중에는 원칙적으로 형사재판을 받지 아니한다. 다만 '내란 또는 외환의 죄를 범한 경우'는 대통령의 형사상 특권에서 제외된다. 아무리 국가원수라 하더라도 국가안전보장과 직접적으로 관련되는 내란·외환 범죄는 소추가 가능하도록 한 것은 당연하다. 또한 형사소추만 제외하고 있으므로 민사소송이나 행정소송의 제기는 가능하다.

(3) 대통령의 권한

a) 헌법개정과 국민투표에 관한 권한

1) 헌법개정에 관한 권한

대통령은 헌법개정제안권이 있으며, 헌법개정안을 공고하고, 국민투표로 확정된 헌법개정안을 공포하는 권한을 가진다.

2) 국민투표부의권

대통령은 필요하다고 인정할 때에는 외교·국방·통일 기타 국가안위에 관한 중요정책을 국민투표에 붙일 수 있다(제72조). 대통령은 국민투표의 실시여부, 시기, 구체적 부의사항, 설문내용 등을 재량에 의하여 결정할 수 있다. 그렇지만 국민투표의 대상인 '중요정책'에는 대통령에 대한 국민의 신임은 포함되지 않으므로, 대통령은 국민에게 자신에 대한 신임을 국민투표의 형식으로 물을 수 없다. 또한 대통령은 국민투표를 통해 헌법을 개정하거나 입법을 할 수는 없다.

b) 헌법기관구성에 관한 권한

대통령은 헌법기관구성에 관한 권한을 가진다. 대통령은 헌법재판소장과 재판관을 임명한다. 다만 헌법재판관 9인 중 3인은 국회에서 선출하는 자를, 3인은 대법원장이 지명하는 자를 임명한다. 대통령은 국회의 동의를 얻어 대법원장을 임명하며, 대법원장의 제청으로 국회의 동의를 얻어 대법관을 임명한다. 대통령은 중앙선거관리위원회의 9인의 위원 중 3인을 임명한다. 대통령은 국회의 동의를 얻어 감사원장을 임명하며, 원장의 제청으로 감사위원을 임명한다.

c) 국가긴급권

비상사태하에서는 국가적·헌법적 위기를 극복하기 위한 비상조치로서 대통령에게 국가긴급권이 인정되며, 현행 헌법은 긴급명령권과 긴급재정경제처분·명령권, 계엄선포권을 규정하고 있다.

1) 긴급명령권

대통령은 국가의 안위에 관계되는 중대한 교전상태에 있어서 국가를 보위하기 위하여 긴급한 조치가 필요하고 국회의 집회가 불가능한 때에 한하여 법률의 효력을 가지는 명령을 발할 수 있다(제76조 제2항). 긴급명령은 법률의 효력을 지니므로 국민의 권리를 제한하거나 의무를 부과할 수 있다. 그렇지만 긴급명령으로 국회를 해산하거나 헌법을 개정할 수는 없다. 대통령이 긴급명령을 한 때 지체없이 국회에 보고하여 승인을 얻어야 하며, 승인을 얻지 못한 때에는 그 명령은 그때부터 효력을 상실한다.

2) 긴급재정경제처분·명령권

대통령은 내우·외환·천재·지변 또는 중대한 재정·경제상의 위기에 있어서 국가의 안전보장 또는 공공의 안녕질서를 유지하기 위하여 긴급한 조치가 필요하고 국회의 집회를 기다릴 여유가 없을 때에 한하여 최소한으로 필요한 재정·경제상의 처분을 하거나 이에 관하여 법률의 효력을 가지는 명령을 발할 수 있다(제76조 제1항). 긴급재정경제처분·명령권은 중대한 재정경제상의 위기에 있어서 국가안전보장 또는 공공의 안녕질서를 유지하기 위하여 대통령이 행하는 처분과 명령으로서, 재정의회주의에 대한 중대한 예외이다. 대통령이 처분 또는 명령을 한 때에는 지체없이 국회에 보고하여 그 승인을 얻어야 하며, 승인을 얻지 못한 때에는 그 처분 또는 명령은 그때부터 효력을 상실한다.

3) 계엄선포권

대통령은 전시·사변 또는 이에 준하는 국가비상사태에 있어서 병력으로써 군사상의 필요에 응하거나 공공의 안녕질서를 유지할 필요가 있을 때에는 법률이 정하는 바에 의하여 계엄을 선포할 수 있다(제77조 제1항). 계엄이란 전시·사변 또는 이에 준하는 국가비상사태의 경우에 이를 극복하기 위하여 병력을 사용하는 조치이며, 계엄에는 비상계엄과 경비계엄이 있다(동조 제2항). 비상계엄이 선포된 때에는 법률이 정하는 바에 의하여 영장제도, 언론·출판·집회·결사의 자유, 정부나 법원의 권한에 관하여 특별한 조치를 할 수 있으며(동조 제3항), 비상계엄이 선포되면 계엄사령관은 계엄지역내의 모든 행정사무와 사법사무를 관장한다.

계엄을 선포한 때에는 대통령은 지체없이 국회에 통고하여야 하며, 국회가 재적의원 과반수의 찬성으로 계엄의 해제를 요구한 때에는 대통령은 이를 해제하여야 한다.

d) 국회와 입법에 관한 권한

1) 국회에 관한 권한

대통령은 국회의 임시회의 집회를 요구할 수 있으며, 이때 기간과 집회요구의 이유를 명시해야 한다. 또한 대통령은 국회에 출석하여 발언하거나 서한으로 의견을 표시할 수 있다(제81조). 이는 국회시정연설 등을 통해 국회의원에게 협조를 구할 수 있는 길을 열어 놓기 위한 것이다.

2) 입법에 관한 권한

① **법률에 관한 권한** 대통령은 법률안을 제출할 수 있으며(제52조), 대

통령은 국무회의의 심의를 거쳐 국회에 법률안을 제출한다.

대통령은 법률안제출권뿐만 아니라 법률안거부권을 가진다. 법률안거부권은 국회에서 의결되어 정부에 이송되어 온 법률안에 대하여 대통령이 이의가 있을 때 이의서를 붙여 국회의 재의를 요구할 수 있는 권한이다. 법률안 거부권행사의 사유에 대하여 명문규정은 없지만 법률안 거부권 행사에는 객관적으로 정당한 사유가 있어야 한다. 예컨대 법률안이 i) 집행이 불가능하거나, ii) 국가적 이익에 반하거나, iii) 정부에 대한 부당한 정치적 공세를 그 내용으로 하거나, iv) 헌법에 위반된다고 판단되는 경우이다.

법률안에 이의가 있을 때 대통령은 15일 이내에 이의서를 붙여 국회로 환부하여 그 재의를 요구할 수 있으며, 대통령이 15일 이내에 공포나 재의를 요구하지 아니하면 그 법률안은 법률로서 확정된다(제53조 제2항, 제5항). 법률안에 대한 대통령의 거부는 일부거부나 수정거부는 인정되지 않는다(동조 제3항).

대통령의 법률안거부권남용을 방지하기 위한 제도적 장치로서 국회의 재의결과 국회의장의 공포권이 있다. 재의의 요구가 있을 때 국회는 재의에 붙이고, 재적의원과반수의 출석과 출석의원 3분의 2 이상의 찬성으로 전과 같은 의결을 하면 그 법률안은 법률로서 확정된다. 확정된 법률을 대통령이 5일 이내에 공포하지 아니할 때에는 국회의장이 이를 공포한다(제53조 제6항).

② **행정입법권**　대통령은 법률에서 구체적으로 범위를 정하여 위임받은 사항과 법률을 집행하기 위하여 필요한 사항에 관하여 대통령령을 발할 수 있다(제75조). 위임명령은 헌법에 근거하여 법률의 위임에 따라 발하는 명령이며, 집행명령은 헌법에 근거하여 법률을 집행하기 위하여 필요한 세칙을 정하는 명령이다. 헌법 제75조는 입법위임의 근거를 마련함과 동시에 '구체적으로 범위를 정하여' 위임할 수 있도록 함으로써 그 한계를 제시하고 있다. 법률에서 위임하는 사항과 범위를 구체적으로 한정하지 않은 일반적이고 포괄적인 위임은 의회입법과 법치주의를 부인하는 것이 될 뿐 아니라, 행정권의 부당한 자의와 기본권행사에 대한 무제한적 침해를 초래할 수 있기 때문에 금지된다.

e) 사법에 관한 권한

대통령의 사법에 관한 권한으로 헌법재판소 및 대법원구성권과 사면권을 들 수 있다. 사면은 형의 선고의 효과 또는 공소권을 상실시키거나 형집행을 면제시키는 국가원수의 특권이다. 헌법 제79조 제1항은 "대통령은 법률이 정하는 바에 의하여 사면·감형 또는 복권을 명할 수 있다"고 하여 사면권을 규정하고 있다. 특별사면과 달리 일반사면을 명하려면 국회의 동의를 얻어야 하며, 사면의 구체적 내용과 방법 등에 관해서는 「사면법」에서 규정하고 있다. 대통령의 사면권은 사법부의 판단을 변경하는 제도로서 권력분립원칙에 따라 사법권의 본질적 기능을 훼손해서는 안 된다. 또한 사면권은 국가이익과 국민화합을 위하여 행사되어야 하며, 정치적으로 남용되어서는 안 된다.

f) 행정에 관한 권한

1) 행정에 관한 최고지휘·감독권

대통령은 행정부수반으로서 행정에 관한 최고결정권과 지휘권을 가진다. 또한 대통령은 법률집행권과 정책집행에 대한 통제 및 감독권을 가진다.

2) 외교에 관한 권한

대통령은 국가의 원수로서 조약을 체결·비준하고, 외교사절을 신임·접수 또는 파견하며, 선전포고와 강화를 한다(제73조). 다만 중요조약의 체결·비준, 선전포고, 국군의 해외파견, 외국군대의 주류에 대해서는 국회의 동의를 얻어야 한다.

3) 국군통수권

대통령은 헌법과 법률이 정하는 바에 의하여 국군을 통수한다(제74조 제1항). 대통령은 국군의 최고사령권자이자 최고의 지휘·명령권자이다. 우리나라는 군정·군령 일원주의를 채택하여 군을 현실적으로 지휘·명령하고 통솔하는 용병작용인 군령의 경우도 의회의 통제를 받도록 하고 있다. 또한 대통령의 군통수권행사시 중요한 사항은 국무회의 심의를 거치도록 하고 있다.

4) 정부구성권과 공무원임면권

대통령은 정부를 구성하기 위하여 국회의 동의를 얻어 국무총리를 임명하며, 국무총리의 제청으로 국무위원을 임명한다. 행정각부의 장은 국무위원 중에서 국무총리의 제청으로 임명한다.

대통령은 헌법과 법률이 정하는 바에 의하여 공무원을 임면한다(제78조). 대통령은 공무원을 보직, 전직, 징계, 임명, 면직 등을 할 수 있는 권한을 가진다.

5) 재정에 관한 권한

대통령은 회계연도마다 예산안을 편성하여 국회에 제출하고 국회의 의결을 거쳐 이를 집행한다. 또한 예산에 변경을 가할 필요가 있을 때에는 추가경정예산안을 편성하여 국회에 제출할 수 있다. 계속비와 예비비도 국회의 의결을 얻어 집행한다. 국채를 모집하거나 예산외에 국가의 부담이 될 계약을 체결하려 할 때에는 미리 국회의 의결을 얻어 집행한다.

2. 국무총리와 국무위원, 행정각부 등

(1) 국무총리

a) 국무총리의 지위와 신분

전통적인 대통령제는 대통령의 궐위나 유고시를 대비하여 부통령을 두고 있으며, 의원내각제에서는 수상 또는 국무총리를 두어 행정에 관한 최고권한을 부여하는 것이 일반적이다. 그런데 우리 헌법은 대통령중심제를 채택하면서도 국무총리제를 두고 있다. 이와 같이 대통령중심제의 정부형태를 취하면서도 국무총리제도를 두게 된 주된 이유는 대통령 유고시에 그 권한대행자가 필요하다는 점과 대통령제의 기능과 능률을 높이기 위하여 대통령을 보좌하고 그 의견을 받들어 정부를 통할·조정하는 보좌기관이 필요하다는 데 있었다.

국무총리는 국회의 동의를 얻어 대통령이 임명한다. 군인은 현역을 면한 후가 아니면 국무총리로 임명될 수 없으며, 국무총리는 국회의원을 겸직할 수 있다.

국무총리는 대통령을 보좌하며, 행정에 관하여 대통령의 명을 받아 행정각부를 통할한다. 집행부 내에서 국무총리는 대통령 다음가는 제2인자로서의 지위를 가지며, 국무회의의 부의장이 된다. 국무총리는 대통령의 명을 받아 상급행정관청으로서 행정각부를 통할할 권한을 가지면서도, 행정각부와 동등한 지위를 가지는 독임제행정관청으로서 그 소관사무를 처리한다.

국무총리의 해임은 대통령이 자유로이 할 수 있고, 국회도 재적의원 3분의 1 이상 발의와 재적과반수의 찬성으로 국무총리의 해임을 건의할 수 있다.

b) 국무총리의 권한

국무총리는 대통령이 궐위되거나 사고로 인하여 직무를 수행할 수 없을 때에는 제1차적으로 그 권한을 대행한다(제71조). 국무총리는 국무위원과 행정각부의 장의 임명에 대한 제청권을 가지며, 국무위원의 해임을 대통령에게 건의할 수 있다. 대통령이 국무총리의 제청없이 단독으로 임명한 행위에 대하여 무효로 보아야 하는 지가 문제되지만, 국무총리의 제청권은 대통령에 대한 보좌적 기능에 불과하므로 임명행위는 유효하다고 보아야 한다. 또한 국무총리의 제청·해임건의가 있는 경우 대통령이 이를 정치적으로 존중하는 것과는 별개로 그것이 법적 구속력을 가지는 것은 아니다.

국무총리는 대통령의 국법상 모든 행위에 대해 부서할 권한이 있으며, 이러한 부서는 대통령에 대한 국무총리의 책임소재를 분명히 하고자 하는 의미를 가진다. 국무총리는 대통령의 명을 받아 행정각부를 통할하며, 소관사무에 관하여 법률이나 대통령령의 위임 또는 직권으로 총리령을 발할 수 있다. 국무총리는 국회나 그 위원회에 출석하여 국정처리사항을 보고하거나 의견을 진술하고 질문에 응답할 수 있다.

c) 국무총리의 책임

국무총리는 대통령의 보좌기관으로서 대통령에 대하여 책임을 진다. 즉 보좌의무, 행정각부를 통할할 의무와 책임, 국법상 행위에 대해 부서할 의무와 그에 따른 책임이 있다. 국회에 대하여 국무총리는 국회의 요구가 있으면 출석·답변하여야 하며, 국회의 해임건의와 탄핵소추에 따른 책임을 진다.

(2) 국무위원

국무위원은 국무회의의 구성원을 말하며, 국무위원은 국무회의에 의안을 제출할 수 있으며 심의에 참가한다. 국무위원은 대통령의 보좌기관으로서 국정에 관하여 대통령을 보좌할 권한과 책임이 있다(제87조 제2항). 관계국무위원은 대통령의 국법상 행위에 부서하며, 이때의 관계국무위원은 그 사무를 주관하는 행정각부의 장인 국무위원을 말한다.

국무위원은 국무총리의 제청으로 대통령이 임명하며, 군인은 현역을 면한 후가 아니면 국무위원으로 임명될 수 없다. 국무위원은 대통령이 자유로이 해임할 수 있으며, 국무총리도 국무위원의 해임을 건의할 수 있고, 국회도 국무위원의 해임을 건의할 수 있다.

국무위원은 대통령이 궐위되거나 사고로 인하여 직무를 수행할 수 없을 때에는 국무총리에 이어 법률이 정하는 국무위원의 순으로 대통령의 권한을 대행하며, 국회에 출석하여 발언할 수 있다.

(3) 국무회의

국무회의는 정부에 권한에 속하는 중요정책을 심의하는 집행부의 최고정책심의기관으로서 헌법상의 필수기관이다. 하지만 국무회의는 대통령의 정책결정을 보좌하기 위하여 정부의 권한에 속하는 중요정책을 심의하는 기관이므로 그 의결이 대통령을 법적으로 구속하는 효력을 갖지는 않는다.

국무회의는 대통령을 비롯하여 국무총리와 15인 이상 30인 이하의 국무위원으로 구성되며(제88조 제2항), 대통령은 국무회의의 의장이 되고, 국무총리는 부의장이 된다(동조 제3항).

(4) 행정각부

행정각부는 대통령을 수반으로 하는 집행부의 구성단위이며, 대통령이 결정한 정책과 그 밖의 집행부의 권한에 속하는 사무를 집행하는 중앙행정관청이다.

행정각부의 장은 국무위원 중에서 국무총리의 제청으로 대통령이 임명한다(제94조). 행정각부의 장인 장관은 국무위원 중에서 임명되므로 장관인 동시에 국무위원이 된다. 행정각부의 장은 법률이 정하는 바에 따라서 소관사무를 결정하고 집행할 수 있는 권한을 가지며, 소관사무에 관하여 법률이나 대통령령의 위임 또는 직권으로 부령을 발할 수 있다. 그 밖에도 행정각부의 장은 소관사무에 관한 지방행정의 장을 지휘·감독한다.

(5) 감사원

감사원은 필수적인 헌법상의 기관으로서, 국가의 세입·세출의 결산, 국가 및 법률이 정한 단체의 회계검사와 행정기관 및 공무원의 직무에 관한 감찰을 담당한다(제97조). 감사원은 대통령소속의 기관이지만 직무에 관하여는 독립의 지위를 가진다.

헌법상 감사원은 원장을 포함한 5인 이상 11인 이하의 감사위원으로 구성하도록 되어 있으며(제98조 제1항), 감사원법에서는 "감사원은 감사원장을 포함한 7명의 감사위원으로 구성한다"(제3조)고 규정하고 있다. 감사원장은 국회의 동의를 얻어 대통령이 임명하고, 감사위원은 원장의 제청으로 대통령이 임명한다. 감사원장과 감사위원의 임기는 4년이며, 1차에 한하여 중임할 수 있다.

감사원은 세입·세출의 결산을 매년 검사하여 대통령과 차년도 국회에 그 결과를 보고하여야 하며(제99조), 국회법에는 국회가 감사원에 대하여 감사를 요구할 수 있는 제도를 두고 있다. 감사원이 가지는 행정기관 및 공무원에 관한 직무감찰권은 비위적발에 관한 비위감찰권뿐만 아니라 행정관리의 적부심사분석과 그 개선 등에 관한 행정감찰권까지 포함한다.

법   원

1. 법원의 헌법상 지위와 조직

(1) 법원의 헌법상 지위

첫째, 법원은 사법기관으로서의 지위를 가진다. 법원은 법관으로 구성되며 소송절차에 따라 사법권을 행사하는 것이 본래의 직무이다. 사법권의 본질은 법을 해석하고 적용하여 분쟁을 해결하는 기능에 있으며, 이를 통해 법질서를 유지한다.

둘째, 법원은 중립적 기관으로서의 지위를 가진다. 입법부와 집행부가 정치적 권력이라면, 법원 또는 사법부는 이들로부터 독립된 제3의 중립적 권력이라 할 수 있다. 헌법은 사법권의 독립과 법관의 직무상 독립을 규정하여 법원의 정치적 중립성을 강조하고 있다. 법원은 정치에 개입하지 않아야 하며, 정치로부터 독립하여야 한다.

셋째, 법원은 국민의 기본권보장기관으로서의 지위를 가지며, 기본권을 침해당한 국민이 제기한 소송에서 국민의 자유와 권리를 보장하기 위한 재판권을 행사한다.

넷째, 법원은 헌법수호기관으로서 지위를 가진다. 다만 현행 헌법은 헌법재판 중 위헌법률심판, 헌법소원심판, 권한쟁의심판, 탄핵심판, 위헌정당해산심판을 헌법재판소의 관할로 하고 있기 때문에, 법원은 명령·규칙·처분의 위헌심사 및 위헌법률심판의 제청을 통해 그리고 선거소송을 통해 헌법수호기능을 담당하고 있다.

(2) 법원의 조직

법원은 최고법원인 대법원과 각급법원으로 조직된다. 「법원조직법」에 의하면 대법원, 고등법원, 특허법원, 지방법원, 가정법원, 행정법원, 회생법원이 있다. 헌법은 특별법원으로서 군사법원을 두고 있다.

a) 대법원

대법원은 대법원장과 대법관으로 구성되며, 대법관 수는 대법원장을 포함하여 14인이다. 대법원의 내부조직으로 전원합의체와 부, 대법관회의가 있다. 대법원의 부는 대법관 3인으로 구성되며, 대법원전원합의체는 대법관 전원의 3분의 2 이상의 합의체로서 재판장은 대법원장이 된다. 명령 또는 규칙이 헌법이나 법률에 위반된다고 인정하는 경우, 종전에 대법원에서 판시(判示)한 헌법·법률·명령 또는 규칙의 해석 적용에 관한 의견을 변경할 필요가 있다고 인정하는 경우, 부에서 재판하는 것이 적당하지 아니하다고 인정하는 경우 대법관 전원의 3분의 2 이상의 합의체에서 심판권을 행사한다. 대법관회의는 대법관 전원으로 구성되며 대법원장이 의장이 된다. 대법원에는 대법원장과 대법관 외에 법률이 정하는 바에 의하여 대법관이 아닌 법관을 둘 수 있다.

b) 각급법원

고등법원은 i) 지방법원 합의부, 가정법원 합의부, 회생법원 합의부 또는 행정법원의 제1심 판결·심판·결정·명령에 대한 항소 또는 항고사건과 ii) 지방법원단독판사, 가정법원단독판사의 제1심 판결·심판·결정·명령에 대한 항소 또는 항고사건으로서 형사사건을 제외한 사건 중 대법원규칙으로 정하는 사건 그리고 iii) 다른 법률에 따라 고등법원의 권한에 속하는 사건을 심판한다.

특허법원은 i) 「특허법」, 「실용신안법」, 「디자인보호법」 및 「상표법」에서 정하는 제1심사건, ii) 「민사소송법」 제24조 제2항 및 제3항에 따른 사건의 항소사건 그리고 iii) 다른 법률에 의하여 특허법원에 속하는 사건을 심판한다. 지방법원과 그 지원의 합의부는 i) 합의부에서 심판할 것으로 합의부가 결정한 사건, ii) 민사사건에 관하여는 대법원규칙으로 정하는 사건, iii) 사형, 무기 또는 단기 1년 이상의 징역 또는 금고에 해당하는 사건 등을 제1심으로 심판한다.

가정법원은 가사소송과 가사비송사건 등을 심판한다. 행정법원은 「행정소송법」에서 정한 행정사건과 다른 법률에 따라 행정법원의 권한에 속하는 사건을 제1심으로 심판한다. 회생법원의 합의부는 「채무자 회생 및 파산에 관한 법률」에 따라 회생법원 합의부의 권한에 속하는 사건 등을 제1심으로 심판한다.

c) 군사법원

군사재판을 관할하기 위하여 특별법원으로서 군사법원을 둘 수 있으며, 군사법원의 상고심은 대법원에서 관할한다. 군사법원의 재판관은 군판사와 심판관으로써 하고 군판사는 군법무관 중에서 임명하며 심판관은 일반 장교 중에서 임명한다.

2. 사법권의 독립

사법권의 독립이란 형식적 의미에서는 권력분립의 차원에서 사법부를 입법부와 집행부로부터 조직상 그리고 운영상 분리·독립시킨다는 것을 의미한다. 하지만 실질적 의미에서는 사법권을 행사하는 법관이 구체적 사건을 재판함에 있어, 누구의 지시나 명령에도 구속당하지 아니하고 독자적으로 심판한다는 원리를 말한다. 사법권의 독립은 i) 법원의 자율을 위한 법원의 독립과 ii) 재판의 독립을 위한 법관의 독립을 그 내용으로 한다.

법원의 독립은 입법부, 집행부로부터의 독립을 의미하며 법원과 입법부는 조직과 구성이 독립되어 의원과 법관의 겸직이 금지되며, 법원과 집행부는 인사, 행정, 조직권에서 독립되어 있어야 한다.

법관의 독립은 법관의 인적 독립과 물적 독립을 보장한다. 법관의 인적 독립은 법관의 신분상의 독립을 말하는데, 재판의 독립을 보장하기 위하여 법관인사의 독립, 법관의 임기보장 등을 법률로 규정함으로써 법관의 신분을 보장하는 것이다. 법관인사에 있어서 대법원장·대법관은 국회의 동의를 얻어 대통령이 임명하며, 일반법관의 임명은 법관인사위원회의 심의를 거치고 대법관회의의 동의를 얻어 대법원장이 임명한다. 또한 법관의 자격은 법률로 정하도록 되어 있으며, 법관의 임기와 정년이 보장되고 있다. 대법원장의 임기는 6년으로 하며, 중임할 수 없으며, 대법관의 임기는 6년으로 하며, 법률이 정하는 바에 의하여 연임할 수 있다. 대법원장과 대법관이 아닌 법관의 임기는 10년으로 하며, 법률이 정하는 바에 의하여 연임할 수 있다. 대법원장과 대법관의 정년은 각각 70세, 판사의 정년은 65세로 정하고 있다.

법관의 신분보장을 위하여 법관에 대한 파면사유의 제한, 징계처분의 효력제한, 퇴직사유의 제한을 헌법에서 직접 규정하고 있다. 즉 법관은 탄핵 또는 금고 이상의 형의 선고에 의하지 아니하고는 파면되지 아니하며, 징계처분에 의하지 아니하고는 정직·감봉 기타 불리한 처분을 받지 아니한다(제106조 제1항). 그리고 법관이 중대한 심신상의 장해로 직무를 수행할 수 없을 때에는 법률이 정하는 바에 의하여 퇴직하게 할 수 있다(동조 제2항).

사법권 독립의 가장 본질적 부분인 법관의 물적 독립은 법관의 재판상 독립인 판결의 자유를 말한다. 법관은 헌법과 법률에 의하여 그 양심에 따라 독립하여 심판하며(제103조), 여기서의 양심이란 법관 개인의 주관적 양심이 아니라 법조인으로서의 직업적·객관적 양심을 의미한다. 법관의 재판권행사에 대하여 국회·정부·헌법재판소 등 어떠한 국가기관이나 상급심법원으로부터 지휘·감독이나 간섭을 받아서는 안 되며, 법관이 재판을 함에 있어서는 소송당사자나 정당, 사회단체, 언론기관 등 사회적 세력으로부터 독립되어야 한다.

3. 법원의 권한

(1) 사법권

법원은 민사소송, 형사소송, 행정소송 등과 같은 법적 쟁송에 대한 재판권을 가진다. 우리 헌법은 "사법권은 법관으로 구성된 법원에 속한다"(제101조 제1항)는 것을 명문으로 규정하고 있다. 하지만 위헌법률심판, 탄핵심판, 위헌정당해산심판, 권한쟁의심판, 헌법소원심판에 대해서는 헌법재판소의 권한으로 하고 있으며, 국회의원의 자격심사와 징계, 제명에 대해서는 법원에 제소할 수 없도록 하고 있다.

사법권의 한계로서 통치행위가 문제되며, 통치행위란 고도의 정치적 결단에 의한 국가행위를 말한다. 통치행위에 대해서는 정치적 중립기관이며 민주적 정당성이 상대적으로 약한 사법부가 적법성 여부를 판단하는 것이 적합하지 않으므로 사법심사가 허용되지 않는다는 견해도 있지만, 통치행위에 해당하는 경우라도 국민의 기본권침해와 직접 관련이 있는 경우에는 사법심사의 대상이 되어야 할 것이다.

(2) 위헌법률심판제청권

법원은 법률이 헌법에 위반되는 여부가 재판의 전제가 된 경우에는 직권으로 또는 당사자의 신청에 따른 결정으로 헌법재판소에 위헌법률심판을 제청할 수 있다. 각급법원에 법률의 위헌심판권을 부여하지 않는 대신 각급법원이 법률의 위헌여부에 의심이 있는 때에는 헌법재판소의 위헌여부심판을 구하여 그 심판에 따라 재판하도록 한 것이고, 법원의 제청이 있을 때에는 당해 사건은 헌법재판소의 위헌여부의 결정이 있을 때까지 정지된다. 위헌결정이 내려진 경우에 법원은 그에 따른 입법시정의 결과를 감안하여 재판을 해야 한다.

(3) 명령·규칙심사권

명령·규칙 또는 처분이 헌법이나 법률에 위반되는 여부가 재판의 전제가 된 경우에는 대법원은 이를 최종적으로 심사할 권한을 가진다. 명령·규칙심사권이란 법원이 재판의 대상이 되고 있는 구체적 사건에 적용해야 할 명령·규칙의 효력을 심사하여 심사결과 위헌 또는 위법이라고 판단하면 명령·규칙의 적용을 거부하는 권한이다. 이는 명령·규칙의 합헌성과 합법성을 보장하고, 위헌 또는 위법한 명령·규칙으로 말미암아 국민의 기본권이 침해되지 않도록 한다. 명령·규칙 등의 심사권은 각급법원도 가지며, 군사법원도 심사권이 있다. 하지만 명령·규칙의 위헌·위법여부를 최종적으로 심사할 권한은 최고법원인 대법원이 가진다.

(4) 규칙제정권

사법부 내부의 문제를 스스로 규율할 수 있도록 대법원에게 규칙제정권이 인정된다. 즉 대법원은 법률에 저촉되지 아니하는 범위 안에서 소송에 관한 절차, 법원의 내부규율과 사무처리에 관한 규칙을 제정할 수 있다.

헌법재판소

헌법재판소에 관한 규정을 두었으나 실제로 설치되지 못했던 제2공화국 헌법과 달리 현행 헌법은 헌법재판소에 관한 규정을 두고 있으며 이에 근거하여 1987년 설치된 헌법재판소는 위헌법률심판, 헌법소원심판, 권한쟁의심판, 탄핵심판, 위헌정당해산심판을 담당하고 있다.

1. 헌법재판소의 구성

헌법재판소는 법관의 자격을 가진 9인의 재판관으로 구성된다. 재판관은 대통령이 임명하는데, 이중 3인은 국회에서 선출한 자를, 3인은 대법원장이 지명하는 자를 임명한다. 헌법재판소장은 국회의 동의를 얻어 재판관 중에서 대통령이 임명하며, 헌법재판소를 대표하고 헌법재판소의 사무를 총괄하며, 소속공무원을 지휘·감독한다. 헌법재판소 재판관의 임기는 6년이며, 법률이 정하는 바에 의하여 연임할 수 있다. 재판관은 탄핵 또는 금고 이상의 형의 선고에 의하지 아니하고는 파면되지 아니하며, 정당에 가입하거나 정치에 관여할 수 없다.

2. 일반심판절차

헌법재판소는 전원재판부 관할이 원칙이며, 헌법소원의 사전심사를 위하여 3인으로 구성되는 지정재판부를 두고 있다.

각종 심판절차에서 정부가 당사자인 경우에는 법무부장관이 이를 대표한다. 당사자가 사인(私人)인 경우에는 변호사를 대리인으로 선임하지 아니하면 심판청구를 하거나 심판 수행을 하지 못한다(헌법재판소법(이하 '헌재법'이라 한다) 제25조). 사인이 당사자인 경우는 주로 헌법소원심판의 경우이며 변호사의 선임이 헌법소원심판의 청구요건이 된다.

전원재판부는 재판관 7인 이상의 출석으로 사건을 심리한다. 탄핵심판, 정당해산 및 권한쟁의심판은 구두변론에 의하고, 위헌법률심판과 헌법소원에 관한 심판은 서면심리에 의하되 재판부가 필요하다고 인정하는 경우에는 변론을 열 수 있다(헌재법 제30조).

재판부는 종국심리에 관여한 재판관 과반수의 찬성으로 사건에 관한 결정을 한다. 다만, 법률의 위헌결정, 탄핵의 결정, 정당해산의 결정 또는 헌법소원에 관한 인용결정을 하는 경우, 종전에 헌법재판소가 판시한 헌법 또는 법률의 해석 적용에 관한 의견을 변경하는 경우에는 재판관 6명 이상의 찬성이 있어야 한다(헌재법 제23조 제1항, 제2항 참조).

3. 헌법재판소의 권한

(1) 위헌법률심판권

헌법재판소는 법률의 위헌여부가 재판의 전제가 된 경우 법원의 제청에 의하여 법률의 위헌여부를 심사한다. 헌법재판소가 법률의 위헌 여부를 심판하려면 형식적 요건으로서 법원의 제청이 있어야 하며, 실질적 요건으로서 재판의 전제성이 있어야 한다. 재판의 전제성이라 함은 구체적인 사건이 법원에 계속 중이어야 하고, 위헌여부가 문제되는 법률이 당해 소송사건의 재판에 적용되는 것이어야 하며, 그 법률이 헌법에 위반되는지의 여부에 따라 당해 사건을 담당한 법원이 다른 내용의 재판을 하게 되는 경우를 말한다. 그리고 법원이 '다른 내용의' 재판을 하게 되는 경우라 함은 원칙적으로 법원이 심리중인 당해 사건의 재판의 결론이나 주문에 어떠한 영향을 주는 것 뿐만이 아니라, 문제된 법률의 위헌여부가 비록 재판의 주문 자체에는 아무런 영향을 주지 않는다고 하더라도 재판의 결론을 이끌어 내는 이유를 달리 하는데 관련되어 있거나 또는 재판의 내용과 효력에 관한 법률적 의미가 전혀 달라지는 경우도 포함한다(헌재 1993.5.13. 92헌가10 등).

위헌법률심판의 대상이 되는 것은 국회에서 제정된 형식적 의미의 법률이며, 긴급명령, 긴급재정경제명령도 법률과 동일한 효력을 가지므로 그 대상이 된다.

법률에 대해 위헌결정을 내리기 위해서는 헌법재판소 재판관 9인 중 6인 이상의 찬성이 있어야 하며, 위헌결정은 각급법원과 국가기관, 지방자치단체를 기속한다. 헌법재판소는 법률에 대한 위헌결정에는 단순위헌결정은 물론, 한정합헌, 한정위헌결정과 헌법불합치결정도 포함되고 이들은 모두 당연히 기속력을 가진다고 보고 있다(헌재 1997.12.24. 96헌마172).

헌법재판소에서 위헌으로 결정된 법률 또는 법률조항은 그 결정이 있는 날로부터 효력을 상실한다(헌재법 제47조 제2항). 그럼에도 불구하고 형벌에 관한 법률 또는 법률의 조항은 소급하여 효력을 상실한다. 다만 해당 법률 또는 법률 조항에 대하여 종전에 합헌으로 결정한 사건이 있는 경우에는 그 결정이 있는 날의 다음 날로 소급하여 효력을 상실한다(동법 제47조 제3항). 이와 같이 헌법재판소의 위헌결정 효력발생시기에 대하여는 장래효를 인정하면서 부분적으로 소급효를 인정하고 있다.

그리고 '형벌법규에 대하여 종전에 합헌으로 결정한 사건이 있는 경우에는 그 결정이 있는 날의 다음 날로 소급하여 효력을 상실'하도록 하는 내용의 헌법재판소법 제47조 제3항 단서는 2014. 5. 20. 신설된 것으로서 형벌조항에 대한 위헌결정의 효력과 관련하여 과거의 완전 소급효 입장이 아니라 종전에 합헌결정이 있었던 시점까지 그 소급효를 제한하는 부분 소급효로 입장을 변경한 것이다. 이는 헌법재판소가 당대의 법 감정과 시대 상황을 고려하여 합헌이라는 유권적 확인을 하였다면, 그러한 사실 자체에 대하여 법적 의미를 부여하고 그것을 존중할 필요가 있다는 점이 고려된 것이다. 예를 들면, 간통죄를 처벌하는 형법 제241조 제1항에 대하여 헌법 재판소는 1990. 9. 10. 합헌결정을 선고한 이래 2008. 10. 30.까지 총 네 차례에 걸쳐 합헌결정을 선고하였으며, 2015. 2. 26. 위헌결정을 선고하였다. 따라서 형법 제241조 제1항은 동 조항에 대한 합헌결정이 있는 날의 다음 날인 2008. 10. 31.로 소급하여 효력을 상실한다.

(2) 탄핵심판권

탄핵심판절차는 행정부와 사법부의 고위공직자에 의한 헌법침해로부터 헌법을 수호하고 유지하기 위한 제도이다. 대통령·국무총리·국무위원·행정각부의 장·헌법재판소 재판관·법관·중앙선거관리위원회 위원·감사원장·감사위원 기타 법률이 정한 공무원이 그 직무집행에 있어서 헌법이나 법률을 위배한 때에는 국회는 탄핵의 소추를 의결할 수 있고, 헌법재판소는 탄핵 여부를 결정한다. 탄핵결정은 헌법재판소 재판관 9인 중 6인 이상의 찬성이 있어야 하며, 「헌법재판소법」 제53조 제1항은 '탄핵심판 청구가 이유 있는 경우' 피청구인을 파면하는 결정을 선고하도록 규정하고 있다. '탄핵심판청구가 이유 있는 경우'란 피청구인의 파면을 정당화할 수 있을 정도로 중대한 헌법이나 법률 위배가 있는 때를 말한다. 탄핵결정은 공직으로부터 파면함에 그치지만, 이에 의하여 민사상이나 형사상의 책임이 면제되지는 아니한다. 헌법재판소는 2017년 3월 10일 대통령에 대한 탄핵심판청구에 대하여 대통령의 헌법과 법률 위배행위는 헌법수호의 관점에서 용납될 수 없는 중대한 법 위배행위라고 보아 대통령직에서 파면하는 결정을 하였다(2016헌나1).

(3) 정당해산심판권

정당의 목적이나 활동이 민주적 기본질서에 위배될 때에는 정부는 헌법재판소에 그 해산을 제소할 수 있고, 정당은 헌법재판소의 심판에 의하여 해산된다. 헌법재판소에서 정당해산의 결정을 할 때에는 헌법재판소 재판관 6인 이상의 찬성이 있어야 한다. 헌법재판소가 정당의 해산을 명하는 결정을 선고한 때에는 그 정당은 해산되며, 해산된 정당의 잔여재산은 국고에 귀속된다. 대체정당의 창설은 금지되며, 해산된 정당의 명칭과 같은 명칭은 정당의 명칭으로 다시 사용할 수 없다.

소속국회의원의 의원신분상실 여부를 둘러싸고 견해가 나뉘고 있으나 헌법재판소는 2014년 12월 19일 통합진보당에 대한 해산결정(2013헌다1)을 내리면서, 해산정당 소속 국회의원의 의원직을 상실시키지 않는 경우 정당해산결정의 실효성을 확보할 수 없게 되므로 헌법재판소의 정당해산결정이 있는 경우 그 정당 소속 국회의원의 의원직은 당선 방식을 불문하고 모두 상실되어야 한다고 결정하였다.

(4) 권한쟁의심판권

권한쟁의심판은 i) 국가기관 상호간 또는 ii) 국가기관과 지방자치단체 간 그리고 iii) 지방자치단체 상호간에 헌법과 법률에 의한 권한의 유무 또는 범위에 관하여 다툼이 있을 때 당해 국가기관 또는 지방자치단체의 청구에 의하여 헌법재판소가 심판하는 제도이다. 권한쟁의심판은 피청구인의 처분 또는 부작위가 헌법 또는 법률에 의하여 부여받은 청구인의 권한을 침해하였거나 침해할 현저한 위험이 있는 경우에만 할 수 있다(헌재법 제61조 제1항, 제2항 참조). 여기서의 '처분'은 입법행위와 같은 법률의 제정과 관련된 권한의 존부 및 행사상의 다툼, 행정처분은 물론 행정입법과 같은 모든 행정작용 그리고 법원의 재판 및 사법행정작용 등을 포함하는 넓은 의미의 공권력처분을 의미하며, 이때의 '처분'은 법적 중요성을 지닌 것에 한한다.

권한쟁의심판은 전원재판부에서 관장하며, 재판부는 재판관 7명 이상의 출석으로 사건을 심리하며 종국심리에 관여한 재판관 과반수의 찬성으로 결정한다. 헌법재판소의 권한쟁의심판의 결정은 모든 국가기관과 지방자치단체를 기속한다.

(5) 헌법소원심판권

헌법소원심판은 헌법이 보장하는 기본권의 주체가 국가기관의 공권력의 행사 또는 불행사로 인하여 그 기본권을 침해받았을 경우 이를 구제하기 위한 수단으로 인정된다. 헌법소원심판의 대상이 되는 공권력의 행사 또는 불행사에는 입법작용, 행정작용, 사법행정작용이 모두 포함되지만 법원의 재판은 헌법소원의 대상이 되지 않는다(헌재법 제68조 제1항 참조). 다만 헌법재판소는 법원의 재판은 헌법소원의 대상이 되지 않지만, 헌법재판소가 위헌으로 결정한 법령을 적용함으로써 국민의 기본권을 침해한 재판의 경우에는 헌법소원의 대상이 된다고 한다(헌재 1997.12.24. 96헌마172 등).

헌법소원심판은 공권력의 행사 또는 불행사로 인하여 기본권을 침해받은 자가 청구하여야 하며, 이때 '공권력의 행사 또는 불행사로 인하여 기본권의 침해를 받은 자'라 함은 공권력의 행사 또는 불행사로 말미암아 자기의 기본권이 현재 그리고 직접적으로 침해받은 경우를 의미한다.

헌법소원은 다른 법률에 권리구제절차가 있는 경우에는 그 절차를 모두 거친 후가 아니면 청구할 수 없다. 헌법소원의 인용결정은 재판관 6인 이상의 찬성이 있어야 하며 헌법소원의 인용결정은 모든 국가기관과 지방자치단체를 기속한다. 헌법재판소가 공권력의 불행사에 대한 헌법소원을 인용하는 결정을 한 때에는 피청구인은 결정 취지에 따라 새로운 처분을 하여야 한다(헌재법 제75조 제1항, 제4항).

이와 같은 본래적 의미의 헌법소원(권리구제형 헌법소원)과 달리 헌법재판소법 제68조 제2항에서는 법원에 위헌법률심판을 청구하였으나 기각된 경우 이에 대한 심판을 청구하는 헌법소원을 인정하고 있음에 따라 제68조 제2항의 헌법소원의 성격이 문제되고 있다. 헌법재판소는 헌법재판소법 제68조 제2항에 의한 헌법소원의 적법요건으로 재판의 전제성을 요구함으로써 위헌법률심판으로 보고 있다. 위헌심사형 헌법소원은 법원의 재판에 대한 헌법소원을 인정하지 아니하면서 위헌법률심판제청신청인의 권리구제와 객관적 규범통제제도를 채택하는 우리나라 특유의 제도이다.

제 4 장

행 정 법*

행정과 행정법

행   정

1. 역사적 개념으로서 행정

행정관념은 시대의 산물이다. 행정법의 대상으로서의 행정은 19세기 시민적 법치국가가 성립되면서 권력분립론을 기초로 하여 형성된 관념이다. 19세기에는 공적 안전과 질서유지가 행정의 중심 대상이었으나, 20세기 사회적 법치국가에서는 대다수 사회·경제적 약자를 위한 균등배분, 복리증진 등도 행정의 중심 대상이다.

2. 행정의 의의

형식적 의미의 행정이란 국가기관을 기준으로 하는 개념으로서 행정기관에 의해 이루어지는 모든 작용을 말한다. 여기에는 성질상 입법에 속하는 것(예: 대통령령·총리령·부령의 제정)도 있고, 사법에 속하는 것(예: 행정심판재결, 소청심사위원회의 결정)도 있다.

실질적 의미의 행정이란 국가작용의 성질상의 차이를 전제로 하는 개념으로서 대체로 "법 아래서 법의 지배를 받으면서 국가목적의 적극적 실현을 위하여 현실적·구체적으로 행하여지는 전체로서의 통일성을 가진 계속적·형성적 국가활동"이라 정의된다.

---

* 최승원: 이화여대 법학전문대학원 교수, 행정법.

3. 행정의 종류

태어나서 죽을 때까지 인간은 광범위하고 다양한 행정작용과 관련된다 (예: 출생신고·전염병 예방접종·학령아동 취학·군입대·운전면허·혼인신고·영업허가·세금납부·사망신고 등).

행정을 분류하면 ① 행정의 주체에 따라 국가행정(예: 국세부과)과 지방자치행정(예: 지방세부과), ② 행정작용의 근거가 되는 법과 관련하여 공법상의 행정(예: 건축허가)과 사법상의 행정(예: 국가 소유 영업용 건물의 임대), ③ 법적 효과에 따라 국민에게 권리나 이익을 주는 수익적 행정(예: 영업허가)과 침익적 행정(예: 영업정지), 그리고 복효적 행정(예: 연탄공장 설치허가)의 구분이 가능하다.

4. 통치행위

통치행위는 고도의 정치성을 갖는 국가작용으로서 사법심사가 자제되는 행위를 말하며, 입법·사법·행정과 구별되는 제4종의 국가작용이라고도 한다. 대통령의 국가원수로서의 지위에서의 행위(예: 외교행위·사면·영전수여), 국무총리임명 등 조직법상 행위, 법률안거부, 국민투표회부, 비상계엄 선포, 긴급명령 등의 행위와 국회의 국무총리·국무위원 해임건의, 국회의원의 징계 등이 그 예이다.

통치행위라 하여도 법으로부터 완전히 자유로운 것은 아니며, 권한이 부여된 그 목적에 구속되고(합목적적 구속), 헌법형성의 기본결단에 구속되며(헌법합치), 법치주의원리의 핵심인 정의에 합당하여야 한다.

아울러 정치적 법률분쟁(예: 신행정수도의 건설을 위한 특별조치법에 관한 헌법소원, 남북정상회담개최과정에서 통일부장관 승인 없이 북한에 사업권대가 명목의 송금을 한 행위)에 대하여는 사법심사가 가능하며, 통치행위가 국헌문란을 목적으로 하거나(예: 5·18내란과정에서의 비상계엄선포) 직접 국민의 기본권을 침해하는 경우(예: 긴급재정경제명령에 대한 헌법소원)에도 사법심사의 대상이 된다.

행 정 법

1. 행정법의 의의

행정법이란 행정권의 조직과 작용 및 행정구제에 관한 성문·불문의 국내공법이다. 따라서 행정법은 행정조직법(예: 정부조직법·국가공무원법·지방공무원법)과 행정작용법(예: 식품위생법·건축법) 및 행정구제법(예: 국가배상법·행정심판법·행정소송법)으로 나눌 수 있다.

행정법은 공법이므로 사법과 구별된다. 공법과 사법의 구별이 필요한 이유는 ① 민사소송과 별도로 행정소송제도(예: 단란주점 영업정지처분의 취소를 구하는 소송)가 있고, ② 법인에는 공법인(예: 한국토지주택공사)과 사법인(예: 회사법인)이 있으며, ③ 우리의 법체계상으로도 공익실현을 중심으로 하는 법(예: 도로교통법, 공중위생관리법)과 사익의 조절을 중심으로 하는 법(예: 민법)으로 나뉘어 있기 때문이다.

다만 오늘날의 행정법은 단순한 공익실현법이 아닌 다양하고도 복합중첩적인 공·사익들간의 갈등 내지 충돌의 조화로운 해결을 위한 이해조절법으로도 접근될 필요가 있다(예: 새만금개발사업으로 증대되는 공익과 사익 vs 환경훼손으로 침해되는 공익과 사익들간의 이해조절).

2. 헌법의 기본원리의 적용

헌법은 국가라는 하나의 공동체가 그 구성원인 국민을 위하여 어떤 모습으로 무슨 일을 하여야 하는가에 관한 기본 틀을 정하는 근본법이다. 헌법 제 규정은 기본권규정과 함께 '더불어 사는 사회'를 형성·발전시키기 위한 각각의 규범적 가치 내지 규범적 이익을 추구한다. 헌법의 구체화법(具體化法)의 하나인 행정법이 헌법이 정하는 기본 틀에 합치되어야 하는 것은 당연하다.

행정법에 대한 헌법상 기본원리로는 민주국가원리·법치국가원리·사회국가원리 등을 들 수 있다. 우리가 살아가는 생활질서의 규범 틀은 법치주의를 기반으로 하지만 그 틀의 형성은 민주주의에 의하며, 틀에 담기는 내용이 복리주의의 실현이 된다. 틀의 형상과 내용은 각 나라의 시대적·정치적 환경에 따라 달라질 수 있지만, 법치나 복리의 정당성의 기초는 결국 민주이다.

(1) 민주국가원리

현행 헌법은 대한민국이 민주국가임을 규정하고 있다. 민주국가란 민주주의에 따라 국가권력이 행사되는 국가를 말한다. 민주주의란 공동체 구성원의 다양성을 전제로(다원주의), 공동체의 의사형성과정에 구성원이 대등한 주체로서 참여하여 상호간의 합의와 이해 조절을 통한 합리적인 공동결정을 도출해 내고 이를 실현함으로써, 궁극적으로는 구성원의 자유와 평등의 최대한의 조화로운 실현을 도모하는 것을 그 이념으로 하는 원리이다.

구성원의 다양성 존중·의사형성과 결정과정의 투명성과 개방성 및 공정성·다양한 공동체 구성원의 주체적 참여기회의 보장·차선으로서의 다수결과 소수보호·다수관계의 가변성, 그리고 무엇보다도 알 권리의 실현 등이 필수적 요소이다.

(2) 법치국가원리

법치국가란 법치주의에 따라 국가권력이 행사되는 국가를 말한다. 법치주의란 국가가 국민의 자유와 권리를 제한하거나, 국민에게 새로운 의무를 부과하는 때에는 국회가 제정한 법률에 의하거나 법률에 근거가 있어야 하며, 또 국민만이 아니라 국가권력의 담당자도 법률을 따라야 하는 원리로서, 이 원리 역시 실질적으로는 정의의 이념에 근거하여 국가의 구성원인 국민의 자유와 평등을 실현하기 위한 것이다.

(3) 사회국가원리

사회국가란 근대 자유국가와 현대 복리국가의 중용형태이다. 봉건적 속박으로부터의 해방의 외침 속에 절대화되었던 자유방임이나, 빈곤으로부터의 해방을 명분으로 한 지나친 공적 개입을 극복하고, 공동체의 기본 틀 안에서는 구성원의 자율과 책임에 맡기되, 한편 기본 틀을 유지하고 한편 이를 상향 조정시키는 두 가지 역할을 국가가 담당하는 것이 사회국가원리라 할 수 있다.

사회국가에서는 사회·경제적 약자에게는 최소한의 인간다운 삶을 보장하는 한편 모든 국민의 생활조건을 향상시키는 것이 국가의 주요 임무가 된다. 이 원리 역시 궁극적으로는 자유와 평등의 조화를 통한 인권실현의 극대화를 추구하기 위한 것이다.

사회국가에서는 작지만 강한 정부가 요구된다. 복지국가와 비교하여 규제완화의 당위성이 인정된다. 그러나 여기서의 규제완화란 맹목적인 규제완화가 아니라 불필요한 규제는 철폐 내지 완화하되 반드시 필요한 규제는 철저히 그 실효성을 확보하는 것을 소홀히 하지 아니하는 것을 말한다. 분배나 사회안전망을 외면하고 성장에만 치우치거나 시장원리를 명분으로 자율규율의 기본 틀 내지 테두리 이탈이 합리화되어서는 아니 되기 때문이다.

3. 법치행정의 원리

행정의 영역에서 법치주의는 법치행정의 문제로 다루어진다. 법치행정의 원리상 행정은 당연히 법률에 적합한 것이어야 한다. 이러한 행정의 법률적합성의 원칙은 법률의 법규창조력과 법률우위의 원칙 그리고 법률유보의 원칙으로 구성된다.

법률의 법규창조력이란 원칙적으로 의회가 제정한 법률만이 국민을 구속할 수 있다는 것을 의미한다. 의회입법의 원칙으로 발현된다. 법률우위의 원칙이란 헌법이 정하는 절차에 따라 제정된 법률은 헌법을 제외한 그 밖의 모든 국가의사에 우월하고, 행정은 법률에 반할 수 없다는 원칙을 말한다. 물론 이때의 법률은 그 내용이 헌법에 합치되는 것이어야 한다(실질적 법치주의와 위헌법률심사제도). 법률유보의 원칙이란 행정을 하기 위해서는 기본적으로 법률 근거가 있어야 한다는 원칙을 말한다(기본권제한적 법률유보와 기본권형성적 법률유보). 행정작용이 국민의 대표기관인 국회가 정한 법률에 근거하여 이루어질 때 개인의 기본권 보장이 용이하다고 보기 때문이다.

4. 행정법의 법원

(1) 법원(法源)의 의의와 종류

행정법의 법원이란 행정권이 준수하여야 할 행정법의 인식근거를 말한다. 행정법의 법원에는 성문법과 불문법, 그리고 행정법의 일반원칙이 있다.

행정법은 성문법주의(成文法主義)를 원칙으로 한다. 국민의 자유와 권리를 일방적으로 정하는 경우가 많아 국민의 권익보호를 위한 예측가능성을 확보할 필요가 있기 때문이다. 그러나 복잡다양한 행정을 성문법으로만 규율하는 것은 한계가 있기 때문에 불문법과 행정법의 일반원칙이 그 한계를 메우게 된다.

(2) 행정법의 일반원칙

행정법의 일반원칙이란 행정법의 모든 영역에 타당한 일반법원칙을 말한다. 행정의 자기구속의 원칙, 비례원칙, 신뢰보호원칙, 부당결부금지원칙 등을 들 수 있다.

행정의 자기구속의 원칙(自己拘束原則)이란 "같은 사안에 대하여 제3자에게 한 것과 같은 결정을 상대방에게도 하도록 행정청이 구속을 받는다"는 원칙을 말한다.

비례원칙(比例原則)이란 "대포로 참새를 쏘아서는 아니된다"는 것처럼, "행정의 목적과 그 실현수단과의 관계에서 그 수단은 목적을 실현하는 데 적합하고, 필요 최소한의 침해에 그쳐야 하며, 그 침해가 의도하는 이익을 능가하여서는 아니된다"는 원칙을 말한다. 적합성의 원칙·필요성의 원칙·상당성의 원칙(협의의 비례원칙)의 단계구조를 갖는다.

신뢰보호원칙(信賴保護原則)이란 "행정청의 어떠한 행위의 존속이나 정당성을 사인이 신뢰한 경우, 보호할 가치 있는 사인의 신뢰는 보호되어야 한다"는 원칙을 말한다. 행정청의 선행조치가 있을 것, 그에 대한 사인의 신뢰가 보호가치 있을 것, 그 신뢰에 기한 사인의 어떠한 처리가 있을 것, 이에 반하는 행정조치가 있을 것 등을 요건으로 한다.

부당결부금지원칙(不當結付禁止原則)이란 "행정작용과 실체적 관련 없는 의무나 불이익이 결합되어서는 아니 된다"는 원칙을 말한다.

　행정법의 일반원칙에 위반하는 행정은 위법하게 된다(예 1: 심야영업을 한 업소에 대하여 종래 1개월의 영업정지처분을 해 오다가 유독 갑에 대해서만 2개월의 영업정지처분을 한 경우 ― 자기구속의 원칙 위반, 예 2: 공무원에 대한 징계 시, 견책처분으로 족한 데 해임처분을 한 경우 ― 비례원칙 위반, 예 3: 수출장려를 위한 세금감면관행을 무시하고 과세한 경우 ― 신뢰보호원칙 위반, 예 4: 아파트건설사업계획승인을 하면서 관공서 부지 기부채납을 요구하는 경우, 제1종 특수면허로만 가능한 트레일러 운전 중 면허취소사유가 발생한 경우 제1종 대형 및 보통면허도 취소하는 경우 ― 부당결부금지원칙 위반).

　⊙ 행정법상 일반원칙을 명문화한 실정법 규정의 예 ⊙
　― 규제의 대상과 수단은 규제의 목적 실현에 필요한 최소한의 범위 안에서 가장 효과적인 방법으로 객관성, 투명성 및 공정성이 확보되도록 설정되어야 한다(행정규제기본법 제5조 제3항) ― 비례원칙.
　― 경찰관의 직권은 그 직무수행에 필요한 최소한도에서 행사되어야 하며 남용되어서는 아니 된다(경찰관 직무집행법 제1조 제2항) ― 비례원칙.
　― 의무자가 이행하지 아니하는 경우 다른 수단으로 그 이행을 확보하기 곤란하고 또한 그 불이행을 방치함이 심히 공익을 해할 것으로 인정될 때…(행정대집행법 제2조) ― 비례원칙, 보충성원칙.
　― 제1항의 규정에 의한 영업소 폐쇄조치는 그 영업을 할 수 없게 하는 데에 필요한 최소한의 범위에 그쳐야 한다(식품위생법 제79조 제4항) ― 비례원칙.
　― 수급자에 대한 급여는 정당한 사유 없이 이를 불리하게 변경할 수 없다(국민기초생활 보장법 제34조) ― 신뢰보호원칙.
　― 행정청은 법령 등의 해석 또는 행정청의 관행이 일반적으로 국민들에게 받아들여진 때에는 공익 또는 제3자의 정당한 이익을 현저히 해할 우려가 있는 경우를 제외하고는 새로운 해석 또는 관행에 의하여 소급하여 불리하게 처리하여서는 아니 된다(행정절차법 제4조 제2항) ― 신뢰보호원칙.

⊙ 신뢰보호원칙에 관한 판례내용 ⊙

- 행정기관의 선행조치(공적 견해표명이나 행정관행 성립)에 대한 신뢰에 의거하여 사인이 어떤 처리를 한 경우 그 처리를 보호하는 원칙이다.
- 행정기관의 선행조치는 적극적·소극적, 명시적·묵시적 언동을 모두 포함하며, 위법·적법을 불문한다.
- 행정관행이 성립되었다고 하려면 상당한 기간에 걸쳐 그 사항에 대해 동일한 처분을 하였다는 객관적 사실이 존재하여야 한다.
- 단순히 착오인 경우에는 행정관행이 성립되지 아니한다(예: 오기 탈루 시정).
- 예컨대, 과세관청이 비과세대상에 해당하는 것으로 잘못 알고 일단 비과세결정을 하였으나 그 후 과세표준과 세액의 탈루 또는 오류가 있는 것을 발견한 때에는 이를 조사하여 결정할 수 있다
- 수익자가 사기 등의 방법을 사용하는 것과 같이 귀책사유가 있는 경우에는 신뢰보호를 주장할 수 없다.
- 신뢰보호의 내용은 원칙적으로 존속보호이나 그것이 불가능한 경우 보상보호에 의한다.

5. 행정법의 효력과 시효

공포일과 시행일이 다른 경우 시행일에 관한 특별한 규정이 없으면 공포일로부터 20일이 지나면 효력을 발생한다. 다만 국민의 권리를 제한하거나 의무를 부과하는 경우 30일 이상을 요한다.

법령의 공포일과 시행일이 일치하는 경우 관보발행일에 효력이 발생되나, 도달주의원칙에 따라 여기서 관보발행일은 그 법령이 수록된 관보의 발행일자가 아니고, 그 관보가 정부간행물 판매센터에 비치되거나 관보취급소에 발송된 날이다.

법령의 효력에 있어서 원칙적으로 진정소급은 금지되지만 부진정소급은 가능하다. 그러나 국민에게 권리나 이익을 부여하는 경우에는 진정소급도 가능하며, 부진정소급도 신뢰보호원칙에 따라 제한될 수 있다.

⊙ 소급효금지의 원칙 ⊙

- 법령의 효력발생일 이전에 이미 완성 또는 종결된 사항에 소급하는 진정소급은 원칙적 금지
- 개인의 지위보호와 무관하거나 유리한 경우 소급가능
- 신뢰보호를 능가하여 소급을 정당화하는 공공복지의 불가피한 요구가 있는 경우 소급가능(헌재 1997.7.16. 97헌마38)

⊙ 신법우선의 원칙 ⊙

- 원칙적으로 효력 발생일까지 진행 중인 사항에 대한 부진정소급은 허용
- 개정 전 법령의 존속에 대한 국민의 신뢰가 개정 법령의 적용에 관한 공익상 요구보다 더 보호가치가 있다고 인정되는 경우 예외적으로 신뢰보호원칙에 의한 제한

⊙ 판 례 ⊙

- 행정처분은 그 근거법령이 개정된 경우에도 경과규정에서 달리 정함이 없는 한 처분 당시 시행되는 개정 법령과 그에 정한 기준에 의하는 것이 원칙이고(처분시법주의), 그 개정 법령이 기존의 사실 또는 법률관계를 적용대상으로 하면서 국민의 재산권과 관련하여 종전보다 불리한 법률효과를 규정하고 있는 경우에도 그러한 사실 또는 법률관계가 개정 법령이 시행되기 이전에 이미 완성 또는 종결된 것이 아니라면 이를 헌법상 금지되는 소급입법에 의한 재산권 침해라고 할 수는 없으며(부진정소급), 그러한 개정 법령의 적용과 관련하여서는 개정 전 법령의 존속에 대한 국민의 신뢰가 개정 법령의 적용에 관한 공익상의 요구보다 더 보호가치가 있다고 인정되는 경우에 그러한 국민의 신뢰를 보호하기 위하여 그 적용이 제한될 수 있는 여지가 있을 따름이다(대판 2009.4.23. 2008두8918 [요양급여대상삭제처분취소]).

공법상 금전급부를 목적으로 국가가 국민에 대하여 갖는 권리의 소멸시효는 다른 법률에 규정이 없으면 5년이다. 금전급부를 목적으로 국민이 국가에 대하여 갖는 권리의 소멸시효도 다른 법률에 규정이 없으면 5년이다.

법령의 규정에 따라 국가가 행하는 납입의 고지는 시효중단의 효력이 있다(국가재정법 제96조 제4항). 금전급부를 목적으로 하는 국가의 권리의 소멸시효의 중단·정지 등에 관하여 다른 법률의 규정이 없는 때에는 민법의 규정을 적용한다.

⊙ 법령상 허가·등록기준이 개정된 경우 기존 영업자에 대한 개정법령 적용여부 ⊙

- 법령 개정 전의 허가나 등록에 의하여 영업을 하고 있더라도 공익상의 요구에 의하여 법령이 개정된 경우에는 개정법령에서 특별한 경과조치 규정을 두고 있지 아니한 이상 개정법령상의 변경된 허가·등록 기준 적용.
- 따라서 허가·등록기준 미달 등의 사유 발생 시 허가·등록 취소, 영업정지 등 제재처분의 대상이 될 수 있음.
- 이 경우 허가·등록 취소는 종래의 허가·등록을 소급적으로 취소하는 것이 아니라 공익상의 요구에 의한 법령개정에 따라 그 허가·등록요건이 변경됨으로써 장래에 향하여 그 허가·등록을 적법하게 철회한 것일 뿐이므로 소급입법에 의한 재산권 침해가 아님(대판 1986.7.22. 85누273 [주택자재생산업등록취소처분취소]).

행정법관계

행정법관계의 의의와 종류

행정주체가 일방 당사자인 법률관계를 행정상 법률관계라 부른다. 행정상 법률관계는 다시 행정상 공법관계(예: 도로점용허가)와 사법관계(예: 일반재산매각)로 나뉜다. 전자를 행정법관계라 부르고, 후자를 통상 국고관계라 부른다. 행정법은 공법영역에 속하므로 행정법관계에 대한 연구가 행정법의 중심테마가 된다. 행정법관계는 다시 권력관계(예: 행정대집행)와 단순공행정관계(비권력관계, 예: 문화재관리)로 구분된다.

종래 권력관계를 일반권력관계(예: 납세관계)와 특별권력관계(예: 공무원 근무관계·재소자의 교도소 수감관계)로 나누어, 후자는 특별한 공행정목적을 위해 특별한 법률상의 원인에 근거하여 성립되는 관계로서 권력주체가 구체적인 법률의 근거 없이도 특정신분자를 포괄적으로 지배하는 권한을 가지고, 그 신분자는 이에 복종하는 관계로 이해하여 왔다.

그러나 법치주의 하에서는 특별한 것도 법률에 근거가 있을 때에만 그 특수성이 인정될 수 있다. 따라서 특별권력관계로 이해되어 온 것은 '특별한 실정법'에 의해 규율되는 특별행정법관계(特別行政法關係)로 대체되어야 하며, 특별행정법관계에도 법치주의·기본권보장·사법심사가 전면적으로 적용되어야 한다.

　⊙ **공법관계** ⊙
　－ 지방자치단체에서의 청원경찰 근무
　－ 행정재산의 사용·수익 허가취소
　－ 시립초등학교 입학

　⊙ **사법관계** ⊙
　－ 예산회계법상 입찰보증금의 국고귀속조치
　－ 일반재산의 대부·매각

행정법관계의 당사자

1. 행정주체

행정을 담당하는 행정권의 주체(主體)를 행정주체라 부른다. 행정주체가 되기 위해서는 권리·의무의 주체가 될 수 있는 자격, 즉 권리능력이 있어야 한다. 모든 권력은 국민으로부터 나오므로 궁극적으로는 국민이 행정의 주체라고 할 수 있으나, 현실적인 행정주체로는 국가·지방자치단체·공법상 법인·공무수탁사인이 있다.

① 행정권은 국가권력의 일종이므로 국가는 시원적인 행정주체라 할 수 있다.

② 지방자치단체는 국가의 영토의 일부인 일정한 구역을 기초로 하여 그 지역 안의 주민을 지배하는 포괄적인 행정권을 가진 단체로서 전래적인 행정주체이다.

③ 공법상 법인은 특정 행정목적을 위하여 국가 또는 지방자치단체가 설립하거나 국민 또는 주민이 구성한 단체를 말한다. 인적 결합체인 공공조합(예: 농업협동조합·재개발조합·대한변호사회)과 인적·물적 결합체인 영조물법인(예: 한국토지주택공사·서울대학교병원)이 있다. 전자를 공사단, 후자를 공공시설법인이라고도 부른다. 이들 역시 전래적 행정주체이다.

④ 예외적으로 사인도 행정주체로부터 공권을 수여받아 이를 행사하는 경우 그 한도 안에서 행정주체의 지위에 선다(예: 항해중인 선박에서 질서명령을 발할 수 있는 선장·시골의 별정우체국장·사인이 공익사업 시행자로서 다른 사인의 토지를 수용하는 경우). 공무수탁사인은 사인이 갖는 독창성, 전문지식, 재정수단 등을 활용하여 행정의 효율을 증대하기 위한 것이지만, 행정기관의 변동을 가져오므로 법적 근거를 요한다. 공무수탁사인 전반을 규율하는 입법은 없으며 개별 근거에 의존한다.

⊙ 판 례 ⊙
- 소득세법상 소득세원천징수의무자가 비록 과세관청과 같은 행정청이더라도 원천징수의무자의 원천징수행위는 법령에 규정된 징수 및 납부의무를 이행하기 위한 것에 불과한 것이지, 공권력의 행사로서의 행정처분을 한 경우에 해당되지 아니한다(대판 1990.3.23. 89누4789 [기타소득세등부과처분무효확인]).

⊙ 행정보조자 ⊙
- 자동차검사대행자
- 사고현장에서 경찰을 단순히 보조하는 자
- 소득세원천징수의무자
- 경찰과의 계약에 의하여 주차위반차량을 단순히 견인하는 민간사업자

2. 행정의 상대방

행정의 상대방은 국가가 행정주체인 경우에는 지방자치단체와 공법상 법인, 그리고 사인이 행정의 상대방이 되고, 지방자치단체가 행정주체인 경우에는 공법상 법인과 사인이 행정의 상대방이 된다.

3. 사인(私人)의 지위강화

과거 절대국가에서 개인은 신민(臣民)이었다. 사인은 행정권에 대하여 아무런 권한도 갖지 못하였고 단지 행정의 객체일 뿐이었다. 19세기 근대국가에 이르러 개인의 자유를 보호하기 위하여 행정활동은 법규에 구속되고, 여기에서 국가와 사인 간에 법관계가 나타나게 된다. 사인은 국가에 대하여 개인의 자유와 권리의 보장을 위한 개인적 공권을 취득하게 되었고, 자신의 권리가 침해되면 이를 법적으로 다툴 수 있게 되었다.

개인적 공권은 강행법규에 의하여 행정청에 의무가 부과되고, 아울러 강행법규가 공익추구만이 아닌 관계된 사익도 보호할 목적을 가지며, 이러한 사익을 소송을 통하여 관철할 수 있는 법적인 힘이 인정될 때 성립된다.

⊙ 개인적 공권 · 법률상 이익 · 반사적 이익 ⊙
- 강행법규에 의한 행정청에의 의무부과: 반사적 이익
- 강행법규에 의한 사익보호성: 법률상(상태) 이익
- 이익관철의사력: 개인적 공권

오늘날 모든 국민은 인간으로서의 존엄과 가치를 가지는 인격자로서, 단순히 행정의 대상이 아니라 공동체 구성원으로서의 행정에의 참여주체로 인식되고 있다. 참여를 통한 민주주의의 내실화, 기본권의 사전적 · 사후적 보장의 확대를 통한 법치주의의 심화, 개인의 권리의식의 증대, 그리고 권리개념에 대한 새로운 인식과 더불어 사인의 법적 지위는 강화되고 있으며, 행정법에서는 반사적 이익의 법률상 이익화 내지 개인적 공권의 확대 경향으로 나타나고 있다.

이와 함께 행정절차상 개인의 참여권(예: 청문, 의견제출), 무하자재량행사청구권(예: 특정 공유수면에 다수가 매립면허를 신청한 경우 하자 없는 재량행사 요구), 행정개입청구권(예: 하류에 위치한 양식장업자가 제3자로서 관할청에 폐수방류공장에 대한 정화시설가동명령 발동요구), 정보공개청구권(예: 멜라민 유통 관련 자료요구) 등 일련의 개인적 공권이 행정법학의 큰 관심대상이 되고 있다.

⊙ **무하자재량행사청구권** ⊙
- 재량한계론의 발전에 따라 재량통제법리의 하나로 등장
- 처분에 이르는 과정에서 재량권의 법적 한계를 준수하면서 합당한 어떤 처분을 할 것을 구하는 권리

⊙ **행정개입청구권** ⊙
- 행정청에 대하여 적극적인 개입을 청구하는 것으로 주로 질서행정에서 등장
- 행정청에 대하여 특정행위를 요구할 수 있는 실체적 공권
- 현행 행정소송법상 의무이행소송이 인정되지 않으므로 거부처분취소소송이나 부작위위법확인소송을 통한 간접강제제도를 활용하여 구제가능

4. 사인의 공법행위

(1) 개 념

사인의 공법행위란 사인이 행정법관계에서 공법적 효과의 발생을 목적으로 행하는 행위를 말한다. 사인의 행위만으로 일정한 법적 효과를 가져오는 자체완성적 공법행위(예: 투표행위·출생신고·혼인신고)와 행정행위 등의 동기나 요건에 해당하는 행정요건적 공법행위(예: 등록신청·공무원임명동의·입대지원·청원·행정심판청구)로 나뉜다. 일반법은 없으나 민원사무의 처리와 관련하여 민원처리에 관한 법률에, 자체완성적 신고와 관련하여 행정절차법에 몇몇 원칙규정들이 있다.

(2) 민 원

민원처리에 관한 법률은 "민원이란 민원인이 행정기관에 대하여 처분

등 특정한 행위를 요구하는 것"로 정의한다. 민원신청은 문서 또는 전자문서로 하는 것이 원칙이나, 행정기관에 단순한 행정절차 또는 형식요건 등에 대한 상담·설명을 요구하거나 일상생활에서 발생하는 불편사항에 대하여 알리는 등의 경우에는 구술(口述) 또는 전화로 할 수 있다.

행정기관의 장은 관계법령 등에서 정한 처리기간이 남아 있다거나 그 민원과 관련 없는 공과금 등을 미납하였다는 이유로 민원 처리를 지연시켜서는 아니 된다. 다만, 다른 법령에 특별한 규정이 있는 경우에는 그에 따른다. 행정기관의 장은 법령의 규정 또는 위임이 있는 경우를 제외하고는 민원 처리의 절차 등을 강화하여서는 아니 된다.

행정기관의 장은 민원의 신청을 받았을 때에는 다른 법령에 특별한 규정이 있는 경우를 제외하고는 그 접수를 보류하거나 거부할 수 없으며, 접수된 민원문서를 부당하게 되돌려 보내서는 아니 되며, 행정기관의 장은 민원을 접수·처리할 때에 민원인에게 관계법령 등에서 정한 구비서류 외의 서류를 추가로 요구하여서는 아니 된다.

행정기관의 장은 하나의 민원 목적을 실현하기 위하여 관계법령 등에 따라 여러 관계 기관 또는 관계 부서의 인가·허가·승인·추천·협의 또는 확인 등을 거쳐 처리되는 복합민원을 처리할 때에 그 행정기관의 내부에서 할 수 있는 자료의 확인, 관계 기관·부서와의 협조 등에 따른 모든 절차를 담당 직원이 직접 진행하도록 하는 민원 1회 방문 처리제를 확립함으로써 불필요한 사유로 민원인이 행정기관을 다시 방문하지 아니하도록 하여야 한다.

(3) 사인의 공법행위로서 신고

사인의 공법행위로서 신고란 "사인이 공법적 효과의 발생을 목적으로 행정주체에 대하여 일정한 사실을 알리는 행위"를 말한다. 수리를 요하지 아니하는 자체완성적 신고(예: 출생신고·혼인신고)와 수리를 요하는 행정요건적 신고(예: 액화석유가스 안전 및 사업 관리법상 사업양수인의 지위승계신고)가 있다.

⊙ 수리를 요하지 아니하는 자체완성적 신고와 관련된 판례 ⊙

- 부부가 일단 혼인신고를 하였다면 그 혼인관계는 성립된 것이고, 호적부에의 기재는 그 유효요건이 아니다(대판 1991.12.10. 91므344 [이혼및위자료]).

- 종래 판례는 건축신고 수리나 거부행위의 처분성을 부정하여 소 각하: 건축법상 신고사항에 관하여는 건축을 하려는 자가 적법한 요건을 갖춘 신고만 하면 건축을 할 수 있고 행정청의 수리처분 등 별단의 조치를 기다릴 필요 없이 건축을 할 수 있는 것이므로, 행정청이 위 신고를 수리한 행위가 건축주는 물론이고 제3자인 인근 토지 소유자나 주민들의 구체적인 권리 의무에 직접 변동을 초래하는 행정처분이라 할 수 없다(대판 1999.10.22. 98두18435 [증축신고수리처분취소]).

- 그 후 판례는 입장을 변경하여 국민의 권익보호를 위하여 처분성 인정: 건축주 등은 신고제하에서도 건축신고가 반려될 경우 당해 건축물의 건축을 개시하면 시정명령, 이행강제금, 벌금의 대상이 되거나 당해 건축물을 사용하여 행할 행위의 허가가 거부될 우려가 있어 …… 건축신고 반려행위는 항고소송의 대상이 된다(대판(전합) 2010.11.18. 2008두167 [건축신고불허처분취소]).

- 동시에 판례는 인·허가의제 효과를 수반하는 건축신고를 수리를 요하는 신고로 입장변경: 인·허가의제 효과를 수반하는 건축신고는 일반적인 건축신고와는 달리, 특별한 사정이 없는 한 행정청이 그 실체적 요건에 관한 심사를 한 후 수리하여야 하는 이른바 '수리를 요하는 신고'로 보는 것이 옳다(대판(전합) 2011.1.20. 2010두14954 [건축(신축)신고불가취소]).

행정작용의 행위형식과 절차

질서유지, 복리증진 등 넓은 의미의 공익 실현을 목적으로 하는 행정은 그 임무영역이 광범하고 다양하다. 다양한 행정임무를 효과적으로 수행하기 위해서는 행정의 행위형식도 다양할 수밖에 없다.

행정입법

행정주체가 일반적·추상적인 규범을 정립하는 작용 또는 정립된 규범 자체를 말한다. 이는 법규명령과 행정규칙으로 나눌 수 있다.

1. 법규명령

(1) 법규명령의 의의와 종류

법규명령이란 법률상 수권에 의하여 행정권이 정립하는 규범으로서, 일반국민 및 법원에 대하여 법규로서의 구속력을 갖는다. 의회입법이 원칙이나 복잡 다양한 행정현상을 법률(예: 건축법·식품위생법·도로교통법)로만 규율하는 데는 한계가 있기 때문에 법률이 그 범위를 구체적으로 정하여 위임한 한도 내에서 행정부가 정할 수 있도록 한 것이다.

대통령령(예: 건축법 시행령·식품위생법 시행령), 국무총리가 제정하는 총리령(예: 법제업무 운영규정 시행규칙), 행정각부의 장이 제정하는 부령(예: 건축법 시행규칙·식품위생법 시행규칙·도로교통법 시행규칙) 및 중앙선거관리위원회규칙(예: 공직선거관리규칙), 지방자치단체의 조례(예: 성남시 정보공개 조례)와 규칙(예: 성남시 정보공개 조례 시행규칙)이 이에 속한다.

(2) 법규명령의 근거와 한계

법규명령은 법률이나 상위 법규명령에 근거가 있어야 한다. 근거가 없는 법규명령은 무효가 된다. 법률이 법규명령에 포괄적으로 위임하는 것(예: 나찌시대의 수권법)은 입법권의 포기를 의미하기 때문에 인정되지 않는다. 국회전속적 입법사항(예: 국적취득의 요건·죄형법정주의·행정조직법정주의·조세법률주의)도 위임의 한계가 된다.

(3) 법규명령의 적법요건과 효력

법규명령은 권한을 가진 기관(예: 대통령·국무총리·행정 각부 장관)이 법령에 정한 절차(예: 국무회의 심의·법제처 심사)에 따라 조문의 형식으로 제정하여 공포하였을 때 그 효력을 발생한다. 법규명령은 국민의 권리·의무에 관련된 사항을 포함하고 있으므로, 국민의 안정된 법생활을 위해 공포하는 것은 중요하다. 법규명령도 법규이므로 이에 위반하는 행정작용은 위법이 된다.

2. 행정규칙

행정규칙이란 행정조직 내부 또는 특별행정법관계 내부에서의 사무처리의 지침을 정하거나 공무원의 근무에 관하여 정하기 위하여 법령상 근거와 무관하게 발해지는 일반적·추상적 명령을 말한다(예: 국토교통부 전산자원 운용관리지침·시설물의 안전 및 유지관리 실시 등에 관한 지침·정부비밀문서 발간관리지침).

조직법적 근거만 있으면 되고 국민이나 법원을 구속하지 않는 점에서 법규명령과 구분된다. 따라서 행정작용이 행정규칙을 위반하더라도 대외적으로는 위법이 되지 않고, 다만 행정조직 내부에서 문제될 뿐이다(예: 행정규칙을 위반한 공무원에 대한 징계). 법원도 행정규칙을 근거로 재판하지 않으며 행정규칙을 재판의 대상으로 하지도 아니한다.

그러나 현실적으로는 행정규칙으로 국민의 권리·의무에 관한 사항을 규율하는 경우가 있어(예: 도시·군관리계획수립지침·양도소득세 사무처리규정) 그 법규적 성질의 인정여부에 관하여 논의가 많다.

⊙ 시행령·시행규칙에 규정된 제재적 행정처분기준의 법적 성질 ⊙
- 판례는 시행규칙 별표에 규정된 제재적 행정처분기준을 행정내부사무처리기준에 불과한 행정규칙으로 보고 있다(예: 도로교통법 시행규칙 별표상의 운전면허정지취소기준).
- 그러나 제재적 행정처분기준이 시행령이나 시행규칙에 규정되어 있다면 이를 법규명령으로 보는 것이 옳다. 다만 모법이 재량규정이면 하위 시행령·시행규칙의 해당 규정도 재량규정에 해당되어, 행정청이 이에 따라 한 처분일지라도 재량권의 일탈·남용에 해당하면 법원은 위법판결을 내릴 수 있는 것이다.

행정행위

1. 행정행위의 의의와 종류

행정행위란 학문상 개념이며, 행정청이 법아래서 구체적 사실에 대한 법집행으로서 행하는 권력적·단독행위인 공법행위를 말한다. 단독행위인 점에서 쌍방행위인 공법상 계약과 다르고, 법적인 행위인 점에서 행정지도 등의 사실행위와 다르다. 행정행위는 행정권이 행하는 가장 일반적인 행위형식이다.

행정행위는 관계자에 대하여 갖는 법적 효과의 성질에 따라 수익적 행위(예: 영업허가·세금감면), 침익적 행위(예: 영업정지·세금부과), 복효적 행위(예: 연탄공장설치허가·화장장설치허가·수인이 신청한 공유수면매립면허)로 구분된다.

행정의 자유와 구속이란 관점에서 법규에서 정한 바에 따라 행정청이 반드시 일정한 행위를 하거나 하지 말아야 하는 기속행위(예: 건축허가-허가요건을 충족하면 허가해 주어야 한다)와 법규가 여러 종류의 법효과를 설정하고 그 여러 효과 중에서 행정청이 합리적으로 판단하여 상황에 적합하게 대처할 수 있도록 행정청에 법효과에 대한 결정과 선택의 자유를 부여하는 재량행위(예: 영업시간위반에 대한 영업정지여부 및 정지기간의 선택)로도 구분된다.

2. 행정행위의 내용에 따른 구분

(1) 하 명(下命)

하명이란 행정청이 사인에 대하여 작위를 명하거나(예: 위법건축물 철거명령), 부작위를 명하거나(예: 야간통행금지·음주운전금지·영업정지처분), 수인을 명하거나(예: 전염병 예방접종결정), 급부를 명하는(예: 세금부과처분) 행정행위를 말한다.

하명은 개인의 자연적 자유를 제한하여 의무를 부과시키는 행위이므로 법령상의 근거를 필요로 한다(예: 건축법・도로교통법・식품위생법・가축전염병 예방법・소득세법・개별소비세법). 상대방이 의무를 불이행하면 행정상 강제 집행이 가해지고(예: 강제철거・강제접종・강제징수), 의무를 위반하면 행정벌 (예: 징역・벌금・과태료 등)이 가해지는 것이 일반적이다.

(2) 허가(許可)와 면제(免除)

허가란 법령에 의하여 가해진 일반적 금지(부작위의무)를 특정한 경우에 해제하여 적법하게 일정한 행위를 할 수 있도록 회복하여 주는 행정행위를 말한다(예: 건축허가・단란주점영업허가・운전면허 등). 면제는 일반적인 작위・ 급부・수인의 의무를 특정한 경우에 해제하는 행정행위를 말한다(예: 병역 면제・조세감면).

허가와 면제는 의무의 해제, 즉 국민이 본래 가지고 있던 자연적 자유 의 회복일 뿐 새로운 권리의 설정은 아니라는 것이 종래의 일반적인 입장 이다. 이에 따라, 허가의 결과 피허가자가 회복 받는 자연적 자유는 법률상 이익으로서 보호되지만, 영업상 이익은 사실상 또는 반사적 이익일 뿐 권 리로서의 이익은 아니라고 한다.

이렇게 보면 반사적 이익의 침해는 이를 행정쟁송으로 다툴 수 없다 (예: 신규 단란주점영업허가로 인하여 인근 기존업자가 영업상 피해를 입더라도, 영업이익은 시장경쟁원리에 좌우되는 것이지 영업허가로 보장되는 것이 아니므로 기존업자는 신규 허가의 취소를 구하는 행정소송을 제기할 수 없게 된다).

(3) 특　허(特許)

특허는 특정인에게 그가 본래 가지고 있지 아니한 특정한 권리 기타 법률상 힘을 설정해 주는 행정행위를 말한다(예: 자동차운수사업면허・하천점 용허가). 단순한 자연적 자유의 회복이 아니라 타인에 대하여 주장할 수 있 는 새로운 법적 힘을 부여한다는 점에서 허가와 다르고, 따라서 반드시 법 률상 근거가 있어야 한다(예: 여객자동차 운수사업법・하천법).

3. 행정행위의 적법요건

행정행위가 적법한 것으로서 사인에 대하여 효력을 갖기 위해서는 성립과 효력발생에 필요한 일정한 요건이 갖추어져야 한다.

① 주체요건으로서 행정행위는 권한을 가진 기관이 권한의 범위 내에서 행하는 것이어야 한다(예: 강남구청장이 송파구에 위치하는 단란주점에 대한 영업허가를 할 수 없다).

② 형식요건으로서 형식에 관하여 명문의 규정이 있다면 그에 따라야 한다(예: 행정심판법상 재결은 문서형식). 개별법령에 규정이 없어도 행정청이 처분을 하는 때에는 다른 법령 등에 특별한 규정이 있는 경우를 제외하고는 문서로 하여야 함이 원칙이다(행정절차법 제24조 제1항).

③ 절차요건으로서 법상 행정행위의 성립에 절차가 요구된다면 그 절차가 이행되어야 한다(예: 영업정지처분시 청문 필요).

④ 내용요건으로서 행정행위는 그 내용이 적법하고 실현가능하고, 명확한 것이어야 한다(예: 재산세 부과대상의 특정).

⑤ 통지요건으로서 이상의 요건이 갖추어지면 수령을 요하지 않는 행위의 경우에는 외부에 표시되어야 하고(예: 일정 도로의 통행금지의 경우 통행금지표지판 설치), 수령을 요하는 행위의 경우에는 관계자에게 통지되어야 한다(예: 세금부과처분의 통지·무허가건물 철거명령의 통지). 통지의 경우에는 수신자에게 도달하여야 효력이 발생하는 것이 원칙이다(도달주의).

4. 행정행위의 효력

적법요건을 갖춘 행정행위는 내용상 구속력·공정력·구성요건적 효력·존속력·강제력 등 여러 종류의 구속력을 갖는데, 이들을 행정행위의 효력이라 부른다. 행정행위는 공익실현을 목적으로 하기 때문에 사인간의 법률행위와는 달리 행정주체에게 상대적으로 우월적 효력을 인정하고 있는 것이다.

① 적법한 행정행위는 실체법상 효과, 즉 일정한 내용의 권리·의무관계를 발생시킨다(예: 납세고지로 납세자는 일정액의 세금을 일정기간 내에 납부하여야 한다). 이와 같이 행정행위의 내용에 관해 당사자를 구속하는 힘을 내용상 구속력이라 부른다.

② 행정행위가 위법하더라도 당연 무효가 아닌 한 권한 있는 기관에

의해 취소될 때까지 상대방이나 이해관계자를 구속한다(예: 200만원의 세금 부과가 적정한데 210만원이 부과되어 위법한 경우, 관할세무서장이나 법원 등에 의하여 취소되기 전까지는 절차상 일단 유효한 것으로서, 상대방은 고지된 기한 내에 일단 세금을 납부하여야 하며, 그렇지 않을 경우 미납자로서 불이익을 받게 된다). 이러한 구속력을 공정력(公定力)이라 한다.

③ 어떠한 행정행위가 유효인 한, 다른 행정기관과 법원은 그 행정행위와 관련된 자신들의 결정에 있어서 그 행정행위의 존재와 효과에 구속된다(예: 과세처분이 위법하더라도 무효 내지 취소되지 않는 한 부당이득반환청구소송에서 승소판결 할 수 없다). 이와 같이 어떤 행위가 다른 행위의 구성요건요소가 되는 경우의 효력을 구성요건적 효력이라 한다.

④ 존속력은 형식적 존속력(불가쟁력)과 실질적 존속력(불가변력)으로 나뉜다. 쟁송제기기간의 경과 등의 경우에 상대방이나 이해관계 있는 제3자는 더 이상 그 행정행위를 다툴 수 없는데, 이를 불가쟁력(不可爭力)이라 한다. 일정한 행정행위(예: 행정심판재결 등 준사법적 행위)는 행정청도 더 이상 내용을 변경할 수 없는데, 이를 불가변력(不可變力)이라고 한다.

⑤ 강제력은 제재력(制裁力)과 자력집행력(自力執行力)으로 나뉜다. 행정법상 의무위반자에게 처벌을 가할 수 있는 힘을 제재력(예: 운전 중 휴대폰 사용자에 대한 범칙금부과)이라 하고, 행정법상 의무불이행자에 대하여 강제로 의무를 이행시킬 수 있는 힘을 자력집행력(예: 무허가건물을 자진철거하지 않는 경우 강제철거)이라 한다.

5. 행정행위의 하자

행정행위가 법규에 위반한 경우를 위법, 공익에 적합하지 않은 경우를 부당이라고 하며, 위법하거나 부당한 행정행위는 하자있는 행위가 된다. 행정행위의 하자가 위법인 경우 그 하자가 중대하고 명백한 위법이면 행정행위는 무효로서 처음부터 아무런 효력을 발생하지 아니하고(예: 무허가건물의 옆 건물에 대한 철거명령) 단순위법이면 행정행위는 일응 유효하며 취소의 대상이 된다(예: 청문통지 기일을 어긴 경우).

행정행위에 부당한 하자가 있는 경우에는 단지 취소의 대상이 될 뿐이다. 위법한 하자에 대해서는 행정심판 또는 행정소송으로 다툴 수 있으나, 부당한 하자에 대해서는 행정심판으로 다툴 수 있을 뿐 행정소송을 제기할 수 없는 점이 다르다.

행정계획

행정계획이란 행정주체가 일정한 행정활동을 위한 목표를 설정하고, 그 목표달성에 필요한 여러 관련행정수단의 유기적 조정, 체계적 종합을 준비하는 과정 또는 그에 기해 마련된 활동기준을 말한다.

복잡다양하면서도 급변하는 오늘날의 행정현상에 대하여 효율적으로 대처하기 위해서 미래지향적·장래예측적 계획의 수립은 필수적이다. 계획이 잘못 수립·시행되면 그 피해는 돌이킬 수 없다(예: 시화호·금강산댐)는 점에서 올바른 계획의 중요성은 매우 크다.

계획은 통상 다수인의 이해에 관련되므로 계획수립단계에서부터 관계행정청은 이해관계인의 의견을 충분히 수렴할 필요가 있다. 계획과정에의 국민(또는 주민)의 참여는 민주주의원리, 권익침해의 예방, 계획의 객관성·합리성 확보라는 측면에서도 매우 중요하다.

행정계약

행정주체가 직접 또는 간접으로 행정목적을 수행하기 위하여 사인 또는 다른 행정주체와 체결하는 계약을 행정계약이라고 하며, 그중에서도 공법적 효과를 발생시키는 계약을 공법상 계약이라고 한다(예: 서울시와 경기도간의 도로건설 및 유지비용에 관한 합의).

공법상 계약은 공법적 효과를 발생시키는 점에서 사법상 계약과 구분되고, 대등당사자간의 의사의 합치라는 점에서 행정행위와 구분된다. 공법상 계약도 계약인 점에서 민법 중 계약에 관한 규정이 일반적으로 적용될 수 있으나, 행정목적의 달성을 위한 것이라는 점에서 여러 가지 공법적 특별규율을 받는 경우가 많다.

행정지도

행정지도란 행정주체가 일정한 행정목적을 실현하기 위하여 사인 등 행정의 상대방에 대하여 일정한 행위를 하게 하거나 하지 말도록 임의적 협력을 유도하는 비권력적 사실행위를 말한다(예: 물가단속·목욕료 인하유도·휴경농지 경작독려·음식물쓰레기줄이기 계도).

행정지도는 임의적 수단에 의한 편의성·마찰해소 등의 이유로 다양한 행정수단의 하나로서 행정기능의 효율성 확보를 위해 활용된다. 그러나 행정지도는 사실상의 강제성(예: 요금인하 불응 시, 세무조사), 책임행정의 이탈과 행정지연으로 인한 피해(예: 폐수정화시설가동명령 대신 가동을 단순권고함으로써 폐수방류 방치), 행정구제의 미흡(예: 영농지도에 따른 농약살포의 부작용으로 인한 농작물피해) 등의 문제가 있어 그 남용과 폐해가 우려된다.

이 때문에 행정절차법은 행정지도가 그 목적달성에 필요한 최소한도에 그쳐야 하고, 행정지도의 상대방의 의사에 반하여 부당하게 강요하여서는 아니 되며, 행정기관은 행정지도의 상대방이 행정지도에 따르지 아니하였다는 이유로 불이익한 조치를 하여서는 아니 된다고 규정하고 있다. 또한 행정지도를 행하는 공무원은 그 상대방에게 당해 행정지도의 취지·내용 및 신분을 밝히고, 상대방이 이에 관한 서면의 교부를 요구하는 때에는 직무수행에 특별한 지장이 없는 한 이를 교부하도록 하고 있다.

행정절차

1. 행정절차의 개념

광의로 행정절차는 행정을 하는데 거치는 모든 절차를 말하나 협의의 행정절차는 행정의사결정에 관한 제1차적 결정절차(예: 행정입법절차·행정처분절차)를 뜻한다. 행정절차는 국민주권의 내실화, 행정의 민주화·합리화·효율화, 예측가능성의 확보와 법적 분쟁의 사전예방의 측면에서 법치주의의 실현 등의 기능을 한다.

국가권력의 하나인 행정권이 공정하고 객관적인 행정절차에 따라 행해 질 때, 그 정당성은 담보될 수 있다는 점에서 행정절차의 중요성은 아무리 강조해도 지나치지 않다. 헌법재판소도 헌법 제12조의 적법절차조항이 직접적으로는 형사사법권의 발동에 관한 것이라 할지라도, 그 취지는 입법·사법·행정의 모든 국가작용에 적용되는 것이라 하여, 행정절차의 헌법적 근거를 제시한 바 있다.

2. 행정절차의 법제화

미국·영국·독일·일본 등은 행정절차법을 마련하고 있다. 우리나라도 1996년 12월 31일 법률 제5241호로 행정절차법이 제정되었으며, 1998년 1월 1일부터 시행되고 있다. 행정절차법은 행정절차에 관한 일반법이다. 특히 처분·신고·행정상 입법예고·행정예고 및 행정지도의 절차에 관하여 다른 법률에 특별한 규정이 있는 경우를 제외하고는 행정절차법이 정하는 바에 따르도록 하고 있다.

3. 행정절차법의 주요내용

(1) 사전통지

행정청은 당사자에게 의무를 부과하거나 권리를 제한하는 처분을 하는 경우에는(예: 영업정지·운전면허의 취소) 미리 그 제목·원인과 내용 및 법적 근거·의견제출방법 등을 당사자에게 통지하여야 한다.

(2) 의견청취

일정한 경우 행정청은 행정을 하기 전에 당사자나 이해관계인의 의견을 청취하여야 한다. 의견청취방법으로는 청문·공청회·의견제출의 방법이 있다. '청문'은 행정청이 어떠한 처분을 하기에 앞서 당사자등의 의견을 직접 듣고 증거를 조사하는 절차를 말한다(예: 영업정지처분시 영업주에게 변명기회 부여). 여기서 처분이란 행정청이 행하는 구체적 사실에 관한 법집행으로서의 공권력의 행사 또는 그 거부와 기타 이에 준하는 행정작용을 말한다.

'공청회'는 행정청이 공개적인 토론을 통하여 어떠한 행정작용에 대하여 당사자등과 전문지식과 경험을 가진 자 기타 일반인으로부터 의견을 널리 수렴하는 절차를 말한다(예: 강남구 쓰레기소각장설치에 관한 공청회). '의견제출'은 행정청이 어떠한 행정작용을 하기에 앞서 당사자 등이 서면·컴퓨터통신 또는 구술로 의견을 제시하는 절차로서 청문이나 공청회에 해당하지 않는 절차를 말한다(예: 공시지가에 대한 의견제출).

(3) 문서열람 및 이유제시

청문 등과 관련하여 당사자 등은 청문 통지가 있는 날로부터 청문이 끝날 때까지 행정청에 대하여 당해 사안의 조사결과 등에 관한 문서의 열람 또는 복사를 요청할 수 있다. 행정청이 어떠한 처분을 하는 때에는 원칙적으로 그 처분의 근거와 이유를 제시하여야 한다.

4. 행정절차의 하자

행정절차법은 행정절차상 하자의 효력에 대해서는 일반규정을 두지 않고 있다. 개별법령에서 하자의 효력에 관한 명문의 규정을 두는 경우도 있으나(예: 국가공무원법은 소청사건을 심사할 때 소청인 등에게 진술의 기회를 부여하지 아니하고 한 결정은 무효로 한다고 규정하고 있다), 명문의 규정이 없더라도 절차상 하자는 위법하다는 것이 일반적인 입장이다.

행정정보

1. 정보공개청구권

정보공개청구권이란 사인이 공공기관에 대하여 정보를 제공해 줄 것을 요구할 수 있는 권리를 말한다.

정보공개청구권의 헌법상 근거로 헌법 제21조의 표현의 자유에 근거하는 '알권리'를 들 수 있으며, 판례는 명시적 법률규정이 없더라도, 헌법 제21조로부터 정보공개청구권이 직접 발생할 수 있다는 입장이다(헌재 1991. 5.13. 90헌마133).

공공기관의 정보공개에 관한 일반법으로서 '공공기관의 정보 공개에 관한 법률'이 있고, 정보공개청구와 관련된 개별 법률 규정들도 존재한다(예: 행정절차법 제20조의 처분기준의 설정·공표 등).

2. 공공기관의 정보공개에 관한 법률의 주요내용

(1) 정보공개청구권자

정보공개청구권은 청구자와 청구대상 정보가 직접적인 이해관계가 있는 경우와, 청구자와 청구대상 정보가 직접적인 이해관계가 없는 경우로 구별할 수 있는데, 공공기관의 정보공개에 관한 법률상의 정보공개청구권은 양자를 포함하는 개념이다. 즉, "모든 국민은 정보의 공개를 청구할 권리를 가진다(법 제5조 제1항)"고 규정하여, 국민은 자신과 직접적 이해관계가 있는 정보는 물론(개별적 정보공개청구권), 직접적 이해관계가 없는 정보에 대하여도 그 공개를 청구할 수 있다(일반적 정보공개청구권).

(2) 공개 대상 정보

정보공개청구의 대상이 되는 정보란 공공기관이 직무상 작성 또는 취득하여 관리하고 있는 문서(전자문서 포함)·도면·사진·필름·테이프·슬라이드 및 그 밖에 이에 준하는 매체 등에 기록된 사항을 말한다(법 제2조 제1호).

공공기관이 직접 작성하지 않은 정보라도 경위를 불문하고 공공기관이 보유·관리하고 있는 모든 정보는 공개 대상 정보가 된다(대판 2008.9.25. 2008두8680). 문서의 사본도 공개대상정보에 해당된다(대판 2006.5.25. 2006두3049).

(3) 비공개 대상 정보

비공개대상정보는 정보공개청구에 대하여 공개가 금지되는 정보가 아니라 공공기관이 공개를 거부할 수 있는 정보를 말한다.

공공기관의 정보공개에 관한 법률 제9조 제1항은 비공개대상정보를 규정하고 있다.

이러한 비공개대상 정보가 예시적인 것인가 아니면 제한적인 것인가가 문제된다. 즉, 공개청구의 대상이 된 정보가 비공개대상정보에 해당되지 않는 경우에도 공공기관이 공개의 거부를 할 수 있는가가 문제된다. 이와 관련하여 판례는 "법에서 정하고 있는 비공개사유에 해당하지 않는 한 정보를 공개하여야 한다(대판 2007.2.8. 2006두4899)"라고 하여 비공개대상정보를 제한적 규정으로 본다.

행정작용의 실효성 확보

행정상 의무를 그 상대방인 국민이 위반하거나 이행하지 않는 경우 행정주체는 의무위반에 대하여 처벌을 가하거나 실력을 발동하여 의무이행을 강제할 수 있다. 이를 위한 수단을 학문상 행정작용의 실효성확보수단이라고 한다. 의무위반에 대한 대표적인 제재수단이 행정벌, 의무불이행에 대한 대표적인 강제이행수단이 강제집행이다.

행 정 벌

1. 행정벌의 개념

행정벌이란 행정의 상대방인 국민이 행정법상 의무를 위반하는 경우에 행정권에 의하여 그 의무위반자에게 과해지는 제재로서의 처벌을 의미한다. 행정벌도 처벌의 한 종류이므로 당연히 법률의 근거를 요한다. 행정형벌과 행정질서벌로 구분할 수 있다.

2. 행정형벌

행정형벌이란 형법에 규정되어 있는 벌(사형·징역·금고·자격상실·자격정지·벌금·구류·과료·몰수)이 가해지는 행정벌을 의미한다. 행정형벌은 형벌의 일종이므로 원칙적으로 형법총칙이 적용되며, 처벌절차도 형사소송절차에 의한다. 다만 조세범·교통사범·관세범·출입국사범의 경우에는 통고처분제도가 인정된다(예: 도로교통법위반자에 대한 범칙금부과). 범법자가 통고처분대로 이행하면 처벌절차는 종료되고, 통고처분에 불복하면 재판절차로 넘어가게 된다.

3. 행정질서벌

행정질서벌이란 일반사회의 법익에 직접 영향을 미치지는 않으나 행정상의 질서에 장애를 야기할 우려가 있는 의무위반에 대해 과태료를 가하는 제재를 말한다.

행정질서벌은 형벌이 아니므로 형법총칙이 적용되지 아니한다. 질서위반행위의 성립과 과태료 처분에 관한 법률관계를 명확히 하여 국민의 권익을 보호하도록 하고, 개별 법령에서 통일되지 못하고 있던 과태료의 부과·징수 절차를 일원화하며, 행정청이 재판에 참여할 수 있도록 하고, 지방자치단체가 부과한 과태료는 지방자치단체의 수입이 되도록 하는 등 과태료 재판과 집행절차를 개선·보완함으로써 과태료가 의무이행확보수단으로서의 기능을 효과적으로 수행할 수 있도록 질서위반행위규제법이 제정·시행되고 있다.

⊙ 질서위반행위－과태료－행정질서벌 ⊙
− 질서위반행위란 법률(조례 포함)상 의무를 위반하여 과태료에 처하는 행위를 말하며, 그 성립과 과태료처분은 행위시의 법률에 따른다.
− 과태료 부과에는 고의·과실을 요한다.
− 행정청이 과태료를 부과하고자 하는 때에는 10일 이상의 기간을 정하여 당사자에게 의견을 제출할 기회를 부여하여야 한다.
− 하나의 행위가 2 이상의 질서위반행위에 해당하는 경우에는 각 질서위반행위에 대하여 정한 과태료 중 가장 중한 과태료에 처한다.
− 과태료 부과에 대하여 당사자가 이의를 제기하면 이를 법원에 통보하여 비송사건절차법에 따른 재판을 받도록 한다.
− 확정된 과태료의 소멸시효는 5년으로 한다.

행정상 강제집행

1. 행정상 강제집행의 개념

행정상 강제집행이란 행정법상 개별·구체적인 의무의 불이행이 있는 경우에 행정권이 의무자의 신체 또는 재산에 직접 실력을 가하여 그 의무를 이행하거나 또는 그 의무가 이행된 것과 같은 상태를 실현하는 작용을 말한다. 강제집행 역시 국민의 기본권에 침해를 가져오기 쉬운 것이므로 반드시 법률의 근거를 요한다. 행정상 강제집행은 대집행·행정상 강제징수·직접강제 등으로 구분된다.

2. 대집행(代執行)

대집행이란 대체적 작위의무, 즉 타인이 대신하여 행할 수 있는 의무의 불이행이 있는 경우 다른 수단으로써 그 이행을 확보하기 곤란하고 그 불이익을 방치함이 심히 공익을 해할 때, 당해 행정청이 불이행된 의무를 스스로 행하거나 제3자로 하여금 이행하게 하고, 그 비용을 의무자로부터 징수하는 것을 말한다(예: 무허가건물에 대한 철거명령에 따르지 않는 경우 강제철거). 대집행에 대한 일반법으로 행정대집행법이 있다.

행정대집행법상 대집행은 ① 계고(戒告), ② 대집행영장에 의한 통지, ③ 대집행의 실행, ④ 비용징수의 순으로 행해진다. 대집행에 불복할 경우에는 법령이 정하는 바에 따라 행정심판이나 행정소송을 제기할 수 있고 (예: 계고처분무효확인심판·계고처분취소소송), 손해가 있는 경우에는 손해배상을 청구할 수도 있다.

⊙ 대집행에 관한 판례 ⊙
- 적법한 건축물에 대한 철거명령은 그 하자가 중대하고 명백하여 당연무효이고, 그 후행행위인 건축물철거 대집행계고처분 역시 당연무효이다.
- 대집행을 실시하기 위한 요건에 관한 입증책임은 행정청에 있다.
- 개별 법률에서 강제철거를 규정하였다면 행정대집행법 제2조의 요건을

전부 갖추지 않아도 행해질 수 있다.
- 법령상 용도위반부분을 장례식장으로 사용하는 것에 대하여 장례식장 사용중지의무를 부과한 경우 이는 비대체적 부작위의무로서 대집행의 대상이 아니다.

3. 행정상 강제징수

행정상 강제징수란 사인이 국가 또는 지방자치단체에 대해 부담하고 있는 공법상 금전급부의무를 불이행한 경우에 행정청이 강제적으로 그 의무가 이행된 것과 같은 상태를 실현하는 작용을 말한다(예: 미납세금의 강제징수). 국세징수법이 강제징수에 관한 일반법적 기능을 하고 있다.

국세징수법상 강제징수는 ① 독촉, ② 압류, ③ 매각, ④ 청산의 단계로 행해진다. 압류와 매각, 청산을 합하여 체납처분이라 부른다. 행정상 강제징수에 불복할 경우에는 개별법령에 특별규정이 있으면 그에 따라 다툴 수 있고, 특별규정이 없으면 국세기본법·행정심판법·행정소송법이 정하는 바에 따라 행정쟁송을 제기할 수 있다.

4. 직접강제

직접강제란 의무불이행의 경우 행정기관이 직접 의무자의 신체·재산에 실력을 가하여 의무자가 직접 의무를 이행한 것과 같은 상태를 실현하는 작용을 말한다(예: 식품위생법상 무허가·무신고영업 또는 영업허가취소 후 영업에 대한 영업소폐쇄조치). 위법한 직접강제에 대해서는 행정쟁송 또는 손해배상청구가 가능하다.

5. 집 행 벌

집행벌(이행강제금)이란 의무불이행시 일정 금액의 금전적 불이익을 부과함으로써 의무자의 의무이행을 확보하기 위한 강제수단이다(예: 건축법 위반 건축물에 대한 시정명령 불이행시 이행강제금 부과). 위법한 집행벌에 대해서는 행정쟁송의 제기가 가능하다.

행정상 즉시강제

1. 행정상 즉시강제의 개념

행정상 즉시강제란 목전에 급박한 행정상 장해를 제거하기 위하여 성질상 의무를 명해서는 행정목적을 달성할 수 없거나 또는 미리 의무를 명할 시간적 여유가 없는 경우에, 개인에게 의무를 명함이 없이 곧바로 행정기관이 직접 개인의 신체나 재산에 실력을 가해 행정상 필요한 상태를 실현시키는 작용을 말한다(예: 마약중독자의 강제수용·전염병 환자의 강제격리·화재진화시 장애물제거).

즉시강제 역시 국민의 자유나 재산에 침해를 가져오는 것이므로 법적인 근거를 요한다. 경찰관직무집행법·마약법·소방법·전염병예방법 등이 그에 해당한다.

2. 행정상 즉시강제의 한계

행정상 즉시강제는 ① 기존의 장애나 목전에 급박한 장애를 제거하기 위해서만 발동될 수 있고(장애의 현재성), ② 위험방지라는 소극목적으로만 발동될 수 있으며(목적의 소극성), ③ 다른 적합한 수단이 없는 경우에만 허용되고(보충성의 원칙), ④ 즉시강제가 허용되는 경우에도 비례원칙의 적용을 받는다.

행정상 즉시강제는 개인의 신체·재산에 대한 중대한 침해이므로 원칙적으로 영장주의는 적용된다. 다만 행정목적을 달성하기 위하여 불가피한 경우에는 예외적으로 영장주의가 배제될 수도 있다. 위법한 즉시강제에 대해서는 행정쟁송의 제기 또는 손해배상의 청구가 가능하다.

행정조사

1. 행정조사의 개념

행정조사란 적정하고도 효과적인 행정을 위해 행정기관이 행정에 관한 자료·정보를 수집하기 위하여 행하는 사실행위로서의 조사작용을 말한다(예: 경찰의 불심검문·소방서의 화재조사·세무서의 세무조사·식품의약품안전청의 식품검사 등).

행정조사는 관점에 따라 권력적 조사(예: 세무조사)와 비권력적 조사(예: 인구조사)로 나눌 수 있는데, 국민의 신체나 재산에 침해를 가져오는 권력적 조사의 경우에는 법치국가원리상 당연히 법률의 근거를 필요로 한다. 2007년 행정조사기본법이 제정·시행되고 있다.

2. 행정조사의 한계

모든 행정조사는 목적달성에 필요한 범위 내에서 근거 법규가 허용하는 한도 내에서만 가능하다. 행정조사는 기본권보장, 비례원칙 등 행정법의 일반원칙에 따라 행해져야 한다. 특히 권력적 행정조사의 경우 영장주의가 적용되는가의 문제가 있다. 영장주의는 원칙적으로 적용된다고 할 것이고, 다만 긴급한 경우에는 예외가 인정될 수 있겠다. 위법한 행정조사에 대해서는 행정쟁송을 제기할 수 있고, 경우에 따라서는 손해배상을 청구할 수도 있다.

⊙ 행정조사의 주요 원칙 ⊙
- 행정조사는 조사목적을 달성하는 데 필요한 최소한의 범위 안에서 실시하여야 하며, 다른 목적 등을 위하여 조사권을 남용하여서는 아니 된다.
- 현장조사는 원칙적으로 해뜨기 전이나 해진 뒤에는 할 수 없다.
- 행정기관은 유사하거나 동일한 사안에 대하여는 공동조사 등을 실시함으로써 행정조사가 중복되지 아니하도록 하여야 한다.

- 다른 법률에 따르지 아니하고는 행정조사의 대상자 또는 행정조사의 내용을 공표하거나 직무상 알게 된 비밀을 누설하여서는 아니 된다.

새로운 수단

기존의 수단으로는 행정작용의 실효성이 제대로 확보되지 않는 경우가 증대하게 되자(예: 대형 위법건축물의 사실상 철거불능), 다양한 행정의 실효성 확보수단이 출현하게 되었다. 다음과 같은 것들을 들 수 있다.

1. 금전상 제재

과징금·가산세·부당이득세 등이 이에 해당한다. ① 과징금이란 행정법상 의무위반자에 대한 제재로서 행정권이 부과하는 금전적 부담 중 세법에 근거한 것을 제외한 것을 말한다(예: 식품위생법상 영업정지처분에 갈음하는 과징금부과). 부과금으로 불리기도 한다. 과징금부과도 침익적인 행정행위이므로 법률의 규정에 따라야 한다. ② 가산세란 세법에 규정하는 의무의 성실한 이행을 위하여 세법에 의하여 산출한 세액에 가산하여 징수하는 금액을 말한다(예: 취득세를 자진납부하지 않을 경우 가산세부과). 가산세부과 역시 법률의 근거를 요한다. ③ 부당이득세란 물가안정에 관한 법률이나 기타 법률에 의하여 정부가 결정·승인·인가 또는 허가하는 물품의 가격, 부동산, 물건의 임대료 또는 요금이 국세청장이 정하는 가액을 초과하여 거래함으로써 부당한 이득을 얻은 자에 대해 부과하는 금액을 말한다.

2. 제재적 행정처분

행정법상 의무위반자에 대하여 인가·허가 등을 거부·정지·철회함으로써 위반자에게 불이익을 가하고, 이로써 행정법상 의무의 이행의 확보를 도모하는 경우가 있는데, 이를 제재적 행정처분이라 한다(예: 상습체납자에 대한 영업허가거부).

3. 공급거부

공급거부란 행정법상 의무위반 또는 불이행의 경우 행정상 일정한 재화나 서비스의 공급을 거부하는 행정작용을 말한다. 공급거부는 의무이행을 위한 직접적 수단은 아니고 의무위반 또는 불이행자에게 사업이나 생활상의 어려움을 주어 간접적으로 의무이행의 확보를 도모하는 제도이다(예: 건축법 위반건축물에 대한 수도의 설치·공급금지). 사물적 관련성이 없는 공급거부의 경우 부당결부금지원칙 위반의 문제가 제기된다. 위 건축법 규정도 삭제되어, 현재는 공급금지에 관한 규정을 찾아보기 어렵다.

4. 공　　표

공표란 행정법상 의무위반 또는 의무불이행의 경우 그 의무위반자 또는 불이행자의 명단과 위반 또는 불이행한 사실을 널리 일반이 알 수 있도록 공표하는 것을 말한다(예: 고액탈세자 명단공표·미성년 성매수자의 신상공개). 정보화 사회에서 여론의 압력을 통해 개인의 명예심 내지 수치심을 자극함으로써 개인에게 제재를 가하고 의무이행을 확보하려는 제도이다. 공표는 개인의 인권 내지 프라이버시 침해라는 비판이 있기도 하다.

국가책임법

행정작용으로 인하여 개인의 권리·이익이 침해된 경우 그 개인은 국가에 대하여 그 책임을 물을 수 있다. 국가책임은 크게 위법한 행정작용으로 인한 손해배상과 적법한 행정작용으로 인한 손실보상으로 나눌 수 있다.

행정상 손해배상(국가배상)

1. 국가배상의 의의

국가나 지방자치단체의 위법한 행위로 인하여 개인이 손해를 입은 경우에 그 개인은 국가에 대하여 손해의 배상을 청구할 수 있는데 이를 행정상 손해배상이라 한다. 자기책임의 원칙에 따르면 손해를 가한 공무원이 배상을 하여야 하겠으나, 공무원의 무자력·직무위축 등을 고려하여 임용자인 국가에게 배상책임을 부여한 것이다. 손해배상에 관한 일반법이 국가배상법이다. 국가배상법은 공무원의 위법한 직무집행행위로 인한 배상책임과 영조물의 설치·관리상의 하자로 인한 배상책임의 두 가지를 규정하고 있다.

2. 국가배상책임의 성립요건

(1) 공무원의 위법한 직무집행행위로 인한 국가배상책임

국가 또는 지방자치단체는 공무원이 그 직무를 집행함에 당하여 고의 또는 과실로 법령에 위반하여 타인에게 손해를 가한 경우에는 그 손해를 배상하여야 한다. 여기서 '공무원'이란 소속을 불문하고 널리 국가나 지방자치단체의 사무를 수행하는 자를 말한다. 일시적으로 공무를 수행하는 자(예: 소집 중인 향토예비군)도 여기의 공무원에 해당한다. 직무란 모든 공법상의 행정작용을 말한다. '집행하면서'란 직무집행행위 자체뿐만 아니라 널리 외형상 직무집행행위와 관련 있는 행위를 포함한다(예: 출퇴근행위). '고의'란 어떠한 위법행위의 발생 가능성을 인식하고 그 결과를 인용하는 것을 말하고, '과실'이란 부주의로 인하여 어떠한 위법한 결과를 초래하는 것을 말한다. '법령위반'이란 널리 성문·불문의 모든 법 위반을 의미한다. '손해'란 가해행위로부터 발생한 모든 손해를 의미하며, 재산적·비재산적 손해를 불문한다.

⊙ 공무원으로 본 판례 ⊙

− 통장

- 국가나 지방자치단체에 근무하는 청원경찰
- 임용결격사유 있는 자가 공무원으로 임용된 경우 결격사유 발견 때까지

⊙ **공무원의 직무관련 법령의 해석·적용상의 과실에 관한 판례**

- 평균적 공무원의 통상의 법률적 소양 요구
- 일반적으로 공무원이 관계법규를 알지 못하거나 필요한 지식을 갖추지 못하고 법규의 해석을 그르쳐 행정처분을 하였다면 그가 법률전문가가 아닌 행정직 공무원이라도 과실이 있다.
- 법령에 대한 해석이 복잡·미묘하고, 이에 대한 학설·판례가 귀일되지 않은 특별한 사정이 있거나, 관계법령의 해석의 확립 전에 어느 한 설에 따라 업무처리한 것이 후에 법령의 부당집행이라는 결과를 낳은 경우 등에는 과실이 인정되지 않는다.

(2) 영조물(營造物)의 설치·관리상의 하자로 인한 국가배상책임

도로·하천 기타 공공의 영조물의 설치나 관리에 하자가 있어 타인에게 손해를 발생하게 하였을 경우에는 국가 또는 지방자치단체는 그 손해를 배상하여야 한다. 여기서 '도로·하천 기타 영조물'이란 공적 목적에 제공된 공물을 의미한다. 자연공물(예: 자연제방)·인공공물(예: 인공제방·교량)을 불문한다. '설치·관리상의 하자'란 공물 자체가 통상 갖추어야 할 객관적인 안전성을 결여한 것을 말한다(예: 철도건널목 자동차단기가 고장으로 작동하지 않아 열차와 자동차의 충돌사고가 일어난 경우). 다만 불가항력인 경우에는 제외된다(예: 천재지변에 해당하는 대홍수로 수재가 일어난 경우).

3. 배상금 청구절차

배상금의 지급을 받고자 하는 자는 배상심의회에 배상신청을 거쳐 배상청구소송을 제기할 수도 있고, 곧바로 배상청구소송을 제기할 수도 있다.

배상심의회는 법무부에 두는 본부심의회와 국방부에 두는 특별심의회가 있다. 이들 심의회 밑에 지구심의회가 있다. 배상신청은 그 주소지·소재지 또는 배상원인발생지를 관할하는 지구심의회에 대하여 하여야 한다.

심의회의 결정은 법적 구속력을 갖지 않는다. 신청인은 배상결정에 대

한 동의여부를 결정할 수 있다. 지방자치단체도 그 결정에 따른 배상금 지급여부를 결정할 수 있다. 배상결정을 받은 신청인이 배상금지급 청구를 하지 아니하거나 지방자치단체가 일정기간 내에 배상금을 지급하지 아니한 때에는 그 결정에 동의하지 아니한 것으로 본다.

신청인이 배상결정에 동의하거나 배상금을 수령한 경우에도 법원에 배상청구소송을 제기할 수 있다. 국가배상법을 공법으로 보면 손해배상청구소송은 행정소송에 의하여야 할 것이나, 판례는 국가배상사건을 민사소송으로 다루고 있다.

⊙ 배상책임자에 관한 판례 ⊙
- 직무상의 위법행위가 공무원의 경과실로 인한 경우 국가만 배상책임을 지고, 고의·중과실에 의한 경우 국가도 선택적으로 책임을 진다.
- 지방자치단체의 장이 기관위임된 국가행정사무를 처리하는 경우 실질적·궁극적 비용부담자는 국가라고 하더라도 당해 지방자치단체는 경비를 대외적으로 지출하는 자로서 손해배상책임을 진다.

행정상 손실보상

1. 손실보상의 의의

행정상 손실보상이란 국가나 지방자치단체가 공공필요에 의한 적법한 권력행사를 통하여 개인의 재산권에 특별한 희생을 가한 경우(예: 도로확장을 위하여 개인의 토지를 수용하는 경우)에 재산권의 보장과 공적 특별부담 앞의 평등이라는 견지에서 개인에게 조절적인 보상을 해주는 제도를 말한다.

공동체 내에서 재산권에 대한 일반적 제약은 그 구성원 누구나 감수해야 하나, 특정인에 대한 특별한 희생은 국가가 그 손실을 메워줌으로써 공동체의 부담으로 하는 것이 정의와 형평이념에 합치되는 것이다. 손실보상에 관한 단일법은 없고, 공익사업에 필요한 토지를 수용 또는 사용할 때의 손실보상에 관해서는 공익사업을 위한 토지 등의 취득 및 보상에 관한 법률이 일반법적 기능을 하고 있다.

2. 손실보상책임의 성립요건

헌법 제23조 3항은 "공공필요에 의한 재산권의 수용·사용 또는 제한 및 그에 대한 보상은 법률로써 하되, 정당한 보상을 지급하여야 한다"고 규정하고 있다. 손실보상책임이 인정되기 위해서는 공공필요를 위한 재산권에 대한 적법한 침해가 있고, 그것이 피침해자에게 특별한 희생을 가하는 것이어야 한다. 손실보상청구권이 인정되는 침해는 공공필요를 위한 것이어야 한다.

'공공필요'란 도로·항만건설 등 반드시 일정한 사업만을 의미하는 것은 아니고, 무릇 공익을 위한 것이면 공공필요에 해당한다. '침해'는 재산권에 대한 것이어야 한다. 비재산권 침해에 대한 보상(예: 강제 예방접종의 부작용으로 신체상 침해가 발생한 경우의 보상)에 관한 일반적인 제도는 현재로서 없다. 제도의 보완이 필요하다. 침해는 적법한 것이어야 한다. 위법한 침해는 손해배상의 문제가 된다. 침해의 유형은 재산권을 박탈하는 수용(收用), 일시사용을 의미하는 사용, 개인의 사용·수익을 한정하는 제한이 있다. 피해가 특별한 희생에 해당하여야 한다. 재산권에 대한 일반적·사회적 제약에 대하여는 보상이 주어지지 않는다(예: 식품위생법상 유해식품검사를 위한 수거·건축법상 각종 건축규제).

3. 손실보상의 내용

헌법이 규정하고 있는 정당한 보상의 의미와 관련하여 완전보상설과 상당보상설이 대립한다. 대법원은 완전보상설을 택한다. 사회국가원리 하에서 약자보호와 이해조절이라는 현대법의 기능을 고려할 때, 합리적 이유가 있는 경우에는 시가 이상 또는 시가 이하의 보상도 가능하다고 하겠다. 예컨대 수용목적물의 객관적 교환가치에 해당하는 대물적 시가보상 외에도 인간다운 생활의 보장을 위하여 이주대책비·세입자에 대한 주거대책비·실직보상 등의 생활보상이 행해지기도 한다.

4. 손실보상절차

공익사업을 위한 토지 등의 취득 및 보상에 관한 법률에 의하면 공익사업의 시행자는 협의에 의하여 토지 등을 취득 또는 사용할 수 있다. 사업시행자는 먼저 토지조서 및 물건조서를 작성하여야 한다. 그 다음 보상계획을 일간신문에 공고하고 토지소유자 및 관계인에게 통지하여 일반인이 14일 이상 열람할 수 있도록 하여야 한다. 협의가 성립되면 토지소유자 및 관계인과 계약을 체결하게 된다.

국토교통부장관의 사업인정을 받은 사업시행자는 공익사업의 시행에 필요한 토지 등을 수용 또는 사용할 수 있다. 이 경우 협의절차가 준용된다. 협의가 성립되지 않은 때에는 사업 시행자는 관할 토지수용위원회에 재결을 신청할 수 있다. 재결에 불복이 있는 경우 중앙토지수용위원회에 대한 이의신청을 거쳐 행정소송을 제기할 수도 있고, 곧바로 행정소송을 제기할 수도 있다.

행정쟁송법

법치행정의 원리는 정당하고 적법한 행정권의 행사의 보장뿐만 아니라 부당하거나 위법한 행정권의 행사와 그러한 행사로 인해 야기되는 결과의 시정을 아울러 요구한다. 행정쟁송이란 행정법관계에서 위법 또는 부당한 행정작용으로 인하여 권리·이익을 침해당한 자가 일정한 국가기관에 이의를 제기하여 그 행정작용의 위법이나 부당을 시정토록 하는 제도를 말한다. 행정쟁송은 크게 행정심판과 행정소송으로 나눌 수 있다.

행정심판

1. 행정심판의 의의

넓은 의미로 행정심판이란 행정법관계에서의 분쟁을 행정기관이 심리·재결하는 쟁송절차를 말한다. 행정심판은 어느 누구도 자기의 행위의 심판관이 될 수 없다는 자연적 정의의 원칙에 반하지만, 행정의 자기통제와 사법기능의 보충을 이유로 마련되어 있다. 행정심판은 행정부 내부에서 이루어지므로 위법뿐만 아니라 부당한 경우에도 인정되며, 정식재판절차보다는 간이하게 행해진다는 점에서 행정소송과 차이가 있다. 행정심판에 관한 일반법으로 행정심판법이 있다.

⊙ 전심절차로서의 행정심판에 관한 판례 ⊙

— 헌법 제107조 제3항은 "재판의 전심절차로서 행정심판을 할 수 있다. 행정심판의 절차는 법률로 정하되, 사법절차가 준용되어야 한다"고 규정하고 있으므로, 입법자가 행정심판을 전심절차가 아니라 종심절차로 규정함으로써 정식재판의 기회를 배제하거나, 어떤 행정심판을 필요적 전심절차로 규정하면서도 그 절차에 사법절차가 준용되지 않는다면 이는 위 헌법조항, 나아가 재판청구권을 보장하고 있는 헌법 제27조에도 위반되며, 헌법 제107조 제3항은 사법절차가 "준용"될 것만을 요구하고 있으나 판단기관의 독립성과 공정성, 대심적 심리구조, 당사자의 절차적 권리보장 등의 면에서 사법절차의 본질적 요소를 현저히 결여하고 있다면 "준용"의 요청에마저 위반된다(헌재 2001.6.28. 2000헌바30, 전원재판부 구 지방세법 제74조 제1항 등 위헌소원).

2. 고지제도

행정심판법은 사인이 행정심판제도를 활용할 수 있도록 하기 위하여 고지제도를 두고 있다. 직권고지와 신청에 의한 고지의 두 가지가 있다. 행정청이 처분을 서면으로 하는 경우에는 그 상대방에게 처분에 관하여 행정심판을 제기할 수 있는지의 여부, 제기하는 경우의 재결청·경유절차 및 청구기간을 알려야 한다. 행정청은 이해관계인으로부터 당해 처분이 행정심판의 대상이 되는 처분인지의 여부와 행정심판의 대상이 되는 경우에 재결청 및 청구기간에 관하여 알려줄 것을 요구받은 때에는 지체 없이 이를 알려야 한다. 이 경우에 서면으로 알려줄 것을 요구받은 때에는 서면으로 알려야 한다.

3. 행정심판의 종류

행정심판법상 행정심판은 취소심판·무효등확인심판·의무이행심판으로 나눌 수 있다. ① 취소심판이란 행정청의 위법 또는 부당한 처분의 취소 또는 변경을 구하는 심판을 말한다. 행정심판의 대부분은 취소심판이다(예: 영업정지처분취소청구심판). ② 무효등확인심판이란 행정청의 처분의 효력유무 또는 존재여부에 대한 확인을 구하는 심판을 말한다(예: 운전면허취소처분무효확인청구심판). ③ 의무이행심판이란 행정청의 위법 또는 부당한 거부처분이나 부작위에 대하여 일정한 처분을 할 것을 구하는 심판을 말한다(예: 영업허가이행청구심판).

4. 행정심판기관

종래 행정심판 관련 기관구조가 처분청, 의결기관인 행정심판위원회, 행정심판위원회의 의결에 따라 재결하는 재결청 등으로 복잡하게 되어 있어 국민의 혼선이 있었다. 또한 행정심판위원회에 처분청의 답변서가 접수되기 전에 반드시 재결청을 경유하여야 하고 행정심판위원회가 청구인에게 직접 의결결과를 통보하지 못하여 행정심판사건의 처리기간만 길어지는 등 신속한 권리구제에 지장이 초래되었다.

개정 행정심판법은 재결청의 개념을 없애고 처분청에서 답변서를 행정심판위원회에 바로 송부하도록 하고, 행정심판위원회에서 행정심판사건의 심리를 마치면 직접 재결을 하도록 하였다. 각 시·도에 행정심판위원회를, 그리고 국민권익위원회에 중앙행정심판위원회를 두어 행정심판 관련 사무를 수행하도록 하였다.

5. 행정심판의 대상

행정청의 처분 또는 부작위가 행정심판의 대상이 된다. 처분이란 '행정청이 행하는 구체적 사실에 관한 법집행으로서의 공권력의 행사 또는 그 거부, 그 밖에 이에 준하는 행정작용'을, 부작위란 '행정청이 당사자의 신청에 대하여 상당한 기간 내에 일정한 처분을 하여야 할 법률상 의무가 있음에도 불구하고 처분을 하지 아니하는 것'을 말한다. 대통령의 처분 또는 부작위에 대해서는 특별한 규정이 없는 한 행정심판을 청구할 수 없다.

⊙ 처분에 관한 판례 ⊙

─ 행정청의 어떤 행위를 행정처분으로 볼 것이냐의 문제는 추상적, 일반적으로 결정할 수 없고, 구체적인 경우 행정처분은 행정청이 공권력의 주체로서 행하는 구체적 사실에 관한 법집행으로서 국민의 권리의무에 직접적으로 영향을 미치는 행위라는 점을 염두에 두고, 관련 법령의 내용 및 취지와 그 행위가 주체·내용·형식·절차 등에 있어서 어느 정도로 행정처분으로서의 성립 내지 효력요건을 충족하고 있는지 여부, 그 행위와 상대방 등 이해관계인이 입는 불이익과의 실질적 견련성, 그리고 법치행정의 원리와 당해 행위에 관련한 행정청 및 이해관계인의 태도 등을 참작하여 개별적으로 결정해야 한다(대판 2007.10.11. 2007두1316 [건축허가신청불허가처분취소]).

6. 행정심판의 청구

취소심판은 처분의 취소·변경을 구할 '법률상 이익'이 있는 자, 무효등확인심판은 처분의 효력유무 또는 존재여부에 대한 확인을 구할 '법률상 이익'이 있는 자, 의무이행심판은 행정청의 거부처분 또는 부작위에 대하여 일정한 처분을 구할 '법률상 이익'이 있는 자가 청구할 수 있다. 여기서 법률상 이익이란 관련법규 등이 공익뿐만 아니라 특정인의 일정한 사익도 보호하고 있는 것으로 판단되는 경우를 말한다. 법률상 이익은 넓은 의미의 권리에 해당한다. 반사적 이익(예: 유흥주점영업허가취소로 인하여 인근 유흥주점이 누리는 이익)은 포함되지 않는다.

심판청구는 서면으로 하여야 한다. 심판청구의 내용을 명백히 하여 법적 안정을 도모하려는 것이다. 심판청구서는 재결청 또는 피청구인인 행정청에 제출하여야 한다. 취소심판청구나 거부처분에 대한 의무이행심판청구의 경우에는 청구기간상의 제한이 있다. 그러나 무효확인심판청구와 부작위에 대한 의무이행심판청구의 경우에는 청구기간의 제한이 없다. 원칙적으로 심판청구는 처분이 있음을 안 날로부터 90일 이내에, 처분이 있은 날로부터 180일 이내에 제기하여야 한다.

행정심판 청구인은 심판청구서와 그 밖의 서류를 전자문서화하고 이를 정보통신망을 이용하여 위원회에서 지정·운영하는 전자정보처리조직을 통하여 제출할 수 있다. 제출된 전자문서는 이 법에 따라 제출된 것으로 보며, 부본을 제출할 의무는 면제된다. 제출된 전자문서는 그 문서를 제출한 사람이 정보통신망을 통하여 전자정보처리조직에서 제공하는 접수번호를 확인하였을 때에 전자정보처리조직에 기록된 내용으로 접수된 것으로 본다. 피청구인 또는 위원회는 행정심판을 청구하거나 심판참가를 한 자에게 전자정보처리조직과 그와 연계된 정보통신망을 이용하여 재결서나 이 법에 따른 각종 서류를 송달할 수 있다. 다만, 청구인이나 참가인이 동의하지 아니하는 경우에는 그러하지 아니다. 전자정보처리조직을 이용한 서류 송달은 서면으로 한 것과 같은 효력을 가진다. 전자정보처리조직을 이용한 서류의 송달은 청구인이 등재된 전자문서를 확인한 때에 전자정보처리조직에 기록된 내용으로 도달한 것으로 본다. 다만, 그 등재사실을 통지한 날부터 2주 이내에 확인하지 아니하였을 때에는 등재사실을 통지한 날부터 2주가 지난 날에 도달한 것으로 본다. 서면으로 심판청구 또는 심판참가를 한 자가 전자정보처리조직의 이용을 신청한 경우에도 준용한다.

이에 따라 구축된 온라인행정심판 시스템은 중앙행정심판위원회에서 사용되다가 전국 허브시스템으로 발전하여 각 시도 행정심판 뿐 아니라 다양한 특별행정심판의 온라인 구현으로 확대되고 있다.

온라인행정심판은 전자정부의 핵심으로서, 데이터 중심의 Full Paperless Administration System의 하나로 기능하며 발전되어갈 필요가 있다.

7. 가 구 제

(1) 예외적 집행정지

행정심판이 제기되어도 원칙적으로 처분의 효력이나 그 집행 또는 절차의 속행을 정지시키는 효력이 없다. 그러나, 처분, 처분의 집행 또는 절차의 속행 때문에 중대한 손해가 생기는 것을 예방할 필요성이 긴급하다고 인정할 때에는 위원회는 직권으로 또는 당사자의 신청에 의하여 처분의 효력, 처분의 집행 또는 절차의 속행의 전부 또는 일부의 정지를 결정할 수 있다.

⊙ 중대한 손해 ⊙
- "중대한 손해"란 그 회복이 어려운 것은 아니라도, 처분의 내용이나 성질, 손해의 정도나 회복곤란성 등을 종합적으로 고려하여 당사자에게 이를 수인시키는 것이 사회통념상 가혹한 유·무형의 손해를 말한다.
- 구 행정심판법은 '회복할 수 없는 손해를 예방하기 위한 긴급한 필요가 있는 경우'라는 매우 제한적인 범위에서만 집행정지를 허용하여 국민의 권익구제에 미흡하다는 비판이 있어, 집행정지의 요건을 '회복할 수 없는 손해'에서 '중대한 손해'로 완화하였다.

(2) 임시처분

집행정지는 소극적으로 침익적 처분의 효력 등을 정지시키는데 그치며, 일정한 급부청구나 행정청의 일정한 조치 등의 청구에 대하여 행정청의 거부나 부작위에 대해서는 적절한 구제수단이 되지 못한다.

개정 행정심판법은 "위원회는 처분 또는 부작위가 위법·부당하다고 상당히 의심되는 경우로서 처분 또는 부작위 때문에 당사자가 받을 우려가 있는 중대한 불이익이나 당사자에게 생길 급박한 위험을 막기 위하여 임시지위를 정하여야 할 필요가 있는 경우에는 직권으로 또는 당사자의 신청에 의하여 임시처분을 결정할 수 있다"고 하여 일종의 가처분제도를 도입하였다. 다만, 집행정지로 목적달성할 수 있는 경우에는 허용되지 않는다(임시처분의 보충성).

8. 행정심판의 재결

행정심판사건에 관한 행정심판위원회의 최종적인 판단의 표시를 재결이라 한다. 재결은 피청구인인 행정청 또는 위원회가 심판청구서를 받은 날로부터 60일 이내에 서면으로 하여야 하며, 부득이한 사정이 있는 때에는 위원장이 직권으로 30일을 연장할 수 있다.

위원회는 심판청구가 부적법한 것인 때에는 그 심판청구를 각하하고, 심판청구가 이유없다고 인정할 때에는 그 심판청구를 기각한다. 위원회는 취소심판의 청구가 이유있다고 인정할 때에는 처분을 취소 또는 변경하거나 처분청에게 취소 또는 변경할 것을 명한다. 위원회는 무효등 확인심판의 청구가 이유있다고 인정할 때에는 처분의 효력 유무 또는 존재 여부를 확인한다. 위원회는 의무이행심판의 청구가 이유있다고 인정할 때에는 지체없이 신청에 따른 처분을 하거나 이를 할 것을 명한다.

재결은 피청구인인 행정청과 그 밖의 관계행정청을 기속하는 효력(기속력)을 가진다. 당사자의 신청을 거부하거나 부작위로 방치한 처분의 이행을 명하는 재결이 있는 경우에는 행정청은 지체 없이 그 재결의 취지에 따라 다시 이전의 신청에 따른 처분을 하여야 한다. 당해 행정청이 처분을 하지 아니하는 때에는 위원회는 당사자의 신청에 따라 기간을 정하여 서면으로 시정을 명하고, 그 기간 내에 이행하지 아니하는 경우에는 직접 당해 처분을 할 수 있다.

행정심판재결에 이의가 있을 때에는 원처분을 대상으로 행정소송을 제기할 수 있다. 다만 재결에 고유한 위법이 있을 때는 재결을 대상으로 행정소송을 제기할 수 있다.

행정소송

1. 행정소송의 의의

행정소송이란 행정법규의 적용과 관련하여 위법하게 권리·이익이 침해된 자가 소송을 제기하고 법원이 이에 대하여 심리·판단을 행하는 정식의 행정쟁송을 말한다. 행정소송은 원고인 사인의 권익을 보호하고 적법한 행정작용을 보장하는 것을 목적으로 한다.

행정소송은 공법상의 분쟁을 대상으로 하는 소송이므로 사법상의 권리관계에 관한 소송인 민사소송과 구별된다. 행정소송에 관한 일반법으로 행정소송법이 있다.

행정소송도 행정법상 분쟁을 대상으로 하는 소송의 한 종류인 바, 법률상 쟁송으로서의 사법본질적 한계와 행정부와의 관계에서의 권력분립적 한계를 갖는다.

2. 행정소송의 종류

현행 행정소송법상 행정소송은 항고소송·당사자소송·기관소송·민중소송의 네 가지로 규정되어 있다. 그중 가장 많고 민사소송에 비하여 특징적인 소송이 항고소송이다. 항고소송은 다시 취소소송·무효등 확인소송·부작위위법확인소송으로 나뉜다.

① 취소소송이란 행정청의 위법한 처분을 취소 또는 변경하는 소송을 말한다(예: 영업정지처분취소청구소송). ② 무효등 확인소송이란 행정청의 처분 등의 효력유무 또는 존재여부를 확인하는 소송을 말한다(예: 과세처분무효확인소송). ③ 부작위위법확인소송이란 행정청이 당사자의 신청에 대해 상당한 기간 내에 일정한 처분을 하여야 할 법률상의 의무가 있음에도 불구하고 이를 행하지 않는 경우, 그 부작위가 위법함의 확인을 구하는 소송을 말한다.

3. 행정소송의 관할법원

종래 행정소송의 제1심 관할법원은 고등법원이고, 고등법원의 재판에 대하여는 대법원에 상고할 수 있도록 하는 2심제로 운영되어 왔다. 이와 함께 행정소송을 제기하기 위해서는 원칙적으로 행정심판을 거치도록 하였다. 이를 행정심판전치주의라 한다. 그러나 국민의 재판청구권을 2심으로 제한하는 것은 문제일 뿐더러 행정심판제도가 권리구제기능을 제대로 수행하지도 못한 것이 현실이었다. 이에 대한 반성으로 1998년 3월 1일부터는 행정심판을 임의적 절차로 하고, 국민은 행정심판을 거치지 않고 곧바로 행정소송을 제기할 수 있는 것을 원칙으로 하였으며, 행정소송은 행정법원을 제1심으로 하는 3심제로 운영된다. 행정법원은 지방법원급에 해당한다.

4. 행정소송의 제기

취소소송은 처분 등의 취소를 구할 '법률상 이익'이 있는 자, 무효등 확인소송의 경우에는 행정청의 처분 등의 효력유무 또는 존재여부의 확인을 구할 '법률상 이익'이 있는 자, 부작위위법확인소송의 경우에는 처분의 신청을 한 자로서 부작위의 위법의 확인을 구할 '법률상 이익'이 있는 자가 원고로서 소송을 제기할 수 있다. 여기서 법률상 이익이란 행정심판의 경우와 다를 바가 없다. 원칙적으로 행정소송은 처분 등이 있음을 안 날로부터 90일 이내에, 처분이 있은 날로부터 1년 이내에 제기하여야 한다.

(1) 처분의 근거 법규

처분의 근거 법규란 직접 처분의 근거가 되는 법규 뿐 아니라 단계적 처분 관련법규, 타 부처 관여 관련법규, 절차법규 등 처분에 관계되는 법규를 의미하며 불문법도 포함된다고 할 것이다.

⊙ 판 례 ⊙

－ 당해 처분의 근거법규 및 관련법규에 의하여 보호되는 법률상 이익이라 함은 당해 처분의 근거법규(근거법규가 다른 법규를 인용함으로 인하여 근거법규가 된 경우까지를 포함)의 명문규정에 의하여 보호받는 법률상 이익, 당해 처분의 근거법규에 의하여 보호되지 아니하나 당해 처분의 행정목적으로 달성하기 위한 일련의 단계적인 관련처분들의 근거법규(이하 관계법규라 한다)에 의하여 명시적으로 보호받는 법률상 이익, 당해 처분의 근거법규 또는 관련법규에서 명시적으로 당해 이익을 보호하는 명문의 규정이 없더라도 근거법규 및 관련법규의 합리적 해석상 그 법규에서 행정청을 제약하는 이유가 순수한 공익의 보호만이 아닌 개별적·직접적·구체적 이익을 보호하는 취지가 포함되어 있다고

해석되는 경우까지를 말한다(대판 2004.8.16. 2003두2175).

(2) 법률상 이익

'법률상 이익'의 의미에 대해서 판례는 당해 처분의 근거 법규 및 관련 법규에 의하여 보호되는 개별적·직접적·구체적 이익이 있는 경우를 말하고, 간접적이거나 사실적, 경제적 이해관계를 가지는 데 불과한 경우는 여기에 해당되지 아니한다고 본다.

⊙ **법률상 이익을 부정한 판례** ⊙
- 개발제한구역 중 일부 취락을 개발제한구역에서 해제하는 내용의 도시관리계획변경결정에 대하여, 개발제한구역 해제대상에서 누락된 토지의 소유자는 위 결정의 취소를 구할 법률상 이익이 없다고 함(대판 2008.7.10. 2007두10242 [도시관리계획변경결정취소의소]).

(3) 제3자의 법률상 이익

제3자가 당해 처분에 대하여 행정심판을 제기할 수 있는 법률상 이익을 가지는지 여부에 관하여, 연탄공장설치허가 판례 이후 복효적 행정행위 개념과 더불어 제3자의 법률상 이익의 인정 범위를 확대해가는 것이 최근 판례의 경향이다.

① **경원자소송**　수익처분의 경원자 즉, 면허나 인·허가 등의 수익적 행정처분을 신청한 수인이 서로 경쟁관계에 있어서 일방에 대한 허가 등의 처분이 타방에 대한 불허가 등으로 귀결될 수밖에 없는 경우 허가 등의 처분을 받지 못한 자는 처분의 상대방이 아니라 하더라도 당해 처분의 취소를 구할 법률상 이익이 있다(예: 동일대상지역에 대한 공유수면매립면허나 도로점용허가 혹은 일정지역에서의 영업허가 등에 관하여 법령상 거리제한규정이나 업소개수제한규정 등이 있는 경우).

⊙ **경원자의 법률상 이익을 인정한 판례** ⊙
- 액화석유가스충전사업의 허가기준을 정한 전라남도 고시에 의하여 고흥군 내에는 당시 1개소에 한하여 L.P.G. 충전사업의 신규허가가 가능

하였는데, 원고가 한 허가신청은 관계 법령과 위 고시에서 정한 허가요
건을 갖춘 것이고, 피고보조참가인들의 그것은 그 요건을 갖추지 못한
것임에도 피고는 이와 반대로 보아 원고의 허가신청을 반려하는 한편
참가인들에 대하여는 이를 허가하는 이 사건 처분을 하였다는 것인 바,
그렇다면 원고와 참가인들은 경원관계에 있다 할 것이므로 원고에게는
이 사건 처분의 취소를 구할 당사자적격이 있고, 이 사건 처분이 취소
된다면 원고가 허가를 받을 수 있는 지위에 있음에 비추어 처분의 취
소를 구할 정당한 이익도 있다고 하여야 할 것이다(대판 1992.5.8. 91누
13274 [엘피지충전소허가처분취소]).

- 담배 일반소매인의 지정기준으로서 일반소매인의 영업소 간에 일정한
거리제한을 두고 있는 것은 담배유통구조의 확립을 통하여 국민의 건
강과 관련되고 국가 등의 주요 세원이 되는 담배산업 전반의 건전한
발전 도모 및 국민경제에의 이바지라는 공익목적을 달성하고자 함과
동시에 일반소매인 간의 과당경쟁으로 인한 불합리한 경영을 방지함으
로써 일반소매인의 경영상 이익을 보호하는 데에도 그 목적이 있다고
보이므로, 일반소매인으로 지정되어 영업을 하고 있는 기존업자의 신규
일반소매인에 대한 이익은 단순한 사실상의 반사적 이익이 아니라 법
률상 보호되는 이익이라고 해석함이 상당하다(대판 2008.3.27. 2007두
23811 [담배소매인지정처분취소]).

② **경쟁자(경업자)소송**   경쟁자소송은 서로 경쟁관계에 있는 자들 사
이에서 특정인에게 주어지는 수익적 행위가 타인에게는 법률상 불이익을
초래하는 경우 타인이 자신의 법률상 이익의 침해를 이유로 수익을 받은
특정인에 대한 행위를 다투는 소송이다. 수익처분의 경업자(기존업자)는 수
익처분의 근거법률이 해당 업자들 간의 과당경쟁으로 인한 경영불합리를
방지하려는 목적도 갖는 경우 법률상 이익이 인정된다.

⊙ **기존업자의 법률상 이익을 인정한 판례** ⊙
- 갑 회사의 시외버스운송사업과 을 회사의 시외버스운송사업이 다 같이
운행계통을 정하여 여객을 운송하는 노선여객자동차 운송사업에 속하
고, 갑 회사에 대한 시외버스운송사업계획변경인가 처분으로 기존의 시

외버스운송사업자인 을 회사의 노선 및 운행계통과 갑 회사의 노선 및 운행계통이 일부 같고, 기점 혹은 종점이 같거나 인근에 위치한 을 회사의 수익감소가 예상되므로, 기존의 시외버스운송사업자인 을 회사에 위 처분의 취소를 구할 법률상의 이익이 있다(대판 2010.6.10. 2009두10512 [여객자동차운송사업계획변경인가처분취소]).

그러나 법령상 영업허가에 관한 거리제한이나 개수제한 등 과당경쟁 방지의 규정을 두고 있지 아니한 경우 비록 기존 영업자의 이익에 침해를 가져온다고 하더라도 법률상 이익이 인정되지 않는다는 것이 판례의 입장이다.

⊙ 기존업자의 법률상 이익을 부정한 판례 ⊙
- 이 사건 건물의 4, 5층 일부에 객실을 설비할 수 있도록 숙박업구조변경허가를 함으로써 그곳으로부터 50미터 내지 700미터 정도의 거리에서 여관을 경영하는 원고들이 받게 될 불이익은 간접적이거나 사실적, 경제적인 불이익에 지나지 아니하므로 원고들에게 위 숙박업구조변경허가처분의 무효확인 또는 취소를 구할 소익이 있다고 할 수 없다(대판 1990.8.14. 89누7900 [숙박업구조변경허가처분무효확인]).

③ 인근주민소송 행정처분의 직접 상대방이 아닌 제3자로서의 인근주민이더라도 당해 행정처분으로 인하여 법률상 보호되는 이익을 침해당한 경우에는 그 처분의 무효확인을 구하는 행정소송을 제기할 수 있다.

⊙ 인근주민의 법률상 이익을 인정한 판례 ⊙
- 광업권설정허가처분의 근거 법규 또는 관련 법규의 취지는 광업권설정허가처분과 그에 따른 광산 개발과 관련된 후속 절차로 인하여 직접적이고 중대한 재산상·환경상 피해가 예상되는 토지나 건축물의 소유자나 점유자 또는 이해관계인 및 주민들이 전과 비교하여 수인한도를 넘는 재산상·환경상 침해를 받지 아니한 채 토지나 건축물 등을 보유하며 쾌적하게 생활할 수 있는 개별적 이익까지도 보호하려는 데 있으므로, 광업권설정허가처분과 그에 따른 광산 개발로 인하여 재산상·환경상 이익의 침해를 받거나 받을 우려가 있는 토지나 건축물의 소유자와 점유자 또는 이해관계인 및 주민들은 그 처분 전과 비교하여 수인한도

를 넘는 재산상·환경상 이익의 침해를 받거나 받을 우려가 있다는 것을 증명함으로써 그 처분의 취소를 구할 원고적격을 인정받을 수 있다(대판 2008.9.11. 2006두7577 [광업권설정허가처분취소등]).

종전의 판례는 환경영향평가대상지역 밖의 주민이 청구한 전원개발사업실시계획승인처분취소청구에서 법률상 이익을 부정하였다. 멀리 떨어진 지역주민들의 상수원보호구역변경처분의 취소를 구할 법률상 이익도 부정하였다.

⊙ **지역적으로 떨어진 주민들의 법률상 이익을 부정한 판례** ⊙

- 환경영향평가대상지역 밖의 주민·일반 국민·산악인·사진가·학자·환경보호단체 등의 환경상 이익이나 전원(電源)개발사업구역 밖의 주민 등의 재산상 이익에 대하여는 위 근거 법률(전원개발에관한특례법령, 구 환경보전법령, 구 환경정책기본법령 및 환경영향평가법령 등)에 이를 그들의 개별적·직접적·구체적 이익으로 보호하려는 내용 및 취지를 가지는 규정을 두고 있지 아니하므로, 이들에게는 위와 같은 이익 침해를 이유로 전원(電源)개발사업실시계획승인처분의 취소를 구할 원고적격이 없다(대판 1998.9.22. 97누19571 [발전소건설사업승인처분취소]).

- 상수원보호구역 설정의 근거가 되는 수도법 제5조 제1항 및 동 시행령 제7조 제1항이 보호하고자 하는 것은 상수원의 확보와 수질보전일 뿐이고, 그 상수원에서 급수를 받고 있는 지역주민들이 가지는 상수원의 오염을 막아 양질의 급수를 받을 이익은 직접적이고 구체적으로는 보호하고 있지 않음이 명백하여 위 지역주민들이 가지는 이익은 상수원의 확보와 수질보호라는 공공의 이익이 달성됨에 따라 반사적으로 얻게 되는 이익에 불과하므로 지역주민들에 불과한 원고들에게는 위 상수원보호구역변경처분의 취소를 구할 법률상의 이익이 없다(대판 1995.9.26. 94누14544 [상수원보호구역변경처분등취소]).

그러나 판례는 입장을 다소 바꿔 관계법령에 주로 환경상 침해를 받으리라고 예상되는 영향권의 범위가 구체적으로 규정되어 있는 경우 영향권 내 주민들에게는 환경이익침해가 추정되어 법률상 이익이 인정되고, 영향권 밖 주민들에게도 환경이익침해 내지 침해우려가 있음을 증명함으로써 법률상 이익이 인정될 수 있다고 판시하였다. 다만, 헌법 제35조 제1항에서 정하고 있는 환경권에 관한 규정만으로는 그 권리의 주체·대상·내용·행사방법 등이 구체적으로 정립되어 있다고 볼 수 없어 법률상 이익이 인정되지 않는다고 한다.

⊙ 지역적으로 떨어진 주민들의 법률상 이익을 인정한 판례 ⊙

－ 새만금판결: 공유수면매립면허처분과 농지개량사업 시행인가처분의 근거 법규 또는 관련 법규가 되는 구 공유수면매립법, 구 환경정책기본법 등의 각 관련 규정의 취지는, 공유수면매립과 농지개량사업시행으로 인하여 직접적이고 중대한 환경피해를 입으리라고 예상되는 환경영향평가 대상지역 안의 주민들이 전과 비교하여 수인한도를 넘는 환경침해를 받지 아니하고 쾌적한 환경에서 생활할 수 있는 개별적 이익까지도 이를 보호하려는 데에 있다고 할 것이므로, 위 주민들이 공유수면매립면허처분 등과 관련하여 갖고 있는 위와 같은 환경상의 이익은 주민 개개인에 대하여 개별적으로 보호되는 직접적·구체적 이익으로서 그들에 대하여는 특단의 사정이 없는 한 환경상의 이익에 대한 침해 또는 침해우려가 있는 것으로 사실상 추정되어 공유수면매립면허처분 등의 무효확인을 구할 원고적격이 인정된다. 한편, 환경영향평가 대상지역 밖의 주민이라 할지라도 공유수면매립면허처분 등으로 인하여 그 처분 전과 비교하여 수인한도를 넘는 환경피해를 받거나 받을 우려가 있는 경우에는, 공유수면매립면허처분 등으로 인하여 환경상 이익에 대한 침해 또는 침해우려가 있다는 것을 입증함으로써 그 처분 등의 무효확인을 구할 원고적격을 인정받을 수 있다. 그러나, 헌법 제35조 제1항에서 정하고 있는 환경권에 관한 규정만으로는 그 권리의 주체·대상·내용·행사방법 등이 구체적으로 정립되어 있다고 볼 수 없고, 환경정책기본법 제6조도 그 규정 내용 등에 비추어 국민에게 구체적인 권리를 부여한 것으로 볼 수 없다(대판(전합) 2006.3.16. 2006두330 [정부조치계획취소등]).

－ 김해시장이 소감천을 통해 낙동강에 합류하는 하천수 주변의 토지에 구 산업집적활성화 및 공장설립에 관한 법률 제13조에 따라 공장설립

을 승인하는 처분을 한 사안에서, 상수원인 물금취수장이 소감천이 흘러 내려 낙동강 본류와 합류하는 지점 근처에 위치하고 있는 점, 수돗물은 수도관 등 급수시설에 의해 공급되는 것이어서 거주지역이 물금취수장으로부터 다소 떨어진 곳이라고 하더라도 수돗물의 수질악화 등으로 주민들이 갖게 되는 환경상 이익의 침해나 그 우려는 그 수돗물을 공급하는 취수시설이 입게 되는 수질오염 등의 피해나 그 우려와 동일하게 평가될 수 있는 점 등에 비추어, 공장설립으로 수질오염 등이 발생할 우려가 있는 물금취수장에서 취수된 물을 공급받는 부산광역시 또는 양산시에 거주하는 주민들도 위 처분의 근거 법규 및 관련 법규에 의하여 개별적·구체적·직접적으로 보호되는 환경상 이익, 즉 법률상 보호되는 이익이 침해되거나 침해될 우려가 있는 주민으로서 원고적격이 인정된다고 판시(대판 2010.4.15. 2007두16127 [공장설립승인처분취소]).

5. 행정소송의 판결

법원의 판결이 내려진 후 일정기간 내에 원고나 피고의 항소나 상고가 없으면 판결은 확정되고, 확정된 판결은 그 내용에 따라 당사자와 관계인을 구속한다. 특히 거부처분취소판결이나 부작위위법확인판결이 확정된 경우에는 피고인 행정청은 판결의 취지에 따라 다시 원래의 신청에 따른 처분을 하여야 할 의무가 있고, 행정청이 이를 위반하여 처분을 하지 않을 경우에는 원고는 손해배상을 청구할 수 있다.

6. 행정소송법의 개정 추진

1984년 행정소송법이 전면 개정된 이래 약 30년간 별다른 개정이 없어 다양한 행정 현실과 높아진 국민의 권리의식을 반영하지 못하고 있다는 지적과 함께 전면 개정의 필요성이 지속적으로 제기되었다. 이에 신속하고 실질적인 권익구제를 도모하면서도 누구나 쉽고 편리하게 이용할 수 있는 행정소송 제도 마련을 위한 행정소송법 개정을 추진하여, 2013년 3월 20일 행정소송법 전부개정안이 입법예고되었다. 여기에는 ① 국민의 권익구제 확대를 위한 소송제도 개선의 일환으로 의무이행소송을 도입하고 원고적격을 확대하며, ② 사전 권리구제절차로서 집행정지 요건을 완화하고 가처분제도를 도입하며, 또한 ③ 이용하기 쉬운 행정소송 제도 개선을 위해 소의 변경·이송의 허용범위 확대, 관할지정제도 도입, 제3자 소제기 사실 통지제도 신설, 결과제거의무 규정 신설에 관한 규정 등이 포함되어 있다.

제 5 장

민　　법[*]

서　　설

민법의 의의

민법이라는 말은 두 가지의 의미로 사용된다. 그 하나는 형식적인 것이고, 나머지 하나는 실질적인 것이다. 형식적인 의미로 민법이라고 하면, '민법'이라는 이름을 가진 법률(법률 제471호)을 가리킨다. 그에 비하여 실질적인 의미로 민법이라고 하면, 사법의 일부로서 사법관계를 규율하는 원칙적인 법(일반법)을 가리킨다.

〈민법과 상법〉

위에서 본 바와 같이, 실질적인 의미의 민법은 사법의 일반법, 즉 일반사법이다. 그에 비하여 실질적인 의미의 상법은 상기업에 관한 특별사법이다. 이러한 상법은 민법과 어떻게 다른가? 상법과 민법은 모두 평등·대등관계(수평관계)를 규율하는 사법에 속하는 점에서 같다. 그러나 민법은 사람·장소·사항 등에 특별한 제한 없이 일반적으로 적용되는 일반법이고, 상법은 상기업을 중심으로 한 생활관계에 대하여만 적용되는 특별법인 점에서, 둘은 다르다. 결국 상법은 일반사법인 민법의 특별법이며, 상법과 같은 특별사법을 제외한 일반사법이 민법이다.

실질적 의의의 민법과 형식적 의의의 민법은 일치하지 않는다. 형식적 민법, 즉 민법전은 실질적 의의의 민법의 중심을 이루는 것이기는 하나, 그

---

* 송덕수: 이화여대 법학전문대학원 교수, 민법.

모두가 실질적 민법은 아니며, 그 가운데에는 공법적 규정에 해당하는 것도 있다(예: 법인의 이사·감사·청산인에 대한 벌칙 규정인 제97조, 채권의 강제집행 방법에 관한 제389조). 그런가 하면 실질적 민법은 민법전의 규정들로만 이루어지는 것이 아니고, 민법부속법령, 민사특별법령, 공법에 해당하는 법률규정들 중에도 그에 포함되는 것이 많으며, 그 밖에 관습법과 같은 불문법도 일반사법이기만 하면 실질적 민법에 속하게 된다. 구체적으로는 아래에서 '민법의 법원'으로 설명하는 것들이 모두 실질적 민법이다.

민법의 법원(실질적 민법의 모습)

1. 총   설

법원(法源)이라는 말은 보통 법이 존재하는 모습(법의 존재형식 또는 현상형태)의 의미로 사용된다. 따라서 민법의 법원이라고 하면, 그것은 사법의 일반법인 민법이 어떠한 모습으로 존재하는가, 바꾸어 말하면 실질적 민법의 모습을 가리킨다.

법원에는 성문법과 불문법이 있다. 성문법은 문자로 표현되고 일정한 절차에 따라 제정되는 법이며, 제정법이라고도 한다. 그리고 성문법이 아닌 법을 불문법이라고 하는데, 관습법·판례법·조리 등이 그에 속한다.

한 나라의 법이 대부분 성문법으로 이루어져 있는가 그렇지 않은가에 따라 성문법주의와 불문법주의로 나누어지는데, 우리나라는 성문법주의를 취하고 있다. 그러나 제한된 범위에서 불문법에 대하여도 효력을 인정하고 있다.

2. 성문민법

성문법주의를 취하는 우리나라에서는 성문법이 제1차적인 법원을 이루고 있다. 성문법에는 법률·명령·대법원규칙·조약·자치법 등이 있으나, 가장 중요한 것은 법률이고, 그 가운데에서도 민법이라는 법률, 즉 민법전(民法典)이다.

그러나 민법전이 민법법규 전부를 망라하는 것은 아니며, 특수하고 구체적인 사항을 규율하기 위하여 제정된 특별 민법법규도 많이 있다. 공익법인의 설립·운영에 관한 법률, 이자제한법, 주택임대차보호법, 집합건물의 소유 및 관리에 관한 법률, 동산·채권 등의 담보에 관한 법률, 가등기담보 등에 관한 법률, 약관의 규제에 관한 법률, 할부거래에 관한 법률, 방문판매 등에 관한 법률, 보증인 보호를 위한 특별법, 신원보증법, 자동차손해배상보장법 등이 그 예이다. 그런가 하면 공법에 속하는 법률인데 민법법규를 담고 있는 것도 적지 않다. 농지법, 특허법, 저작권법, 광업법, 국토의 계획 및 이용에 관한 법률 등이 그렇다. 그 밖에 민법전에 규정되어 있는 실체적인 민법법규를 구체화하기 위한 절차를 규정한 민법부속법률도 있다. 부동산등기법, 가족관계의 등록 등에 관한 법률, 공탁법, 유실물법 등이 그 예이다.

명령(위임명령·집행명령·대통령령·총리령·부령)도 민사에 관하여 규정하고 있으면 민법의 법원이 된다. 대통령의 긴급명령(헌법 제76조)도 마찬가지이다. 보통의 명령은 법률을 바꾸지 못하나, 긴급명령은 법률과 같은 효력이 있어서 민법법규를 바꿀 수도 있다. 긴급명령의 예로 이른바 금융실명제 실행을 위하여 발동된 '금융실명거래 및 비밀보장에 관한 긴급재정경제명령'(1993. 8. 12)이 있다.

대법원규칙도 민사에 관한 것은 민법의 법원이 된다(부동산등기규칙, 공탁규칙 등). 조약이나 자치법(조례·규칙)도 같다.

3. 불문민법

(1) 관습법

사회생활에 있어서 일정한 사항에 관하여 사람들이 되풀이하여 행위하고(관행), 그러한 관행을 법이라고까지 의식하여 대다수의 사람들에 의하여 지켜질 정도가 된 것을 관습법이라고 한다.

관습법은 형법의 법원으로는 될 수 없으나(죄형법정주의), 민법의 법원으로는 인정된다. 다만, 민법은 성문법에 규정이 없는 경우에만 관습법의 효력을 인정하고 있다(제1조).

(2) 판례법

판례는 법원(法院)의 재판(판결·결정)을 통해서 형성된다고 생각되는 법이다. 불문법주의를 취하는 영미법계 국가에서는 판례법은 중요한 법원이다. 그러나 우리나라와 같은 성문법주의 국가에서는 적어도 법이론상으로는 법원이 아니라고 하여야 한다. 그렇지만 대법원의 판례는 하급법원을 사실상 구속하며, 따라서 실제에 있어서는 '살아 있는 법'으로서 기능하고 있다.

(3) 조 리

조리(條理)는 사물의 본질적 법칙 또는 사물의 도리를 말한다. 민법은 제1조에서 법률 또는 관습법이 없는 경우에는 조리에 의한다고 규정하고 있다. 그런데 이것이 조리를 법원으로 인정한 것인가, 아니면 성문법주의 하에서 법의 흠결이 불가피한데 그러한 때에도 법관은 재판을 거부하지 못하므로 그러한 경우를 대비하여 법률도 관습법도 없는 때에는 조리에 의하여 재판하라는 의미에 불과하며 조리를 법원으로 인정한 것은 아닌가에 관하여는 견해가 대립하고 있다. 그러나 어느 견해에 의하든 아무 것도 적용할 수 없을 때 조리(합리적인 이치)에 따라 재판하게 되는 점에서는 차이가 없다.

민법전의 연혁 및 구성

1. 민법전의 제정

원래 우리나라는 사법에 관한 한 불문법 국가였으며, 공법 중심인 중국법의 영향을 많이 받았다. 그런데 1910년 일본은 한국을 식민지화하여 일본의 법률을 우리나라에 시행하게 하였다. 그리하여 일본의 민법전이 우리나라에 강제로 의용(依用. 다른 나라의 법을 그대로 적용함)되게 되었다. 그러나 일본민법의 적용은 해방 후에도 우리 민법전이 제정·시행될 때까지 계속될 수밖에 없었다. 우리 민법전을 준비할 시간이 필요했기 때문이다. 우리 민법전은 정부 수립 후 제정작업에 착수하여 1958년 2월 22일에 공포되었고 1960년 1월 1일부터 시행에 들어갔다.

2. 민법전의 개정

민법전은 그 시행 후 현재까지 여러 차례 개정되었다. 그런데 민법 중 총칙·물권·채권법의 개정은 적었고, 친족법·상속법은 크게 바뀌었다(특히 1990년의 개정과 2005년의 개정).

3. 민법전의 구성

우리 민법전은 독일식 편별법(판덱텐식 편별법)에 따라 제1편 총칙, 제2편 물권, 제3편 채권, 제4편 친족, 제5편 상속으로 구성되어 있다.

(1) 총칙(總則)편은 민법 전체에 공통적으로 적용되는 규정을 담고 있다. 거기에서는 주로 권리의 주체, 권리의 객체로서의 물건, 법률행위 등을 규율하고 있다. 그런데 총칙편의 규정 가운데에는 친족법상의 행위의 특수성으로 말미암아 그 행위에는 그대로 적용될 수 없는 것도 있다.

(2) 물권(物權)편은 물권, 즉 물건을 직접 지배하는 것을 내용으로 하는 권리를 규율한다. 그 주된 내용은 물권거래, 물건의 물질적 이용과 담보적 이용 등이다.

(3) 채권(債權)편은 채권, 즉 타인의 행위를 요구하는 것을 내용으로 하는 권리를 규율한다. 그 주된 내용은 채권 자체에 관한 일반적 규정, 계약·불법행위 등의 채권발생원인 등이다.

(4) 친족(親族)편은 가족의 기초인 혼인을 중심으로 하여 부부, 부모와 자, 후견 등의 가족관계의 성립과 내용을 규정하고 있다. 그리고 1990년의 민법 개정시에 과거의 호주상속이 호주승계로 명칭이 바뀌어 친족편에 들어와 있었으나, 2005년의 개정시에 호주제도가 아예 폐지되었다.

(5) 상속(相續)편은 사람이 사망한 후에 있어서의 재산관계와 유언 등에 관하여 규정하고 있다.

민법의 기본원리

1. 서   설

우리 민법전은 19세기에 성립한 근대민법전(프랑스민법, 독일민법, 스위스민법, 일본민법)을 모범으로 하여 만들어졌다.

그런데 근대민법은 개인주의·자유주의라는 당시의 시대사조에 따라 모든 개인은 태어날 때부터 완전히 자유이고 서로 평등하다고 하는 자유인격의 원칙(인격절대주의)을 기본으로 하여, 이를 사유재산 제도 내지 자본주의 경제조직에 실현시키기 위하여 사유재산권 존중의 원칙, 사적 자치의 원칙, 과실책임의 원칙의 세 원칙을 인정하였다. 이 세 원칙을 근대 민법의 3대원리라고 한다.

이러한 근대민법의 3대원리는 19세기에는 그다지 제약이 많지 않았다. 그것들에 관한 제약은 대체로 당사자가 누구이든 법질서가 도저히 허용할 수 없는 경우에 가하여졌다. 당시의 법이론은 개인에게 자유경쟁의 상태에서 경쟁을 하게 하면 급부와 반대급부 사이의 조절이 적정하게 이루어질 것으로 보았기 때문이다. 그러나 그러한 생각이 잘못되었음이 곧 드러났다. 실제에 있어서는 경제력의 현저한 차이로 인하여 예상한 바와 같은 조화가 이룩되지 않았던 것이다. 예컨대 생산수단의 소유자로서의 기업은 재산이 없는 자와 고용계약을 체결하는 경우에 그의 소유권을 유용하게 이용하였다. 주택의 소유자와 임차인의 관계도 유사하였다. 그리하여 20세기에 들어와서는 이러한 문제점을 해결하기 위하여 근대민법의 3대원리에 대하여 보다 많은 제약이 가해져야 한다고 주장되었고, 그러한 내용의 입법(특히 노동법, 경제법)이 행하여지기도 하였다. 이처럼 20세기에는 당사자들이 경제력에 있어서 차이를 보이는 경우에 경제적으로 우월한 자의 자유만을 제한하는 등의 새로운 모습의 제약도 가해지게 되었다. 이러한 3대원리의 제약원리를 사회적 조정(sozialer Ausgleich)의 원칙이라고 할 수 있을 것이다.

근대민법전을 바탕으로 한 우리 민법에 있어서는 당연히 근대민법의 3

대원리도 우리 민법의 기본원리가 되고 있다. 그리고 20세기에 들어와 더욱 강화된 사회적 조정의 원칙 또한 기본원리로 삼고 있다.

2. 3대원리

사유재산권 존중의 원칙은 각 개인의 사유재산에 대한 절대적 지배를 인정하고, 국가나 다른 개인은 이에 간섭하거나 제한을 가하지 않는다는 원칙이다. 사유재산권 가운데 가장 대표적인 것이 소유권이기 때문에 이 원칙은 소유권 절대의 원칙이라고도 한다.

사적 자치의 원칙은 개인이 자기의 법률관계를 그의 자유로운 의사에 의하여 형성할 수 있다는 원칙이다. 이 원칙은 3대원리 중에서도 가장 중요한 것이며, 이해하기에 따라서는 다른 두 원칙을 사적 자치의 원칙의 한 내용으로 파악할 수도 있다. 사적 자치의 내용으로는 계약의 자유, 단체결성의 자유, 유언의 자유, 권리행사의 자유 등이 있다. 사적 자치의 원칙은 채권법, 특히 계약법에서 두드러진다.

〈강행규정과 임의규정〉

공법과 달리 사법인 민법에 있어서는 규정 모두가 당사자의 의사를 무시하고 강제적으로 적용되는 것은 아니다. 민법규정 가운데에는 당사자의 의사에 의하여 그 적용을 배제할 수 없는 규정이 있는가 하면, 당사자에 의하여 그 적용을 배제할 수 있는 규정도 있다. 전자를 강행규정(강행법규)이라고 하고, 후자를 임의규정(임의법규)이라고 한다.

민법에 이처럼 임의규정이 두어져 있는 이유는 사적 자치의 원칙의 결과이다. 즉 모든 규정을 강행규정으로 만들어 놓으면 개인의 자유로운 의사에 의한 법률관계의 형성은 있을 수 없기 때문이다. 따라서 사적 자치가 넓게 인정되는 영역에서는 임의규정도 많게 된다. 계약법이 대표적인 예이다.

어떤 규정이 강행규정인지 임의규정인지의 구별은 대단히 중요하다. 그러나 그것을 구별하는 일반적 원칙은 없으며, 구체적인 규정에 대하여 그 종류·성질·입법목적을 고려하여 개인의 의사에 의한 적용의 배제를 허용하여야 하는지를 판단하여 정하는 수밖에 없다. 일반적으로 말하면 물권편·친족편·상속편의 규정들은 대부분 강행규정이나, 채권편 특히 계약법의 규정에는 임의규정이 많다.

주의할 것은, 민법의 어떤 규정이 임의규정이어서 반대약정이 없는 경우에만 적용된다고 하여, 그 규정이 별 의미가 없다고 여겨서는 안 된다는 점이다. 민법의 여러 규정은 매우 상세한 사항에 관한 것이고, 일반적으로 사람들은 그러한 사항에 대하여는 특별한 약정을 하지 않기 때문이다. 그 결과 거의 모든 경우에 그 규정이 강행규정처럼 적용된다.

임의규정의 예를 들어 본다. 민법은 제580조에서 매매의 목적물에 흠이 있을 경우에는 파는 사람, 즉 매도인이 그에 대하여 책임을 지도록 규정하고 있다. 그런데 이 규정은 임의규정이라고 해석된다. 따라서 매매계약을 하면서 매매의 목적물에 흠이 있어도 매도인이 책임을 지지 않는다고 약정한 경우에는, 실제로 물건에 흠이 있더라도, 민법 제580조가 적용되지 않아서 매도인은 아무런 책임도 지지 않게 된다. 다만, 매도인이 흠이 있음을 알면서 그러한 특약을 한 경우에는 책임을 지게 하는 특별규정이 있다(제584조).

과실책임의 원칙은 개인이 타인에 대하여 준 손해에 대하여는 그 행위가 위법할 뿐만 아니라 동시에 고의 또는 과실에 기한 경우에만 책임을 진다는 원칙이다. 이 원칙은 특히 불법행위(타인에게 위법하게 손해를 가하는 행위)에서 두드러지게 작용한다.

〈고의와 과실〉

고의는 자기의 행위로부터 일정한 결과가 생길 것을 인식하면서도 그 행위를 하는 것이고, 과실은 자기행위로부터 일정한 결과가 생길 것을 인식했어야 함에도 불구하고 부주의로 말미암아 인식하지 못하는 것이다.

고의와 과실은 이론상 위와 같이 구별되지만, 사법상 책임을 진다는 점에서는 양자는 구별되지 않고 또 책임의 경중에 있어서도 차이가 없는 것이 원칙이다. 이는 형법과 크게 다른 점이다. 이처럼 민법에서는 고의와 과실이 동일하게 취급되기 때문에, 민법의 규정에서는 고의라는 표현을 쓰지 않고 과실만으로 표현하는 것이 보통이다. 그때에는 고의는 과실에 포함되는 것으로 새겨야 한다.

과실은 부주의의 정도의 많고 적음에 의하여 경과실과 중과실로 나누어진다. 경과실은 다소라도 주의를 게을리한 경우이고, 중과실은 현저하게 주의를 게을리한 경우이다. 민사책임에 있어서는 과실만 있으면 성립하므로, 일반적으로 과실이라고 하면 경과실을 의미한다. 중과실을 요하는 경우에는 민법은 '중대한 과실'이라고 표현한다(제109조 제1항 단서 등).

과실은 다른 한편으로 어떠한 종류의 주의의무를 게을리했느냐에 따라 추상적 과실과 구체적 과실로 나누어진다. 추상적 과실은 그 사람이 속하는 사회적 지위, 종사하는 직업 등에서 보통 일반적으로 요구되는 정도의 주의, 즉 구체적인 사람에 의한 개인의 능력 차이가 인정되지 않고 일반적으로 평균인에게 요구되는 주의를 게을리한 것이다. 이 경우의 주의를 선량한 관리자의 주의 또는 선관주의(善管注意)라고 한다. 그에 비하여 구체적 과실은 행위자 자신의 주의능력을 기준으로 하여 그 주의를 게을리한 것이다(제695조 등). 따라서 구체적 과실의 주의에서는 개인의 능력 차이가 인정된다. 그런데 민법상의 주의는 선관주의가 원칙이고, 그리하여 과실도 추상적 과실이 원칙이다. 민법은 구체적 과실의 경우에는 '자기 재산과 동일한 주의' 등의 특별한 표현을 쓰고 있다(제695조 등 참조).

3. 사회적 조정의 원칙

전술한 바와 같이, 20세기에는 사회적 조정의 원칙이 강화되어 19세기에 비하여 3대원리에 더욱 많은 제약을 가하게 되었는데, 그것은 우리나라에 있어서도 마찬가지이다.

우리나라는 먼저 헌법에서 재산권의 행사를 공공복리에 적합하게 하도록 규정하고(헌법 제23조 2항), 민법 제2조에서 권리의 행사와 의무의 이행은 신의에 좇아 성실하게 하여야 한다고 하는 신의성실의 원칙(제1항)과 권리를 남용하지 못한다고 하는 권리남용 금지의 원칙(제2항)을 규정하고 있다. 이들은 모두 사회적 조정의 원칙의 표현이라고 할 수 있다. 한편 민법이나 각종의 특별법은 3대원리를 제약하는 많은 규정을 두고 있기도 하다.

민법상의 권리(사권)

법률관계와 권리 · 의무

1. 법률관계

[사 례] a) A는 B를 저녁식사에 초대하였다. 그리하여 B가 초대된 시간에 꽃다발을 들고 A에게 갔는데, A는 B를 들어오지 못하게 하였다. B는 A로 하여금 저녁식사를 대접하도록 강제할 수 있는가? 그리고 B가 쓸데없이 지출한 교통비 · 꽃다발 구입비와 위자료를 청구할 수 있는가?

b) C는 자신의 승용차를 운전하고 가다가 잘 아는 D를 발견하고 D에게 자신의 승용차에 타라고 하였다. 그리하여 D가 C의 승용차를 탔는데, C의 승용차가 C의 과실로 길 옆으로 미끄러져 D가 다쳤다. 이 경우에 D는 C에게 치료비 등의 손해를 배상하라고 할 수 있는가?

사람의 사회생활은 여러 가지 모습으로 행하여진다. 친구와 함께 도서관에서 공부를 하는가 하면, 교회에 가서 기도와 헌금을 하기도 하고, 애인과 데이트를 즐기기도 한다. 또한 교통카드를 이용하여 버스를 타기도 하고, 거주할 아파트를 물색하여 전세계약을 맺기도 하고, 공부할 책을 구입하기도 한다. 이처럼 사람의 사회생활관계는 다방면으로 뻗쳐 있는데, 이들 생활관계가 모두 법에 의하여 규율되는가? 그렇지 않다. 사람의 사회생활관계 가운데에는 법에 의하여 규율되는 것이 있는가 하면 그렇지 않은 것도 있다. 이 중에 법에 의하여 규율되는 생활관계를 법률관계라고 한다. 법률관계는 역사적으로 보면 시대가 발전할수록 그 범위가 넓어져 왔고, 그리하여 오늘날에는 대부분의 생활관계가 법률관계이기는 하나, 모두가 법률관계인 것은 아니다. 앞에 든 예들 중 앞의 셋은 법률관계가 아니고, 뒤의 셋은 법률관계이다. 비법률관계는 법 대신 도덕 · 관습 · 종교 등의 다른 사회규범에 의하여 규율되며, 따라서 강제력은 수반하지 않는다.

〈호의관계〉

　비법률관계의 대표적인 예로 호의관계(好意關係)가 있다. 호의관계는 법적인 의무가 없음에도 불구하고 호의로 어떤 행위를 해 주기로 하는 생활관계이다. 친구의 산책에 동행해 주기로 한 경우, 어린 아이를 그 부모가 외출하는 동안 대가를 받지 않고 돌보아 주기로 한 경우가 그 예이다. 사례 a), b)의 경우(저녁식사에의 초대, 호의동승)도 마찬가지이다. 이러한 호의관계는 법의 규율을 받지 않기 때문에 약속을 위반하여도 법적 제재를 받지 않는다. 예를 들면 친구와의 약속을 저버리고 산책에 동행하지 않거나 동행하다가 되돌아와 버린 경우나, 사례 a)처럼 저녁식사 초대 후 문전박대를 한 경우에는, 약속을 법에 의하여 강제할 수 없고, 또한 손해배상도 청구하지 못한다. 그러한 경우는 단지 도덕이나 관습에 의한 비난만 가할 수 있다. 그러나 호의관계가 때로 법률관계로 비화되는 수도 있다. 가령 이웃집 어린 아이를 돌보아 주기로 해 놓고 전혀 돌보지 않아 그 아이가 위험한 물건을 가지고 놀다가 다친 경우나, 사례 b)처럼 호의동승에 있어서 운전자의 과실로 동승자가 다친 경우에는, 이웃집 여자나 운전자는 책임을 질 수 있게 된다. 다만, 이때 구체적인 처리방식에 대하여는 견해가 나뉜다. 필자는 구체적 과실문제로 보아야 한다고 생각하나, 추상적 과실 문제로 본 뒤 책임감경을 시키는 것이 좋다는 견해도 있다.

　이러한 호의관계와 법률관계(특히 채권관계)는 구별이 쉽지 않은 때도 있다. 그때에는 호의행위자의 상대방이 제반사정하에서 적절한 주의를 베풀었다면 어떻게 이해했어야 하느냐의 관점에서 호의관계 여부를 결정하여야 한다. 그리하여 법적으로 구속당할 의사가 있다고 보았어야 한다면 법률관계로 된다.

　법률관계는 사람의 생활관계의 일종이므로, 사람과 사람과의 관계, 즉 법에 의하여 구속되는 자와 법에 의하여 보호되는 자의 관계로 나타난다. 여기서 앞의 사람의 지위를 의무라고 하고, 뒤의 사람의 지위를 권리라고 한다면, 결국 법률관계는 권리·의무관계라고도 할 수 있다(예외도 있음).

　권리·의무관계인 법률관계는 권리의 면에서 파악할 수도 있고 의무의 면에서 파악할 수도 있다.

2. 권리 · 의무의 의의

권리의 본질에 관하여는 여러 가지 견해와 주장이 있을 수 있으나, 우리나라에서는 권리법력설(權利法力說)이 지배적인 견해(통설)이다. 그에 의하면, 권리는 일정한 이익을 누리게 하기 위하여 법이 인정하는 힘이다.

한편 의무는 법률상의 구속이다. 권리와 의무는 서로 대응하고 있는 것이 보통이나, 그렇지 않은 경우도 있다.

권리(사권)의 종류

1. 사 권

법이 공법과 사법으로 나누어지는 데 따라 권리도 공법상의 권리인 공권(公權)과 사법상의 권리인 사권(私權)으로 구별된다. 권리를 이처럼 공권 · 사권으로 나눈다면, 민법상의 권리는 사권이다. 사권은 여러 가지 표준에 의하여 다시 세분된다. 아래에서 중요한 두 가지의 분류만 소개한다.

2. 내용에 의한 분류

권리(사권)는 그 내용이 되는 사회적 생활이익을 기준으로 하여, 재산권 · 인격권 · 가족권 · 사원권으로 나눌 수 있다.

(1) 재산권

재산권은 경제적 이익을 누리는 것을 목적으로 하는 권리이다. 그 대표적인 예로 물권, 채권, 지식재산권(지적재산권)이 있다.

물권은 권리자 자신이 물건을 직접 지배해서 이익을 얻는 배타적 권리이며, 우리 민법상의 것으로는 소유권 · 점유권 · 지상권 · 지역권 · 전세권 · 유치권 · 질권 · 저당권 등 8가지가 있다.

채권은 특정인(채권자)이 다른 특정인(채무자)에 대하여 일정한 행위를 요구할 수 있는 권리이며, 그 모습은 매우 다양하다.

지식재산권(지적재산권)은 정신적·지능적 창조물을 독점적으로 이용할 수 있는 권리이며, 특허권·실용신안권·디자인권(구 의장권)·저작권·상표권 등이 그에 속한다.

(2) 인격권

인격권은 권리의 주체와 불가분적으로 결합되어 있는 인격적 이익을 누리는 것을 목적으로 하는 권리이며, 생명권·신체권·명예권 등이 그 예이다.

(3) 가족권

가족권에는 친족권과 상속권이 있다(다수설). 친족권은 일정한 친족적 지위에 따르는 이익을 누릴 것을 목적으로 하는 권리이며, 친권·후견인의 권리 등이 이에 속한다. 상속권은 사람이 사망한 경우에 그 자(피상속인)의 재산법상의 지위를 포괄적으로 승계하는 권리인데, 호주상속권이 없어진 현재에는 상속권이 재산권에 속한다고 보아야 한다.

(4) 사원권

단체의 구성원이 구성원이라는 지위에서 단체에 대하여 가지는 권리를 통틀어서 사원권이라고 한다. 사단법인의 사원의 권리, 주식회사의 주주의 권리 등이 그 예이다.

3. 작용(효력)에 의한 분류

권리(사권)는 그 작용인 법률상의 힘 즉 효력을 기준으로 하여, 지배권·청구권·형성권·항변권으로 나눌 수 있다.

(1) 지배권

지배권은 타인의 행위를 끌어들이지 않고 일정한 객체에 대하여 직접 지배력을 발휘할 수 있는 권리이며, 물권·지식재산권·인격권·친권·후견권 등이 이에 속한다.

(2) 청구권

특정인이 다른 특정인에 대하여 일정한 행위 즉 작위 또는 부작위를 요구할 수 있는 권리이며, 그것에는 일정 금액을 청구할 수 있는 청구권과 같은 채권적 청구권이 있는가 하면 물권적 청구권도 있고 가족권에 기하여 발생하는 청구권(유아인도청구권·부양청구권 등)도 있다. 주의할 것은 청구권이라고 불리지만 형성권이라고 해석되는 권리도 있다는 점이다. 지상권 설정자 및 지상권자의 지료(地料)증감청구권(제286조), 임대차 당사자의 차임(借賃)증감청구권(제628조) 등이 그 예이다.

(3) 형성권

형성권은 권리자의 일방적인 의사표시에 의하여 법률관계를 발생·변경·소멸시키는 권리이다. 형성권에는 권리자의 의사표시만으로 효과를 발생시키는 것과 법원의 판결이 있어야만 효과가 발생하는 것이 있다. 동의권·취소권·해제권은 전자의 예이고, 채권자취소권·재판상 이혼권은 후자의 예이다.

(4) 항변권

항변권은 청구권의 행사에 대하여 그 작용을 저지할 수 있는 권리이다. 항변권에는 청구권의 작용을 일시적으로 저지할 수 있는 연기적 항변권과, 영구적으로 저지할 수 있는 영구적 항변권이 있다. 쌍무계약의 당사자가 가지는 동시이행의 항변권, 보증인의 최고·검색의 항변권은 전자의 예이고, 상속인의 한정승인의 항변권은 후자의 예이다.

권리의 주체

총   설

[사 례] 70세가 넘은 독신녀 A는 그가 기르는 고양이를 무척 사랑하였다. 그리하여 A는 그녀의 모든 재산을 그 고양이에게 유증(자기의 재산을 유언에 의하여 대가없이 주는 행위)하려고 한다. 가능한가?

1. 권리의 주체 · 권리능력

일정한 이익을 누리게 하기 위하여 법이 인정하는 힘인 권리는 당연히 그것이 귀속하는 주체를 전제로 한다. 여기서 권리가 귀속하는 주체를 권리의 주체라 하고, 이 권리의 주체가 될 수 있는 지위 또는 자격을 권리능력 또는 인격이라고 한다. 권리능력에 대응하는 개념으로 의무능력이 있는데, 이는 의무의 주체가 될 수 있는 지위를 가리킨다. 현행법상 권리를 가질 수 있는 자는 의무도 가질 수 있으므로, 권리능력은 동시에 의무능력이기도 하다.

권리능력은 권리와 구별된다. 권리능력을 가지는 자만이 권리를 가질 수 있는 것이나, 권리능력 자체가 권리는 아니다. 권리능력은 권리의 주체가 될 수 있는 가능성에 지나지 않는다.

2. 권리능력자

우리 민법상 권리능력자는 모든 살아 있는 사람과, 사람이 아니면서 법에 의하여 권리능력이 부여되어 있는 사단(사람의 집단)과 재단(재산의 집단)이다. 이 중에 살아 있는 사람을 자연인이라고 하고, 권리능력이 인정된 사단 또는 재단을 법인이라고 한다. 그리고 이 둘을 포괄하는 말로 '인'이라는 표현을 쓰는 때가 많다(본인, 타인, 매도인, 매수인, 위임인, 임치인 등). 그러나 자연인만을 가리켜 '인'이라고 하는 수도 있음을 주의하여야 한다.

위의 사례의 경우에 고양이는 우리 민법상 권리능력이 없고, 따라서 고양이는 유증(遺贈)에 기한 권리(제1078조 이하 참조)를 취득할 수 없다. 그러므로 사례에서 A는 고양이에게 유증을 할 수가 없다. A가 그녀의 사망 후에 그 고양이를 누군가가 돌보아 주기를 원한다면, 돌보아 줄 자에게 그녀의 재산을 증여하면서 고양이를 돌보아 주기로 하는 부담을 지우는 방법을 이용하여야 할 것이다(제561조의 부담부 증여).

3. 권리능력과 행위능력

앞서 기술한 것처럼, 권리능력은 단순히 권리·의무의 주체가 될 수 있는 가능성에 불과하며, 실제로 그의 단독의 행위에 의하여 권리를 취득하거나 의무를 부담할 수 있다는 것은 아니다. 뒤의 것까지 가능하려면 권리능력과는 별도로 행위능력도 가져야 한다. 그에 관하여는 뒤에 다시 설명한다. 보통 능력이라고 하면 행위능력을 가리킨다.

자 연 인

1. 권리능력

[사 례] a) A가 출생하면서 그의 어머니는 사망하였다. 그리고 건물의 소유자인 A의 아버지 B는 그 일주일 후에 사망하였다. 이 경우에 B의 건물은 누구의 소유로 되는가?

b) 태아 C의 아버지인 D는 C가 태어나기 1개월 전에 사망하였다. C는 D의 재산을 상속하는가?

c) 태아 C가 태아로 있는 동안에 D가 E의 과실로 사망하였다면, C는 E에 대하여 손해배상을 청구할 수 있는가?

(1) 권리능력을 처음 가지는 시기

사람은 생존하는 동안 권리능력을 가진다(제3조). 그리하여 생존하기 시작한 때, 즉 출생한 때로부터 권리능력을 취득한다. 아직 출생하지 않은 태아는 권리능력이 없다(뒤에 보는 것처럼 예외적으로는 인정됨).

출생시기에 관하여는 여러 가지 견해가 대립할 수 있으나, 민법에서는 태아가 모체로부터 완전히 분리되었을 때를 출생시기로 보는 견해(전부노출설)가 통설이다.

사람은 살아서 태어난 이상, 남자이든 여자이든, 출생 후에 곧 사망하지 않았든 사망하였든, 기형이든 아니든, 7개월만에 태어났든 12개월만에 태어났든, 쌍둥이이든 세쌍둥이이든 묻지 않고 모두 권리능력을 취득한다. 그리고 동일한 모체에서 둘 이상이 태어난 경우에는 모체로부터 먼저 분리된 자가 먼저 권리능력을 취득한다(형, 언니 등이 된다). 그러나 이는 장남의 상속분을 다른 형제와 동일하게 개정한 현행법에서는 개정 전에 비하여 큰 의미를 가지지는 못한다. 물론 차이를 가져오는 경우가 없지는 않다.

사례 a)의 경우에는 A는 출생한 때에 권리능력을 취득하므로, 그 이후에는 상속받을 수 있고, 따라서 그의 아버지 B가 사망한 때 B의 건물을 A가 상속하게 된다(제1000조). 건물이 상속될 때 A의 어머니는 이미 사망하여 권리능력을 잃었으므로 상속인이 될 여지가 없다.

출생사실은 출생 후 1개월 이내에 신고하여야 하며(가족관계의 등록 등에 관한 법률(이하 가족등록법이라 함) 제44조 1항), 이를 게을리하면 과태료의 제재를 받는다(가족등록법 제122조). 출생의 사실은 그것을 전제로 하여 법률효과를 주장하는 자가 증명하여야 하는데, 이때에 가족관계등록부(이는 과거의 호적부에 해당함)의 기록은 유력한 것이기는 하나, 움직일 수 없는 효력을 가지는 것은 아니다. 출생시기는 의사·조산사·동거인 등의 증명에 의하여 뒤집을 수 있다. 즉 가족관계등록부에 기록된 사실은 진실에 부합한 것으로 추정을 받으나, 그에 반하는 증거에 의하여 그 추정을 깨뜨릴 수 있는 것이다.

(2) 태아의 권리능력

사람의 권리능력이 출생한 때로부터 취득된다는 원칙을 끝까지 관철한다면 태아에게 매우 불리한 경우가 생긴다. 예컨대 사례 b)의 경우에 아버지가 사망한 후에 태어난 C는 태아로 있는 동안에는 상속을 받을 수 없게 되고, 사례 c)의 경우에 C는 그가 태아로 있는 동안에 그의 아버지가 살해당하였는데도 손해배상청구를 할 수 없게 된다. 이러한 문제점을 시정하기 위하여 민법은 중요한 법률관계에 있어서만은 개별적으로 태아를 이미 출생한 것으로 간주하고 있다. 즉 불법행위로 인한 손해배상의 청구(제762조), 상속(재산상속)(제1000조 3항), 대습상속(제1001조, 제1000조 3항), 유증(제1064조), 사인증여(제562조, 제1064조), 유류분(제1118조, 제1001조, 제1000조 3항) 등에서 그렇다. 그리하여 그러한 사항에 있어서는 태아도 예외적으로 권리능력을 가지게 된다.

그 결과 사례 b)의 경우에는 C는 재산상속인이 되어 D의 재산을 상속하게 된다(다른 상속인이 있으면 공동상속인이 됨). 그리고 사례 c)의 경우에는 C는 E에 대하여 불법행위(생명침해)를 이유로 하여 손해배상을 청구할 수 있다. 이때 태아인 C가 직접 권리를 행사할 수 없는데, 그것은 누가 대신하는가? 권리능력은 권리를 취득할 수 있는 지위이고, 그것은 자신이 직접 행위할 수 없어도 인정되는 데 지장이 없다. 그리고 그러한 때라면 그 대신 행위를 할 자를 법이 정해 놓고 있다. 그것이 바로 법정대리인이다. 사례 b), c)의 경우에는 C의 어머니가 살아 있고, 따라서 그녀가 법정대리인(친권자)으로서 재산의 관리를 하게 된다(제909조 3항).

〈추정과 간주〉

민법에서 자주 쓰이는 전문용어 중 추정(推定)과 간주(看做)(의제)라는 것이 있다. 그 가운데 추정은 반대의 증거가 제출되면 규정(추정규정)의 적용을 면할 수 있는 것이고, 간주는 반대의 증거가 제출되더라도 규정(간주규정)의 적용을 면할 수 없는 것이다. 추정규정의 예로는 민법 제30조(동시사망의 추정)를 들 수 있고, 간주규정의 예로는 민법 제28조(실종선고의 경우 사망간주)와 위에서 설명한 태아를 출생한 것으로 간주하는 규정들을 들 수 있다. 따라서 태아를 이미 출생한 것으로 간주하는 경우에, 상대방 당사자가 태아가 아직 출생하지 않았다고 증명하여도 결과는 달라지지 않는다. 우리 민법은 간주규정을 "…으로 본다"라고 표현하고 있다.

(3) 권리능력을 잃는 시기(소멸시기)

① 자연인은 생존하는 동안만 권리능력을 가지므로(제3조), 사망한 때에 권리능력을 상실한다. 그리고 오직 사망만이 권리능력의 소멸을 가져온다.

사망의 유무나 그 시기는 출생의 유무나 시기보다도 훨씬 중요하여, 상속, 유언의 효력발생, 잔존배우자의 재혼, 보험금 청구권의 발생, 연금 등 여러 가지 법률문제와 관련된다.

사망시기를 결정하는 기준에 관하여 민법은 전혀 규정하고 있지 않다. 종래의 통설은 생활기능의 절대적・영구적 정지가 사망이며, 호흡과 혈액순환이 영구적으로 정지하는 때에 사망이 인정된다고 한다. 그런데 최근에 장기이식을 가능하게 하기 위하여 특히 의학계를 중심으로, 뇌기능(즉 뇌파)이 정지하는 때를 사망시기로 보아야 한다는 뇌사설(腦死說)이 주장되고 있다. 한편 근래 장기 등 이식에 관한 법률이 제정되었으나(1999년), 이 법은 장기이식을 엄격한 규제하에서 제한적으로 허용하는 내용의 것이며, 거기에 뇌사를 사망으로 인정하는 근거규정은 있지 않다.

사람이 사망한 때에는 신고의무자가 사망의 사실을 안 날부터 1개월 이내에 신고하여야 한다(가족등록법 제84조 1항). 그리고 가족관계등록부의 기록은 사실로 추정될 뿐이므로 다른 증명에 의하여 뒤집을 수 있다.

② 앞서 기술한 바와 같이, 사망의 유무나 그 시기는 대단히 중요한데, 그에 대한 증명 확정이 곤란한 경우가 많다. 그러한 경우에 대비하는 제도로 동시사망의 추정, 인정사망, 실종선고 등이 있다.

2인 이상이 동일한 위난으로 사망한 경우에는 동시에 사망한 것으로 추정된다(제30조). 그 결과, 예컨대 어머니 A, 처 B를 두고 있는 C가 그의 미혼의 자인 D와 함께 비행기를 타고 가다가 추락하여 모두 사망하였는데 누가 먼저 사망한지 모르는 경우에는, C·D가 동시에 사망한 것으로 추정되어, 반대의 증명이 없는 한 그의 재산은 A·B가 공동으로 상속하게 된다(제1000조, 제1003조). 물론 상속분은 B가 A보다 5할을 더 받게 되기는 한다(제1009조 2항). 만약 동시사망 추정규정이 없었다면, B가 자기에게 유리하게 C가 D보다 먼저 사망하였다고 해석하여 C의 재산 모두를 차지해 버리면(제1000조 1항 참조), A는 D가 먼저 사망하였다고 주장하여도 그것을 증명할 수 없어서 상속을 뒤집을 수 없는 결과가 된다. 동시사망 추정규정은 이러한 불합리를 시정하기 위한 것이다.

인정사망은 사망의 확증은 없지만 사망한 것이 거의 확실하다고 생각되는 경우(수해, 화재, 폭발 등)에 그것을 조사한 관공서의 사망통보에 의하여 가족관계등록부에 사망의 기록을 하는 것을 가리킨다(가족등록법 제87조, 제16조). 인정사망의 경우에도 상속은 개시된다. 그러나 그것은 강한 사망추정적 효과만 가질 뿐이다.

부재자의 생사불명 상태가 오랫동안 계속되어 사망했을 가능성은 크지만 사망의 확증이 없는 경우에 이를 방치하면 이해관계인에게 불이익을 준다. 여기서 민법은 일정한 요건하에 법원이 실종선고를 하게 하고, 일정한 시기를 표준으로 하여 사망과 동일한 법률효과를 생기게 하고 있다. 이것이 실종선고 제도이다.

실종선고의 요건은 부재자가 생사불명일 것, 생사불명의 상태가 일정한 기간 계속될 것(보통실종은 5년, 특별실종은 1년), 이해관계인이나 검사의 청구가 있을 것, 6개월 이상의 기간을 정하여 부재자에 대하여 신고하도록 공고할 것(공시최고) 등이다(제27조). 이러한 요건이 갖추어지면 법원은 반드시 실종선고를 하여야 하며, 실종선고가 내려지면 실종선고를 받은 자는 실종기간이 만료한 때에 사망한 것으로 간주(의제)된다(제28조). 그러나 사망한 것으로 간주되는 것은 실종자의 종래의 주소를 중심으로 하는 실종기간 만료시의 사법적인 법률관계만이다. 돌아온 후의 관계나 실종자의 다른 주소에서의 관계, 공법관계에는 영향이 없다. 즉 실종선고는 권리능력을 박탈하는 것은 아니다. 사법관계인 한 재산관계인지 가족관계인지는 묻지 않는다. 따라서 상속이 개시되고, 또 잔존배우자는 재혼도 할 수 있다.

실종선고의 효과를 소멸시키려면 실종선고를 취소하여야 한다. 그러려면 실종자가 살아 있는 사실이나 실종기간 만료시와 다른 시기에 사망한 사실을 증명하고, 본인·이해관계인 또는 검사가 실종선고의 취소를 청구하여야 한다(제29조 1항). 실종선고가 취소되면 처음부터 실종선고가 없었던 것과 같은 효과가 생긴다. 그러나 실종선고 후 그 취소가 있기 전에 선의(사실에 반함을 모르는 것)로 한 행위는 유효하다. 그리고 실종선고를 직접원인으로 하여 재산을 취득한 자가 선의인 경우에는 그 받은 이익이 현존하는 한도에서 반환하여야 하고, 악의인 경우에는 그 받은 이익에 이자를 붙여서 반환하고 손해가 있으면 그것도 배상하여야 한다(제29조 2항).

〈선의와 악의〉

법률용어 가운데 선의(善意)·악의(惡意)라는 용어는 일반 사회에서의 의미와 전혀 다르게 사용된다. 선의는 어떤 사정을 알지 못하는 것이고, 악의는 어떤 사정을 알고 있는 것이다. 따라서 그것들은 다른 사람을 해칠 의도와는 전혀 관계가 없다. 그 결과 타인을 해칠 의도가 있는 자라도 문제되는 사정에 관하여 모르고 있으면 선의의 자가 된다.

2. 행위능력

(1) 의사능력

[사 례]　a) 3세의 A가 그의 장난감을 B에게 주었다. A의 부모는 B에게 그 장난감을 돌려달라고 할 수 있는가?

　　　　b) C는 만취 상태에서 그의 고급 손목시계를 술집 여종업원인 D에게 주었다. C는 시계를 되찾을 수 있는가?

　사람은 모두 권리능력을 가지고 있다. 그러나 그렇다고 하여 권리능력자 모두가 자신의 행위(계약 등)에 의하여 권리를 취득하거나 의무를 부담할 수 있는 것은 아니다. 권리능력자가 그러한 행위를 할 수 있으려면 일정한 지적 수준에 이르고 있어야 한다. 적어도 자신의 행위가 어떤 의미를 가지고 있는지는 알고 있었어야 한다. 왜냐하면 민법이 기본원리로 삼고 있는 사적 자치의 원칙상 자기의 '의사'에 기하여서만 법률관계를 형성할 수 있는데, 자신의 행위가 어떤 의미를 가지고 있는지조차 모르는 경우라면 결코 그의 '의사'에 기한 행위라고 할 수 없기 때문이다. 여기서 자기의 행위의 의미나 결과를 합리적으로 예견할 수 있는 정신적 능력 내지 지능을 의사능력이라고 하며, 그러한 능력이 없는 자의 법률행위(후술함. 여기서는 일단 계약이라고 생각할 것)의 효력은 인정되지 않는다.

　이러한 의사능력의 유무는 구체적인 행위에 대하여 개별적으로 판단되며, 그것을 판정하는 객관적·획일적 기준은 없다. 그리하여 동일한 행위에 대하여 어떤 자는 의사능력이 있는데 다른 자는 없을 수도 있고(가령 지적 발육이 늦은 자), 또 동일한 자라도 어떤 행위에 대하여는 의사능력이 있는데(가령 장난감의 구입) 다른 행위에 대하여는 의사능력이 없을 수도 있다(가령 주식매입).

　의사무능력자의 예로 정신병자, 만취자를 들 수 있다. 그리고 7세 미만의 자는 대체로 의사능력이 없다. 사례 a)의 경우에는 A가 의사능력이 없는 상태에서 B에게 장난감을 증여하였다. 따라서 그 증여계약은 무효이고, A의 부모는 장난감의 반환을 청구할 수 있다. 그리고 사례 b)의 경우에도

C는 의사무능력 상태에서 시계의 증여계약을 하였으므로, 그 계약은 무효이어서 C 역시 D에게 시계의 반환을 청구할 수 있다.

〈책임능력〉

법률행위(계약 등)에 있어서 의사능력이 있는 것처럼, 불법행위에 있어서는 책임능력이라는 것이 있다. 책임능력은 자기 행위에 대한 책임을 인식할 수 있는 지능을 가리키는데, 이러한 능력이 없는 자의 행위는 설사 타인에게 손해를 발생시켰더라도 불법행위로 되지 않으며, 따라서 손해배상책임이 생기지 않는다. 책임능력 여부도 구체적인 경우에 개별적으로 판단되어야 하나, 대체로 12세를 전후하여 갖추어진다.

(2) 행위능력

앞에서 설명한 바와 같이, 의사능력 없는 자의 법률행위(계약 등)는 무효이다. 그런데 의사능력이 없이 법률행위를 한 자는, 그가 보호받으려면 행위 당시에 의사능력이 없었음을 증명하여야 한다. 그러나 그것은 여간 어려운 일이 아니다. 그런가 하면 그러한 증명이 된 경우에는, 이제 그것을 알 수 없었던 상대방이나 제3자가 예측하지 못한 손해를 입게 된다. 여기서 민법은 일정한 획일적 기준을 정하여, 이 기준을 갖추는 때에는 의사능력이 없었던 것으로 다루어 그 자가 단독으로 한 행위를 취소할 수 있도록 하고 있다. 그리고 이 획일적 기준을 외부에서 쉽게 인식할 수 있도록 객관화하여 상대방이나 제3자도 보호하려고 한다. 이와 같이 객관적·획일적 기준에 의하여 의사능력을 객관적으로 획일화한 제도가 행위능력 제도 또는 제한능력자 제도이다.

그리고 여기에서 제한능력자에 해당하지 않을 만한 자격을 행위능력이라고 한다. 따라서 그것은 단독으로 완전하고 유효하게 법률행위를 할 수 있는 지위 또는 자격이다.

(3) 제한능력자

[사 례] a) 중학교 2학년생인 13세의 A는 그의 부모로부터 받은 등록금으로 B로부터 그가 그렇게 가지고 싶어 했던 휴대전화기를

구입하였다. 휴대전화기의 매매계약은 유효한가?

b) C는 가정법원으로부터 성년후견개시의 심판을 받았다. 그리고 가정법원은 D를 C의 성년후견인으로 선임하였다. 그 후 C는 정신이 맑은 상태에서 자신이 소유하고 있는 토지를 D의 동의를 얻어서 E에게 파는 매매계약을 체결하였다. C와 E가 체결한 매매계약은 유효한가?

2011. 3. 7.에 개정된(2013. 7. 1. 시행) 우리 민법상 행위능력이 제한되는 좁은 의미의 제한능력자로는 미성년자·피성년후견인·피한정후견인(예외적인 경우)의 셋이 있다. 그리고 보호를 받아야 하는, 그리하여 법정후견을 받는 넓은 의미의 제한능력자에는 전술한 좁은 의미의 제한능력자 외에 피특정후견인도 있다.

① **미성년자**:   미성년자는 만 19세가 되지 않은 자이다(제4조). 미성년자는 제한능력자이다. 다만, 미성년자가 혼인을 한 때에는 성년자로 간주(의제)된다(제826조의2).

미성년자가 법률행위(계약 등)를 하려면 원칙적으로 법정대리인의 동의를 얻어야 한다(제5조 1항). 이에 위반한 경우에는, 미성년자 본인이나 법정대리인이 그 행위를 취소할 수 있다(제5조 2항). 그러나 단순히 권리만을 얻거나 의무만을 면하는 행위, 처분이 허락된 재산의 처분행위, 영업이 허락된 미성년자의 그 영업에 관한 행위, 혼인을 한 미성년자의 행위, 미성년자가 대리인으로서 한 행위, 유언행위(17세 이상의 미성년자이어야 함), 법정대리인의 허락을 얻어 회사의 무한책임사원이 된 미성년자가 그 사원 자격에 기하여 한 행위, 임금의 청구(근로기준법 제68조)는 예외적으로 법정대리인의 동의 없이 미성년자가 단독으로 유효하게 할 수 있다.

사례 a)의 매매는 미성년자가 처분이 허락된 재산을 처분한 행위에 해당한다(제6조). 그런데 그러한 행위는 설사 처분재산의 사용목적이 정해져 있더라도 단독으로 유효하게 처분할 수 있다고 해석된다. 따라서 휴대전화기의 매매계약은 완전히 유효하며 취소할 수 없다.

미성년자의 법정대리인은 제1차적으로는 친권자이고, 제2차적으로는 미성년후견인이다.

② **피성년후견인**: 피성년후견인은 질병·장애·노령(老齡. 나이가 많음)·그 밖의 사유로 인한 정신적 제약으로 사무를 처리할 능력이 지속적으로 결여된 사람으로서 일정한 자의 청구에 의하여 가정법원으로부터 성년후견개시의 심판을 받은 자이다(제9조 1항). 성년후견개시의 심판을 청구할 수 있는 자는 본인·배우자·4촌 이내의 친족·미성년후견인·미성년후견감독인·한정후견인·한정후견감독인·특정후견인·특정후견감독인·검사 또는 지방자치단체의 장이다(제9조 1항).

피성년후견인은 가정법원이 다르게 정하지 않는 한 원칙적으로 유효하게 법률행위를 할 수 없으며, 그의 법률행위는 원칙적으로 취소할 수 있다(제10조 1항). 즉 법정대리인인 성년후견인의 동의를 얻지 않고 한 행위뿐만 아니라 동의를 얻고서 한 행위도 취소할 수 있다. 따라서 사례 b)의 경우 C가 E와 체결한 매매계약은 일단 유효하나, 피성년후견인의 행위임을 이유로 C나 D가 취소할 수 있다. 피성년후견인이 한 행위는 성년후견인의 동의를 얻고서 한 것이라도 취소할 수 있기 때문이다.

그런데 이 원칙에는 재산행위에 관하여 두 가지 예외가 있다. 하나는 가정법원이 취소할 수 없는 피성년후견인의 법률행위의 범위를 정한 경우이다(제10조 2항). 이와 같이 취소할 수 없는 범위를 정한 경우에는, 그 범위에서는 피성년후견인의 법률행위라도 취소할 수 없다. 다른 하나는 일용품의 구입 등 일상생활에서 필요하고 그 대가가 과도하지 않은 법률행위의 경우이며, 그러한 법률행위는 취소할 수 없다(제10조 4항).

그리고 피성년후견인은 약혼(제802조)·혼인(제808조 2항) 등의 친족법상의 행위는 성년후견인의 동의를 얻어서 스스로 할 수 있으며, 17세가 되었으면 의사능력이 회복된 때에 단독으로 유언을 할 수 있다(제1061조-제1063조).

피성년후견인에게는 보호자로 성년후견인을 두어야 한다(제929조). 성년후견인은 피성년후견인의 법정대리인이 된다(제938조 1항).

성년후견개시의 원인이 소멸된 경우에는, 가정법원은 본인·배우자·4촌 이내의 친족·성년후견인·성년후견감독인·검사 또는 지방자치단체의 장의 청구에 의하여 성년후견종료의 심판을 한다(제11조). 성년후견종료의 심판이 있으면 피성년후견인은 행위능력을 회복한다. 그 시기는 심판이 내려진 때부터 장래에 향하여서이고 과거에 소급하지 않는다.

③ **피한정후견인**: 　피한정후견인은 질병·장애·노령·그 밖의 사유로 인한 정신적 제약으로 사무를 처리할 능력이 부족한 사람으로서 일정한 자의 청구에 의하여 가정법원으로부터 한정후견개시의 심판을 받은 자이다(제12조 1항).

피한정후견인은 원칙적으로 유효하게 법률행위를 할 수 있다. 즉 피한정후견인은 원칙적으로 행위능력을 가진다. 다만, 가정법원이 피한정후견인으로 하여금 한정후견인의 동의를 받아야 할 행위의 범위를 정할 수 있으며(제13조 1항. 이것을 동의권의 유보 또는 동의유보라고 함), 그 경우에 한정후견인의 동의가 필요한 법률행위를 피한정후견인이 한정후견인의 동의 없이 하였을 때에는 그 법률행위는 취소할 수 있다(제13조 4항 본문). 한편 일용품의 구입 등 일상생활에 필요하고 그 대가가 과도하지 않은 법률행위는 취소할 수 없다(제13조 4항 단서).

피한정후견인에게는 보호자로 한정후견인을 두어야 한다(제959조의2). 그런데 한정후견인이 당연히 피한정후견인의 법정대리인으로 되는 것은 아니다. 가정법원은 한정후견인에게 대리권을 수여하는 심판을 할 수 있고(제959조의4 1항), 그러한 심판이 있는 경우에만 — 그것도 가정법원이 법정대리권의 범위를 정한 때에는 그 범위에서 — 법정대리권을 가진다(제959조의4 2항·제938조 4항).

한정후견개시의 원인이 소멸된 경우에는, 가정법원은 본인·배우자·4촌 이내의 친족·한정후견인·한정후견감독인·검사 또는 지방자치단체의 장의 청구에 의하여 한정후견종료의 심판을 한다(제14조).

④ **피특정후견인**: 　피특정후견인은 질병·장애·노령·그 밖의 사유로 인한 정신적 제약으로 일시적 후원 또는 특정한 사무에 관한 후원이 필요한 사람으로서 일정한 자의 청구에 의하여 가정법원으로부터 특정후견의 심판을 받은 자이다(제14조의2 1항). 피특정후견인은 1회적·특정적으로 보호를 받는 점에서 지속적·포괄적으로 보호를 받는 피성년후견인·피한정후견인

과 차이가 있다. 이 특정후견제도는 과거에는 없던 새로운 것이다.

특정후견의 심판이 있어도 피특정후견인은 행위능력에 전혀 영향을 받지 않는다. 그리고 특정한 법률행위를 위하여 특정후견인이 선임되고(특정후견인의 선임은 필수적이 아님. 제959조의9 1항 참조) 법정대리권이 부여된 경우에도 그 법률행위에 관하여 피특정후견인의 행위능력은 제한되지 않는다. 따라서 그러한 행위를 특정후견인의 동의 없이 직접 할 수도 있다.

〈민법 개정 전의 무능력자〉

2011. 3. 7.에 민법이 개정되기 전에는 민법상의 무능력자로 미성년자(제4조) · 한정치산자(개정 전 민법 제9조) · 금치산자(개정 전 민법 제12조)의 셋이 있었다.

법   인

1. 법인의 의의

법인은 자연인 이외의 것으로서 법인격(권리능력)이 인정된 것을 말한다.

2. 법인의 종류

(1) 공법인 · 사법인

공법인이라 함은 법인의 설립이나 관리에 국가의 공권력이 관여한 것이고(국가 · 지방자치단체 등), 그 밖의 법인이 사법인이다(회사 등). 그런데 공법인과 사법인의 중간적 법인도 있다(한국은행 · 농업협동조합 등).

(2) 영리법인 · 비영리법인

사법인은 그 목적이 경제적 이익의 추구에 있느냐 여부에 따라 영리법인과 비영리법인으로 나누어진다. 영리법인이란 영리를 목적으로 하는 사단법인을 말하며, 비영리법인이란 학술 · 종교 · 자선 · 기예 · 사교 기타 영리 아닌 사업을 목적으로 하는 사단법인 또는 재단법인을 말한다.

(3) 사단법인과 재단법인

민법상 법인은 사단법인과 재단법인으로 나누어지는데, 사단법인은 일정한 목적을 위하여 결합한 사람의 단체가 법인으로 된 것이고, 재단법인은 일정한 목적에 바쳐진 재산(즉 재단)이 법인으로 된 것이다. 사단법인에는 비영리법인과 영리법인이 있으나, 재단법인은 모두 비영리법인이다.

3. 법인의 설립

민법상의 법인을 설립하는 경우에는, a) 목적의 비영리성, b) 설립행위, c) 주무관청의 허가, d) 설립등기의 네 요건이 필요하다.

4. 법인의 능력

(1) 법인의 권리능력

법인의 권리능력은 성질·법률·목적에 의하여 제한을 받는다.

법인은 자연인의 천연적 성질을 전제로 하는 권리를 가질 수 없다. 즉 생명권·친권·부권(夫權)·정조권·육체상의 자유권 등은 갖지 못한다. 이에 반하여 자연인의 천연적 성질을 전제로 하지 않는 재산권·명예권·성명권·신용권·정신적 자유권 등은 가질 수 있다. 상속권은 이론상 가질 수 있으나, 민법이 상속인을 자연인으로 한정하고 있기 때문에 법인이 가질 수 없다. 그러나 법인도 유증은 받을 수 있으므로 포괄유증을 받음으로써 상속을 받은 것과 동일한 효과를 거둘 수 있다.

권리능력은 법률에 의하여 인정되므로, 법률로 법인의 권리능력을 제한할 수도 있다. 그러나 현재에는 그러한 법률규정으로 개별적인 제한규정이 조금 있는 정도이다.

민법은 정관으로 정한 목적의 범위 내에서 법인이 권리와 의무의 주체가 될 수 있다고 규정한다(제34조).

(2) 법인의 행위능력

민법은 법인의 행위능력에 관하여 명문으로 규정하고 있지 않다. 그런데 학자들은 그 범위가 권리능력의 범위와 일치하는 것으로 해석한다.

(3) 법인의 불법행위능력

법인의 이사와 같은 대표기관이 직무에 관하여 타인에게 손해를 가한 경우에는, 법인은 피해자에 대하여 손해배상책임을 부담한다(제35조). 이때 법인의 대표기관은 법인과 함께 배상책임을 진다. 따라서 피해자는 법인 또는 대표기관의 어느 쪽에 대하여도 배상을 청구할 수 있다. 그때 법인이 배상을 하였다면, 법인은 기관 개인에 대하여 그것의 상환을 청구할 수 있다(구상권).

권리의 객체

권리의 객체의 의의

권리는 일정한 대상을 필요로 하는데, 그것을 권리의 객체라고 한다. 권리의 객체는 권리의 종류에 따라 다르다. 물권(物權)에 있어서는 물건, 채권(債權)에 있어서는 채무자의 행위(급부), 권리 위의 권리에 있어서는 권리, 형성권에 있어서는 법률관계, 친족권에 있어서는 친족법상의 지위, 상속권에 있어서는 상속재산 등이 권리의 객체이다.

민법은 권리의 객체 전부에 관한 일반적 규정을 두지 않고, 물건에 관하여서만 규정하고 있다.

물   건

민법은 제98조에서 "본법에서 물건이라 함은 유체물 및 전기 기타 관리할 수 있는 자연력을 말한다"고 규정하고 있다. 따라서 우리 법상 유체물뿐만 아니라 무체물이라도 전기와 같은 관리할 수 있는 자연력은 물건에 해당한다. 여기서 관리할 수 있다는 것은 배타적 지배가 가능하다는 것인데, 학설은 그 요건이 자연력(自然力) 외에 유체물(有體物)에 관하여도 필요하다고 해석한다.

물건은 여러 가지 표준에 의하여 분류될 수 있으나, 민법총칙에서는 동산·부동산, 주물·종물, 원물·과실에 관하여만 규정을 두고 있다.

동산과 부동산

민법은 동산과 부동산을 여러 면에서 다르게 다루고 있다. 따라서 이 둘은 구별되어야 하며, 그 구별은 물건의 분류 가운데 가장 중요하다.

부동산은 토지 및 그 정착물이다(제99조 1항). 유럽 각국의 민법은 토지만을 부동산으로 하고 있으나(지상물은 토지의 일부로 본다), 우리 민법은 토지뿐만 아니라 토지의 정착물도 독립한 부동산으로 하고 있다. 토지의 정착물로서 판례에 의하여 토지와는 별개의 부동산으로 인정되는 것으로는 건물, 입목(立木)에 관한 법률에 의하여 소유권보존등기를 받은 수목의 집단(입목), 명인방법을 갖춘 수목의 집단 또는 미분리의 과실(서 있는 벼, 뽕나무 잎, 잎담배, 과수의 열매 등), 농작물을 들 수 있다.

〈명인방법〉

명인방법(明認方法)은 수목의 집단 또는 미분리의 과실의 소유권이 누구에게 귀속하고 있다는 것을 제3자가 명백하게 인식(명인)할 수 있도록 공시하는 관습법상의 공시방법이다. 예를 들면 나무 껍질을 벗기고 소유자의 이름을 기재하거나, 미분리의 과실의 경우에는 논·밭의 주위에 새끼줄을 치고 소유자의 이름을 표시한 나무판자를 세우는 것이 그렇다.

부동산 이외의 물건은 동산이다(제99조 2항). 토지에 부착하는 물건이라도 정착물이 아니면 동산이다(예: 임시로 심어 놓은 수목). 전기 기타 관리할 수 있는 자연력도 동산이다.

주물(主物)과 종물(從物)

물건의 소유자가 그 물건의 일상적인 사용에 제공하기 위하여 자기 소유인 다른 물건을 부속하게 하는 경우에, 본래의 물건을 주물이라고 하고, 주물에 부속된 다른 물건을 종물이라고 한다. 예컨대 배(船)와 노(櫓), 자물쇠와 열쇠 등이 주물·종물의 관계에 있다.

종물은 주물의 처분에 따른다(제100조 2항). 그러나 이 규정은 임의규정이기 때문에 종물만의 처분도 가능하다.

원물(元物)과 과실(果實)

물건으로부터 생기는 경제적 수익을 과실이라고 하고, 과실을 생기게 하는 물건을 원물이라고 한다. 과실에는 천연과실과 법정과실의 두 가지가 있다.

물건의 용법에 따라서 수취되는 산출물이 천연과실이다. 천연과실에는 자연적·유기적으로 생산되는 것(과수의 열매, 가축의 새끼, 우유, 양모 등)은 물론이고 인공적·무기적으로 수취되는 것도 원물의 수익으로 인정할 수 있는 것(광산에서 채굴된 광물 등)은 포함된다. 천연과실은 그 원물로부터 분리하는 때에 그것을 수취할 권리자에게 속한다(소유자가 원칙임).

물건의 사용대가로 받는 금전 기타의 물건이 법정과실이다. 물건의 임대차에 있어서의 사용료(집세, 지료 등), 금전대차에 있어서의 이자 등이 그 예이다. 법정과실은 수취할 권리의 존속기간의 일수의 비율로 취득한다.

권리의 변동

총   설

1. 권리변동의 모습

권리의 발생·변경·소멸을 통틀어서 권리의 변동이라고 한다. 이것은 권리의 주체의 입장에서 보면 권리의 취득·변경·상실(득실변경)이 된다.

2. 권리변동의 원인(법률요건과 법률사실)

권리변동은 결과이어서 그것을 일으키려면 일정한 원인이 있어야 한다. 여기서 권리변동을 일으키는 원인이 되는 것을 법률요건이라고 하며, 그 결과로 나타나는 권리변동은 법률효과이다.

법률요건에는 여러 가지가 있으나, 그중 가장 중요한 것이 법률행위이다. 오직 법률행위의 경우에만 행위자가 원하는 대로의 효과가 발생하기 때문이다.

법률요건을 구성하는 개개의 사실이 법률사실이다. 법률요건은 하나의 법률사실로 이루어져 있는 것도 있고, 여러 사실이 합해져서 이루어진 것도 있다. 법률행위라는 법률요건에 반드시 있어야 하는 의사표시도 법률사실의 일종이다.

법률행위

1. 법률행위의 개념

법률행위의 개념정의에 관하여는 학자마다 다소 표현을 달리하고 있다. 그러나 필자는 "의사표시를 불가결의 요소로 하고 의사표시의 내용대로 법률효과가 발생하는 것을 법질서가 승인한 법률요건"이라고 하는 것이 가장 정확하다고 생각한다.

법률행위라는 개념은 독일법학이 구체적인 여러 행위들을 총괄하여 일컫기 위한 목적으로 만든 개념이다. 즉 법률행위 그 자체는 세상에 존재하지 않으며, 존재하는 것은 오직 매매계약·채권양도·혼인·유언 등과 같은 구체적인 행위유형들이다. 이러한 행위들은 모두 의사표시를 반드시 포함하고 있으며, 또한 의사표시에 의하여 당사자가 의욕한 대로의 효과가 인정되고 있다. 따라서 그러한 행위들은 적어도 일정한 사항에 대하여만은 (가령 타인에게 속아서 그 각각의 행위를 한 경우) 동일하게 취급되어야 한다고 생각될 수 있다. 그리고 그러한 목적을 달성하기 위하여서는 이들을 포괄하는 개념이 필요하게 된다. 그러한 이유로 등장한 개념이 바로 법률행위인 것이다. 따라서 법률행위에는 계약도 있고 또 단독행위도 있다.

이러한 법률행위는 사적 자치를 실현하는 법률상의 수단이다. 왜냐하면 행위자의 의사에 따른 법률효과가 발생하는 법률요건은 법률행위밖에는 없기 때문이다. 법률행위 이외의 법률요건에 있어서는 법률효과가 당사자의 의사와는 관계없이 법질서에 의하여 부여된다.

2. 법률행위와 의사표시의 관계

의사표시는 "법률효과의 발생에 향하여진 사적인 의사표명"이다. 법률행위는 이러한 의사표시를 불가결의 요소로 한다. 그 의사표시는 하나일 수도 있고 여러 개일 수도 있다. 앞의 것이 단독행위이고, 뒤의 것이 계약 (또는 합동행위)이다. 그러나 법률행위가 언제나 의사표시로만 구성되는 것은 아니다. 법률행위가 성립하기 위하여 의사표시 외에 다른 사실(사실행위, 관청의 협력 등)이 필요한 경우도 있다. 요물계약(要物契約)에서의 물건의 인도, 혼인에 있어서의 신고, 법인설립에 있어서의 주무관청의 허가 등이 그 예이다.

3. 법률행위의 종류

법률행위는 여러 가지 표준에 의하여 그 종류를 나눌 수 있다. 여기서는 두 가지의 중요한 분류만을 설명하기로 한다.

(1) 단독행위 · 계약 · 합동행위

법률행위는 그것의 요소인 의사표시의 수와 모습에 따라 단독행위 · 계약 · 합동행위로 나누어진다.

단독행위는 하나의 의사표시에 의하여 성립하는 법률행위이다. 단독행위는 상대방이 있느냐에 따라 상대방 있는 단독행위와 상대방 없는 단독행위로 세분된다. 동의 · 채무면제 · 추인 · 취소 · 상계 · 해제 등은 전자의 예이고, 유언 · 재단법인 설립행위 · 권리의 포기 등은 후자의 예이다.

계약은 넓은 의미로는 둘 이상의 서로 대립하는 의사표시의 합치에 의하여 성립하는 법률행위를 말하며, 그것은 채권계약뿐만 아니라 물권계약 · 준물권계약 · 가족법상의 계약 등도 포함한다. 그에 비하여 좁은 의미로 계약이라고 하면, 그것은 채권계약 즉 채권의 발생을 목적으로 하는 계약만을 가리킨다. 우리 민법에는 매매 등 15가지의 전형적인 채권계약이 규정되어 있다. 그러나 사적 자치 내지 계약자유의 원칙상 규정되지 않은 종류의 계약도 얼마든지 체결될 수 있다.

합동행위는 평행적 · 구심적으로 방향을 같이 하는 둘 이상의 의사표시의 합치로 성립하는 법률행위이다. 사단법인의 설립행위가 그 대표적인 예이다. 합동행위의 개념을 따로 인정하지 않으면, 그것은 계약에 포함되게 된다.

(2) 채권행위 · 물권행위 · 준물권행위

법률행위는 그것에 의하여 발생하는 법률효과에 따라 채권행위 · 물권행위 · 준물권행위로 나누어진다.

채권행위는 채권을 발생시키는 법률행위이다. 매매 · 임대차 · 증여가 그 예이다. 채권행위는 뒤에 이행의 문제를 남긴다는 데에 특색이 있다.

물권행위는 물권의 변동을 목적으로 하는 의사표시(물권적 의사표시)를 요소로 하여 성립하는 법률행위이다. 예컨대 소유권이전행위, 저당권설정행위가 그에 속한다. 물권행위는 채권행위와 달리 직접 물권을 변동시키고 뒤에 이행의 문제를 남기지 않는다. 다만, 우리 민법은 물권변동에 관하여 성립요건주의를 취하고 있어서, 우리 민법상 물권변동이 일어나려면 물권행위 외에 등기나 인도도 있어야 한다(이에 관하여는 뒤에 물권법에서 다시 설명함).

준(準)물권행위는 물권 이외의 권리를 종국적으로 변동시키고 이행이라는 문제를 남기지 않는 법률행위이다. 채권양도·지식재산권 양도·채무면제 등이 그 예이다.

4. 법률행위의 성립요건과 효력요건

법률행위가 그 법률효과를 발생하려면 여러 가지의 요건을 갖추어야 한다. 그런데 이론적으로는 법률행위가 먼저 성립하고 그 뒤에 비로소 유효·무효가 문제되기 때문에, 법률행위의 요건은 성립요건과 효력요건으로 나누어 살펴보아야 한다.

(1) 법률행위의 성립요건

법률행위의 존재가 인정되기 위하여 필요한 최소한의 외형적·형식적인 요건이 성립요건이다. 성립요건은 다시 모든 법률행위에 공통하는 일반적 성립요건과, 개별적인 법률행위에 대하여 특별히 요구되는 특별 성립요건으로 나누어진다.

일반적 성립요건은 모든 법률행위에 대하여 요구되는 성립요건이다. 학자들은 일반적 성립요건으로 당사자, 목적, 의사표시의 셋을 들고 있다. 그러나 이는 부적당하며, 법률행위의 성립요건은 법률행위의 성립에 필요한 의사표시(단독행위의 경우) 또는 의사표시의 일치 즉 합의(계약의 경우)라고 하여야 한다.

특별 성립요건은 개별적인 법률행위에 대하여 추가적으로 더 요구되는 성립요건이다. 그 예로는 혼인에 있어서의 신고, 요물계약에서의 물건의 인도 기타의 급부를 들 수 있다.

(2) 법률행위의 효력요건(유효요건)

효력요건은 이미 성립한 법률행위가 효력을 발생하는 데 필요한 요건이며, 이것 역시 일반적인 것과 특별한 것으로 세분될 수 있다.

① 일반적 효력요건은 모든 법률행위에 공통적으로 요구되는 효력요건

이며, 여기에는 여러 가지가 있다. 우선 당사자에게 의사능력과 행위능력이 있어야 한다. 그리고 법률행위의 목적이 확정할 수 있어야 하고, 실현 가능하여야 하고, 적법하여야 하며, 사회적 타당성을 지니고 있어야 한다. 법률행위의 목적은 법률행위에 의하여 달성하려고 하는 법률효과이며 법률행위의 내용이라고도 한다. 이러한 법률행위의 목적이 확정되어 있지도 않고 확정할 수도 없거나, 처음부터 실현이 불가능하거나(원시적 불능), 강행법규에 반하거나, 또는 선량한 풍속 기타 사회질서에 위반된 때에는 법률행위는 무효이다.

의사표시에 관하여 의사와 표시가 일치하고 의사표시에 하자가 없어야 한다. 의사와 표시가 일치하지 않는 경우에는 의사표시가 무효이거나(비진의표시의 예외적인 경우, 허위표시) 취소될 수 있다(착오). 그리고 하자가 있는 경우(사기·강박에 의한 의사표시)에는 의사표시가 취소될 수 있다. 따라서 법률행위가 완전히 유효하려면 그와 같은 흠이 존재하지 않아야 한다.

〈의사와 표시의 불일치, 하자 있는 의사표시〉

민법이 기초로 하고 있는 사적 자치는 구체적으로는 개인의 자유로운 의사의 표시에 의하여 실현된다. 여기에는 의사표시가 표의자의 의사와 일치하여야 한다는 것이 전제되어 있다. 그런데 거래의 실제에 있어서는 여러 사정으로 인하여 표의자의 내심의 의사(진의)와 표시행위의 의미가 일치하지 않는 경우가 발생한다. 이처럼 표의자의 의사와 표시가 일치하지 않는 경우를 통틀어 '의사와 표시의 불일치'라고 한다.

의사와 표시의 불일치는 표의자가 이를 알고 있는 경우도 있고, 알고 있지 못한 경우도 있다. 진의 아닌 의사표시(비진의표시)와 허위표시가 전자의 예이고, 착오가 후자의 예이다. 그리고 비진의표시(非眞意表示)와 허위표시는 상대방과 서로 짜고 하지 않았느냐의 여부에 의하여 구별된다.

비진의표시는 의사와 표시의 불일치를 표의자(의사표시자)가 스스로 알면서 하는 의사표시를 말한다. 그러한 비진의표시는 원칙적으로는 유효하나, 상대방이 표의자의 진의 아님을 알았거나 알 수 있었을 경우에는 무효이다(제107조 1항). 그리고 허위표시는 상대방과 서로 짜고서 하는 허위의 의사표시이며, 그것은 무효이다(제108조 1항). 한편 착오는 의사와 표시의 불일치를 표의자가 알지 못하는 경우인데, 착오에 의한 의사표시는 법률행위의 내용의 중요부분에 착오가 있고 표의자에게 중과실이 없는 때에는 취소할 수 있다. 그리고 이들 세 의사표시에 있어서 무효나 취소는 선의의 제3자에게 대항하지 못한다(제107조 2항, 제108조 2항, 제109조 2항).

타인의 사기 또는 강박에 의하여 행하여진 의사표시의 경우에는 극히 예외적인 경우를 제외하고는 의사와 표시의 불일치는 존재하지 않으며, 단지 의사의 형성과정에 하자(부당한 간섭)가 존재할 뿐이다. 사기·강박에 의한 의사표시는 원칙적으로 취소할 수 있으나, 취소를 가지고 제3자에게 대항하지는 못한다(제110조).

② 특별 효력요건은 일정한 법률행위에 특유한 효력요건이다. 그 예로는 대리행위에 있어서의 대리권의 존재, 미성년자의 법률행위에 있어서 법정대리인의 동의, 유언에 있어서 유언자의 사망, 정지조건부 법률행위에 있어서 조건의 성취, 시기부(始期附) 법률행위에 있어서 기한의 도래, 학교법인(사립학교의 경우)의 기본재산 처분에 있어서 관할청의 허가 등을 들 수 있다.

5. 법률행위의 대리

[사 례] a) 15세된 A는 자신의 주택을 팔고 아파트로 이사하려고 한다. 어떤 방법으로 하여야 하는가?

b) 토지소유자인 B는 C에게 자신의 토지를 담보로 제공하고 금전을 빌려 오라고 하였다. 그러면서 인감증명서·등기필정보 등도 교부하였다. 그런데 C는 B의 토지를 B의 이름으로 D에게 매도하고 소유권이전등기까지 해 주었다. 이 매매계약은 유효한가?

c) E는 F로부터 대리권을 수여받은 일이 없음에도 불구하고 G에게 자신이 F의 대리인이라고 하면서 F의 이름으로 금전을 빌렸다. 이 금전대차의 효력은 어떻게 되는가?

(1) 대리의 의의

의사능력이 없는 자는 자신이 직접 법률행위를 할 수 없다. 그리고 제한능력자도 타인의 협력이 없이는 법률행위를 하지 못한다. 뿐만 아니라 행위능력자라고 하더라도 전문지식이 부족하거나 또는 다른 일이 많아서 자신의 일을 타인에게 대신 하게 하고 싶은 경우들이 있다. 이 모든 경우들을 위하여 마련된 제도가 대리제도이다.

대리란 타인(대리인)이 본인의 이름으로 법률행위(의사표시)를 하거나 또는 의사표시를 수령함으로써 그 법률효과가 직접 본인에게 생기는 제도이다. 예컨대 본인 갑의 대리인 을이 병(상대방)에 대하여 갑의 이름으로 갑의 토지를 1,000만원에 판다는 의사표시(청약)를 하고, 그에 대하여 병이 그 값에 토지를 사겠다는 의사표시(승낙)를 하면, 을과 병 사이가 아니고 갑과 병 사이에 매매계약이 성립하여, 갑이 병에 대하여 대금채권을 취득하고 또 갑이 병에 대하여 소유권을 넘겨줄 의무를 부담하게 된다.

(2) 대리행위가 유효하기 위한 요건과 효과

① 대리행위 즉 대리인이 대리인으로서 상대방과 행한 행위가 유효하려면 먼저 대리인에게 대리권이 있어야 한다. 만약 대리인이 대리인으로서 행위하였지만 대리권이 없었던 경우에는 뒤에 설명하는 무권대리(無權代理)가 된다.

대리권은 법률의 규정에 의하여 주어지는 경우가 있는가 하면, 본인의 의사에 기하여 주어지는 경우도 있다. 앞의 경우의 대리가 법정대리이고, 그 대리인이 법정대리인이다. 그리고 뒤의 경우의 대리가 임의대리이고, 그 대리인이 임의대리인이다. 법정대리인의 예로는 미성년자의 친권자, 성년후견인·한정후견인을 들 수 있다. 한편 임의대리권은 대리권을 수여하는 행위 즉 수권행위에 의하여 수여된다. 그런데 그 행위는 위임·고용계약 등과 함께 행하여지는 것이 보통이다.

② 대리인의 행위가 대리인의 행위로서 성립하려면 본인을 위한 것임을 표시하여 하여야 한다(현명주의, 제114조). 이것은 본인의 이름으로 하라는 의미이다. 실제에 있어서는 보통 '갑의 대리인 을'이라는 형식으로 행위

를 한다.

만일 대리인이 본인을 위한 것임을 표시하지 않고서 한 의사표시는 그 대리인을 위한 것으로 간주된다. 그러나 상대방이 대리인으로서 한 것임을 알았거나 알 수 있었을 때에는 그 의사표시는 대리행위로서 효력을 발생한다(제115조).

③ 이러한 요건이 갖추어지면 대리행위의 효과는 모두 직접 본인에게 귀속한다(제114조). 그러나 대리는 법률행위에 관한 제도이고 불법행위에는 적용되지 않으므로, 대리인이 불법행위를 한 경우에는 그 책임이 본인에게 귀속하지 않고 대리인에게 귀속한다.

④ 사례 a)의 경우에 A는 그 법정대리인의 동의를 얻어 직접 주택을 매도하고 아파트를 매수할 수 있다. 이것이 가능한 것은 그에게 의사능력이 있기 때문이다. 그런가 하면 그의 법정대리인에 의하여 주택과 아파트의 매매계약이 대리될 수도 있다. 미성년자의 법정대리인(친권자 또는 미성년후견인)은 법률규정상 대리권을 가지고 있다(제920조). 따라서 그는 미성년자를 대리할 수 있는데, 그때에는 본인인 A를 밝혀서 행위를 하여야 한다.

(3) 무권대리

① 무권대리는 대리권 없이 행한 대리행위를 말한다. 이러한 무권대리에는 표현대리(表見代理)와 좁은 의미의 무권대리가 있다(통설).

② 표현대리 제도는 대리인이 무권대리행위를 한 데에 본인에게도 책임의 일부가 있다고 생각되는 특별한 사정이 있는 경우에 본인에게 책임을 지게 함으로써 본인의 이익의 희생 하에 상대방 및 거래의 안전을 보호하려는 제도이다.

민법이 규정하고 있는 표현대리로는 세 가지가 있다. 첫째로는 본인이 제3자에 대하여 어떤 자에게 대리권을 수여하였음을 표시하였는데 실제로는 수여하지 않은 경우에 대리인으로 표시된 자가 표시된 대리권의 범위 안에서 대리행위를 한 경우이다(제125조). 이를 대리권수여의 표시에 의한 표현대리라고 한다. 둘째로는 대리인이 대리권을 가지고 있기는 하나 그 대리권의 범위를 넘어서 대리행위를 한 경우이다(제126조). 이를 대리권한을 넘은 표현대리라고 한다. 이 표현대리가 성립하기 위하여 대리인이 가지고 있는 대리권이 대리권한을 넘는 행위와 같은 종류 또는 비슷한 것이어야 할 필요는 없다. 셋째로는 대리인이 과거에는 대리권을 가지고 있었으나 대리행위를 할 때에는 소멸하고 없는 경우이다(제129조). 이를 대리권 소멸 후의 표현대리라고 한다. 그리고 표현대리가 인정되려면 위의 세 가지 중 어느 것이든 대리행위의 상대방이 대리행위를 한 자에게 대리권이 없다는 것을 모르고 또 모르는 데 과실도 없어야 한다. 다시 말하여 선의, 무과실이어야 한다.

표현대리가 성립하면, 표현대리의 상대방은 본인에 대하여 무권대리행위의 법률효과를 주장할 수 있다. 그러나 그 밖의 점에서는 표현대리도 무권대리의 성질을 가지므로 상대방은 철회권을 가지고, 본인은 추인(유권대리로의 인정)할 수 있다. 그렇지만 처음부터 곧바로 무권대리인에게 책임을 묻지는 못한다(통설).

사례 b)의 경우에 C는 금전대차의 대리권은 가지고 있으나 토지매도의 대리권은 없었다. 그럼에도 불구하고 대리행위의 모습으로 B의 토지를 D에게 매도하였다. 따라서 이 경우는 대리권한을 넘은 표현대리의 문제가 된다. 그 결과 제126조의 규정상 D가 C에게 대리권이 있다고 믿을 만한 정당한 이유가 있을 때에는 D는 본인인 B에게 토지매매의 효과를 주장할 수 있다. 그리하여 그러한 때에는 B·D 사이에 유효한 매매계약이 성립한 것과 같은 효과가 생긴다.

③ 표현대리라고 볼 수 있는 특별한 사정이 존재하지 않는 경우의 무권대리를 좁은 의미의 무권대리라고 한다.

계약의 무권대리의 효과를 살펴보기로 한다. 그 무권대리는 본인에 대하여 당연히는 효과가 발생하지 않는다. 그러나 본인이 원한다면 그것을 추인하여 효과를 발생하게 할 수 있다(제130조). 본인의 추인이 있으면 무권대리행위는 처음부터 유권대리행위였던 것과 같은 효과가 생긴다. 그런가 하면 상대방은 상당한 기간을 정하여 본인에게 추인하겠는지 여부에 관하여 확답을 하도록 독촉(최고)할 수 있고, 본인이 기간 내에 확답을 하지 않으면 추인을 거절한 것으로 간주한다(제131조). 그리고 또 상대방은 계약

당시에 대리인에게 대리권이 없음을 알지 못한 경우, 즉 선의인 경우에 한하여 본인의 추인이 있을 때까지 그 계약을 철회할 수 있다(제134조). 한편 무권대리인이 대리권을 증명하지도 못하고 또 본인이 추인하지도 않았을 뿐더러 상대방이 아직 철회권을 행사하지도 않은 경우에는, 무권대리인은 상대방의 선택에 좇아 이행 또는 손해배상의 책임을 진다(제135조).

사례 c)는 좁은 의미의 무권대리의 경우이다. 따라서 E와 G 사이의 금전대차는 무권대리행위로서 F에게 효과가 발생하지 않는다. 다만, 본인 F는 금전대차를 추인할 수 있고, 추인이 있으면 그 금전대차는 유권대리행위가 된다. 그리고 상대방인 G는 F의 추인이 있을 때까지 그 계약을 철회하여 없었던 것으로 되돌릴 수 있다. 한편 F의 추인도 G의 철회도 없는 때에는, G는 무권대리인인 E에 대하여 이행책임 또는 손해배상책임을 물을 수 있다.

소멸시효

1. 소멸시효의 의의

소멸시효는 권리자가 일정한 기간 동안 그 권리를 행사하지 않는 상태(권리불행사의 상태)가 계속된 경우에 그의 권리를 소멸시켜 버리는 것이다. 이러한 소멸시효 제도는 증거보전의 곤란을 구제하는 외에 권리 위에 잠자는 자는 보호할 필요가 없다는 데에 그 존재이유가 있다고 설명된다.

2. 소멸시효의 요건

소멸시효에 의하여 권리가 소멸하려면 권리가 소멸시효의 목적이 될 수 있는 것이어야 하고, 권리자가 법률상 그의 권리를 행사할 수 있음에도 불구하고 행사하지 않아야 하며, 위의 권리불행사의 상태가 일정한 기간(소멸시효기간) 동안 계속되어야 한다.

(1) 소멸시효에 걸리는 권리

우리 민법상 소멸시효에 걸리는 권리는 채권과, 소유권 이외의 재산권이다. 따라서 가족권·인격권과 같은 비재산권은 소멸시효에 걸리지 않는다. 그리고 재산권이라도 소멸시효의 목적이 되지 않는 예외적인 것도 있다.

(2) 권리의 불행사(소멸시효의 기산점)

소멸시효가 완성하려면 권리불행사가 있어야 한다. 권리불행사란 권리를 행사하는 데 법률상의 장애가 없음에도 불구하고 행사하지 않는 것이다. 따라서 언제부터 그러한 불행사가 있는지가 문제되는데, 이것이 곧 소멸시효의 기산점의 문제이다.

소멸시효는 권리를 행사할 수 있는 때로부터 진행한다(제166조 1항). 여기서 권리를 행사할 수 있다는 것은 권리를 행사하는 데 있어서 법률상의 장애(가령 이행기가 되지 않음)가 없다는 것을 의미한다. 따라서 사실상의 장애(가령 권리자의 질병·여행)는 특별규정이 없는 한 소멸시효의 기산점에 영향을 주지 않는다.

(3) 소멸시효기간

소멸시효가 완성하려면 권리불행사의 상태가 일정한 기간 동안 계속되어야 하는데, 그 기간을 소멸시효기간이라고 한다.

① 채권의 소멸시효기간: 보통의 채권의 소멸시효기간은 10년이다(제162조 1항). 다만, 상행위로 생긴 채권은 5년이다(상법 제64조).

채권 중에는 3년의 단기시효에 걸리는 채권이 있다. 이자채권, 부양료채권, 의사·약사의 치료·조제에 관한 채권, 공사의 설계·감독자의 공사에 관한 채권, 변리사·공증인에 대한 보관서류 반환채권, 변호사·공증인 등의 직무에 관한 채권, 생산자 및 상인이 판매한 생산물 및 상품의 대가, 수공업자·제조자의 업무에 관한 채권이 그 중요한 것들이다(제163조).

그런가 하면 1년의 단기시효에 걸리는 채권도 있다. 여관·음식점 등의 숙박료·음식료 등의 채권, 동산의 사용료 채권, 연예인의 임금채권(근로자의 임금채권은 근로기준법상 3년임), 학생의 교육 등에 관한 교주·교사 등의 채권이 그 중요한 예이다(제164조).

그리고 판결에 의하여 확정된 채권은 단기의 소멸시효에 해당하는 것이라도 그 소멸시효기간은 10년이다(제165조).

② 기타의 재산권의 소멸시효기간: 채권 및 소유권 이외의 재산권의 소멸시효기간은 20년이다(제162조 2항).

3. 소멸시효의 중단

소멸시효가 완성하려면 권리불행사라는 사실상태가 일정한 기간 동안 계속되어야 하는데, 소멸시효의 기초가 되는 권리불행사의 사실상태와 부딪치는 사실이 생기면 소멸시효의 진행이 중절되고 이미 경과한 시효기간의 효력은 소멸하여 버린다. 이와 같이 소멸시효의 진행을 방해하는 것을 소멸시효의 중단이라고 한다.

소멸시효가 중단되면 그때까지 경과한 시효기간은 없어지게 되고, 그때부터 새로이(즉 0으로부터) 시효기간은 진행하게 된다.

시효중단의 효력을 생기게 하는 사유는 청구, 압류·가압류·가처분, 승인이다(제168조).

물 권 법

물권법의 의의

물권법은 물건(객체)에 대한 사람의 지배관계 즉 물권관계를 규율하는 법이다. 달리 표현하면, 그것은 물권에 관한 법이다. 이러한 물권법은 채권법과 더불어 재산법의 2대분야를 이루고 있다.

물권의 의의와 종류

1. 물권의 의의

물권은 특정의 물건을 직접 지배해서 이익을 얻는 배타적인 권리이다. 이를 나누어 설명한다.

우선 물권은 목적물을 직접 지배하는 권리이기 때문에, 권리의 내용을 실현하기 위하여 타인의 행위를 필요로 하지 않는다. 그리고 물권자가 목적물로부터 얻는 이익에는 두 가지가 있다. 하나는 물건을 이용하는 것 즉 사용가치를 얻는 것이고, 다른 하나는 물건이 가지는 교환가치를 취득하는 것이다. 한편 물권은 배타적인 권리이기 때문에, 서로 양립할 수 없는 물권이 동일한 객체 위에 동시에 성립하지 못한다. 예컨대 갑의 소유권의 객체인 물건 위에 을의 소유권이 동시에 성립하지 못하며, 같은 부동산 위에 순위가 같은 저당권이 둘 이상 성립하지 못한다. 채권과 다른 점이다.

2. 물권의 종류

(1) 물권법정주의

방금 본 바와 같이, 물권은 채권과 달리 배타성이 있다. 따라서 물권을 취득하려는 자는 누구에게 어떤 내용의 물권이 있는지를 알 수 있어야 하며, 그러지 못한 경우에는 예측하지 못한 손해를 입을 수가 있다. 예컨대 어떤 부동산의 소유권을 취득하려는 자는 그 물건의 소유자로부터 그 물건의 소유권을 넘겨 받아야 하며, 다른 자를 소유자로 믿고서 그로부터 매수하여도 소유권을 취득할 수가 없다. 또한 저당권을 취득하려는 자는 동일한 부동산에 선순위의 저당권이 존재하는지를 알아야만 충분한 담보를 확보할 수 있게 된다. 이처럼 물권거래에 있어서 제3자에게 예측하지 못한 손해를 주지 않게 하려면, 물권의 귀속과 내용을 널리 일반에게 알리는 방법, 즉 공시방법을 마련하여야 한다. 그런데 그러한 공시방법이 마련된다고 하더라도, 물권을 당사자들이 합의에 의하여 마음대로 만들어낼 수 있도록 한다면 그 종류가 너무도 많게 되어 그 내용을 제대로 파악할 수조차 없게 된다. 공시의 목적을 달성하게 하려면, 물권의 종류를 법률에 의하여 최소한으로 한정하여 두고 당사자들은 그 가운데에서 선택만 하게 하여야 한다. 이와 같이 물권의 종류와 내용을 법률이 정하는 것에 한하여 인정하는 원칙을 물권법정주의(물권한정주의)라고 한다.

우리 민법도 제185조에서 물권법정주의를 규정하고 있다. 다만, 우리 민법은 다른 민법과 달리 물권이 법률 외에 관습법에 의하여서도 성립할 수 있다고 규정하고 있다. 어쨌든 우리 민법상 물권은 법률 또는 관습법에 의하여서만 성립할 수 있으며, 당사자가 그 종류를 새로이 만들어내지도 못한다. 또 정해져 있는 물권의 내용을 바꾸지도 못한다. 당사자는 인정되어 있는 물권들 중에서 선택만 할 수 있을 뿐이다. 이러한 물권법정주의의 결과 물권법의 규정들은 대부분 강행규정으로 되어 있다.

(2) 물권의 종류

민법 제185조의 규정상 물권에는 법률상의 것과 관습법상의 것이 있게 된다. 그리고 법률상의 물권에는 민법상의 것과 특별법상의 것이 있다.

① 민법상의 물권

ⅰ) 우리 민법이 규정하고 있는 물권은 점유권, 소유권, 지상권, 지역권, 전세권, 유치권, 질권, 저당권의 8가지이다.

ⅱ) 점유권은 물건을 지배할 수 있는 권한이 있느냐를 묻지 않고, 물건을 사실상 지배하고 있는 경우에 인정되는 특수한 물권이다. 따라서 도둑도 점유권은 가질 수 있다.

소유권은 물건을 전면적으로, 즉 물건이 가지는 사용가치·교환가치의 전부를 지배할 수 있는 권리이다. 이는 유일한 완전물권이다. 민법상의 물권 중 소유권 이외의 물권(점유권은 특수한 것이므로 제외됨)은 소유권에 대한 제한 위에서 성립하고 또한 그 내용도 제한되어 있다. 따라서 그것들을 포괄적으로 제한물권이라고 한다. 즉 소유권과 점유권을 제외한 6가지 물권은 제한물권이다.

제한물권은 용익물권과 담보물권으로 나누어진다. 용익물권은 물건이 가지는 사용가치의 지배를 목적으로 하는 것이며, 지상권·지역권·전세권이 그에 속한다. 그리고 담보물권은 채권담보를 위하여 물건이 가지는 교환가치의 지배를 목적으로 하는 것이며, 유치권·질권·저당권이 그에 해당한다.

지상권은 타인의 토지에서 건물 기타의 공작물(교량·탑·우물·터널 등)이나 수목을 소유하기 위하여 그 토지를 사용할 수 있는 물권이다(제279

조). 지역권은 일정한 목적을 위하여 타인의 토지(승역지)를 자기의 토지(요역지)의 편익에 이용하는 것을 내용으로 하는 물권이다(제291조). 전세권은 전세금을 지급하고 타인의 부동산을 그의 용도에 좇아 사용·수익하는 용익물권이며, 전세권이 소멸하면 목적부동산으로부터 전세금의 우선변제를 받을 수 있는 효력이 인정되는 것이다(제303조 1항).

유치권(留置權)은 타인의 물건 또는 유가증권을 점유하는 자가 그 물건이나 유가증권에 관하여 생긴 채권을 가지는 경우에, 그 채권의 변제를 받을 때까지 그 물건 또는 유가증권을 유치(점유하고 인도를 거절하는 것)할 수 있는 권리이다(제320조). 질권(質權)은 채권자가 그의 채권의 담보로서 채무자 또는 제3자(물상보증인)로부터 받은 물건(또는 재산권)을 점유하고, 채무의 변제가 있을 때까지 유치함으로써 채무의 변제를 간접적으로 강제하는 동시에, 채무의 변제가 없는 때에는 그 목적물로부터 우선적으로 변제받는 권리이다(제329조, 제345조). 그리고 저당권은 채무자 또는 제3자(물상보증인)가 채무의 담보로서 제공한 부동산 또는 부동산물권(지상권·전세권)을, 채권자가 질권에 있어서와 달리 제공자로부터 인도받지 않고서 그 목적물을 단지 관념상으로만 지배하여, 채무의 변제가 없는 경우에 그 목적물로부터 우선변제를 받는 담보물권이다(제356조).

iii) 이러한 물권은 그 객체가 부동산인가 동산인가에 따라 부동산물권과 동산물권으로 나눌 수 있다. 그렇게 나눈다면, 점유권·소유권·지상권·지역권·전세권·유치권·저당권은 부동산물권이고, 점유권·소유권·유치권·질권은 동산물권이다. 그러나 물건 이외의 것, 가령 권리를 객체로 하는 물권도 있음을 유의하여야 한다. 권리질권, 지상권·전세권 위에 성립한 저당권 등이 그 예이다.

물권을 부동산물권과 동산물권으로 나누어야 하는 이유는 공시방법에 있어서 둘이 서로 다르기 때문이다. 뒤에 다시 보는 바와 같이, 부동산물권은 등기에 의하여 공시되나, 동산물권은 점유 내지 인도(점유의 이전)에 의하여 공시된다.

② **특별법상의 물권**: 특별법상의 물권으로 공장저당권·공장재단저당권·자동차저당권·가등기담보권 등이 있다.

③ 관습법상의 물권: 우리나라에서 관습법상의 물권으로 판례에 의하여 확인된 중요한 것으로는 두 가지가 있다. 하나는 분묘기지권이고, 다른 하나는 관습법상의 법정지상권이다.

판례에 의하면, 타인의 토지 위에 분묘를 설치하는 경우에 일정한 요건 하에 지상권에 유사한 물권이 성립한다고 하는데, 그러한 권리를 분묘기지권이라고 한다. 또한 판례는, 동일인의 소유에 속하는 대지와 그 지상건물이 매매 등으로 각각 소유자를 달리하게 된 경우에는, 특별히 그 건물을 철거한다는 특약이 없었으면, 건물의 소유자는 그 대지 위에 관습법상의 법정지상권을 취득한다고 한다.

물권의 변동

1. 물권변동의 원인과 종류

물권의 발생·변경·소멸을 통틀어서 물권의 변동이라고 한다.

물권변동은 여러 가지 표준에 의하여 종류를 나누어 볼 수 있다. 우선 변동하는 물권이 부동산물권이냐 동산물권이냐에 따라, 물권변동은 부동산물권변동과 동산물권변동으로 나누어진다.

그리고 물권변동은 그 원인이 되는 법률요건에 따라서 종류를 나눌 수도 있다. 법률요건 중에는 당사자의 의사에 의하여 법률효과를 발생시키는 것이 한 가지 있다. 바로 법률행위이다. 나머지의 법률요건의 경우에는 당사자의 의사와는 관계없이 법률규정에 의하여 법률효과가 발생한다. 그 때문에 물권변동은 다시 '법률행위에 의한 물권변동'과 '법률행위에 의하지 않는 물권변동'의 둘로 나눌 수 있는 것이다. 이 중에 전자가 중요함은 물론이다.

2. 물권변동과 공시(公示)

(1) 물권에는 배타성이 있기 때문에, 물권거래(가령 소유권이나 저당권 취득)를 하는 경우에 취득자가 예측하지 못한 손해를 입지 않으려면, 물권의

귀속과 그 내용이 일정한 방법에 의하여 널리 알려져야 한다(공시). 이러한 방법이 공시제도 내지 공시방법이며, 부동산물권에 관하여는 등기가, 그리고 동산물권에 관하여는 점유가 공시방법으로 되고 있다. 다만, 예외적으로 동산이 등기나 등록에 의하여 공시되기도 하고(선박·자동차·항공기·경량항공기·일정한 건설기계), 또 수목의 집단이나 미분리의 과실에 관하여는 명인방법이라는 관습법상의 공시방법이 판례에 의하여 인정되고 있다.

(2) 공시방법이 그 기능을 다하기 위하여서는 공시의 원칙과 공신의 원칙이 인정되어야 한다.

공시(公示)의 원칙은 물권의 변동은 공시방법을 수반하여야 한다는 원칙이다. 즉 공시방법을 갖추지 않으면 물권변동의 효과가 인정되지 않는다는 원칙이다. 오늘날의 법은 공시의 원칙을 실현하기 위하여 이를 강제하는 방법을 쓰고 있다. 그런데 그 방법으로는 두 가지가 있다. 하나는 공시방법을 갖추지 않으면, 제3자에 대한 관계에서는 물론이고 당사자 사이에서도 물권변동이 생기지 않는다는 것이고(성립요건주의 또는 형식주의), 다른 하나는 공시방법을 갖추지 않아도 당사자 사이에서는 물권변동이 일어나지만 그 물권변동을 가지고 제3자에게 대항하지 못하는 것으로 하는 것이다(대항요건주의 또는 의사주의). 우리 민법은 전자의 태도를 취하고 있다.

공신(公信)의 원칙은 등기나 점유라는 공시방법을 믿은 자는 비록 그 공시방법이 진실한 권리관계에 부합하지 않더라도 그 공시된 대로(믿은 대로) 권리를 취득한다는 원칙이다. 이 원칙이 채용되면, 물권을 취득하는 자는 실제의 권리자가 누구인지를 조사하지 않아도 등기 등을 믿고 거래할 수 있게 되어, 거래의 안전이 보호되게 된다. 그러나 반사적 효과로 진정한 권리자는 희생된다. 우리 민법은 동산거래에 관하여는 이 원칙을 인정하고 있으나(후술하는 선의취득), 부동산거래에 관하여는 인정하지 않고 있다. 따라서 예컨대 A의 토지를 B가 자신이 마치 A로부터 매수한 것처럼 등기서류를 위조하여 자기의 이름으로 등기한 뒤, C에게 자신의 토지라고 속여 매도한 경우에, 설사 C가 B 명의의 등기가 실제와 일치한다고 믿었다 하더라도 C는 토지의 소유권을 취득하지 못한다. C는 단지 B에 대하여 손해배상 등을 청구할 수 있을 뿐이다.

3. 부동산물권의 변동

(1) 법률행위에 의한 변동

　　법률행위(물권행위)에 의하여 부동산물권변동이 일어나려면 물권행위와 등기의 두 가지 요건을 갖추어야 한다(제186조). 이 두 요건 가운데 어느 하나라도 갖추어져 있지 않으면, 제3자에 대한 관계에서는 물론이고 당사자 사이에서도 물권변동은 일어나지 않는다(성립요건주의).

　　물권행위는 물권변동을 목적으로 하는 의사표시를 요소로 하는 법률행위이다. 그 예로는 소유권을 넘겨 준다는 합의, 저당권을 설정한다는 합의를 들 수 있다. 그러한 물권행위는 보통 매매계약과 같은 채권행위가 행하여진 뒤 그것에서 발생한 채무(가령 소유권이전의무)를 이행할 목적으로 행하여진다. 그런데 실제에 있어서 물권행위를 의식적으로 따로 하는 일은 적다. 그럴 때에 어느 시점에서 물권행위가 행하여진 것으로 볼 것인지가 문제되나, 채권행위(가령 매매계약)시에 그것에 포함되어 행하여진 것으로 보아야 할 것이다. 그러고 보면 실제에 있어서는 대체로 등기가 된 때에 물권변동이 일어나게 된다.

　　그리하여 예컨대 A의 주택을 B가 매수하여 대금도 모두 치르고 등기서류도 넘겨 받았을 뿐만 아니라 주택을 인도받아 살고 있다고 하더라도, 아직 B의 이름으로 등기를 이전하지 않았다면, 주택의 법률상 소유자는 여전히 A이다. 이 경우에 물권행위는 있었다고 할 수 있으나, 등기가 없기 때문이다. 그 결과 만일 A가 파산한다면 A의 채권자는 그 주택에 대하여 강제집행을 할 수 있고, 그때에 B는 자신이 소유자라고 주장하지 못한다.

　　물권변동이 일어나려면 물권행위와 등기만 있으면 되고, 목적물의 점유를 넘겨주는 것 즉 인도는 요건이 아니다. 인도가 없이도 물권변동은 일어날 수 있는 것이다. 그러나 이것이 매매의 경우에 매도인이 인도를 할 필요가 없다는 의미는 아니다. 매매의 경우에 매도인은 당연히 인도의무가 있다. 다만, 매매에 있어서도 매도인이 인도하기 전에 소유권을 넘겨주려고 하는 일이 있을 수 있고, 그때에는 물권행위와 등기에 의하여 그 목적을 달성할 수 있다.

(2) 법률행위에 의하지 않는 변동

법률행위에 의하지 않고 상속·공용징수(수용)·판결·경매 기타 법률의 규정 등에 의하여 일어나는 부동산물권변동에는 등기를 요하지 않는다(제187조 본문). 즉 이러한 경우에는 등기를 갖추지 않아도 법률상 당연히 물권변동이 일어난다. 그러나 취득자가 그 물권을 처분하려면 먼저 자신의 이름으로 등기한 뒤 처분하여야 한다(제187조 단서). 물론 그 처분은 법률행위에 의한 것이므로 당연히 등기가 필요하다.

법률행위에 의하지 않는 부동산물권변동이면서 등기를 요구하는 한 가지가 있다. 그것은 부동산의 점유취득시효의 경우이다. 즉 우리 민법상 타인의 부동산을 20년간 소유의 의사로 평온·공연하게 점유하면, 그에게 등기청구권이 생기고 그 권리를 행사하여 등기하여야 비로소 소유권을 취득한다(제245조 1항).

4. 동산물권의 변동

동산물권변동도 법률행위에 의한 것과 법률행위에 의하지 않은 것으로 나눌 수 있다. 그런데 주로 문제가 되는 것은 법률행위에 의한 물권변동, 그중에서도 물권의 취득이므로, 여기서는 그것만을 살펴보기로 한다.

동산물권거래에 관하여는 공신의 원칙이 채용되어 있으므로, 법률행위에 의한 동산물권의 취득은 권리자로부터의 취득과 무권리자로부터의 취득으로 나누어 보아야 한다.

(1) 권리자로부터의 취득

우리 민법은 동산물권변동에 관하여도 이른바 성립요건주의를 취하고 있다. 따라서 동산물권변동(실제로는 소유권이전)에도 물권행위와 공시방법으로서의 인도(점유의 이전)가 갖추어져야 한다(제188조 1항). 여기서 인도라 함은 점유의 이전을 말하고, 점유는 물건에 대한 사실상의 지배이다.

(2) 무권리자로부터의 취득(선의취득)

동산거래에 공신의 원칙이 채용된 결과, 동산의 점유자가 소유자라고 믿고 그 자로부터 동산을 매수한 경우에는, 매수인이 그 동산의 소유권을 취득하게 된다(제249조). 이를 선의취득이라고 한다. 예컨대 A의 시계를 B가 빌려서 차고 있다가 C에게 그 시계가 자기의 것인 것처럼 속여서 팔고 그 시계를 넘겨 준 경우에, C가 B에게 소유권이 없음을 알지 못했고 또 모르는 데 과실도 없었다면, C는 그 시계의 소유권을 취득하게 된다. 그리고 시계의 진정한 소유자였던 A는 시계의 소유권을 잃게 된다.

다만, 선의취득된 동산이 도난당한 물건(도품)이거나 잃어버린 물건(유실물)인 때에는, 피해자나 유실자는 도난 또는 유실한 날로부터 2년 내에 취득자에 대하여 무상으로 그 물건의 반환을 청구할 수 있다(제250조). 그러나 선의취득자가 그 동산을 경매에서 또는 공개시장이나 그 종류의 물건을 판매하는 상인에게서 선의로 매수한 경우에는, 그 매수인에 대하여는 그 자가 지급한 대가를 변상하여야만 그 물건의 반환을 청구할 수 있다(제251조).

채 권 법

채권법의 의의

채권에 관한 법규를 통틀어서 채권법이라고 한다. 이러한 채권법은 물권법과 더불어 재산법의 2대분야를 이루고 있다.

채권법의 법률규정은 원칙적으로 임의법규로서의 성질을 가진다. 그러나 강행법규도 적지 않다. 그리고 채권법은 거래법이어서 세계적으로 보편화하는 현상을 보인다.

채권의 의의와 효력

1. 채권의 의의

채권은 특정인(채권자)이 다른 특정인(채무자)에 대하여 일정한 행위를 청구할 수 있는 권리이다. 그리고 그에 대응하는 의무가 채무이다. 채권·채무의 내용이 되는 일정한 행위를 급부라고 한다.

채권의 목적인 급부는 제한이 없다. 그것은 물건의 인도와 같은 적극적인 행위 즉 작위일 수도 있고, 건축을 하지 않을 것과 같은 소극적인 행위 즉 부작위일 수도 있다. 이처럼 채권은 그 내용을 당사자가 마음대로 정할 수 있는 점에서 물권과 다르다.

2. 채권의 효력

채권에는 크게 세 가지의 효력이 있다. 대내적 효력, 대외적 효력, 책임재산 보전의 효력이 그것이다.

대내적 효력은 급부를 청구할 수 있는 청구력, 채무자가 급부를 하지 않는 경우에 이행(급부)하여야 한다는 판결(이행판결 내지 급부판결)을 내려 달라는 소를 제기하고 그 판결에 기하여 채무자의 재산에 대하여 강제집행을 하게 할 수 있는 효력(소구력·집행력)인 실현강제력, 그리고 채무자가 급부한 경우에 그 급부를 보유할 수 있는 급부보유력을 포함한다.

대외적 효력은 제3자의 불법한 침해에 대한 효력인데, 구체적으로는 제3자가 불법한 침해를 한 경우에는 채권자가 그 제3자에 대하여 불법행위를 이유로 손해배상을 청구하고 또 때에 따라서 채권에 기하여 방해배제를 청구할 수 있는 효력이다.

책임재산 보전의 효력은 채권자대위권과 채권자취소권을 행사할 수 있는 효력이다. 채권자대위권은 채권자가 자기의 채권을 보전하기 위하여 그의 채무자에게 속하는 권리를 행사할 수 있는 권리이고(제404조), 채권자취소권은 채권자를 해함을 알면서 행한 채무자의 법률행위(사해행위)를 취소하고 채무자의 재산을 회복하는 것을 목적으로 하는 권리이다(제406조).

채무불이행

1. 채무불이행의 의의

채권이 존재하는 경우 채무자는 채무의 내용에 좇아 이를 실현(이행·변제)하여야 한다. 채무자가 이러한 이행을 하지 않는 경우를 통틀어서 채무불이행이라고 한다.

2. 채무불이행의 모습

민법은 제390조에서 채무불이행의 모습을 "채무의 내용에 좇은 이행을 하지 아니한 때"라고 포괄적으로 규정하고 있다. 그렇지만 이행지체와 이행불능을 기본유형으로 하고 있다. 그러나 그 외에 불완전이행(적극적 채권침해)도 채무불이행의 유형의 하나로 인정되고 있다.

이행지체는 이행기가 되고 또 이행이 가능한데도 불구하고 채무자의 책임 있는 사유(고의·과실)로 이행하지 않고 있는 것이고, 이행불능은 채권의 성립 후에 채무자에게 책임 있는 사유로 이행할 수 없게 된 것(가령 채무의 목적물의 멸실)이다. 그리고 불완전이행은 채무의 이행으로서 급부를 하기는 하였으나 그것이 흠 있는 이행인 경우이다. 예컨대 지붕수리를 맡은 자가 지붕을 수리하였으나 잘못 수리하여 비가 새는 경우, 닭의 매도인이 닭을 인도하였으나 그 닭이 병든 닭이어서 다른 닭들까지 병들어 죽은 경우가 불완전이행에 해당한다.

3. 채무불이행의 효과

채무불이행이 발생한 때에는 채권자는 채무자에 대하여 손해배상청구권을 가진다. 이행지체의 경우에는 본래의 채무를 이행청구하면서 채무가 지연됨으로 인한 손해배상(지연배상)을 청구할 수 있고, 이행불능의 경우에는 이행에 갈음하는 손해배상(전보배상)을 청구할 수 있다. 불완전이행의 경우에도 흠 있는 이행으로 인한 손해배상을 청구할 수 있다.

한편 불이행으로 된 채무가 계약에 기하여 발생한 경우에는, 채권자는 일정한 요건 하에 계약해제권을 가지게 된다(제544조 내지 제546조). 그리고 우리 민법상 채권자는 해제를 하면서 손해배상도 청구할 수 있다(제551조). 한편 매매계약과 같은 쌍무계약(당사자 쌍방이 대가적인 의미의 채무를 부담하는 계약)에 있어서 당사자 일방의 채무가 불이행이 된 경우에, 상대방은 해제권을 행사하지 않는 한 자기 채무는 이행하여야 한다.

채권의 소멸

채권의 소멸원인에는 여러 가지가 있다. 그런데 민법은 채권편에서 변제, 대물변제, 공탁, 상계, 경개, 면제, 혼동의 7가지의 채권의 소멸원인을 특별히 규정하고 있다.

변제(辨濟)는 채무의 내용인 급부를 실현하는 채무자 기타의 자의 행위를 말하며, 변제가 있으면 채권자는 목적을 달성하고 채권은 소멸한다.

1,000만원의 금전채무를 대신하여 토지의 소유권을 이전하는 것과 같이, 본래의 급부를 갈음하여 다른 급부를 실제로 함으로써 채권을 소멸시키는 채권자·채무자 사이의 계약을 대물변제라고 하며, 그것은 변제와 동일한 효력이 있다(제466조).

공탁(供託)은 금전 기타의 물건이나 유가증권을 공탁소에 임치하는 것이며, 공탁이 있으면 채권자는 공탁소에 대하여 채권을 취득하고 채무자는 채무를 면한다(제487조).

상계(相計)는 채권자와 채무자가 서로 같은 종류의 채권·채무를 가지는 경우에 그 채권과 채무를 대등액에서 소멸시키는 일방적 의사표시(단독행위)이며, 상계가 있으면 두 채무는 대등액에서 소멸한다(제493조 2항).

경개(更改)는 채무의 요소(채권의 목적·채권자·채무자)를 변경함으로써 구채무를 소멸시키고 신채무를 성립시키는 계약이다(제500조). 경개에 의하여 구채무는 소멸하고 신채무가 성립한다.

채무의 면제는 채무를 소멸시키는 채권자의 단독행위이다. 면제가 있으면 채권은 소멸하나, 그 채권에 관하여 정당한 이익이 있는 제3자에게 대항하지는 못한다(제506조).

채권과 채무가 동일인에게 귀속하는 사실이 혼동이다. 채권자가 채무자를 상속한 때 또는 채무자가 채권을 양수한 때 등에 혼동이 있게 된다. 이러한 혼동이 있으면 채권은 소멸하는 것이 원칙이다. 그러나 그 채권이 제3자의 권리의 목적인 때에는 그렇지 않다(제507조).

채권의 인적 담보

채권의 변제를 확실하게 하는 법률적 수단을 통틀어서 채권담보제도라고 한다. 그런데 채권담보제도에는 인적 담보제도와 물적 담보제도가 있다. 전자는 채무자의 일반재산(전재산) 외에 제3자의 일반재산을 가지고 채권을 담보하려는 제도이고, 후자는 채무자 또는 제3자의 일정한 물건을 가지고 채무불이행의 경우에 우선변제를 받게 하는 제도이다. 저당권과 같은 담보물권은 물적 담보제도의 전형적인 예이다.

인적 담보의 경우에 채무자 이외의 자의 일반재산 즉 전재산으로부터 변제를 받을 권리라는 것은, 결국은 그 자에 대한 채권이라는 의미에 지나지 않는다. 따라서 인적 담보는 본래의 채권에다가 그것을 담보하기 위한 다른 하나 또는 수개의 채권을 덧붙임으로써 성립한다. 그리하여 이 본래의 채권과 그것에 덧붙인 채권의 관계가 어떠하냐에 따라 인적 담보는 두 가지로 나누어진다.

그 하나는 두 채권 사이에 주종의 구별이 없이 모두 독립한 것으로서 다루어지는 것이며, 연대채무가 그에 해당한다. 다른 하나는 두 채권 사이에 주종의 구별이 있는 것이며, 보증채무가 그에 속한다.

채권의 발생원인

1. 개   관

채권의 발생원인에는 여러 가지가 있다. 그런데 민법은 채권편에서 대표적인 채권발생원인 네 가지를 규정하고 있다. 계약, 사무관리, 부당이득, 불법행위가 그것이다. 이 가운데 법률행위인 것은 계약밖에 없으며, 나머지는 법률행위가 아니다. 따라서 계약이 가장 중요하다. 그러나 실제의 소송에 있어서는 불법행위에 관한 것이 가장 많다.

2. 계   약

여기의 계약은 넓은 의미의 계약 가운데 채권의 발생을 목적으로 하는 채권계약만을 가리킨다. 채권계약이 있으면 채권이 발생하게 된다.

민법은 제3편(채권) 제1장(계약)에서 과거에 널리 행하여지던 것을 유형화한 15가지의 전형계약을 규정하고 있다. 증여, 매매, 교환, 소비대차, 사용대차, 임대차, 고용, 도급, 여행계약, 현상광고, 위임, 임치, 조합, 종신정기금, 화해가 그것이다. 그러나 이러한 규정이 있다고 하여 당사자들이 계약을 체결할 때 반드시 그중의 하나를 선택하여 체결하여야 하는 것은 아니다. 사적 자치 내지는 계약자유의 원칙상 당사자는 민법에 열거되지 않은 계약도 얼마든지 체결할 수 있고, 또 민법상의 전형계약을 체결하는 경우에도 민법에 규정되지 않은 내용으로 체결할 수도 있다. 그리고 그러한 계약이 전형계약과 효력에 있어서 차이가 있지도 않다. 그럼에도 불구하고 그러한 규정을 두고 있는 이유는, 사람들은 대체로 다른 사람이 하는 대로 따라 하는 경향이 있으므로, 그러한 때에 모범이 되게 하고 또 당사자가 특별히 약정하지 않은 사항에 관하여 다툼이 생겼을 경우를 대비하려는 데 있다.

계약은 당사자의 의사표시(청약·승낙)의 일치, 즉 합의에 의하여 성립한다. 그런데 계약이 반드시 서면으로 작성되어야 하는 것은 아니다. 계약은 원칙적으로 구두로도 체결될 수 있다. 다만, 그러한 경우에 어떤 당사자가 계약체결 사실을 부인한다면 계약 성립을 증명하는 문제는 남는다.

3. 사무관리

사무관리라 함은 법률상의 의무 없이 타인을 위하여 그의 사무를 처리하는 행위이다(제734조 1항). 예컨대 옆집에 난 불을 소화기를 이용해 꺼준 경우가 그에 해당한다.

사무관리로 인정되는 행위는 불법행위로 되지 않는다. 그리고 사무관리자가 일단 관리를 시작한 때에는 관리를 계속하여야 한다. 그런가 하면 관리자는 그가 지출한 비용(필요비·유익비)을 본인에게 상환하라고 할 수 있다(제739조 1항). 또 일정한 경우에는 예외적으로 손해배상도 청구할 수 있다(제740조).

4. 부당이득

(1) 부당이득은 법률상 정당한 이유 없이(법률상 원인 없이) 타인의 재산 또는 노무로 인하여 이익을 얻고 그로 말미암아 타인에게 손해를 주는 것이다(제741조). 부당이득이 있으면 이득자는 손실자에 대하여 이득을 반환하여야 할 채무를 부담한다. 그런데 반환범위는 이득자가 법률상 원인 없는 이득임을 몰랐는가(선의) 알았는가(악의)에 따라 다르다. 선의의 수익자는 그 받은 이익이 현존하는 한도에서 반환하면 되고, 악의의 수익자는 받은 이익에 이자를 붙이고 그 밖에 손해가 있으면 손해도 배상하여야 한다(제748조).

(2) 민법은 부당이득에 관하여 특별규정을 두고 있다. 즉 일정한 경우에는 부당이득의 요건이 갖추어졌어도 반환청구를 못하게 하는 것이다. 그러한 경우로 좁은 의미의 비채변제, 도의관념에 적합한 비채변제, 불법원인급여 등이 있다.

민법에 의하면, 채무자가 채무가 없음을 알면서도 변제로서 급부한 경우에는 반환청구가 인정되지 않는데(제742조), 이것이 좁은 의미의 비채변제이다.

그리고 채무가 없음을 알지 못하였더라도 그 변제가 도의관념에 적합한 것일 때에는, 반환청구를 부인하는데(제744조), 이것이 도의관념에 적합한 비채변제이다.

한편 제746조는 불법한 원인으로 급부한 경우에는 급부한 것의 반환을 청구할 수 없다고 한다. 예컨대 의사시험에 부정 합격시켜 주는 대가로 금전을 급부한 경우, 또는 배우자가 있는 자가 불륜관계를 맺는 대가로 금전을 급부한 경우에는, 그 금전들은 부당이득이기는 하지만 불법원인급여여서 반환청구를 하지 못한다. 그러나 불법원인이 수익자에게만 있는 경우에는 반환을 청구할 수 있다(제746조 단서). 그리하여 예컨대, 범죄를 막으려는 목적으로 금전을 급부하거나 폭리행위에 기하여 금전을 급부한 경우에는 반환청구를 할 수 있다.

5. 불법행위

(1) 불법행위는 타인에게 손해를 가하는 위법한 행위이다.

불법행위가 성립하려면 가해행위, 가해자의 고의·과실, 가해자의 책임능력, 가해행위의 위법성, 가해행위로 인한 손해발생 등의 요건이 필요하다(제750조). 그리고 이러한 요건이 갖추어지면 피해자는 불법행위자에 대하여 손해배상청구권을 취득하게 된다.

(2) 민법은 불법행위에 관하여 과실책임(자기책임)의 원칙을 채용하는 결과로 타인의 행위에 대하여는 불법행위책임을 지우지 않는다. 그러나 이를 끝까지 관철하면 피해자의 구제가 불충분하기 때문에 민법은 몇 가지 경우에 관하여 타인의 행위에 의하여 손해가 발생한 때에도 일정한 요건 하에 손해배상책임을 지우고 있다. 그러한 경우를 특수 불법행위라고 한다. 민법이 규정하는 특수 불법행위에는 책임무능력자의 감독자책임(제755조), 사용자책임(제756조), 공작물의 점유자·소유자의 책임(제758조), 동물점유자의 책임(제759조) 등이 있다.

(3) 불법행위 규정은 그 수가 많지 않으나, 실제로 사회에서는 매우 다양하게 불법행위가 발생하며, 따라서 소송사건도 대단히 많다.

〈민사책임과 형사책임〉

불법행위는 동시에 범죄가 되는 경우가 많다. 그러한 경우에는 행위자에 대하여 형사상의 형벌과 민사상의 손해배상책임이 가해질 수 있다. 이때 전자를 형사책임이라고 하고, 후자를 민사책임이라고 한다.

이 두 책임은 역사적으로 보면 중세까지는 구별되지 않았으나 근대 이후에는 엄격히 구별되어 있다. 우리 법에서도 같다.

현행법상 두 책임은 여러 가지 점에서 차이를 보인다. 두 책임은 목적부터 다르다. 형사책임은 행위자에 대한 응보 또는 장래의 해악발생 방지가 목적이고, 민사책임은 피해자에게 발생한 손해를 덮어주는 데(전보) 목적이 있다. 그런 결과로 형사책임에서는 고의범만을 처벌하는 것이 원칙이나, 민사책임에서는 고의·과실을 구별하지 않는다. 그리고 형사책임에서는 과실범을 처벌하는 경우에도 고의범과의 차이가 크나, 민사책임은 원칙적으로 차이가 없다. 그리고 형사책임에서는 미수도 처벌하나, 민사책임에서는 미수의 경우에는 손해가 발생하지 않으므로 불법행위가 성립하지 않는다.

이렇게 두 책임이 나누어져 있어서 재판도 민사재판과 형사재판으로 분리되어 있다. 그리고 두 재판의 결과가 달라질 수도 있다. 즉 형사재판에서 무죄판결을 받았는데 민사상 손해배상책임이 인정될 수도 있고(가령 잘못하여 재물을 손괴한 경우), 유죄판결을 받았는데 손해배상책임은 없을 수도 있다(가령 미수의 경우). 그러나 두 책임이 동시에 생기는 경우가 많을 것이다.

두 책임이 전혀 다르기 때문에 어느 하나의 책임을 졌다고 하여 다른 책임을 면하게 되는 것은 아니다.

친 족 법

친   족

1. 친족의 의의와 범위

(1) 친족의 의의

친족은 혈족, 배우자, 인척으로 구성된다(제767조).

혈족은 혈연, 즉 혈통의 연락이 있는 자이다. 혈족에는 자연혈족과 법정혈족이 있다. 자연혈족은 친자·형제자매 등과 같이 서로 사실상의 혈연관계가 있는 자이다. 자연혈족에는 직계혈족과 방계혈족이 있다(제768조 참조). 법정혈족은 자연의 혈연이 없음에도 불구하고 혈연이 있는 것처럼 법률에 의하여 의제된 혈족이며, 양친자관계가 그에 해당한다.

배우자란 혼인으로 결합된 부부이다. 사실혼의 부부나 첩은 배우자가 아니다.

인척은 혈족의 배우자(형제의 처, 자매의 남편 등), 배우자의 혈족(배우자의 부모나 형제자매 등), 배우자의 혈족의 배우자(배우자의 백숙부의 처 등)이다(제769조).

(2) 친족의 범위

전술한 친족 전부에 대하여 법률상 일정한 효과가 주어지는 일은 없다. 민법은 그보다 적은 범위에서 법률효과를 인정한다. 민법은 경우에 따라서 개별적인 법률관계에 관하여 친족의 범위를 따로 정하기도 하나(예컨대 제809조), 그러한 규정을 두지 않은 경우를 위하여 일반적으로 친족의 범위를 규정하고 있기도 하다. 그에 의하면 친족의 범위는 ① 8촌 이내의 혈족, ② 4촌 이내의 인척, ③ 배우자이다(제777조).

2. 촌 수

촌(寸)은 친족관계의 긴밀도를 측정하는 법률적인 척도의 단위이다.

촌수의 계산방법은 다음과 같다. 직계혈족은 자기로부터 직계존속에 이르는 세대수, 또는 자기로부터 직계비속에 이르는 세대수를 각각 통산해서 촌수를 정한다(제770조 1항). 방계혈족은 자기로부터 가장 가까운 직계존속(공동시조)에 이르는 세대수와 그 공동시조로부터 그 직계비속에 이르는 세대수를 통산하여 그 촌수를 정한다(제770조 2항). 인척은, 배우자의 혈족에 대하여는 배우자의 그 혈족에 대한 촌수에 따르고, 혈족의 배우자에 대하여는 그 혈족에 대한 촌수와 같다(제771조). 배우자 사이에는 촌수가 없다.

〈직계친·방계친, 존속친·비속친〉

혈통의 계통 내지 혈통의 연락관계를 친계라고 한다. 친계에는 직계친·방계친, 존속친·비속친 등이 있다. 직계친은 혈통이 수직으로 올라가거나 내려가는 관계이고(예: 부모와 자), 방계친은 혈연관계에 있으면서 공동시조로부터 갈라져서 수직으로 내려가는 다른 친계이다(예: 형제자매). 그리고 존속친은 자기의 부모 및 동일한 항렬(세대)에 있는 친족(백숙부)으로부터 위의 친계에 있는 자이고(예: 부모·조부모), 비속친은 자기의 자 및 그와 동일한 항렬(세대)에 있는 친족(생질 등)으로부터 아래의 친계에 있는 자이다(예: 자·손자). 자기와 동일한 항렬에 있는 친족(형제자매 등)은 존속도 비속도 아니다. 존속·비속은 세대에 의한 구별이므로 연령의 많고 적음과는 관계가 없다.

혼 인

1. 약 혼

약혼은 1남 1녀가 장차 혼인할 것을 약속하는 계약이다. 약혼이 성립하려면 당사자 사이에 장차 혼인을 한다는 데 대한 합의가 있어야 한다. 그리고 성년자는 의사능력이 있으면 마음대로 약혼을 할 수 있으나, 미성년자는 남녀 모두 18세가 되어야 하고, 또 부모의 동의를 얻어야 한다(제 801조).

약혼이 있으면 당사자는 혼인해야 할 의무를 부담한다. 그러나 그 의무는 이행이 없더라도 이를 강제하지 못한다(제803조). 그때에는 약혼을 해제하고 손해배상을 청구하는 도리밖에 없다.

약혼 당사자의 일방에게 일정한 사유가 있는 때에는 상대방은 약혼을 해제할 수 있다(제804조). 약혼의 해제가 당사자 일방의 책임 있는 사유로 생긴 때에는, 다른 당사자는 그로 인한 손해의 배상을 청구할 수 있다(제 806조). 그 손해는 비재산적 손해(위자료)도 포함한다.

2. 혼인의 성립

(1) 혼인의 성립요건

우리나라는 결혼예식이 없어도 가족관계의 등록 등에 관한 법률에 정한 바에 의하여 혼인신고만 하면(수리되면), 혼인이 성립하게 된다(제812조). 그러나 혼인신고는 무조건 수리되지 않으며, 일정한 장애사유가 없어야 한다. 통설은 이를 혼인의 실질적 요건으로 설명하나, 그것은 적절하지 않다(송덕수, 신민법강의, E-12·17·18 참조).

(2) 혼인의 장애사유

우리 민법상 일정한 사유가 있는 경우에는 가족관계 등록사무 담당공무원이 혼인신고를 수리하지 않는다(제813조). 따라서 혼인신고가 수리되려면 그에 해당하지 않아야 한다. 그런데 그러한 사유가 있더라도 신고가 수리되면 혼인은 성립하며, 다만 혼인의 무효 또는 취소의 문제가 생길 뿐이다(제815조, 제816조 참조).

혼인신고가 수리되려면, 즉 장애가 없으려면, ① 혼인적령(남녀 모두 18세)에 이르고 있을 것(제807조), ② 미성년자와 피성년후견인의 경우에는 부모(또는 후견인)의 동의를 얻을 것(제808조), ③ 일정한 범위의 근친자 사이의 혼인이 아닐 것(즉 8촌 이내의 혈족 사이의 혼인, 친양자의 입양 전에 8촌 이내의 혈족이었던 자 사이의 혼인, 6촌 이내의 혈족의 배우자·배우자의 6촌 이내의 혈족·배우자의 4촌 이내의 혈족의 배우자인 인척이거나 인척이었던 자 사이의 혼인, 6촌 이내의 양부모계의 혈족이었던 자와 4촌 이내의 양부모계의 인척이었던 자 사이의 혼인이 아닐 것(제809조)), ④ 중혼(2중으로 혼인하는 것)이 아닐 것(제810조)이 필요하다.

3. 혼인의 무효·취소

혼인에 흠이 있을 경우에 언제나 무효라고 하면 복잡하고 또 부당한 결과가 생길 수가 있다. 따라서 민법은 매우 제한된 범위에서만 혼인을 무효로 하고(제815조), 나머지의 경우에는 취소할 수 있는 것으로 규정하고 있다(제816조).

혼인의 무효원인은 다음 네 가지이다(제815조).

① 당사자 사이에 혼인의 합의가 없는 때

② 혼인이 제809조 제1항의 규정을 위반한 때

③ 당사자 사이에 직계인척관계가 있거나 또는 있었던 때

④ 당사자 사이에 양부모계의 직계혈족관계가 있었던 때

무효인 혼인은 처음부터 존재하지 않았던 것으로 된다. 그리하여 그들 사이의 자녀도 혼인 외의 출생자가 된다.

4. 혼인의 효력

(1) 일반적 효과

혼인이 성립하면 친족관계가 발생하고, 동거·부양·협조·정조의무를 부담하게 되며(제826조), 미성년자는 성년자로 의제된다(제826조의2).

(2) 재산적 효과(부부재산제)

부부는 재산관계에 관하여 자유롭게 부부재산계약을 체결할 수 있다. 그런데 그러한 계약이 체결되지 않거나 체결되었어도 무효인 경우에는 법이 정한 대로 효과가 인정된다.

민법에 의하면 부부의 일방이 혼인 전부터 가진 고유재산과 혼인 중에 자기의 명의로 취득한 재산은 그의 특유재산 즉 개인재산이 되며(제830조

1항), 부부는 그 특유재산을 각자 관리·사용·수익한다(제831조). 이것이 이른바 별산제이다. 그런데 이러한 원칙을 관철하려고 하여도 어느 쪽의 재산인지가 불분명한 경우가 있다. 그러한 경우에는 부부의 공유로 추정한다(제830조 2항).

부부의 공동생활에 필요한 비용은 당사자 사이에 특별한 약정이 없으면 부부가 공동으로 부담한다(제833조). 그러나 부부는 일상의 가사에 관하여 서로 대리권이 있다(제827조 1항). 그리고 부부의 일방이 일상의 가사에 관하여 제3자와 법률행위를 한 때에는, 다른 일방은 이로 인한 채무에 대하여 연대책임이 있다(제832조 본문).

5. 이　혼

이혼에는 협의이혼과 재판상 이혼이 있다.

협의이혼은 당사자의 협의에 의하여 하는 이혼이다. 협의이혼이 성립하려면 '가정법원의 확인을 받아' 가족관계의 등록 등에 관한 법률이 정한 바에 따라 신고하여야 한다(제836조). 그런데 가정법원의 확인은 신청 후 일정기간이 경과한 후에야 받을 수 있다. 2007년 민법 개정시에 이혼 숙려기간 제도를 도입하였기 때문이다(제836조의2 참조).

재판상 이혼은 법원이 관여해서 성립하는 이혼이다. 재판상 이혼에는 일정한 원인을 필요로 한다. 이혼원인은 다음과 같다(제840조).

① 배우자에게 부정(不貞)한 행위가 있었을 때
② 배우자가 악의로 다른 일방을 유기(遺棄)한 때
③ 배우자 또는 그 직계존속으로부터 심히 부당한 대우를 받았을 때
④ 자기의 직계존속이 배우자로부터 심히 부당한 대우를 받았을 때
⑤ 배우자의 생사가 3년 이상 분명하지 아니한 때
⑥ 기타 혼인을 계속하기 어려운 중대한 사유가 있을 때

그리고 판례는 원칙적으로 책임 있는 배우자의 이혼청구를 허용하지 않으나, 일정한 경우에 예외를 인정한다.

이혼이 있으면 혼인으로 생겼던 모든 효과가 장래에 향하여 소멸하게 된다. 그리고 이혼당사자는 자녀의 양육에 관한 사항을 협의에 의하여 정

하여야 한다(제837조 1항). 그러나 협의가 되지 않거나 협의할 수 없는 때에는 가정법원이 직권으로 또는 당사자의 청구에 따라 이를 결정한다(제837조 4항). 자녀를 직접 양육하지 않는 부모 중 일방과 자녀는 면접교섭권을 가지고, 자녀를 직접 양육하지 않는 부모 일방의 직계존속은 그 부모 일방이 사망하였거나 질병, 외국거주, 그 밖에 불가피한 사정으로 자녀를 면접교섭할 수 없는 경우 가정법원에 자녀와의 면접교섭을 청구할 수 있는데, 가정법원은 자녀의 복리를 위하여 필요한 때에는 당사자의 청구 또는 직권에 의하여 면접교섭을 제한·배제·변경할 수 있다(제837조의2). 이혼한 자의 일방은 상대방에 대하여 재산의 분할을 청구할 수 있다(제839조의2 1항, 제843조). 그런데 협의가 성립하지 않거나 협의를 할 수 없는 때에는 당사자의 청구에 의하여 가정법원이 분할의 액수와 방법을 정한다(제839조의2 2항, 제843조). 그리고 이 재산분할청구권은 이혼한 날로부터 2년이 경과하면 소멸한다(동조 제3항).

한편 재판상 이혼의 경우에 이혼청구자는 과실 있는 유책의 상대방에 대하여 손해배상을 청구할 수 있다(제843조, 제806조 1항·2항).

친 생 자

부모와 자연혈족관계에 있는 자녀가 친생자이다. 이러한 친생자에는 '혼인 중의 자(子)'와 '혼인 외의 자'가 있다. 전자는 혼인관계에 있는 남녀 사이의 친생자로서 혼생자 또는 적출자라고 하며, 후자는 그러한 혼인관계가 없는 남녀 사이의 친생자이다.

1. 혼인 중의 출생자(혼생자)

아내가 혼인 중에 임신한 자녀는 남편의 자녀로 추정한다(제844조 1항). 그리고 혼인이 성립한 날부터 200일 후에 출생한 자녀는 혼인 중에 임신한 것으로 추정하고(제844조 2항), 혼인관계가 종료된 날부터 300일 이내에 출생한 자녀는 혼인 중에 임신한 것으로 추정한다(제844조 3항).

전술한 혼생추정, 즉 남편의 자녀라는 추정은 원칙적으로 친생부인의 소에 의하여서만 깨어질 수 있다. 다만, 제844조 제3항의 경우에, 어머니 또는 어머니의 전(前) 남편은 가정법원에 친생부인의 허가를 청구할 수 있고(제854조의2 1항), 생부(生父)는 가정법원에 인지의 허가를 청구할 수 있으며(제855조의2 1항), 그때에는 친생부인의 소에 의하지 않고 친생자추정을 깨뜨릴 수 있다.

친생부인의 소는 부부의 일방이 제기할 수 있다(제846조). 그리고 소의 상대방은 다른 일방 또는 자녀(상대방이 될 자가 모두 사망한 경우에는 검사)이다(제847조). 부인권은 자의 출생 후에 그 자녀가 친생자임을 승인한 자는 이를 상실하며(제852조), 친생부인의 사유가 있음을 안 날로부터 2년이 경과한 때에도 소멸한다(제847조 1항).

혼인 전에 포태되었으나 혼인 성립 후 200일이 되기 이전에 출생한 자녀는 친생자추정을 받을 수가 없게 된다. 그러나 다수설은 그러한 자녀도 사실혼 성립일부터 200일 후에 출생하였으면 혼생자로 인정하는 것이 타당하다고 한다.

2. 혼인 외의 출생자(혼외자)

혼인관계에 있지 아니한 부모 사이에서 태어난 자녀가 혼인 외의 출생자이며, 혼외자라고도 한다. 사회에서는 사생아라고 부른다.

혼인 외의 출생자는 그 생부나 생모가 인지할 수 있다(제855조 1항).

3. 인　지

인지(認知)는 버려진 아이와 그의 모 및 혼외자와 그 부(父)와의 친자관계를 발생하게 하는 생모 또는 생부의 단독행위이다. 인지가 없으면 이들의 친자관계는 법적으로 발생하지 않는다. 이러한 인지에는 임의인지와 강제인지가 있다.

(1) 임의인지

자녀의 진실한 부 또는 모는 혼외자를 인지할 수 있다(제855조 1항). 인지되는 자녀는 혼외자뿐만 아니라, 태아(제858조), 직계비속 있는 사망한 자녀도 포함된다(제857조).

인지는 가족관계의 등록 등에 관한 법률이 정한 바에 따라 신고하여야 그 효력이 생긴다(제859조). 인지는 유언으로도 할 수 있으나, 그 경우에는 유언집행자가 신고하여야 한다(제859조 2항).

인지가 있으면 법률상의 부자관계 또는 모자관계가 발생한다. 그리고 그러한 효력은 그 자녀가 출생한 때에 소급한다(제860조 본문).

(2) 강제인지

부 또는 모가 임의로 인지하지 않는 때에는, 자녀나 그의 직계비속 또는 그의 법정대리인이 인지청구의 소를 제기할 수 있다(제863조). 부 또는 모가 사망한 때에는, 그 사망을 안 날로부터 2년 내에 검사를 상대로 인지청구의 소를 제기할 수 있다(제864조). 이를 강제인지라고 한다.

강제인지의 효과는 임의인지와 같다.

친 권

1. 의 의

친권은 부모가 그의 자녀를 보호·교양(敎養)하여야 할 지위에 서는 데서 유래하는 권리·의무의 총체이다. 친권은 권리로서의 측면도 가지고 있고, 동시에 의무이기도 하다.

2. 당 사 자

친권에 복종하는 것은 미성년의 자녀에 한한다(제909조 1항). 그러나 혼인한 미성년자는 성년자로 의제되므로 친권에 복종하지 않는다.

친권은 부모가 공동으로 행사하는 것이 원칙이다(제909조 2항 본문). 그러나 여기에는 예외가 있다(제909조 2항 이하). 부모의 의견이 일치하지 않는 경우에는 당사자의 청구에 의하여 가정법원이 친권 행사방법을 정한다(제909조 2항 단서). 부모의 일방이 친권을 행사할 수 없을 때에는 다른 일방이 단독으로 친권을 행사한다(제909조 3항). 혼인 외의 자가 인지된 경우와 부모가 이혼하는 경우에는 부모의 협의로 친권자를 정하여야 하나, 협의를 할 수 없거나 협의가 이루어지지 않으면 가정법원은 직권으로 또는 당사자의 청구에 따라 친권자를 지정하여야 한다(제909조 4항 1문). 가정법원은 혼인의 취소, 재판상 이혼 또는 인지청구의 소의 경우에는 직권으로 친권자를 정한다(제909조 5항). 가정법원은 자의 복리를 위하여 필요하다고 인정되는 경우에는 자의 4촌 이내의 친족의 청구에 의하여 정하여진 친권자를 다른 일방으로 변경할 수 있다(제909조 6항).

3. 친권의 효력

친권자는 자녀를 보호·교양할 권리·의무(제913조), 거소지정권(제914조), 징계권(제915조), 영업허락권(제8조 1항), 친족법상의 행위의 대리권(제911조), 자녀의 재산에 관한 관리권과 대리권(제916조, 제920조) 등을 가진다.

4. 이해상반행위에 대한 친권의 제한

친권자인 부 또는 모와 그 자녀의 이해(利害)가 상반하는 행위에 관하여는 친권자는 자녀를 대리하지 못할 뿐만 아니라, 자녀의 행위에 동의를 주지도 못한다. 그러한 경우에는 가정법원은 친권자의 청구에 의하여 특별대리인을 선임하여야 한다(제921조 1항). 공동친권자의 1인과의 사이에 이해가 상반하는 경우도 포함하는 것으로 새겨야 한다.

이해상반행위의 예로는 자녀의 재산을 친권자에 양도하는 행위, 친권자의 채무에 자녀를 보증인으로 세우거나 자녀의 부동산에 저당권을 설정하는 행위 등을 들 수 있다.

친권자가 수인의 자녀에 대하여 친권을 행사하는 경우에 자녀 상호간의 이해가 상반하는 때에도 자녀의 일방을 위하여 특별대리인을 선임하여야 한다(제921조 2항).

이해상반행위로 되는 경우에 특별대리인을 선임하지 않고서 친권자가 자녀를 대리해서 한 행위는 일종의 무권대리가 되며, 자녀가 성년이 된 후에 추인하지 않는 한 그 자녀에게 효력이 미치지 않는다.

5. 친권의 상실·일시정지·일부제한 등

친권은 자녀의 복리를 위하여 인정되는 것이므로, 친권자의 행동이 적절하지 않을 때에는 친권에 대하여 제한을 가할 필요가 있다. 그리하여 민법은 다음과 같이 규정한다. 부 또는 모가 친권을 남용하여 자녀의 복리를 현저히 해치거나 해칠 우려가 있는 경우에는, 가정법원이 그 친권의 상실 또는 일시정지를 선고할 수 있다고 한다(제924조 1항). 그리고 거소의 지정이나 징계, 그 밖의 신상에 관한 결정 등 특정한 사항에 관하여 친권자가 친권을 행사하는 것이 곤란하거나 부적당한 사유가 있어 자녀의 복리를 해치거나 해칠 우려가 있는 경우에는, 가정법원이 구체적인 범위를 정하여 친권의 일부제한을 선고할 수 있다고 한다(제924조의2). 나아가 법정대리인인 친권자가 부적당한 관리로 인하여 자녀의 재산을 위태롭게 한 경우에는, 가정법원이 그 법률행위의 대리권과 재산관리권의 상실을 선고할 수 있다고 한다(제925조). 한편 제924조, 제924조의2 또는 제925조에 따른 선고의 원인이 소멸된 경우에는, 가정법원이 실권(失權)의 회복을 선고할 수 있다(제926조).

법정대리인인 친권자는 정당한 사유가 있는 때에는 법원의 허가를 얻어 그 법률행위의 대리권과 재산관리권을 사퇴할 수 있다(제927조 1항). 그리고 제927조 제1항의 사유가 소멸한 때에는 그 친권자는 법원의 허가를 얻어 사퇴한 권리를 회복할 수 있다(제927조 2항).

상 속 법

상속의 의의

상속은 사람이 사망한 경우에 그 사망자(피상속인)의 법률상의 지위가 상속인에게 포괄적으로 승계되는 것이다. 상속에 의하여 승계되는 것을 '법률상의 지위'라고 했으나, 현행법상으로는 '재산법상의 지위'만이 승계된다.

상속의 개시

상속은 그 본질상 사람(피상속인)이 사망한 때에 개시되는 것이 원칙이다. 그리하여 자연인이 살아 있는 때에 상속되는 일은 없다(생전상속 부인). 그러나 실종선고와 인정사망의 경우에는 사망의 의제 또는 추정의 효과가 생기므로 상속이 개시된다. 한편 법인은 상속이 개시되는 일이 없다.

상 속 인

1. 상속인의 자격

상속개시로 피상속인의 법률상의 지위를 승계한 자, 즉 상속을 한 자가 상속인이다. 상속인이 되려면 상속개시 당시에 일정한 요건을 갖추어야 한다. 그 요건은, ① 상속능력을 가지고 있을 것, ② 상속결격자가 아닐 것, ③ 최우선순위에 있을 것의 세 가지이다.

상속능력은 권리능력과 같다. 따라서 권리능력 있는 자연인은 모두 상속능력이 있다. 그리고 상속인이 되려면 상속개시시에 생존하고 있어야 한다. 다만, 태아는 사람이 아니지만 상속능력이 있다.

상속에 관하여 부정한 이익을 얻으려고 불법행위 등을 한 자에게는 상속자격을 인정하지 않는데, 그것이 상속결격 제도이다. 민법은 상속결격 사유를 자세히 정하고 있다(제1004조). 상속결격 사유가 있는 자는 상속인의 자격을 잃는다. 그러나 결격의 효과는 특정의 피상속인에 대하여만 발생하고 또 그 자신에게만 생긴다.

2. 상속인의 순위

상속에 있어서의 제1순위는 피상속인의 직계비속이다. 직계비속이면 남녀, 자연혈족·법정혈족, 혼인 중의 출생자인지 여부, 기혼·미혼 여부 등을 묻지 않는다. 그리고 이 직계비속이 수인인 경우에, 그들의 촌수가 같으면 공동상속인이 되고, 촌수가 다르면 최근친자가 선순위가 된다.

제2순위는 피상속인의 직계존속이다. 직계존속도 성별, 부계·모계, 생가·양가 등을 불문한다. 직계존속이 수인 있는 경우에 그들의 촌수가 같으면 공동상속인이 되고, 촌수가 다르면 근친자가 선순위가 된다.

제3순위는 피상속인의 형제자매이다. 이들은 모두 동순위로 공동상속인이 된다.

제4순위는 피상속인의 4촌 이내의 방계혈족이다. 4촌 이내의 방계혈족 사이에서는 피상속인과 촌수가 가까운 근친자가 선순위이고, 같은 촌수의 근친자가 수인 있는 때에는 동순위로 공동상속인이 된다.

피상속인의 배우자는 언제나 상속인이 된다. 여기의 배우자는 법률상의 배우자이다. 배우자는 피상속인의 직계비속이 있는 때에는 직계비속과 동순위로 공동상속인이 되고, 직계비속이 없으면 직계존속과 동순위로 공동상속인이 되며, 직계존속도 없으면 단독상속인이 된다(제1003조).

3. 대습상속

피상속인의 사망으로 상속이 개시되기 전에 상속인(추정상속인)이 될 직계비속 또는 형제자매가 상속개시 전에 사망하거나 상속결격자가 된 경우에, 그 자의 직계비속과 배우자가 그 자에 갈음하여 상속하는데, 이를 대습상속이라고 한다(제1001조, 제1003조 2항).

상 속 분

여러 사람의 상속인이 공동으로 상속을 하는 경우에, 그들의 몫이 반드시 동일하여야 하는 것은 아니다. 여기서 공동상속의 경우에 상속인이 상속할 비율이 문제되게 되는데, 이를 상속분이라고 한다.

각 공동상속인의 상속분은 우선 피상속인의 유언에 의하여 결정된다. 이를 지정상속분이라고 한다. 그러한 지정이 없을 때에는 법률규정으로 결정되며, 이를 법정상속분이라고 한다.

법정상속분은 다음과 같다. 동순위의 상속인이 여럿 있는 때에는, 그 상속분은 균분으로 한다(제1009조 1항). 그러나 피상속인의 배우자의 상속분은, 직계비속과 공동으로 상속하는 때에는 직계비속의 상속분의 5할을 가산하고, 직계존속과 공동으로 상속하는 때에는 직계존속의 상속분의 5할을 가산한다(제1009조 2항). 그리고 피대습자의 상속분이 대습상속인의 상속분이 된다(제1010조 1항). 만일 피대습자의 직계비속이 여럿 있는 때에는, 그들의 상속분은 피대습자의 상속분의 한도에서 위의 방법에 의하여 결정된다(제1010조 2항). 배우자가 대습상속하는 경우에도 마찬가지이다.

유　언

유언은 사람이 그의 사후(死後)에 있어서의 일정한 법률관계를 정하려는 생존시의 최종적 의사표시로서 상대방이 없는 사후적인 단독행위이다.

유언은 17세 이상의 의사능력 있는 자만이 할 수 있다.

유언은 민법이 특별히 정하는 방식에 의하여 하지 않으면 효력이 없다(제1060조). 민법이 정하는 유언방식으로는 자필증서, 녹음, 공정증서, 비밀증서, 구수증서(口授證書)의 다섯 가지가 있다(제1065조).

제 6 장

상 법[*]

서 설

이 부분에서는 학습의 외연을 짓는 '상'과 이를 규율하는 '상법'이 무엇인가(상법의 개념)를 설명하고, 상법과 다른 법률과의 관계(상법의 지위)와 상법의 기본정신인 상법의 이념(상법의 특성)을 살펴본 다음 상법의 고찰대상인 상법의 법원을 보기로 한다.

상법의 개념과 지위

1. 상법의 분류

상법은 형식적 의의의 상법과 실질적 의의의 상법으로 나눌 수 있다.

(1) 형식적 의의의 상법

형식적 의의의 상법은 1962년 1월 20일 공포되고 1963년 1월 1일부터 시행된 법률 제1000호인 「상법」이라는 제정법을 말한다. 한편, 현행 상법은 1984년, 1991년 및 1995년에 상법전편에 걸친 개정이 있었고, 특히 1997년 말부터 시작된 외환위기로 비롯된 경제난국을 극복하기 위하여 회사의 지배구조개선과 기업구조개편을 위하여 1998년, 1999년과 2001년, 2009년에 연이어 개정되었다. 이들 개정이 주로 회사편에 관한 것인 반면, 2010년 5월에는 총칙·상행위편을 대폭 개정한 바 있고, 보험편과 해상편은 1991년, 그리고 2007년에 나란히 대폭 개정되었다. 그리고 2011년 새로이 항공운

---

* 옥무석: 이화여대 법학전문대학원 교수, 상법.

송편을 제6편으로 별도로 편재하였다.[1] 따라서 우리나라의 현행 「상법」은 제1편 총칙(제1조~제45조), 제2편 상행위(제46조~제168조의12), 제3편 회사(제169조~제637조의2), 제4편 보험(제638조~제739조의3), 제5편 해상(제740조~제895조) 및 제6편 항공운송(제896조~제935조)의 본문 부분과 부칙으로 구성된 방대한 체계를 가지고 있다.

(2) 실질적 의의의 상법

한편 상의 체계적 파악을 위한 실질적 의의의 상법은 기업을 중심으로 한 법률관계로 파악되며, '상법은 기업관계에 특유한 사법'이라고 할 수 있다. 이를 기업법설이라고 한다. 이 관점에서 기업관계인 상법관계는 일반적인 경제생활관계와 비교하여 상법의 이념에서 보듯이 각종 특수성이 나타난다.

2. 상법의 지위

법의 분류를 사법과 공법 그리고 중간법으로 나눈다면, 상법의 지위는 특별사법에 속한다. 따라서 일반사법인 민법, 그리고 행정법, 형법 및 소송법 등의 공법 그리고 노동법 및 경제법 등의 중간법역과 구분된다. 한편 어음법과 수표법은 상법과 별개의 법률로 되어 있으나 광의의 기업법에 해당한다.

(1) 민법과의 관계

상법과 민법은 모두 사법으로 분류하나, 전자는 특별법의 지위에 서며, 형식적으로 민법전과 상법전을 통합하는 것이 바람직하다는 민상법통일론이 논의되기도 하였다. 그러나 상법전의 발전과정을 보면 대부분의 나라들이 민법전과 별개의 법전을 가지고 있고 상법전 자체도 발전적으로 해체되어 특히 회사법은 분법되어 있는 형편이며, 실체적으로는 민법의 상화현상 즉 민사거래가 상(사)거래를 수용하는 모습을 보이고 있다.

---

1) 상법의 개정이력을 보면 그외에도 2014년, 2015년, 2016년, 2017년 거의 해마다 개정하고 있다.

(2) 사회법과의 관계

상사관계법인 광의의 기업법은 다시 상사일반법인 상법과 상사특별법인 중간법역의 노동법·경제법을 포괄하고 있다. 이들 중간법역이라고 할 수 있는 노동법 및 경제법 등의 사회법은 소위 상법의 사회법화 경향의 제도적 표현이다. 상법의 사회법화는 광의의 기업법의 이념적인 근간이 등량교환이라는 평균적 정의에서 등가치교환이라는 실질적 정의로 중심을 이동한 결과이며, 이러한 변화는 광의의 기업법의 입법 및 해석에 변화를 초래하고 있다.

상법의 이념과 법원

1. 상법의 이념

상법을 기업법으로 파악하면 기업조직법규와 기업거래법규로 크게 갈래를 지울 수 있는 바, 상법의 이념은 기업조직의 측면에서는 계속적 실체(going concern)로서의 기업의 유지·강화의 이념으로 투영되고, 기업거래의 측면에서는 거래의 원활·왕성 및 거래 안전의 이념으로 표현되고 있음을 주목하여야 한다. 한편 시민법의 이념에 기초한 상법의 이념 외에, 상법의 사회법화 경향을 반영한 기업의 사회적 책임이 논의되고 있다.

2. 상법의 법원

상법의 법원은 법원론(法源論)에서 살펴 본 바와 같이 각종 성문법원(위의 '상법의 지위' 참조) 외에 불문법원들이 있다. 그외 상사자치법으로 보통거래약관과 정관 및 규약을 들 수 있다. 한편 이들 법원(法源) 상호간의 적용순서는 상법 제1조에서 "상사에 관하여 본법에 규정이 없으면 상관습법에 의하고 상관습법이 없으면 민법에 의한다."라고 하고 있어 상관습법이 민법에 우선하는 이외에는 법원론에서 배운 제 원칙, 즉 특별법 우선, 성문법 우선, 신법 우선 등의 원칙에 따라 결정된다.

상법총칙

상법 제1편 총칙에서는 기업의 상행위 주체인 상인(개인상인·법인상인)과 이의 보조자(상업사용인)를 합한 인적 조직, 기업의 물적 조직(상호, 상업장부, 상업등기) 그리고 기업소멸의 특수원인(영업양도) 등을 차례로 규정하고 있다.

기업의 인적 조직

1. 상 인(商人)

실질적 의의의 상법을 기업관계에 특유한 (특별)사법이라고 정의하였으나 기업은 각종 거래(이를 흔히 '영업'이라 한다)를 위하여 인적·물적 요소가 결합된 실체에 불과하므로 실제법률관계에서 발생하는 권리의무의 귀속주체가 필요한데 이를 가리켜 상인이라고 한다.

(1) 개념의 입법주의

상인은 위의 설명과 같이 기업의 법률상 주체인 바, 이의 개념을 정하는 입법주의는 ① 상인의 형식적 자격 또는 행위형식의 특성 등을 기준으로 하여 상인개념을 끌어내는 형식주의(주관주의), ② 상인이 하는 행위의 실질의 내용을 먼저 결정하고 그로부터 상인의 개념을 끌어내는 실질주의(객관주의), 그리고 ③ 이들 양 입법주의의 단점을 보완하여 실질주의와 형식주의에 해당하는 자를 모두 상인으로 보는 절충주의 등이 있다.

(2) 종 류

우리 상법은 위의 입법주의 중에서 절충주의를 취한다고 보는 견해가 우세하다. 입법주의와 관련하여 현행상법은 상인을 당연상인과 의제상인(설비상인과 회사)으로 구분하는데, 아래와 같이 전자는 실질주의 그리고 후자는 형식주의를 취한다고 보기 때문이다.

당연상인 — 상법 46조의 행위를 영업으로 하는 자(제4조)···실질주의
설비상인 — 기타 행위를 상인적 방법으로 영업하는 자(제5조 1항)···
　　　　　형식주의
회　　　사 — 영리사단법인(제5조 2항)···형식주의

한편 영업규모가 적어 기업성이 옅은 상인을 소상인이라고 하여, 완전
상인의 상대개념으로 사용한다. 소상인에는 지배인, 상호, 상업장부, 상업
등기에 관한 총칙규정의 적용을 배제하여 상법상 제도의 준수에 따른 부담
을 덜어주고 있다(제9조).

2. 상업사용인

상업사용인은 특정상인에 종속하여 상인의 대외적 영업활동을 보조하는
자이다.

(1) 상법의 규제

상법은 상업사용인을 대리권의 범위에 따라 ① 포괄적 대리권을 가진
지배인(제10조～제14조), ② 부분적 포괄대리권을 가진 사용인(제15조)과 ③
물건판매점포의 사용인(제16조)으로 나누어 파악하고 있고, 본인인 영업주
의 보호를 위한 사용인의 의무(특히 경업금지의무; 제17조)에 입법의 주안점
이 주어져 있다.

(2) 지배인(支配人)

지배인은 영업주에 갈음하여 영업에 관한 재판상 또는 재판 외의 모든
행위를 할 수 있는 권한인 지배권(Prokura)을 가진 상업사용인이다(제10조,
제11조). 지배인의 대리권인 지배권은 상법의 이념인 거래의 신속과 안전보
장을 위하여 포괄성과 정형성을 가진다. 따라서 지배인과 거래하는 자는
지배인으로 선임된 사실만을 확인하면 되고 대리권(지배권)의 유무나 범위
를 조사할 필요가 없으며, 영업주나 지배인도 이에 대한 내부적 제한으로
선의의 제3자에게 대항하지 못한다(제11조 3항).

기업의 물적 조직

1. 상   호(商號)

상호는 상인이 영업상 사용하는 명칭이다. 자연인의 성명은 인격권으로 이해하나 상호는 인격권적 성질을 가진 재산권으로 본다. 기업들이 광고를 하게 되면 이미지 제고는 물론 기업의 재산 가치도 그에 따라 증가하게 된다. 한편 상호는 선정·사용하면 성립하고, 회사상호를 제외한 자연인상호는 등기가 강제되지 않는다. 일정한 경우의 회사상호에는 가등기를 할 수 있다(제22조의2).

(1) 상호와 상인의 보호

상인이 상호를 선정·사용하면 상호권이 발생하는데, 상법은 이를 1차적인 보호대상으로 한다. 상호권의 내용은 타인의 방해를 받지 아니하고 자기의 상호를 사용할 수 있는 상호사용권과 타인이 부정한 목적으로 동일 또는 유사한 상호를 사용하여 자기의 영업활동을 방해하는 경우 그 사용의 폐지 또는 손해배상을 청구할 수 있는 상호전용권으로 나뉜다. 상호를 등기하게 되면 동일한 특별시·광역시·시·군에서 동종 영업의 상호로 등기할 수 없고(제22조), 이에 불구하고 이를 사용하는 자는 부정한 목적으로 사용하는 것으로 추정되는데(제23조 4항), 이처럼 상호를 등기하면 상호전용권이 강화되므로 상호를 등기할 실익이 있다.

(2) 상호와 제3자의 보호

상호는 상인의 대외적 신용을 표현하고 있으므로 거래의 상대방이 상인의 신용을 판단하는 중요한 기준이 된다. 이를 위하여 상법은 제3자의 상호에 대한 신뢰 보호를 위한 여러 제도를 두고 있다. 명의대여자의 책임(제24조)은 이의 대표적인 경우이지만 그 외에도 상호의 선정단계에서 동일한 영업에는 1개의 상호만 사용하게 하는 상호의 단일성(제21조)과 회사기업 이외에는 상호에 회사임을 표시할 수 없게 하는 회사상호의 사용제한(제19조, 제20조)규정이 있고, 상호의 사용 및 변동단계에서 상호만의 양도금지원칙(제25조 1항)과 상호의 부정사용금지(제23조) 등의 규정도 이러한 범주에 해당한다.

2. 상업장부

상업장부는 기업회계의 수단으로, 상법총칙은 기업회계처리의 일반규정인 ① 상업장부의 종류(회계장부·대차대조표)와 작성원칙, ② 이의 작성방법·제출 및 보존에 관한 원칙적 규정만을 두고 있으며, 구체적인 작성기준은 '일반적으로 공정·타당한 회계관행'에 의하고 있다.

(1) 상업장부의 종류

상업장부는 회계장부와 대차대조표로 구성된다(제29조 1항). 주식회사와 유한회사의 결산서류인 재무제표가 대차대조표 이외에 손익계산서와 이익잉여금처분(결손금처리)계산서로 구성되는 점에서 상호 비교된다(제447조). 따라서 주식회사와 유한회사는 재무제표 이외에 이의 작성에 기초가 되는 일기장, 분개장 및 원장·전표 등 회계장부를 작성하여야 한다.

(2) 상업장부의 작성원칙

상법은 상업장부의 작성원칙으로 '공정타당한 회계관행'에 의할 것을 규정하고 있는 외에 다른 실체 및 절차에 관한 규정을 두고 있지 않다. 특히 개정 전과 달리 자산평가원칙규정(개정전 제31조)을 삭제하였는데, 그 이유는 기존의 자산평가원칙규정이 너무 개괄적이고 기업회계의 환경변화에 즉응하지 못하는 문제점이 있다는 주류적인 비판을 수용한 결과이다.

따라서 상업장부의 작성원칙에 관하여는 "상업장부의 작성에 관하여 이 법에 규정한 것을 제외하고는 일반적으로 공정·타당한 회계관행에 의한다(제29조 1항)"는 규정이 유일하고, 이러한 공정·타당한 회계관행을 "주식회사 등의 외부감사에 관한 법률" 제16조에 의하여 한국공인회계사회가 금융위원회 증권선물위원회의 사전승인을 받아 정한 것이 감사인이 감사를 할 때 따라야 하는 "회계감사기준"이다. 다만 이 기준의 적용범위와 관련하여서는 이 법의 적용기업에는 강행적으로 적용되나, 그 외의 기업에는 상법상의 공정타당한 회계관행의 하나로 적용된다고 본다.

3. 상업등기

상업등기는 상법이 정하는 일정범위의 기업내용을 상업등기부에 기재하여 일반인에게 공시하는 수단이다. 상법에서는 상업등기에 관한 실체적 법률관계와 일부 절차만을 규정할 뿐이고(제34조~제40조), 상세한 절차는 상업등기법(2007. 8. 3. 법률 제8582호)에서 정하고 있다.

기업소멸의 특수원인: 영업양도

1. 의   의

영업양도는 기업의 합병·매수(merger & acquisition; M&A)를 통한 기업결합 수단의 하나이다. 영업양도는 당사자간의 합의로 영업자의 지위를 이전하는 것으로 양도인이 양수인에게 영업자의 지위를 차지하게 할 목적으로 객관적 의의의 영업을 일괄하여 양도할 것을 약정하는 계약이다. 영업양도는 회사법상의 합병 그리고 영업의 임대차·경영위임과 구별된다.

2. 절   차

영업양도의 절차로는 당사회사의 대내적 절차로는 영업양도에 필요한 기업내부의 절차를 제외하고는 당사자간의 양도계약이 있으면 된다. 이 계약의 성질은 채권계약 및 불요식계약이긴 하나, 실무상으로는 계약서를 작성하는 것이 통례이다.

3. 효   과

계약의 기본적 효과로는 계약의 이행에 따른 영업재산의 이전이며, 그 외 당사자간에 경업금지의무(제41조), 그리고 제3자와의 관계에서 종전 채권자 및 채무자의 보호(제42조~44조) 등이 문제된다.

이상 설명한 상법 총칙의 체계를 상인개념을 중심으로 설명하면 다음과 같다.

〈총칙의 체계〉

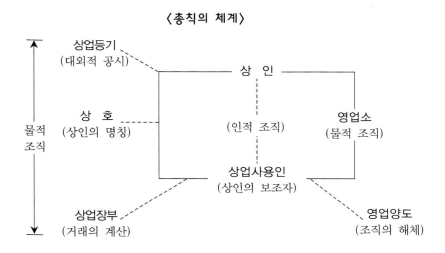

상 행 위

상법 제2편 제1장 통칙에서는 상행위의 의의와 상거래의 특수성을 감안한 상행위 특칙, 제2장 매매에서는 상사매매의 특칙 그리고 제3장과 제4장 및 제4장의2는 상인의 영업을 위한 특수제도(상호계산·익명조합·합자조합)를 각각 규정하고 있다. 또한 제5장 내지 제11장에서는 기본적 상행위(제46조) 중 정형화된 기존의 7가지의 상행위 그리고 제12장에서 제14장에서는 현대형 상행위 3가지(금융리스업·가맹업·채권매입업; 모두 2010년 5월에 신설)를 각각 독립된 장으로 관련 법률관계를 규정하고 있다.

상행위의 개념·종류

상행위에는 ① 당연상인개념의 기초가 되는 상행위로 자기명의로 반복·계속하면 상인성을 갖게 되는 기본적 상행위(제46조)와 의제상인개념의 기초가 되는 상행위인 준상행위(제66조), 상인의 영업을 보조하는 보조적 상행위(제47조), ② 거래당사자의 일방에 대하여만 상행위가 되는 일방적 상행위(제3조), 쌍방에 상행위가 되는 쌍방적 상행위, ③ 기타 절대적 상행위로 담보부사채신탁법상의 담보부사채 전부인수행위가 있다.

상행위 통칙

1. 상행위 특칙

상행위 특칙에서는 거래의 원활과 거래의 안전이라는 상법의 이념에 따라 민사상의 법률행위에 대한 특칙을 다수 정하고 있다. 대표적인 규정으로는 상사대리의 특칙(제46조), 5년의 상사단기시효(제64조 본문), 유질계약의 허용(제59조), 상인의 보수청구권(제61조), 연 6푼의 상사법정이율(제54조), 다수채무자간의 연대변제책임(제57조 1항) 등의 규정이 있다.

2. 상사매매의 특칙

이에 관해서는 우선 매도인의 이익보호 규정으로 매도인의 목적물 공탁·경매권(제67조), 매수인의 목적물의 검사·하자통지의무(제69조)와 매수인의 목적물 보관·공탁의무(제70조, 제71조)를 규정한 4개 조항이 있다. 그리고 매수인과 매도인을 같이 보호하는 규정으로 확정기매매의 해제 조문을 들 수 있는데, 확정기매매는 사전에 정하여진 날 또는 정하여진 기간 내(이를 '확정기'라고 한다)에 이행하지 아니하면 계약의 목적을 달성할 수 없는 매매인데, 이 경우 채권자(주로 매수인)가 이의 이행을 즉시 청구하지 아니하면 계약이 해제된 것으로 보고 있다(제68조).

3. 영업을 위한 특수제도

(1) 상호계산

상호계산은 상시 거래관계에 있는 상인간에 또는 상인과 비상인간에 일정기간의 거래로 인한 채권·채무의 총액을 상계하고 그 잔액을 지급할 것을 약정하는 계약으로(제72조~77조), 상거래의 계속성을 감안한 변제의 편의를 도모하는 제도이다.

(2) 익명조합

익명조합은 당사자의 하나인 익명조합원이 상대방인 영업자의 영업을 위하여 출자하고 영업자는 이에 대하여 영업으로 인한 이익을 분배할 것을 약정하는 계약으로(제78조~86조), 상법이 인정하는 공동기업의 한 형태이다. 그러나, 익명조합은 대내적 관계에서 익명조합원과 영업자의 공동기업일 뿐 대외적으로는 영업자 단독기업의 모습을 띤다. 벤처 기업은 대부분 이러한 모습으로 나타나고 있다.

(3) 합자조합

합자조합은 출자자가 무한책임조합원과 유한책임조합원이 상호출자하여 공동사업을 경영할 것을 약정하면 효력이 생기는 조합인데(제86조의2~제86조의8), 합명회사와는 달리 법인격이 없다. 우리 상법은 2011년에 상행위편에 합자조합(제4장2)을 신설하고, 회사편에는 유한책임회사를 신설하여 다양한 공동기업의 수요에 대응하고 있다.

상행위 각칙

상법 상행위편에서는 보조상이라고 하는 대리상, 중개업, 위탁매매업 및 운송주선업(제2편 제5장 내지 제8장)과 물류에 관한 유형상이라고 할 수 있는 운송업, 공중접객업 및 창고업(제2편 제9장 내지 제11장)을 규정하고 있다.

1. 보 조 상

대리상, 중개업, 위탁매매업 및 운송주선업을 영위하는 자는 상업사용인과는 달리 상인에 종속됨이 없이 독립하여 상인을 보조하는 자이다. 즉 보조상은 자기의 이름으로 타인들을 위하여 상행위의 대리·중개 및 주선(제46조 제10호~12호)을 영업으로 하는 상인(제4조)을 말한다.

2. 유 형 상

상법에서는 물건·사람 또는 통신을 장소적으로 이동시키는 운송업(제

125조 이하), 공중이 이용하는 시설에 의한 거래를 영업으로 하는 공중접객업(제151조 이하) 그리고 타인을 위하여 물건을 창고에 보관함을 영업으로 하는 창고업(제155조 이하) 등 물건의 유통과 관련된 전형계약을 규정하고 있다.

3. 새로운 유형상

그러나 새로운 상거래의 수요를 충족시키기 위한 새로운 유형의 계약들은 약관에 의하여 계약내용을 규제하여 오다가 그의 일부는 2011년 상법개정에서 새로운 신종상행위로 상사전형계약의 하나로 규정되었다. 금융리스업(제46조 제19호, 제168조의2~제168조의5), 채권매입업(상법 제46조 제21호; 제168조의11~제168조의12)과 같은 금융계약, 가맹업 같은 대리점계약(동조 제20호; 제168조의6~제168조의10)이 이러한 변천을 겪었으며, 이와 달리 여전히 약관계약으로 남아있는 것으로는 전속계약, 택배편계약, 각종 컴퓨터통신이용계약 등을 들 수 있다. 이상 설명한 상행위법의 체계를 정리하면 다음과 같다.

⟨상행위법의 체계⟩

```
┌ 상행위 총론 ──┬ 1. 통칙(제46조~66조): 상행위개념·상행위 특칙
│               │ 2. 매매(제67조~71조): 상사매매의 특칙
│               │ 3. 상호계산(제72조~77조): 상사채권의 특수소멸사유
│               └ 4. 익명조합(제78조~86조)·합자조합(제86조의2~86조의9):
│                    공동기업의 형태
│
└ 상행위 각론 ──┬ 5. 대리상(제87조~92조의3)
  (＝상사 전형   │ 6. 중개업(제93조~100조)
   계약)         │ 7. 위탁매매업(제101조~113조)
                 │ 8. 운송주선업(제114조~124조)
                 │ 9. 운송업(제125조~150조)
                 │ 10. 공중접객업(제151조~154조)
                 │ 11. 창고업(제155조~168조)
                 │ 12. 금융리스업(제168조의2~168조의5)
                 │ 13. 가맹업(제168조의6~168조의10)
                 └ 14. 채권매입업(제168조의11~168조의12)
```

회   사

　　형식적 의의의 회사법인 상법 제3편 회사편을 구성하고 있는 조문의 골격은 의외로 간단하다. 회사를 영리사단법인으로 정의하고, 이를 사회적 및 경제적 수요에 상응하여 여러 형태로 차이를 지워 법적으로 유형화하고 있다. 즉 제3편 제2장 내지 제5장에서 합명회사·합자회사·유한책임회사·주식회사 및 유한회사 등의 내국회사 그리고 제6장에서는 외국회사의 조직과 운영에 관한 규정을 두고 있다. 그리고 제1장 통칙에서는 회사법률관계 중 공통적인 사항인 회사의 개념과 능력, 회사설립의 일반론과 회사의 일반적 소멸원인들을 규정해 두고 있다. 아래에서는 우리나라 대부분의 회사가 주식회사형태이어서 이의 법리를 중심으로 살펴보기로 한다.

회사의 개념

　　회사편 제169조는 「회사라 함은 상행위나 그 밖의 영리를 목적으로 하여 설립한 법인을 말한다」라고 하여 회사의 개념을 입법적으로 규정하고 있다. 이 규정에 의하여 사단성, 법인성 그리고 영리성이 회사의 개념요소로 설명된다.

　　그러나, 회사의 실무에서 이들 개념요소들과 상충되는 '1인 회사'와 '법인격부인론'과 같은 변용의 모습이 나타나고 있다. 1인 회사(one man company; Einmangesellschaft)는 주식회사에서 발행주식의 전부를 형식상 1인의 주주가 소유한 회사인데, 이는 사단성에 반한다. 그러나 일시적 주식의 1인 주주에의 집중가능성, 기업자체의 이념, 주식회사의 물화 등을 감안하여 이를 유효한 것으로 본다. 그리고 법인격부인론은 제3자에 대한 채무를 회피하기 위하여 회사를 사해설립하고 지배주주가 된 경우 문제된 회사의 제3자 채무를 지배주주에게 부담시키기 위하여 학설과 판례가 인정한 것이다.

회사의 법적 형태

다음으로는 회사의 법적 형태에 관하여 설명하여 보자. 회사의 형태를 법적으로 차이를 지워 입법자가 규정해 둔 것은 회사를 설립하고자 하는 주체들이 사회적 및 경제적 수요에 적합한 법적 형태를 선택할 수 있게 하기 위한 것이다.

우선 회사를 설립 또는 전환하면서 회사의 형태를 선택하는 경우 고려하여야 할 요인으로는 ① 회사의 책임형태, ② 업무집행(경영)권한, ③ 손익의 배분 또는 분담관계, ④ 재원의 형성가능성(자기자본 또는 타인자본조달의 제한여부), ⑤ 출자 또는 사원변동의 자유, ⑥ 납세의 부담, ⑦ 회사계산구조 및 ⑧ 설립 및 증자의 용이성 등인 바, 이들 설립시의 고려 할 요인들의 장점 및 단점을 잘 따져서 회사의 법적 형태를 선택하여야 할 것이다.

1. 회사의 종류

상법 회사편에서는 우선 이러한 요인들을 고려하여 회사 설립자들이 따라야 할 기준을 설정하고 이들의 특색에 따라 회사의 유형을 규정하고 있다. 상법은 회사종류를 법에서 정하는 형태 이외의 것은 인정하지 아니하는데, 회사편은 회사의 종류를 물적회사인 주식회사와 유한회사, 유한책임회사 그리고 인적회사인 합명회사와 합자회사로 구분하고 있다(제170조). 외국에서 설립된 회사를 외국회사라고 하며, 외국회사는 법률에서 다른 규정이 있는 경우를 제외하고 대한민국에서 성립된 회사와 동종 또는 유사한 회사로 본다(제621조). 그리고 상법은 개별회사를 적용범위로 하고 있으나, 예외적으로 기업집단을 전제로 한 모자회사 관련 규정들을 두고 있다. 기업집단에 관한 일련의 규정을 기업집단법제라고 한다.

2. 기업집단

2이상의 기업이 자본·조직 또는 경제관계를 통하여 동일한 지배관계로 연결되는 경우가 흔한데, 이러한 관계를 통하여 형성된 것이 바로 기업집단(corporate group)이다. 동일 집단에 속하는 기업 중에서 지배력을 행사하는 회사를 지배회사 또는 모회사(parent company)라고 하고, 이에 대하여 복종하는 회사를 가리켜 종속회사 또는 자회사(daughter company)라고 한다. 한편 이러한 지배·복종관계가 중층구조를 이루어 다중모자회사관계를 형성하는 것이 일반적인데, 이 경우는 조손회사(祖孫會社) 등으로 개념이 확대된다.

기업집단은 자본, 조직 또는 경제관계로 별개의 법인격을 가지는 회사들이 얽혀있는 형태이나, 그 연원을 따져보면 경제적으로는 동일성(economic oneness)을 가지는 실체들이다. 이들을 하나로 보고 필요한 규제를 할 것인지 아니면 소속계열기업별로 이를 할 것인지의 여부가 기업집단법제를 이해하는 출발점이 된다. 현행 상법은 원칙적으로 개별 회사를 규율의 대상으로 하는 법제를 기본으로 하고있으나 경우에 따라서는 모자회사간의 규제를 포함하는 경우도 눈에 보이고 있다. 자회사의 모회사주식보유금지규정은 대표적인 예이다.

이러한 기업집단화 현상은 경제가 지역화 또는 세계화됨에 따라 구조조정을 통하여 규모의 경제(economy of scale)라는 관점에서 진행되고 있다. 그리고 경제의 불록화에 따라 새로운 형태의 회사들이 등장하고 있는데, 설립의 준거법이 유럽연합의 지침인 유럽회사(European Company) 또는 유럽경제이익단체(European Economic Interesting Group) 등이 이에 해당한다.

3. 회사설립의 자유와 형태선택의 중립성

우리나라의 경우에는 회사의 법적 형태가 유난히 주식회사에 집중되어 있다. 헌법상 회사설립의 자유(right of establishment)와 연결되어 상법이 당초 예정하지 아니한 경우인 소규모 가족회사(family company)까지도 주식회사의 형태를 취하고 있다. 이러한 현상은 일종의 회사형태선택의 남용이라고 할 수 있다. 이처럼 주식회사로의 쏠림 원인은 단정하기는 어려우나 주변 관련법률 등에서 회사형태선택의 중립성을 제고하지 못한 탓으로 생각된다. 이러한 결과는 주식회사라야만 제대로 된 회사라는 사회적 인식으로 연결되어 주식회사형태를 선택할 수밖에 없게 된 것 같다.

현행 회사편 제4장 '주식회사'에서는 이러한 사회적인 쏠림현상을 모두 포섭하여 주식회사를 비상장회사와 상장회사(제542조의2 이하) 그리고 소규모회사(자본금 총액이 10억원 미만인 회사)와 대규모회사(자산총액이 2조원 이상인 회사)로 구분하여 관련특례조항을 두고 있다.

주식회사 개관

현행 상법은 회사편에서 회사의 유형으로 앞서 설명한 바와 같이 주식회사 이외에도 합명회사와 합자회사 그리고 유한회사 및 유한책임회사를 두고 있다. 그러나, 주식회사의 형태가 압도적으로 많이 이용되고 있고, 대규모회사에 적절한 주식회사의 형태로 편중되는 현상은 전술한 바 있다.

1. 주식회사의 장점

우선 주식회사가 대규모 회사에 가장 적절한 이론적 근거로는 다음의 것들을 들 수 있다. 첫째, 주식으로 정형화되어 대규모 자본조달이 가능하다(주식은 자본구성의 최저단위). 회사를 운영하는 물적 기초가 되는 자본은 어느 특정인의 대규모 자산으로, 경우에 따라서는 다수 투자자들의 소규모 자산을 모아서 조달할 수도 있다. 그러나 어느 경우이든지 회사의 자본은 모두 일정한 물적 단위로 나뉘어 정형화되고 유한책임을 지므로, 대규모 자본의 조달이 가능하다. 한편 일정한 물적 단위의 집적구조에 따라 주식회사의 지배구조와 소유구조를 판단할 수 있으며, 기업의 민주화 여부와도 상관성을 가진다.

다음으로 들 수 있는 주식회사의 장점으로는 자본투자자의 위험부담이 제한된다(주주유한책임). 즉 주식회사는 독립된 법인격을 가지므로 법인 자신의 자산의 한도 내에서 회사의 채무를 변제할 직접책임을 지고, 자본의 일정단위를 매개로 하여 회사와 관련을 맺게 된 자본투자자는 자신이 투자한 범위 내에서 책임을 질뿐이고 이를 넘어 투자자의 개인재산에 까지 책임이 미치지 아니한다. 여기에서 법인기업은 개인기업과 달리 개인의 투자재산과 개인재산의 명확한 구분을 볼 수 있다. 한편 이에 따라 주식회사의 경우 회사를 구성하는 출자자보다 출자된 자본에 더 큰 관심을 가지게 되고 투자자의 개성을 그리 중요하게 여기지 않으므로 투자자인 주주의 자유로운 교체가 주식양도를 통하여 가능해진다.

2. 이용실태

2018년 6월 말 현재 우리나라의 회사는 상업등기부를 기준으로 모두 1,105,478개인데, 주식회사 1,009,779개(91.34%), 유한회사 76,795개(6.95%), 합자회사 15,229개(1.38%), 합명회사 2,477개(0.22%), 유한책임회사 1,198개(0.11%) 순이며, 상장회사는 모두 주식회사이다(다만 활동 중인 회사는 이 중 약 70만개로 70%에 불과하다). 따라서 사회적 부를 보유하고 있는 주식회사의 현황을 분석해 보면 우리나라의 선두기업의 현황, 부의 소유분포현황 등 다양한 경제지표를 제공해 준다. 세계화되어 있는 회사는 거의가 주식회사이며, 회사의 상호 또는 이미지 통일(corporate identity)과 사회적 신용의 제고를 위하여도 많은 투자를 하고 있다.

3. 주식회사법의 체계

현행 주식회사법의 체계는 주식회사의 설립, 존속 및 소멸의 과정에서 예상되는 법률관계를 규율하고 있다. 회사 존립의 기본목적인 영리를 실현하는 과정인 회사의 존속단계에서는 주식회사의 구조에 관하여 설명하고

〈주식회사법의 체계〉

설 립	인적요소	+	물적요소	소 멸
발기 설립 모집 설립	자본주체: 주주 경영주체: 임원	− 경영	자본: 주식·사채	• 해산·청산 • 회사정리 • 합병/분할

회사의 계산

기구의 변경
• 해산·청산
• 회사정리

있고, 소멸단계에서는 회사구조개편의 수단들을 열거할 수 있다. 이들을 항목을 바꾸어 설명하기로 한다.

주식회사의 구조

1. 소유 및 지배 구조

(1) 소유구조: 주식과 주주

주식회사는 자본회사이므로 회사내의 모든 권한은 자본에서 비롯된다고 할 수 있다. 주식의 배후에 있는 주주의 구성은 바로 회사소유편중의 분포를 반영한다. 즉 회사를 구성하는 주주의 숫자에 따라 1인 주주회사, 과점주주회사 또는 대중주주회사 또는 국민주주회사라고 부를 수 있다. 후자의 형태로 갈수록 회사의 소유분산이 바람직한 모습을 보인다고 할 수 있다. 또한 회사는 국가의 부를 점유하여 관리하고 있는 관리자이므로 소유구조의 분산은 부의 분산 즉, 국부의 분배와 직결된다.

우리나라의 회사소유구조는 다음과 같이 구분하여 설명할 수 있다. 다른 나라의 회사법과 마찬가지로 자유로운 회사설립을 보장하고 설립의 기동성을 보장하고 있다. 1인발기인·1주·액면가 100원의 자본구성을 가진 1인회사의 설립도 인정하고 있어, 대부분의 비상장법인은 자본금이 10억원 미만의 소규모회사에 해당한다. 다음으로 상장법인의 경우에는 자산규모가 2조원을 넘는 회사를 대규모상장회사라고 하여 특칙을 두고 있다. 그러나, 7인 또는 3인으로 복수의 발기인을 요구하던 시기에 설립된 회사들은 당시 회사법의 규정 때문에 이들 정수에서 미달하는 수만큼 타인에 대한 주식의 명의신탁이 불가피 하였는데, 이로 인한 주식의 위장분산은 여전히 해결되어야 할 과제로 남아 있다. 다음으로 또 다른 투자주체인 외국인에 대하여 자본자유화지침에 따라 국내회사에 대한 직접(direct investment)투자외에 전면적인 간접투자(fortfolio investment)가 허용되어 있어 기업의 소유구조에 상당한 변화를 보이고 있다. 주식의 거래주체를 기관·외국인 그리고 개인으로 나누어 소개할 수 있는데, 우리나라의 대표적인 상장회사들은 과반수가 넘는 주식을 외국인들이 소유하고 있다.

(2) 지배구조논의

주식회사는 주주가 유한책임을 지므로 경영에의 참여기회는 대주주의 책임한도 내에서 가지면 되고, 대주주와 대중주주의 이해와 주주와 회사외부자의 이해 등 서로 대립하는 이해관계를 형평의 관점에서 조정해 줄 수 있는 보다 객관적인 제3자기관(이를 '타인기관'이라 한다)을 필요로 한다.

상법은 주식회사의 기관구조를 주주총회, 이사·이사회·대표이사 및 집행임원, 그리고 감사(또는 감사위원회)로 3분화하여 상법상 필요적 상설기관으로 구성하고 있다. 이와 같이 주식회사의 경우 소유기관과 경영기관이 필요적으로 분화될 것이 예정되어 있는데 이를 소유와 경영의 분리라고 한다.

그런데 이와 같이 분리된 기관들이 상호간에 병렬적 관계인지 아니면 수직적 우열관계에 있는지의 여부가 문제되는데, 이를 회사의 지배구조논의라고 한다. 주식회사에서 의사결정의 근원이 되는 주주권은 주주의 출자, 즉 주식의 취득에서 비롯되므로 원론적으로는 소유기관인 주주총회가 회사의 최고기관이다(주주총회의 최고기관성). 다만, 현행상법이 도입한 미국식 이사회중심주의는 회사 내외의 다양한 이해관계인들의 이해를 조정하기 위하여 경영기관의 구성을 보다 객관화한 것이다. 특히 1999년 개정상법이 이사회내에 감사위원회를 비롯한 각종 위원회를 도입하고 있어 사외이사제도와 함께 주식회사의 지배구조에 상당한 변화를 가져왔다. 또한 주식회사는 감사(또는 감사위원회)·준법감시인(compliance) 및 검사인 이외에 외부감사인들이 회사의 회계 및 업무 감사를 담당하여 회사 경영의 투명성을 제고하고 있다.

2. 경영구조: 이사·이사회·대표이사와 집행임원

(1) 경영자지배

회사의 경영기관은 회사의 소유기관으로부터 분리되어 간섭을 받지 않고, 자신들이 가지고 있는 경영에 대한 전문성과 확보한 정보에 터잡아 회사를 경영할 수 있으면 가장 바람직한데, 이를 가리켜 '경영자지배'라고 한다.

흔히 소유와 경영의 분리와 경영자지배를 최고의 이상으로 생각한다. 그러나 경영자지배가 지나치면, 경영의 전문성을 통한 회사의 지배가 아니라 특정경영인의 지배의 영속화를 통한 경영자 전단의 우려가 있게 된다. 따라서 회사의 임원들이 경영지배의 영속화라는 개인적인 이익을 추구하기 위하여 소유기관인 주주의 이익을 전부 또는 선별적으로 해하거나 회사의 잠재적 주주 또는 회사의 채권자 또는 소비자 등의 이해관계인의 객관적 이익과 상치되는 행위를 할 수 있다. 이를 위하여 상법은 회사의 주주 또는 채권자 기타 제3자의 이해를 보호하기 위하여 이사에 대한 각종 견제제도를 두고 있다. 상법상 이사의 의무와 책임, 이사책임을 추궁하는 주주대표소송 등의 제도가 대표적인 것이다.

그러나, 이사는 원칙적으로 회사에 출자(예외 '자격주')할 것이 요구되지 아니하므로, 경영자지배는 출자 없는 회사의 지배를 가져오고 따라서 주주평등원칙의 이념인 기회와 위험(chance & risk)의 평등의 측면에서 위험부담없이 지배를 도모한다는 점은 문제가 된다. 그 외에도 회사기관구성에서 사외이사·집행임원제도의 도입으로 회사의 지배구조에 상당한 변화를 가져왔다. 사외이사를 도입하여 제반 이해관계인들 간의 이해조정과 사내이사들의 업무집행을 감사하는 권한을 배분하고 있다. 그 외 이사의 손해배상책임을 담보할 수 있도록 임원배상책임보험(D&O Liability Insurance)이라는 전문가보험을 도입하고 있다.

(2) 법인지배

자본시장이 고도화되면 일반투자자가 전문적인 지식없이 직접 자산을 운용하는 것이 어렵게 된다. 따라서 전문자산운용기관들이 이들로 부터 투자자금을 모집하여 전문투자관리자(fund manager)에 의하여 자산을 운용하는 것이 일반화되어있다. 전문자산운용기관으로는 은행·증권회사·보험회사·투자신탁회사·자산운용사 등이 있다. 따라서 회사의 주식은 사실상 이들 기관이 보유하고 있다고 하여도 과언이 아니다. 우리나라의 경우에는 각 기관마다 투자위험을 감안하여 보유자산의 운용한도를 정해 둔 자산운용준칙의 제한을 받기는 하나 이들 기관들은 고유자산의 운용차원에서 또는 고객으로부터 예탁받은 자금의 간접투자차원에서 자산을 운용하고 있다. 특히 각 그룹사들은 계열 내의 전문투자기관들을 중심으로 해당계열기업의 주가를 관리하기도 하고 새로이 그룹사로 편입하고, 합병 및 영업양수에 이용하기도 한다. 특히 법인의 투자관계가 법인과 법인이 주식의 상호 또는 연쇄적 소유를 통하여 다중으로 연결된 다중법인지배의 경우와 간접투자의 경우는 회사의 의결권을 투자회사의 경영자들이 행사하게 되어 있으므로 법인지배는 바로 경영자지배와 직결된다. 한편 간접투자의 경우 이를 이용하는 고객, 즉 간접투자자의 의사가 자산운용에 직접 반영되지 아니하므로 간접투자자의 보호를 위한 제도적 보완이 필요하다. 특히 증권투자신탁, 부동산투자신탁, 자산유동화채권, 혼합증권 및 파생상품, 변액보험 등과 같은 신종투자수단이 도입되어 간접투자가 보편화됨에 따라 관련 투자자보호제도를 "자본시장과 금융투자업에 관한 법률(줄여서 '자본시장법')"에서 규정하고 있다. 이 법은 모집요령(Prospect) 상의 설명·공시의 적정성과 전문투자관리자의 선임에서부터 계정의 운용 및 결산, 그리고 집합투자기구와 자본시장 감독기구인 금융위원회와 금융감독원 등에 관하여 규정하고 있다.

3. 계산구조

회사는 정기적으로 일정한 회계의 단위기간(이를 '결산기'라고 한다)마다 회사의 재산상태 및 영업의 손익을 측정하고 있는데, 이를 회사의 계산이라고 한다. 회사는 결산 과정을 통하여 획득한 정보를 장래 회사경영을 위한 의사결정의 기초자료로 삼고 아울러 회사의 이해관계인인 주주·채권자·종업원 및 과세관청에 판단의 자료로 제공한다(제447조 내지 제468조). 상법상 주식회사계산구조는 배당규제의 체계와 기업정보공시의 체계로 이해할 수 있으며, 전자를 위하여는 회사의 계산서류, 계산절차 및 계산결과의 처리 등을 규정하고 있고 후자를 위하여는 회계서류의 공시와 주주 등의 회계 장부열람권 등을 규정하고 있다. 이러한 권리를 통하여 회사의 주주는 회사 경영을 통제 및 간여할 수 있게 된다. 관련하여 분식회계의 방지는 회계과정의 투명성을 담보할 수 있는 제도의 필요성을 제기하는데, 2017년

들어 회계에 관한 법률들을 개정하여 상당한 제도적 개선이 있었다.

보　험

상법의 보험편은 보험에 관한 사업법제와 거래법제를 모두 담고 있지 않고, 상행위 유형의 하나인 보험계약에 관하여 제1장 통칙, 제2장 손해보험 및 제3장 인보험으로 나누어 규정하고 있다. 보험에 관한 사업법제에 관하여는 보험업법(최종개정 2018.12.31, 법률 제16185호)이라는 별개의 법률을 두고 있다.

상법보험편의 체계

상법 제4편 보험편은 통칙에서 손해보험과 인보험의 공통된 계약요소를 설명하며, 보험의 목적물을 기준으로 피보험자의 재산상의 손해를 전보함을 목적으로 하는 손해보험과 생명이나 신체에 보험사고가 발생한 경우에 보험금 기타 보험급여를 지급할 것을 목적으로 하는 인보험으로 나누어 규정하고 있다. 또한 우리 상법은 손해보험의 유형으로 화재보험(제683조~제687조), 운송보험(제688조~제692조), 해상보험(제693조~제718조) 그리고 책임보험(제719조~제726조)・자동차보험(제726조의2~제726조의4) 및 보증보험(제726조의5~제726조의7)을 규정하고 있고, 인보험에서는 생명보험(제730조~제736조)・상해보험(제737조~제739조)과 질병보험(제739조의2~제739조의3)으로 구분하여 규정하고 있다.

보험계약

상법 보험편은 보험계약을 염두에 둔 것인 만큼, 보험계약 개념의 이해에서 시작된다. 보험계약의 효과를 정하고 있는 상법 제638조는 "보험계약

은 당사자 일방(보험계약자)이 약정한 보험료를 지급하고, 상대방(보험자)이
재산 또는 생명이나 신체(보험의 목적)에 관하여 불확정한 사고(보험사고)가
생길 경우에 일정한 자(피보험자: 손해보험, 보험수익자: 생명보험)에게 일정한
보험금액 기타 급여(보험급여)를 지급할 것을 약정함으로써 효력이 생긴다"
라고 하여, 보험계약의 요소를 보여주고 있다. 한편 보험계약은 낙성·불요
식계약성과 유상·쌍무계약성을 가지는 외에 사행계약성, 선의계약성과 부
합계약성을 가진다. 이상의 보험계약의 요소를 정리하면 다음 그림과 같다.

〈보험계약의 요소〉

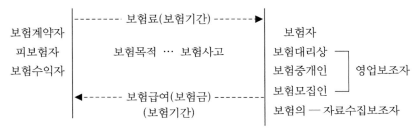

손해보험과 인보험

상법에서는 보험을 손해보험과 인보험으로 나누고 있다. 손해보험은 보
험사고로 인하여 생길 피보험자의 재산상의 손해를 보상할 것을 목적으로
하는 보험(제665조)으로, 사람의 생명 또는 신체에 관하여 보험사고가 생길
경우에 보험계약에서 정하는 바에 따라 보험금액 기타의 급여를 하기로 하
는 인보험(제727조)과는 구분된다. 인보험은 보험의 목적물이 사람의 생명
이므로 피보험이익의 개념과 보험가액의 개념이 인정되지 아니하고 계약할
수 있는 보험금액에 제한이 없어 보험의 도박화 내지는 도덕적 위험의 방
지에 대응할 조치가 필요하다. 그 외에도 보험자대위가 인보험의 경우에는
인정되지 아니한다.

제 7 장

형   법*

범죄와 그 제재

범죄란 무엇인가?

1. 범죄의 두 개념

인간은 사회생활을 하면서 인간들 상호간에 질서와 평화로운 공존을 유지하기 위하여 규범을 필요로 한다. 예절, 도덕, 종교규범 등은 그러한 규범의 예이며, 법도 여기에 속한다. "사회 있는 곳에 법 있다"(*ubi societas ibi ius*)는 말은 이를 잘 말해 주고 있다. 이러한 규범을 위반하는 경우 양심의 가책이나 사회적 비난 등의 다양한 제재가 가하여지지만, 법을 위반하는 때에는 국가 강제력에 의한 제재가 부과된다. 그 가운데에서도 다른 법적 제재수단으로서는 유효하게 보호하기 어려운 이익을 침해 내지 위태화하는 행위에 대하여는 인간의 중요한 이익을 박탈하는 '형벌'을 부과함으로서 이를 보호하고 있다.

범죄는 형식적으로는 '형벌의 부과대상이 되는 행위'라고 정의할 수 있다(형식적 범죄개념). 그러나 어떤 행위가 형벌의 부과대상이 되는가의 문제가 다시 제기된다. 이에 관하여는 이른바 실질적 범죄개념이라는 주제로 논의되어 왔다. 근대 형법학의 초기에는 권리를 침해하는 행위가 범죄라고 하는 생각이 통용된 적이 있었지만, 개인의 권리의 대상으로 환원할 수 없으면서도 범죄로 규정함으로써 보호할 이익이 많이 존재하기 때문에 오늘날 범죄는 법이 보호하는 이익을 침해 내지 위태화하는 행위라는 견해가

---

* 장영민: 이화여대 법학전문대학원 명예교수, 형법.

일반화되었다. 즉 범죄란 실질적으로는 '법익침해행위' 내지 '사회에 위해가 되는 행위'라고 정의할 수 있다. 그러나 모든 법익침해행위, 사회위해가 범죄로 되는 것은 아니며, 범죄화에는 그 사회의 가치관에 따른 선별이 존재한다. 예컨대 다른 나라에서는 일찍부터 범죄의 목록에서 배제되었던 간통죄가 우리나라에서는 2015년의 헌법재판소의 판결에 의하여 비로소 폐지되었으며, 여자만을 대상으로 하던 강간죄는 '사람'을 대상으로 하는 범죄로 그 범위가 넓어졌으며, 서구 여러 나라에서 처벌하는 근친상간 행위가 우리나라에서는 형법상의 범죄목록에 들어있지 않다(이는 강한 사회적 터부에 맡겨져 있는 셈이다).

형법학상으로는 대체로 형식적 범죄개념이 통용되고 있다. 이에 비하여 공산주의 국가에서는 실질적 범죄개념을 사용하여, 형법상 처벌을 명시하지 않은 행위라 하더라도 그 행위가 사회위해행위인 경우에는 그 행위와 가장 유사한 법률규정을 적용하여 처벌한 바 있었다.

2. 범죄의 사회적 차원

미시적 차원에서 보면, 범죄는 극히 개인적인 동기에 의하여 저질러지는 것으로 파악된다. 대체로 형법학의 고찰방법도 개인에 의하여 저질러진 범죄를 그 개인에게 귀속시키는 개인적 귀책의 근거와 한계에 관한 연구를 중심으로 한다. 그러나 범죄는 개인의 차원을 넘어서는 거시적 차원을 갖는다. 범죄는 대량적 사회현상으로서, 사회적 조건과 유기적인 연관관계에 있다. 예컨대 비교적 일정하게 유지되던 범죄율이 갑자기 증가하거나 감소하는 경우에 이를 어떻게 설명할 것인가? 왜 우리나라는 강간 등 성범죄의 비율이 비교적 높은가? 왜 일정 지역은 다른 지역에 비하여 범죄율이 높은가? 이에 관한 설명은 형법학의 일차적 관심사는 아니다. 그러나 이러한 범죄현상은 사회과학적 인식의 대상이 되어 일정한 이론틀 속에서 설명되며 나아가 그 사회의 범죄성 내지 병리의 인식의 전제가 된다. 범죄에 대한 효율적 통제도 이러한 사회의 범죄성에 대한 인식을 전제로 하여야만 가능하다.

따라서 범죄를 개인현상으로 환원하여 그 행위에 대한 정의로운 규범적 평가로서의 형사제재를 모색하는 형법학의 분야에서도 사회현상으로서의 범죄의 차원을 유념하여야 한다. 왜 범죄자 가운데 재범(이상의)자가 높은 비율을 차지하고 있는가는 규범학으로서의 형법학만으로는 설명할 수 없는 문제인 것이다.

범죄에 대한 대응으로서의 형사제재: 형벌의 정당화

고대에는 범죄에 대하여 사적(개인적 또는 집단적) 제재인 복수가 행하여졌다. 그러나 복수는 일회적인 제재에 그치지 않고 꼬리를 문 복수의 연쇄를 낳는다. 이러한 면에서 여러 세대에 걸쳐 피를 부르는 사적 복수가 공적 형벌로 대치된 것은 인류 문명이 이룬 커다란 진보라고 할 수 있다. 그리고 이러한 공적 형벌은 국가에 의해서 완전하게 독점되게 되었다(서구에서 19세기까지도 남아 있던 결투도 오늘날은 완전히 금지되었다). 끝없는 피의 복수는 법적 평화를 근본적으로 파괴한다는 점에서 공정한 중립적 권력으로서의 국가가 형벌권을 독점한다는 것은 일단 정당화되는 것으로 보인다.[1] 그러나 국가가 왜 '형벌'을 가하는가의 문제 즉, 왜 범죄로 인하여 야기된 이익의 침해에 더하여 또 다른 이익을 형벌이라는 이름으로 침해하는가 하는 문제는 여전히 남는다. 형벌의 정당화의 문제는 실로 형법학은 물론이고 법철학상의 난제 가운데 하나이다. 이에 관한 대표적인 관점을 간단히 살펴보자.

1. 응 보 론

형벌은 어떤 목적에 대한 수단으로서 부과되는 것이 아니라 자기목적적으로, 즉 '악에 대한 악'으로서 부과된다는 견해이다("눈에는 눈, 이에는 이").

---

1) 형사법의 시야에서 잊혀졌던 피해자는 20세기 중엽 피해자학의 발달로 다시 주목의 대상이 되고 있다. 피해자학은 범죄의 피해자가 되는 피해자의 특성에 대한 관심에서 시작하였지만, 이 외에 피해자의 형사절차 참여 및 (증인으로서의) 피해자 보호제도의 강구, 범죄피해보상제도의 정착, 범죄피해조사 등의 분야에서 큰 결실을 거두었다. 범죄피해조사는 공식 범죄통계에서 드러나지 않는 범죄의 측면을 밝히는 조사연구방법으로서, 우리나라에서도 한국형사정책연구원에서 3년마다 시행하고 있다.

형벌을 형벌의 부과 그 자체 이외에 다른 어떤 목적을 위한 수단으로 보는 견해를 상대설이라고 하는 데 대하여, 형벌 그 자체 이외에 다른 목적을 추구하지 않는 점에서 이러한 견해를 절대설이라고도 한다.

이러한 견해는 형벌을 보복 내지 복수로 보았던 고대의 형벌관(예컨대 함무라비 법전 내지 모세 오경, 8조의 법금)에 잘 나타나 있지만, 근대에 와서 이러한 견해를 표명한 대표자로서 칸트를 들 수 있다. 그는 이성적이고 자유로운 인간을 전제로 "인간을 수단이 아니라 목적으로 대우하라"는 인간존중의 격률을 제시하였다. 인간을 어떤 목적을 위한 수단으로(만) 사용하는 것은 인간의 존엄성을 파괴한다는 것이다. 형벌의 경우에도 인간에게 형벌을 가함으로써 (범죄예방, 개과천선, 일벌백계 등의) 다른 어떤 목적을 추구한다면 그것은 인간을 수단으로 사용하는 것으로서 인간존엄성의 격률에 반하는 것이다. 따라서 형벌은 자기목적적이어야 하며, 형벌의 질과 양은 응보로서 동해(저지른 해악과 똑같은 해악)보복이어야 한다고 주장하였다. "어떤 종류, 어떤 정도의 공적 형벌이 원리가 되고 표준척도가 되는가? 그것은 오로지 어느 한 쪽에도 기울지 않는 '정의의 저울의 눈금으로 본' 평등의 원리 그것이다. … 오직 보복법(lex talionis)만이 형벌의 질와 양을 확정해 줄 수 있다." "살인한 자는 죽어야 한다. 정의의 만족을 위하여 여기에 다른 대안은 결코 존재하지 않는다." 이러한 칸트의 주장은 시대적으로 볼 때 고대의 복수사상을 재현한 것이라기 보다는 절대주의 시대에 횡행했던 극도의 죄형불균형(18세기의 영국의 보통법은 양(羊)의 절도에 대해 사형에 처하였다)에 대한 시정이라는 의미를 갖는다.

그러나 이들 동해보복(同害報復)적 응보설은 헤겔의 비판에 의해 유지될 수 없는 것이 되었다. 엄격한 의미의 동일한 해악은 있을 수 없으며, "범죄와 그의 지양으로서의 형벌을 '해악' 자체로만 본다면, '이미 다른 해악(=범죄)이 존재한다는 이유만으로' 해악(=형벌)을 의욕한다는 것은 비이성적이다." "문제는 해악 … 이 아니라, '불법' 그리고 '정의'이다." 헤겔은 형벌은 법의 부정인 범죄를 다시 부정함으로써 법의 상태로 되돌리는 것이라고 보았다. 이는 범죄자의 특수의사가 형벌을 통해서 일반의사(=법)에로 지양된다는 것을 뜻한다. 이러한 사상은 한편으로는 형벌을 통해서 범죄가 부정되어 법이 다시 회복되는 것을 의미하며, 다른 한편으로는 범죄자가 범죄를 속죄하여 불법상태를 청산하고 시민사회의 구성원으로 다시 복귀한다는 것을 의미한다. 형벌의 양에 관하여 헤겔은 동일한 해악일 필요는 없고 동가치의 응보로 족한 것으로 보았다. "범죄의 지양은 …보복이다. 그러나 그 동일성은 그 성질상의 평등 즉 침해의 가치적 평등이다. … 형벌의 종류나 양은 시민사회의 상태에 따라 변할 수 있다."

2. 일반예방론

일반예방론은 다음에 살펴볼 특별예방론과 같이 형벌은 일정한 목적을 위한 수단이라고 본다(상대설). 이때의 목적이란 범죄의 예방이다. 즉 형벌을 통해서 범죄를 저지르지 않게 한다는 것이다.

일반예방론은 범죄인에게 형벌을 가함으로써 일반인이 위하(威嚇)되어 범죄로 나아가지 못하게 하기 위하여 부과되는 것이라고 본다. 즉 범죄를 저지른 범죄인에게 형벌이 부과되는 것을 일반인이 인식함으로써 위하되어 범죄로 나아가지 못하게 하는 기능을 한다고 보는 관점이다. 근대적 형태의 일반예방사상은 벤담의 공리주의 사상에 기반을 두고 있다. 벤담은 인간을 쾌를 추구하고 불쾌를 피하는 존재로 상정하고, 쾌와 불쾌의 계산을 통하여 쾌가 큰 방향으로 행위를 선택한다고 생각하였다. 범죄에 있어서도 공리의 계산을 통하여 '범죄를 통하여 얻는 쾌'와 '형벌을 통해서 얻는 불쾌'를 비교교량하여 공리계산을 하는 인간상을 전제로 하고 있다. 이러한 사상을 받아 들여 포이에르바하(Anselm Feuerbach: 유명한 유물론 철학자인 Ludwig Feuerbach의 父)는 형벌이 일반예방에 이르는 기제를 '심리강제설'이라는 이론으로 구성하였다. 즉 형벌은 인간의 심리에 대하여 위하력을 통하여 강제함으로써 범죄로 나아가지 못하게 한다는 생각이다.

형벌의 목적을 이와 같은 시각에서 보는 일반예방론을 일반인으로 하여금 범죄로 나아가지 '못하게' 한다는 의미에서 '소극적' 일반예방론이라고 말하기도 한다. 이에 비하여 오늘날 형벌의 목적을 같은 일반예방의 관점에 서면서 이를 '적극적' 관점에서 보는 견해가 주장되고 있다. 이는 범죄자에게 형벌을 가함으로써 일반인에 대하여 규범을 학습시키고 그 사회의

(법)규범이 범죄로 인하여 침해되었음에도 불구하고 의연히 규범력을 유지한다는 규범적 기대의 안정화를 기하는 기능을 형벌은 갖는다고 본다.

3. 특별예방론

특별예방론이란 형벌의 목적은 범죄자 자신이 장래를 향하여 다시 범죄를 저지르지 않는 삶을 영위하도록 하기 위하여 부과된다는 사상이다. 이러한 사상의 고전적 표현은 플라톤에서 찾을 수 있다. 그는 "죄를 저질렀기 때문에 처벌하는 것이 아니라, 죄를 저지르지 않게 하기 위하여 처벌한다"고 하였다. 이렇게 볼 때 형벌은 범죄자 자신의 속죄, 개과천선을 목적으로 부과되는 것이다. 리스트(Franz von Liszt)는 이를 다음과 같이 표현하고 있다. "형법에서의 정의는 목적사상이 요구하는 형량을 유지하는 것이다. … 필요한 한의 형벌만이 정의롭다. 형벌은 목적에 대한 수단이다. 그러나 목적사상은 수단의 목적적합성과 그 사용상의 가능한 한의 절제를 요청한다."

그런데 이러한 특별예방사상은 19세기 말 사상계에 자연과학적 실증주의가 확산되면서 급진화하였다. 즉 유전생물학, 사회적 다윈이즘에 영향을 받은 형사학자들은 인간을 유전적 소질에 의하여 결정되어 있다고 보고 이에 대하여 전통적인 의미의 형벌을 가한다는 것은 전혀 무의미하다고 생각하였다. 이는 결국 근대 계몽사상의 이성주의적 인간상을 거부하면서, 인간의 자유의지를 부정하고 인간의 의사는 결정되어 있으며(결정론) 인간의 행위는 이러한 결정인자들의 매개물에 불과한 것이라고 보았다. 이러한 결정인자를 인간이 지니고 태어나는 유전적 소질이라고 보는 경우, 범죄에 대한 대책을 세우는 데 고려해야 하는 것은, 범죄자가 어떤 행위를 하였는가가 아니라 범죄자가 (유전적 소질을 통해서) 어떤 악성을 가지고 있는가가 중요한 것이 되었다. 종래의 견해가 인간이 저지른 '죄'에 관심을 기울인데 비하여 이 입장에서는 인간의 대사회적 '위험성'에 관심을 기울였다.

이러한 인간행동의 결정인자들은 유전적 소질뿐 아니라, 행위자의 심리적 태도, 행위자를 둘러싼 사회적 환경 등 여러 측면에서 고찰하였지만, 이들은 일관하여 전통적 의미의 형벌은 이러한 범죄에 대하여 아무런 대응책이 될 수 없음을 역설하였다. 이들이 제시한 대응책은 행위자로부터 일정한 법익을 박탈하는 형벌이 아니라, 이러한 결정인자의 제거 내지 개선이었다. 따라서 행위자가 갖는 위험성의 성격에 따라 범죄자에 대하여 다양한 처방을 내린다. 행위자의 위험성이 개선불가능한 경우에는 사회에서 영구격리하고, 개선가능한 경우에는 행위자의 심리나 사회적 환경의 교정, 교육과 같은 프로그램을 제시하게 된다.

4. 소　결

　　형벌을 정당화하는 이상의 세 관점은 나름의 설득력이 있지만 단점도 갖는다. 응보설은 무엇보다도 보복과 필벌주의의 색채를 벗어나기가 불가능하다. 오늘날 범죄자에 대한 다양한 형사정책적 대응의 필요성이 있는데, 이러한 관점을 택하는 경우 그 가능성은 부정되지 않을 수 없다. 심지어는 형사정책적으로 처벌의 필요성이 없다고 판단되는 자에 대하여도 응보를 가함으로써 사회 전체의 해악을 증가시켜 나가는 비합리적인 형사제도의 운용에 귀착한다. 일반예방론은 이미 칸트가 지적한 것처럼 인간을 수단으로 취급한다는 점에서 인간의 존엄성을 침해하며, 위하력 자체가 명백하지 않고, 위하력을 크게 하기 위하여 중벌주의로 나아갈 가능성이 있다는 점에서 문제가 있다. 특별예방론은 개선의 대상이 되는 행위자의 사회적 위험성이 무엇인가가 명백하지 않고, 그 개선의 방향도 명백하지 않다. 범죄자에 대한 처우가 강제적 세뇌작업이 될 가능성이 있다. 또 이미 사회적 위험성이 사라진 자에 대하여는 아무리 극악한 범죄를 저질렀다 하더라도 처벌하지 않게 되는데, 이는 정의의 요청('각자에게 그의 것을')에 부합하지 않는다.

　　각 관점들은 이러한 단점을 갖기 때문에 오늘날에 와서는 이를 절충하여 형벌을 정당화하는 관점이 제시되고 있다(절충설 또는 결합설). 이에 의하면 우선 응보설은 형벌의 상한을 설정해 주는 의미를 갖는다. 그리고 이 상한의 범위 내에서 형벌의 종류와 내용을 구성하는 데 있어서는 일반예방과 특별예방의 관점이 원용될 수 있다고 한다. 그리고 형벌의 하한 역시 예방적 관점에 의하여 설정될 수 있다고 본다.

형벌의 목적에 관한 논의는 단순한 관념상의 관심사가 아니라 형사제도를 구성하고 운용하는 데 있어 중요한 현실적 의미를 갖는다. 예컨대 미국의 경우에는 19세기 후반부터 특별예방(재사회화)사상을 행형의 이념으로 삼아 많은 투자와 실험을 하여 행형상 기념비적인 여러 제도와 시설을 마련한 바 있다. 단기적으로는 효과를 내는 것으로 보였던 이러한 실험은 장기적으로 볼 때 큰 성과를 거두지 못하였으며, 높은 재범률, 많은 비용 그리고 이를 운용하면서 나타난 재량의 남용 등으로 이에 대한 회의가 나타나기 시작하였다. 그리하여 1970년대부터는 이른바 정의모델(justice model)이라는 명분아래, 종래 자주 활용되던 부정기형에서 정기형 위주의 행형으로 선회하고, 재량중심의 행형에서 적법절차를 중시하는 행형으로 선회하는 등 형벌목적의 변화에 따르는 구체적 제도변화가 두드러지게 나타나고 있다.

우리나라의 경우에는 범죄에 대한 응보적 관념이 전통적으로 강한 가운데 꾸준히 재사회화 이념이 수용되어 활용되어 왔다. 그러나 우리나라에서 많은 투자와 실험을 전제로 하는 재사회화 위주의 행형을 본격적으로 행하고 있다고 말하기는 어렵다.

형법의 기능과 위상

1. 형법의 기능

형법은 일정한 행위를 범죄로 규정하고 범죄에 대하여 형벌 기타 형사제재를 부과하는 법규범의 총체이다. 형법은 이러한 형사제재를 구사함으로써 다음과 같은 기능을 수행한다. 첫째는 보호적 기능으로서, 형법은 잠재적 범죄자(범죄를 범할 가능성이 있는 자)에 대하여 형사제재로 위하함으로써 범죄로 나아가지 못하게 하여 일반 국민을 '범죄로부터 보호'한다. 따라서 형법은 법익이 범죄에 의하여 침해당하지 않도록 보호한다. 둘째는 보장적 기능으로서, 형법은 국가로 하여금 법률에 의한 범죄와 형벌규정에 기해서만 국민에게 형벌권을 행사하게 하고 있다. 따라서 형법은 일반 국민이 '국가권력의 자의적인 전횡'을 당하지 않도록 보장해 준다. 근대 이후에는 형법에 대하여 보호적 기능보다 오히려 보장적 기능을 발휘하여야 할 과제가 부여되어 왔다.

이러한 전통적인 형법의 기능 이외에 국가로부터의 자율성을 상당한 정도로 확보한 선진국에서는 국가의 전횡보다는 범죄자로부터 '사회체계의 보호'를 중요한 기능으로 인식하는 견해도 나타나고 있다. 이러한 견해가 한 걸음 더 선진적인 이론이라고 할 수는 있겠지만, 국가권력의 전횡의 기억을 생생히 가지고 있는 나라에서는 형법의 보장적 기능이라는 근대적 '계몽의 기획'은 여전히 현실성을 가지고 있다고 하겠다.

2. 형법의 위상

형벌은 법적 제재 가운데 가장 가혹한 제재이며, 형법은 가장 가혹한 제재수단을 가진 법이다. 형법은 법익을 보호하기 위하여 법익을 박탈한다는 역설적인 사명을 가지고 있다. 이러한 면에서 형법은 다른 사회규범(특히 도덕)과의 관계에서 그리고 다른 법과의 관계에서 특별한 요청을 받고 있다. 즉 형법은 두 가지 측면에서 제약을 받는다. 우선 형법은 법이 관여할 영역과 그렇지 않은 영역 사이에 세심한 구별을 하여야 한다(일반적으로 법과 도덕의 구별이라는 주제로 논의된다). 그리고 일단 법이 관여할 영역에 해당하는 경우에도 형법은 그 제재의 성격상 최후수단으로 구사되어야 한다('형법의 보충성').

형법은 아무리 그 행위가 부도덕하고 타기해야 할 대상이라 하더라도 법익침해가 없는 경우 내지 '타인에 대한 해악'이 없는 경우에는 개입하지 않는 것이 원칙이다. 예컨대 근친상간이나 수간(獸姦)과 같은 행위는 매우 부도덕한 행위이지만 타인에 대한 (상해나 절도 등의 행위에서 나타나는 직접적인) 해악은 없기 때문에 형법은 개입하지 않는다. 이러한 행위에 대한 제재는 사회적 금기(taboo)나 도덕적 비난에 맡기는 것이다. 이에 비하여 타인의 물건을 고의로 파괴하는 행위는 타인의 법익을 침해하는 행위이기 때문에 법의 소관영역에 속하는 행위라고 할 수 있다. 이 행위에 대한 제재로서는 민법상의 손해배상을 생각할 수 있고, 이를 통해서 피해자가 입은 손해는 전보(塡補)되어 평균적 정의는 회복된다. 그러나 '물건' 그 자체는 이미 파괴되어 버리고 말았다. 손해의 전보 이전에 물건 자체의 건재를 보호하기 위하여는 손해의 전보와는 다른 차원의 제재가 필요하다. 형법이 인간의 중요한 이익을 박탈함으로써 가하는 형벌의 제재는 이를 위한 것이다. 따라서 다른 법의 제재수단을 통해서 그 이익이 유효하게 보호되는 경우에는 형법은 개입할 필요가 없고 또 개입하여서는 안된다. 형법은 다른 법의 제재수단을 통해서 유효하게 보호하지 못하는 이익들을 보호하는 최후수단(*ultima ratio*)이다. 이때의 최후수단이란 시간적 의미가 아니라 논리적 의미이다.

형사사법의 원칙

형사사법의 세 원칙

형사사법은 범죄에 대한 대응의 한 과정이다. 그리고 우리는 범죄라는 근절해야 할 대상에 대처하는데 효율적인 수단이라면 무엇이든 강구할 용의를 쉽게 갖는다. 그러나 인간은 누구든지, 그가 설사 범죄자라 하더라도 인간으로서 천부의 인권을 가지고 있으며, 헌법이 보장하는 기본권을 향유한다. 따라서 범죄 투쟁은 '천사 대 악마'의 구도 속에서 이루어지는 것이 아니라, '인간 대 인간'의 구도 속에서 이루어지는 것이다. 이를 인식시켜 준 것은 근대 계몽사상의 공헌이라고 할 수 있다. 이렇게 볼 때 형사사법 과정을 지배·규제하는 원칙은 매우 중요한 의미를 갖는다. 효과적인 수단이면 무엇이든 구사할 수 있다는 생각은 여기에서는 통용될 수 없다. 여기에는 다음과 같은 세 가지 원칙이 있다.

1. 인도주의의 원칙

인도주의 원칙은 죄지은 자도 인간이라는 기본전제에서 출발한다. 따라서 형벌의 부과나 집행에 있어서 피의자나 피고인의 인격을 존중하여, 이들에게 인간 이하의 대우를 할 것이 아니라 인간으로서 존중할 것을 요구한다. 그리고 궁극적으로는 죄지은 자도 다시 사회 안에서 삶을 영위하게 된다는 것을 전제로 형사사법을 행할 것을 요청한다.

이러한 원칙에 따른다면 과거의 인간 이하의 상황에서 이루어지던 행형은 폐지되어야 하며, 사형 역시 인간의 근원적 존재를 부정한다는 점에서 폐지되어야 한다는 결론이 도출된다. 그리고 형벌이 갖는 지나친 억압적 성격 대신에 수형자의 사회복귀의 사상이 중시되어야 하며, 인도주의 원칙은 행형에 있어서도 지도이념이 되어야 한다.

2. 법치국가의 원칙

법치국가의 원칙은 시민계급들이 자유주의 정치철학에 입각하여 국가권력의 전횡으로부터 시민사회의 자율성을 확보하기 위하여 정립한 원칙으로서, 시민의 권리와 자유의 보장책이라고 할 수 있다. 이 원칙은 특히 국가형벌권의 행사는 시민계급의 대표들이 정한 법률에 의해서만 가능하다는 것을 내용으로 한다. '죄형법정주의원칙'이라고도 하는 이 원칙은 오늘날에도 형법상 가장 중요한 원칙의 지위를 차지하고 있다. 그 구체적인 내용은 장을 바꾸어 상세히 살피기로 한다.

오늘날 법치국가의 원칙은 종래의 형식적 의미에서 한 걸음 더 나아가, 내용적으로 실질화하는 단계에 접어 들고 있다. 즉 법률에 의하여 규정되면 범죄와 형벌로서 인정되던 단계에서 이제는 법률에 규정되었다 하더라도 그 규정이 정의의 요청을 현저히 깨뜨리는 경우(예컨대 범죄와 형벌간의 심각한 불균형)에는 실질적 법치국가원칙에 위반되는 것으로서 위헌이 된다. 예컨대 교통사고를 낸 운전자가 피해자를 사고장소로부터 유기하고 도주한 경우에, 피해자를 치사하고 도주하거나 도주한 후에 피해자가 사망한 때에 사형, 무기 또는 10년 이상의 징역으로 처벌함으로써, 살인죄(사형, 무기 또는 5년 이상의 징역)보다 더 무겁게 처벌하는 특정범죄가중처벌법 제5조의3 제2항 1호는 지나치게 과중하고 가혹한 법정형을 규정한 것이므로 헌법에 위반된다고 헌법재판소는 결정하였다(헌재 1992.4.28. 90헌바24).

3. 책임의 원칙

책임원칙이란 "책임 없는 형벌 없다"(*nulla poena sine culpa*)는 말로 요약할 수 있다. 책임이란 개인적 귀책에 기한 비난가능성을 말한다. 따라서 결과가 발생하였다고 하더라도 그 결과가 행위자에게 귀책되지 않는 경우에는 책임을 물을 수 없다. 이로써 '결과책임'은 배제된다. 또 결과가 귀책된다 하더라도 비난가능성이 없는 경우에는 형벌을 가하지 않는다. 예컨대 고의 또는 과실 없이 행위한 때에는 법익침해나 위태화의 결과가 발생하였다 하더라도 그 결과가 귀책되지는 않는다. 또 사람이 사망하였지만 심각한 정신질환자의 난동의 결과인 경우 이 자에게 책임을 물을 수는 없다.

책임원칙은 책임 없이는 형벌 없다는 원칙하에 그 부수적 원칙으로서 첫째, 책임은 불법(행위 및 그 결과의 반가치성)과 일치하여야 한다는 것, 둘째, 행위시에 책임능력이 있어야 한다(행위와 책임의 동시존재의 원칙)는 것을 요청하고 있다.

그러나 책임원칙은 책임이 있다고 하여 반드시 처벌하여야 한다는 이른바 필벌주의(必罰主義)를 의미하는 것은 아니다. 책임은 기초일 뿐 여기에 추가적인 고려가 작용할 수 있다. 이렇게 볼 때 책임에 기초하는 형벌은 그 구체화과정인 양형의 단계에서 책임의 개념과 다시 만나게 된다. 양형책임이라고 불리는 이 단계의 책임은 형벌목적을 고려한 행위에 대한 총체적 평가이며, 형벌은 바로 이 양형책임에 기초하여 부과된다.

한편 책임을 물을 수 없어서 '형벌'을 부과할 수 없는 행위자에게 사회적 위험성이 있는 때에는 '보안처분'을 부과하게 되는데, 이를 규제하는 원칙은 '비례의 원칙'이라고 한다. 보안처분도 자의에 의한 부과는 인정되지 않고 일정한 기초 위에서만 부과할 수 있다. 그것은 행위자가 갖는 '사회적 위험성'이다. 사회적 위험성이란 형벌의 규제원리인 책임원칙과는 달리 대응물이 없다. 즉 사회적 위험성은 행위에서 표현된 장래의 위험성이기 때문에 이미 발생한 사실과의 대응이라는 의미의 책임과는 다른 척도를 사용하지 않을 수 없는 것이다. 따라서 보안처분은 장래의 위험성을 합리적인 방법으로 판단하고 또 합리적인 제재수단으로 이를 제거하는 것을 목적으로 부과된다. 이러한 제재는 형사제재의 '합리화'라는 구호 아래 늘 선호되는 수단이나, 그 정밀한 척도를 마련하기 어렵다는 점에서 과도한 제재에 귀착될 가능성이 상존한다.

죄형법정주의

1. 죄형법정주의의 의의

죄형법정주의는 범죄와 형벌은 법률에 의하여 정하여야 한다는 원칙이다. 이러한 의미에서 죄형법정주의를 '법률주의' 또는 "법률 없으면 범죄 없고, 법률 없으면 형벌 없다"(*nullum crimen sine lege, nulla poena sine lege*)는 말로 표현하기도 한다. 이 원칙은 개별 법률분야를 지배하는 원칙의 차원을 능가하는 헌법적 지위를 가지고 있다. 헌법은 제12조 1항에서 "누구든지 법률과 적법한 절차에 의하지 아니하고는 처벌, 보안처분 또는 강제노역을 받지 아니한다"고 규정하고, 제13조 제1항은 "모든 국민은 행위시의 법률에 의하여 범죄를 구성하지 아니하는 행위로 소추되지 아니한다"고 규정하고 있다. 그리고 형법도 "범죄의 성립과 처벌은 행위시의 법률에 의한다"(제1조 1항)고 규정함으로써 죄형법정주의의 기본원칙을 재확인하고 있다.

죄형법정주의 원칙은 근대 자유주의 정치사상의 결실로서, 범죄와 형벌을 천단(擅斷)하던 왕권과의 투쟁에서 시민계급이 확보해 낸 가장 중요한 자유보장책이라고 할 수 있다. 이 원칙을 통해서 시민계급의 대표들이 법률로써 정한 행위만을 국가는 범죄로 인정하고 또 법률이 정한 형벌만을 부과할 수 있게 함으로써 국가권력의 자의적인 전횡을 막을 수 있게 되었다. 죄형법정주의는 이와 같이 시민의 자유와 권리를 국가권력의 전횡으로부터 지켜준다는 의미에서 '시민의 마그나 카르타'이며, 범죄자에 대하여도 그가 아무리 범죄를 저질렀다 하더라도 법률에 정한 형벌과는 다른 종류의 형벌을, 또 법률이 정한 양을 초과하는 형벌을 부과할 수 없도록 국가권력을 통제한다는 의미에서 '범죄자의 마그나 카르타'이기도 하다.

2. 죄형법정주의의 기초

근대 자유주의의 토대 위에서 형성된 죄형법정주의는 구체적으로 두 가지의 뿌리를 가지고 있다. 그 하나는 권력분립의 원칙이며, 다른 하나는 공리주의 사상이다. 권력분립의 원칙은 주지하는 바와 같이 국가 권력을 분립시킴으로써 권력간의 견제와 균형을 기하여 국가권력의 남용을 막는 원칙이다. 이 원칙은 입법권을 의회에 부여하고, 사법부에 대하여는 철저하게 의회의 입법에 종속되어 재판할 것을 요구한다. 따라서 사법부는 어떤 형태의 입법도 할 수 없으며, 특히 법률의 해석이라는 우회적인 방법으로 입법을 해서는 안된다. 그래서 이러한 권력분립사상이 뿌리 내리기 시작하던 초기에는 법원에 대하여 법률해석권을 인정하지 않고 의문이 있는 경우에는 입법부에 조회하라는 입법부조회의무를 법률에 명시한 경우도 있었으며, 법원의 판례집의 출간을 금하기도 하였다.

공리주의사상은 인간을 쾌와 불쾌, 즉 공리의 계산자로 본다. 그리고 인간은 범죄를 행함으로써 쾌를 얻고 형벌을 받음으로써는 불쾌를 얻는다고 본다. 따라서 범죄행위란 형벌의 불쾌에도 불구하고 범죄를 통하여 쾌를 얻는 행위이다. 이러한 관점에서 볼 때 국가가 범죄를 통제하기 위하여는, 행위를 하기 전에 일정한 행위를 범죄로 규정하고 동시에 그에 부과될 형벌을 규정함으로써, 국민들로 하여금 쾌와 불쾌를 계산하여 형벌이라는 불쾌를 무릅쓰면서까지 범죄에 나아갈 것인가의 여부를 판단하게 하여야 한다. 따라서 이러한 계산이 불가능한 경우, 즉 행위 이전에 범죄로 규정되어 있지 않은 경우 사후입법을 통해서 소급하여 형벌을 가할 수는 없게 된다.

3. 죄형법정주의의 적용범위

죄형법정주의는 그 적용범위의 면에서 두 측면을 가지고 있다. 죄형법정주의는 한편으로는 입법원칙으로서의 의미를 갖는다. 범죄와 형벌은 반드시 의회에서 일정한 절차를 통하여 제정한 법률로 규정할 것을 요구하며, 소급입법은 금지되며, 형종을 정하지 않는다든가 형기를 정하지 않은 형벌(절대적 부정기형)의 입법은 금지됨을 선언하고 있다. 다른 한편 죄형법정주의는 형법을 해석하는 해석원칙으로서의 의미를 가지고 있다. 이하에서는 해석원칙으로서의 죄형법정주의를 중심으로 살펴본다. 죄형법정주의는 구체적으로는 다음과 같은 구체적인 요청들로 나눌 수 있다.

(1) 법률주의와 명확성의 원칙

법률주의란 범죄와 형벌의 규정은 법률이라는 법형식을 취하여야 한다는 원칙으로서 죄형법정주의의 기반을 이루는 원칙이다. 주지하는 바와 같이 법에는 법률, 명령 등 여러 형식이 있을 수 있지만, 범죄와 형벌은 의회에서 일정한 절차를 통하여 제정한 '법률'이라는 법형식을 통해서 규정하여야 한다는 것이다. 따라서 명령(대통령령, 부령)이나 그 밖의 하위의 법형식으로 범죄나 형벌을 규정하여서는 안된다.

이와 관련하여 문제가 되는 것은 행정법규에 많이 나타나는 백지형법(白地刑法)이다. 이것은 법률상으로는 추상적 금지(내지 요구)와 형벌만을 규정하고 구체적인 내용은 명령 등의 하위법형식에 위임하는 입법방식이다. 이러한 경우에는 법률의 추상적 규정과 명령에 의하여 형성되는 구체적 내용이 결합되어 범죄의 요건이 구성되는 것이므로, 범죄와 형벌을 전적으로 명령 등의 하위법규에 위임하는 경우와는 달라서 법률주의의 위반이라고 할 수는 없다.

명확성의 원칙이란 범죄와 형벌을 규정하는 경우 가능한 한 명확하게 규정하여야 한다는 원칙이다. 따라서 이는 일차적으로는 입법원칙으로서 의미를 갖지만, 해석원칙으로서의 의미도 가지고 있다. 즉 명확성의 원칙을 깨뜨린 입법은 무효로서 해석, 적용해서는 안된다. 예컨대 "공서양속에 반하는 행위를 한 자는 3년 이하의 징역에 처한다"든가 "건전한 국민감정에 반하는 행위를 한 자는 1년 이하의 징역에 처한다"는 식의 규정은 수범자로 하여금 어떤 행위가 금지되어 있는가에 관하여 명확한 표상을 제공해 줄 수 없기 때문에, 행위를 향도하는 행위규범의 성격을 갖지 못한다. 따라서 법관은 명확성원칙을 위반한 규정은 죄형법정주의에 위반하므로 무효라고 판단하여야 한다.

물론 언어 자체가 이미 모호성('다수'란 몇 사람부터인가, 언제부터가 '야간'

인가), 다의성('재물'은 동산만을 의미하는가 부동산도 포함하는가) 등의 불명확성을 가지고 있기 때문에, 명확성의 요구는 필연적으로 한계를 갖는다. 법언어가 수학적 언어와 같은 명확성을 가질 수는 없으며, 그 정도의 명확성을 갖지 못하였다고 하여 무효가 되는 것은 아니다. 따라서 금지된 행위가 무엇인가를 특정할 수 있을 정도의 명확성이 있으면 족하며, 해석의 여지를 남기고 있다고 하여 무효가 되는 것은 아니다(음란물판매죄의 경우 '음란'의 의미에 대하여 해석상의 이견이 있을 수 있지만 그렇다고 음란물판매죄의 규정이 무효가 되는 것은 아니다).

(2) 소급효금지(遡及效禁止)의 원칙

행위 후 법률의 변경에 의하여 행위시에 처벌되지 않던 행위가 새롭게 처벌되게 된 경우 또는 행위시보다 중하게 처벌되는 경우에 이를 소급적으로 행위자에게 불리하게 적용하는 것은 금지된다. 행위시에 범죄가 되지 않던 행위가 소급입법을 통해서 또는 소급해석을 통해서 범죄로 되어 처벌받게 된다면, 국민들이 법을 통해서 향유하는 법적 안정성은 심각하게 훼손될 것이다. 형벌이 가중된 경우도 같다.

물론 법적 안정성은 법의 유일한 이념도 아니고 최고의 이념도 아니기 때문에 경우에 따라서는 법적 안정성을 희생하고서라도 다른 법의 이념(예컨대 정의)을 살려야 하는 경우를 생각할 수 있다. 그러나 이 경우는 원칙에서 벗어난 극히 예외적으로 경우로서, 그 불법이 도저히 감내할 수 없을 정도에 달한 경우 예외적으로 소급입법을 통하여 그 불법을 광정(匡正)할 수 있다(예로서 '5. 18 특별법'). 그러나 이 경우에도 '입법'이 아니라 '해석'을 통해서 소급적으로 범죄의 성립을 인정하고 소급적으로 형벌을 가하는 것은 인정되지 않는다.

이 경우 문제가 되는 몇 가지 경우를 생각해 보자. 우선 범죄 후 형벌이 경하게 변경된 경우나 형벌이 폐지된 경우에는 경한 법을 적용한다. 이는 죄형법정주의의 요청과는 무관하다. 죄형법정주의는 행위자에게 '불리한' 소급적용을 금지할 뿐이다. 형벌이 아닌 보안처분이 재판시의 법에 의하면 새로 도입된 경우에 관하여, 일설은 죄형법정주의는 범죄와 형벌에 관한 원칙이기 때문에 보안처분에 대하여는 적용되지 않는다고 해석하지만, 보안처분도 실질적으로는 자유와 권리에 제약을 가하는 형사제재이기 때문에 형벌과 같이 해석해야 한다고 보는 것이 타당하다. 공소시효를 행위 후 소급하여 연장하는 경우는 소급효금지 원칙에 해당하지 않는다고 보는 것이 타당하다. 죄형법정주의는 어떤 행위가 범죄이고 어떤 처벌을 받는가에 관한 원칙이지, 어느 정도의 기간을 피해다녀야 처벌받지 않게 되는가에 관한 원칙은 아니기 때문이다. 이 이외의 소송법적 규정에 대하여도 같은 논리가 적용된다(예컨대 친고죄를 비친고죄로 개정하는 경우). 소송법적 규정에 대하여 소급금지를 인정함으로써 형성되는 법적 안정성(신뢰와 예측가능성)은 법치국가원칙의 핵심을 이루는 '범죄와 형벌에 대한 소급효금지'가 이루는 법적 안정성에 대하여 부차적인 지위를 갖는 데 그친다. 이는 그 행위의 가벌성에는 변함이 없이 단지 처벌의 절차에만 관계되는 부수적 가치의 실현을 목표로 하고 있기 때문이다.

(3) 유추적용(類推適用)의 금지

유추적용이란 당해 사안에 해당하는 법률규정이 존재하지 않는 경우 가장 유사한 다른 규정을 적용하는 적용방법을 말한다. 유추적용은 형법 이외의 법분야, 특히 민사법분야에서는 금지되어 있지 않다. 그러나 형법에서는 유추적용은 입법에 의하여 명시된 범위 밖의 행위에 대하여 해석자(법관)가 해석의 명분을 빌어 입법을 하여 처벌하는 것을 의미하기 때문에 권력분립의 원칙에 반한다. 또 일반에게 공포되어 있는 법률의 의미를 그 의미의 한계를 넘어서 해석하는 결과가 되기 때문에 행위자로 하여금 공리계산을 할 수 없게 만든다는 점에서 균형사상에도 반한다. 유추적용금지 역시 법치국가 사상의 발현이므로 이를 침해하지 않는 피고인에게 '유리한' 유추적용은 허용된다.

(4) 관습형법의 배제

범죄와 형벌은 법률에 의하여야 하며, 법률 이외의 법원(法源) 특히 관습법에 의하여 범죄와 형벌을 인정하거나 형벌을 가중하는 것은 금지된다. 사법(私法)상으로는 관습법이 법원으로서 중요한 의미를 가지고 있다. 그러나 형법에서는 관습법은 법원이 아니다. 왜냐하면 이는 입법부에 의해서 제정된 것이 아니기 때문이다. 이렇게 보면 이 원칙도 권력분립원칙의 논리적 귀결이라고 할 수 있다. 이 원칙에 의하여 법률에 위반하는 행위가 아닌 한 도덕이나 관습법에 어긋난 행위를 하는 자에 대하여도 국가는 형벌권을 행사할 수 없게 됨으로써, 근대 시민사회는 국가나 종교로부터 좀 더 확실한 자율성, 독자성을 획득하게 되었다.

예컨대 그 지역의 관습법상 신분의 차이를 어기고 통정하는 남녀(또는 몸을 파는 여자)에 대하여 돌을 던져서 징계하는 규범이 있다고 할 때, 이에 따라 통정한 남녀(또는 몸을 파는 여자)에게 돌을 던지는 행위는 그 자체 범죄행위가 되며, 이것이 관습법에 따른 행위이기 때문에 정당화되지는 않는다. 이에 반하여 관습형법의 배제는 범죄의 성립과 처벌에 관한 원칙이기 때문에 범죄의 불성립이나 불처벌에 관한 것인 때에는 관습법은 원용될 수 있다. 예컨대 타인의 子에 대한 징계는 현행법상 이를 정당화하는 규정은 존재하지 않지만, 징계가 상당한 범위 내에서 행하여지는 한 우리나라의 고래의 관습법을 통해서 정당화된다고 할 수 있다.

또 배제되는 것은 관습'형'법이기 때문에 관습법이 형법의 해석의 준거가 되는 이른바 보충적 관습법은 인정된다. 예컨대 형법 제184조의 수리방해죄가 성립하기 위하여는 수리권(水利權)의 존재가 전제되는데, 수리권은 민법에 의하여 정해지지만 민법은 수리권을 관습법을 토대로 인정하고 있다. 이러한 경우에는 관습법은 민법상의 권리의 존부를 판단하는 데 전제가 되는 것으로서 형법 해석상으로도 인정된다.

범죄의 성립요건

범죄성립과 처벌의 제단계

　　범죄는 인간의 행위를 통해서 일정한 법익을 침해 내지 위태화함으로써 이루어진다. 인간의 행위는 다양한 요소의 복합체이다. 행위는 주관적 요소와 객관적 요소의 결합체이며, 또 행위에는 사실적 요소와 규범적 요소가 결합되어 있다. 범죄 역시 이러한 요소들의 복합체이다. 예컨대 살인의 고의를 가지고(주관적 요소), 사람의 사망(객관적 요소)을 야기함으로써 행위자는 살인죄를 저지르며, 음란물(음란성의 판단이라는 규범적 요소)을 판매(사실적 요소)함으로써 행위자는 음란물판매죄를 범한다. 따라서 범죄의 성립을 검토하기 위하여는 법이 요구하는 이러한 제 요소들이 갖추어졌는가를 검토해야 한다.

　　범죄가 성립하기 위하여는 우선 인간의 행위가 있어야 한다. 범죄는 '인간'의 '행위'이다. 자연의 사태는 인간의 행위가 아니며(따라서 자연재해는 범죄가 될 수 없다), 행위라고 평가할 수 없는 인간의 행동은 범죄의 성립의 제 1단계에서 배제된다(예컨대 타인의 손에 칼을 쥐게 하고 그 손을 행위자가 잡고 찌르는 행위는 손을 잡은 사람의 행위이지 칼을 잡은 사람의 행위는 아니다).

　　인간의 행위가 범죄가 되기 위하여는 법률에서 정한 일정한 행위유형을 실현하여야 한다. 이 법률이 정한 행위유형을 범죄구성요건이라고 한다. 살인죄의 경우 '사람의 살해'가 범죄구성요건이 된다(법률문언상으로는 "사람을 살해한 자는 …형에 처한다"고 규정되어 있다). 절도죄의 구성요건은 '타인의 재물의 절취'이다. 구성요건에 따라서는 행위만으로는 부족하고 그 행위에 따른 결과가 발생하여야 하는 경우도 있다. 살인죄의 구성요건이 충족되기 위하여는 살해행위(예컨대 총격행위)만으로는 부족하고 그 행위에 따른 사람의 사망이 발생하여야 한다. 살해행위를 하였으나 사람이 사망하지 않은 때에는 살인죄는 미수(未遂)에 그친다.

　　구성요건이 충족되었다고 하여 바로 범죄가 성립하는 것은 아니다. 사람을 살해한 경우에도 그것이 사형집행관의 사형집행행위인 경우라든가, 자기를 살해하려고 흉기를 휘두르는 자에 대하여 정당방위로 살해한 경우에는 범죄라고 할 수 없다. 이와 같이 구성요건에 해당하는 행위와 결과라 할지라도 법질서 전체의 관점에서 허용된 행위(와 결과)는 형식적으로 구성요건에는 해당하였지만 위법하다고 평가되지는 않는다. 위법성의 영역은 구성요건에 해당하는 행위를 법질서 전체의 관점에서 검토하여, 궁극적으로 전체 법질서에 배치되는 구성요건해당행위를 위법하다고 판정한다. 일반적으로 구성요건에 해당하는 행위는 위법하다. 따라서 위법성 영역에서는 주로 어느 경우에 구성요건 해당행위가 정당화되어 합법적인 것이 되는가가 주로 검토된다. 이때 정당방위와 같이 구성요건해당행위를 정당화해주는 사유를 위법성조각사유 또는 정당화사유라고 한다.

　　행위가 구성요건에 해당하고 위법한 경우에도 범죄가 성립하기 위하여는 다시 책임의 요소를 검토해야 한다. 정당화사유 없이 사람을 살해한 경우에 그 살인자가 정상적인 성인인 경우에는 책임을 묻는데 아무런 문제가 없으나, 그 자가 5세에 불과한 어린이라든가 심각한 정신분열증(＝조현병)에 걸려 살해의 망상을 가지고 있는 살인광인 경우 그 자에게 책임을 물을 수는 없다. 왜냐하면 정상적인 판단능력, 정상적인 의사형성능력을 가지지 못한 자, 그리고 자신의 판단이나 의사에 따라 행위할 수 있는 능력을 갖지 못한 자에 대하여 책임을 묻고 그 행위와 결과를 비난할 수는 없기 때문이다. 자신이 책임질 수 없는 용모나 피부색을 비난하는 것이 공정하지 않은 것처럼, 이러한 경우를 비난하는 것은 공정하지 않다(이 경우 책임을 물을 수는 없으나(그래서 형벌을 부과할 수는 없으나) 그 위험성에 대처하는 '보안처분'을 부과할 수 있다).

　　이와 같이 인간의 행위로서, 구성요건 해당성이 있고, 위법하며, 책임까지 갖추게 되면, 이제는 범죄가 성립되었다고 할 수 있다. 그렇다고 하여 바로 처벌할 수 있는 것은 아니다. 행위자에게 범죄성립요건 이외에 특별한 요건이 충족되어야 처벌되는 범죄(이 특별한 요건을 '객관적 처벌조건'이라 한다. 예컨대 사전수뢰죄(형법 제129조 2항)에서의 '공무원 또는 중재인이 된 사실')에서는 범죄는 성립되었지만 이 요건이 충족되어야 처벌할 수 있으며, 범죄자와 피해자가 특별한 인적 관계에 있는 경우에는 법은 범죄는 성립하였지만 처벌은 포기하는 경우가 있다(인적처벌조각사유). 예컨대 형법상 친족상도례는 "(형)법은 가정사에 개입하지 않는다"는 원칙에 따라 친족간에 벌어진 절도, 사기 등의 재산범죄에 대한 처벌을 단념하고 있다.

또 범죄가 성립하더라도 형사소송 없이는 처벌할 수 없다(이에 관하여는 제9장 Ⅱ의 1 참조). 그런데 모욕죄와 같이 피해자의 고소가 있어야만 공소를 제기할 수 있는 친고죄에서 고소가 없는 때, 또는 폭행죄나 명예훼손죄와 같이 피해자가 명시하여 처벌을 원하지 않는 때에는 처벌할 수 없는 범죄의 경우에, 처벌불원의사가 표시된 경우에는 검사는 공소를 제기할 수 없어서 결국 처벌하지 못한다.

앞서 강조한 바와 같이 범죄가 성립하면 이에 대하여 국가형벌권이 발생한다. 따라서 국가형벌권의 남용을 막고 이를 엄정하게 행사하게 하기 위하여는 가능한 한 범죄의 성립요건을 엄격하게 검토할 필요가 있다. 즉 범죄를 이와같이 분석적 범주로 환원하여 세세하게 검토하는 것은 국가형벌권의 근거와 한계를 명확히 함으로써 국가형벌권이 법률이 정한 범위를 넘어서 남용되는 것을 막는 데 그 목적이 있는 것이다.

범죄성립요건

1. 구성요건 해당성

전술한 바와 같이 구성요건이란 법률에 기술된 범죄행위의 유형이다. 사람의 행위가 범죄로서 성립하기 위하여는 우선 구성요건에 해당하여야 한다. 구성요건은 객관적 요소, 주관적 요소, 기술적 요소, 규범적 요소 등 복잡한 요소로 이루어져 있다. 이러한 제 요소들은 내용이 명확한 경우도 있지만, 불명확하여 해석이 필요한 경우도 많다.

예컨대 가장 명백한 개념이라고 생각되는 '사람'이라는 구성요건요소에 관하여도 해석이 필요하다. 사람으로 형성되어 가는 과정에서 형법은 어느 시점에서부터 그 생명체를 사람으로서 보호하기 시작하는가. 다시 말하자면 사람은 언제부터 시작되는가. 수정된 때인가, 모체의 자궁에 착상한 때인가, 분만이 개시되기 시작한 시점인가, 일부가 모체 외로 노출된 시점인가, 전부가 모체 외로 배출된 시점인가, 완전히 출산하여 독립적으로 호흡을 하기 시작하는 때인가.

구성요건해당성을 검토함에 있어서 주로 행하는 작업은 행위자의 행위가 법률에서 정한 행위유형에 포섭되는가이다. 이러한 범죄행위유형은 형법 기타 특별법에 규정되어 있다. 따라서 구성요건해당성의 검토는 각 개별 범죄유형의 '해석'과 구체적으로 이루어진 행위(및 결과)의 구성요건에의 '포섭'이 주된 작업이 된다.

2. 위 법 성

행위가 일단 구성요건에 해당하면 그 행위는 위법한 것으로 추정된다. 다시 말하자면 구성요건해당성이 있는 행위는 법질서에서 원칙적으로 금지한 것에 대한 위반으로써 다른 특별한 사유가 없는 한 위법한 것으로 추정된다는 것이다. 그러나 이러한 원칙적 금지에 대하여는 예외적인 허용도 있을 수 있다. 사람을 살해하는 행위는 형법에 의해서 금지되어 있지만, 사형수에 대하여 사형을 집행한다든가, 전쟁터에서 적군을 사살한다든가, 정당방위로 사람을 살해한다든가 하는 행위는 모두 사람을 살해하는 행위이지만 법질서에서 예외적으로 허용되어 있는 것이다.

이와 같이 원칙적으로는 금지되는 행위이지만 예외적으로 허용되는 경우들을 형법은 유형화하여 규정하고 있는데 정당방위, 긴급피난, 자구행위, 피해자의 승낙, 정당행위를 규정하고 있다. 이를 간단히 살펴보면 다음과 같다.

(1) 정당방위

정당방위란 자기 또는 타인의 법익에 대한 현재의 부당한 침해에 대하여 방위하는 행위가 범죄구성요건에 해당하는 경우에 그 행위에 상당한 이유가 있는 때에는 위법하지 않다는 것이다. 이는 자기보호라는 자연법적인 원리와 법질서의 기능의 확인이라는 원리를 근거로 인정되는 제도이다.

정당방위가 성립하기 위하여는 자기 또는 타인의 법익에 대한 현재의 부당한 침해가 있어야 한다. 부당한 침해이어야 하므로 정당한 침해(예컨대 구속영장을 집행하는 공무원의 체포행위)에 대하여는 정당방위를 할 수 없다. 또 현재의 침해이어야 하므로 과거의 침해나 미래의 침해에 대하여는 정당방위를 할 수 없다(정당방위를 할 수 없다는 의미는 이러한 방위행위는 정당화되지 않아서 위법하다는 의미이다). 상당한 이유란 후술하는 긴급피난과 같은 엄격한 요건을 충족할 필요는 없지만(따라서 방위를 위하여 필요한 행위를 하는 것은 원칙적으로 허용된다), 방위의 수단과 정도가 침해와의 관계에서 현저히 상당성을 잃은 경우 정당방위가 성립하지 않고 과잉방위가 된다. 과잉방위는 위법하며, 다만 정황에 의하여 그 형을 감경 또는 면제할 수 있을 뿐이다. 그리고 과잉방위가 야간 기타 불안스러운 상태하에서 공포, 경악, 흥분, 당황으로 인한 것인 때에는 후술할 책임이 조각되어 범죄로서 성립하지 않는다.

(2) 긴급피난

긴급피난이란 자기 또는 타인의 법익에 대한 현재의 위난에 대하여 피난하는 행위는 상당한 이유가 있는 때에는 벌하지 않는 제도이다. 예컨대 주인 없이 거리에서 날뛰는 광견을 피하기 위하여 남의 집에 무단히 뛰어들어가는 경우를 생각해 보자. 이는 주거침입죄에 해당하는 행위이지만 정당화되는데 그 근거가 바로 긴급피난이라는 제도이다. 이와 같이 긴급피난은 합법적인 상태에 있는 제3자의 법익을 침해한다는 점에서 정당방위보다 엄격한 요건이 충족되어야 한다.

이에 관하여는 희생되는 법익과 보호되는 법익을 비교형량하여 보다 큰 이익을 구한 경우라든가, 정당한 목적을 실현하기 위하여 적절한 수단을 취한 경우에 긴급피난은 성립한다고 보는 관점이 있는데, 형법은 '상당한 이유'가 있는 때에는 벌하지 않는다고 규정함으로써 이를 종합하고 있다.

또 긴급피난은 합법적인 상태에 있는 제3자의 법익에 대한 침해를 정당화하는 것이기 때문에 다른 피난의 방법이 있는 경우에는 정당화되지 않으며, 최후의 수단으로 취하여진 경우에 한하여 인정된다.

(3) 자구행위

자구행위란 청구권의 실행불능 또는 현저한 실행곤란을 막기 위하여 한 행위는 상당한 이유가 있는 때에는 위법하지 않다고 보아 벌하지 않는 제도이다. 예컨대 거액의 부채를 지고서 이를 갚지 않고 외국으로 도주하려고 출국하는 채무자를 공항에서 출국하지 못하게 저지하는 행위는 강요죄의 구성요건에 해당하는 행위이나 자구행위로서 정당화된다.

(4) 피해자의 승낙

침해를 피해자가 승낙한 때에는 그 침해는 정당하다. "원하는 자에게는 불법은 이루어지지 않는다"(*volenti not fit injuria*). 물론 이때의 승낙은 피해자가 처분할 수 있는 법익에 대한 승낙이어야 한다.

범죄구성요건 가운데에는 그 침해가 피해자의 의사에 반하는 것이 전제가 되어 있는 경우가 있는데 이때에는 피해자의 동의는 구성요건 자체를 조각하게 된다(예컨대 주는 물건을 받는 경우라든가 주거에 들어오라고 하여 들어간 경우). 이에 대하여 동의가 있다고 하여도 구성요건 해당성은 유지되는 경우도 있다. 이는 금지되는 행위이나, 예외적으로 승낙에 의하여 허용되는 경우이다(예컨대 상해행위나 명예훼손행위). 일반적으로 후자를 피해자의 승낙이라고 하고, 전자를 양해라고 한다. 아무튼 피해자의 '승낙'은 적법한 행위로서 위법성을 조각한다.

이때 피해자의 법익을 침해하고 사후에 승낙을 얻는 것은 인정되지 않는다. 또 승낙이라고 하기 위하여는 승낙의 의미를 이해할 수 있는 승낙능력자의 승낙이 있어야 한다. 승낙무능력자의 승낙은 승낙으로 볼 수 없기 때문이다.

(5) 추정적 승낙

추정적 승낙이란 현실적으로 승낙할 수 없는 상태에 있지만, 피해자가 승낙했을 것이라고 추정되는 경우에는 승낙이 있는 것으로 의제하는 위법성조각사유이다. 예컨대 남편이 출장간 사이에 세무서에서 남편에게 온 편지를 부인이 뜯어 본 경우, 설사 그 우편물의 내용이 세금고지서가 아니라 세금환급통지서인 경우에도 추정적 승낙의 법리가 적용되어 부인의 행위는 비밀침해죄를 구성하지 않는다.

(6) 정당행위

법령에 의한 행위, 업무로 인한 행위 기타 사회상규에 위배되지 않는 행위는 위법하지 않다.

① **법령에 의한 행위**: 법령에 의한 행위란 예컨대 구속영장을 집행하는 공무원의 행위와 같이 체포죄 또는 감금죄의 구성요건에 해당하는 행위이나 법질서 자체가 이러한 행위 자체를 요구하고 있는 경우에 이러한 행위는 정당화된다는 것이다. 따라서 법령에 의한 행위는 그것이 법에 정한 요건과 한계 내에서 행하여지는 경우에는 당연히 합법적이다.

법령에 의한 행위의 예로서는 공무원의 각종 직무집행행위, 친권자의 자(子)에 대한 징계행위가 있다. 법령에 의한 행위와 관련하여 살펴 볼 필요가 있는 문제는 위법한 상관의 명령에 복종한 행위의 성격에 관한 것이다. 상관의 위법한 명령에 대하여 하관은 복종할 의무가 없다. 따라서 상관의 위법한 명령에 따른 행위에는 위법하며 정당화되지 않는다. 다만 상관의 명령이 복종하지 않을 수 없는 절대적 구속력을 갖는 경우에는 하관의 행위는 위법하지만 책임을 물어 비난할 수 없기 때문에 면책된다(통설).

② **업무로 인한 행위**: 사람이 일정한 사회 생활상의 지위에서 계속·반복의 의사로 행하는 사무로서, 그 업무의 내용이 사회윤리상 정당하다고 인정되는 때에는 위법성이 조각된다. 의사의 치료행위(이설 있음), 변호사의 변론, 성직자의 종교상의 행위 등이 여기에 속한다. 의사의 치료행위와 관련하여 문제되는 것은 '안락사'이다. 이에 관하여는 학설상 환자가 사기(死期)에 임박하고, 환자의 육체적 고통이 격심하고, 환자 본인의 촉탁 또는 승낙이 있고, 의사에 의하여 의료적 방법으로 행하여지는 경우에 인정하자는 주장이 지지를 얻고 있다.

③ **사회상규에 위배되지 않는 행위**: 논리적으로는 모든 위법성조각사유는 사회상규에 위배되지 않는 행위이다. 따라서 위법성조각사유를 이렇

게 포괄적으로 규정하는 경우에는 정당방위를 비롯하여 형법상 열거하고 있는 위법성조각사유는 의미가 없어진다. 그렇기 때문에 형법상 사회상규에 위배되지 않는 행위는 다른 명문의 규정이 있는 위법성조각사유에 해당되지 않는 경우 보충적으로 적용하는 규정으로 해석되고 있다.

예컨대 손버릇이 나쁜 이웃집 아이에게 징계를 목적으로 종아리를 때리는 행위와 같이 타인의 자에 대한 징계행위를 예로 들 수 있다. 자기의 자에 대한 징계권은 민법상 친권의 내용으로서 인정되고 있지만, 타인의 자(子)에 대한 징계는 이를 허용하는 명문의 규정이 없다. 그러나 이는 우리나라에서 고래로 인정되어 온 관습법상의 징계권으로서 사회상규에 위배되지 않는 행위로서 위법성이 조각된다.

3. 책 임

위법성의 영역에서는 행위 및 결과에 대한 전체 법질서의 평가 문제를 다루었다. 이에 비하여 책임의 영역에서는 행위 및 결과의 행위자에 대한 귀속(내지 귀책)의 문제를 다룬다. 다시 말하자면 위법하다는 평가를 받은 행위와 결과가 행위자의 소행으로서 비난할 수 있는가의 문제를 다루는 것이다. 일반적으로 위법한 행위는 이러한 귀속도 이루어져서 비난을 받는 것이 보통이지만, 자기의 행위의 의미를 알지 못하는 자나 자신의 의사를 결정할 능력이 없는 자의 행위는 이를 그자의 탓으로 돌려서 비난하기는 어렵다. 이러한 의미에서 이러한 책임귀속이 가능한 행위자의 요건을 검토하는 것이 범죄성립요건상의 '책임'의 영역이라고 할 수 있다.

(1) 책임무능력자와 한정책임능력자

① **형사미성년자**: 형법은 14세 미만자는 그 개인적 구체적 능력을 따지지 않고 획일적으로 책임무능력자로 하고 있다(형법 제9조). 따라서 책임무능력자가 불법을 저지른 경우에는 형법상으로는 무죄가 된다. 그러나 10세 이상 14세 미만자로서 구성요건에 해당하는 행위를 한 자는 소년법상의 '촉법소년'으로서 보호처분의 대상이 된다.

② **심신장애자**: 심신(心神)장애로 인하여 사물을 변별할 능력이 없거

나 의사를 결정할 능력이 없는 자의 행위는 벌하지 않는다. 이러한 자의 행위에 대하여는 책임을 묻지 않는다.

심신장애로 인하여 사물을 변별할 능력이 미약하거나 의사를 결정할 능력이 미약한 자는 그 형을 감경할 수 있다.

③ 한정책임능력자: 형법은 한정책임능력자인 농아자의 행위에 대하여는 형을 감경할 것을 규정하고 있다(형법 제11조). 농아자(귀가 들리지 않고 말을 하지 못하는 자)는 일반적으로 정신적인 능력이 저하되어 있다는 의학적 판단을 근거로 한 규정이나, 오늘날에는 농아자라고 하여 반드시 심신의 능력이 저하되어 있는 것은 아니라는 인식이 일반화되어 있다. 따라서 이 규정은 폐지하여야 한다는 주장이 제기되고 있다.

(2) 원인에 있어서 자유로운 행위(actio libera in causa)

평상시에 책임능력을 가진 자가 스스로를 심신장애상태에 빠뜨려 범죄를 행하는 경우, 행위를 하는 때에는 책임무능력(또는 한정책임능력) 상태에 있기 때문에, 책임원칙을 엄격하게 적용한다면 책임비난을 하기가 어렵게 된다. 예컨대 음주하면 남에게 폭행하는 습벽이 있는 자가 사람을 폭행하기 위하여 음주만취하여 폭행으로 나아간 때에는, 폭행시를 기준으로 보면 행위자는 책임무능력상태에서 폭행을 한 것이다. 형법은 "위험의 발생을 예견하고 자의로 심신장애를 야기한 자의 행위"는 책임무능력 내지 한정책임능력에 관한 규정을 적용하지 아니한다(형법 제10조 3항)고 규정함으로써 이러한 행위에 대한 면책 또는 책임감경을 인정하지 않고 있다.

(3) 기대가능성

행위시의 사정상 적법행위로 나아갈 것을 기대할 수 없는 자에 대하여는 그 책임을 물어 비난할 수 없기 때문에, 적법행위에의 기대가 불가능한 경우에는 이를 책임조각사유로 인정하고 있다. 즉 책임이 성립하는 요건으로서 적법행위에의 기대가능성을 요구하지는 않으나, 적법행위에의 기대가능성이 없었던 경우에는 책임을 조각한다는 것이다(따라서 적법행위기대가능성을 검사가 입증할 필요는 없다). 이러한 책임조각사유는 학설과 판례를 통하여 발전되어 왔는데, 형법은 이의 한 유형을 명문으로 책임조각사유로 규정하고 있다. 형법 제12조의 '강요된 행위'가 그것이다. 이는 "저항할 수 없는 폭력이나 자기 또는 친족의 생명, 신체에 대한 위해를 방어할 방법이 없는 협박에 의하여 강요된 행위는 벌하지 아니한다"는 것을 내용으로 한다. 예컨대 子를 납치당한 父가 子를 살해한다는 범인의 협박에 따라 범인이 요구하는 구성요건해당행위(예컨대 인쇄기술자인 父에 대하여 위조통화를 제조하게 하는 경우)를 한 경우에 그 부는 면책된다는 것이다. 父에게 이러한 상황에서 적법행위로 나아갈 기대가능성이 없기 때문이다. 물론 이때 강요자는 통화위조죄의 간접정범으로 처벌된다.

특수한 범죄형태

1. 부작위범

범죄구성요건은 일반적으로 일정한 행위를 '금지'하고 그 금지를 위반한 행위자를 처벌한다. 예컨대 살인죄의 경우 법은 살인을 금지하며 이 금지를 위반하여 사람을 살해한 자를 처벌한다. 그러나 구성요건에 따라서는 일정한 행위를 '요구'하고 이 요구를 이행하지 않는 경우를 처벌하기도 한다. 예컨대 퇴거불응죄는 일정한 경우 타인의 주거에서 퇴거할 것을 법이 요구하고, 그 요구를 이행하지 않고 타인의 주거에 머무르는 행위를 처벌한다. 이와 같이 금지규범을 어기고 적극적 작위로 나아감으로써 성립하는 범죄를 작위범, 요구규범을 어기고 소극적 부작위로 나아감으로써 성립하는 범죄를 부작위범이라고 한다.

그런데 범죄에 따라서는 작위범의 구성요건을 부작위를 통해서 실현할 수도 있다. 예컨대 살인죄는 작위범의 구성요건의 전형적인 예이지만, 이를 부작위로 나아감으로써 실현할 수도 있다. 예컨대 수유(授乳)를 해야 할 母가 수유를 하지 않아 갓난아이를 아사(餓死)하게 하는 경우가 그 예이다. 이와 같이 작위범의 구성요건을 부작위로 실현하는 범죄형태를 부진정(不眞正) 부작위범이라고 한다.

부작위범이 성립하기 위하여는 무엇보다도 작위의무가 있어야 한다. 따라서 작위의무는 어떤 근거에서 발생하는가가 문제된다. 법령에 의한 작위의무, 계약에 의한 작위의무는 그 발생근거가 명백한 경우인 데 비하여, 선행행위에 의한 작위의무(예컨대 교통사고를 낸 자의 피해자에 대한 구조의무) 그리고 조리에 의한 작위의무 등도 인정되지만 그 성립범위가 다소 불명확하다.

2. 미 수 범

(1) 장애미수

행위자가 범죄의 실행에 착수하였지만 행위를 종료하지 못하였거나 종료한 경우에도 결과가 발생하지 않는 경우를 생각할 수 있다. 범죄가 완성된 경우를 기수범으로 처벌하는 데 비하여, 이러한 경우에는 미수범으로 처벌한다. 그리고 모든 기수범에 대한 미수범을 처벌하는 것은 아니고, 명시적으로 미수범을 처벌하는 규정을 두는 경우에만 처벌하며, 이때의 형은 기수범의 형에 대하여 감경할 수 있다(임의적 감경). 예컨대 살인죄의 미수범은 처벌하지만 폭행죄나 명예훼손죄에 대하여는 미수범 처벌규정을 두지 않고 있다.

(2) 중지미수

범죄의 실행에 착수하였으나 범죄의 실행을 '자의로' 중지하거나 실행을 종료한 경우에도 결과발생을 방지한 경우에는 형을 감경 또는 면제한다(필요적 감면). 어느 경우에 자의로 중지한 것으로 볼 수 있는가에 관하여 논의가 있지만, 다수설은 일반적으로는 행위수행에 장애가 없는데 중지한 경우에 '자의'에 의한 중지로 본다.

(3) 불능미수

대상 또는 수단에 대하여 착오를 일으켜서 결과의 발생이 불가능한 경우에도 위험성이 있으면 처벌하며, 그 형은 기수범의 형에 비하여 감경 또는 면제할 수 있다(임의적 감면).

이미 사망한 사람을 살아 있는 것으로 오인하고 살해하기 위하여 총격

을 가한다든가(대상의 착오), 설탕물이 살인력이 있다고 믿고 이를 통해서
사람을 살해하려 한 경우(수단의 착오)가 그 예이다. 이 경우 객관적 관점에
서 볼 때 결과발생은 불가능하다. 결과발생의 가능성은 행위자의 주관을
고려할 때에만 인정할 수 있다. 그렇다면 어떤 경우에 위험성을 인정할 것
인가. 위험성 판단의 기준에 관하여 형법에는 명문의 규정이 없다. 따라서
이에 관하여는 학설과 판례에 의하여 보충할 수밖에 없다. 다수설은 행위
자의 주관을 대상으로 하여 일반인의 관점에서 판단하여 결과가 발생할 것
으로 판정되면 위험하다고 본다. 예컨대 살아 있는 것으로 오인한 사망자
를 대상으로 총격을 가하는 행위를 하는 경우는, 행위자의 주관으로는 '살
아 있는 사람'이므로 일반인의 관점에서 판단하여도 '살아 있는 사람'에 대
하여 총격을 가하는 것은 사람의 사망의 결과가 발생하므로 위험성이 있다
고 판정하게 된다. 이에 반하여 설탕물에 살인력이 있다고 믿은 경우는, 행
위자의 주관으로는 설탕물이 사람을 살해하는 힘이 있지만, 이를 대상으로
일반인이 판단함에 있어서 사람이 설탕물을 마시게 되는 때에는 사망의 가
능성은 없으므로 살인의 가능성이 없다고 판정하게 된다. 따라서 전자는
위험성이 있으므로 불능미수범으로 처벌받게 되지만, 후자는 위험성이 없
어서 처벌받지 않는다.

3. 공 범

형법상의 구성요건은 예외가 있지만 일반적으로 한 사람의 행위자에 의
하여 이루어지는 것을 전제하고 있다. 이 경우 여러 사람이 범행에 관여하
는 경우가 있을 수 있는데 이때 각자를 어떻게 처벌할 것인가. 형법은 다
수자의 범죄관여를 세 가지 유형으로 구분하고 있다: 공동정범, 교사범, 종
범(방조범)이 그것이다.

공동정범이란 두 사람이 강도를 함에 있어 한 사람은 폭행·협박을, 다
른 한 사람은 재물을 절취하는 경우와 같이, 수인이 범죄를 분업적으로 수
행하는 경우로서 이때 범죄에 관여한 각자는 범죄의 일부만을 실행하였어
도 범죄 전부에 대하여 귀책된다. 형법은 "수인이 '공동하여' 죄를 범한 때
에는 각자를 정범으로 처벌한다"고 규정함으로써 이를 명시하고 있다. 엄

격하게 말하자면 공동정범은 공범이 아니라 정범이다.

형법상 좁은 의미의 공범이라고 하는 경우에는 공동정범은 제외하고 교사범과 종범을 지칭한다. 교사범은 타인을 교사하여 죄를 범하게 한 자이며, 종범은 타인의 죄에 가공한 자이다. 교사범이란 예컨대 타인(깡패)을 교사하여 자기를 괴롭히는 채권자를 폭행하게 하는 경우와 같이, 타인(이를 정범이라 한다)을 매개하여 범죄를 저지르는 경우이다. 이러한 면에서 교사범은 간접정범과 유사성을 갖는다. 간접정범(間接正犯)이란, 처벌되지 않거나 과실범으로 처벌되는 자를 이용하여 범죄를 저지르는 정범의 유형으로서, 예컨대 사정을 모르는 간호사에게 피해자에게 치명적인 주사처방을 하여 피해자를 살해하는 의사와 같이, 간호사를 자기의 범죄의 도구로 이용하는 경우이다. 이때 간호사에게는 살인의 고의가 없다. 이에 비하여 교사범의 경우에는 피교사자인 정범에게는 고의가 있으며 이 점에서 양자는 구별된다. 교사범은 정범과 동일한 형으로 처벌한다.

종범(從犯)은 방조범(幇助犯)이라고도 하며, 타인의 범죄를 돕는 행위이다. 살인에 사용할 독약을 구해준다든가, 차로 범행현장까지 데려다 주는 경우와 같이 범죄의 실행을 용이하게 하는 행위가 이에 해당한다. 종래에 많이 문제가 되었던 '망을 보는 행위'는 범죄실행의 기능적 분업의 일부라는 점에서 종범이 아니라 정범으로 보는 것이 오늘날의 경향이다. 종범은 정범의 형보다 감경한다.

형사제재

형사제재의 의의

형사제재란 범죄에 대하여 부과하는 국가적 제재로서 형벌과 보안처분의 두 종류가 있다. 형사재제는 범죄에 대하여 부과하는 것이기 때문에 범죄가 아닌 행정단속법규 위반행위에 대하여 부과되는 질서벌(예컨대 과태료)

과는 다르며, 국가적 제재이기 때문에 국가가 아닌 사인의 제재(私刑)는 형사제재가 아니라 그 자체가 범죄가 된다.

형 벌

형벌이란 범죄에 대한 제재로서 범죄인의 주요한 법익을 박탈하는 것을 내용으로 한다. 현행법상 형벌은 생명형인 사형, 자유형인 징역, 금고, 구류, 명예형인 자격상실, 자격정지, 재산형인 벌금, 과료, 그리고 몰수의 9종이 있다. 이하에서 이에 관하여 간단히 살펴보기로 한다.

1. 사 형

사형은 사람의 생명을 박탈하는 형벌이다. 형법에서만 본다면 살인죄, 강도살인죄, 내란죄 등 10여종의 범죄에 대하여 사형을 제재수단으로 규정하고 있다. 생명을 박탈하는 방법으로는 교수(絞首)의 방법이 규정되어 있으며 군형법상은 총살(銃殺)이 규정되어 있다(미국과 같이 '가스살'이나 '전기살'의 방법은 사용되지 않는다). 사형은 판결이 확정된 때로부터 6월 이내에 법무부장관의 명령으로 집행한다.

사형은 인간의 가장 기본적인 이익을 박탈한다는 점에서 많은 비판이 제기되고 있다. 그리고 이를 폐지하기 위한 민간운동도 행하여지고 있다. 사형제도에 대한 비판으로서는, 생명 자체를 침해하는 형벌은 인간의 존엄성을 침해하는 형벌이며, 오판의 경우 구제할 방법이 없고, 또 위하력 또한 크지 않다는 논거를 제시하고 있다. 이에 비하여 찬성하는 논거로서는 범죄진압의 목적상 가장 위하력이 큰 형벌로서 사형을 인정하지 않을 수 없으며, 잔혹한 형벌에 대하여는 사형 이외의 형벌을 생각할 수 없다는 등의 이유가 제시되고 있다. 우리나라의 헌법재판소와 대법원은 사형제도의 존치에 긍정적인 태도를 보이고 있다. 다만 우리나라는 10년 이상 사형을 집행하지 않고 있기 때문에 '실질적 사형폐지국가'로 분류되고 있다.

2. 자 유 형

자유형은 현대의 가장 대표적인 형벌이다. 자유형을 주된 형벌의 수단으로 부각시키고 이를 인도화한 것이 계몽사상의 최대의 성과라고 한다. 우리나라에서는 자유형은 징역, 금고, 구류의 3종류가 있다.

(1) 징 역

징역은 수형자를 교도소 내에 구치하여 정역(定役)에 복무하게 하는 형벌이다. 징역에는 무기형과 유기형이 있다. 무기형은 종신형이나, 20년이 경과한 후에는 행형성적에 따라 가석방될 수 있다. 유기징역은 1월 이상 30년 이하의 기간으로, 여러 개의 범죄를 저지름으로써 형을 가중하는 경우에는 50년이 상한으로 되어 있다.

(2) 금 고

금고는 수형자를 교도소 내에 구치하여 자유를 박탈하는 형벌이다. 징역과 다른 점은 정역에 복무하지 않는다는 점이다. 다만 금고의 수형자도 신청을 통해서 작업을 할 수 있다. 기간은 징역과 같다.

(3) 구 류

구류도 수형자를 교도소 내에 구치하는 형벌이나, 그 기간이 징역과는 달리 1일 이상 30일 미만으로서 단기간으로 되어 있다. 대체로 경한 범죄인 경범죄처벌법위반행위에 대한 제재로서 활용되고 있다.

(4) 자유형제도의 문제점

자유형은 오늘날 단순한 구금형이 아니라, 자유를 박탈하여 시설에 수용한 가운데 교정, 교화를 목적으로 부과한다. 현재 자유형은 징역과 금고로 2원화되어 있다. 그 이유는 정치범이나 확신범과 같은 범죄인은 악을 저지른 자가 아니라, 다르게 생각하는 자일 뿐이기 때문에 이는 교정, 교화의 대상이 아니며 이에 대한 교정, 교화는 국가의 월권이라는 데 있다. 이들에게는 단지 명예롭게 구금하는 것으로 족하며 이러한 의미를 가진 형으로 제안된 것이 금고이다. 그러나 오늘날 이러한 구별은 그 의미가 크게 퇴색하였다. 즉 노동은 인간의 삶에 나름의 중요성을 갖는 것이며, 따라서 금고수형자의 경우에도 청원노동을 인정하고 있으며, 오늘날의 교정, 교화는 가치상대주의에 반할 정도의 세뇌에 해당하는 것이 아니라, 사회에서 죄를 짓지 않고 평균적인 생활을 영위하게 하는 데 그치기 때문에 가치관의 전환이라는 문제는 없다(자유형의 단일화).

한편 실무상 6개월 미만의 단기자유형이 많이 부과되고 있는데, 이러한 자유형은 교정교화를 위하여는 지나치게 짧은 시간인 데 비하여, 범죄를 배우고 학습하는 이른바 악풍감염에는 충분한 시간이 된다. 따라서 이러한 단기자유형은 형사정책적으로 바람직하지 못한 자유형제도라고 할 수 있으며 이의 폐지논의가 활발하다. 이를 폐지하는 경우 단기자유형을 집행유예나 선고유예, 벌금형으로 전환한다든가 기타 사회봉사나 수강명령을 부과하는 등의 대안도 제시되고 있다.

3. 재 산 형

현행법상 재산형에는 벌금과 과료 두 가지가 있다. 벌금은 5만원 이상이며, 과료는 2천원 이상 5만원 미만의 형으로서 경범죄처벌법상의 주된 제재로서 활용되고 있다. 벌금은 판결확정일로부터 30일 이내에 납입하여야 한다. 벌금을 납부하지 않는 때에는 환형(換刑)을 하여 노역장에 유치함으로써 벌금에 갈음하게 하고 있다. 노역장유치의 기간은 3년을 넘지 못하게 되어 있기 때문에, 큰 액수의 벌금형을 선고받은 경우에는 일당을 환산한 벌금이 매우 커서 환형에 불균형이 있을 수 있다. 이러한 문제점(하루의 벌금액이 수 억 원에 이르는 이른바 '황제노역') 때문에 노역장 유치제도는 최근에 개정되었다. 종래 벌금액의 다과를 고려하지 않고 획일적으로 1일 이상 3년 이하의 기간으로 선고하게 되어 있던 것을, 벌금액에 따라 차등을 두어 벌금액이 1억원 이상 5억원 미만인 경우 300일 이상, 5억원 이상 50억원 미만인 경우 500일 이상, 50억원 이상인 경우 1000일 이상의 기간으로 유치기간을 선고하도록 하였다. 개정 후에도 3년의 유치기간 상한은 유지되고 있어서, 하루당 벌금의 불균형은 다소 완화되었지만 근본적으로 해결되지는 못하였다.

한편 벌금형은 부자에게는 형벌로서의 의미가 크지 않고, 빈자에게는 환형에 의하여 자유형으로의 전환이 강제되는 문제도 있다. 즉 재산 상태에 따라 형벌의 의미가 달라지는 것이다. 벌금형의 이러한 폐단을 막기 위하여 다른 나라에서는 '일수벌금제'를 택하고 있기도 하다. 이는 벌금을 총액으로 선고하는 것이 아니라 피고인의 경제상태, 지불능력 등을 고려하여 1일 일정금액의 벌금을 정하고, 범죄의 불법과 책임을 고려한 일수를 곱하여 선고하는 방법이다(벌금＝일수벌금액×일수).

4. 명 예 형

명예형이란 국민으로서 향유하는 일정한 자격을 박탈함으로써, 일정한 권한을 행사하지 못하게 한다든가 일정한 지위에 취임하지 못하게 하는 제재를 말한다. '자격상실'과 '자격정지'의 두 종류가 있다.

자격상실은 사형이나 무기형이 선고되는 경우 수반되는 형으로서, 다음과 같은 지위와 자격이 영구히 박탈된다: 공무원이 되는 자격, 공법상의 선거권과 피선거권, 법률로 요건을 정한 공법상의 업무에 관한 자격, 법인의 이사, 감사 또는 지배인 기타 법인의 업무에 관한 검사역이나 재산관리인이 되는 자격. 다만 자격이 상실된 자가 사면, 복권 등으로 이러한 지위 자격이 다시 회복되는 경우가 있을 수 있다.

자격정지는 자격상실과 같이 반드시 수반되는 형이 아니라, 독자적으로 선고하는 형이다. 위에서 열거한 지위와 자격이 박탈되는 것은 같으나, 일정한 기간에 한한다.

보안처분

형벌에는 책임원칙이 지배하고 있으므로, 책임을 지울 수 없는 책임무능력자나 책임을 상회하는 사회적 위험성을 가진 행위자에 대하여는 형벌을 가할 수 없거나 책임의 한도 내에서 형벌을 부과할 수밖에 없다. 그러나 이때에도 행위자를 사회에 복귀시키고 행위자로부터 사회를 보호하기 위하여 제재를 가하여야 할 필요성이 있을 수 있다. 이와 같이 형벌을 통해서 행위자의 사회복귀와 사회의 보호의 목적을 달성할 수 없는 경우에는 형벌이 아닌 대안적 제재수단이 요청되는데, 보안처분제도는 이를 위하여 구상된 제도이다.

　형벌이 책임을 전제로 하여 책임원칙의 범위 내에서 부과되는 데 비하여, 보안처분은 사회적 위험성을 전제로 하여 비례의 원칙에 입각하여 부과되며, 형벌이 과거의 범죄에 대한 회고적 성격의 제재인 데 비하여, 보안처분은 장래의 사회복귀와 사회적 위험성의 제거라는 전망적 성격의 제재이다. 그러나 보안처분제도는 그 제도의 참뜻과는 달리 '이름표만 바꿔 단 형벌'이라는 비판이 끊임없이 제기되고 있다.

　종래 우리나라에 존재하던 보안처분제도의 근간을 이루던 법은 사회보호법으로서, 이 법은 보호감호, 치료감호, 보호관찰의 3종의 보안처분을 규정하고 있었다. 이 가운데 특히 보호감호는 바로 이러한 비판의 주된 대상이었고, 이에 따라 이 법은 2005년에 폐지되었다(보호감호란 여러 개의 죄를 범하여 상습성이 인정되는 자, 또는 여러 개의 형을 받은 자로서 재범의 위험성이 있는 자에 대하여 부과되던 보안처분으로서, 당해 범죄에 대한 형벌과는 별도로 7년을 상한으로 하여 시설에 수용했던 제도이다). 따라서 현재 시행되고 있는 보안처분으로서 중요한 것은 치료감호와 보호관찰을 들 수 있다.

　이 이외에 소년법상의 소년에 대한 보호처분, 보안관찰법상의 보안관찰처분, 성매매알선 등 행위의 처벌에 관한 법률상의 보호처분 등이 있다.

　여기서는 치료감호법상의 치료감호와 보호관찰 등에 관한 법률상의 보호관찰에 관하여 간단히 살피기로 한다.

1. 치료감호

치료감호란 심신장애자와 중독자를 치료감호시설에 수용하여 치료하는 보안처분이다. 피치료감호자의 치료와 안전을 위한 제도로서, 피치료감호자의 안전도 고려되지만 치료의 목적이 보다 중시된다.

　① 심신장애자의 치료감호: 심신상실자나 심신미약자가 금고 이상의 형에 해당하는 죄를 범하고 재범의 위험성이 있다고 인정되는 때 치료감호에 처한다.

② 중독자에 대한 치료감호: 마약, 향정신성의약품, 대마 기타 남용되거나 해독작용을 일으킬 우려가 있는 물질이나 알콜을 하는 습벽이 있거나 그에 중독된 자가 금고 이상에 해당하는 죄를 범하고 재범의 위험성이 있다고 인정되는 때 치료감호에 처한다.

치료감호는 법원이 선고하며, 그 수용기간은 치료감호피자의 치료경과가 양호하여 치료감호심의위원회의 종료결정을 받을 때까지이다. 치료감호시설에의 수용은 15년을 초과할 수 없다. 다만 중독자에 대한 치료감호의 경우에는 2년을 초과할 수 없다.

치료감호는 피치료감호자를 치료감호시설에 수용하여 치료를 위한 조치를 한다. 주로 의학적 관점에서 치료하여 피감호자의 심신의 상태를 개선하는데 목적을 두면서, 감독과 지도가 수반된다.

2. 보호관찰

보호관찰이란 보호관찰을 조건으로 선고유예, 집행유예, 가석방 또는 가퇴원된 자 등을 시설이 아닌 사회 내에서 지도·감독하는 보안처분이다. 자유로운 상태에 있는 범죄인에 대하여 지도와 감독을 함으로써 범죄인의 사회복귀와 교육의 목적을 달성하는 '시설 외적 보안처분'이라고 할 수 있다.

보호관찰의 내용은 피보호관찰자를 일정한 기간(=보호관찰기간) 동안 보호관찰 담당자가 지도·감독하는 것으로서, 피보호관찰자는 주거지에 상주하고 생업에 종사하여야 하고, 범죄를 행할 우려가 있는 자들과 어울리지 말고, 보호관찰관의 지도·감독 및 방문에 순응하여야 한다. 또 법원 및 보호관찰심사위원회는 피보호관찰자에게 일정한 범위 내에서 특별히 준수할 사항을 부과할 수 있다.

보호관찰의 기간은 경우에 따라 다르다(예컨대 선고유예의 경우에는 1년, 집행유예의 경우에는 그 유예기간). 보호관찰기간의 경과에 의하여 보호관찰은 종료한다.

형사제재의 실현

형사소송을 통하여 유죄의 형이 확정되기까지의 과정은 제8장 형사소송법에서 살핀다. 유죄의 형이 확정되면 확정된 형을 집행하는 단계에 들어간다. 형의 집행은 검사의 지휘로 이루어진다. 각 형벌의 집행에 관하여는 형벌의 종류를 설명하면서 설명한 바 있다.

형벌의 집행 가운데 특히 자유형의 집행은 행형이라는 이름으로 별도로 다루어진다. 왜냐하면 자유형의 집행은 수형자에 대한 구금 이외에 구금하는 동안 어떠한 처우를 할 것인가가 문제되기 때문이다.

행 형

자유형의 경우 수형자는 시설에 구금되는데, 이때 단지 자유를 박탈하여 수용하는 데 그치는 것이 아니라, 수형자의 교정과 교화를 목적으로 일정한 처우를 행한다. 이와 같이 행형은 수형자를 교정, 교화하는 데 목적을 두고 있으므로 수형자의 개별적 특성에 다른 처우가 필요하고 이를 위하여서는 수형자에 따른 처우의 개별화는 필연적인 요청이 된다. 우리나라에서도 이러한 처우기법을 활용하고 있는데 그중 가장 중요한 것이 분류처우와 누진처우이다.

처 우

1. 분류처우

현행 분류처우제도는 수형자를 개선가능(A급), 개선곤란(B급), 개선극난(C급), 급외(D급) 등 4급으로 분류한다. 급외에 해당하는 자는 집행할 형기가 6월 미만인 자, 만 70세 이상 자, 임산부, 불구자 및 계속 3주 이상의 치료를 요하는 정신미약자로서 작업을 감당할 수 없는 자이다. 이러한 분류의 기초하여 각 급의 수형자들은 일정한 점수를 부여받고 행형상 좋은 성적을 거두는 경우 이를 제하여 나감으로써 전부를 소각한 경우에는 다음에 설명할 누진급상 진급을 하게 된다.

2. 누진처우

누진처우란 자유형을 집행함에 있어 형기를 수개의 단계로 나누고, 수형자에 대하여 행형성적을 매겨서 일정한 행형성적을 얻는 데 따라 처우를 완화해 가는 방식이다. 현행 누진처우제도는 처우급을 4개의 급으로 나누고, 제4급에서부터 제1급으로 진급케하여 점차 처우를 완화하여 간다. 예컨대 접견의 경우를 보면, 제4급 해당자는 징역의 경우 월 2회, 금고의 경우 월 3회로 제한하고 있으나, 제3급 해당자는 월 3회, 제2급 해당자는 주 1회, 그리고 제1급 해당자는 수시로 접견을 허용하고 있다. 그리고 제1급 해당자에 대하여는 가석방과 연결되게 됨으로써, 가석방이 되면 이제는 시설 내에서 처우하지 않고 사회 내에서 처우를 하는 단계로 진입한다.

3. 사회 내 처우

(1) 보호관찰

보호관찰이란 범죄자를 교도소 기타의 수용시설에 수용하여 처우하지 않고 사회 내에서 보호관찰관의 지도와 원호를 통해서 교정하는 제도이다. 종래 우리나라의 보호관찰제도는 소년에게만 인정되어서 성인의 경우는 선고유예나 집행유예, 가석방 등의 경우 사회 내에서 지도, 원호를 베푸는 데 문제가 있었다. 그러나 형법의 개정으로 성인에 대하여도 보호관찰제도가 도입됨으로써, 본격적으로 사회 내 처우를 할 수 있는 가능성이 열렸다.

(2) 가석방제도

가석방이란 자유형의 집행을 받고 있는 자가 그 행상이 양호하여 개전의 정이 현저한 경우에 형기만료 전에 석방하여 그 후의 행상에 따라 가석방이 취소 또는 실효되지 않는 경우에, 형의 집행을 종료한 것과 같은 효과를 인정하는 제도이다. 우리나라의 경우 가석방이 되기 위하여는 행상이 양호하여 개전의 정이 있고, 무기형에 있어서는 20년, 유기형에 있어서는 형기의 3분의 1을 경과함을 요한다.

(3) 사회봉사명령제도와 수강명령제도

사회봉사명령이란 주로 단기 자유형을 선고해야 할 범죄자에 대하여 자유형에 대신하여 일정기간 무보수로 봉사작업을 하도록 명하는 제도이다. 수강명령제도는 비교적 비행성이 약한 범죄자들에 대하여 일정기간 수강센터에 참석하여 강의, 훈련, 상담을 받도록 하는 처분이다. 우리나라의 경우 성인범의 집행유예시 사회봉사는 500시간 이내, 수강명령은 200시간 이내에서 법원이 정한 분야와 장소에서 집행하도록 하고 있다.

4. 갱생보호

갱생보호공단에서 석방된 자에 대하여 여비지급, 취업알선 등의 출소자에 대한 원조를 행한다. 현행 갱생보호제도는 원칙적으로 임의적인 제도로 운용되고 있어서 석방자가 신청을 하여야만 원조를 받을 수 있다.

제 8 장

소 송 법

민사소송법*

민사소송

1. 자력구제(自力救濟)에서 국가구제(國家救濟)로

민사소송(民事訴訟)은 민사분쟁을 공권적으로 해결하여 사회의 평화를 확보하려고 국가가 설치한 절차이다.

옛날에는 권리나 이익에 대한 침해가 있더라도 권리자의 자력구제로 분쟁이 해결되었으나 이러한 방식은 강자만이 자신의 권리를 자신의 힘에 의하여 실현시킬 수 있는 약육강식(弱肉强食)의 결과가 되었다. 그러나 사회적 중심세력이 형성되고 국가조직이 정비되자 국가기관인 법원에 의한 권리구제시대로 접어들게 된다.

민사분쟁을 해결한다는 것은 누구에게 권리가 있고 의무가 있는지를 권위적으로 확정하고(판결절차, 민사소송법에서 규정), 국가(구체적으로는 수소법원, 집행관, 집행법원 등의 집행기관)의 힘을 빌어 판결절차에서 확정된 권리를 강제적으로 실현하는 모습(민사집행절차, 민사집행법에서 규정)으로 나타난다.

그러나 인류문명의 초기에는 분쟁이 그 내용에 따라 민사소송, 형사소송 등의 구별이 없었으며, 행정소송이 승인되는 때는 앞의 소송이 등장된 때보다 훨씬 후의 일이다.

모든 소송의 구조는 권리나 법률관계의 확정과 그 확정된 내용의 강제

---

* 김상일: 이화여대 법학전문대학원 교수, 민사소송법.

적 실현이라는 두 가지 절차로 이루어진다.

> 민사소송의 경우＝판결절차＋강제집행절차
> 형사소송의 경우＝공판절차＋형집행절차

법원에 의한 민사분쟁해결제도인 민사소송제도가 기능을 하기 위해서는 ① 분쟁해결기관 즉 재판기관의 조직, 권한, 활동을 규정한 법(법원조직법), ② 분쟁의 처리기준에 관한 법(민법, 상법 등 실체법), ③ 분쟁처리절차에 관한 법(민사소송법, 민사집행법)이 필요하다.

2. 재판기관－법원(재판부의 공정성 확보)

국가권력은 삼권으로 분립되고 그중에서 사법권은 법관으로 구성된 법원에 속한다(헌법 제101조). 사법권은 재판권과 사법행정권을 그 내용으로 하는데 재판권은 재판에 의하여 법적쟁송을 처리하는 국가권력을 가리킨다. 재판권중에도 민사재판권, 형사재판권, 행정재판권 등으로 나눌 수 있는데, 민사재판권이란 민사분쟁을 처리하는 국가권능으로, 다툼이 있는 일정한 권리 또는 법률관계에 관한 판결 및 강제집행의 권능행사가 그 핵심을 이룬다.

재판기관은 제3자의 중립적인 기관이어야 하며, 이를 위하여 헌법에는 사법권의 독립을 규정하고 있으며, 구체적인 사건에서 재판기관의 공정성을 확보하기 위하여 법관에 대한 제척(除斥), 기피(忌避), 회피(回避)제도를 두고 있다. 제척원인은 법관이 담당하는 사건과 인적·물적으로 어떤 특수한 관계가 있는 경우로서 민사소송법 제41조에 명문으로 규정되어 있으며 이러한 사유에 해당되면 법관은 당연히 재판사무의 집행으로부터 배제된다. 그에 반하여 기피는 제척사유 이외에 재판의 공정을 기대하기 어려운 객관적 사정이 있는 경우에 기피신청을 할 수 있으며, 기피재판은 그 재판이 확정되어야 비로소 그 법관이 직무집행에서 배제된다. 또 법관은 스스로 회피할 수 있다.

법원의 종류와 그 조직, 재판권의 수평적, 수직적 분장관계는 법원조직법 등에서 자세히 규정되어 있는데, 이를 당사자의 입장에서 보면 어느 법원에 소를 제기할 것인가 하는 관할법원의 선택문제가 된다.

3. 분쟁처리기준에 관한 법(실체법)과 분쟁처리절차에 관한 법(소송법)

(1) 양자의 상호관계

실체법은 사인간(私人間)의 생활관계상의 이해대립을 규율하고 조정하기 위하여 어떠한 경우에 누구에게 어떠한 권리 또는 의무가 발생하고 그것이 어떻게 변경되고, 소멸하는가를 규정하는데, 그 전제로서 개인은 자신의 사적 영역에 관하여 법률행위(대부분은 계약이지만)라는 수단으로 스스로 규율할 수 있다는 사적자치의 원칙(계약자유의 원칙)을 상정하고 있다.

a) 매매계약체결과정과 그 법률효과

매매의 예를 들어 설명한다. A는 B와 매매라는 계약을 체결할 것인가 말 것인가, 만약 체결한다면 어떤 내용으로 할 것인가에 관하여 자유로이 결정할 수 있다. 매매계약이 성립되기 위해서는 매도인과 매수인 사이에 재산권이전의 합의와 매매대금지급의 합의가 있어야 하며(민법 제563조[매매의 의의] 매매는 당사자일방이 재산권을 상대방에게 이전할 것을 약정하고 상대방이 그 대금을 지급할 것을 약정함으로써 그 효력이 생긴다), 만약 매매가 성립되었다면 매도인은 매매의 목적인 재산권을 매수인에게 이전할 의무를 부담하고, 매수인은 매매대금을 매도인에게 지급할 의무를 부담하게 된다고 실체법은 규정하는데(민법 제568조), 역으로 말하면 매도인은 매수인에게 매매대금지급청구권을 가지며, 매수인은 재산권이전청구권(만약 부동산매매인 경우에는 그 소유권이전등기절차를 청구할 권리가 될 것이다)을 가지게 된다.

당사자가 매매의 내용에 따라 대금을 지급하고 재산권을 이전해주면 분쟁이 발생할 여지가 없으며, 나아가 일방의 채무불이행을 이유로 매매가 해제된 경우에도 상대방이 그 해제의 의사표시를 승인하고 원상회복 및 손해배상을 해주면 분쟁이 당사자간의 사적자치에 의하여 자율적으로 해결된 것이기에 민사소송이 개입할 필요조차 없으며, 이렇게 진행되는 것이 대부분이다.

b) 민사소송에 의한 해결이 필요한 경우

그런데 매수인에게 매매목적물인 부동산에 대한 소유권이전등기절차를 취해주었음에도 불구하고 매수인이 계속하여 매매대금을 지급하지 않으면, 매도인은 매매대금지급을 청구할 수 있다. 이러한 청구가 채무자에게 일정한 행위(매매대금지급)를 하라고 요구하는 소인 이행의 소의 모습으로 법원에 제기되어야 비로소 민사소송이 개시되는 것이다. 매수인에게 매매대금을 지급청구하는 경우에 매도인은 매매성립사실(구체적으로는 매매의 요건사실)을 주장하고 상대방이 이를 다투면 입증까지 하여야 한다(민법 제563조).

c) 민사소송에서 실체법의 중요성

이와 같이 사법체계가 확립된 근대입헌주의하에서는 사인간의 이해대립은 권리는 민사소송 이전에 이미 존재한다는 관념을 전제로 하여 일정한 권리의무의 존부주장으로 대립하는 모습을 띠며, 소송에서도 원고가 소를 제기하여 일정한 사법상의 권리가 존재하다거나 일정한 의무의 부존재를 주장하고, 피고가 이를 다투는 모습을 취한다. 더구나 권리의무의 존부주장은 그 권리의무를 발생, 소멸시키는 요건으로서 실체법이 규정하고 있는 요건에 해당하는 사실(요건사실 또는 주요사실)이 실제로 발생했다는 주장을 하고, 이 사실주장을 다시 증거에 의하여 증명해야하는 모습을 취한다. 법원도 증거조사에 의하여 요건사실(주요사실)의 존부를 인정하고 권리의 존부를 판단한다.

매매의 요건사실은 민법 제563조에 규정되어 있는데, 매도인이 매수인에게 매매대금청구하는 경우이든 매수인이 매도인에게 이전등기청구나 목적물인도청구를 하는 경우이든 요건사실 즉 원고의 권리발생원인사실은 '매도인과 매수인이 매매계약을 체결한 사실 즉 재산권이전의 합의와 대금지급합의가 있었다는 사실'이다.

이와 같이 실체법은 소송에서 당사자간의 쟁점을 정리하고, 그 쟁점을 증명가능한 요건사실의 존부에 대한 다툼이라는 모습으로 전개시키며 동시에 재판내용을 이루는 권리의 존부를 판단하는 기준으로 작용한다. 그중 소송의 승패를 결정하는 가장 중요한 관심사인 주장책임, 입증책임의 문제 즉 주요사실의 존부나 그 기초를 이루는 사실관계는 소송에서 원피고중 누가 어느 범위까지 주장하고 증명해야만 하는가 하는 것도 모두 실체법해석의 문제이다.

d) 실체법과 소송법

이러한 의미에서 실체법(사법)은 민사소송이 개시되기 이전에는 사적인 거래의 이해당사자에 대하여는 어느 정도 행위규범으로서의 역할을 하며, 그것이 분쟁이 되어 소라는 모습으로 민사소송에 들어온 경우에는 당사자 간의 분쟁에 대한 판단기준 즉 재판의 내용에 관한 기준을 제공하는 재판규범으로서의 기능을 한다.

이에 반하여 소송법은 소송절차를 어떻게 진행하고, 사실인정을 위한 자료를 어떻게 수집하며, 어떠한 방식으로 재판을 할 것인가 하는 말하자면 소송, 재판의 형식적인 면을 규율하는 법이라고 할 수 있다.

(2) 민사소송에서 사실관계확정의 중요성

법학과 학생들이 배우는 것은 이미 주어진 사실관계를 법규에 포섭시키는 과정 즉 주어진 사실관계에 해당법규를 해석하여 적용하는 과정을 배우며, 민법이나 상법 등의 교과서들은 실체법의 타당한 해석에 관한 설명으로 가득 차 있다.

재판의 3단계구조

Ⅰ. 사실관계의 확정 → 원고와 피고는 부동산매매계약체결사실이 있다(민법 제563조).

Ⅱ. 관련법규의 해석적용 → 민법 제568조에 의하여 매수인인 피고는 원고에게 매매대금을 지급하여야 한다.

Ⅲ. 판결(민사소송의 결과) → 피고는 원고에게 매매잔금 1000만원을 지급하라.

a) 원피고의 사실관계에 대한 다툼

그러나 구체적인 민사소송에 있어서는 그 실체법 및 소송법의 해석적용의 대상이 되는 확정된 사실관계가 주어져 있지 않다. 다만 대개의 경우 원고주장사실과 피고주장사실이 서로 대립하고 있을 뿐이다. 원고는 매매가 성립했다고 주장하는데 반하여 피고는 그런 사실이 없다고 주장하며, 원고는 돈을 빌려주었다고 하는데 반하여 피고는 빌린 사실이 없다고 다투고 있다. 이러한 다툼이 없다면 민사소송이 개시될 이유가 없다. 당사자간의 사실관계를 확정하지 않고서는 실체법이든 소송법이든 그 해석적용이 불가능하며 따라서 누구에게 권리가 있는가를 확정할 수 없게 된다. 따라서 담당재판부로서는 먼저 당사자간의 진정한 사실관계를 확정하지 않으면 안된다. 아무리 훌륭한 해석론을 전개하고 있더라도 그 전제가 사실관계의 확정에 잘못이 있으면 그 재판은 오판이다.

구체적인 소송에서 사실관계를 확정하는 것은 결코 쉬운 일이 아니다. 예를 하나 들어본다.

* 소비대차와 조합은 종이 한 장 차이이다.

갑은 훌륭한 기술을 개발했으나 이를 상품화하기 위한 자본이 부족하여 을에게 동업하자면 10억원을 대라고 하여 을이 이에 동의하였다고 하자. 이 경우 을이 동업자금을 내놓을 때 여러 가지 사정을 내세워 을은 갑에게 10억원에 대한 차용증을 받아 두는 게 보통이다.

결국 사업이 실패한 경우 을은 10억원 차용증을 근거로 대여금반환청구의 소를 제기하는 것이 보통이다. 이 경우 갑은 동업을 주장하지만 동업에 관한 계약서를 작성해두지 아니한 경우라면 10억원에 관한 차용증서를 증거로 동업이 아니라 빌려준 돈이라는 을의 주장은 법원이 쉽사리 배척하지 못한다. 갑이 을로부터 10억원을 빌렸다면 갑은 을에게 10억원을 갚아야 한다. 그러나 갑과 을이 동업하기로 하였다면 이는 민법상 조합이고 특약이 없는 한 손실과 이익은 동일하게 공동으로 분담하여야 하는 관계이다.

만약 사업이 크게 성공하여 50억원의 이익이 발생하였다면 틀림없이 이번에는 을은 차용증은 뒤로 감춘 채로 동업관계를 주장하며 25억원을 내놓으라고 주장할 것이며 갑은 소비대차관계이니 10억원만 지급하면 된다고 할 것이다. 이와 같이 사정변화에 따라 사람의 마음이 변하는 것이 인지상정이고 자기에게 유리한 주장을 하는 것이 보통이다.

그러나 갑과 을이 동업할 생각으로 동업계약서라도 작성하여 각각 한부씩 보관하고 있는 경우라면 갑이든 을이든 다른 주장을 감히 하려고 마음먹지는 못할 것이다. 법률생활의 서면화가 중요함을 위 사례에서 알 수 있다. 법관도 전지전능한 조물주가 아닌 이상 계약서가 없는 경우 갑을간의 관계가 동업관계인지 소비대차관계인지 정확히 파악하는 것은 불가능에 가깝다. 사실관계가 동업이냐 소비대차냐에 따라서 재판의 결론은 달라지게 된다.

b) 변론주의, 입증책임분배원칙, 자유심증주의 ─ 사실관계확정을 지배하는 소송원칙

그러면 어떻게 사실관계를 확정되는가? 이와 관련된 소송법상의 원칙으로는 변론주의, 입증책임, 자유심증주의가 있다.

먼저 재판의 기초가 되는 사실관계의 확정을 위하여 필요한 사실과 증거를 수집하여 재판부에 제출할 책임은 당사자에게 있다(변론주의). 그러면 법원은 제출된 사실과 증거를 기초로 하여 자유심증주의에 따라 사실관계를 확정한다.

그런데 당사자에는 서로 이해관계가 대립하는 원고, 피고가 있는데, 누가 어떠한 사실을 주장해야하고 상대방이 다투는 경우 누가 이를 입증할 책임을 부담하는가하는 문제는 입증책임분배원칙이 결정하는바, 원칙적으로 자기에게 유리한 사실은 자신이 스스로 주장하고 상대방이 다투면 그 사실의 진실성을 입증할 책임을 지는데, 원고는 권리발생과 관련된 법률규정(권리발생규정 또는 권리근거규정이라고 한다)의 요건사실(권리발생규정이 매매라면 매매계약체결사실)에 대하여, 피고는 그 반대규정 즉 ① 처음부터 권리의 발생을 차단시키는 규정(권리불발생규정 또는 권리장애규정이라고 한다)의 요건사실(그 매매계약이 민법 제104조 폭리행위에 해당되어 무효라면 그 요건에 해당하는 사실), ② 일단 발생된 권리를 후발적으로 소멸시키는 규정(권리소멸규정 또는 권리멸각규정)의 요건사실(매수인이 매매대금을 모두 변제하였다면 그 사실), ③ 권리가 발생하여 존재하지만 현재 행사할 수 없는 특별한 사정이 있는 경우 그 규정(권리연기규정 또는 권리행사저지규정이라고 한다)의 요건사실(매도인이 아직 이전등기에 필요한 서류를 건네주지 않고 있기 때문에 매수인도

매매대금을 지급할 수 없는 경우인 동시이행의 항변권 발생에 필요한 사실)에 대하여 각각 주장 및 입증책임을 부담하며(입증책임분배원칙),[1] 이 경우 재판부는 변론전체의 취지와 증거조사의 결과를 참작하여 자유심증으로 사회정의와 형평의 이념에 입각하여 논리와 경험의 법칙에 따라 사실주장의 진실 여부를 판단한다(자유심증주의). 이렇게 사실관계를 확정하고, 이에 관련법규를 해석적용한 결론이 판결이다.

c) 구소송물이론과 처분권주의

그리고 이러한 재판부의 작업은 원고가 소송물로서 심판을 요구한 특정의 법적 관점에만 기초하여, 확정된 사실관계에 비추어 원고의 권리주장이 이유있는지의 여부만 판단하면 되고 원고가 주장하지도 아니한 다른 법률적 관점에서 사실관계를 포섭할 필요는 없다(구소송물이론을 취하는 판례의 입장과 처분권주의에 비추어).

(3) 민사소송절차의 종류

a) 판결절차와 강제집행절차(민사집행절차)

판결절차는 재판에 의하여 사법상 권리관계를 확정하여 분쟁을 관념적으로 해결함을 목적으로 하는 절차이다. 원고의 소제기에 의하여 개시되고 변론을 거쳐 심리되어서 종국판결에 의하여 종료되는데 이 절차에는 제1심·항소심 및 상고심의 3심구조가 있다. 고유의 의미의 민사소송이라 함은 이 절차를 뜻한다.

강제집행절차(민사집행절차)는 채권자의 신청에 의하여 국가의 집행기관이 채무자에 대하여 강제력을 행사함으로써 집행권원에 표시된 이행청구권의 실현을 도모하는 절차이다. 모든 소송이 강제집행을 수반하는 것도 아니고(확인의 소나 형성의 소), 모든 강제집행에 판결절차가 반드시 선행하는

---

1) 부동산매매계약의 매수인은 계약금만 주고받은 상태에서도 매도인을 상대로 매매대상인 부동산의 소유권이전등기절차를 이행해달라는 소를 제기할 수 있다. 이 경우 매도인이 중도금과 잔금을 아직 받지 못했으니 이전등기를 못해주겠다 하면, 법원은 동시에 주고받으라는 상환이행판결을 하게 된다. 만약 매도인이 동시이행의 항변권을 행사하지 않으면 물론 매도인이 중도금과 잔금을 매수인에게 받아낼 수는 있으나 이전등기에 필요한 서류를 먼저 건네주어야 하는 불이익을 입게 된다.

것도 아니다(집행증서-약속어음공증의 경우).

b) 증거보전절차와 집행보전절차(가압류, 가처분절차)

전자는 판결절차에서 정식의 증거조사의 시기까지 기다려서는 어떤 증거의 이용이 불가능하거나 곤란하게 될 염려가 있는 경우에 미리 그 증거를 조사하여서 그 결과를 보전해 두기 위한 절차이다(중요한 증인이 이민을 가는 경우).

후자 즉 집행보전절차는 채무자의 재산도피나 은닉 등으로 장래의 강제집행이 불가능하거나 현저하게 곤란할 염려가 있는 경우 현상변경을 금지시켜 장래의 강제집행에 대비하는 절차로서, 금전채권(예를 들면 매도인의 매매대금채권)의 집행확보를 위한 가압류와 금전아닌 채권(예를 들면 매수인의 부동산 소유권이전등기채권)의 집행확보를 위한 가처분(예를 들면 처분금지가처분)이 있다.

이와 같은 보전처분이 인정되기 위해서는 채권자의 채무자에 대한 권리(피보전채권)와 보전의 필요성이 인정되어야 하는데, 그 요건의 심리에는 다음과 같은 5가지의 특징이 있다. ① 보전처분은 권리나 법률관계의 확정이 목적이 아니라 판결이 확정될 때까지 권리나 법률관계를 잠정적으로 확보해두거나 이에 대하여 임시적인 규율을 하는 잠정성, ② 빨리 서두르지 아니하면 판결을 받아도 권리실현이 어려워지거나 회복할 수 없는 손해발생의 우려가 있어서 긴급조치를 취한다는 긴급성, ③ 채무자측의 집행방해에 대비하여 채무자 몰래 채권자측의 이야기만 듣고서 일방적으로 진행한다는 밀행성, ④ 권리관계를 확정하는 본안소송의 존재를 예정하고 그에 종속적인 절차라는 부수성, ⑤ 임의적인 변론절차로서 채권자가 제출한 서면만을 심리하는 서면심리가 일반적이나, 보전처분이 당사자에게 미치는 영향이 결정적으로 중요한 경우에는 상대방의 의견도 청취하는 심문심리, 변론심리를 할 수도 있다는 의미에서 자유재량성을 가진다.

c) 도산절차

경제적 파탄상태에 직면한 자연과 법인의 처리에 관한 법적인 절차를 말하는데, 여기에는 채무자의 모든 재산을 현금화하여 모든 채권자들에게 우선순위에 따라 나누어주고 끝내는 절차(소위 빚잔치)인 청산형 도산절차와 채권자들의 권리행사를 잠정적으로 정지시키고 채무자의 경제적인 새 출발을 도모하는 절차인 재건형(회생형)절차가 있다.

청산형 절차에는 현재 파산절차가 대표적인데, 법인이 파산하여 채권자들에게 나누어주고 나면 법인청산사유가 되어 결국 소멸하게 되는데 비하여, 자연인의 경우에는 채권자들에게 나누어주고 난 후 채권자들이 받지 못한 부분을 더 이상 요구할 수 없게 하는 법원의 면책결정을 받아 새로운 출발을 도모할 수도 있다.

재건형 절차에는 종전의 회사정리절차(소위 법정관리)를 이어 받아 채무자의 대규모 사업체의 계속과 갱생을 도모하는 회생절차와 정기적인 수입이 있는 개인채무자가 일정기간 변제하면 면책을 받아 새로운 출발이 가능한 개인회생절차가 있다.

민사소송의 절차진행과정

1. 두 가지 사례

아래에서의 설명은 그 이해의 편의를 위하여 단순화시킨 두개의 사례를 들어 설명한다. 금전지급청구소송과 소유권이전등기청구소송의 예를 드는데, 전자의 청구에는 그 원인이 다양하나 소비대차에 기한 대여금반환청구의 소를, 후자의 등기청구에는 매매에 기한 소유권이전등기청구의 소를 예로 들어 설명한다.

위의 사례는 원고의 피고에 대한 이행청구권의 확정과 피고에 대한 이행명령을 목적으로 하는 이행의 소이지만, 소의 종류에는 그 외에 확인의 소와 형성의 소가 있다.

확인의 소는 당사자간에 존재하는 법률적 불안을 제거하기 위하여 실체법상의 권리 또는 법률관계의 존부확정을 목적으로 하는 소인데, 계쟁부동산에 대한 소유권확인의 소, 채무자의 채권자에 대한 채무부존재확인의 소 등이 그 예이다.

형성의 소란 법률관계의 발생, 변경, 소멸을 목적으로 하는 소로서, 이혼청구의 소가 대표적이다.

2. 소제기 전에 고려해야 할 사항

소를 제기하여 분쟁을 해결하겠다는 것은 그 이전에 당사자간의 자유로운 의사에 기한 해결이 실패했다는 것을 의미한다. 지금부터는 말하자면 재판부 앞에서 전쟁을 한다는 사실을 염두에 두고 자기자신의 사정과 상대방의 사정을 살펴보아야 한다. 소송에는 많은 시간과 비용 그리고 경우에 따라서는 정신적인 고통을 수반하는 것이기 때문에 자신과 상대방의 사정에 관한 법적인 측면은 물론 경제적인 측면을 함께 고려하는 것이 필요하다.

(1) 법적인 고려 - 승소가능성, 절차의 간소화 가능성 검토

먼저 소송에서 자신이 승소할 충분한 가능성이 있는가를 검토할 필요가 있다. 우선 선택가능한 법적 관점 중에서 유리한 관점을 선택해야 한다(예를 들면 교통사고를 당한 경우 민법 제756조에 기하여 불법행위책임을 물을 것인가 아니면 상법 제148조 이하에 근거하여 여객운송계약불이행책임을 물을 것인가를 선택한다는 의미이다).

* **법률적 관점의 선택에 따라 소송의 승패가 좌우된다.**
  대법원 1998. 7. 10. 선고 98다15545 판결
  "임대차 종료 후 임차인의 임차목적물 명도의무와 임대인의 연체임료 기타 손해배상금을 공제하고 남은 임차보증금 반환의무와는 동시이행의 관계에 있으므로, 임차인이 동시이행의 항변권에 기하여 임차목적물을 점유하고 사용·수익한 경우 그 점유는 불법점유라 할 수 없어 그로 인한 손해배상책임은 지지 아니하되, 다만 사용·수익으로 인하여 실질적으로 얻은 이익이 있으면 부당이득으로서 반환하여야 한다."
  따라서 불법행위(불법점유)를 이유로 하여 손해배상청구를 하면 패소당한다.

그리고 선택한 법적 관점에 근거한 자신의 소가 모든 소송요건을 구비하고 있는지를 살펴야 한다. 나아가 자신의 청구가 그 주장자체로 보아 논리일관되어 이유가 있고, 상대방이 자신의 주장사실을 다투는 경우에는 자

신이 주장한 사실의 진실성을 증명할 수 있는 충분한 증거가 있는지를 검토한다. 물론 이 단계에서 가능하다면 상대방의 예상되는 주장과 그를 뒷받침하는 증거를 무력화시킬 수 있을 것인가도 함께 고려되어야 할 것이다.

〈소송요건과 본안요건〉

소송요건: 소가 적법한 취급을 받기 위하여 구비하여야 할 사항(본안심리 및 본안판결의 요건)으로서 재판권, 관할, 당사자능력, 소송능력, 당사자적격, 권리보호의 자격, 권리보호의 필요 등을 말하며, 하나라도 흠결된 경우에는 소각하의 소송판결을 한다.

본안요건: 원고의 청구가 이유있는가, 즉 원고가 주장하는 권리의 발생에 필요한 요건사실이 사실과 증거에 의하여 뒷받침되고 있느냐의 판단 즉 본안판단을 하게 되는데, 원고의 청구가 이유없으면 청구기각판결, 이유있으면 청구인용판결을 하게 되는데, 후자는 그 내용에 따라 이행판결, 확인판결, 형성판결로 나누어지는데, 이 모두를 소송판결과 대비하여 본안판결이라 한다.

위에서 든 사례를 살펴보면, 모두가 이행의 소이기 때문에 장래이행청구가 아닌 한 소송요건이 문제되는 경우는 많지 않다. 중요한 것은 자기주장의 진실성을 증명할 수 있는 증거를 어느 정도 확보하고 있는가이다.

또한 절차의 간소화와 신속을 위하여 소를 제기하려는 원고측이 다수인 경우에는 선정당사자를 선임하거나 공동의 대리인을 선임하여 간소화를 도모하고, 피고측이 다수인 경우에는 공동소송인으로 모두 피고로 삼거나 필요한 경우(피고가 미성년자이고 법정대리인이 누구인지 모를 때, 법인이나 비법인사단의 경우에 누가 대표자인지가 불분명할 경우)에는 소송상의 특별대리인선임을 고려하여야 할 것이다.

(2) 경제적인 고려 — 집행재산의 확보

소송에서 승소한 후 피고(채무자)가 스스로 채무를 이행하면 그로써 분쟁은 완전하게 종결되나 그러지 않는 경우에는 채무자의 재산에 대하여 강제집행을 할 수밖에 없다. 그 경우 집행의 대상이 되는 채무자의 재산이 충분해야만 승소판결문이 단순한 휴지조각이 되는 것을 면할 수 있다.

금전지급청구의 사례에서는 채무자가 현금화가 가능한 재산을 어디에 어느 정도 가지고 있는지 파악하고, 채무자가 재산을 빼돌릴 가능성이 있으면 우선 가압류조치를 취해둘 필요가 있다. 이전등기청구의 사례에서는 매매의 목적부동산이 (광의의) 집행대상이므로 채무자가 제3자에게 팔아치울 경우를 대비하여 처분금지가처분을 해 두어야 한다.

그리고 수인의 공동불법행위에 의하여 손해를 입은 경우와 같이 피고로 삼을 수 있는 자가 다수인 경우에는 그 모두를 피고로 하여 소를 제기할 수도 있으나, 그중에서 자력이 가장 충분한 자(deep pocket) 1인만을 피고로 삼는 것이 효율적이다.

(3) 대리인(변호사)를 선임할 것인가?

우리법제는 변호사강제주의를 채택하고 있지 않아 본인소송이 가능하다. 그러나 사건의 규모나 중요성에 따라 변호사를 대리인으로 선임할 수도 있는데, 이 경우 변호사수임료가 일반인에게는 아직 고액이라서 문제된다. 소송비용은 원칙적으로 패소자가 부담하는데, 패소자의 변호사보수는 그 자신이 부담해야 하나, 승소자의 변호사보수는 제한적으로만, 즉 '변호사보수의 소송비용산입에 관한 규칙'에 의하여 인정되는 범위만 소송비용에 포함되고 따라서 패소자인 상대방에게 상환을 청구할 수 있을 뿐이어서, 자신이 비록 승소했더라도 자신의 변호사보수를 상당부분 자신이 부담해야하는 경우가 많다는 점을 염두에 두어야 할 것이다. 다만 단독판사가 심판하는 사건중 대법원규칙으로 정하는 일정한 액 이하의 소가를 가진 사건이나 그에 준하는 사건의 경우에는 제1심에 한하여 당사자와 일정한 관계있는 제3자를 법원의 허가를 얻어 대리인으로 선임하여 소송을 대리시킬 수 있는데(민소법 제88조 제1항), 자기 주위의 소송을 잘 아는 사람을 활용할 수도 있다.

소송비용＝법원비용＋당사자비용(변호사보수)

* 승소가능성이 없는 소송권유도 불완전판매![2]

　일부 변호사는 소송을 권유하는 문자까지 보내며 부추기고 있다는대,
"소송에는 비용과 위험이 따른다. 누구도 승패를 장담할 수 없다. 승소
가능성을 따지지 않고 소송을 권유하는 것은 또 다른 불완전판매다. 재산을
잃고 억울해하는 투자자들을 두 번 울릴 수 있다."

3. 어느 법원에 소를 제기할 것인가?－관할

소는 원고가 피고를 상대로 제1심관할법원에 소장을 제출함으로써 제기
한다.

(1) 토지관할(제2조～제24조)

토지관할이란 전국의 많은 지방법원 중에서 어느 법원에 소를 제기할
것인가를 따지는 관할이며, 하나의 사건에 대하여 여러 개의 관할법원이
있을 수 있으므로 원고로서는 자기에게 가장 유리한 관할법원을 선택하면
된다.

대여금반환청구에서는 우선 피고의 주소지법원이라는 보통재판적이 있
지만 경우에 따라서는 원고에게 더 유리한 의무이행지의 특별재판적(지참채
무의 원칙상 채권자의 주소지(민법 제467조 제2항)이 인정될 수 있으며, 매매에
기한 부동산소유권이전등기청구에서는 마찬가지로 피고의 주소지법원은 물
론 부동산소재지법원도 관할권을 가진다.

(2) 사물관할(제26조, 제27조)

동일한 지방법원 및 그 지원의 단독판사와 합의부간의 제1심사건의 분
배표준을 사물관할이라 하며, 이는 본래 법원내부에서 정할 문제이나 당사
자에게는 소장 제출시 납부하거나 첨부할 인지액산정의 기준이 된다는 데
서 의미가 있다. 그 분배기준은 소가가 2억원이 경계여서 2억원을 초과하
는 사건은 합의부관할이며, 2000만원 초과에서 2억원까지의 사건은 단독판
사관할이고, 2000만원까지의 사건은 소액사건심판의 대상이 된다.

---

2) 김주영 변호사의 주장.

(3) 변론관할 및 합의관할(제29조~제31조)

관할권이 없는 법원에 소를 제기하였는데, 피고가 아무런 이의없이 변론한 경우에는 그 법원에 관할권이 창설되며(변론관할), 경우에 따라서는 당사자가 미리 관할법원을 합의할 수도 있다(합의관할). 당사자간의 합의라는 이름하에 일방당사자(특히 경제적 약자인 소비자)에게 불리한 계약조항을 삽입해 놓은 보통거래약관을 이용하는 경우가 많은데, 이러한 조항에는 소비자와 거래하는 사업자의 책임을 감경 내지 제한하는 규정, 입증책임을 소비자에게 떠넘기는 규정, 관할을 사업자의 소재지를 관할법원으로 하여 소비자에게 응소를 곤란하게 하는 규정 등이 있다. 이러한 조항은 약관의 규제에 관한 법률에 의하여 그 유효성여부가 문제될 수 있다.

(4) 소장의 작성과 제출(제248조, 제249조)

소장을 제출할 때에는 소정의 필요한 사항(필수적 기재사항)을 기재하고, 원고 또는 그 대리인이 서명날인하며, 소가에 따라 인지를 붙이거나 인지액이 고액인 경우에는 인지액을 은행에 납부하고 그 영수증을 첨부하고, 피고의 수만큼의 소장부본을 첨부하여야 한다. 피고의 수만큼의 소장부본을 첨부하도록 한 것은 각 피고에게 소장부본을 보내어 이를 받아본 피고가 소송을 준비할 수 있도록 하기 위함이다.

필수적 기재사항은 당사자·법정대리인·청구취지·청구원인인데, 이는 누가 누구를 상대로 무엇을 왜 요구하는가를 기재해야만 한다는 의미이다.

원피고의 이름과 주소정도면 당사자는 충분하게 특정된다. 다만 등기부상의 주소와 현주소가 다를 때에는 등기부상의 주소도 함께 기재하여야 한다.

청구취지에는 원고가 피고에게 요구하는 바의 결론을 적으며, 청구원인에는 원고가 피고에게 그러한 요구를 하게 된 사정을 간단하게 기재하면 된다.

대여금반환청구사건에서는 청구취지에서 '피고는 원고에게 금 00000원을 지급하라'라고 간단하게 기재하고 청구원인에서는 언제 피고에게 얼마를 어떠한 조건으로 빌려주었으며, 변제기가 언제인데 아직 받지 못했다는 사정을 기재하면 된다.

매매에 기한 소유권이전등기청구사건에서는 청구취지에 '별지목록기재 부동산에 관한 2017. 1. 25. 매매를 원인으로한 소유권이전등기절차를 이행하라'라고 기재하고, 청구원인에서는 매매의 경과 즉 계약금, 중도금, 잔금 지급과정을 기재하고 피고의 채무불이행사실을 간단하게 기재하면 족하다.

4. 2002년 대폭적인 개정에 따른 절차

2002년 7월 1일부터 우리 법원에서는 소위 새로운 민사사건관리모델에 의하여 재판을 하고 있는데 그 기본적인 체계는 사건의 쟁점을 확정하고 관련증거를 모두 확보한 후에 재판을 열어 가급적 적은 수의 변론기일(2회 정도)에 심리를 마치려는 것이다(수시제출주의에서 적시제출주의로).

피고가 원고의 청구를 다투는 때에는 소장의 부본을 송달 받은 후 30일 내에 답변서를 제출하도록 하고, 피고가 원고의 주장을 인정하거나 기한 내에 답변서를 제출하지 아니한 경우에는 변론 없이 판결할 수 있도록 함으로써 원고의 출석부담을 줄이고 소송의 촉진을 도모하고(민사소송법 제256조 및 제257조), 소가 제기되면 재판장은 변론준비절차를 거칠 필요가 없다고 인정되는 경우를 제외하고는 모든 사건을 변론준비절차에 회부하여 사전에 쟁점과 증거를 정리하도록 함으로써 변론기일에서의 신속하고 집중적인 심리가 가능하도록 했으며(민사소송법 제258조), 소송절차를 신속하고 탄력적으로 운영하기 위하여 공격방어방법은 소송의 정도에 따라 적절한 시기에 제출하도록 하고, 특정한 사항에 대한 주장을 제출하거나 증거를 신청할 기간을 정할 수 있도록 하며, 그 기간을 넘길 때에는 정당한 사유를 소명하지 아니하는 한 이를 제출할 수 없도록 하는 적시제출주의(適時提出主義)를 채택하고 있다(민사소송법 제146조 및 제147조).

5. 변론기일에서의 심리 – 재판의 기초가 되는 사실과 증거의 수집

(1) 처분권주의와 변론주의

a) 처분권주의 – 사적자치원칙의 소송적 측면

소송의 개시, 심판의 대상 및 범위, 소송의 종결에 관한 처분권이 당사자에게 인정되어 있는 소송원칙을 처분권주의라 하며, 사적자치의 소송법적 측면이라 한다. 따라서 재판부는 원고가 주장한 법률적 관점하에서만 그리고 원고가 주장한 권리범위내에서만 판단하여야 한다. 교통사고를 당한 원고가 불법행위에 기한 손해배상청구를 하였는데 채무불이행에 기하여 손해배상청구를 인용할 수 없으며, 대여금반환청구사건에서 원고가 받을 돈이 원래 1억원임에도 5000만원만 청구한 경우 재판부가 원래의 1억원을 지급하라는 판결을 할 수 없으며 5000만원의 제한을 받는다. 물론 당사자가 신청한 것보다 양적으로나 질적으로 적은 판결을 하는 것은 당사자의 처분범위내이기 때문에 문제없다.

b) 변론주의—사실 및 증거의 수집제출책임

변론주의의 의미에 관해서는 앞서 보았으며, 그 구체적인 내용을 본다.

1) 주요사실에 대한 주장책임

주요사실에 관해서는 이를 주장하지 않으면 소송상 이를 없는 것으로 본다. 대여금반환청구사건에서 원고의 채권이 시효로 소멸했다고 하더라도 피고가 이를 주장하지 않으면 시효소멸사실을 비록 재판부가 알았다고 하더라도 재판의 기초로 삼을 수 없어 원고승소판결을 할 수 밖에 없다. 왜냐하면 시효소멸사실은 반대규정의 하나인 권리소멸(멸각)사실에 해당하므로 피고가 주장책임을 지는 사실인데 피고는 이를 주장하지 않았기 때문이다. 그러나 간접사실이나 보조사실은 당사자가 이를 주장하지 않더라도 증거에 의하여 재판의 기초로 삼을 수 있으며, 당사자의 자백에도 구속될 필요가 없다. 이는 법관의 자유심증의 영역이기 때문이다.

2) 자백된 사실(다툼이 없는 사실)은 증명불요

자기에게 불리한 사실을 당사자일방이 자백한 경우에는 그 한도내에서의 사실에 관해서는 당사자간에 의견합치가 있는 것이며, 법원이 비록 반대되는 심증을 형성했다고 하더라도 당사자의 자백내용을 재판의 기초로 삼아야 하는데, 여기서 재판의 기초에 대한 당사자의 처분권을 볼수 있다 (↔ 형사소송은 자백이 있더라도 보강증거요구). 따라서 자백된 사실에 관하여는 증거조사할 필요가 없다.

3) 증거신청에 관한 당사자의 주도권

당사자간에 다툼이 있는 사실은 당사자가 제출한 증거에 의하여 사실관계를 확정하여야 하며 직권에 의한 증거조사는 예외적이다.

c) 원고의 주장과 피고의 반응-피고가 다투는 경우에만 증거조사

변론기일에서 우선 원고에게는 소장을, 피고에게는 답변서를 진술시킨다. 피고가 어떠한 태도를 취하느냐에 따라 그 후의 심리방향에 결정적인 영향을 미친다. 즉 피고가 다투지 않는 사실에 대해서는 증거조사를 할 필요없이 재판의 기초로 삼아야 하고, 피고가 어떤 사실을 다투었다면 진정한 사실관계가 어떤 것인지를 확인하기 위하여 증거조사의 필요성이 발생한다.

대여금반환청구사건에서 원고가 소비대차가 성립한 사실 즉 대주가 금전의 소유권을 차주에게 이전할 것을 약정하고 차주가 위 약정한 동액의 금액을 반환하기로 약정했던 사실을 주장한 경우, 피고가 보일 수 있는 태도는 다음과 같다.

1) 자백(自白)한 경우

그러한 사실을 인정한다는 자백이 있으면 그 점에 대하여는 다툼이 없는 사실이므로 증거조사를 할 필요가 없으며 재판의 기초로 삼아야 한다(경우에 따라서는 청구인락이 될 수 있다).

2) 침묵하는 경우

피고가 아무런 말도 하지 않는 침묵의 태도를 취한 경우에는 여러 사정을 종합하여 원고의 주장을 명백히 다투는 것이 아니라고 인정되면 원고의 주장사실을 자백한 것으로 간주되며(자백간주(제150조 제1항)), 자백한 경우와 동일하게 그 점에 관해서는 더 이상 증거조사를 할 필요가 없이 재판의 기초로 삼아야 한다.

3) 부인(否認)하는 경우

피고가 '빌린 사실이 없다'라고 단순부인하는 경우와 '빌린 게 아니라 증여였다'고 원고의 주장사실과 양립불가능한 별개의 사실을 주장함으로써 원고주장사실을 간접적으로 다투는 간접부인이 있다. 이 두 경우에는 원고

주장사실이 피고에 의하여 부인되었기 때문에 빌린 사실여부에 대하여 당사자간에 다툼이 있는 것으로 되며, 따라서 증거에 의하여 입증되어야 하는 사실인데, 빌린 사실 즉 소비대차사실은 원고에게 유리한 권리근거규정의 요건사실이므로 원고가 입증책임을 져야한다.

4) 부지(不知)라고 대답하는 경우(제150조 제2항)

피고가 모르겠다라고 부지한 경우에도 원고의 주장사실은 부인된 것과 동일한 효과가 있다.

5) 항변(抗辯)한 경우

피고가 "빌렸지만 갚았다"라고 한 경우에는 "빌렸다"고 함으로써 원고의 소비대차사실에 대하여 자백을 한 것이며, 따라서 원고는 더 이상 소비대차사실을 입증할 필요가 없게 된다. 이는 변론주의의 한 내용으로서 자백된 사실에 관해서는 법원에 구속력이 발생한다. "갚았다"는 사실은 권리소멸사유의 하나인 변제의 주장이며, 이는 피고에게 유리한 사실이므로 피고가 변제사실에 대하여 입증책임을 부담한다.

(2) 증거조사

a) 증명(입증)책임

다툼이 있는 사실에 대한 증거조사를 통하여 어떤 사실의 존부에 관하여 재판부가 확신을 하면 즉 입증(증명)되었으면 그 입증된 대로 재판을 하면 된다. 그런데 아무리 증거조사를 하여보아도 판결의 기초가 되는 사실관계를 확정할 수 없는 경우에 어떠한 내용의 재판을 하여야 하는가를 지시해주는 것이 입증책임인데, 그러한 경우에는 입증책임을 부담한 당사자에게 불리한 판단 즉 그러한 사실은 존재하지 않는 것으로 보아 재판을 하게 된다. 대여금반환청구소송에서 원고의 모든 증명노력에도 불구하고 소비대차사실이 증명되지 않으면 입증책임을 지고 있는 원고에게 불리한 재판 즉 청구기각판결을 한다. 따라서 누가 입증책임을 부담하는가하는 입증책임분배의 문제는 경우에 따라서는 소송의 승패를 좌우하는 중요한 문제이다.

입증책임분배에 관한 통설과 판례는 소위 규범설을 취하고 있는데, 이에 의하면 원칙적으로 자기에게 유리한 사실을 주장하고 입증할 책임을 지는데, 원고는 권리근거규정의 요건사실에 대하여, 피고는 반대규정 즉 처음부터 권리가 발생할 수 없는 사유를 정한 권리불발생(장애)규정의 요건사실(무능력, 착오, 비진의표시, 허위표시, 폭리행위, 반사회질서의 법률행위), 일단 발생한 권리의 변경소멸사유를 정한 권리소멸(멸각)규정의 요건사실(변제, 대물변제, 공탁, 상계, 해제, 소멸시효완성 등), 일단 발생한 권리의 행사를 저지하는 권리행사저지규정의 요건사실(유치권, 동시이행의 항변권, 기한의 유예)에 대하여 주장하고 상대방이 다툴 경우에는 그에 대한 입증책임을 부담한다.

매매에 기한 소유권이전등기청구사건의 예를 들어 설명하면, 매수인이 소유권이전등기를 받기 위해서는 매매성립의 요건사실 즉 재산권이전약정과 그 대가로서의 금전지급약정을 주장, 입증하면, 그 효과로서 매도인의 재산권이전의무 즉 매수인의 재산권이전청구권(본건에서는 소유권이전등기청구권)은 당연히 발생하는 것이다. 매도인이 매매대금의 일부를 아직 수령한 바 없다면 매도인이 동시이행의 항변을 제기하여야 하는 것이고 법원은 이와 같은 매도인의 항변이 있을 때에 비로소 대금지급사실의 유무를 심리할 수 있는 것이다.

b) 증거의 수집

그 존재를 입증할 수 있는 증거가 없는 권리는 상대방이 이를 다투기만 그 존재가 부정될 가능성이 높기 때문에 말하자면 10%짜리 권리에 불과하다고 말할 수 있다. 재산상의 거래시에는 항상 이를 문서화하여 보관해두는 생활태도야 말로 분쟁에 휩쓸려 들어가지 않는 첩경이다. 내가 확실한 증거를 가지고 있다면 상대방이 감히 오리발을 내밀지는 못할 것이기 때문이다.

1) 5가지의 증거방법

소송이 개시되기 이전부터 관련된 증거를 확보해두어야 할 것이다. 민사소송법이 예정하고 있는 증거방법으로는 증인, 문서, 감정인, 검증물, 당사자본인 등 5개이나 아무래도 문서의 증거력(증거가치)이 높게 평가받으며, 감정은 비용이 많이 드는 증거조사이다. 재판상의 증거수집절차로는 관련

공사단체에 대한 조사촉탁신청, 감정촉탁신청, 문서송부촉탁신청, 문서제출명령, 증거보전신청가 있으며, 이러한 신청을 미리하여 필요한 증거를 확보할 필요가 있다.

2) 위법수집증거의 증거능력－인정

그 이외에도 스스로 또는 제3자의 힘을 빌어 필요한 증거를 수집할 수 있는데, 우리 대법원판례는 상대방 몰래 무단 녹음한 녹음테이프라도 그 증거능력을 부정할 수 없다는 입장이어서, 증거수집과정상 상대방의 인격권이나 비밀침해 등 위법한 행위가 있더라도 증거로서의 자격이 부정되는 것은 아니라는 것을 알 필요가 있다.

3) 민사분쟁의 형사사건화－증거수집의 유력한 수단

또한 문제의 분쟁사안에 관해서 상대방의 형사책임이 긍정될 수 있는 경우에는 먼저 이를 형사사건화해 둘 필요가 있다. 자신에게 유리한 증거가 수사기관이 수사필요상 이를 수집하게 되며, 그 결과물인 형사유죄확정판결만 있으면 특별한 사정이 없는 한 민사에서도 승소할 가능성이 극히 높기 때문이다.

4) 현대형소송에서의 증거수집문제

환경, 의료, 제조물책임소송 등 소위 현대형소송에서의 피해자는 자신의 주장을 입증할 수 있는 증거가 피고측 즉 환경책임소송에서는 원인물질을 배출한 기업 등에게, 제조물책임소송에서는 하자있는 상품을 제조한 제조회사측에게, 의료과오소송에서는 병원측에 편재되어 있기 때문에 원고(피해자)측이 피고(가해자)측의 과실이나 인과관계 등을 입증할 수 없는 상태에 처하고 있는 것을 소위 "증거의 구조적 편재현상"이라고 하는데, 이러한 사태에 대처하기 위한 방법으로서 입증책임의 전환과 완화, 증명도의 인하, 나아가 소송과 관련이 있는 제출의무있는 문서의 범위를 확대하여 이를 법원에 제출케 함으로써 미국의 Discovery제도와 유사한 효과를 달성하려는 시도가 있다.

이러한 문제에 대한 대응의 하나로 개정된 민사소송법에서는 문서소지자에 대한 문서제출의무를 확대하여 형사소추·직무비밀·직업비밀 등 증인의 증언거절사유와 같은 일정한 사유가 있는 경우와 공무원이 직무상 보관하는 문서의 경우를 제외하고는 모든 문서를 제출하도록 함으로써 실체적 진실의 발견이 용이하도록 하고 있다(민사소송법 제344조 내지 제347조).

(3) 증거신청과 증거조사

상대방이 다투기 때문에 증명을 요하는 경우에는 가장 증거가치가 좋은 증거에 대하여 증거신청을 하여야 할 것이다. 당사자의 증거신청에 대하여 재판부가 필요하다고 인정하면 증거조사를 하고 증거가치를 평가한다. 증거조사란 5가지의 증거방법을 조사하여 증거자료를 얻는 과정이다. 구체적인 소송에서 중요한 것은 서증에서의 문서인부절차와 증인신문인데 전자에 관하여 자세히 본다.

a) 서증의 인부절차 ─ 문서의 진정성립

서증이 제출된 경우에는 법원이 상대방에게 그것의 진정성립을 인정하느냐 않느냐를 물어본다. 문서는 그 진정성립 즉 위조된 것이 아니어야 그 문서에 나타난 의미내용을 재판의 기초로 삼을 수 있기 때문이다. 이때 상대방의 답변을 "성립의 인부"라고 하는데, 상대방의 태도는 성립인정, 침묵, 부인, 부지 등 네 가지이다.

상대방이 제출한 문서가 공문서인 경우에는 그 진정성립이 추정되므로(제356조) 그 진정성립을 인정함에 반하여, 사문서인 경우에는 상대방이 부인하거나 부지하면 제출자가 그 진정성립을 증명하여야 한다. 그 때문인지 실무에서는 공문서이면 무조건 성립인정, 사문서이면 부지로 답변하는 경향이나, 자기나 대리인 명의의 문서에 관해서는 성립인정 또는 부인만이 가능하며 부지라는 답변은 할 수 없다. 자신이 작성한 것으로 되어 있는 문서를 부지라고 답변하면 재판부에 좋지 않은 영향을 줄 가능성이 높다.

보통 사문서에는 인장이 날인되어 있는 경우가 많으며 이 경우 그 문서전체의 진정성립여부는 그 인영의 진정여부에 따라 결정된다. 상대방이 제출한 문서가 자신명의의 문서이고 그 문서에 자신의 인영이 있는 경우 ① '인영자체가 위조된 인장의 인영이다'라고 답변한 경우에는 그 문서의 제출자가 진정성립을 증명해야 하지만, ② '본인인장의 인영이지만 인장이

도용되었거나 권한없이 압날되었다'라고 답변한 경우에는 인영의 진정성립을 자백한 결과가 되는데, 민사소송법 제358조에 의하면 "사문서는 본인 또는 대리인의 서명이나 날인이나 무인이 있는 때에는 진정한 것으로 추정한다"고 하여 인영의 진정성립이 인정되면 문서전체의 진정성립을 추정하고 있기 때문에, 위와 같은 답변을 할 경우에는 인영의 진정성립자백 → 문서전체의 진정성립으로 이어진다. 따라서 이 경우에 자신이 인장의 도용사실이나 무권한에 의한 압날사실을 증명하지 못하면 문서전체의 진정성립추정을 깰 수 없게 된다는 점에 주의를 요한다. 인장의 도용이나 권한없는 압날문제는 소송상 자주 문제되는데, 만약 인장도용사실이나 무권한 압날사실이 증명되는 경우에는 그 문서의 제출자가 결정적인 불이익을 입게 되는데, 이러한 문제는 본인으로 하여금 직접 서류를 작성하게 함으로써 회피될 수 있는 문제이다(은행에서 대출시 반드시 본인의 자필로 작성케 하고 있는 것도 이러한 문제 때문이다).

대여금반환청구사건에서는 채무자의 자필차용증이 있다면 훌륭한 서증이 된다. 채무자가 함부로 이를 부인할 수 없을 뿐만 아니라 부인하더라도 필적감정이나 인영감정에 의하여 그 진정성립을 증명할 수 있을 것이다. 부동산소유권이전등기청구사건에서 마찬가지이다.

b) 문서의 증거가치 – 실질적 증거력

어떤 문서의 진정성립이 인정된다고 하여 그 문서의 기재내용이 증거가치를 가지는 것은 아니다. 위조된 것은 아니지만 그 내용이 진실이 아니거나 입증사항과 무관한 것이면 증거가치가 있다고 할 수 없다. 이러한 증거가치의 판단은 법관의 자유심증영역에 속한다.

그러나 처분문서(증명하고자 하는 법률행위가 그 문서자체에 의하여 이루어진 경우)인 경우에는 그 진정성립이 인정되는 이상 기재내용대로의 법률행위의 존재를 인정하여야 하는데, 이에는 계약서·약정서·차용증·합의서·각서 등이 포함된다. 따라서 처분문서의 경우에는 강력한 증거가치를 부여받고 있기 때문에 그 작성에 주의가 요청된다. 법률생활에 있어서 가끔 상대방이 여러 가지 편의를 내세우면서 당사자간의 진정한 의도와는 다른 내용의 처분문서를 작성하기를 권유하는 예가 가끔 있는데, 이 경우 당사자의 진정한 의도를 둘러싸고 다툼이 발생하는 때에는 진정한 의도를 증명하지 못하면(대개의 경우 내면적인 것이기 때문에 증명이 곤란하다) 외형적인 처분문서의 내용대로 사실관계가 인정되어버릴 위험성이 있다는 점을 명심해야 한다.

보고문서(작성자가 보고 듣고 느끼고 판단한 바를 기재한 문서)의 증거가치는 법관의 자유심증에 속하나 아무래도 공문서인 경우에는 증거가치가 상당히 높다.

c) 증인신문의 문제점

증인신문은 증인을 신청한 당사자가 먼저 하고(주신문), 다음에 다른 당사자가 하며(반대신문), 재판장은 주신문 및 반대신문이 끝난 뒤에 신문할 수 있었으나, 이제는 재판장이 언제든지 신문할 수 있고 필요한 경우에는 당사자의 의견을 들어 신문의 순서를 바꿀 수도 있는 등 재판장의 직권적 개입의 여지가 대폭 확대되었으며, 예 아니요 식의 단답형이 아니라 서술형의 증언이 권장되고 있고 재판장은 주신문에 앞서 증인으로 하여금 그 사건과의 관계와 쟁점에 관하여 알고 있는 사실을 개략적으로 진술하게 할 수 있다. 그러나 증인신문의 결과는 다른 물증에 대한 증거조사결과와 비교하여 보면 담당재판부가 잘 믿지 않으려는 경향이 있었으나, 최근에는 재인식하려는 경향이 있다.

6. 판결정본의 송달과 상소·재심

판결선고후 법원사무관등은 판결정본을 당사자에게 송달하는데, 이를 송달받은 당사자는 2주간의 불변기간내에 상소를 제기하지 않으면 그 판결은 확정되어 버린다. 상소에는 제1심판결에 대한 불복신청인 항소, 제2심판결에 대한 불복신청인 상고, 결정명령에 대한 상소인 항고, 재항고가 있다.

판결이 확정되었다 하더라도 기판력을 유지할 수 없는 중대한 하자가 있는 경우에는 판결법원에 대하여 그 판결을 취소하고 판결이전의 상태로 돌아가 다시 재판할 것을 구할 수 있는데, 이를 재심(再審)이라 한다.

7. 판결의 효력

판결이 확정되면 기판력·집행력·형성력 등 판결본래의 효력이 발생한다. 여기에서는 그중 기판력과 집행력에 관하여 간단히 설명한다.

(1) 기판력(旣判力)

판결이 형식적으로 확정되면 판결의 내용인 특정한 법률효과의 존부판단이 소송당사자와 후소법원을 기속하므로 동일사항이 소송상 제기되더라도 당사자와 법원은 이에 반하는 주장과 판단을 할 수 없게 되는 효력이 발생하는데 이를 기판력이라 한다.

a) 기판력의 객관적 범위(제216조)

기판력은 판결의 주문에 포함된 것 즉 소송물에 한하여 발생한다. 따라서 소송물이론에 관한 입장에 따라 기판력이 발생하는 범위도 달라지는데, 우리 판례는 실체법상의 법률적 관점에 따라 소송물이 다르다는 구실체법설을 취하고 있으므로 기판력의 발생범위도 가장 좁다.

b) 기판력의 시간적 범위

또한 기판력은 차단효(실권효)를 발생시키는데, 기판력의 표준시인 사실심의 변론종결시 이전에 존재하였지만 주장하지 아니한 공격방어방법은 그 주장 못함에 과실유무를 묻지 아니하고 더 이상 제출할 수 없게 된다. 따라서 표준시 이전에 이미 채무자가 변제하였더라도 이를 주장하지 아니하였다면 그 변제의 주장은 실권되며, 더 이상 이를 이유로 부당이득반환청구를 할 수 없게 된다.

c) 기판력의 주관적 범위

기판력은 또한 그 상대성원칙에 의하여 당사자 및 당사자와 동일시할 수 있는 제3자에게만 미치는 것이 원칙이다. 여기서 당사자와 동일시할 수 있는 제3자에는 변론종결후의 승계인, 제3자의 소송담당의 경우의 이익귀속주체, 청구의 목적물을 소지한 자 등이다.

* 기판력이 미치는 경우(작용)

① 전후 소송의 소송물이 동일한 경우
② 선행의 확정판결이 후행소송의 선결관계인 경우
③ 후행의 청구가 확정된 선행판결과 정면으로 모순되는 내용인 경우

(2) 집행력(執行力)

집행력이란 판결주문에서 채무자에게 명하여진 이행의무를 국가의 집행기관을 통하여 강제적으로 실현할 수 있는 효력을 말하는데, 판결확정시에 집행력이 발생하는 것이 원칙이나 가집행선고부판결은 그 판결에 대하여 상소가 제기되었더라도 선고와 동시에 집행력이 발생한다. 강제집행 이외의 방법으로 판결내용에 적합한 상태를 실현할 수 있는 효과를 넓은 의미의 집행력이라 하는데, 이는 확인판결이나 형성판결이라도 인정되는 효력이다. 친자관계확인판결이나 이혼판결에 기하여 호적상의 기재사항을 변경하는 것이 그 예이다.

이행의 소를 인용한 판결 즉 이행판결은 원고의 이행청구권의 존재에 관하여 기판력이 발생함은 물론 판결 속에 포함된 이행명령에 의하여 집행력을 가진다.

민사소송의 실체형성과정 – 법관의 관점에서 본 민사소송

민사소송을 법관의 관점에서 보면 먼저 당사자간에 어떤 다툼이 있는가, 있다면 어떠한 사실에 관한 다툼인가를 확정하고 여기에 집중하여 증거조사를 실시하여 진정한 사실관계를 확정한 후, 관련법규를 해석 적용하는 과정을 밟는다. 그리고 소송요건은 법관의 직권조사사항이기에 항상 따라서 소송의 벽두부터 그 구비여부를 조사하여야 한다.

민사소송에서 법관은 다음의 순서대로 판단을 함이 원칙이다.

1. 제1단계 – 소장의 적식성심사: 불비한 경우 소장각하명령

원고의 소장이 제출되면 소장의 필수적 기재사항 즉 원고, 피고, 법정

대리인, 청구취지, 청구원인 등이 기재되어 있고 소정의 인지가 첨부되어 있는지를 가장 먼저 심사하여 불비된 경우에는 보정명령을 내리는데 이에 응하지 않거나 보정될 수 없는 경우에는 소장각하명령을 한다.

2. 제2단계 - 소송요건심사: 불비한 경우 소각하판결

소송요건의 존부를 심사하는데, 이 단계에서 소송요건의 흠결이 명백하고 보완의 가능성이 없는 경우에는 바로 소를 각하한다. 물론 소송요건은 사실심의 변론종결시까지 구비하면 족하며, 직권조사사항이기는 하나 상대방당사자의 이의 제기가 없는 경우에도 항상 직권을 발동하여야 하는 것은 아니다.

3. 제3단계 - 원고주장사실에 대한 법적인 평가(Schlüssigkeit)

아주 드문 경우이기는 하지만 원고의 주장사실 그 자체로서 이미 이유가 없어 원고의 청구를 기각해야할 경우가 있다. 원고가 청구원인으로서 소장에 기재한 사실이 가사 모두 인정된다고 하더라도 원고가 내세운 청구가 인정될 수 없는 경우이다.

피고가 30일 이내에 답변서를 제출하지 않아 무변론 원고승소판결을 해야 할 경우(제257조)에도 법원은 원고가 청구가 주장자체로 이유가 있는지는 심사하여야 한다.

(피고에게 기일소환장 등이 공시송달된 경우에는 자백간주가 성립하지 않기 때문에 원고로서는 자기 주장의 진실성을 증명하여야 함에 반하여, 피고가 통상의 송달을 받고서도 불출석한 경우에는 원고의 주장사실을 자백한 것으로 간주된다(제150조 제3항). 따라서 원고로서는 어떠한 증명을 할 필요도 없이 바로 승소판결을 얻을 수 있으나, 그 전제로서 최소한 원고의 청구는 주장자체로서 이유가 있는 경우여야 한다.)

제257조(변론 없이 하는 판결) ① 법원은 피고가 제256조 제1항의 답변서를 제출하지 아니한 때에는 청구의 원인이 된 사실을 자백한 것으로 보고 변론 없이 판결할 수 있다. 다만, 직권으로 조사할 사항이 있거나 판결이 선

고되기까지 피고가 원고의 청구를 다투는 취지의 답변서를 제출한 경우에
는 그러하지 아니하다.

② 피고가 청구의 원인이 된 사실을 모두 자백하는 취지의 답변서를 제출
하고 따로 항변을 하지 아니한 때에는 제1항의 규정을 준용한다.

③ 법원은 피고에게 소장의 부본을 송달할 때에 제1항 및 제2항의 규정에
따라 변론 없이 판결을 선고할 기일을 함께 통지할 수 있다.

4. 제4단계 – 피고주장사실에 대한 법적인 평가(Erheblichkeit)

과연 피고는 원고의 청구를 부정하거나 제한하는 사실을 주장하고 있는
가를 법적인 측면에서 검토하는 단계이다. 앞의 단계와 마찬가지로 피고주
장사실의 진실성을 가정한 후 그러한 사실이 원고의 청구를 부정하는 실체
법상의 항변이나 항변권을 기초지우고 있는가 어떤가에 관하여 검토하는
단계이다. 만약 피고의 주장사실을 진실하다고 가정하더라도 원고의 주장
사실에 대한 어떠한 다툼도 포함되어 있지 않은 경우(제257조 제2항 참조)에
는 원고주장을 자백한 것으로 볼 수 있어 증거조사를 요하지 않으며, 원고
의 청구를 바로 인용할 수 있다. 원고의 주장사실을 그대로 인정하면서 다
른 법률상의 주장을 펴는 경우에도 증거조사를 할 필요는 없다.

그러나 대부분의 경우 원고의 주장사실에 대하여 피고가 부인이나 부지
할 것이기 때문에 제3, 4단계의 평가가 필요한 경우는 예외적이다.

5. 제5단계 – 다툼이 있는 사실의 확정(증거조사)

이러한 과정을 거쳐 재판부는 당사자간에 다툼이 있는 사실을 밝혀내는
데, 그 이후의 증거조사는 이 다툼있는 사실 중 누구의 주장이 진실한가를
확정하는 과정이라고 할 수 있다.

6. 법해석적용

증거조사의 결과 다툼이 있는 사실관계가 확정되면 이에 관련법규를 해
석적용하면 바로 그 결론이 판결주문이요 그 간단한 경과가 판결이유가 될
것이다.

민사집행

1. 민사집행개관

　　강제집행이란 채권자의 신청에 의하여 국가의 집행기관이 채권자를 위하여 집행권원에 표시된 사법상의 이행청구권을 국가권력에 의하여 강제적으로 실현하는 법적 절차이다.

　　집행권원(執行權原, Vollstreckungstitel)[3]이란 국가의 강제력에 의하여 실현될 청구권의 존재와 범위가 표시되고 또한 집행력이 부여된 공정증서를 말하는데, 판결절차의 결과 만들어진 판결이 대표적이다. 판결절차에서는 당사자중 누구에게 권리가 있는지를 확정하는 절차이고, 강제집행절차에서는 이 권리를 국가기관(법원)의 힘을 빌어 강제적으로 실현하는 절차이기에, 만약 권리자가 누구인지 확실하게 알 수 있다면 굳이 판결절차를 거칠 필요는 없다. 약속어음을 발행하면서 동시에 집행인락문구가 기재된 공정증서를 작성된 경우(소위 약속어음공증)에는 법관과 동일한 법률전문가인 변호사의 면전에서 당사자간의 법률관계를 정해놓은 것이기 때문에, 채권자는 판결절차를 거칠 필요가 없이 바로 강제집행을 신청할 수 있는 장점이 있으며, 바로 이 점 때문에 사채업자들이 애용하는 수단이 되고 있다.

　　담보권실행경매(종전의 임의경매)의 경우에는 저당권설정시에 채권자(저당권자)가 누구이고 채권액이 얼마이며 변제기가 언제라는 것이 당해부동산의 등기부 을구란에 기재되어 있기 때문에 판결절차를 거칠 필요없이 바로 저당권을 실행할 수 있으며, 임의경매신청에 의한 법원의 경매개시결정은 당해 부동산등기부의 갑구란에 등기된다.

　　강제집행은 집행권원에 집행문을 부여받아 집행기관에 강제집행을 신청하는 절차를 밟는다. **집행문**이란 집행권원이 현재의 시점에서 집행력을 가진다는 것과 집행력의 내용을 공증하기 위하여 법원사무관 등이 집행권원

---

3) 2002. 7. 1.부터 시행되는 민사집행법 시행이전에는 이를 채무명의(債務名義)라고 불렀다.

의 말미에 부기하는 공증문언을 말하며, 당사자는 판결정본을 송달받은 날로부터 2주일내에 상소를 제기하지 않으면 확정되는데, 판결정본의 송달시기는 송달사무를 담당하는 법원사무관등에게 제출되어 있는 판결정본송달보고서에 의하여 판단한다.

＊ 민사집행의 역사: 대인집행에서 대물집행으로 발전

빚을 갚지 못한 채무자는 인류 역사의 초기에는 노예로 팔려가거나 채권자의 노예가 되거나 심지어는 목숨까지 빼앗길 수도 있었다. 그러나 중세시대에 오면 채무자의 귀를 자르거나 가족들이 갚을 때까지 채무자감옥에 가둘 수 있는 방향으로 약간의 개선이 이루어졌다. 이러한 형태의 집행 즉 채무자의 신체나 생명에 대한 집행을 대인집행이라고 한다. 그러나 시민혁명 이후 합리적 이성을 가진 인간에 대한 자각에서 모든 형태의 대인집행이 점차로 금지되고(1850년대) 오로지 채무자가 가진 재산에 대해서만 집행할 수 있는 대물집행의 시대로 접어들었다.

＊ 민사집행의 세 가지 이념

민사집행은 채권자의 채권만족을 그 기본적인 목적으로 하는 절차(채권자보호)이기는 하지만 압류금지물건이나 압류금지채권이 있는데서 알 수 있듯이 채무자의 최소한의 생존보호(채무자보호)도 그 목적이며, 나아가 사회 전체적인 관점에서 유기적 일체로서의 집합재산은 가급적 일체로서 경매가 이루어져야 하는 것(공익보호)도 무시할 수 없는 목적이다.

＊ 민사집행절차상의 특수한 원칙: 형식주의(형식화된 민사집행절차)

자신의 채권에 관하여 집행권원을 취득한 채권자가 신속하게 그 만족을 얻을 수 있도록 강제집행절차는 고도로 형식화되어 있다.

① 강제집행의 형식적 요건만 직권조사

집행기관은 원칙적으로 강제집행의 형식적 요건과 그 적법성(집행권원, 집행문, 송달)만 직권으로 판단하면 되며, 집행에 대항하는 실체법상의 항변을 조사할 필요는 없다. 이 실체법상의 항변은 집행채무자가 그에게 속하는 권리구제수단(특히 청구이의의 소, 제3자이의의 소)으로 주장해야만 한다. 집행기관은 집행되는 채권자의 채권이 실제로 존재하는지에 관해서는 심사할 필요가 없다. 집행권원의 적법성(합법성) 및 정당성은 전제되어 있다.

② 담보권실행경매에서 그 개시요건 즉 일정한 사항을 기재한 신청서(민

사집행규칙 제192조) + 담보권의 존재를 증명하는 서류를 제출하면 충분하며(민사집행법 제264조), 피담보채권의 존재나 그 양수의 대항요건구비여는 심사대상이 아니다.

③ 압류의 형식화(책임재산 외관주의) 본래 강제집행은 채무자에 속하는 책임재산만을 대상으로 하여야 할 것이나 강제집행의 신속성의 요청으로 집행절차에 있어 집행기관은 목적물이 채무자의 책임재산에 속하는지에 대하여 실질적으로 심사할 권한이 없어 외관을 기준으로 하여 집행을 하는 것이 원칙이다(이른바 외관주의).

예를 들어 유체동산에 있어서는 채무자가 점유하는 물건이면 압류할 수 있고(민사집행법 제189조 제1항), 압류대상의 소유권관계는 심사할 필요가 없다. 다만 예외적으로 전후사정에 비추어 집행목적물이 제3자의 재산에 귀속함이 명백한 경우라면 집행관은 압류할 수 없다. 부동산이나 선박에 대한 집행에 있어서는 등기부등본의 제출, 만일 채무자의 소유로 등기되지 아니한 경우에는 채무자 명의로 등기할 수 있다는 것을 증명할 서류의 제출이 있으면 압류할 수 있고(민사집행법 제81조), 채권 그 밖의 재산권에 대한 집행에 있어서는 그것이 채무자에게 귀속된다는 취지의 채권자의 진술(민사집행법 제225조, 226조)만으로 압류명령을 발할 수 있으며, 압류되는 채권이 실제로 존재하는지는 심사하지 않는다(대판 2009.12.10. 2009도9982). 채권자의 사실주장은 진실한 것으로 전제된다.

강제집행(민사집행)은 실현될 권리가 금전채권인 경우와 금전채권 이외의 채권인 경우로 나눌 수 있는데, 현대자본주의사회에서는 금전채권의 집행이 압도적인 비중을 차지하고 있는 현실을 반영하여 민사집행법 제2장에서 금전채권의 집행에 관해서는 자세한 규정을 두고 있음에 반하여, 비금전채권의 집행에 관해서는 민사집행법 제257조에 이하에서 불과 7개의 조문을 두고 있다.

2. 금전지급판결의 강제집행

(1) 개 관

대여금반환청구소송에서 원고가 승소하여 '피고는 원고에게 금 00000원을 지급하라'라는 판결이 확정된 경우에는 채무자의 재산에 대하여 강제집

행을 신청할 수 있다. 채무자에 의한 재산은닉에 대비한 가압류조치의 필
요성은 이미 설명한 바 있다. 우리의 강제집행구조에 의하면 채권자가 집
행의 대상이 되는 채무자의 재산을 지정하여 집행기관에 강제집행을 신청
하여야 한다. 따라서 승소판결을 얻었더라도 집행을 하기 위해서는 채무자
가 어디에 어떤 종류의 재산을 어느 정도 보유하고 있는지를 파악하고 있
어야 한다.

이를 위하여 마련된 제도가 〈재산명시제도〉이다. 이는 일정한 집행권원
에 의한 금전채무를 이행하지 아니하는 경우에 법원이 그 채무자로 하여금
강제집행의 대상이 되는 재산관계를 명시한 재산목록을 제출하게하고 그
진실성을 선서하게 하는 법적 절차를 말하는데, 채무자가 정당한 사유없이
명시기일에 출석하지 않거나 재산목록을 낼 것을 거부하거나 선서를 거부
한 때에는 20일 이내의 감치(監置)에 처할 수 있도록 하고, 채무자가 감치
의 집행 중에 재산명시명령을 이행하겠다고 신청한 때에는 법원은 바로 명
시기일을 열어야 하고, 채무자가 당해 명시기일에 재산목록을 내고 선서하
거나 신청채권자에 대한 채무를 변제하고 이를 증명하는 서류를 낸 때에는
법원은 바로 감치결정을 취소하고 채무자를 석방하도록 하며, 채무자가 거
짓의 재산목록을 낸 때에만 3년 이하의 징역 또는 500만원 이하의 벌금에
처하도록 함으로써 절차운영과정에 신축성을 유지하도록 하여 채무자의 재
산탐색이라는 본래의 목적에 충실하도록 제도를 규정하고 있다.

나아가 민사집행법에서는 종전에 거의 유명무실했던 채무불이행자명부제
도를 일정한 금융기관의 장이나 금융기관 관련단체의 장에게 보내어 채무자
에 대한 신용정보로 활용할 수 있도록 개정하여, 판결확정후 6월내에 채무를
이행하지 아니 하거나 채무자가 정당한 사유없이 명시기일에 출석하지 않거
나 재산목록을 낼 것을 거부하거나 선서를 거부하는 경우는 물론 거짓의 재
산목록을 제출하는 경우에는 신용불량자로 평가되어 금융기관과의 거래에
상당한 제약을 받을 것이 예상된다(채무불이행자명부제도).

그리고 재산명시절차가 끝난 경우에 채무자가 정당한 사유없이 명시기
일에 출석하지 않거나 재산목록을 낼 것을 거부하거나 선서를 거부하는 경
우는 물론 거짓의 재산목록을 제출하는 경우, 재산목록의 재산만으로는 집

행채권의 만족을 얻기에 부족한 경우에는 채권자는 채무자의 재산 및 신용에 관한 전산망을 관리하는 공공기관·금융기관·단체 등에 채무자 명의의 재산에 관하여 조회할 수 있다(재산조회제도의 신설 – 허위의 재산목록제출에 대한 구제수단).

* 감치제도

일반적인 인신구속절차와는 달리 검사의 관여없이 법원 스스로 심리를 개시하여 일정기간 인신을 구속하는 제도로서 위의 경우 이외에도 민사소송 및 가사소송상의 일정한 의무위반자에 대하여 감치를 예정하고 있는 경우가 있으며, 감치기간중 의무위반자가 변심하여 의무이행의 의사를 밝힌 경우에는 의무이행을 하게 한 후 바로 풀어주는 것이 그 특징이다.

* 금전채권에 터잡은 집행의 3단계: 압류 – 현금화(환가) – 만족(배당)

압류(押留)라는 단어에서 알 수 있듯이 집행의 첫 단계는 채무자의 일정한 재산을 눌러서(押) 꼼짝 못하게(留)하는 조치인데, 집행대상이 유체동산(TV, 냉장고, 동물 등)인가, 부동산(토지, 건물)인가, 채권(예금채권, 임금채권, 임차보증금반환채권 등)인가에 따라 각각 압류방법은 다르다(동산 – 압류딱지를 붙임, 부동산 – 등기부의 갑구란 경매개시결정을 등기, 채권 – 채권압류명령의 송달).

그 두 번째 단계는 압류된 재산을 팔아치우는 절차로서 현금화 또는 환가라고 하는데, 유체동산의 경우에는 현재 호가경매의 방법으로, 부동산의 경우에는 입찰의 방법으로, 채권의 경우에는 추심명령이나 전부명령의 방법으로 현금화되고 있다.

그 세 번째 단계는 팔아치운 결과 생겨난 금전을 채권자들에게 나누어주는 절차로서 채권자가 한명인 경우 그에게 지급하고 나머지가 있으면 채무자에게 주면 되지만, 채권자가 다수인 경우에는 그 권리의 순서(주로 우선변제권의 유무) 배당하는 절차가 이어진다.

(2) 부동산에 대한 금전채권의 강제집행

경매개시결정 – 입찰 – 배당(만족)

돈을 받아내기 위하여 채무자의 부동산을 팔아치우는 것이 그 목적이다.

먼저 채권자의 신청이 있으면 법원은 경매개시결정을 하여 목적부동산을 압류하고 관할등기소에 강제경매신청의 기입등기를 촉탁하여 등기공무원으로 하여금 등기부에 기입등기를 하도록 하는데, 등기부의 갑구란에 강제경매개시결정을 한 법원과 채권자의 성명이 기재된다.

미등기건물에 대한 강제집행: 민사집행법 제81조 제2항 2호 이하,
부동산등기법 제66조

다음에 현금화를 위한 준비절차로서 집행관에게 부동산의 현황에 대한 조사를 명하고(현황조사보고서), 감정인에게 목적부동산을 평가하게 하여(감정평가서) 그 평가액을 참작하여 최저매각가격을 정한다. 위 절차가 끝나면 법원은 매각 및 매각결정기일을 지정하여 공고하면서 매각물건명세서(매각 부동산 위의 저당권 등 부담의 소멸 내지 인수 여부를 기재한 문서)를 작성한다.

매각기일에는 집행관이 집행법원의 보조기관으로서 미리 지정된 장소에서 경매 또는 입찰을 실시하여 최고가매수인 또는 최고가입찰자가 정해지면 법원은 매각결정기일에 이해관계인의 의견을 들은 후 매각의 허부를 결정한다. 허가할 매수가격의 신고 또는 입찰이 없는 경우에는 법원은 최저매각가격이나 최저입찰가격을 저감하고 신경매기일 또는 신입찰기일을 정하여 다시 경매 또는 입찰을 실시한다. 경락허부의 결정에 대하여 이해관계인은 즉시항고를 제기할 수 있다. 경락허가결정이 확정되었을 때에는 법원은 대금지급기일을 정하여 매수인(경락인)에게 대금지급을 명한다. 매수인이 대금을 완납한 경우에 있어서 채권자의 경합이 없거나 그 대금으로써 각 채권자의 채권 및 비용을 변제하기에 충분할 때에는 각 채권자에게 이를 지급하고, 부족할 때에는 권리의 순서(주택임차인의 경우 대항력요건인 주택인도＋전입신고에다 확정일자까지 받아놓아야 그 이후에 당해주택에 대하여 설정된 저당권자에 우선하여 주택경락대금에서 임차보증금을 반환받을 수 있다)에 따라 배당을 실시한다. 매수인이 대금을 완납한 경우에는 경락인이 취득한 권리의 등기를 촉탁한다. 경락인이 대금을 지정한 기일까지 완납하지 아니할 때에는 차순위매수신고인에 대한 경락허부를 결정하고, 차순위매수신고인도 없는 때에는 재경매를 실시한다.

대금을 완납한 때에 매수인은 경매대상 부동산에 대한 소유권을 취득하며 경매법원은 부동산소유권이전등기의 촉탁을 하게 되는데, 이 경우의 물

권변동은 민법 제187조에 의한 물권변동이 된다.

* 매각에 의한 부동산상의 부담의 처리

저렴하게 내 집을 장만하기 위하여 경매에 대한 관심이 높아가고 있다. 이 경우 당해 부동산에 관한 다양한 권리의무관계(저당권, 유치권 등)가 어떻게 처리되는지 구체적으로 말하면 매각(경매 또는 입찰)으로 말미암아 부동산 위에 존재하는 권리들이 모두 소멸하는지(소멸주의, 소제주의) 아니면 경매받은 매수인이 그러한 권리를 떠 안아야 하는지(인수주의)가 최대의 관심사이다.

부동산 위에 존재하는 지상권 지역권 등 용익권과 저당권 등 담보권 가운데 부동산에 대한 강제경매개시결정 이후에 설정된 것은 압류채권자에게 대항할 수 없다. 그러나 압류(경매개시결정) 이전에 설정된 용익권과 담보권의 경우 인수되는지의 여부는 민사집행법 제90조가 규정한다.

① 저당권: 압류 후는 물론 그 이전에 설정된 저당권이라도 모두 매각으로 소멸한다(무조건 소멸주의). 저당권자에게는 우선변제권이 있기 때문에 소멸시켜도 무방하다. 저당권에 준하는 가등기담보권도 이와 같음이 원칙이다.

② 저당권·압류채권·가압류채권에 대항할 수 없는 지상권·지역권·전세권·등기된 임차권: 매각으로 소멸한다. 무조건 소멸하는 저당권의 설정등기 후에 설정된 후순위의 용익권은 소멸한다. 그래서 소멸과 인수여부의 기준이 되는 권리(기준권리라고 한다)가 저당권이 되는 경우가 많다. 선순위 저당권이 확보한 담보가치가 후순위 용익권 때문에 손상되어서는 아니되기 때문이다. 따라서 당해 부동산에 대한 최초의 저당권 이후에 설정된 모든 용익권은 소멸하기 때문에 그 이전에 설정된 것이 있는지만 주의하면 된다. 대개 주택이나 아파트 시공과 관련하여 은행의 근저당권이 당해 부동산보존등기와 거의 동시에 설정되는 경우가 많고 그 이후에 설정되는 권리들은 선행의 저당권이 소멸되기에 따라서 함께 소멸된다고 보면 된다.

③ 저당권·압류채권·가압류채권에 대항할 수 있는(선순위의) 지상권·지역권·전세권·등기된 임차권: 매수인이 인수한다. 다만 전세권의 경우 전세권자는 인수와 소멸 중 선택할 수 있는데 배당요구를 한 경우 매각으로 소멸한다. 전세권의 이중성 즉 용익물권임과 동시에 담보물권임을 보여주고 있다.

④ 대항력을 갖춘 임차권(주택인도와 전입신고를 마친 주택임차인의 임차권, 사업자등록신청과 인도를 받은 상가건물임차인의 임차권): 등기된 임차권과 동일한 취급을 받으며, 저당권설정등기 후 또는 압류나 가압류등기 후에

대항력을 갖춘 후순위의 주택·상가건물 임차권은 소멸되고 그 이전에 대항력을 갖춘 선순위의 주택·상가건물 임차권은 매수인에게 인수된다. ②에서 설명한 대로 은행의 선순위 저당권이 존재하는 경우 소멸된다.

위와 같은 대항력에 계약서상의 확정일자까지 갖춘 주택·상가건물 임차인의 경우 보증금에 대한 우선변제권을 취득한다. 소위 저당권 등에 선순위인 경우에는 대항력을 내세우면서 계속 사용하면서 나중에 매수인(경락인, 낙찰자)에게 임차보증금을 요구할 수도 있고 배당요구를 하여 보증금의 우선변제받을 수도 있어 선택권이 있다. 그러나 소위 후순위인 경우 소멸대상이며 다만 순서에 따라 우선변제를 받을 수 있을 뿐이다.

대항력 및 확정일자 구비여부와 임대차기간 및 임차보증금이 등기부상 전혀 공시되지 않는 권리이기에 매수희망자의 두통거리이다. 확정일자 부여기관을 동사무소로 통일하고 그 부여시에 임대차기간과 임차보증금을 기재할 수 있도록 하기만 해도 어느 정도 공시성을 확보할 수 있을 것이다.

⑤ 유치권: 매수인이 인수한다. 그 결과 신축건물이나 증·개축건물에 대하여 건축공사자 건축비나 수리비를 받지 못했다고 하면서 유치권을 주장하는 경우가 많으며, 이 경우 매수희망자는 유치권의 성립여부 및 그 피담보채권액을 알 수 없기 때문에 매수를 기피하게 되어 염가매각되는 경우가 많다. 부동산입찰과정의 암적 존재이다. 경매개시결정 이후에 당해 부동산에 대하여 유치권을 취득한 경우에는 유치권을 내세워 경매절차의 매수인에게 대항할 수 없다는 판례가 나오는 등 어느 정도 악용 가능성이 개선되고 있기는 하지만 여전히 두통거리이다.

⑥ 법정지상권·분묘기지권: 용익권에 준하여 소위 선순위인 경우에는 매수인에게 인수된다. 건축시기나 분묘설정시기를 조작하여 선순위라고 주장하는 경우가 많은 상황이라 두통거리중의 하나이다.

⑦ 압류채권자 이외의 자에 의한 압류·가압류: 매각으로 소멸하고 다만 채권자로서 배당을 받을 수 있다.

⑧ 가처분·순위보전 가등기: 용익권에 준하여 선순위여부에 따라 인수여부가 결정된다.

* 배당요구종기의 중요성

민사집행법은 제84조 제1항에서 "경매개시결정에 따른 압류의 효력이 생긴 때에는 집행법원은 절차에 필요한 기간을 감안하여 배당요구를 할 수 있는 종기를 첫 매각기일 이전으로 정한다"라고 하여 배당요구종기라는 개념 하에서, 집행력 있는 정본을 가진 채권자, 경매개시결정이 등기된 뒤에 가압류를 한 채권자, 민법·상법, 그 밖의 법률에 의하여 우선변제청구권이 있는 채권자는 배당요구를 한 경우에만 배당받을 수 있도록 규정하고 있다(민사집행법 제88조 제1항, 제148조 제2호).[4] 첫 매각기일 이전에 배당요구종기라는 일정시점을 정해서 배당요구를 할 수 있는 주체를 한정하게 함으로써 매수참가를 희망하는 사람이 매수신고 전에 권리의 인수 여부를 판단할 수 있도록 하여 매각절차의 불안정을 해소하기 위한 것이 배당요구의 종기를 정하도록 한 취지이다.

이와 같은 입법취지에 따라 법원 판례 역시, 일정한 채권자의 경우 "――배당요구 종기 내에 배당요구를 한 경우에 한하여 비로소 배당을 받을 수 있고, 적법한 배당요구를 하지 아니한 경우에는 실체법상 우선변제청구권이 있는 채권자라 하더라도 그 경락대금으로부터 배당을 받을 수는 없으며, 또한 종기까지 배당요구한 채권자라 할지라도 채권의 일부 금액만을 배당요구한 경우에 종기 이후에는 배당요구하지 아니한 채권을 추가하거나 확장할 수 없다"고 하고, 더 나아가서 "――배당요구를 하여야만 배당절차에 참여할 수 있는 채권자가 그 기일까지 배당요구를 하지 아니한 채권액에 대하여 기일 이후에 추가 또는 확장하여 배당요구를 하였으나 그 부분을 배당에서 배제하는 것으로 배당표가 작성·확정되고 그 확정된 배당표에 따라 배당이 실시되었다면, 그가 적법한 배당요구를 한 경우에 배당받을 수 있었던 금액 상당의 금원이 후순위 채권자에게 배당되었다고 하여 이를 법률상 원인이 없는 것이라고 할 수 없다――"고 하여 부당이득반환청구도 인정치 않고 있다(대판 2005.8.25. 2005다14595).

(3) 금전채권에 대한 금전채권의 강제집행

채권압류명령―추심명령 또는 전부명령―만족(배당)

돈을 받아내기 위하여 채무자의 제3자에 대한 금전채권을 직접 자기 것으로 만들거나(전부) 그 제3자에 대하여 돈을 받아내는 것(추심)이 그 목적이다. 채무자의 은행에 대한 예금채권, 채무자가 어떤 주택을 임차하여

---

4) 다만 다음의 자들은 배당요구를 하지 않아도 당연히 배당을 받는 채권자들이다(제148조 1.3.4호).
배당요구종기가지 경매신청을 한 압류채권자, 첫 경매개시결정등기 전에 등기된 가압류채권자, 저당권 전세권 그 밖의 우선변제청구권으로서 첫 경매개시결정등기 이전에 등기되었고 매각으로 소멸하는 것을 가진 채권자이다.

살고 있는 경우 채무자가 임대인에 대하여 가지는 임차보증금반환채권, 채무자가 어떤 회사에 근무하고 있는 경우 그 채무자의 회사에 대한 임금채권 등이 그 대상으로 된다.

채무자가 집행법원에 집행신청(압류명령신청)을 하면 집행법원은 압류명령을 발하여 채무자의 제3채무자에 대한 채권을 압류한 후, 다시 채권자의 신청에 의하여 추심명령 또는 전부명령을 발하여 환가한다(보통은 채권압류명령과 추심명령 또는 전부명령을 동시에 신청한다). 추심명령을 받은 집행채권자는 절차에 참가한 다른 채권자가 없는 경우 추심한 금전으로 자기채권의 변제에 충당함으로써 집행절차는 종료되지만, 다른 채권자가 있는 경우에는 배당절차가 실시된다. 한편 전부명령이 발하여져 확정된 경우에는 압류한 금전채권이 압류시에 소급하여 권면액으로 집행채권의 변제에 갈음하여 집행채권자에게 이전되어 집행절차는 종료된다. 물론 제3자로부터 그 채권을 추심하려면 다시 소를 제기할 필요가 있으나 이는 채권자로서의 권리행사이며 집행절차와는 상관없다.

3. 소유권이전등기를 명하는 판결의 강제집행

금전채권이외의 채권은 크게 나누어 물건의 인도나 명도 등을 목적으로 하는 채권(주는 채무)과 그 이외의 작위나 부작위를 목적으로 하는 채권(하는 채무)로 나눌 수 있다. 이러한 채권의 집행은 금전채권처럼 다수당사자의 경합으로 인한 이해관계의 조정이 필요 없고, 현금화절차도 요구되지 않아 간단하다. 그 강제집행방법으로는 직접강제(국가기관이 실력을 행사하여 채권내용실현), 대체집행(채무자의 비용으로 채권자나 제3자로 하여금 채권내용실현), 간접강제(배상금지급 또는 구금으로 채무자에게 심리적 압박을 가하여 채권내용실현)가 있는데, "하는 채무"의 일종인 의사표시를 하여야 할 채무에 관해서는 특수한 집행방법으로서 의사의 진술을 명하는 집행권원에 의하여 의사의 진술이 있는 것으로 간주된다.

따라서 매매에 기한 소유권이전등기신청에는 등기공동신청주의의 원칙상 매도인의 협력(소유권이전등기의사표시)이 필요한데, 매도인에게 이전등기절차를 이행하라는 확정판결은 매도인의 소유권이전등기의 의사표시로 간주되는 것이므로 이 판결에 기하여 매수인은 단독으로 이전등기를 신청할 수 있게 된다(이행판결 – 민법 제186조의 물권변동).

형사소송법*

형사소송법 서론

1. 형사소송의 존재 의의

형법 기타 형사특별법은 일정한 행위를 범죄로 규정하고 범죄를 저지른 자에 대하여 형사제재를 부과하고 있다. 범죄가 발생하면 국가는 이러한 실체형법에 근거하여 범죄인에 대하여 형벌권을 갖게 된다. 그러나 이러한 형벌권은 즉각적·자동적으로 실현되는 것은 아니다. 국가 형벌권의 행사는 일정한 '절차'를 통하여 실현된다. 수사를 통해서 사건의 진상을 규명하여 범죄인을 발견하고, 법이 정한 형벌의 종류와 범위 내에서 적정한 형벌을 부과하는 절차, 즉 수사와 재판(사실인정과 양형)이 필요하다. 이러한 절차없이 형벌을 가한다면 무고한 자에게 형벌을 가할 위험성이 있으며, 범죄인에 대하여도 부당한 형벌을 가할 가능성이 있게 된다. 그래서 형사소송에도 형법상의 죄형법정주의 원칙에 대응하는 '소송 없으면 형벌 없다'(*nulla poena sine actu*)는 원칙이 통용되고 있다.

2. 형사소송의 이념: 진실발견과 인권의 보장

죄지은 자가 벌을 받아야 한다는 것은 정의의 요청이다. 형사소송도 이러한 정의의 요청을 구현하기 위하여 사건의 진상을 규명하여 죄지은 자를 처벌하는 것을 이념으로 한다. 이를 실체적 진실주의라고 한다. 이 이념은 형사소송의 존재이유이기도 하며, 이점에서 민사소송이 당사자 자치를 전제로 당사자의 주장과 입증의 범위 내에서 진실을 추구(형식적 진실주의)하는

---

* 장영민: 이화여대 법학전문대학원 명예교수, 형법.

것과 구별된다. 그런데 이러한 실체진실주의에는 두 측면을 생각할 수 있다. 그 하나는 사건의 진상을 규명하여 범죄를 저지른 자를 빠짐없이 처벌하여야 한다는 측면이다('적극적' 실체진실주의). 그러나 형사소송은 신이 아니라 인간의 일이며, 인간은 오류를 저지를 가능성을 가진 존재이다. 더구나 범죄는 일반적으로 은폐된 상태에서 저질러 진다. 따라서 적극적 실체진실의 규명은 인간으로서 지향할 수는 있으나 완전하게 실현할 수 없는 이상이다. 오히려 적극적 실체진실주의는 죄지은 자는 반드시 찾아내어 필벌(必罰)하여야 한다는 과도한 여망을 갖게 하여 무고한 사람까지도 처벌할 위험성을 안고 있다. 이 때문에 형사소송은 이러한 실체진실발견과 동등하게 피고인, 피의자의 인권보장을 또 하나의 이념으로 하고 있다. 인권보장을 위해서는 적극적 실체진실발견을 포기해야 하는 경우가 있다. 이 경우 우리는 '소극적 실체진실'에 만족하게 된다. '소극적' 실체진실주의는 실체진실주의를 소극적으로 "죄 없는 자를 처벌하여서는 아니된다"는 이념으로 해석한다. 이 소극적 실체진실주의는 '양날을 가진' 칼인 형사소송이 적극적 실체진실을 추구하는 나머지 저지를 수 있는 무고한 자의 처벌을 피하는 데 주안점을 두고 있다. 이러한 소극적 이념은 형사소송의 관여자들에게 실체진실의 규명이 한계에 부딪칠 때, 자신은 실체진실을 규명하여 정의를 실현하는 정의의 사도로서 독선의 태도를 취하는 데서 한 걸음 물러서서, 무고한 자가 정의라는 이름의 칼에 희생되지 않게 하는 역할을 한다.

3. 범죄투쟁을 위한 강제처분의 필요성과 인권보장

범죄인이 순수히 이성적 인간이라면 죄를 지은 범죄인은 형벌을 받고 다시 합법적인 상태를 회복하고 시민사회의 구성원으로서의 생활을 영위하려고 할 것이다(형벌을 받을 '의무'뿐 아니라 형벌을 받을 '권리'). 그러나 현실적인 인간은 이렇게 이성적으로만 행동하는 것은 아니다. 인간은 보통 벌을 받지 않기 위하여 도주하고, 증거를 인멸하는 등의 행동을 취한다. 따라서 국가형벌권의 적정한 실현을 위하여는 범죄인을 체포, 구속하고 증거를 수집하기 위하여 범죄와 관련된 물건을 압수하고 주거를 수색하는 등 인신의 자유와 권리에 침해를 가할 필요가 있게 된다. 이러한 법익침해는 피의자의 자발적인 협조 내지 동의에 의한 것일 때에는 정당하다고 할 수 있다. 그러나 동의가 없는 때에는 이러한 행위는 중대한 법익침해가 되기 때문에 정당화되어야 한다. 형사소송법은 이러한 목적을 위한 정당한 침해를 유형화하여 규정하고 있다. 따라서 법률에 의하여 정당화되지 않는 법익의 침해, 즉 법률이 정한 요건을 충족하지 못한 경우 그러한 침해는 범죄수사, 범죄의 진압 등 어떠한 명분으로도 정당화되지 못하는 불법이 된다. 그리고 이러한 목적을 위하여 법률에 근거하여 피의자나 피고인의 법익을 침해를 하는 경우에도 필요한 최소한의 침해에 그쳐야 한다. 이러한 형태의 법익침해는 항상 남용될 가능성을 갖기 때문에 법률의 테두리 내에서 행사될 수 있도록 통제하는 것이 중요하다.

이러한 침해를 받는 자가 실제로 범죄를 저지른 자가 아닌 경우를 생각해 보자. 무고하게 수사의 대상이 되는 것 자체가 이미 자유와 명예 등 법익의 침해가 된다. 체포되거나 구속되고 나아가 유죄판결을 받아 가정과 직장, 사회로 부터 기존의 삶의 관계가 단절되는 상황에 빠지는 경우는 그 권익의 침해는 실로 심각한 것이다. 형사절차에서 인권보장이 강조되는 이유는 여기에 있다. "열 사람의 범죄인을 놓치는 한이 있더라도 무고한 한 사람을 처벌해서는 안된다"는 법언(法諺)은 이를 잘 말해 주고 있다.

이와 관련하여 형사소송에는 신속한 재판의 원칙이 통용된다. 신속한 재판의 원칙은 두 측면을 가지고 있다. 그 하나는 피고인의 이익을 보호하는 측면이고, 다른 하나는 공익을 보호하는 측면이다. 피고인의 이익의 보호란, 신속한 재판은 재판전 또는 재판 중의 장기구금을 막고, 재판이 진행되는 중에 피고인이 느끼는 불안과 피고인에 대하여 사회일반이 가하는 비난을 최소화한다는 것이다. 공익의 보호란, 소송이 지연되면 증거가 멸실, 왜곡되는 경우가 많아 실체진실의 발견에 장애가 생기기 때문에 신속하게 재판을 진행하여야 한다는 것이다. "재판은 신속할수록 향기가 높다"는 베이컨의 말은 이의 표현이다.

형사소송절차 개관

형사소송은 다음과 같은 순서로 진행된다. 형사소송의 제1단계는 수사 (搜査)라고 할 수 있다. 수사는 범죄에 대한 수사기관의 주관적 혐의에 의 하여 개시된다. 수사는 검사가 주재하며 사법경찰관은 수사의 보조자로서 검사의 지휘를 받아 수사한다. 수사과정에서 피의자의 신병과 증거의 확보 를 위하여 체포, 구속, 압수, 수색 등의 강제처분을 해야 할 필요가 있는 데, 피의자의 인권침해가 가장 문제가 되는 것은 이 과정이다. 이에 관하여 는 다음 항에서 자세히 살펴본다.

수사는 검사의 공소제기(公訴提起: 기소)로 종결되는 것이 보통이나, 불 기소처분을 하는 경우도 있고(사건이 죄가 되지 않거나, 피의자에게 혐의가 없 거나, 공소권이 없는 경우), 특별한 형사정책적인 이유로 기소유예를 하기도 한다. 피의자가 소재불명 등의 상태에 있는 경우에는 기소중지처분을 하는 데 이는 수사의 종결처분이라기 보다는 수사중지처분이라고 할 수 있다.

공소(公訴)가 제기되면 당해 사건을 심판할 법원이 구성되고, 피의자는 피고인이 되어 검사와 더불어 당사자로서의 지위를 갖게 된다. 검사는 원 고가 되어 피고인을 공격(탄핵)한다. 공판절차에서 피고인이 자백을 하지 않는 경우에는 검사는 증거를 통해서 범죄를 입증하며 피고인은 이에 대하 여 방어권을 행사하여 방어한다. 법원은 이러한 양 당사자(검사와 피고인)의 공격과 방어를 통해서 심증을 형성하며, 심증이 형성되면 변론을 종결하고 선고를 하게 된다. 선고에 대하여 불복하는 때에는 상소를 제기할 수 있으 며, 상소의 제기없이 상소기간을 도과하면 재판은 확정된다. 재판이 확정되 면 재판을 집행하게 되는데 이에 관하여는 제7장에서 살핀 바 있다.

넓은 의미의 형사소송은 수사에서부터 재판의 집행에 이르는 전과정을 지칭한다. 이에 비하여 좁은 의미의 형사소송은 공소제기에서부터 재판의 확정에 이르는 과정을 말한다.

형사절차의 구조

1. 규문주의와 탄핵주의

과거의 형사절차는 소추와 심판을 동일한 기관에서 수행하는 구조를 가지고 있었다. 우리나라의 원님재판도 그러하였다. 이러한 절차에서는 법관은 중립적이고 공평한 재판을 하기 보다는 소추기관으로서 피고인에 대한 부죄(負罪)에 더 관심을 가지며, 피고인도 단순한 소송의 객체의 지위를 가짐으로써 충분한 방어를 할 수 없는 지위에 놓이게 된다. 이러한 문제점 때문에 이 제도는 서구에서는 프랑스 혁명 이후 소멸하였으며, 우리나라에서는 1895년 이후 폐지되었다. 이에 비하여 탄핵주의는 소추기관과 심판기관이 분리되는 소송구조를 취한다. 이러한 구조하에서 법원은 심판기관으로서 피고인에 대한 부죄의 부담을 갖지 않고 중립적인 위치에서 재판할 수 있게 된다.

탄핵주의를 취하는 경우 소추권을 별개의 국가기관에게 맡기는 국가소추주의(國家訴追主義)와 국가가 아닌 사인에게 맡기는 사인소추주의가 있고, 사인소추주의(私人訴追主義)에는 소추권을 피해자나 그 친족에게 부여하는 피해자소추주의와 일반공중에게 부여하는 공중소추주의가 있다. 우리나라는 탄핵주의를 기반으로 하여 검사에게 소추권을 독점시키는 국가소추주의를 취하고 있다. 다만 예외적으로 검사가 아닌 경찰서장이 소추하는 즉결심판제도가 있으며, 근자에 소추를 함에 있어서 시민의 의견을 묻는 '검찰시민위원회'가 운영되고 있다.

2. 당사자주의와 직권주의

탄핵주의 소송구조를 취하는 경우에도, 누가 소송의 주도적 지위를 갖는가에 따라 당사자주의와 직권주의로 나눌 수 있다. 당사자주의란 소송의 양당사자 즉 검사와 피고인에게 증거의 수집이나 공격방어에 있어서 주도적 지위를 인정하고 법원은 제3자인 심판의 입장에서 재판하는 소송형태이다. 이에 비하여 직권주의는 법원이 소송에서 주도적인 지위를 갖는 소송 형태이다.

이러한 두 소송구조를 형사소송의 이념과 관련하여 생각해 보면, 당사자주의는 소송에 직접적인 이해관계를 갖는 당사자에게 증거를 수집, 제출하게 함으로써 실체적 진실의 발견을 위하여 적합한 제도라고 할 수 있고, 피고인의 방어권을 보장하는 데 적합한 제도라고 할 수 있다. 이에 비하여 직권주의는 일방 당사자 특히 피고인이 증거수집과 공격방어를 유능하게 하지 못하는 경우에는 오히려 당사자주의보다 실체적 진실발견에 기여할 수 있고, 능률적이고 신속한 재판의 면에서 장점을 갖는다.

우리나라는 연혁적으로 볼 때 일제시대 이후 1954년까지 적용되었던 구형사소송법은 대륙적 전통의 직권주의를 취하였고, 현행 형사소송법은 영미의 전통을 가지고 있는 당사자주의적 요소를 수용하였다. 따라서 우리나라의 형사소송제도는 당사자주의와 직권주의를 절충한 구조를 가지고 있다.

형사절차상의 인권보장을 위한 기본원칙

1. 무죄추정의 원칙

무죄추정의 원칙이란 형사절차에서 피의자 또는 피고인은 유죄의 판결이 확정될 때까지는 무죄로 추정된다는 원칙이다. 이에 관하여 헌법은 "형사피고인은 유죄의 판결이 확정될 때까지는 무죄로 추정된다"(제27조 4항)고 규정하고, 형사소송법도 같은 취지의 규정을 두고 있다(제275조의2).

무죄추정의 원칙은 단순한 이념적 원칙에 그치는 것이 아니라, 수사절차에서부터 공판절차에 이르기 까지 형사절차를 구체적으로 지배하는 원칙으로 작용하여 여러 제도로 구체화되어 있다.

첫째, 이 원칙에 따라 피의자나 피고인은 무죄로 추정되기 때문에, 수사와 재판은 이들이 자유로운 상태에서 이루어져야 한다. 피의자나 피고인에 대하여 인신구속이 없는 상태에서 절차가 진행되어야 하는 것이 원칙이며, 인신구속을 하지 않고는 범죄에 대한 대응을 하기가 불가능하고 형사소송의 목적을 달성할 수 없는 경우에 한하여 인신구속은 최후수단으로 사용되어야 한다. 이러한 요청은 수사에 있어서 임의수사가 원칙이며 강제수사는 예외적으로 활용하여야 하며, 강제수사를 하는 경우에도 엄격하게 법률에 정한 요건에 기속되어 필요한 최소한에 그쳐야 한다는 원칙으로 귀결된다. 이 원칙에 의할 때 인신구속된 경우에도 자유를 박탈하는 것 이외에 불필요한 고통을 과하여서는 안된다. 따라서 구속된 자에게 접견교통권을 제한하는 것은 이 원칙에 대한 침해가 된다.

둘째, 피고인은 무죄로 추정되므로 범죄사실의 증명이 없으면 무죄를 선고해야 한다. 피고인에 대한 유죄의 입증책임은 검사가 진다. 범죄사실의 증명은 '합리적인 의심을 허용하지 않는 정도'의 입증(beyond reasonable doubt)이 있어야 하는 것이 원칙이다. 의심스러운 경우에는 피고인의 이익으로 재판하여야 한다(*in dubio pro reo*).

셋째, 피고인은 무죄의 추정을 받고 있으므로 법원은 피고인에 대하여 예단(豫斷)을 갖거나 불이익한 처우를 해서는 안된다. 공소를 제기할 때 검사가 공소장에 법원으로 하여금 예단을 갖게 할 가능성이 있는 인용이나 첨부를 해서는 안된다는 공소장일본주의(公訴狀一本主義)는 그 예이다. 이에 위반한 공소의 제기에 대하여는 공소기각을 함으로써 제제를 가한다.

2. 진술거부권

모든 국민은 '자기부죄거부의 권리'(privilege against self-incrimination)를 가지고 있다. 헌법은 제12조 제2항에서 "모든 국민은 형사상 자기에게 불리한 진술을 강요당하지 아니한다"고 규정하고 있다. 그리고 형사소송법도 명문으로 피고인과 피의자에게 진술거부권을 인정하고 있다. 묵비권이라고도 하는 이 권리는 피의자와 피고인에게 수사기관이나 법원에 대하여 진술할 의무를 지우지 않는다는 것을 내용으로 한다. 이는 피고인에 대한 부죄는 검사가 하여야 하는 것임에도 불구하고 피고인에 대하여 진술의무를 지운다면, 검사에게 일방적으로 공격의 무기를 제공하는 결과가 되어 양 당사자가 대등하게 공격방어하여야 한다는 '무기대등의 원칙'을 침해하게 되기 때문이다. 또 피의자도 수사에 협조할 의무는 없으며, 장차 피의자로서 소송의 당사자가 될 지위에 있다는 점에서 피고인에게 인정되는 것과 동일한 권리를 인정한다. 따라서 사법기관은 피의자에게 진술거부권이 있음을 고지해야 하고, 이러한 고지없이 진술거부권을 침해하여 얻은 진술은 증거능력을 갖지 못한다.

진술거부권을 행사하였다고 하여 형벌 기타의 제재를 당한다든가 유죄의 추정을 받는다면 진술거부권은 무의미한 권리로 전락하게 될 것이다. 따라서 진술거부권 행사로 인한 불이익 추정은 금지된다. 판례는 진술거부권의 행사를 가중적 양형의 조건으로 삼는 것은 허용되지 아니하나, 그러한 태도가 방어권 행사의 범위를 넘어 진실의 발견을 적극적으로 숨기거나 법원을 오도하려는 시도에 기인한 경우에는 가중적 양형의 조건으로 참작할 수 있다고 한다.

3. 변호인의 조력을 받을 권리

피의자와 피고인은 법률의 전문가인 변호인으로부터 조력을 받을 권리가 있다. 피의자나 피고인은 범죄의 혐의를 받고 있어 심리적으로 위축되고, 인신구속되는 경우도 있으며, 법률에 문외한인 경우가 많고 또 법률의 전문가라 하더라도 이러한 상황에서 원활한 능력발휘를 기대하기는 어렵다. 따라서 헌법과 형사소송법은 수사기관과의 관계에서 대등하지 못한 관계를 대등하게 만들어주는 장치로서 변호인의 조력을 받을 권리를 인정하고 있다. 헌법 제12조 4항은 "누구든지 체포 또는 구속을 당한 때에는 즉시 변호인의 조력을 받을 권리를 가진다"고 하여 이를 선언하고 있다. 변호인의 조력을 받을 권리는 공소제기 이후의 단계에는 물론 수사단계에서도 인정되고 있다.

종래에는 피의자신문의 단계에서는 변호인의 참여권이 인정되지 않았었고, 수사단계에서는 국선변호인선임권이 원칙적으로 인정되지 않았었다.

수사기관에서의 신문에 대한 피의자의 진술은 일정한 요건을 갖추면 법정에서 증거능력을 인정받게 되므로, 피의자가 수사기관의 신문시 변호인의 도움을 받지 못한다면 변호인의 조력을 받을 권리의 의미는 반감된다고 할 수 있다. 개정 형사소송법은 수사기관의 피의자신문 과정에서 변호인의 도움을 받을 권리를 실질적으로 보장하기 위하여 변호인의 피의자신문참여권을 명문으로 규정하였다(제243조의2).

국선변호인은 공판단계에서 일정한 사건에만 선임되며, 수사단계에서는 구속적부심의 경우에 예외적으로 국선변호인 선임권이 인정되었을 뿐 원칙적으로는 국선변호인을 선정하지 않았었다. 그러나 개정 형사소송법은 구속 전 피의자심문시 피의자에게 변호인이 없는 때에는 판사는 직권으로 변호인을 선정하여야 한다고 규정하여 공소제기 전 국선변호인 선정 범위를 확대하였다. 이에 따라 구속된 피고인뿐만 아니라 피의자에 대해서도 공판과 수사절차에서 전면적인 국선변호가 인정되게 되었다.

피의자나 피고인이 언제, 어느 단계에서 변호인 선임권이 있는지를 알지 못한다면 이 권리는 유효하게 행사될 수 없을 것이다. 따라서 변호인선임권은 체포·구속시 피의자에 대하여 고지하도록 하고 있다. 미란다 원칙이라고도 하는 변호인선임권의 고지의무는 변호인선임권을 실질적으로 행사하게 하는 중요한 제도로서, 이러한 고지의무를 어긴 경우에는 나름의 제재를 받게 된다. 즉 고지의무를 위반하여 피의자에게 고지하지 않고 피의자의 진술을 얻은 때에는 이 진술은 위법수집증거로서 증거능력을 인정받지 못한다.

인신구속과 인권의 보장

범죄인을 처벌하기 위하여는 수사를 통하여 범죄인을 발견하고 증거를 수집하여야 한다. 이 과정에서 인권침해가 발생할 가능성이 매우 높기 때문에, 이에 대한 철저한 통제가 필요하며 현행 제도상으로도 여러 통제장치가 마련되어 있다.

수사는 피의자의 동의에 의하여 하는 것이 원칙이다(임의수사의 원칙). 따라서 동의 없는 강제연행은 실무상 임의동행이라는 이름으로 행하여 지고 있지만 위법하다. 수사의 필요상 피의자의 동의와 무관하게 피의자의 법익을 제한하는 강제수사의 방법을 취하는 경우가 있게 되는데, 강제수사는 인권침해의 가능성이 크기 때문에 법률에 정한 바에 따라 하여야 한다

(강제수사법정주의). 강제수사에는 인신을 구속하는 제도로서 체포, 구속 등의 제도가 있으며, 범죄인의 발견이나 증거수집을 위한 제도로서 압수, 수색 등이 있다. 이하에서는 이에 관하여 간단히 살펴보기로 한다.

1. 현행법상의 인신구속제도

현행법상 대표적인 인신구속제도로는 체포와 구속이 있다. 체포에는 현행범체포, 체포, 긴급체포가 있다.

(1) 현행범의 체포

현행범(범죄의 실행중에 있거나 실행 직후에 있는 자)은 누구든지 체포할 수 있다. 검사, 사법경찰관은 물론이고 현행범은 일반인도 체포할 수 있다. 현행범을 체포한 자는 체포된 자를 검사나 사법경찰관에게 인계하여야 한다. 사법경찰관과 검사는 현행범으로 체포된 자를 구속하고자 하는 때에는 판사로부터 구속영장을 발부받아야 한다. 따라서 현행범으로 체포된 자라 하더라도 인신구속을 하는 경우에는 후술할 영장주의가 적용된다.

(2) 체 포

체포란 죄를 범하였다고 의심할 만한 상당한 이유가 있는 피의자를 단기간 수사관서 등 일정한 장소에 인치하는 제도이다. 1995년 형사소송법개정으로 새로이 도입된 제도이다. 이 제도를 도입한 이유는 종래의 인신구속제도는 구속과 긴급구속(영장없는 구속)을 중심으로 하고 있었는데, 이 두 제도는 요건이 비교적 엄격하여, 범죄의 혐의가 있는 피의자를 간이하게 인치하여 수사할 수 있는 제도로서 활용되기 어려웠기 때문이다. 따라서 종래에는 구속의 대상이 되지는 않으나 인치하여 수사할 필요가 있다고 생각되는 피의자에 대하여는 이른바 임의동행이라는 방법으로 연행하여 수사하는 방법이 활용되었다. 그런데 임의동행은 피의자의 동의에 의하여야 하는 것인데, 피의자의 동의가 없는 경우에도 강제로 인치하여 경찰서 보호실 등에 구금하는 경우가 자주 있었다. 이러한 임의동행은 법적 근거 없는 불법적인 인신구속이라는 점에서 많은 비판을 받았다.

체포를 하기 위하여는, 사법경찰관이 체포하는 경우에는 검사를 통하여

판사에게, 검사가 청구하는 경우에는 판사에게 체포영장을 청구 발부받아
야 한다. 따라서 형사소송법은 구속보다 간이한 제도인 체포의 경우에도
영장주의를 관철하여 사법적 통제를 받도록 하고 있다. 피의자를 체포한
경우에 48시간 이내에 판사에게 구속영장을 청구하지 않는 경우에는 석방
하여야 한다. 현행 형사소송법은 구속하기 위하여는 반드시 체포를 선행시
키는 체포전치주의를 채택하지 않았다.

(3) 긴급체포

긴급체포란 중대한 죄를 범하였다고 의심할 만한 상당한 이유가 있는
피의자를 수사기관이 법관의 체포영장을 발부받지 않고 체포하는 제도이
다. 피의자가 사형, 무기 또는 장기 3년 이상의 징역이나 금고에 해당하는
죄를 범하였다고 의심할 만한 상당한 이유가 있는 경우에, 피의자에게 증
거를 인멸할 염려가 있거나 도망 또는 도망할 염려가 있을 때 영장 없이
체포할 수 있다. 이러한 요건을 충족한 때에도 긴급체포는 피의자를 우연
히 발견한 경우와 같이 긴급을 요하기 때문에 체포영장을 발부받을 시간적
여유가 없는 경우에 한하여 인정된다.

긴급체포를 하는 경우 검사 또는 사법경찰관은 피의자에게 긴급체포를
한다는 사유를 고하고 영장 없이 피의자를 체포할 수 있다. 긴급체포한 경
우 피의자를 구속하고자 할 때에는 체포한 때로부터 48시간 이내에 구속영
장을 청구하여야 한다. 48시간 이내에 구속영장을 청구하지 아니하는 때에
는 피의자를 즉시 석방해야 한다.

(4) 구 속

구속이란 피의자 또는 피고인의 신체의 자유를 장시간에 걸쳐서 제한하
는 강제처분이다. 피의자나 피고인이 죄를 범하였다고 의심할 만한 상당한
이유가 있고, 일정한 주거가 없거나, 증거를 인멸할 염려가 있거나, 도망
또는 도망할 염려가 있는 때 구속할 수 있다. 구속 역시 체포와 마찬가지
로 법관이 발부한 영장에 의하여야 한다.

형사소송법은 구속 전 피의자심문을 필요적으로 하고 있다. 구법상 피
의자의 의사나 법관의 필요성 판단에 의존하게 하던 것과는 다르다. 체포

된 피의자나 체포되지 않은 피의자나 동일하게 구속전 피의자심문을 하여야 한다.

구속의 기간은 피의자에 대하여는 경찰단계에서 10일, 검찰단계에서 10일 그리고 10일을 연장할 수 있으므로 최장 30일간 구속될 수 있다(다만 형사소송법 개정으로 법원이 영장발부에 지체하는 시간을 계산하지 않게 되었으므로 30일을 상회할 가능성이 있다). 피고인에 대한 구속은 2개월이며 심급마다 2차에 한하여 경신할 수 있다.

영장 없이 가능한 긴급체포제도가 도입됨으로써 종래의 '긴급구속'제도는 폐지되었다.

2. 인신구속의 통제와 인권의 보장

인신구속은 전 형사절차 가운데 인권침해의 가능성이 가장 많은 분야이다. 따라서 이에 대하여는 철저한 통제를 할 필요가 있다. 우리나라에서도 인신구속에 대하여 여러 단계의 사법적 통제를 가하고 있다. 수사단계에서의 인신구속은 수사의 지휘자인 검사가 사법경찰관의 보조를 받아 행하는 것으로서 수사의 효율성과 처벌대상자의 신병확보의 필요성 때문에 인신구속이 남용될 가능성은 상존한다. 따라서 인신구속에 있어서 사법적 통제는 매우 중요한 의의를 가지고 있다.

(1) 영장주의

인신구속을 하기 위하여는 법관이 발부한 영장에 의하여야 한다. 체포의 경우 검사의 청구에 의하여 판사가 발부하는 체포영장에 의하여야 하며, 구속의 경우도 같다. 따라서 수사의 지휘자이면서 공판절차에서 원고관의 역할을 하는 검사의 신청에 의하여 법관이 발부하는 영장에 의하여 인신구속을 가능하게 함으로서, 인신구속의 남용에 대하여 법원이 통제할 수 있는 장치를 마련하고 있다.

그러나 현행 제도에는 문제점도 없지 않다. 영장 없는 긴급체포를 인정하면서 이에 대한 사후 통제책을 마련하는 데 미흡한 점이 있기 때문이다. 긴급체포를 한 경우 이에 대하여 사후에 체포영장을 발부받게 하지 않고,

48시간 내에 '구속영장'을 '청구'하지 않으면 석방하도록 하고 있다. 따라서 48시간 내에 구속영장을 청구하면 족하므로 사실상 법원의 영장발부가 지연되면 48시간을 훨씬 상회하는 시간동안 무영장 구속상태가 존재할 수 있다. 이러한 사정은 체포의 경우에도 같다. 체포의 경우 구속하지 않으면 석방하여야 하지만, 이때에도 48시간 이내에 구속영장을 '청구'하지 않으면 석방해야 한다고 규정하고 있다.

(2) 판사의 구속 전 피의자 심문제도

'구속영장실질심사제'라고도 불리우는 법관의 '구속 전 피의자심문제도'는 형사소송법의 개정으로 1995년에 도입되었으나 1997년에 피의자신청에 의하여 시행하는 것으로 개정되었다가 2007년에 필요적 심문제도로 다시 개정되었다. 영장주의의 실효성을 확보하고 피의자의 대면권을 보장하기 위하여는 필요적 심문제도로 개정해야 한다는 비판이 제기되었기 때문이다. 형사소송법은 구속영장을 발부함에 있어서 필수적으로 피의자 심문절차를 거치도록 규정하고 있다. 다만 체포를 거치지 않고 구속되는 피의자에 대하여는 법관은 구속 전 피의자심문을 할 수 있고, 이때 법관은 피의자를 인치하기 위하여 구인장(拘引狀)을 발부하여 심문할 수 있다.

이 제도는 구속이 남용되고 있다는 지적에 따라 이를 통제하기 위하여 마련된 제도이다. 이 제도는 후술할 구속적부심사제도와 유사하다는 점에서 비판을 받기도 하였지만, 구속적부심사제도는 요건이 까다롭고 변호사 비용의 부담이 있는 등 널리 활용되기에는 어려운 점이 있었다.

(3) 체포, 구속적부심사제도와 보증금납입조건부 피의자 석방제도

일단 체포, 구속된 경우에도 그 체포, 구속이 위법, 부당한 경우 또는 사정변경이 있어 체포, 구속을 할 필요가 없는 경우에는 체포, 구속의 적부심사를 청구할 수 있다. 원래 구속적부심사란 수사기관의 피의자 구속의 적법 여부 또는 구속의 계속의 필요성 유무를 법관이 심사하여 구속이 부적법하다든가 부당한 경우에 구속된 피의자를 석방하는 제도이다. 1679년의 영국의 인신보호법상의 인신보호영장(the writ of habeas corpus)제도에서 그 기원을 찾을 수 있다. 피의자의 인신을 구속한 경우 수사기관은 피구속자를 법원에 출석시켜 구금의 이유를 제시할 것을 명하는 영장을 운용하는 제도이다.

한편 개정 형사소송법은 보증금의 납입을 조건으로 하여 피의자를 석방하는 제도를 도입하였다. 종래에는 보석은 공소제기 이후의 단계, 즉 피고인이 된 후에만 인정되었는 데 비하여, 형사소송법의 개정으로 피의자의 단계에서도 보석이 가능하게 되었다. 다만 피의자가 직접 보증금납입조건부석방을 청구하게 되어 있지 않고, 구속적부심사를 청구한 피의자에 대하여 법원의 판단으로 보증금납입조건부석방을 인정하는 제도로서, 피의자의 권리로서의 성격이 매우 약하게 규정되어 있다는 데 특색이 있고, 이점에 대하여 비판이 있다.

(4) 소 결

우리나라의 형사소송법상 인신구속제도는 다소 복잡하고 번거롭게 규정되어 있는데, 그 이유는 임의수사가 원칙이고 강제수사는 보충적으로 운용되어야 함에도 불구하고, 오히려 강제수사가 원칙인 것처럼 활용된 데 있다. 이 때문에 비교적 용이하게 이루어지는 인신구속을 통제하기 위하여 복잡하고도 번거로운 통제장치를 마련할 필요가 있었던 것이다. 또 구속을 일종의 형벌로 보는 관념이나, 구속되지 않으면 처벌받지 않는다든가 실형을 받지 않는다는 세간에 널리 퍼져 있는 속견도 구속의 남용을 부추긴 요인이라고 할 수 있다. 그러나 수사는 피의자의 동의를 얻어서 하는 임의수사가 원칙이고, 인신구속을 수반하는 강제수사는 예외이며 보충적인 성격을 갖는다는 점을 분명히 한다면, 보다 간명하면서도 인권의 침해를 극소화시킬 수 있는 인신구속제도가 마련될 수 있을 것이다.

3. 그 밖의 인권보장제도: 접견교통권

인신구속상태에서 피고인에게 부여되는 권리로서 변호인의 조력을 받을 권리와 접견교통권을 들 수 있다. 변호인의 조력을 받을 권리는 이미 설명하였으므로 접견교통권만을 살펴보기로 한다.

접견교통권이란 체포 또는 구속된 피의자가 변호인 가족 친지 등 타인과 접견하고 서류 또는 물건을 수수하며 의사의 진료를 받을 수 있는 권리이다. 접견교통권은 인신구속된 자의 기본적 인권과 방어권을 보장하기 위하여 인정되는 헌법 및 형사소송법상의 권리이다. 특히 변호인과의 자유로운 접견교통권은 헌법이 보장하는 변호권의 가장 중요한 내용이다. 따라서 변호인과의 접견교통권은 제한 없이 보장된다. 이에 비하여 비변호인과의 접견교통권은 인정되지만 법률이 정한 범위에서 제한될 수 있다.

변호인과의 접견교통권은 변호인과 자유롭게 접견할 수 있는 권리뿐 아니라, 접견교통시 방해나 감시를 받지 않을 권리를 포함하며, 따라서 변호인과의 접견에 있어 교도관이나 경찰관의 입회나 감시는 허용되지 않는다. 또 변호인은 인신구속된 자를 위하여 서류나 물건을 수수할 수 있다.

비변호인과의 접견교통권은 변호인의 경우처럼 완전하게 보장되지는 않는다. 왜냐하면 공범자와의 통모에 의하여 증거를 인멸할 우려가 있고, 경우에 따라서는 피의자 또는 피고인의 안전이 위태롭게 될 가능성도 있기 때문이다. 따라서 법률에 의하거나 법원 또는 수사기관의 결정에 의하여 비변호인과의 접견교통권은 제한된다. 예컨대 접견교통에 의하여 도망과 증거인멸의 우려가 있는 때에는 법원은 직권 또는 검사의 청구에 의하여 결정으로 접견을 금하거나 수수할 물건을 검열, 압수할 수 있다.

법원의 접견교통권제한 결정에 대하여 불복하는 때에는 항고(抗告)를 할 수 있고, 수사기관이 접견교통권을 침해한 경우에는 준항고(準抗告)에 의하여 그의 취소 또는 변경을 구할 수 있다.

증거법과 인권의 보장

수사절차에서 피의자의 인권을 침해할 우려가 가장 많은 경우가 인신구속과 관련된 것이었다면, 공소제기 이후의 공판절차에서 가장 문제가 되는 것은 증거법과 관련되는 것이다. 물론 양자는 밀접한 관련을 가지고 있다. 인신구속은 장차 유죄판결이 확정되어 형벌의 대상이 될 피의자 또는 피고인의 신병을 확보한다는 의미도 있지만, 자백 등 유죄의 증거를 확보하여 공소를 유지하는 데 용이하게 한다는 의미도 크기 때문이다. 이하에서는 증거법과 관련하여 피의자 내지 피고인의 인권을 침해할 수 있는 경우와 그에 대한 보장책을 간단히 살펴본다.

1. 증거에 관한 원칙

(1) 증거재판주의

형사소송은 증거에 의하여 재판하여야 하며, 사실의 인정은 증거에 의하여야 한다. 이는 너무도 당연한 원칙이지만, 고대에는 예컨대 신판(神判)과 같이 신의 계시나 섭리에 의하여 사실을 인정하여 재판한 경우도 있었다. 오늘날의 근대적 형사소송제도에서는 증거에 의하여 재판하는 증거재판주의를 받아들이고 있다. 그런데 이 원칙은 단순히 증거에 의하여 사실을 인정한다는 자명한 내용을 선언하는 데에서 한 걸음 더 나아가, 사실의 인정은 '증거능력이 있고' 일정한 '증거조사절차를 거친' 증거에 의하여 범죄사실을 인정한다는 의미를 갖는다. 후술하는 바와 같이 증거에 따라서는 명백히 범죄사실을 증명하는 것이지만 증거능력을 인정받지 못하는 증거들이 있다. 이러한 증거는 적극적 실체진실을 위하여는 의미가 있을 수 있지만, 소극적 실체진실을 위하여 증거의 세계에서 배제되는 것이다.

(2) 자유심증주의

일단 증거능력을 갖는 증거에 대하여 그 증거가치 즉 증명력을 어느 정도로 인정할 것인가에 관하여는 오늘날 자유심증주의(自由心證主義)를 채택하고 있다. 과거에는 이른바 증거법정주의(證據法定主義)가 통용되던 시대도 있었다. 이는 예컨대 피고인의 자백이나 일정 수의 증인이 있어야 유죄판결을 할 수 있다는 원칙이다. 일견 합리적으로 보이는 이러한 제도는 그러나 자백을 얻기 위하여 고문을 한다든가, 부죄(＝죄를 인정)를 하기 위하여 증인을 만들어 내는 식으로 운용되어 그 폐단이 컸기 때문에 오늘날은 채택되지 않고 있다. 이에 대안으로 등장한 것이 자유심증주의이다. 이는 법관이 사실을 인정하는 데 아무런 법률적 구속을 받지 않고 구체적으로 타당한 증거가치를 판단하여 사안의 진상을 파악할 수 있게 하는 증거법원칙이다.

2. 자백과 인권의 보장

(1) 자백의 의의

증거법상 피고인 또는 피의자의 인권보장과 관련하여 가장 중요한 제도는 자백과 관련된 제도이다. 자백이란 피고인 또는 피의자가 범죄사실의 전부 또는 일부를 인정하는 진술을 말한다. 자백은 수사기관이 가장 손쉽게 얻을 수 있는 증거이기 때문에 그 획득과정에서 인권침해가 가하여 질 우려가 가장 많다. 이 때문에 형사소송법은 ① 자백에 대하여 그 임의성에 의심이 있는 때에는 증거능력을 인정하지 않고, ② 증거능력을 인정하는 경우에도 그 자백이 유죄의 유일한 증거인 경우에는 이것만을 근거로 유죄를 인정할 수 없게 하고 있다.

(2) 자백의 증거능력 제한

"자백은 증거의 여왕"이라고 말하던 시대가 있었다. 이 시대에는 자백이 증거에 가장 중요한 지위를 차지하여, 자백이 없는 경우에는 유죄의 인정을 할 수 없었기 때문에 자백을 얻기 위하여 고문 등 인권침해를 자행하였다. 선진적 형사소송제도를 가지고 있던 영국도 18세기 중반까지는 자백에 대하여 무제한적으로 증거능력을 인정하였다.

자백은 임의성이 없는 경우, 임의성이 의심되는 경우에는 유죄의 증거로 할 수 없다. 즉 자백의 증거능력을 인정하지 않는다. 헌법은 제12조 7항에서 "피고인의 자백이 … 자의로 진술한 것이 아니라고 인정될 때에는 유죄의 증거로 삼을 수 없다"고 하여 이를 명시하고 있으며, 형사소송법 제309조도 "피고인의 자백이 고문, 폭행, 협박, 신체구속의 부당한 장기화 또는 기망 기타의 방법으로 임의로 진술한 것이 아니라고 의심할 만한 이유가 있는 때에는 이를 유죄의 증거로 하지 못한다"고 규정하였다.

이러한 자백이 배제되는 근거에 관하여는 임의성이 없는 자백에는 허위가 숨어들 염려가 있기 때문이라는 허위배제설과, 임의성 없는 자백은 진술거부권을 침해하여 얻어지는 것이므로 인권보장을 담보하기 위하여는 이를 증거로 할 수 없게 한 것이라는 인권옹호설, 그리고 자백취득과정의 위법성으로 인하여 위법수집증거배제법칙에 따라 증거에서 배제된다는 위법배제설이 주장되고 있다.

(3) 자백의 증명력 제한

임의성이 있는 자백이어서 증거능력이 있는 경우에도, 그 자백이 유죄의 유일한 증거일 경우에는 이를 유죄의 증거로 할 수 없다. 이 원칙을 자백의 증명력 제한이라고 한다. 헌법 제12조 7항 후단 그리고 형사소송법 제310조는 이 원칙을 선언하고 있다. 이 경우 유죄판결을 하기 위하여는 자백을 보강할 보강증거가 필요하다. 보강증거가 필요한 이유는 자백의 진실성을 담보하고, 수사기관이나 법원이 자백을 중시하는 데서 야기되는 인권침해를 방지하는 데 있다.

자백을 자백으로 보강하는 것은 허용되지 않으며, 보강증거는 자백과는 독립한 증거여야 한다. 공범자의 자백이 보강증거가 될 수 있는가에 대하여 논란이 있으나, 판례는 이를 긍정하는 태도를 취하고 있다.

3. 위법수집증거의 배제법칙

(1) 위법수집증거배제법칙의 의의

증거수집 절차상의 위법이 있는 경우에는 그 증거는 실제로 그 범죄인의 범죄행위를 입증하는 증거라 하더라도 증거의 세계에서 배제한다는 원칙이다. 증거에는 진술증거와 비진술증거가 있다. 진술증거에 대하여는 앞서 살핀 바와 같이 증거능력을 배제하는 여러 규정을 두고 있다. 이에 비하여 비진술증거(증거물)는 그 수집절차상(예컨대 압수, 수색)에 위법이 있다 하더라도 그 증거물의 증명력 자체에는 아무런 차이가 없다. 그럼에도 불구하고 이의 증거능력을 배제하는 이유는, 이에 대하여 증거능력을 인정한다면 결국 위법한 수사를 허용하는 결과가 되어 적법절차 원칙에 반하고 헌법상 인정된 기본권을 침해하게 되기 때문이다. 위법수집증거배제법칙은 20세기 중반 미국의 증거법의 발전에서 유래한 원칙으로서 현대 증거법의 최대의 발전으로 평가되고 있다.

종래 우리나라의 대법원은 진술증거에 대하여는 위법수집증거배제법칙에 접근하는 태도를 보이면서도, 비진술증거에 대하여는 "압수물은 압수절차가 위법이라 하더라도 물건 자체의 성질, 형상에 변경을 가져오는 것은 아니므로 그 형상 등에 관한 증거가치에는 변함이 없다고 할 것이므로 증거능력이 있다"고 하여 이 법칙을 받아들이지 않았었다. 그러나 개정 형사소송법은 "적법한 절차에 따르지 아니하고 수집한 증거는 증거로 할 수 없다"는 규정을 신설하여(제308조의2), 위법수집증거배제법칙을 명문으로 규정하고 있다. 대법원도 전원합의체 판결을 통하여, "헌법과 형사소송법이 정한 절차를 따르지 아니하고 수집한 증거는 기본적 인권보장을 위해 마련된 적법한 절차에 따르지 않은 것으로서 원칙적으로 유죄인정의 증거로 삼을 수 없다"고 판시하여 위법수집증거배제법칙을 인정하고 있다.

(2) 독수과실(毒樹果實)의 이론

위법수집증거배제법칙에 따르면 위법하게 수집한 증거는 증거의 세계에서 배제된다. 그런데 위법하게 수집한 진술에 의해서 합법적으로 수집한 증거가 있는 경우에 이 증거는 배제되는가? 예컨대 고문에 의하여 얻은 자백에 기하여 합법적으로 압수한 범행에 사용된 흉기는 증거능력이 있는가가 문제된다. 이에 관한 원칙이 바로 독수과실의 이론이다. 이는 독수의 과실 역시 독이 있다는 것, 즉 위법수집증거를 통하여 수집한 증거 역시 위법하다는 것이다. 따라서 이러한 증거는 배제되게 된다.

4. 전문법칙

피고인은 법정에서 자기에게 불리한 증언을 하는 증인에 대하여 반대신문함으로써 방어권을 행사할 수 있다. 그런데 그 진술이 증인 자신이 체험한 것이 아니라 전문(傳聞, hearsay)인 경우에는 반대신문을 하기가 불가능하다. 타인의 진술을 들은 내용을 진술하는 경우, 예컨대 "피고인이 살인현장에서 나오는 것을 보았다고 말하는 것을 들었다"고 진술하는 경우, 이 증언은 원진술자가 그러한 진술을 했음을 입증할 뿐, 원진술자의 경험 자체의 진위나 당부를 따지기는 불가능하다. 따라서 이러한 전문증거는 증거능력을 갖지 못하는 것으로서 증거에서 배제된다.

그러나 이에는 예외가 있다. 예컨대 사법경찰관이 작성한 피의자신문조서를 생각해보자. 이는 사법경찰관이 피의자를 신문하여 피의자였던 피고인의 진술을 증거로 법원에 제출한 것이다. 이는 사법경찰관이 피의자의 진술을 기재한 전문증거이다. 그런데 이를 전문증거라 하여 배척한다면 경찰에서의 수사는 무의미하게 될 것이다. 그러나 이 조서를 전적으로 신뢰하여 증거로 인정한다면, 수사과정에서의 회유나 흥정, 강압, 고문에 의한 진술이 증거능력을 인정받는 심히 부당한 결과가 된다. 따라서 이러한 진술은 법정에서 원진술자(피의자였던 피고인)의 진술에 의하여 그 내용의 진정이 인정된 때 한하여 증거로 할 수 있다. 한편 사법경찰관이 아니라 검사가 작성한 피의자신문조서는 그 성립의 진정함이 인정되고 그 진술이 특히 신빙할 수 있는 상태하에서 행하여진 때에는 피의자였던 피고인의 공판기일에서의 진술에 불구하고 증거로 할 수 있다. 성립의 진정이란 형식적 진정성립과 실질적 진정성립을 포함하는 개념으로서, 전자는 진술자의 서명·날인의 진정을 의미하고, 후자는 조서의 기재내용과 진술자의 진술내용이 일치하는 것을 의미한다. 개정 형사소송법은 검사작성 피의자신문조서는 성립의 진정이 원진술자의 진술뿐만 아니라 영상녹화물이나 그 밖의 객관적인 방법에 의해 증명되는 때에도 증거능력을 인정하고 있다(제312조 제2항). 특히 신빙할 수 있는 상태란 정황상 그 진술의 신용성이 보장되는 경우를 말한다. 이는 구체적 사안에 따라 판단하여야 하는 것으로서, 피고인의 검찰에서의 자백과 공범자의 진술이 다르고 피고인이 법정에서 범행을 부인하는 경우는 '신빙성'에 의문이 있는 경우라 할 수 있다.

재 판

국민참여재판제도의 도입

헌법은 제27조 제1항에서 "모든 국민은 헌법과 법률이 정한 법관에 의하여 법률에 의한 재판을 받을 권리를 가진다"고 선언하고 있다. 이에 따르면 재판은 법률이 정한 절차에 의하여 법률이 정한 법관의 자격이 있는 자에 의하여 이루어져야 한다(이에 관하여는 본서 제3장 법원의 절에서 설명한 바 있다). 이는 사안이 여론재판이나 인민재판과 같은 식으로 판단되어서는 안 된다는 것을 의미한다. 그러나 다른 한편 국민은 직업적인 전문법관이 아니라 동료에 의한 재판을 받을 권리가 있다는 주장이 줄 곧 제기되어 왔다. 법이 보통 사람의 건전한 상식에 입각한 것이라고 한다면, 이러한 주장은 타당성이 있다. 철학자 헤겔도 사실심에 관한 한 배심재판은 의미가 있다고 주장한다. 그 이유는 사실의 진부를 가려내는 능력은 법률 교육에 달려있는 것이 아니라 일반 교육에 달려 있는 것이며, 배심원은 피고인 자신과 동일한 수준의 의식을 갖는 사람이므로 결국 배심의 판단은 배심원으로 매개된 범죄자 자신에 대한 자신의 판단이 된다는 것이다.

그래서 동료에 의한 재판을 가능하게 하는 국민참여재판제도가 2008년의 〈국민의 형사재판 참여에 관한 법률〉을 통해서 형사소송에 도입되게 되었다. 우리나라도 국민이 배심원으로 참여하는 형사재판 제도를 운용하고 있는 것이다. 국민참여재판은 피고인의 신청이 있는 경우에 진행하며, 배심의 평결은 법원에 대하여 기속력을 갖지 않는다. 헌법위반의 문제가 있기 때문에 배심제를 전면적으로 도입하지는 못한 것이다. 다만 배심의 평결과 다른 판결을 선고하는 경우에는 판결문에 그 이유를 기재해야 한다고 규정함으로써, 이를 고려하지 않는 경우 법원에게 논증의 부담을 지움으로써 배심원의 평결을 신중하게 고려할 것을 요구하고 있다.

제 9 장

노 동 법*

서 론

노동법의 일상성

일반적으로 노동법은 민법에 대한 특별법으로 설명되고 있다. 그것은 일반법이라고 할 수 있는 민법이 고용에 관하여 정하고 있고(제655조부터 제663조까지), 노동법은 이를 수정하는 내용으로 이루어져 있기 때문이다. 이는 형식적인 측면에서는 타당하지만 실질적인 측면에서는 타당하다고 보기 어렵다.

법의 형식이라는 측면에서 볼 때 모든 계약관계를 대상으로 하고 있는 민법이 근로관계라는 특수한 관계를 전제로 하고 있는 노동법에 비하여 일반적 성격을 가지고 있는 것은 부정할 수 없다. 그렇지만, 고용관계 또는 근로관계를 실질적으로 규율하는 법은 민법이 아니라 노동법이다. 근로에 종사하는 사람은 법적인 관점에서는 거의 대부분이 근로계약을 체결하고 근로에 종사하기 때문이다.

노동법은 직장을 구하는 구직, 채용, 채용 후의 근로의 제공, 근로의 종료에 이르는 모든 단계에 적용되고 있다. 직업생활과 관련되는 한, 노동법은 기본법으로서의 역할을 하고 있는 것이다. 대학생이 편의점에서 아르바이트를 하고 있는데, 임금을 받지 못하고 있는 상황을 예를 들어보자. 대학생이라고 하더라도 편의점에서 근로를 제공하고 있는 이상, 법적으로는 근로자에 해당된다. 따라서 편의점 사장이 임금을 체불하면 근로자로서 노동

---

* 이승욱: 이화여대 법학전문대학원 교수, 노동법.

법상의 보호를 받을 수 있게 되는 것이다. 편의점 사장이 아르바이트 학생이 마음에 들지 않아 다음날부터 그만두라고 하면 법적으로 해고에 해당하기 때문에, 노동법적으로 정당한지 여부를 살펴, 구제를 받을 수 있다. 또한 아르바이트를 하다가 다쳤을 경우에는 노동법의 중요한 부분 중 하나인 산업재해보상보험법에 의해 보상을 받을 수도 있다. 마찬가지로, 아르바이트 학생이라고 하더라도 근로자에 해당하는 이상, 노동조합도 결성할 수 있다. 이와 같이 '근로'를 제공하는 한, 노동법은 모든 국면, 상황에 개입하기 때문에, 근로자는 노동법상의 보호를 받을 수 있고, 반대로 사용자는 노동법상의 의무를 부담하게 된다. 우리 가까이에서 우리의 일상을 보호하는 법이 바로 노동법인 것이다.

노동법의 발생과 노동법의 운영 메커니즘

1789년 프랑스 대혁명에 이어 1804년 제정된 최초의 근대 민법전인 나폴레옹 민법전은 모든 인간은 평등하다는 프랑스 대혁명의 정신을 법제도에 반영하였다. 나폴레옹 민법전은 당시 농노를 포함한 모든 사람을 평등한 법적 주체로 인정하여 봉건적인 착취관계를 철폐하는 위대한 이념을 제도적으로 구현하였다. 법률관계의 주체로서 대등한 독립된 당사자를 전제로 하는 프랑스 민법전의 사상은 우리 민법에도 그대로 반영되어 있다.

모든 인간은 평등하다는 프랑스 민법전의 사상은 이념으로서는 숭고한 것이지만, 노동의 영역에서는 이 이념이 초래한 현실적인 결과는 참담하였다. 산업혁명이 최초로 발생한 영국의 19세기 상황을 보면 모든 인간의 대등성을 전제로 한 법제도의 모순을 알 수 있다. 1843년 영국의회의 아동노동에 관한 위원회 보고서에 의하면 당시 영국의 탄광에서 아동들이 18시간의 노동을 하였다. 주로 여성들이 종사하던 면직업의 경우 월요일부터 금요일까지는 오전 6시부터 밤 8시까지 2시간의 휴식시간을 제외하면 12시간 노동이 이루어졌고, 토요일에는 10시간의 노동이 이루어져 주 70 - 80시간 동안 노동에 종사하였다. 당시 여성 및 아동의 노동비율은 48%였다고 한다. 이러한 비참한 현실은 여성이든 아동이든 계약의 당사자로서 사용자와 대등하게 계약할 수 있었던 것에서 비롯된 것이다. 사용자는 노동비용을 줄이기 위해 저렴한 여성이나 아동노동을 이용하였기 때문이다. 결국 계약의 자유라는 이념은 현실적으로는 아동 및 여성노동의 확대와 착취로 이어졌다.

노동영역에서의 계약의 자유가 초래한 현실적인 결과는 두 가지 형태로 나타났다. 우선 노동력이 고갈되기 시작하였다. 차세대 노동력의 재생산의 핵심이 되는 아동과 여성이 고강도의 노동에 직면하면서 평균수명이 극히 짧아졌다. 1842년 당시 영국 멘체스터와 리버풀 지역의 근로자 평균 수명은 각각 17세, 15세에 불과하였다. 다음 세대 생산력의 기초가 되는 노동력이 조기에 소멸해 버린 것이다. 국가가 법으로 개입하지 않으면 국가의 존립 그 자체가 위태롭게 되었다.

근대 민법의 기본적인 이념인 모든 인간의 법적 평등은 그 자체로는 실로 고귀한 것임에도 불구하고, 인간의 대등성을 전제로 한 계약의 자유가 노동현실에서 이와 같은 파멸적인 결과로 이어지는 이유는 무엇일까. 그것은 계약의 자유 나아가 근대 민법이 노동력이라는 상품의 특수성을 충분히 고려하지 않았기 때문이다. 노동력은 다음과 네 가지 점에서 다른 일반적인 상품과 차이가 있다. 노동력의 매매계약이라고 할 수 있는 노동계약 내지 근로계약은 인간의 노동, 즉 인간 그 자체를 거래의 대상으로 하고 있는 점, 노동력은 보존이 불가능하며 대체가 불가능하다는 거래능력의 특수성을 가지는 점, 노동력의 소지자인 노동자, 즉 근로자는 노동력 이외에는 재산이 없기 때문에 노동력의 비저장성과 맞물리면 생존을 위해서 원치않는 노동을 강요받을 수밖에 없는 점, 노동은 그 본질상 타인으로부터의 지휘명령, 즉 구속을 받아야 하는 점 등에서 근대 민법이 일반적으로 예정하고 있는 재산거래관계와는 본질적으로 다른 성질을 가지고 있다. 영국의 유명한 노동법학자인 오토 칸프로인트(Otto Kahn-Freund)는 이러한 현상을 포착하여 다음과 같은 유명한 표현을 하고 있다.

"노동에서 계약의 자유는 '계약이라는 탈을 쓴 복종의 자유'를 내용으로 하는 강제노동에 다름이 아니다."

　　근대 민법의 계약의 자유가 노동현실에 관철되었을 때 발생하는 두 번째 문제점은 산업혁명과 함께 형성되고 있던 근로자 계층의 불만이 본격적으로 제기되기 시작하여 사회혼란이 초래되었다는 점이다. 마르크스의 공산당선언이 1848년 등장하게 된 것은 이와 같은 근로자 계층의 사회불만도 배경으로 작용하고 있었다고 할 수 있다. 혁명적인 사회변혁 사상은 당시 국제적인 연대로 이어져 1864년에는 공산주의자들의 국제연대인 제1차 인터내셔널이 성립하기도 하였다. 노동운동이 과격화되면서 동시에 조직화되기 시작한 것이다.

　　이러한 두 가지 문제점에 대하여 국가는 적극적으로 대처하게 된다. 전자의 문제, 즉 계약의 자유가 초래한 노동착취로 인한 차세대 노동력의 고갈이라는 국가적 위기에 대해서는 계약의 자유에 국가가 적극적으로 개입하여 계약의 자유를 수정하고 근로자 보호를 위한 법을 제정하는 방법으로 대처하였다. 최초의 노동법이라고 할 수 있는 1833년 영국의 공장법(Factory Act)이 제정된 것이 그 단적인 예라고 할 수 있다. 공장법은 18세 이하 연소자에 대한 야간노동을 금지하고, 연소자에 대해 연령별로 근로시간을 제한하는 것을 내용으로 하였다. 이와 같이 노동법은 추상적인 인격체를 대상으로 하던 근대 민법의 인간상을 대신하여, 현실적이고 구체적인 인간형을 전제로 하여 성립한 법 분야라고 할 수 있다.

　　후자의 문제, 즉 근로자 계층의 불만으로 인한 사회혼란에 대해서는 급진화되고 있던 노동운동을 국가 제도내로 편입하는 형태로 대처하였다. 산업화 초기에는 노동조합의 결성은 계약의 자유를 침해하는 것으로 보아, 형법상 이른바 공모죄(conspiracy)에 의해 처벌대상이 되었다. 노동조합은 근로자가 단결하여 노동력의 공급을 제한하는 것을 목적으로 하기 때문이다. 1799년 제정된 영국의 단결금지법(Combination Act)이 그 대표적인 예이다. 이 법에 의하면 단결체를 설립하거나 쟁의행위를 한 근로자는 공모죄 또는 반란죄로 처벌되었다. 그러나 영국에서는 1824년 노동조합법(단결금지폐지법 Combination Law Repeal Act)에 의해, 프랑스에서는 1864년법에 의해 노동조합 활동에 대한 형사처벌을 삭제하고 근로자의 단결활동을 국가적으로 승인함으로써 노동운동의 제도 내의 편입을 시도하였다.

계약의 자유가 가지는 문제점과 이에 대한 국가의 법적 대응은 서로 밀접한 관련성을 가지고 있다. 노동의 특수성을 고려하지 않은 근대 시민법상의 형식적인 계약의 자유가 초래한 비참한 현실을 시정하기 위해서 국가는 계약의 자유에 대한 일정한 개입을 하여야 한다. 형식적인 계약의 자유가 초래한 결과를 생각하면 아동노동이나 여성노동에 대하여 아무런 규제나 제한이 없이 자유방임적인 계약의 자유를 허용할 수는 없는 것이다. 따라서 국가는 사용자나 근로자의 계약의 자유에 대한 개입을 할 수밖에 없다. 다만 이 상황에서 계약의 자유나 계약의 내용에 대한 국가의 개입은 필요최소한의 범위에 머무르는 것이 일반적이다. 즉 국가는 노동을 대상으로 한 계약이 준수하여야 하는 최저기준만을 법에 의해 설정하고, 이를 위반할 경우 계약을 무효로 하거나 형벌의 적용을 통해 그 준수를 확보한다. 따라서 이 국면에서는 법에서 정한 최저기준을 넘는 계약 내용에 대해서는 국가는 개입하지 않는다.

그런데, 이와 같은 최저기준 확보를 위한 국가의 개입만으로 근로자의 인간다운 생활을 확보할 수는 없다. 근로자와 그 가족의 생계를 유지하기 위해서는 생존을 위한 최저기준에 해당하는 임금 수준이 아니라 이를 넘는 임금 수준을 필요로 하기 때문이다. 그런데, 최저기준을 넘는 근로조건을 법에 의해 강제하는 것은 자본주의나 시장경제와 이를 전제로 하여 형성된 근대 시민법체제의 틀을 벗어나게 된다. 노동법은 이 딜레마를 어떠한 방식으로 해결하고 있을까.

그 방법의 하나는 최저생활기준을 넘는 계약에 대해서도 형식적인 계약의 자유가 아니라 실질적인 계약의 자유가 통용될 수 있도록 하는 체제를 갖추는 것이다. 형식적인 계약의 자유를 실질적인 계약의 자유, 즉 형식적으로 대등평등한 당사자 사이의 계약의 자유가 아니라 실질적으로도 대등평등한 당사자 사이의 계약의 자유가 가능하기 위해서는 경제적·사회적으로 대등한 힘의 관계가 전제가 되지 않으면 안된다. 그 방법으로 노동법이 고안한 제도는 사용자에 비하여 경제적·사회적으로 힘이 약할 수밖에 없는 근로자 개인이 사용자와 임금 등 근로조건에 대하여 협상하도록 하는 대신, 개별 근로자들로 하여금 집단을 만들도록 하고, 단체를 형성한 근로자들이 근로조건을 사용자와 집단적으로 교섭하도록 하는 것이다. 개인으로서는 취약한 근로자가 집단을 형성하면 사용자와 실질적으로 같은 교섭력을 가질 수 있다는 점을 법제도가 포착한 것이다. 국가가 노동조합의 결성을 인정하고 이를 제도의 체제 내로 편입시켜 제도화시킨 것은 노동력 상품의 특수성을 전제로 하면서 힘의 대등성을 확보할 수 있도록 근로자가 노동력의 수요와 공급 사이의 균형, 즉 노동력의 가격인 임금을 통제할 수 있도록 하기 위한 것이라고 할 수 있다.

노동법의 발생 배경에서 나타나는 노동법의 목적과 체제는 오늘날 우리나라에서도 여전히 유효하다. 계약의 자유가 초래하는 모순을 수정하기 위한 국가의 개입은 우리나라에서는 '근로기준법'과 '최저임금법'으로 대표되는 노동보호법(개별적 노동관계법이라고도 부른다)에 의해 실현되고 있다. 노동운동의 체제내로의 수용은 노동조합 활동을 법적으로 보장하는 법인 '노동조합 및 노동관계조정법'에 의해 이루어지고 있다(이 분야를 집단적 노동관계법이라고 부른다). 노동법의 역사성은 노동법의 현재성을 다른 방식으로 표현한 것에 지나지 않으며, 노동의 성격이 근본적으로 변화하지 않는 한, 노동법의 미래상 역시 본질적으로는 달라지지 않을 것이다.

우리나라 노동법의 체제

노동법의 체제를 분류하는 방식은 다양하지만, 개별적 노동관계법과 집단적 노동관계법으로 나누는 것이 일반적이다. 개별적 노동관계법은 근로자 개인과 사용자 사이의 법률관계를 규율하는 법분야이며, 집단적 노동관계법은 근로자 집단, 즉 노동조합과 사용자 사이의 법률관계를 규율하는 법분야이다. 각 분야는 다양한 법령으로 이루어져 있고, 이러한 법령의 총체를 '노동법'이라고 부른다. 즉 우리나라에서는 '노동법'이라는 명칭의 '법률'은 존재하지 않고, 노동에 관하여 규율하는 다양한 법의 총체를 통칭하여 '노동법'이라는 이름으로 표현하고 있는 것이다.

개별적 노동관계법은 개별 근로자와 사용자 사이의 관계를 규율하기 때문에 성질상 개별 근로자를 보호하는 내용으로 이루어져 있다. 이 분야의 법률들은 노동과 관련하여 당사자의 계약의 자유를 제한하는 내용으로 이루어져 있고, 그 목적은 근로자 보호에 있는 경우가 많다. 따라서 이 분야의 법률들을 총칭하여 노동보호법이라고도 한다. 여기에 속하는 법률로서는 노동보호를 위한 대표적이고 기본적인 법률인 '근로기준법'이 있고, 그밖에 '근로자퇴직급여보장법', '최저임금법', '남녀고용평등 및 일·가정 양립지원에 관한 법률', '임금채권보장법', '기간제 및 단시간근로자 보호 등에 관한 법률', '파견근로자 보호 등에 관한 법률' 등이 있다. 이러한 법은 근로자 보호를 위하여 개별 당사자 사이의 관계를 규제하는 것을 주된 내용으로 하고 있다.

이에 대하여 집단적 노동관계법은 근로자집단인 노동조합과 사용자 사이의 법률관계를 규율하고 있고, 양자 사이의 관계는 실질적으로도 대등하다는 것이 전제가 되어 있다. 따라서 이 영역의 법은 법률관계 또는 계약의 내용을 직접 규제하는 것이 아니라 주로 절차적인 측면에서 규율하는 점에서 개별적 노동관계법과는 본질적인 차이가 있다. 여기에 속하는 법률로는 가장 대표적인 법률인 '노동조합 및 노동관계조정법'(이하 '노조법')이 있고, '근로자 참여 및 협력 증진에 관한 법률'도 이 영역에 속한다고 할 수 있다.

노동을 규율하는 법의 효력 체계

노동법은 다른 법과 마찬가지로, 헌법을 정점으로 한 일반적인 법체계에 따라 그 구속력의 근거를 가진다. 즉 헌법-법률-시행령-시행규칙 순으로 이루어진 실정법체제에 따른 효력을 가진다. 예를 들어 노동조합에 관한 법적 규제는 단결권, 단체교섭권, 단체행동권 등 이른바 노동3권을 규정하고 있는 헌법 제33조를 정점으로 하여, 이를 근거로 제정된 법률인 노조법이 있고, 노조법을 근거로 하여 대통령령인 노조법 시행령, 노동부 규칙인 노조법 시행규칙의 순서로 규율되고 있다.

그런데, 노동법에서는 일반적인 법과 달리 자치규범이 중요한 법적 구속력의 근거로 기능하고 있다. 자치규범이란 당사자간의 합의에 의해 형성된 규범을 말한다. 노사자치가 중요한 이념의 하나로 기능하는 노동법의 영역에서 자치규범은 다른 법영역 보다 더 중요한 법적 구속력의 근거로 작용한다. 예를 들어 개별 근로자와 사용자 사이의 근로조건에 관한 합의인 계약에 해당하는 '근로계약' 외에, 사용자가 일방적으로 근로조건에 관하여 규율한 규범인 '취업규칙', 근로자집단, 즉 노동조합과 사용자 사이에 근로조건에 관하여 집단적으로 합의한 규범인 '단체협약', 근로자와 사용자 사이에 명시적인 합의는 없으나 오랜 기간에 걸쳐 관행으로 형성된 '노동관행', 노동조합과 그 조합원 사이를 자치적으로 규율하는 '노동조합 규약' 등이 자치규범으로서 법적 구속력의 근거로 노동관계에서 중요한 역할을 수행하고 있다. 이는 노동현실에서 개별 기업의 상황, 해당 기업이 속한 산업의 성격, 개별 근로자의 고용형태 등이 매우 다양하고 유동적이기 때문에 법률 등 실정법에 의해 규율하는 데에는 한계가 있을 뿐만 아니라, 경우에 따라서는 법으로 규율하는 것이 바람직하지 않는 경우도 있기 때문이다. 따라서 노동관계에 관한 규제의 틀은 헌법이나 법률 등 실정법만이 아니라 근로계약, 취업규칙, 단체협약 등 자치규범까지 포함하여 이해하여야 한다.

자치규범의 법적 효력은 각 법률에서 명시적인 규정을 두는 경우가 많다. 예를 들어, 근로계약에 대해서는 근로기준법 제15조 제1항에서 "이 법에서 정하는 기준에 미치지 못하는 근로조건을 정한 근로계약은 그 부분에 한하여 무효로 한다"고 규정하고 같은 조 제2항에서는 "제1항에 따라 무효로 된 부분은 이 법에서 정한 기준에 따른다"고 규정하고 있다. 따라서 근로기준법에서 정하는 근로조건 등에 관한 사항은 최저기준으로서의 효력을 가지고 있으며, 당사자간의 합의에 의해서도 근로기준법에서 정한 기준을 하회하는 내용의 합의는 할 수 없게 된다. 최저임금법에서도 유사한 규정을 두고 있다(법 제6조 제3항 참조).

취업규칙 역시 마찬가지로 법적 효력에 관한 명문의 규정을 두고 있다. 취업규칙은 해당 항목에서 상세히 살펴보는 바와 같이 근로조건이나 징계 등에 관하여 사용자가 일방적으로 작성하는 문서로서, 일반적으로는 사규, 퇴직금규정, 임금규정, 징계규정 등으로 불리고 있다. 취업규칙은 근로관계의 한 당사자인 사용자가 일방적으로 그 내용을 형성하는 것으로 자치규범 중 하나에 속한다. 근로기준법에서는 "취업규칙에서 정한 기준에 미달하는 근로조건을 정한 근로계약은 그 부분에 관하여는 무효로 한다. 이 경우 무효로 된 부분은 취업규칙에 정한 기준에 따른다"고 규정하여(제97조), 취업규칙의 법적 효력의 근거를 명시적으로 정하고 있다. 이에 따르면 근로조건 등 근로관계의 내용에 대해 취업규칙에서 정하는 기준보다 더 낮은 수준을 근로계약의 당사자인 개별 근로자와 사용자가 합의하더라도 그것은 무효가 되고, 그 무효로 된 부분은 취업규칙에서 정한 기준으로 자동적으로 대체되게 된다. 근로기준법 제97조에서는 취업규칙에서 정한 기준에 "미달"하는 근로계약의 내용을 무효로 하는 데 지나지 않기 때문에 취업규칙에서 정한 기준을 "상회"하는 근로계약은 당연히 유효하게 된다. 따라서 근로계약과 취업규칙 중에서 항상 근로자에게 유리한 것이 적용되는 결과가 된다. 이러한 결과는 근로자 보호라는 근로기준법의 목적을 달성하기 위한 것이기도 하지만, 취업규칙은 사용자가 일방적으로, 즉 사용자 단독으로 작성하는 것이기 때문에 사용자의 전횡을 방지하고자 하는 취지도 포함되어 있다고 볼 수 있을 것이다.

노동조합과 사용자 사이의 근로조건 등에 관하여 합의한 자치규범인 단체협약의 효력 근거에 대해서도 법률에서 명문의 규정을 두고 있다. 노조법 제33조 제1항에서는 "단체협약에 정한 근로조건 기타 근로자의 대우에 관한 기준에 위반하는 취업규칙 또는 근로계약의 부분은 무효로 한다"고 규정하고 있고, 제2항에서는 "근로계약에 규정되지 아니한 사항 또는 제1항의 규정에 의하여 무효로 된 부분은 단체협약에 정한 기준에 의한다"고 규정하고 있다. 여기에서는 두 가지 사항을 특히 주목할 필요가 있다.

첫째, 노조법 제33조에서는 단체협약과 취업규칙 및 근로계약 사이의 관계에 관하여 규정하고 있는데, 제1항은 단체협약에 대해 사실상 법률과 마찬가지의 효력이 부여되어 있는 점이 주목된다. 즉 단체협약에 위반하는 취업규칙이나 근로계약을 무효로 하는 강행적 효력이 부여되어 있는 것이다. 노동조합과 사용자가 합의한 단체협약이 근로관계의 당사자인 개별 근로자와 사용자가 합의한 계약인 근로계약을 무효로 만들어버리는 강력한 효력이 노조법에 의해 부여되고 있다. 사인(私人)간의 합의(즉, 단체협약)에 의해 다른 사인(私人)의 합의(즉 근로계약)가 무효로 되어 버리는 것이다. 우리나라 법질서에서 개인간의 합의에 의한 계약을 무효로 만들어버리는 것은 국회가 제정한 법률 외에는 존재하지 않는다. 그런데, 단체협약은 국회가 제정한 법률이 아님에도 불구하고 마치 법률과 유사한 효력이 부여되어 있는 매우 특수한 법적 지위를 가지고 있다. 이는 노사간의 집단적 관계를 노동조합과 사용자라는 집단적 당사자 상호간의 합의에 의해 규율하도록 하고, 그 합의는 개별적인 합의에 우선한다는 집단적 자치의 이념이 반영된 결과라고 할 수 있고, 근로자의 단결권 등 노동삼권을 헌법상 보장하고 있는 결과라고 할 수 있다.

둘째, 근로계약과 취업규칙 사이의 관계를 정한 근로기준법 제97조의 문언과, 단체협약과 근로계약이나 취업규칙 사이의 관계를 정한 노조법 제33조의 문언을 엄밀하게 비교할 필요가 있다. 양자는 유사한 내용과 체제로 이루어져 있는 것처럼 보인다. 그러나 자세히 살펴보면, 전자, 즉 근로기준법 제97조에서는 취업규칙에서 정한 기준에 "미달"하는 근로계약의 효력에 관하여 규정하고 있고, 노조법 제33조에서는 단체협약에 정한 기준에 "위반"하는 근로계약이나 취업규칙의 효력에 대하여 규정하고 있다. 여기에서 "미달"과 "위반"이 같은 의미인지 아니면 다른 의미인지가 문제된다.

예를 들어 취업규칙에서 임금을 월 290만원으로 정하고 있으며, 근로계약에서 임금을 월 280만원으로 정하고 있다고 가정하자. 근로계약에서 정한 임금이 취업규칙에 의한 임금 보다 "미달"한다는 점은 의문의 여지가 없다. 따라서 근로기준법 제97조에 의해 그 부분, 즉 근로계약에서 임금을 정한 부분(월 280만원)은 무효가 되고, 그 무효로 된 부분은 취업규칙에서 정한 기준인 월 290만원의 임금이 적용된다. 반대로 취업규칙에서 임금을 월 290만원으로 정하고 있는데, 근로계약에서 임금을 월 310만원으로 정하고 있다면, 이 근로계약은 취업규칙을 "미달"하는 것이 아니기 때문에 임금은 월 310만원이 된다. 이와 같이 근로계약과 취업규칙 사이에서는 항상 근로자에게 유리한 것이 적용된다.

이에 대하여, 단체협약에서 임금을 월 200만원으로 정하고 있는데, 근로계약이나 취업규칙에서 임금을 190만원으로 정하고 있다고 가정하면, 190만원 부분이 단체협약에서 정한 기준인 월 200만원을 "위반"하고 있다는 점에는 의문이 없다. 그런데, 반대로, 단체협약에서 임금을 월 200만원으로 정하고 있는데, 근로계약에서 임금을 월 210만원으로 정할 경우 그것을 단체협약에 "위반"하고 있다고 할 수 있는지가 문제된다.

여기에서 "위반"의 의미를 둘러싸고 학설은 나뉘고 있다. "위반"에 해당하기 때문에 이 경우 임금은 단체협약에서 정한 임금인 월 200만원이 된다는 견해와, 이 경우는 단체협약에서 정한 기준을 상회하고 있기 때문에 "위반"에 해당하지 않고 따라서 임금은 근로계약에서 정한 월 210만원이라는 견해가 대립할 수 있다. 일견 보기에는 후자의 견해가 근로자가 임금을 더 많이 받을 수 있기 때문에 근로자 보호에 적합한 것처럼 보일 수 있다. 그러나 조금 더 생각해보면, 이러한 입장을 취하게 되면 노동조합이 주도하여 어렵게 합의한 단체협약의 기준을 개별 근로자와 사용자 사이의 합의에 의해 간단하게 무산시켜버리는 결과가 되어 버리게 된다. 노동조합의 존재가치가 없어지게 되는 것이다. 따라서 근로자 전체 또는 장기적인 관점에서 볼 때 반드시 바람직하다고 볼 수 없는 측면도 있다. 이 문제는 노동법에서 깊이 있는 논쟁이 벌어지고 있는 영역 중 하나이다. 요컨대 단체협약과 근로계약이나 취업규칙 사이에는 항상 유리한 것이 적용된다고 단언할 수 없다는 것이다. 참고로 우리나라의 법원은 전자의 입장, 즉 단체협약에 "위반"한다는 의미는 단체협약에서 정하는 기준에 '하회'하는 경우만이 아니라 단체협약에서 정하는 기준을 '상회'하는 경우도 원칙적으로 포함하고 있다는 입장을 채택하고 있다.

이하에서는 개별적 노동관계, 즉 개별 근로자와 사용자 사이의 법률관계를 규율하는 영역에서 가장 대표적인 법률인 근로기준법과, 집단적 노동관계, 즉 근로자집단과 사용자 사이의 법률관계를 규율하는 영역에서 가장 대표적인 법률인 노조법을 중심으로 그 내용을 간단하게 살펴본다.

개별적 노동관계에 관한 법적 규율

노동보호법의 기본원칙

근로기준법은 근로조건의 기준을 정함으로써 근로자의 기본적 생활을 보장·향상시킬 것을 목적으로 하고 있다(제1조). 근로조건은 근로계약에 의해서 합의된 것 외에, 취업규칙이나 단체협약에 규정될 수도 있으며, 노동관행으로 정해질 수도 있다. 근로조건에는 임금, 근로시간, 휴일, 휴가, 재해보상, 안전보건, 기숙사 등 근로관계의 내용을 이루는 사항이 모두 포함된다. 해고와 퇴직도 근로관계의 중요한 내용을 이루는 것이기 때문에 당연히 근로조건에 포함된다.

이에 대하여 채용의 조건은 근로관계의 개시 이전에 제시되는 것이기 때문에 근로관계의 존속을 전제로 하는 근기법의 적용을 받을 여지는 원칙적으로 없다. 다만 채용에 관한 차별을 명시적으로 금지하고 있는 '남녀고용평등 및 일가정 양립지원에 관한 법률'(이하 '남녀고용평등법'), '고용상 연령차별금지 및 고령자고용촉진에 관한 법률' 또는 '장애인차별금지 및 권리구제에 관한 법률'에 위반할 경우에는 그 위반에 따른 책임을 부담하여야 한다.

근로기준법에서 정하는 근로조건은 최저기준이기 때문에 근로관계당사자는 이 기준을 이유로 근로조건을 저하시킬 수 없다(제3조). 근로조건은 근로자와 사용자가 동등한 지위에서 자유의사에 따라 결정되어야 한다(제4조). 근로조건을 대등하게 결정하였는지 여부는 당사자의 의사, 계약체결을 둘러싼 구체적 상황, 계약 체결 전후의 당사자의 처지 등을 종합적으로 고려하여 판단하여야 할 것이다.

사용자는 근로자에 대하여 남녀의 성(性)을 이유로 차별적 대우를 하지 못하고, 국적·신앙 또는 사회적 신분을 이유로 근로조건에 대한 차별적 처우를 하지 못한다(제6조). 다만 합리적인 이유가 있다면, 근로조건에 관한 상이한 처우를 하는 것은 무방하다. 예컨대 근로자의 학력, 능력, 경력, 담당직무 등의 차이에 의하여 대우에 관하여 합리적인 차별을 하는 경우에는 금지되는 것이 아니다.

노동생활에서의 차별은 다양한 형태로 발생하기 때문에, 법은 차별의 사유에 따라 다양한 규제를 하고 있다. 현행 법에서는 성별에 기한 차별, 고용형태에 따른 차별, 연령을 이유로 한 차별, 장애를 이유로 한 차별이 금지되어 있다.

성별에 기한 차별은 남녀고용평등법에 의해 제한되고 있다. 남녀고용평등법은 성별을 이유로 한 직접차별과 간접차별을 모두 금지하고 있다. 직접차별이란 사업주가 근로자에게 성별, 혼인, 가족 안에서의 지위, 임신 또는 출산 등의 사유로 합리적인 이유 없이 채용 또는 근로의 조건을 다르게 하거나 그 밖의 불리한 조치를 하는 경우를 말한다(제2조 제1호). 간접차별이란 사업주가 채용조건이나 근로조건은 동일하게 적용하더라도 그 조건을 충족할 수 있는 남성 또는 여성이 다른 한 성(性)에 비하여 현저히 적고 그에 따라 특정 성에게 불리한 결과를 초래하며 그 조건이 정당한 것임을 증명할 수 없는 경우를 말한다(같은 조). 외형적으로는 동등하게 대우하는 것으로 보이지만 그 효과가 차별적이라면 간접차별로서 금지되는 것이다. 예를 들어 사용자가 사무직 근로자를 모집하면서 채용조건으로 신장 170cm 이상으로 제한하는 경우가 여기에 해당한다. 신장은 외형상 중립적인 기준으로 보이지만, 170cm라는 기준을 충족하는 남녀의 비율은 현저하게 차이가 나고 따라서 그 효과가 성별로 차별적으로 미치게 된다.

남녀고용평등법에서는 모집·채용 단계에서의 차별, 교육·배치 및 승진에서의 차별, 정년·퇴직 및 해고에서의 차별 등 근로관계의 성립, 전개, 종료과정에서의 차별을 금지하고 있다. 또한 고용상 성희롱 역시 금지된다. 특히 주목할 점은 동일노동 동일임금의 원칙을 넘어서 동일가치노동에 대한 동일임금의 지급을 명시적으로 규정하고 있는 점이다. 동일하거나 유사한 노동에 대한 동일임금만이 아니라 동일한 가치를 가지는 노동에 대한 동일임금지급을 요구함으로써 성별을 이유로 한 임금차별을 엄격하게 금지하고 있다.

고용형태에 기한 고용상 차별은 "기간제 및 단시간근로자 보호 등에 관한 법률"에서 기간제 근로자 및 단시간 근로자에 대해 비교대상이 되는 동종 또는 유사한 업무에 종사하는 기간의 정함이 없는 근로자 및 상용근로자에 비하여 합리적 이유가 없는 차별적 처우를 금지하는 형태로 금지되고 있다(같은 법 제8조 참조).

연령에 기한 고용상 차별은 '고용상 연령차별금지 및 고령자고용촉진에 관한 법률'에 의해, 장애에 기한 차별은 '장애인차별금지 및 권리구제에 관한 법률'에 의해 각각 금지되고 있다.

강제노동과 사용자에 의한 폭행은 당연히 금지대상이 되고 있다. 또한 다른 사람의 취업에 개입하거나 관리자 등의 지위를 이용하여 영리를 취득하는 것 역시 엄격하게 금지되고 있다. 이를 중간착취의 금지라고 한다(근로기준법 제9조). 다만 법률에 의하여 인정되는 경우에는 중간착취가 허용된다. 그 대표적인 예가 파견근로이다. 파견근로에 대해서는 '파견근로자 보호 등에 관한 법률'(이하 '근로자파견법')이 규율하고 있는데, 이 법에서는 파견업체(파견사업주)가 고용하고 있는 근로자(파견근로자)를 다른 사람(사용사업주)에게 파견하여 그 자의 지휘명령에 따르도록 하고 일정한 이익을 취득하는 것을 엄격한 요건 하에서 허용하고 있다. 최근 이른바 불법파견은 근로자파견법상의 요건을 갖추지 않고 근로자를 파견하였는지 여부가 문제되는 것이다. 불법파견에 해당하면 근로기준법상의 중간착취에 해당하여 처벌의 대상이 될 수 있고, 사용사업주는 근로자파견법에 의해 불법파견으로 일하는 근로자를 직접고용할 의무를 부담한다. 나아가 근로자파견법은 "파견사업주와 사용사업주는 파견근로자임을 이유로 사용사업주의 사업 내의 동종 또는 유사한 업무를 수행하는 근로자에 비하여 파견근로자에게 차별적 처우를 하여서는 아니 된다"고 규정하여(제21조 제1항) 파견근로자에 대한 차별적 처우를 금지하고 있다.

근로기준법은 모든 사업장에 적용되지만, 5인 미만의 근로자를 사용하는 경우에는 일부 조항의 적용이 배제된다. 그런데, 5인 미만 사업장에 적용되지 않는 보호조항은 중요한 것이 많다. 예를 들어, 해고 제한, 퇴직금, 연차유급휴가 등이 적용되지 않는다.

근로관계의 성립

근로관계의 성립은 통상적으로 근로계약의 체결에 의해 이루어진다. 근로계약은 개별 근로자와 사용자 사이의 합의에 의해 명시적으로 성립하는 것이 일반적이지만, 뒤에서 살펴보는 바와 같이 양 당사자의 묵시적인 합의에 의해서도 성립할 수 있다.

근로계약을 체결하는 방식은 당사자의 자유에 맡겨져 있다. 따라서 서면에 의해 체결될 수도 있고 구두에 의해 체결되어도 무방하다. 다만 일정한 사항에 대해서는 반드시 명시하도록 하고, 나아가 서면으로 작성하도록 하고 있다. 임금, 소정근로시간, 주휴일, 연차유급휴가, 취업 장소와 종사업무, 근로기준법 제93조 제1호부터 제12호까지의 규정에서 정한 사항, 기숙사규칙에서 정한 사항은 근로자에게 명시하여야 하고, 이 중 임금의 구성항목 · 계산방법 · 지급방법, 소정근로시간, 주휴일, 연차유급휴가에 관한 사항은 그 명시된 서면을 근로자에게 교부하여야 한다. 이러한 사항을 변경하는 경우에도 마찬가지이다(근로기준법 제17조 참조).

이와 같이 근로조건의 명시의무를 사용자에게 부과하고 있는 이유는 구직 중에 있는 자는 경제적으로 열악한 지위에 있을 수밖에 없는 경우가 대부분이기 때문이다. 구직이라는 절박한 상황을 이용하여 중요한 근로조건이 정해지지 않은 상태에서 사용자가 사실상 근로를 강제하는 것을 방지하고자 하기 위한 것이다.

근로조건의 명시는 문서, 구두, 취업규칙의 게시 등 여러 가지 방법에 의해 가능하지만, 앞에서 본 바와 같이 임금의 구성항목 · 계산방법 · 지급방법, 소정근로시간, 휴일 및 연차 유급휴가에 관한 사항은 명시된 서면을 교부하여야 하고, 그러한 사항이 단체협약이나 취업규칙 등에 의해 변경된 경우에는 근로자의 요구가 있으면 그 근로자에게 교부하여야 한다(근로기준법 제17조 제2항).

명시하여야 하는 근로조건이 사실과 다를 경우 근로자는 근로조건 위반을 이유로 손해의 배상을 청구할 수 있으며 즉시 근로계약을 해제할 수 있다(근로기준법 제19조 제1항). 근로계약을 해제할 경우 사용자는 취업을 목적으로 거주를 변경하는 근로자에게 귀향 여비를 지급하여야 한다(같은 조 제2항).

묵시적 근로계약은 당사자가 근로계약을 작성하지 않은 경우에도 일정한 요건을 갖추고 있다면 근로계약의 성립을 인정하는 것이다. 이와 관련하여 최근 이른바 사내하청 근로자가 원청회사와 묵시적인 근로계약관계가 인정되는지 여부가 문제되고 있다. 예를 들어 자동차회사인 A회사가 하청회사인 B회사와 자동차의 조립업무에 관한 도급계약을 체결하고, 하청회사인 B회사의 근로자들이 원청회사인 A회사의 공장 내에서 A회사의 지휘감독을 받아 일을 하는 경우, 그 근로자들은 하청회사인 B회사와 근로계약을 체결하였지만 원청인 A회사의 공장 내에서 A회사의 감독 하에서 근로를 제공하고 있기 때문에 실질적인 사용자가 원청인 자동차 회사 A회사가 되는 것은 아닌가. 즉 하청회사 B의 근로자는 형식적으로는 하청회사 소속으로서 하청회사 B와 근로계약을 체결하고 있으나, 실질적으로는 원청회사인 A회사와 근로계약을 묵시적으로 체결한 것으로 보아야 하는 것은 아닌지가 문제되는 것이다. 이와 같은 묵시적 근로계약이 성립하기 위해서는 판례는 "원고용주에게 고용되어 제3자의 사업장에서 제3자의 업무에 종사하는 자를 제3자의 근로자라고 할 수 있으려면 원고용주는 사업주로서의 독자성이 없거나 독립성을 결하여 제3자의 노무대행기관과 동일시할 수 있는 등 그 존재가 형식적·명목적인 것에 지나지 아니하고, 사실상 당해 피고용인은 제3자와 종속적인 관계에 있으며, 실질적으로 임금을 지급하는 자도 제3자이고 또 근로제공의 상대방도 제3자이어서 당해 피고용인과 제3자 간에 묵시적 근로계약관계가 성립되어 있다고 평가될 수 있어야 할 것"이라고 판단하고 있다.

취업규칙

취업규칙은 근로자의 근로조건과 복무규율에 관한 준칙의 내용을 정한 문서를 말한다. 일반적으로는 '사규', 급여나 퇴직금 또는 징계 '규정'이라고 부른다. 취업규칙은 당사자간의 합의를 필요로 하는 근로계약이나 단체협약과 달리 사용자의 일방적인 의사에 의해 작성된다. 그럼에도 불구하고 앞에서 본 바와 같이 취업규칙은 그것에 미달하는 내용의 근로계약을 무효로 하며, 무효로 된 부분은 취업규칙에서 정하는 바가 자동적으로 적용된다고 근로기준법은 정하고 있다(제97조). 즉 취업규칙은 일종의 법규범과 같은 효력을 가지는 것이다. 따라서 노동조합이 조직되어 있지 않은 회사에서는 취업규칙이 근로조건이나 징계와 같은 직장규율과 관련한 최상위 규범으로 된다. 사용자가 일방적으로 작성함에도 불구하고 근로계약의 효력을 배제시킬 수 있는 강력한 효력이 법적으로 인정되어 있기 때문에 근로기준법은 사용자가 취업규칙의 작성권한을 남용하지 못하도록 하는 다양한 규제장치를 두고 있다.

예를 들면 근로기준법 제93조에서는 10인 이상 근로자를 사용하는 사용자에 대해 취업규칙의 작성을 의무화하고, 취업규칙을 작성할 때에 반드시 포함하여야 하는 근로조건과 근로자에 제재에 관한 사항들을 규정하고 있다. 이를 취업규칙의 필요적 기재사항이라고 한다. 취업규칙을 작성하거나 변경하면 이를 고용노동부 장관에게 신고하도록 하고 있다. 취업규칙이 법령이나 단체협약에 반하는 경우 고용노동부장관은 그 변경을 명할 수 있다(제96조 제2항).

사용자의 독단적인 취업규칙 제정이나 개정을 방지하기 위해 법에서는 사용자가 취업규칙을 작성하거나 변경할 때에는 해당 사업 또는 사업장에 근로자의 과반수로 조직된 노동조합이 있는 경우에는 그 노동조합, 근로자의 과반수로 조직된 노동조합이 없는 경우에는 근로자의 과반수의 의견을 들어야 한다고 규정하고 있다(제94조 제1항).

사용자가 취업규칙에서 정한 근로조건을 근로자에게 유리하게 변경하는 경우에는 특별한 문제가 발생하지 않으나, 근로자에게 불리하게 변경하는 경우에는 근로자 보호와 관련하여 중요한 문제가 발생한다. 취업규칙은 사용자가 일방적으로 작성하는 것이기 때문에 근로자에게 불리하게 근로조건을 사용자가 마음대로 변경할 수 있기 때문이다. 이러한 사용자의 불이익 변경을 막기 위해 근로기준법 제94조 제1항 단서는 "다만, 취업규칙을 근로자에게 불리하게 변경하는 경우에는 그 동의를 받아야 한다"고 규정하여, 취업규칙의 불이익변경시에는 근로자의 집단적 동의를 받도록 하고 있다. 이러한 동의를 받지 않은 취업규칙의 불이익변경은 원칙적으로 무효라는 것이 판례의 일관된 입장이다.

근로관계의 내용

1. 근로계약의 기간

근로계약의 기간은 「기간제 및 단시간근로자 보호 등에 관한 법률」(이하 '기간제법')에서 규율하고 있다. 이 법은 상시 5인 이상의 근로자를 사용하는 사업장을 원칙적인 적용대상으로 한다(법 제3조 참조). 기간제법 제4조에서는 근로계약의 기간에 관하여 "사용자는 2년을 초과하지 아니하는 범위 안에서(기간제 근로계약의 반복갱신 등의 경우에는 그 계속근로한 총기간이 2년을 초과하지 아니하는 범위 안에서) 기간제근로자를 사용할 수 있다"고 규정하여(제1항) 근로계약의 기간은 원칙적으로 2년으로 정하고 있다. 이와 같이 근로계약의 기간을 법적으로 규율하는 원래의 취지는 지나치게 장기간의 근로계약을 체결하는 것이 사실상 근로자에게 근로를 강제하는 부당한 결과로 되는 것을 방지하기 위한 것이다.

그런데, 오늘날에는 기간제 근로가 강제노동을 강제하는 것과 같은 사태가 발생하는 것은 상정하기 어렵다. 따라서 기간제법의 규정을 외형적으로만 보면, 오히려 근로계약의 기간을 법에 의해 제한함으로써 근로자에게 상대적으로 더 긴 기간으로 일할 수 있는 기회를 박탈하는 것처럼 보일 수도 있다. 그렇지만, 근로계약의 기간은 그 자체로만 이해하여서는 안된다. 근로기준법 제23조에 의한 해고의 제한규정과 함께 볼 때에만 그 정확한 의미를 파악할 수 있다. 근로기준법 제23조 제1항은 "사용자는 근로자에게 정당한 이유 없이 해고, 휴직, 정직, 전직, 감봉, 그 밖의 징벌(懲罰)(이하 "부당해고등"이라 한다)을 하지 못한다"고 규정하여 정당한 이유가 없는 해고를 금지하고 있다. 사용자가 정당한 이유 없이 해고하면 그 해고는 무효가 된다. 우리나라에서 해고는 엄격하게 제한되고 있는 것이다. 특히 경영상 이유에 의한 해고인 이른바 정리해고는 근로자의 귀책사유가 없이 사용자의 경영상황을 이유로 한 해고이기 때문에 근로기준법 제24조에서는 엄격한 요건 하에서만 이를 허용하고 있다.

그런데, 기간의 정함이 있는 근로계약을 사용자가 남용하는 경우에는 이와 같은 해고규제를 회피할 수 있다. 우리나라는 기간의 정함이 있는 근로계약을 체결할 수 있는 사유를 제한하지 않고 사용자나 근로자가 자유로이 체결할 수 있도록 하고 있다. 그리고 기간제로 근로자를 고용한 사용자는 그 근로계약의 기간이 만료되면 특별한 제한 없이 근로관계를 종료할 수 있다는 것이 판례의 일관된 입장이다. 계약기간의 만료는 해고가 아니기 때문에 정당한 이유를 필요로 하지 않는다는 것이다. 따라서 기간제 근로자를 남용하면 사용자는 사실상 해고제한이라는 엄격한 법적 규제를 회피할 수 있는 길이 열리게 된다. 기간제 근로계약을 체결한 근로자를 경기상황에 따라 사용하기도 하고 사용하지 않기도 하는 행태를 반복하는 경우, 기간제 근로계약에 대한 법적 규율의 미비는 실질적으로 정리해고 규제의 회피로 이어질 수 있는 것이다.

이런 측면을 고려하여, 기간제법은 휴직 등 당해 근로자가 복귀할 때까지 그 업무를 대신할 필요가 있어서 기간제 근로자를 사용하는 등 업무의 성질상 기간제 근로계약을 체결하는 것이 통상적이라고 생각되는 예외적인 상황이 존재하지 않거나 그 사유가 소멸하였음에도 불구하고 사용자가 2년을 초과하여 기간제 근로자를 사용하는 경우에는 그 기간제근로자는 기간의 정함이 없는 근로계약을 체결한 근로자로 간주하고 있다(법 제4조 제2항 참조). 즉 2년을 초과하여 기간제 근로자를 사용하면 이른바 정규직 근로자가 되는 것이다.

이러한 기간제법의 취지를 고려하여 판례는 형식적으로는 기간의 정함이 있는 근로계약을 체결하였으나 근로자에게 기간의 정함이 없는 근로계약에 대한 정당한 기대권이 인정되는 경우에는 사용자가 그 계약갱신을 거부할 수 없다고 판단하고 있다.

2. 임   금

(1) 임금의 의의

임금은 근로조건 중에서 가장 중요한 근로조건이라고 할 수 있다. 근로자 본인과 그 가족이 생계를 유지하는 데에 필요불가결한 존재조건이기 때문이다. 임금은 다양한 명칭으로 불린다. 기본급, 가족수당, 직책수당, 통근수당 등 각종 수당, 이른바 보너스(상여금) 등 다양한 명칭으로 불리고, 월급이라고 하기도 하고 연봉이라고 하기도 한다.

월급은 월을 기간으로 하여 임금의 지급을 정한 것을 말하고, 주급이란 주를 기간으로 한 임금지급형태를 말하며, 일급과 시급은 각각 일과 시간을 기간으로 한 임금의 지급형태를 말하는 것이다. 연봉제란 일반적으로 매년 수령하는 임금의 총액을 사전에 정하고 이를 12개월, 즉 1/12로 나누어 지급하는 임금지급형태를 말한다. 이상의 일반적인 명칭은 임금의 지급형태를 의미하는 것으로, 임금 그 자체는 아니다.

법적인 의미의 임금은 근로기준법에 규정되어 있다. 즉 근로기준법 제2조 제5호에서는 "'임금'이란 사용자가 근로의 대가로 근로자에게 임금, 봉급, 그 밖에 어떠한 명칭으로든지 지급하는 일체의 금품을 말한다"고 규정하여 임금의 정의를 하고 있다. 사용자가 법적인 의미의 임금을 지급하지 않으면 근로자는 근로계약 또는 근로기준법에 의해 사용자에 대해 임금을 청구할 법적 권리가 발생하며, 사용자는 임금의 미지급에 대한 형사책임을 부담하게 된다.

그렇지만, 임금은 매우 다양한 형태로 지급되기 때문에 어떤 수당이 법적인 의미의 임금에 해당되는지 여부를 판단하는 것은 용이한 것이 아니다. 예를 들어 해외 주재원으로 파견된 직원에게만 지급되는 해외 주재원수당은 법적인 의미의 임금에 해당하는가, 매년 경영성과에 따라 이윤을 근로자에게 배분하는 내용의 상여금은 법적인 의미의 임금에 해당하는가, 노사분규로 이어지지 않고 노사협상이 타결된 것을 축하하여 사용자가 지급한 생산성향상격려금은 임금에 해당하는가, 가족이 있으면 가족 1인당

2만원씩 지급하고 미혼이면 지급하지 않는 형태의 가족수당은 법적인 의미의 임금에 해당하는가 등이 문제된다.

이러한 문제를 해결하기 위해서는 근로기준법 제2조 제5호 소정의 임금의 정의에서 "근로의 대가"가 의미하는 바가 무엇인지를 명확히 하여야 한다. 판례에 의하면, "근로의 대가"란 널리 근로의 대가뿐만 아니라, 근로자로 하여금 근로의 제공을 원활히 하게 하거나 근로의욕을 고취시키기 위한 것도 포함된다고 보고 있다. 그러나 의례적·임의적이거나 호의적·은혜적인 의미에서 지급되는 것, 복지후생을 위한 시설이나 비용으로 지급되는 것, 기업시설에 갈음하여 실비변상조로 지급되는 것, 지급사유의 발생이 불확정적이고 일시적으로 지급되는 것은 임금에서 제외하고 있다.

이런 관점에서 판례는 사용자가 근로의 대상으로 근로자에게 지급하는 금품으로서, 근로자에게 계속적·정기적으로 지급되고 단체협약, 취업규칙, 급여규정, 근로계약, 노동관행 등에 의하여 사용자에게 그 지급의무가 지워져 있는 것은 그 명칭 여하를 불문하고 법적인 의미의 임금에 해당한다는 기준에 따라 판단한다. 앞의 질문은 이 기준에 따라 임금 해당성 유무가 판단되어야 한다.

(2) 임금의 종류

현실에서 임금은 기본급, 가족수당, 직책수당, 상여금 등 다양한 명칭으로 불리고 있으나, 근로기준법은 임금의 종류를 통상임금과 평균임금으로 나누고 있다. 현실에서 존재하는 다양한 명목의 임금은 법적으로는 통상임금 또는 평균임금에 해당하게 된다. 즉 통상임금이나 평균임금은 근로자가 현실적으로 지급받는 임금의 한 종류가 아니라 퇴직금이나 시간외근로수당과 같은 법정임금산정의 기초가 되는 법적인 형식개념이다.

통상임금은 시간외·야간 및 휴일근로시 가산임금 계산(근로기준법 제56조), 해고예고수당(같은 법 제26조), 연차유급휴가수당(같은 법 제60조 제5항), 평균임금의 70%가 넘는 휴업수당(같은 법 제46조)을 산정하기 위해서 필요한 개념이다. 근로기준법 시행령 제6조 제1항은 통상임금의 의미를 다음과 같이 정의하고 있다. "'통상임금'이란 근로자에게 정기적이고 일률적으로 소정(所定)근로 또는 총 근로에 대하여 지급하기로 정한 시간급 금액, 일급 금액, 주급 금액, 월급 금액 또는 도급 금액을 말한다."

구체적으로는 판례에 따르면 "임금 중에서 근로자가 소정근로시간에 통상적으로 제공하는 근로의 가치를 평가한 것으로서 사전에 미리 확정할 수 있는 것이라면 그 명칭과 관계없이 모두 통상임금에 해당"한다. "어떠한 임금이 통상임금에 속하는지 여부는 그 임금이 소정근로의 대가로 근로자에게 지급되는 금품으로서 정기적·일률적·고정적으로 지급되는 것인지를 기준으로 그 객관적인 성질에 따라 판단하여야 하고, 임금의 명칭이나 그 지급주기의 장단 등 형식적 기준에 의해 정할 것이 아니다." 요컨대 명칭이나 지급기간에 관계없이 법적인 의미의 임금 중 정기적·일률적·고정적으로 지급되는 금품은 통상임금에 해당하며, 이를 근거로 하여 잔업수당을 비롯한 각종 법정수당을 산정하게 된다.

평균임금은 퇴직금(근로자퇴직급여보장법 제8조), 휴업수당(근로기준법 제46조), 연차유급휴가수당(근로기준법 제60조), 각종 재해보상(근로기준법 제79조부터 제85조, 산업재해보상보험법 제52조 등)의 산정에 필요한 개념이다. 근로기준법 제2조 제1항 제6호에서는 "'평균임금'이란 이를 산정하여야 할 사유가 발생한 날 이전 3개월 동안에 그 근로자에게 지급된 임금의 총액을 그 기간의 총일수로 나눈 금액을 말한다"고 규정하고 있다. 통상임금이 근로를 제공하기 전에 사전적으로 결정되는 개념이라면, 평균임금은 근로를 제공한 후 사후적으로 결정되는 개념이라는 점에서 차이가 있다.

(3) 임금의 지급방법

임금 지급의 원칙에 대해서는 근로기준법 제43조에서 정하고 있다. 따라서 이 규정에 따라 임금을 지급하지 않으면 법 위반으로서 무효가 될 뿐만 아니라 형사처벌의 대상이 된다(법 제109조 제1항). 근로기준법 제43조는 네 가지의 임금지급원칙을 규정하고 있다. 통화지급의 원칙, 직접 지급의 원칙, 전액지급의 원칙 그리고 정기지급의 원칙이 그것이다.

근로기준법 제43조 제1항은 "임금은 통화(通貨)로 직접 근로자에게 그 전액을 지급하여야 한다. 다만, 법령 또는 단체협약에 특별한 규정이 있는 경우에는 임금의 일부를 공제하거나 통화 이외의 것으로 지급할 수 있다"고 규정하고 있다. 여기에서는 통화지급의 원칙과 직접 지급의 원칙 그리고 전액지급의 원칙을 규정하고 있음을 알 수 있다.

통화지급의 원칙은 근로의 대가를 현물로 지급함으로써 근로자와 그 가족의 생계를 위협하는 사태를 방지하고자 하는 것이다. 사용자가 통화 대신에 자신의 회사에서 생산한 제품을 임금으로 지급하면 실질적으로 제품의 강매에 해당하여 근로자로서는 자유를 구속당하거나 근로에 대한 대가를 확보할 수 없게 된다. 공업화 초기에 각국에서는 이러한 사용자의 행태가 많이 발생하여 여러 가지 폐해를 낳았기 때문에(이와 같이 현물로 임금을 지급하는 것을 truck system이라고 한다), 노동법에서는 이를 엄격하게 금지하고 있다.

전액지급의 원칙은 사용자가 저축 등의 명분으로 임금의 일부를 임의로 공제할 수 있다면 근로자가 자신의 임금의 전액을 확보할 수 없게 되고 또 강제노동으로 이어질 위험이 크기 때문에 이를 금지하고자 하는 것이다. 이 원칙 역시 근로자와 그 가족의 생계의 확보를 위한 것이라고 할 수 있다.

통화지급의 원칙과 전액지급의 원칙은 법령이나 단체협약에 특별한 규정이 있는 경우에는 적용되지 않는다. 국가가 제정하는 법령이나 노동조합이 체결한 단체협약에 의한 현물지급이나 임금의 공제는 강제노동으로 이어질 위험이 적고 임금을 확보하는 데 특별한 지장이 없으며 오히려 근로자와 사용자와 편의에 이바지하는 바가 있기 때문에 이를 허용하고 있는 것이다. 예를 들어 건강보험이나 국민연금 또는 고용보험 등 사회보험 보험료와 근로소득세와 같은 세금은 급여에서 원천공제되는데 이는 모두 법령에 기하여 허용되고 있는 것이다. 노동조합비를 원천공제하는 경우도 있는데, 이는 단체협약에서 이에 관한 규정(이를 체크오프(check off) 조항이라고 한다)을 두고 있기 때문이다.

직접 지급의 원칙은 임금은 근로자에게 직접 지급하여야 하고, 그 가족이나 근로자의 채권자에게 지급하여서는 안된다는 것이다. 이 원칙 역시 임금의 실질적 확보를 가능하도록 하여 강제노동의 위험을 배제하기 위한 것이다. 통화지급의 원칙이나 전액지급의 원칙에는 법령이나 단체협약에 의한 예외가 가능하지만, 직접 지급의 원칙에는 그러한 예외가 존재하지 않는다는 점에 주의할 필요가 있다. 법은 그만큼 엄격하게 직접지급 원칙을 확보하고자 하고 있는 것이다. 따라서 예컨대 근로자 A가 B에게 100만원의 채무를 부담하고 있다고 하자. B가 근로자 A로부터 100만원의 채무를 변제받지 못하는 경우 B는 A의 사용자인 C에게 임금을 지급하라고 청구할 수는 없다. 사용자인 C는 항상 A에게 임금을 지급하여야 하고, A의 채권자인 B는 사용자에게 임금을 청구할 수 없다.

근로기준법 제43조 제2항에서는 "임금은 매월 1회 이상 일정한 날짜를 정하여 지급하여야 한다. 다만, 임시로 지급하는 임금, 수당, 그 밖에 이에 준하는 것 또는 대통령령으로 정하는 임금에 대하여는 그러하지 아니하다"고 규정하여 정기지급의 원칙을 정하고 있다. 따라서 월급, 주급, 시간급 등은 매월 1회 이상 일정한 날짜에 지급하여야 한다. 연봉 역시 마찬가지이다. 연봉은 1년에 1회 지급하는 것이 아니라 정기지급의 원칙에 따라 매월 1회 이상으로 나누어 지급되어야 한다.

(4) 휴업수당

휴업수당은 사용자의 귀책사유로 휴업, 즉 회사의 운영을 중단한 경우에 사용자가 지급하는 금품이다. 근로기준법 제46조에서는 사용자의 귀책사유로 휴업하는 경우에 사용자는 휴업기간 동안 그 근로자에게 평균임금의 100분의 70 이상의 수당을 지급하여야 한다고 규정하고 있다. 휴업수당 제도는 임금이 근로자와 그 가족의 생계 기초라는 점을 고려하여, 근로자의 책임없는 사유로 인하여 휴업하게 된 경우에는 사용자가 자기의 책임 여하를 불문하고 평균임금의 70% 이상을 지급하도록 하여 근로자의 생활안정을 도모하는 데에 그 취지가 있다.

유사한 제도로 민법 제538조 제1항에 의한 이행청구가 있다. 민법에서는 "당사자 일방의 채무가 채권자의 책임있는 사유로 이행할 수 없게 된 때에는 채무자는 상대방의 이행을 청구할 수 있다"고 규정하고 있기 때문에 채권자, 즉 사용자의 책임있는 사유로 근로제공의무를 부담하는 채무자, 즉 근로자가 근로제공을 하지 못한 때에는 근로자는 사용자에 대해 임금

전액을 청구할 수 있다. 근로기준법상의 휴업수당에서는 평균임금의 70%만 받을 수 있는 데 비하여 민법의 유사제도에서는 임금의 100%를 받을 수 있기 때문에 근로기준법상 휴업수당제도가 더 불리한 것은 아닌가 하는 의문이 있을 수 있으나, 근로기준법상의 휴업수당의 지급요건인 "사용자의 귀책사유"와 민법 제538조 제1항 소정의 "채권자의 책임있는 사유"는 그 의미가 다르고 전자가 후자에 비하여 그 범위가 훨씬 넓기 때문에 그러한 사태는 발생하지 않는다. 즉 민법상의 "채권자의 책임있는 사유"는 고의·과실 또는 이에 준하는 사유로 해석되지만, 근로기준법상의 "사용자의 귀책사유"는 불가항력을 제외한 거의 대부분의 사유가 포함된다. 예컨대 정전(停電)으로 인한 공장가동 중단의 경우 민법상의 이행청구는 불가능하지만 근로기준법상의 "사용자의 귀책사유"에는 해당되기 때문에 그 경우 근로자는 평균임금의 70%에 해당하는 휴업수당을 받을 수 있다. 반면 사용자의 업무태만에 의해 원료가 부족하여 발생한 공장 가동 중단의 경우에는 민법상 "채권자의 책임있는 사유"에도 해당하고, 근로기준법상의 "사용자의 귀책사유"에도 해당한다. 이 경우 근로자는 민법에 따라 임금 전액을 청구할 수 있게 된다.

휴업수당은 원칙적으로 평균임금의 70% 이상이지만(근로기준법 제46조 제1항 본문), 평균임금의 100분의 70에 해당하는 금액이 통상임금을 초과하는 경우에는 통상임금을 휴업수당으로 지급할 수 있으며(같은 항 단서), 나아가 부득이한 사유로 사업을 계속하는 것이 불가능하여 노동위원회의 승인을 받은 경우에는 이에 못 미치는 휴업수당을 지급할 수 있다(근로기준법 제46조 제2항).

(5) 퇴직금

퇴직금은 1년 이상 계속된 근로관계를 종료하는 경우 사용자가 근로자에게 지급하여야 하는 금품이다. 여기에서 근로관계의 종료 사유는 묻지 않는다. 따라서 기간만료로 근로관계가 종료하든, 정리해고를 당하든, 징계해고를 당하든, 사직하든, 정년퇴직하든, 근로자가 사망하든 그 사유에 관계없이 사용자는 그 근로관계가 1년 이상 지속된 경우에는 퇴직금을 지급하여야 한다. 파트타임근로자, 즉 단시간근로자에 대해서도 퇴직금을 지급하여야 한다. 다만 4주간을 평균하여 1주간의 소정근로시간이 15시간 미만인 근로자에 대하여는 퇴직금을 지급하지 않아도 무방하다(근로자퇴직급여보장법 제4조 제1항 단서).

퇴직금은 임금의 일종이기 때문에 앞에서 살펴본 임금지급에 관한 원칙이 모두 적용되며, 그 지급을 하지 않은 경우 또는 근로관계가 종료한 날로부터 14일 이내에 지급하지 않은 경우, 즉 퇴직금지급을 체불한 경우에는 사용자는 퇴직금지급의무를 부담함과 동시에 형사상 처벌대상이 된다(근로자퇴직급여보장법 제9조, 제44조 참조).

법정 퇴직금의 액수는 계속근로기간 1년에 대하여 평균임금 30일분 이상으로 되어 있다(근로자퇴직급여보장법 제8조 제1항).

퇴직금제도를 설정함에 있어서 사용자는 하나의 사업 내에 차등제도를 두어서는 아니된다(근로자퇴직급여보장법 제4조 제2항). 따라서 생산직과 사무직 근로자, 남녀 근로자 사이에 퇴직금 계산에 차별을 하는 것은 법 위반으로서 무효가 되며, 사용자는 벌칙의 적용대상이 된다(근로자퇴직급여보장법 제45조 제1호 참조).

퇴직금은 원칙적으로 근로관계가 종료한 날에 사용자에게 지급의무가 발생한다. 그런데, 근로자의 사정으로 퇴직금을 중간정산하여야 할 필요성이 발생할 수 있다. 그 경우 근로자는 사용자에 대해 퇴직금의 중간정산요구를 할 수 있다. 퇴직금을 중간정산할 수 있는 사유는 주택구입 등 시행령에서 정하는 경우에 한한다(근로자퇴직급여보장법 제8조 제2항, 시행령 제3조). 이 경우 사용자는 근로자가 퇴직하기 전에 당해 근로자가 계속 근로한 기간에 대해 퇴직금을 미리 정산하여 지급할 수 있다. 이 경우 미리 정산하여 지급한 후의 퇴직금 산정을 위한 계속근로기간은 정산시점부터 새로이 기산한다(근로자퇴직급여보장법 제8조 제2항). 여기에서 주의하여야 할 점은 근로자의 중간정산요구가 있다고 하여 사용자가 반드시 이에 응하여야 하는 것이 아니라는 점이다. 이에 응할지 여부는 사용자의 재량에 맡겨져 있다.

이와 관련하여 최근 문제로 되고 있는 것이 이른바 퇴직금선지급약정의 유효성이다. 연봉제계약을 체결하면서 매 연말 받을 퇴직금을 월로 분할하여, 즉 1/12씩 미리 지급하는 약정을 하는 경우 그것이 퇴직금중간정산으로서의 효력이 있는지 여부가 문제된다. 이에 대해 판례는 매월의 월급 속에 퇴직금을 포함시켜 지급받기로 하는 약정(이른바 '퇴직금분할약정')은 최종 퇴직시 발생하는 퇴직금청구권을 사전에 포기하는 것으로서 강행법인 근로기준법이나 근로자퇴직급여보장법에 반하여 무효라고 보고 있다. 퇴직금이란 퇴직이라는 근로관계의 종료를 요건으로 하여 비로소 발생하는 것으로 근로계약이 존속하는 동안에는 원칙으로 퇴직금 지급의무는 발생할 여지가 없기 때문이다.

한편 2005년 12월 1일부터 일시금으로 지급하는 퇴직금제도와 함께 연금형태로 지급되는 퇴직연금제도가 실시되고 있다. 기업연금이라고 불리는 퇴직연금제도는 기존 퇴직금제도의 한계와 사회경제적 구조의 변화를 반영한 것이다. 일시금인 퇴직금제도는 1961년부터 도입되었는데, 사회경제적 구조의 변화로 인해 사용자에게는 그 지급액수가 크기 때문에 큰 부담으로 작용하지만 근로자에게는 별로 도움이 되지 않는 제도로 변질되고 있다고 정책적으로 판단한 결과이다. 1997년 말 이른바 IMF 사태 이후 근속년수가 급속하게 단축되어 계속근로년수를 기초로 산정하는 퇴직금의 액수 자체가 적어지고 급속한 인구노령화가 진행되어 퇴직 이후의 생활보장이라는 목적을 달성하기가 어려워진 점, 기업도산이 근로자의 퇴직금 수급권 보장이 미흡한 점, 근로자 퇴직시 기업의 일시금 부담이 가중되는 점 등을 배경으로, 일시금으로 지급하는 퇴직금제도와 함께 연금형태로 지급하는 퇴직연금제도를 도입하게 된 것이다.

퇴직연금제도는 확정기여형 퇴직연금과 확정급여형 퇴직연금으로 나뉘어 있다(자세한 내용은 근로자퇴직급여보장법 제13조 이하 참조). 확정기여형 퇴직연금은 노사가 사전에 부담할 기여금을 확정한 후 그 적립금을 근로자가 자기책임으로 운용하고, 근로자가 일정한 연령에 도달한 때에 그 운용결과에 기초한 퇴직급여를 지급하는 것이다. 기여금의 액수는 근로자의 연간 임금총액의 1/12 이상으로 사전에 확정되어 있으나, 55세 이상이 되어 퇴직연금을 수령할 때에는 근로자의 운영실적에 따라 상이한 액수의 급여를 받게 된다.

이에 대하여 확정급여형 퇴직연금은 노사가 사전에 급여의 수준·내용을 약정하고, 근로자가 일정한 연령에 도달할 때에 약정에 따른 급여를 지급하는 것으로서, 노사가 부담하는 기여금은 운용수익률 등에 의해 변동하지만 55세 이후 지급되는 액수는 사전에 확정된 액이 지급되게 된다.

(6) 임금채권의 보호

임금은 근로자와 그 가족의 생계의 원천이 되는 중요한 것이기 때문에 근로기준법은 다양한 보호장치를 두고 있다.

먼저, 임금채권은 파산 등 사용자가 도산한 경우 우선적으로 변제받을 수 있다(근로기준법 제38조, 근로자퇴직급여보장법 제12조 참조).

둘째, 근로자가 사망하거나 퇴직하여 지급사유가 발생하면 사용자는 그 날로부터 14일 이내에 임금, 보상금, 퇴직금 등 일체의 금품을 지급하여야 한다(근로기준법 제36조, 근로자퇴직급여보장법 제9조). 이를 위반한 경우 사용자는 임금의 경우 근로기준법 제36조 위반, 퇴직금의 경우 근로자퇴직급여보장법 제9조 위반으로 각각 처벌대상이 된다(근로기준법 제109조 제1항, 근로자퇴직급여보장법 제44조 제1호에서는 3년 이하의 징역 또는 2천만원 이하의 벌금에 처할 수 있도록 규정하고 있다). 또한 사용자는 임금 전액지급의 원칙(근로기준법 제43조)에 반하여 임금을 지급하지 않은 것에 대하여도 벌칙의 적용을 받는다(근로기준법 제109조 제1항 참조).

셋째, 사용자의 금품 청산의무가 발생한 날로부터 14일 이내에 임금이나 퇴직금을 지급하지 않을 경우 사용자는 위의 벌칙 적용과 함께 그 다음 날로부터 지급하는 날까지의 지연 일수에 대하여 연 20%의 지연이자를 지급하여야 한다(근로기준법 제37조, 근로기준법 시행령 제17조 참조).

3. 근로시간

(1) 근로시간의 개념

근로시간이란 근로자가 사용자의 지휘·감독 하에서 근로계약상 근로를 제공하는 시간을 말한다. 출근할 때부터 퇴근할 때까지의 모든 시간이 근로시간이 되는 것이 아니라 그 시간 중 근로에 종사하지 않는 시간을 제외한 시간, 즉 실근로시간이 법적 의미의 근로시간이 된다. 근로시간은 사용자의 지휘감독 하에 있는 시간을 기준으로 하기 때문에 근로자가 자신의 노동력을 사용자의 처분 하에 둔 시간이면 근로시간으로 산정되며 그 시간 동안 현실적으로 근로를 제공하였는지 여부는 문제되지 않는다.

따라서 작업개시를 위한 준비작업 또는 작업종료 후의 기계용구의 정돈·청소 등과 참가의무가 있는 기술연수시간도 근로시간에 포함된다. 또한 근로자의 휴게시간이 실질적으로 사용자의 지휘·감독 아래에 있는 경우에도 근로시간이 된다. 즉 근로자가 작업시간의 도중에 현실로 작업에 종사하지 않은 대기시간이나 휴식·수면시간 등이라 하더라도 그것이 휴게시간으로서 근로자에게 자유로운 이용이 보장된 것이 아니고 실질적으로 사용자의 지휘·감독하에 놓여있는 시간이라면 이는 근로시간에 포함된다는 것이 판례의 입장이다.

(2) 근로시간의 종류

근로기준법은 근로시간을 세 가지 종류로 나누고 있다. 법정근로시간, 소정근로시간, 연장근로시간이 그것이다.

법정근로시간은 근로기준법이 벌칙에 의해 그 이행을 확보하는 근로시간이다. 즉 그 시간을 넘어 근로계약을 체결하면 사용자는 처벌을 받게 되는 근로시간이다(근로기준법 제110조 제1호 참조).

근로기준법에 의하면 법정근로시간은 세 가지 유형으로 설정되어 있다. 첫째, 18세 이상 근로자의 법정근로시간이다. 남녀를 불문하고 18세 이상 근로자의 근로시간은 휴게시간을 제외하고 1주일에 40시간, 1일에 8시간을 초과할 수 없다(법 제50조 제1항, 제2항). 둘째, 15세 이상 18세 미만 근로자, 즉 연소근로자의 근로시간은 1일 7시간, 1주 40시간을 초과할 수 없다(근로기준법 제69조 본문). 셋째, 유해·위험작업에 종사하는 근로자의 근로시간은 휴게시간을 제외하고 1일 6시간, 1주 34시간을 초과할 수 없다(산업안전보건법 제46조). 유해·위험작업이란 잠함·잠수작업 등 고기압 하에서의 작업을 말한다(산업안전보건법 시행령 제33조).

다음으로, 소정근로시간은 법정근로시간의 범위 안에서 근로자와 사용자 사이에 정한 근로시간을 말한다(근로기준법 제2조 제1항 제7호). 소정근로시간은 당사자가 근로계약 등에 의해 합의한 근로시간으로서, 임금산정의 기초가 되는 근로시간이다. 소정근로시간은 법정근로시간과 같거나 적을 수는 있지만, 법정근로시간을 초과할 수는 없다. 법정근로시간을 초과한 소정근로시간은 무효가 되고, 법정근로시간이 소정근로시간이 된다(근로기준법 제15조 참조).

마지막으로 연장근로시간이 있다. 연장근로시간은 법정근로시간을 초과하는 근로시간을 말한다. 연장근로는 일반적인 상황, 즉 18세 이상의 근로자에 대해서는 1주 12시간을 초과할 수 없다(근로기준법 제53조 제1항). 1주는 휴일을 포함하여 7일을 의미하기 때문에(근로기준법 제1항 제7호) 1주 최장근로시간은 원칙적으로 40시간에 연장근로시간 12시간을 합하여 52시간까지이다.

그런데, 보호의 필요성이 있는 여성과 연소자, 유해·위험작업에 종사하는 근로자에 대해서는 별도의 규율이 적용되고 있다. 여성근로자는 두 가지 범주로 나뉘어 연장근로시간이 규율되고 있다. 산후 1년이 경과하지 않은 여성의 연장근로는 1일 2시간, 1주 6시간, 1년 150시간을 초과할 수 없고(근로기준법 제71조), 나머지 18세 이상의 여성근로자는 남성 근로자와 마찬가지로 1주 12시간을 초과할 수 없다. 연소자, 즉 15세 이상 18세 미만의 근로자는 1일 1시간, 1주 6시간까지 연장근로를 할 수 있다(근로기준법 제69조 단서).

위험·유해작업에 종사하는 근로자에 대해서는 연장근로가 금지된다.

(3) 근로시간제도의 내용

노동법상 근로시간제도는 원칙적으로는 1일 8시간 1주 40시간을 기준으로 한 전일제 근로를 전제로 하고 있으나, 업무량의 변동, 사업장밖 근로의 증가, 전문적 성격의 업무 증가, 서비스근로의 증가, 소품종대량생산에서 다품종 소량생산으로의 생산체계의 변경 등 노동을 둘러싼 사회경제적 상황의 변화로 인해 1일 8시간, 1주 40시간이라는 경직적인 근로시간제를 보다 유연하고 탄력적인 것으로 변경할 필요성이 증가하고 있다. 이러한 상황 변화를 배경으로 하여 우리 근로기준법도 다양한 유연한 근로시간제도를 둘 수 있도록 허용하고 있다.

근로시간제도는 1일 8시간, 1주 40시간의 원칙적인 근로시간제도 외에, 탄력적 근로시간제, 선택적 근로시간제, 사업장밖 근로시간제, 재량근로시간제가 있다.

탄력적 근로시간제란 일정한 단위기간을 평균하여 1주간의 근로시간이 법정근로시간을 넘지 않는 범위 내에서 특정일, 특정주에 법정근로시간을 초과하여 근로할 수 있는 제도를 말한다. 탄력적 근로시간제를 채택한 사업장에서는 특정 일이나 특정 주에 법정근로시간인 8시간 또는 40시간을 넘어서 근로하더라도 일정한 기간을 평균하여 근로시간이 법정근로시간 내라면 사용자는 근로자에게 시간외근로수당을 지급할 필요가 없다. 따라서 탄력적 근로시간제는 업무량이 주기적으로 변하는 사업장에 있어서 업무량 증감에 탄력적으로 대처할 수 있도록 하는 등 근로시간을 사업장의 사정에 맞게 유연화하기 위한 제도라고 할 수 있다. 그렇지만 근로자의 입장에서 보면 탄력적 근로시간제를 실시하게 되면 매일, 매주의 근로시간이 달라져 생활패턴이 바뀌기 때문에 육체적·정신적 피로가 가중될 우려가 있고, 특히 탄력적 근로시간제를 실시하지 않았더라면 받을 수 있었던 시간외근로수당을 지급받지 못하기 때문에 반드시 유리한 근로시간제라고 보기는 어렵다.

탄력적 근로시간제는 2주 이내의 탄력적 근로시간제(근로기준법 제51조 제1항)와 3달 이내의 탄력적 근로시간제(근로기준법 제51조 제2항)가 있다. 전자는 변동하는 근로시간을 평균하면 법정근로시간 내인지 여부를 판단하기 위한 단위기간을 2주 이내로 하는 것이고, 후자는 이를 3달 이내로 하는 것이다. 3달 이내의 탄력적 근로시간제는 2주 이내의 탄력적 근로시간제에 비하여 더 탄력적이기 때문에, 즉 근로시간의 변동이 기간별로 더 크기 때문에 근로자에게 더 가중한 부담이 된다. 따라서 2주 이내의 탄력적 근로시간제는 취업규칙의 변경만으로 실시할 수 있도록 하고 있으나, 3달 이내의 탄력적 근로시간제는 근로자대표와의 서면합의에 의해서만 실시할 수 있도록 하여 그 요건을 더욱 강화하고 있다. 서면합의에는 ① 대상근로자의 범위, ② 단위기간(3월 이내의 일정한 기간), ③ 단위기간에 있어서의 근로일 및 당해 근로일별 근로시간, ④ 서면합의의 유효기간을 정하여야 한다(근로기준법 제51조 제2항 각호; 시행령 제28조 제1항).

선택적 근로시간제는 일정한 정산기간 동안에 근로하여야 할 총근로시간만 정하고 각 근로일에 있어서의 근로시간과 그 시업 및 종업시각을 근로자가 자유롭게 선택할 수 있는 제도이다. 선택적 근로시간제는 시업 및 종업시각을 근로자가 자율적으로 선택하도록 하여 업무의 능률향상과 근로자의 출·퇴근의 편의를 도모하기 위한 제도이다. 선택적 근로시간제는 일반적으로 출퇴근자유시간제 또는 플렉시블타임제(flexible time)라고 불리고 있다. 선택적 근로시간제도 특정일 또는 특정주에 법정기준근로시간보다 장시간 일하고 더 연장하여 일한 것을 연장근로로 보지 않는 점에서 탄력적 근로시간제와 동일하다. 그러나 탄력적 근로시간제는 소정의 근로일과 근로시간대가 정해지면 근로자들이 일률적으로 이에 따라 근로해야 하지만, 선택적 근로시간제는 반드시 근로하여야 할 시간대에만 일률적으로 근무하고 나머지 근로시간은 근로자 개인별로 근로여부의 자유를 가지게 된다는 점, 시업·종업시각을 근로자가 결정하기 때문에 1일·1주 근로시간에 대한 상한규제가 없다는 점, 임산부에 대해서도 적용할 수 있다는 점에서 탄력적 근로시간제와 차이가 있다.

선택적 근로시간제는 취업규칙(취업규칙에 준하는 것 포함)에 의하여 시업 및 종업시각을 근로자의 결정에 맡기기로 한 근로자에 대하여 적용된다(근로기준법 제52조). 나아가 선택적 근로시간제는 사용자와 근로자대표와의 서면합의에 의하여야 실시하여야 한다. 서면합의에서는 ① 대상근로자의 범위, ② 정산기간(1월 이내의 기간), ③ 정산기간에 있어서의 총근로시간, ④ 반드시 근로하여야 할 시간대를 정하는 경우에는 그 개시 및 종료시각, ⑤ 근로자가 그의 결정에 의하여 근로할 수 있는 시간대를 정하는 경우에는 그 개시 및 종료시각, ⑥ 기타 대통령령이 정하는 사항, 즉 표준근로시간을 정하여야 한다(근로기준법 제52조 각호, 시행령 제29조).

사업장밖 근로에 대해서도 별도로 규정을 두고 있다. 최근 영업업무나 출장 등 사업장밖에서 이루어지는 근무가 증가하고 있으나, 사업장밖 근로의 경우는 근로시간의 산정이 곤란하기 때문에 사업장밖 근로에 대한 근로시간계산에 관하여 명확히 함으로써 당사자간의 분쟁을 방지하고자 하기 위한 것이다.

근로자가 출장 기타의 사유로 근로시간의 전부 또는 일부를 사업장밖에서 근로하여 근로시간을 산정하기 어려운 때에는 소정근로시간을 근로한 것으로 본다(근로기준법 제58조 제1항). 당해 업무의 수행을 위하여 통상적으로 소정근로시간을 초과하여 근로할 필요가 있는 경우에는 그 업무의 수행에 통상 필요한 시간을 근로한 것으로 본다(제58조 제1항 단서). 다만, 이 경우에 당해 업무에 관하여 근로자대표와의 서면합의가 있는 때에는 그 합의에서 정하는 시간을 그 업무의 수행에 통상 필요한 시간으로 본다(제58조 제2항).

재량근로시간제는 사용자의 지시에 따라 업무를 수행하는 것보다 재량에 위임하는 것이 바람직한 전문적 근로에 대해서 근로시간을 산정하기 위한 기준을 정한 것이다. 종래 근로시간에 관한 법의 규율은 주로 생산직 근로자를 염두에 두고 고안된 것이지만, 최근 서비스근로, 전문직 근로의 증가 등 산업구조가 고도화됨에 따라 사용자의 직접적인 지휘명령에 따라 획일적인 근로를 하는 대신 근로자의 창의와 전문성을 존중하고 근로자의 재량으로 근로시간을 자유롭게 활용할 수 있도록 할 필요성이 증가하고 있다. 재량근로시간제는 이러한 필요성에 부응하기 위한 것이다. 재량근로시간제는 임금과 근로시간의 관계에 있어서도 큰 변화를 반영한 것이라고 할 수 있다. 일반적으로 임금은 근로시간에 비례하여 지급되는 형태로 결정되지만, 전문적 성격이 있는 업무의 보수는 반드시 근로의 시간에 비례하는 것이 아니라 오히려 그 성과에 따라 산정되는 것이 합리적이다. 이런 관점에서 재량근로시간제는 근로시간이 아니라 업적에 따라 임금을 산정하는 임금결정의 새로운 경향을 보여주는 것이라고 할 수 있다.

재량근로시간제 하에서는 업무의 성질에 비추어 업무수행방법을 근로자의 재량에 위임할 필요가 있는 업무로서 대통령령으로 정한 업무에 대해서는 사용자가 근로자에 대표와 서면합의로 정한 시간을 근로한 것으로 본다

(근로기준법 제58조 제3항). 대통령령에서는 이러한 업무로서, ① 신상품 또는 신기술의 연구개발이나 인문사회과학 또는 자연과학 분야의 연구업무, ② 정보처리시스템의 설계 또는 분석업무, ③ 신문·방송 또는 출판사업에 있어서 기사의 취재·편성 또는 편집업무, ④ 의복·실내장식·공업제품·광고 등의 디자인 또는 고안업무, ⑤ 방송프로·영화 등의 제작사업에 있어서 프로듀서 또는 감독업무를 열거하고 있다(근로기준법 시행령 제31조). 최근에 시행규칙이 개정되어(2019.7.31. 시행), 회계·법률사건·납세·법무·노무관리·특허·감정평가·금융투자분석·투자자산운용 등의 사무에 있어 타인의 위임·위촉을 받아 상담·조언·감정 또는 대행을 하는 업무까지 재량근로의 대상으로 확대되고 있다.

(4) 가산임금

가산임금이란 법정근로시간을 초과한 근로시간에 대하여 통상임금에 50%를 가산하여 지급하는 임금을 말한다. 이와 같이 임금을 가산하여 지급하도록 한 취지는 근로자의 건강과 문화생활의 확보를 위해 사용자로 하여금 시간외 근로를 시키지 못하도록 경제적 압력을 가하여 장시간노동을 자제하도록 하는 데에 있다.

가산임금의 지급대상은 시간외 근로, 야간근로, 휴일근로이다. 시간외 근로는 법정근로시간을 넘는 부분의 근로를 말한다. 따라서 소정근로시간을 넘는 근로라도 법정근로시간 내의 근로이면 시간외 근로에는 해당하지 않는다. 야간근로는 오후 10시부터 오전 6시까지의 근로를 말하며, 휴일근로는 휴일 중에 이루어진 근로를 말한다.

이상과 같은 가산임금 지급대상이 되는 근로에 종사한 시간에 대해서는 통상임금의 50%를 각각 가산한다. 만약 발생사유가 중복이 되는 경우, 예를 들어 시간외 근로와 야간근로가 중복되면, 각각 50%씩을 중복하여 가산지급하여야 한다.

4. 연차유급휴가

연차유급휴가는 일정기간 계속근로한 근로자가 유급으로 휴가를 받는 것을 말한다. 휴일은 통상적으로 1일로서 단기간에 그치지만 연차휴가는 상대적으로 장기간의 휴식이 가능하도록 함으로써 근로자의 정신적·육체적 휴양을 도모하고 문화생활을 할 수 있도록 한 것이다.

연차유급휴가의 산정방법은, 1년간 80% 이상 출근한 근로자에 대해서는 15일, 3년 이상 근속자에 대해서는 2년 마다 1일씩 휴가일수 가산하되, 총휴가일수는 25일로 되어 있다(근로기준법 제60조 제1항, 제4항). 이 산식에 따르면, 연차유급휴가일수가 25일이 되기 위해서는 21년 이상 근속하여야 한다. 한편, 1년 미만 근속자 또는 1년간 80% 미만 출근한 근로자에게는 1월간 개근시 1일의 유급휴가를 주어야 한다(같은 조 제2항).

사용자는 연차유급휴가를 근로자가 청구한 시기에 주어야 한다. 다만 근로자가 청구한 시기에 유급휴가를 주는 것이 사업운영에 막대한 지장이 있는 경우에는 그 시기를 변경할 수 있다(같은 조 제5항). 사용자는 연차휴가 기간에는 취업규칙 등에서 정하는 통상임금 또는 평균임금을 지급하여야 한다(제60조 제5항).

연차유급휴가는 1년간 사용하지 않으면 소멸된다. 다만 사용자의 귀책사유로 사용하지 못한 경우에는 그러하지 아니하다(법 제60조 제7항). 연차유급휴가를 1년간 사용하지 않아 소멸된 경우, 근로자는 연차유급휴가 자체를 청구할 권리는 없지만, 연차휴가를 사용하지 않았다는 것은 그 기간 중 근로를 제공하였다는 것을 의미하기 때문에, 그 기간 중의 임금 상당분은 연차유급휴가청구권의 소멸에도 불구하고 여전히 사용자에 대해 청구할 수 있다. 이러한 금품을 연차유급휴가근로수당이라고 한다.

근로관계의 종료

1. 근로관계 종료 사유

근로관계의 종료 사유는 다양하다. 근로자가 사직서를 제출하는 경우, 사용자가 해고시키는 경우, 근로자와 사용자와 합의로 근로계약을 종료시키는 의원면직, 근로계약의 기간만료, 근로자의 사망, 정년의 도달 등 다양한 사유에 의해 근로관계가 종료할 수 있다.

근로관계 종료 사유 중에서 근로기준법은 사용자에 의한 근로관계의 일방적 종료, 즉 해고에 대해서만 명문의 규정을 두고 있을 뿐, 그 밖의 종료사유에 대해서는 특별한 규정을 두고 있지 않다. 따라서 해고는 근로기준법에 의한 규제를 받고, 나머지 사유는 민법 등 일반적인 법질서에 따라 규율되고 있다. 다만 해고에 의한 근로관계의 종료와 나머지 사유에 의한 근로관계 종료는 개념적으로는 명확하게 구별되지만, 현실적으로 양자를 구별하는 것은 반드시 용이한 것은 아니다. 형식적으로는 근로자의 자발적인 사직 또는 근로자와 사용자의 합의에 의한 종료의 형태를 띠지만 실질적으로는 해고에 해당하는 경우가 있기 때문이다. 예를 들어 영업부진에 대한 책임을 묻는다는 취지로 영업부서의 전체 근로자에 대해 일괄사직서를 제출하도록 지시하고, 근로자들은 단순히 도덕적인 책임을 진다는 의미에서 이를 제출하였으나, 사용자가 선별적으로 사직서를 수리하는 경우, 형식적으로는 근로자의 근로관계 종료의 청약과 사용자의 승낙으로 이루어진 합의에 의한 근로관계의 종료이지만, 근로자는 근로관계를 종료할 의사가 없기 때문에 실질적으로는 해고에 해당하는 경우가 있을 수 있다.

이하에서는 해고에 관한 노동법상의 규제를 중심으로 살펴본다.

2. 해고의 정당성

근로기준법 제23조 제1항은 "사용자는 근로자에게 정당한 이유 없이 해고, 휴직, 정직, 전직, 감봉, 그 밖의 징벌(懲罰)(이하 "부당해고등"이라 한다)을 하지 못한다"고 규정하여 해고만이 아니라 사용자의 일방적 의사에 의한 휴직, 정직, 전직, 감봉 등 근로자에게 불이익한 처분에 대해 '정당한 이유'를 요구하고 있다. 바꾸어 말하면 근로자에 대하여 사용자가 정당한 이유가 없이 해고 등 불이익한 처분을 하게 되면 무효가 된다.

민법에 의하면 기간의 정함이 없는 근로계약을 체결한 경우(이러한 계약을 체결한 근로자를 통상적으로는 정규직 근로자라고 부른다) 계약의 당사자, 즉 근로자와 사용자는 "언제든지" 해지의 통고를 할 수 있다(민법 제660조 제1항). 즉 근로자는 사유를 불문하고 언제라도 사용자에 대하여 근로관계의

종료를 통지할 수 있고, 그 해지통보를 하면 그 근로계약은 해지되고 근로
관계는 종료하게 된다. 일반적으로 사표를 낸다고 표현하는 것이 바로 이
러한 형태의 근로관계 종료를 의미하며, 법적으로 유효한 것이다. 근로자가
직장에서 언제든지 사표를 낼 수 있는 것은 바로 민법 제660조 제1항에
의해서 가능한 것이다. 그런데, 민법의 이 조항에 의하면 근로계약의 다른
당사자인 사용자 역시 언제든지 일방적인 의사에 의해 근로관계를 종료시
킬 수 있게 된다. 사용자가 일방적으로 근로관계를 종료시키려는 의사표시
를 하는 것이 바로 해고이기 때문에, 민법 제660조 제1항을 사용자에게도
적용하게 되면 사용자는 언제든지 어떠한 이유에 의해서도 근로자를 해고
시킬 수 있게 된다.

그러나 근로자가 근로관계를 일방적으로 종료시키는 사직과 사용자가
근로관계를 일방적으로 종료시키는 해고가 가지는 현실적인 의미는 완전히
상이하다. 사용자에 의한 해고는 근로자와 그 가족의 생계의 물적 기초를
박탈하는, 즉 근로자와 그 가족의 생존을 위협하는 의미를 가지지만 근로
자에 의한 사직은 사용자의 사업운영에 그러한 효과를 줄 수 없기 때문이
다. 앞에서("노동법의 발생과 운영 메커니즘") 살펴본 바와 같이 민법을 기계
적으로 노동관계의 현실에 적용할 경우에 발생하는 가장 대표적인 불합리
한 결과 중 하나라고 할 수 있다.

이와 같이 당사자 일방의 의사표시에 의한 근로관계의 종료가 가지는
의미가 상이하기 때문에, 노동법이 개입할 여지가 발생하는 것이다. 근로기
준법 제23조 제1항은 바로 이러한 측면을 고려하여 사용자에 의한 근로관
계의 일방적 종료인 해고 등에 대해 "정당한 이유"를 요건으로 하여 그 효
력을 인정하고자 하는 것이다.

근로기준법 제23조 제1항 소정의 해고의 "정당한 이유"는 매우 추상적
인 개념이기 때문에, 구체적인 사실관계에 따라 그 해당성 여부가 판단될
수밖에 없으나, 판례에 의하면 여기에서 말하는 "정당한 이유"라 함은 사
회통념상 근로계약을 계속시킬 수 없는 정도로 근로자에게 책임있는 사유
가 있다던가 부득이한 경영상의 필요가 있는 경우를 말한다.[1]

---

1) 대판 1991.3.27. 90다카25420; 대판 1992.5.22. 91누5884.

여기에서 전자, 즉 "사회통념상 당해 근로자와의 고용관계를 계속할 수 없을 정도인지는 당해 사용자의 사업의 목적과 성격, 사업장의 여건, 당해 근로자의 지위 및 담당직무의 내용, 비위행위의 동기와 경위, 이로 인하여 기업의 위계질서가 문란하게 될 위험성 등 기업질서에 미칠 영향, 과거의 근무태도 등 여러 가지 사정을 종합적으로 검토하여 판단하여야 한다.[2]

이에 대해 후자, 즉 부득이한 경영상의 필요가 있어 근로관계를 종료하는 것이 정당한 경우에 대해서는 더욱 엄격하게 판단되어야 한다. "사회통념상 근로계약을 계속시킬 수 없는 정도로 근로자에게 책임있는 사유"가 있는 경우와 달리 부득이한 경영상의 필요성으로 인해 근로자를 해고시키는 것은 근로자에게 아무런 귀책사유가 없음에도 불구하고 근로관계가 종료되는 결과를 초래하기 때문이다. 이런 측면을 고려하여 경영상 이유에 의한 해고에 대해서는 보다 별도의 규정을 두고 엄격한 요건이 부과되어 있다. 근로기준법 제24조에서는 경영상 이유에 의한 해고(정리해고라고 일반적으로 부른다)가 정당하기 위해서는 첫째, 긴박한 경영상의 필요가 있을 것, 둘째, 사용자는 정리해고를 하기 전에 해고를 회피하기 위한 노력을 다하여야 할 것, 셋째, 그럼에도 불구하고 정리해고를 하여야 하는 경우에는 합리적이고 공정한 해고기준을 정할 것, 넷째, 해고를 피하기 위한 방법과 해고의 기준 등에 관하여 그 사업 또는 사업장에 근로자의 과반수로 조직된 노동조합이 있는 경우에는 그 노동조합(근로자의 과반수로 조직된 노동조합이 없는 경우에는 근로자의 과반수를 대표하는 자를 말한다. 이하 "근로자대표"라 한다)에 해고를 하려는 날의 50일 전까지 통보하고 성실하게 협의할 것 등 네 가지 요건을 부과하고 있다. 이 요건을 모두 갖추지 않으면 정리해고는 무효가 된다.

이상과 같은 해고의 실체적 제한과 함께 근로기준법은 해고의 절차적 제한을 두고 있다. 먼저 사용자는 근로자를 해고하고자 할 때에는 해고사유와 해고시기를 서면으로 통지하여야 한다. 이 통지를 하지 않으면 해고는 무효가 된다(근로기준법 제27조 참조).

---

2) 대판 1998.11.10. 97누18189; 대판 2003.9.26. 2003두6634 등 참조.

다음으로, 사용자는 근로자를 해고(경영상 이유에 의한 해고를 포함한다)하려면 적어도 30일 전에 예고를 하여야 하고, 30일 전에 예고를 하지 아니하였을 때에는 30일분 이상의 통상임금을 지급하여야 한다. 다만, 천재·사변, 그 밖의 부득이한 사유로 사업을 계속하는 것이 불가능한 경우 또는 근로자가 고의로 사업에 막대한 지장을 초래하거나 재산상 손해를 끼친 경우로서 고용노동부령으로 정하는 사유에 해당하는 경우에는 그러하지 아니하다(근로기준법 제26조). 그렇지만 판례는 이와 같은 30일 전의 해고예고를 하지 않은 해고라도 해고 자체가 무효가 되는 것은 아니라고 판단하고 있다.

부당해고에 대한 구제는 법원에 대해 청구할 수도 있으나, 근로기준법은 신속하고 간편한 근로자 구제를 위하여 노동위원회에 구제신청을 할 수 있도록 하고 있다(제28조).

집단적 노동관계에 관한 법적 규율[3]

집단적 노동관계의 의의와 기본원칙

집단적 노동관계는 근로자집단과 사용자 또는 사용자단체 사이의 노동관계를 말한다. 집단적 노동관계는 단결권, 단체교섭권, 단체행동권 등 노동삼권을 보장하고 있는 헌법 제33조를 정점으로 하여, 「노동조합 및 노동관계조정법」(이하 '노조법')에 의해 규율되고 있다.

앞에서 살펴본 바와 같이 개별적 노동관계법은 근로관계가 성립한 근로자와 사용자간의 개별적인 권리·의무관계에 대하여 종래의 시민법원리를 수정함으로써 근로관계에서의 실질적 평등을 실현하려는 노동보호법이다. 그러므로 개별적 근로관계법에서는 근로자보호라는 관점에서 근로자와 사용자 사이에 국가가 입법이나 행정을 통하여 직접적으로 개입함으로써 시

---

3) 이하의 내용은 김유성, 노동법 II, 전정판, 법문사, 1999의 내용을 주로 참조하면서 관련법 조항이 개정된 것을 반영한 것이다.

민법상의 계약자유의 원칙 특히 계약내용 형성의 자유를 수정한다. 즉 입법에 의해 강행적인 근로조건의 최저기준을 설정하는 한편, 그 실효성을 확보하기 위하여 행정적인 감독 및 벌칙을 마련하고 있다.

반면에 집단적 노동관계법에서는 근로자가 자주적으로 형성한 단결체를 통하여 사용자(또는 그 단체)와 자치적으로 노사관계를 형성할 수 있도록 조성하는 방법을 취한다. 노동삼권의 보장을 배경으로 하여 단결체를 통한 노사간의 실질적 평등을 구현하려는 집단적 자치의 방법을 채택하고 있는 점에서 특징이 있다. 집단적 노동관계법은 개별적 노동관계법의 최저 기준 위에서 당사자가 자치적으로 근로조건의 기준 등을 설정하도록 하는 것을 가능하도록 하는 체제로 되어 있다. 개별 근로자와 사용자간의 교섭력에 차이가 있는 개별적 노동관계와는 달리 집단적 노동관계는 근로자집단과 사용자 사이에 교섭력이 대등하다는 것을 전제로 제도화되어 있는 것이다.

집단적 노동관계법은 다음과 같은 두 가지 이념을 기본이념으로 하고 있다. 첫째, 헌법상 노동삼권, 즉 단결권, 단체교섭권, 단체행동권을 보장하고 있는 헌법 제33조의 정신을 구현한 것이기 때문에 헌법상 노동삼권의 존중을 기본이념으로 하고 있다. 둘째, 집단적 노동관계법은 노사간의 실질적 대등성을 전제로 하여 노사간의 자치적 규율과 해결을 존중하고 촉진하는 것을 목적으로 하기 때문에 집단적 노사자치가 또 다른 기본이념이 되고 있다. 따라서 국가의 개입을 당연한 전제로 하고 있는 개별적 노동관계법에서와 달리 국가의 개입은 최대한 자제되어야 한다.

노동삼권의 보장

"근로자는 근로조건의 향상을 위하여 자주적인 단결권·단체교섭권 및 단체행동권을 가진다"(헌법 제33조 제1항). 즉 근로자는 근로조건의 향상을 위하여 단결하고, 사용자와 집단적으로 교섭하며 나아가 경제적 압력행사를 할 수 있는 권리를 헌법상 부여받고 있다. 근로자의 이러한 세 개의 권리를 통칭하여 노동삼권 또는 노동기본권이라 한다(근로삼권이라고 부르는 경우도 있다).

1. 단 결 권

단결권이라 함은 근로자가 단체를 형성하거나 그에 가입하여 활동할 수 있는 권리와 근로자단체가 자주적으로 활동을 할 수 있는 권리를 말한다. 그중 개인 근로자의 단결권을 개별적 단결권이라 하고, 근로자단체의 단결권을 집단적 단결권이라 한다.

근로자는 어떠한 간섭도 없이 자유로이 노동조합으로 대표되는 근로자단결체를 조직하거나 그에 가입하여 활동할 수 있다. 이를 개별적 단결권이라 한다. 노조법은 근로자는 "자유로이 노동조합을 조직하거나 이에 가입할 수 있다"(제5조)고 하여 이를 확인하고 있다. 그러므로 사용자는 노동조합에 가입하지 아니할 것 또는 특정 노동조합의 조합원이 될 것을 고용조건으로 하거나, 노동조합의 결성 또는 가입을 이유로 근로자를 해고하거나 기타 불이익한 처분을 할 수 없다(노조법 제81조 제1호·제2호).

조합원이 된 근로자는 노동조합의 모든 문제에 대하여 균등하게 참여할 권리를 가진다(노조법 제22조). 그러므로 이에 위반하는 노동조합의 통제처분은 개별적 단결권을 침해하는 것으로서 법적 효력이 인정될 수 없다.

개별적 단결권의 내용과 관련하여 '단결하지 아니할 자유' 즉 노동조합에의 가입을 강제당하지 않을 자유가 포함되는지가 문제된다. 이에 대하여는 긍정설과 부정설이 대립하고 있다. 긍정설은 근로자의 단결하지 아니할 자유도 헌법상 단결권보장에 포함된다고 보아, 단결하지 아니할 자유를 이른바 소극적 '단결권'으로 파악하고 있다. 부정설은 단결하지 아니할 자유는 일반적 행동의 자유 또는 결사의 자유에 속하는 것에 지나지 않고 단결권의 내용을 구성하는 것은 아니라고 본다. 우리나라의 다수설과 헌법재판소는 부정설을 취하고 있다.[4)]

한편, 근로자단체는 기관의 구성, 재정, 조직형태 등의 내부운영사항에 관하여 자유로이 결정할 수 있고 또한 상부단체를 결성하거나 가입할 수 있다. 이를 집단적 단결권이라고 한다. 비록 헌법 문언상으로 단결권의 주

---

4) 헌재 2005.11.24. 2002헌바95,96,2003헌바9(병합).

체는 '근로자'로 되어 있지만 개별근로자뿐 아니라 단결체도 포함된다고 보는 점에는 이론이 없다. 노조법 등도 근로자단체의 단결활동에 대하여 민·형사면책을 인정하여(노조법 제3조·제4조 참조) 이를 확인하고 있다. 또한 사용자가 노조운영에 지배·개입하는 행위는 집단적 단결권에 대한 침해가 된다(노조법 제81조 제4호 참조).

집단적 단결권의 내용과 관련하여 문제가 되는 것은 조직강제권의 인정 여부이다. 조직강제권이란 비조직근로자 즉 노동조합에 가입하지 않은 근로자에 대하여 조합원자격의 취득 및 유지를 강제할 수 있는 근로자단체의 권리를 말한다. 그런데 조직강제는 조합원자격을 근로자의 채용 및 계속고용의 조건으로 하는 단체협약상의 숍(shop)조항을 통하여 이루어진다. 대표적인 숍조항, 즉 조직강제조항은 유니온숍(union shop)조항이다. 유니온숍조항은 종업원은 입사와 동시에 조합원이 되며, 사용자는 조합가입을 거부하거나 조합을 탈퇴한 종업원을 해고해야 할 의무가 있다는 것을 내용으로 하는 단체협약 조항을 말한다. 유니온숍조항이 체결되어 있는 경우 사용자는 조합원자격이 없는 근로자를 해고할 의무를 부담하게 된다. 따라서 유니온숍조항은 노동조합가입을 유도하는 강력한 효과가 있기 때문에 노동조합의 조직력의 강화, 즉 집단적 단결권의 강화에는 기여하지만, 반대로 개별 근로자의 노동조합에 가입하지 않을 자유, 다른 노동조합에 가입할 자유가 제한을 받게 된다. 따라서 헌법상 단결권 보장에 위반되는 것은 아닌지가 문제될 수 있다. 이에 대해서는 찬반 양론이 존재하지만, 헌법재판소는 합헌이라고 판단하고 있다.[5]

2. 단체교섭권

근로자는 단결하여 그 대표자를 통하여 근로조건 기타 대우와 노사관계상의 룰에 관하여 사용자 또는 사용자단체와 집단적으로 교섭할 수 있다. 이러한 근로자의 권리를 단체교섭권이라고 한다.

이러한 단체교섭권에 대응하여 사용자는 단체교섭의무를 진다. 단체교

---

5) 헌재 2005.11.24. 2002헌바95,96,2003헌바9(병합).

섭의무에는 단체교섭에 응할 의무뿐만 아니라 교섭과정에서 합의달성의 가능성을 진지하게 모색해야 하는 의무 및 단체교섭의 결과 합의가 성립된 경우 단체협약을 체결할 의무가 포함된다. 하지만 사용자가 노조측의 요구를 수용하거나 양보하여 타결해야 할 합의의무까지 지는 것은 아니다(노조법 제2조 제6호·제46조 참조).

노조법은 노사 양측에게 단체교섭에 성실히 임할 성실교섭의무를 부과하고 있는데(노조법 제30조), 특히 사용자의 위반에 대해서는 부당노동행위로서 금지하고 있다(노조법 제81조 제3호).

3. 단체행동권

근로자는 근로조건 등에 관한 자신의 요구를 관철하기 위하여 사용자에 대하여 집단적 압력행동을 취할 수 있다. 이러한 활동의 권리를 단체행동권이라 한다. 노조법은 정당한 단체행동에 대하여 민·형사면책을 인정하고(제3조·제4조), 그러한 단체행동에 참가한 것을 이유로 조합원을 해고하거나 기타 불이익한 취급을 하는 것을 단체행동권 침해행위로서 금지하고 있다(제81조 제5호).

4. 노동삼권의 제한

헌법 제33조 제1항은 단결권·단체교섭권 및 단체행동권의 주체를 '근로자'로 규정하면서 별다른 단서를 두고 있지 않아, 근로자 일반에 대하여 널리 노동삼권을 보장하고 있다. 그러나 노동삼권에 대해서도 다른 기본권에서와 마찬가지로 몇 가지 제한이 인정되고 있다.

우선, 기본권 일반에 대하여 적용되는 제한규정은 노동삼권에 대해서도 적용된다. 여기에 속하는 것으로는 국가안전보장·질서유지 또는 공공복리를 위하여 필요한 경우에 법률로써 국민의 자유와 권리를 제한할 수 있게 하는 일반적 법률유보조항(헌법 제37조 제2항)과, 긴급명령(제76조) 및 비상계엄(제77조·계엄법 제9조 제1항)과 관련된 국가긴급권조항이 있다.

그리고 노동삼권에 대해서만 적용되는 제한규정이 있다. 이들 조항은 근로자의 신분 또는 사업의 성질에 근거한 것으로, 헌법뿐 아니라 노조법,

「공무원의 노동조합 설립 및 운영 등에 관한 법률」(이하 '공무원노조법'), 「교원의 노동조합 설립 및 운영에 관한 법률」(이하 '교원노조법'), 방위사업법 등에 위치하고 있다. 현재 노동삼권의 전부 또는 일부가 부인되는 근로자의 범주로는 노동삼권이 전혀 인정되지 않는 5급 이상 공무원·소방공무원·교수, 쟁의행위가 금지된 교원과 방위사업법에 의해 지정된 주요방위산업체에 종사하는 근로자 중 쟁의행위가 금지된 근로자 등이 있다.

이들 근로자에 대하여 노동삼권을 제한하는 각종 법률에 대해서는 위헌논란이 계속되고 있다. 최근 정부가 국제노동기구(International Labour Organization; ILO) 핵심협약(fundamental conventions)에 속하는 제87호 '결사의 자유와 단결권에 관한 협약', 제98호 '단결권 및 단체교섭에 관한 협약'을 비준하겠다는 계획을 밝히면서, 2019년 10월 현재 노동조합 설립이나 가입이 허용되지 않는 5급 이상 공무원, 소방공무원, 대학 교수 등에 대해 노동조합의 설립과 가입을 허용하는 내용의 법개정을 위한 정부법안이 국회에 제출되어 있다. 향후 ILO 핵심협약 비준과 법개정안의 국회 통과 여부에 따라 노동삼권이 보장되는 근로자의 범주는 확대될 수 있다.

노동조합

1. 노동조합의 의의

영국의 유명한 노동운동가인 웹 부부(Sidney and Beatrice Webb)는 1894년 그들의 저서인 「The History of Trade Unionism」에서 노동조합을 '임금생활자가 근로생활의 조건을 유지 또는 개선할 것을 목적으로 조직한 상시적 단체'라고 정의하였다. 노동조합에 관한 이러한 고전적인 정의는 지금도 각국에서 널리 사용되고 있다. 이 정의에서 나타난 노동조합의 요건은 대체로 세 가지이다. 우선 주체의 면에서 임금생활자 즉 근로자의 단체여야 하고, 다음으로 목적의 면에서 근로생활 조건의 유지 또는 개선을 위한 단체여야 하며, 마지막으로 그러한 조직이 일정한 단체성을 가져야 한다. 이러한 세 가지 요건을 갖춘 단체라면 그 명칭이 무엇인가를 불문하고 실질적 의미에서의 노동조합이라고 할 수 있다.

우리 노조법에서는 「"노동조합"이라 함은 근로자가 주체가 되어 자주적으로 단결하여 근로조건의 유지·개선 기타 근로자의 경제적·사회적 지위의 향상을 도모함을 목적으로 조직하는 단체 또는 그 연합단체를 말한다」(제2조 제4호 본문)고 규정하여 위의 세 가지 요건이 노동조합의 본질적 요건임을 확인하면서, 동시에 「그러나 다음 각목의 1에 해당하는 경우에는 그러하지 아니하다」(동호 단서)라고 하여 노조법이 정하는 보호를 받기 위한 노동조합이기 위해서는 단서상의 요건에 해당하지 않을 것을 추가하고 있다. 그러므로 실질적 의미에서의 노동조합 즉 헌법상 단결체라고 하더라도 노조법 제2조 제4호 단서의 요건에 해당하는 경우에는 노조법 등이 정하는 특별보호의 대상이 될 수는 없다(노조법 제7조 참조). 이와 같이 우리나라에서 노동조합의 의의와 요건을 정한 기본 규정은 노조법 제2조 제4호이다. 그중 본문은 노동조합의 본질적 요건으로서 헌법상 노동삼권 보장의 법적 효과를 향유하는 단결체가 되기 위한 요건이고, 단서 등은 특히 노조법 등이 정하는 특별한 보호를 향유하기 위한 요건이라고 할 수 있다.

노동조합의 형태는 조직대상의 범위를 기준으로 직종별조합·산업별조합·지역별조합·기업별조합으로 나눌 수 있고, '구성원이 개인인가 단체인가'에 따라 단위조합·연합단체·혼합조합으로 분류할 수 있다. 여기서 직종별조합 또는 산업별조합이라 함은 하나 또는 수개의 동일한 직종 또는 산업에 종사하는 근로자가 각각 기업의 범위를 넘어 조직하는 노동조합을 말하고, 지역별 노동조합은 지역별로 조직된 노동조합을 말한다. 이에 대해 기업별 노동조합은 특정한 기업 또는 사업장에서 일하는 근로자를 조직하는 노동조합을 가리킨다.

한편 개인근로자가 구성원이 되는 노동조합을 단위조합, 단위노동조합을 구성원으로 하는 노동조합을 연합단체, 그리고 개인근로자와 노동조합이 모두 구성원이 될 수 있는 노동조합을 혼합조합이라 부른다. 유럽에서는 일반적으로 산업별 단위노동조합의 형태를 취하고 있으나, 우리나라에서는 전통적으로 기업별 단위노동조합 형태를 취하여 왔다. 그러나 최근에 와서는 우리나라도 산업별 단위노동조합으로 조직형태를 변경하려는 경향을 보이고 있다.

2. 노동조합의 요건

노조법 제7조는 "이 법에 의한 노동조합이 아니면 노동위원회에 노동쟁의의 조정 또는 부당노동행위의 구제를 신청할 수 없"(같은 조 제1항)고 "노동조합이라는 명칭을 사용할 수 없다"(같은 조 제3항)고 하여, 노동쟁의조정·부당노동행위구제신청 및 노동조합이라는 명칭을 사용할 수 있는 자격을 "이 법에 의한 노동조합"에 한정시키고 있다. 여기서 말하는 "이 법에 의한 노동조합"을 일반적으로 '노조법상 노동조합'이라 부른다.

노조법상 노동조합이 되기 위한 노동조합의 요건은 크게 실질적 요건과 형식적 요건으로 나눌 수 있다. 실질적 요건은 노조법 제2조 제4호에서 정의하고 있다. 노조법 제2조 제4호는 본문에서 정하고 있는 요건인 적극적 요건과 단서에서 정하고 있는 요건인 소극적 요건으로 나뉘어진다. 전자, 즉 적극적 요건은 노조법상 노동조합이 되기 위하여 반드시 갖추어야 하는 요건이고, 후자의 요건, 즉 소극적 요건은 여기에 해당하면 노조법상의 노동조합으로서의 지위가 부정되는 것이다. 따라서 노조법상 보호를 모두 받기 위해서는 적극적 요건을 모두 갖추고 있어야 하고 동시에 소극적 요건에는 해당하지 않아야 한다. 형식적 요건은 뒤에서 살펴보는 바와 같이 행정관청에 설립신고를 하여야 한다는 요건을 말한다.

근로자단체가 노동조합이 되려면 우선 "근로자가 주체가 되어 자주적으로" 단결하여 "근로조건의 유지·개선 기타 근로자의 경제적·사회적 지위의 향상을 도모함을 목적"으로 조직된 "단체 또는 그 연합단체"여야 한다. 즉 자주성·목적성·단체성 요건을 갖추어야 하며, 이를 노동조합의 적극적 요건이라고 한다.

이에 대하여 소극적 요건은 노조법 제2조 제4호 단서의 가목 내지 마목을 말한다. 가목·나목·라목은 본문의 자주성 요건과, 다목·마목은 본문의 목적성 요건에 각각 대응되어 있다.

노조법 제2조 제4호 단서 가목은 "사용자 또는 항상 그의 이익을 대표하여 행동하는 자의 참가를 허용하는 경우"를 노동조합의 소극적 요건으로 규정하고 있다. 이것은 사용자 또는 그 이익대표자가 노동조합에 가입할 경우 그의 직무상 책임이 조합원으로서의 성실성과 책임과 충돌할 뿐 아니라, 노조운영에 있어 사용자의 이해가 반영되는 채널이 되어 노동조합의 자주성이 침해될 것을 우려한 때문이다.

노조법 제2조 제4호 단서 나목은 "그 경비지출에 있어서 주로 사용자의 원조를 받는 경우"를 노동조합의 소극적 요건으로 규정하고 있다. 이것은 사용자의 재정원조에 주로 의지하여 운영되는 노동조합이라면 일반적으로 사용자에 대하여 자주성을 가지는 단체라고 볼 수 없기 때문이다.

여기서 말하는 "경비원조"라 함은 노동조합의 목적활동에 필요한 비용을 제공받는 것으로, 그 제공형태가 현금이든 현물 기타 금전외적 이익공여(소극적 부담면제도 포함)이든 가리지 아니한다. 그러므로 경비원조의 범위는 일응 광범한 것으로 이해된다. 그러나 여기에서 금지하는 것은 일체의 경비원조가 아니라 노동조합의 자주성을 침해할 수 있을 정도의 것, 즉 노조의 경비지출에 있어서 '주로' 사용자의 원조를 받는 경우에 한정된다는 점에 주의하여야 한다. 그러므로 노동조합이 사용자로부터 일정한 경제적 지원을 받는 경우에도 그것이 노조운영의 주된 부분을 차지하는 것이 아닌 한 여기에 해당하지 않는다. 그러므로 최소규모의 조합사무소의 제공, 근로자가 근로시간중에 사용자와 협의·교섭하는 것을 임금의 삭감없이 허용하는 것, 그리고 근로자의 후생자금 또는 경제상의 불행 기타 재액의 방지와 구제 등을 위한 기금의 기부 등은 여기에 저촉되지 아니한다(노조법 제81조 제4호 참조).

제2조 제4호 단서 다목은 근로자단체가 "공제·수양 기타 복리사업만을 목적으로 하는 경우"에 노동조합이 될 수 없다고 규정하고 있다. 이것은 공제·수양 등 사용자와 직접 관련이 없는 사업만을 행하는 근로자단체라면 노동삼권 보장목적인 근로조건의 향상을 목적으로 하는 단체라고 볼 수 없기 때문이다.

제2조 제4호 단서 라목은 본문에서 "근로자가 아닌 자의 가입을 허용하는 경우"를 노동조합의 소극적 요건으로 규정하면서, "다만 해고된 자가 노동위원회에 부당노동행위의 구제신청을 한 경우에는 중앙노동위원회의

재심판정이 있을 때까지는 근로자가 아닌 자로 해석하여서는 아니된다"라는 단서를 두어 일정한 예외를 인정하고 있다. 따라서 예를 들어 조합활동을 이유로 사용자에 의해 해고된 경우 그 근로자가 노동위원회에 부당노동행위 구제신청을 하면 중앙노동위원회의 재심판정이 있을 때까지는 근로자로서의 지위를 유지하기 때문에, 완전한 범위에서 조합원자격을 가진다. 따라서 그러한 자는 조합장선거에 출마할 수도 있고, 쟁의행위에 참가할 수도 있다. 주의하여야 하는 것은 노조법 제2조 제4호 라목 본문의 "근로자"는 구직 중인 자, 해고된 자를 포함하고 있다는 점이다. 따라서 노동삼권 보호의 필요성이 있는 한 현실적인 취업관계가 없는 자라고 하여도 노동조합을 설립하고 이에 가입할 수 있다. 그런데, 노조법 제2조 제4항 라목 단서는 기업별 노동조합에 한하여 적용된다는 것이 판례의 입장이다. 요컨대 해고된 자나 구직자 등 현실적인 취업관계를 맺지 않고 있는 자는 산업별 노동조합과 같은 초기업별 노동조합을 설립하고 가입할 수는 있으나, 기업별 노동조합을 설립하고 가입할 수는 없다는 것이 현재 판례의 입장이다.

노조법상 노조가 되려면 위에서 말한 실질적 요건 외에, 노조설립신고 제도가 정하는 설립신고절차를 마쳐야 한다(제10조 제1항, 제12조 참조). 이는 노조법노조의 형식적 요건이라고 한다. 노조법은 노동조합을 설립하고자 하는 자는 신고서에 규약을 첨부하여 행정관청에게 제출하여야 하고(제10조 제1항 참조), 행정관청은 이를 심사하여 신고서 접수시로부터 3일 이내에 신고증을 교부하거나 이를 반려하도록 하고 있다. 그리고 노동조합은 신고증 교부를 조건으로 신고서 접수시에 성립한 것으로 본다고 규정하고 있다(제12조). 즉 근로자단체는 규약제정·임원선임 등의 결성준비절차를 거쳐 신고서류를 행정관청에 접수하면 노동조합으로서 활동할 수 있고 다만 이후에 설립신고서가 반려되면 소급하여 그 활동의 효력이 상실되게 된다.

3. 노동조합의 운영

헌법상 노동삼권이 보장되어 있고 노동조합은 근로자가 그의 사회적·경제적 지위의 향상을 목적으로 자주적으로 조직한 단체이므로 노동조합을 어떻게 운영하는가는 노동조합 스스로 결정할 문제이다. 특히 노동조합은 조합원의 단결력을 토대로 단체교섭 등의 집단적 활동을 하므로, 조합운영에 대한 사용자 기타 외부세력의 간섭·방해행위에 의해 단결력이 침해되어서는 안된다. 따라서 노동조합은 내부운영의 방식을 스스로 정하고 그에 따라 자주적으로 운영하여야 하는데, 이를 '조합자치의 원칙'이라고 한다.

노동조합이 단결력을 확보·유지하려면, 모든 조합원에게 평등한 참여권을 인정하고 조합원의 민주적인 토론에 의해 형성된 다수의사에 따라 조합운영을 하여야 한다. 이를 '조합민주주의 원칙'이라 한다. 노조법에는 조합운영에 대한 다양한 규제조항이 마련되어 있는데, 그 상당 부분은 조합민주주의원칙에 따른 민주적인 운영을 담보하기 위한 것이라고 할 수 있다.

이상과 같은 조합자치의 원칙과 조합민주주의의 원칙을 확보하기 위해 노조법은 다양한 규정을 두고 있으나, 노동조합 내부 문제에 대해 과도하게 법적 규제를 하고 있다는 비판도 제기되고 있다.

첫째, 노동조합의 규약에 관한 규정을 두고 있다. 규약이라 함은 노동조합이 그 조직·운영에 관한 사항을 정한 제반규칙을 말한다. 규약의 제정 및 개정에는 조합원의 총의가 반영되어야 한다. 그리하여 노조법은 규약의 제정과 개정은 총회에서 조합원의 직접·비밀·무기명투표에 의하여 재적과반수의 출석과 출석조합원 3분의 2의 찬성으로 의결하여야 한다고 규정하고 있다(제16조 제2항). 다만 총회에 갈음하는 대의원회가 설치되어 있는 경우 규약의 개정은 대의원회에서 행할 수도 있다(동법 제17조 참조). 제정된 규약은 노동조합설립신고시에 신고서에 첨부하여 행정관청에 제출하여야 하며(동법 제10조 제1항), 노동조합의 주된 사무소에 비치하여야 한다(동법 제14조 제1항). 노조법은 규약의 필요적 기재사항을 법정하고 있다(제11조).

둘째, 노동조합의 기관에 관한 규정을 두고 있다. 노동조합이 단체로서 활동하기 위해서는 의사결정·집행·감사 등을 행하는 기관이 필요하다. 이러한 기관의 구성·권한 등은 조합자치의 원칙상 노동조합의 자주적 의사에 따라 규정되지만, 노조법은 조합민주주의를 확립하기 위해 총회와 대의원회 및 임원에 관한 여러 조항을 두고 있다.

총회는 노동조합의 최고의사를 결정하는 기관이다. 그런데 조합원 전원의 직접참가보다는 대의원을 통한 간접참가가 효율적인 경우에는 그에 갈음하여 대의원회를 둘 수 있다(노조법 제17조). 이 경우 총회에 관한 규정이 대의원회에 준용된다(동조 제4항). 대의원은 직접·비밀·무기명 투표에 의하여 선거되어야 한다(동조 제2항). 총회에는 정기적으로 소집되는 정기총회와 필요에 따라 수시로 소집되는 임시총회가 있다. 총회는 매년 1회 이상 개최되어야 하고(동법 제15조 제1항), 노동조합의 대표자가 총회의 의장으로 된다(동조 제2항). 총회의 소집을 위하여는 적어도 7일 전에 그 회의의 부의사항을 공고하여야 하는데, 동일한 사업장내의 근로자로 구성된 노동조합의 경우에는 규약으로 이 공고기간을 단축할 수 있으며, 기타 소집절차에 관하여서는 규약에 정한 방법에 따라야 한다(동법 제19조).

노조운영상의 중요사항은 조합원의 민주적인 총의를 반영하기 위해 총회의 의결을 얻는 것이 타당하므로, 노조법은 총회의 '필요적 의결사항'을 규정하고 있다(동법 제16조 제1항). 조합자치 원칙상 노조법상 열거되지 않은 사항도 총회의 의결사항으로 규약에 규정할 수 있다. 의결은 다수결원리에 따라 재적조합원 과반수의 출석과 출석조합원 과반수의 찬성으로써 이루어져야 한다(동조 제2항 본문). 다만 규약의 제정·변경과 임원의 해임, 합병·분할·해산 및 조직형태의 변경에 대하여는 재적조합원 과반수의 출석과 출석조합원 3분의 2 이상의 찬성으로 의결 요건이 가중된다(동항 단서). 또한 임원의 선거에서 출석조합원의 과반수의 찬성을 얻은 자가 없는 경우, 규약이 정하는 바에 따라 결선투표를 실시하여 다수의 찬성을 얻은 자를 임원으로 선출할 수 있다(동조 제3항).

의결방식은 원칙적으로 자유이나 노조법에서는 규약의 제정·변경과 임원의 선거·해임에 관하여서는 직접·비밀·무기명 투표의 방식으로써만 이를 의결할 수 있다고 규정하고 있다(동조 제4항). 한편 노동조합이 특정 조합원에 관하여 의결할 경우에는 당해 조합원에 대해서는 표결권이 인정되지 않는다(동법 제20조).

노동조합은 의사집행기관으로서 임원을 둘 수 있다. 여기에는 노조업무를 총괄하면서 대외적으로 노동조합을 대표하는 '노조위원장', 총회의 결정에 기초로 그 세부사항을 정하는 '집행위원회', 조합원의 징계에 관한 '징계위원회', 그리고 조합회계를 감사하는 '감사' 등이 있다. 노조법은 임원에 관하여 선거절차와 탄핵에 관한 사항 등을 규약의 필요적 기재사항으로 정하고 있다(제11조 제8호·제13호·제14호). 또한 노조법에는 임원선출에 관한 몇 가지 직접적 제한규정이 있다. 즉 첫째, 임원은 당해 노동조합의 조합원 중에서 직접·비밀·무기명 투표의 방식으로 선출되어야 하며(제16조 제4항·제23조 제1항), 임원의 선거에서 출석조합원의 과반수의 찬성을 얻은 자가 없는 경우, 규약이 정하는 바에 따라 결선투표를 실시하여 다수의 찬성을 얻은 자를 임원으로 선출할 수 있다(제16조 제3항). 둘째 임원의 임기는 3년을 초과할 수 없다(제23조 제2항). 셋째, 임원의 해임은 조합원의 직접·비밀·무기명투표의 방식으로 의결되어야 한다(제16조 제4항). 이러한 규정은 노조운영활동의 침체나 비민주화를 방지하기 위한 취지이다. 여기에서 임원을 조합원 중에서 선출하도록 한 것, 임원의 임기를 법에서 정하는 것에 대해서는 단결권을 과도하게 제한하는 것으로서 국제노동기준에 위반된다는 비판이 있다.

노조법에는 노동조합 운영에 대한 국가의 감독에 관한 규정이 다수 존재하고 있다. 우선, 노동조합은 조합설립일로부터 30일 이내에 조합원명부(연합단체인 노동조합에 있어서는 구성단체의 명부), 규약, 임원의 성명·주소록, 회의록, 재정에 관한 장부와 서류 등을 작성하여 주된 사무소에 비치하여야 한다. 그중 회의록과 재정에 관한 장부 및 서류는 3년간 보존하여야 한다(노조법 제14조). 이러한 서류는 조합원이 요구하면 언제든지 공개하여야 한다(동법 제26조).

다음으로, 노조법은 회계에 관한 사항을 규약의 필요적 기재사항으로 정하고 있을 뿐 아니라(노조법 제11조 제9호), 조합대표자에게 회계감사 및 그 결과의 공개를 의무화하고 있다. 즉 6개월마다 1회씩의 회계감사 및 그 결과의 공개(노조법 제25조 제1항), 회계년도마다의 결산 결과 및 운영상황을 공표하도록 하고 있다(동법 제26조). 또한 조합원은 언제든지 결산 결과와 운영상황의 공개를 요구할 수 있고, 그 경우 노동조합 대표자는 이를 열람하게 하여야 한다(동법 제26조). 노동조합의 회계감사원도 필요하다고 인정되는 때에는 언제든지 당해 노동조합의 회계감사를 실시하고 그 결과를 공개할 수 있다(동법 제25조 제2항).

또한 규약이 노동관계법령에 위반한 경우에 행정관청은 노동위원회의 의결을 얻어 그 시정을 명할 수 있다(노조법 제21조 제1항). 시정명령을 받은 노동조합은 30일 이내에 이를 이행하여야 하며, 정당한 사유가 있는 경우에는 그 기간을 연장할 수 있다(동조 제3항). 나아가 행정관청은 노동조합의 결의 또는 처분이 노동관계법령 또는 규약에 위반된다고 인정되는 경우에 노동위원회의 의결을 얻어 그 시정을 명할 수 있다. 다만 규약위반시의 시정명령은 이해관계인의 신청이 있는 경우에 한한다. 시정명령을 받은 노동조합은 30일 이내에 이를 이행하여야 하며, 정당한 사유가 있는 경우에는 그 기간을 연장할 수 있다(노조법 제21조 제2항, 제3항). 행정관청은 노동조합에게 결산결과와 운영상황에 관한 자료를 요구할 수 있으며, 노동조합은 이를 보고하여야 한다(노조법 제27조). 이를 위반하면 과태료가 부과된다(제96조 제1항 제2호).

이상과 같은 노동조합의 운영에 관한 국가의 감독을 정한 규정들은 지나치게 노동조합의 자치에 개입한다는 비판이 제기되고 있다.

4. 조합활동의 정당성

노동조합은 조합원의 단결력을 유지·강화하기 위한 활동을 일상적으로 행한다. 예를 들면 설문조사를 통한 조합원의 의견수렴이나 총회나 대의원회를 통한 조합방침의 결정, 결정된 조합방침의 홍보 및 선전, 기타 미조직 근로자에 대한 가입권유 등 다양한 활동을 전개한다. 노동조합이 조합활동을 할 수 있는 권리, 즉 조합활동권은 헌법상 보장되고 있는 노동삼권(헌법 제33조 제1항)의 한 내용이다. 그러므로 노동삼권보장에서 연유하는 각종의 법적 보호는 조합활동에 대해서도 당연히 인정된다. 즉 정당한 조합활동은 민·형사책임 및 징계책임으로부터 면책된다. 노조법도 이 점을 확인하여 "노동조합의 근로조건 유지·개선을 위한 단체교섭 기타의 행위"(제3조, 제4조 참조)나 "노동조합의 업무를 위한 정당한 행위"(제81조 제1호)는 법적 보호를 향유한다고 규정하고 있다. 따라서 노동조합의 어떠한 활동이 정당한가, 즉 어떠한 노동조합 활동이 민사상 책임과 형사상 책임으로부터 면제되는지가 문제된다.

정당한 조합활동이 되기 위해서는 주체, 목적, 활동의 각 측면에서 정당성이 있어야 한다. 주체면에서 정당성이 있기 위해서는 노동조합의 활동이 총회나 대의원회와 같은 의사결정기관 또는 임원 등 집행기관이 그 직무권한에 기하여 행한 활동이나 평조합원이 노동조합의 결정이나 지시에 따라 행하는 각종 활동이어야 한다. 문제는 노동조합의 명시적인 의사 즉 구체적인 결의나 지시에 기하지 않고 행하여진 조합원 개인 또는 집단의 자발적 활동이 정당한 조합활동이 될 수 있는가 하는 것이다. 자발적 활동이라고 하더라도 그 행위의 성질상 노동조합의 활동으로 볼 수 있거나 또는 노동조합의 묵시적인 수권 혹은 승인을 받았다고 볼 수 있는 때에는 조합활동성이 인정된다. 행위의 성질상 노동조합의 활동으로 볼 수 있는 행위는 조합원의 사회경제적 지위 향상을 꾀하는 행위로서 조합원 전체의 의사에 합치한다고 볼 수 있는 행위를 말한다.

목적은 앞에서 살펴본 노동조합의 목적성 요건에 부합하는 활동인 경우에는 정당성이 인정된다.

이상과 같은 주체의 측면, 목적의 측면에서 정당성을 가지는 경우에도, 판례에 따르면, "조합활동이 정당하려면 취업규칙이나 단체협약에 별도의 허용규정이 있거나, 관행, 사용자의 승락이 있는 경우 외에는 취업시간외에 행해져야 하며 사업장 내의 조합활동에 있어서는 사용자의 시설관리권에 바탕을 둔 합리적인 규율이나 제약에 따라야 하고, 비록 조합활동이 근무시간 외에 사업장 밖에서 이루어졌을 경우에도 근로자의 근로계약상의 성실의무(사용자의 이익을 배려해야 할)는 거기까지도 미친다"고 하고 있다.[6]

5. 노조전임자에 대한 급여지급

관행이나 단체협약 등에 의해, 조합원 특히 조합간부에게 상시적으로 노동조합의 업무에만 전념하도록 허용하는 제도를 노조전임자제도라고 한다.

기업별조직형태 하에서는 통상 종업원인 조합원 중에서 전임자가 선출

---

6) 대판 1990.5.15. 90도357.

되므로, 그는 사용자와의 근로계약관계에 의한 종업원으로서의 지위를 유지하면서 일정기간 노무제공의무의 전부 또는 일부를 면제받고 노조업무에 종사하는 이른바 '재적'전임의 형태를 취하게 된다. 이와 관련하여 노조법은 "근로자는 단체협약으로 정하거나 사용자의 동의가 있는 경우에는 근로계약 소정의 근로를 제공하지 아니하고 노동조합의 업무에만 종사할 수 있다"(제24조 제1항)고 하여 노조전임자제도를 명시적으로 인정하고 있다.

전임자에 대한 사용자의 급여 지급을 허용할 것인지 여부에 대해서는 매우 논란이 되고 있다. 과거에는 전임자에 대한 급여지급은 사실상 제한 없이 허용되고 있었으나, 노조전임자의 수와 전임자에게 지급되는 급여의 액수가 지나치게 과다하다는 비판이 제기되었다. 그렇다고 하여, 전임자에 대한 급여지급을 법에 따라 전면적으로 금지시킬 경우에는 기업별 노조조직을 지배적인 조직형태로 하고 있는 우리나라 노동조합의 실태, 특히 중소기업에 조직된 노동조합 재정의 취약성으로 인해 사실상 노동조합의 존립기반을 박탈하는 것이라는 비판도 제기되었다. 이러한 양 측면 모두의 문제점을 배경으로, 2010년 1월 1일 법률 제9930호로 개정된 현행 노조법에서는 근로시간면제(time-off)제도라는 새로운 제도를 도입하게 되었다(시행 2010년 7월 1일부터. 부칙 제1조).

이 제도에 의하면, 전임자는 사용자로부터 어떠한 급여도 지급받지 못하지만(법 제24조 제2항), "단체협약으로 정하거나 사용자가 동의하는 경우에는 사업 또는 사업장별로 조합원 수 등을 고려하여 제24조의2에 따라 결정된 근로시간 면제 한도(이하 "근로시간 면제 한도"라 한다)를 초과하지 아니하는 범위에서 근로자는 임금의 손실 없이 사용자와의 협의·교섭, 고충처리, 산업안전 활동 등 이 법또는 다른 법률에서 정하는 업무와 건전한 노사관계 발전을 위한 노동조합의 유지·관리업무를 할 수 있다"(같은 조 제3항). 노동조합은 제2항과 제4항을 위반하는 급여 지급을 요구하고 이를 관철할 목적으로 쟁의행위를 하여서는 아니 된다(같은 조 제5항). 그 위반에 대해서는 1천만원 이하의 벌금에 처한다(제92조 제1호).

근로시간면제한도를 정하는 것은 근로시간면제심의위원회이다(법 제24조의2). 이 위원회는 노동부에 두고(제1항), 위원회에서 심의·의결한 내용은 노동부장관이 고시한다(제2항). 위원회는 노동계와 경영계가 추천하는 위원 각 5명, 정부가 추천하는 공익위원 5명으로 구성되며(제3항), 위원장은 공익위원 중에서 위원회가 선출한다(제4항). 위원회는 재적위원 과반수의 출석과 출석위원 과반수의 찬성으로 의결한다(제5항). 위원회는 "근로시간면제한도를 정할 때 법 제24조 제4항에 따라 사업 또는 사업장의 전체 조합원 수와 해당 업무의 범위 등을 고려하여 시간과 이를 사용할 수 있는 인원으로 정할 수 있다"(노조법 시행령 제11조의2). 근로시간 중에 제24조 제4항에 따른 활동을 하는 것을 사용자가 허용하는 것은 지배개입의 부당노동행위에 해당하지 않는다(법 제81조 제4항 단서).

이상과 같은 현행 노조전임자 급여지급 금지제도와 근로시간면제제도는 노사자치에 맡겨야 할 것을 법에 의해 금지하는 것으로서 단결권을 본질적으로 침해한다는 비판이 제기되고 있다.

단체교섭

1. 단체교섭의 의의

단체교섭의 의미는, 국가나 시대에 따라 다르게 사용되고 있지만, 일반적으로 근로자단체와 사용자 또는 사용자단체가 근로조건 기타 노사관계의 제반 사항에 관하여 진행하는 집단적 교섭으로 이해되고 있다.

단체교섭은 근로자의 단결을 배경으로 한 노동력의 집단적 거래를 목적으로 등장하였다. 앞에서 본 바와 같이 근대산업사회에서 계약의 자유란 경제력이 없는 개별근로자의 입장에서는 실질적으로 계약체결의 강제와 다름없었고 현실적으로 계약의 내용은 사용자에 의하여 일방적으로 결정되었다. 단체교섭은 이러한 불합리를 근로자의 단결을 통한 집단적 교섭에 의해 시정하기 위해 등장한 것이다. 이런 의미에서 단체교섭은 형식적인 계약자유의 원칙을 수정하고 근로조건에 관한 노사간의 계약을 실질적으로 대등하게 형성하도록 하는 기능을 수행한다. 이 기능은 단체교섭의 본래적 기능으로서 모든 단체교섭에 공통된 속성이라고 할 수 있다.

　　단체교섭은 산업별 차원의 교섭과 같이 초기업별로 교섭이 이루어지는 형태와 기업별로 이루어지는 형태로 나눌 수 있다. 하나의 기업의 틀을 넘어서는 형태의 교섭, 대표적으로 산업별 교섭은 주로 산업별 노동조합과 산업별 사용자단체가 해당 산업에서의 근로조건이나 노사관계에 관한 사항을 주로 교섭하는 것을 내용으로 한다. 이에 대하여 기업별 교섭은 종업원으로 조직된 기업별 노동조합이 그 사용자와 해당 기업에서의 근로조건과 노사관계에 관한 사항을 주로 교섭하는 것이다.

　　산업별 교섭은 유럽에서 일반적으로 이루어지는 교섭방식으로서, 대규모 산업별 노동조합의 조직력을 기초로 한다는 점에서 노조측의 교섭력이 크다는 점과 전국 또는 지역단위 노동시장에 적용되는 근로조건의 통일성을 기할 수 있다는 점이 장점이다. 반면에 전국 또는 지역단위에서의 교섭이기 때문에 여기에서 정해지는 근로조건은 당해 단위에서의 최저기준이 될 수밖에 없고 따라서 교섭결과 정해진 근로조건과 기업단위로 지급되는 실제 근로조건 사이에 괴리가 있다는 점, 다시 말하면 개별 기업의 경영능력, 생산성을 정확하게 반영할 수 없다는 점이 단점으로 지적된다.

　　이에 대하여 기업별 교섭은 우리나라에서 주로 이루어지는 교섭방식으로서, 노동조합이 비교적 기업이나 회사의 사정을 잘 알고 있어서 기업의 지불능력에 맞는 요구를 할 수 있다는 점과 교섭에 의해 결정된 근로조건이 당해 기업의 표준적 근로조건으로서 기능한다는 점 등이 장점이다. 반면에 주로 기업별로 조직된 노동조합에 의해 교섭이 진행되기 때문에 노동조합의 교섭력이 약하다는 점과 노사 양측의 교섭담당자가 평소에는 관리자와 피관리자의 관계에 있기 때문에 교섭과정에서 불필요한 감정적 마찰이 생기기 쉽다는 점과, 기업의 지급능력에 따라 교섭결과의 차이가 커서 전체 근로자 사이의 연대감형성이나 국가의 노동시장정책의 수립에 장애로 작용한다는 점 등이 단점으로 지적되고 있다.

2. 단체교섭의 당사자

　　단체교섭의 당사자는 단체교섭의 주체, 즉 단체교섭을 자신의 이름으로 행하고 그 법적 효과가 귀속되는 주체를 말한다. 노조법상 노동조합이 전형적인 근로자측 단체교섭의 당사자이다. 단위노동조합, 즉 개별 조합원이 가입주체가 되는 노동조합으로서 노조법 제2조 제4호의 요건을 갖추고 있고 설립신고가 된 노동조합이 전형적인 단체교섭의 당사자가 된다. 최근 산업별 노동조합이 우리나라에 확산되면서, 산업별 노동조합이 개별 기업에 분회나 지회 또는 지부를 두고 있는 경우가 많은데, 이와 같이 산업별 단위 노동조합의 기업별 분회, 지회 또는 지부가 단체교섭의 당사자가 될 수 있는지 여부가 문제된다. 지부·분회는 원칙적으로 단체교섭의 독자적인 당사자가 될 수 없지만, 예외적으로 지부나 분회 등이 독자적인 규약 및 집행기관을 가지고 독립된 단체로서 활동을 하는 경우에는 당해 조직에 특유한 사항에 대하여 단체교섭 당사자가 될 수 있다고 보는 것이 다수설과 판례의 입장이다.

사용자측의 경우에는 개별 사용자 또는 사용자단체가 단체교섭의 당사자가 된다. 따라서 근로계약을 체결한 사용자가 단체교섭의 당사자, 즉 노동조합에 대해 단체교섭의무를 부담하는 자가 된다는 점에는 의문이 없다. 문제는 직접적인 근로계약을 체결하지 않은 자도 단체교섭의 상대방이 될 수 있는가 하는 것이다. 이러한 상황은 이른바 사내하청이 이루어지고 있는 경우 하청기업 소속의 근로자로 조직된 노동조합이 원청기업에 대해 단체교섭을 요구하는 경우 원청기업이 사내하청기업 소속 근로자에 대해 단체교섭의무를 부담하는지 여부를 둘러싸고 문제된다.

우선, 묵시적 근로계약관계가 인정되면 원청기업이 단체교섭의무를 부담하게 된다. 판례에 따르면, 묵시적 근로계약관계는 첫째, 원고용주가 사업주로서의 독자성이 없거나 독립성을 결하여 그 존재가 형식적·명목적인 것에 지나지 아니할 것, 둘째, 사실상 당해 근로자가 제3자와 종속적인 관계에 있을 것, 셋째, 실질적으로 임금을 지급하는 자도 제3자일 것, 넷째, 근로제공의 상대방도 제3자일 것 등의 요건을 갖춘 경우에 인정된다.[7]

다음으로, 명시적 또는 묵시적 근로계약관계에 있지 않아도 "근로조건에 관한 사항의 전부 또는 일부에 대하여 구체적·실질적인 영향력 또는

---

7) 대판 1999.11.12. 97누19946. 같은 취지의 판결로서 대판 2002.11.26. 2002도649.

지배력을 미치는 자"또는 근로조건을 "현실적·구체적으로 지배·결정할 수 있는 지위에 있는 자"도 단체교섭의무를 부담하는 사용자에 해당하는지 여부가 문제되고 있다. 이에 대해 명시적으로 판단한 판례는 아직은 없으나, 학설은 이를 인정하는 것이 일반적이다.

3. 교섭창구단일화제도

과거에는 기업내 복수노조의 설립이 금지되어 있었으나, 2010년 1월 1일 법률 제8839호로 개정된 현행 노조법에 의해 2011년 7월 1일부터 사업 또는 사업장 단위의 복수노조설립을 허용하고 있다. 사업 또는 사업장 단위의 복수노조를 허용함으로써 발생할 수 있는 단체교섭상의 혼란은 교섭창구단일화제도에 의해 방지하고자 하고 있다.

현행 제도 하에서는 하나의 사업 또는 사업장에서 조직형태에 관계없이 근로자가 설립하거나 가입한 노동조합이 2개 이상인 경우 노동조합은 교섭대표노동조합(2개 이상의 노동조합 조합원을 구성원으로 하는 교섭대표기구를 포함한다)을 정하여 교섭을 요구하여야 한다(제29조의2 제1항). 따라서 사용자와 교섭하고자 하는 노동조합은 사업(장)에서 교섭대표노조를 정하여 교섭을 요구할 의무를 부담하게 되는 결과가 되고 있다. 하나의 사업(장) 내에 조직되어 있는 노조는 조직대상의 중복·조직형태에 관계없이 교섭창구를 단일화하여야 한다. 다만, 일정기한, 즉 교섭요구노동조합이 확정된 날로부터 14일 이내에(시행령 제14조의6) 사용자가 동의한 경우에는 노조별 개별교섭이 가능하다(법 제29조의2 제1항). 이 기간 내에 사용자의 명시적 동의가 없으면 과반수 대표노조가 교섭권을 갖는 다음단계로 자동적으로 전환된다.

교섭창구단일화절차, 즉 교섭대표노동조합 결정 절차는 우선, 노동조합이 자율적으로 교섭대표노동조합을 결정하도록 하고, 그것이 실패할 경우에는 전체 조합원의 과반수로 조직된 노동조합이 있는 경우에는 그 노동조합이 교섭대표노동조합이 되며, 그러한 노동조합이 없는 경우에는 교섭창구 단일화 절차에 참여한 모든 노동조합이 공동으로 교섭대표단(공동교섭대표단)을 구성하여 사용자와 교섭하여야 한다. 공동교섭대표단의 구성에는 전체 조합원의 10% 이상을 조직한 노동조합이 관여하며, 그러한 노동조합이 공동교섭대표단 구성에 합의하지 못하는 경우에는 조합원 수에 비례하여 노동위원회가 정할 수 있도록 하고 있다(제29조의2).

　교섭대표노동조합은 다른 노동조합에 대해 공정대표의무를 부담한다(제29조의4).

4. 단체교섭의 대상

　노동조합은 사용자에 대하여 근로조건 기타 노사관계와 관련한 어떠한 사항에 대해서도 단체교섭을 요구할 수 있고, 사용자가 여기에 응하는 한, 그것이 위법한 사항이 아니라면, 모든 사항이 단체교섭의 대상사항이 될 수 있다. 그러나 사용자는 노동조합이 교섭을 요구한 일체의 사항에 대하여 반드시 교섭에 응하여야 할 의무를 부담하는 것은 아니다. 여기에서 단체교섭대상사항과 관련하여 법적으로 문제로 되는 것은 사용자가 교섭을 하지 않으면 안되는 사항, 다시 말하면 교섭을 거부하면 부당노동행위가 되는 사항의 범위를 확정하는 것이다. 이를 단체교섭의 대상, 교섭사항 또는 의무적 교섭사항이라고 부른다.

　노조법 제29조 제1항은 교섭사항의 범위와 관련하여 "노동조합의 대표자는 그 노동조합 또는 조합원을 위하여 사용자나 사용자단체와 교섭… 할 권한을 가진다"고 하여, 교섭사항이 '조합원을 위한 사항'과 '노동조합을 위한 사항'에 미치는 것임을 규정하고 있다. 그러나 사용자가 교섭의무를 부담하는 교섭사항이 구체적으로 어떠한 내용인지에 대해서는 전혀 규정을 두고 있지 않다.

　판례는 "단체교섭의 대상이 되는 단체교섭사항에 해당하는지 여부는 헌법 제33조 제1항과 노동조합법 제29조에서 근로자에게 단체교섭권을 보장한 취지에 비추어 판단하여야 하므로 일반적으로 구성원인 근로자의 노동조건 기타 근로자의 대우 또는 당해 단체적 노사관계의 운영에 관한 사항으로 사용자가 처분할 수 있는 사항은 단체교섭의 대상인 단체교섭사항에 해당한다"고 명시적으로 밝히면서, 징계·해고 등 인사의 기준이나 절차, 근로조건, 노동조합의 활동, 노동조합에 대한 편의제공, 단체교섭의 절차와

쟁의행위에 관한 절차에 관한 사항은 단체교섭의 대상인 단체교섭사항에 해당한다고 판단하고 있다.[8]

　　단체교섭의 대상과 관련하여 이른바 사용자의 경영권에 속하는 사항이 단체교섭의 대상에 해당되는지 여부가 특히 문제되고 있다. 사용자측에서는 경영이나 생산에 관한 사항은 이른바 경영'권'이라는 사용자의 전속적 권리에 속하는 것이기 때문에 교섭대상이 될 수 없다고 주장한다. 경영'권'이라는 용어가 소유권 내지 영업권의 일환으로서 관행적으로 사용되어 온 점은 부정할 수 없지만, 이는 사실적 개념으로서 실정법상의 권리가 아닐 뿐더러 현재 가장 전형적인 교섭사항에 속하는 해고나 임금 등의 사항도 처음에는 이른바 경영전권에 속했던 사항이었다는 점을 고려하면, 경영권에 관한 사항이라는 이유만으로 경영이나 생산에 관한 사항을 교섭사항에서 배제할 수는 없다는 견해가 일반적이라고 할 수 있다.

　　이에 대하여 판례는 정리해고, 사업의 전부 또는 일부의 변경(확장·축소·전환) 또는 처분(폐지·양도), 업무의 하도급 여부 등 이른바 경영상의 결정과 관련되는 사안에 대해 "정리해고나 사업조직의 통폐합 등 기업의 구조조정의 실시 여부는 경영주체에 의한 고도의 경영상 결단에 속하는 사항으로서 이는 원칙적으로 단체교섭의 대상이 될 수 없고, 그것이 긴박한 경영상의 필요나 합리적인 이유 없이 불순한 의도로 추진되는 등의 특별한 사정이 없는 한, 노동조합이 실질적으로 그 실시 자체를 반대하기 위하여 쟁의행위에 나아간다면, 비록 그 실시로 인하여 근로자들의 지위나 근로조건의 변경이 필연적으로 수반된다 하더라도 그 쟁의행위는 목적의 정당성을 인정할 수 없다"는 입장을 일관하여 취하고 있다.[9]

---

8) 대판 2003.12.26. 2003두8906.
9) 대판 2002.2.26. 99도5380. 같은 취지로 대판 2001.4.24. 99도4893 등 다수. 여기에서 "노동조합이 '실질적으로' 그 실시를 반대한다고 함은 비록 형식적으로는 민영화 등 구조조정을 수용한다고 하면서도 결과적으로 구조조정의 목적을 달성할 수 없게 하는 요구조건을 내세움으로써 실질적으로 구조조정의 반대와 같이 볼 수 있는 경우도 포함한다"는 것이 판례의 입장이다(대판 2006.5.12. 2002도3450).

5. 단체교섭의 방법과 절차

사용자가 부담하는 단체교섭의무에는 단순히 단체교섭에 응할 의무뿐만 아니라 교섭의 과정에서 합의형성을 위하여 성실하게 노력할 의무도 포함된다. 교섭태양과 관련되는 이러한 의무를 흔히 성실교섭의무라고 한다.

성실교섭의무는 근로자에 대하여 헌법상 보장된 단체교섭권을 실질적으로 구현시키기 위하여 인정되는 것으로, 노조법 또한 "사용자 또는 사용자단체는 신의에 따라 성실히 교섭하고 단체협약을 체결하여야 하며 그 권한을 남용하여서는 아니된다"(제30조 제1항)고 하여 이를 명시하고 있다. 사용자의 불성실한 교섭행위는 정당한 이유 없는 단체교섭거부로서 부당노동행위(노조법 제81조 제3호)를 구성하기 때문에 성실교섭의무의 내용은 부당노동행위 성립요건과 직접 관련되는 것이기도 하다.

단체교섭은 계속적·유동적 과정이기 때문에 성실교섭의무의 내용과 그 위반 여부는 당해 교섭의 목적·내용 및 교섭사항 등의 제반 사정을 고려하여 개별적·구체적으로 정할 수밖에 없다. 그러나 일반적으로 다음의 사항이 성실교섭의무의 내용에 포함될 것이다.

첫째, 사용자는 합의달성을 위해 진지하게 노력하여야 한다. 사용자는 원칙적으로 교섭의 전 과정에서 합의를 형성하려는 의사, 즉 단체협약체결 의사를 가지고 단체교섭에 임해야 한다.

둘째, 사용자는 교섭사항과 관련하여 노동조합측에 필요한 설명을 하거나 관련자료를 제공하여야 한다. 이것이 이른바 설명의무와 자료제공의무이다. 사용자는 단체교섭에서 자신의 입장을 양보할 의무는 없지만, 필요한 설명이나 관련자료를 제공함으로써 노조를 설득하도록 노력하여야 한다. 이때 설명의 정도는 교섭사항, 제안·회답의 내용, 노조측의 교섭태도 등에 따라서 개별적·구체적으로 판단되어야 할 것이다.

셋째, 사용자는 교섭의 결과 합의가 성립되면 이를 단체협약으로 체결하여야 한다. 물론 사용자는 단체교섭에 있어 노조의 요구를 수용하여 단체협약을 체결할 의무는 없다. 그러나 합의에 도달한 이상 그 내용을 단체협약으로 체결하지 않는 것은 성실교섭의무위반이 된다(노조법 제30조 제1

항·제2항 참조).

넷째, 노동조합이 쟁의행위에 돌입한 경우에도 사용자의 성실교섭의무가 경감되거나 면제되지는 않는다. 쟁의 중이라고 하여도 단체교섭에 의한 평화적 해결을 모색할 의무가 배제되는 것은 아니기 때문이다. 판례도 쟁의행위는 단체교섭을 촉진하기 위한 수단으로서의 성질을 가지므로 쟁의기간 중이라는 사정이 사용자가 단체교섭을 거부할 만한 정당한 이유가 될 수 없다고 판단하고 있다.[10]

단체교섭의 장소, 일시, 기간 등 단체교섭의 절차는 노사가 합의로 정하는 것이 원칙이지만, 합의가 이루어지지 않을 경우에 문제가 될 수 있다. 판례에 따르면, "단체교섭의 일시를 정하는 데에 관하여 노사간에 합의된 절차나 관행이 있는 경우에는 그에 따라 단체교섭 일시를 정하여야 할 것이나, 그와 같은 절차나 관행이 없는 경우, 노동조합측이 어느 일시(이하 '노조제안 일시'라 한다)를 특정하여 사용자에게 단체교섭을 요구하더라도 사용자가 교섭사항 등의 검토와 준비를 위하여 필요하다는 등 합리적 이유가 있는 때에는 노동조합측에 교섭일시의 변경을 구할 수 있고, 이와 같은 경우에는 노동조합측이 사용자의 교섭일시 변경요구를 수용하였는지 여부에 관계없이 사용자가 노조제안 일시에 단체교섭에 응하지 아니하였다 하더라도 사용자의 단체교섭 거부에 정당한 이유가 있다고 할 것이나, 사용자가 합리적인 이유 없이 노조제안 일시의 변경을 구하다가 노동조합측이 이를 수용하지 아니하였음에도 노조제안 일시에 단체교섭에 응하지 아니하였거나 사용자가 위 일시에 이르기까지 노조제안 일시에 대하여 노동조합측에 아무런 의사표명도 하지 아니한 채 노조제안 일시에 단체교섭에 응하지 아니한 경우에는 사용자가 신의에 따라 성실하게 교섭에 응한 것으로 볼 수

---

10) 대판 2006.2.24. 2005도8606. 이 판결에서는 "쟁의행위는 단체교섭을 촉진하기 위한 수단으로서의 성질을 가지므로 쟁의기간 중이라는 사정이 사용자가 단체교섭을 거부할 만한 정당한 이유가 될 수 없고, 한편 당사자가 성의 있는 교섭을 계속하였음에도 단체교섭이 교착상태에 빠져 교섭의 진전이 더 이상 기대될 수 없는 상황이라면 사용자가 단체교섭을 거부하더라도 그 거부에 정당한 이유가 있다고 할 것이지만, 위와 같은 경우에도 노동조합측으로부터 새로운 타협안이 제시되는 등 교섭재개가 의미 있을 것으로 기대할 만한 사정변경이 생긴 경우에는 사용자로서는 다시 단체교섭에 응하여야 하므로, 위와 같은 사정변경에도 불구하고 사용자가 단체교섭을 거부하는 경우에는 그 거부에 정당한 이유가 있다고 할 수 없다"고 판단하고 있다.

없으므로, 사용자의 단체교섭 거부에 정당한 이유가 있다고 할 수 없다"고
하고 있다.[11]

6. 단체교섭거부에 대한 구제

사용자가 정당한 이유 없이 단체교섭 그 자체를 거부하거나 불성실하게
교섭에 임하는 경우에 노조는 사법적 구제와 행정적 구제를 신청할 수 있다.

그런데 행정적 구제에 대하여는 노조법은 단체교섭거부를 부당노동행위
의 하나로 규정하고 있으므로 행정구제절차가 인정된다는 데 별다른 이견
이 없다. 반면 사법적 구제에 대하여는 논란이 있다. 즉 단체교섭거부에 대
한 사법적 구제로는 단체교섭응락가처분신청, 단체교섭의무확인의 청구, 손
해배상청구 등이 있을 수 있는데, 단체교섭응락가처분신청이 주로 활용되
고 있다.

단체협약

1. 단체협약의 의의

단체협약은 노동조합과 사용자 또는 사용자단체간의 단체교섭의 결과로
서 근로조건 기타 노사관계의 제반 사항에 대해 합의된 문서를 말한다.

단체협약은 단체교섭이라는 집단적 거래를 통하여 합의한 사항이기 때
문에 실체적인 면에서 볼 때 개별근로계약보다 근로자에게 유리한 경우가
많아 근로자보호에 적절하다. 또한 절차적인 면에서 볼 때에도 근로조건
등에 대하여 사용자의 일방적 결정이 아닌 노사공동결정의 형태를 띠기 때
문에 노사간의 실질적 대등성과 노사관계의 민주성 확보라는 면에서도 타
당한 방식이다. 이러한 점을 고려하여 노조법은 개별근로계약이나 취업규
칙 등에 대한 단체협약의 우위를 명문으로 규정하고 있다(제33조 참조).

단체협약은 적용대상이 되는 지역적 규모를 기준으로 할 때에는 전국협
약, 지역협약, 기업협약 등으로 나눌 수 있고, 근로자의 속성을 기준으로 할

---

11) 대판 2006.2.24. 2005도8606.

때에는 초산업적 협약, 산업별 협약, 직업・직종별 협약, 기업별 협약 등으로 나눌 수 있다. 이러한 구별은 단체교섭의 태양 특히 그 전제가 되는 노동조합의 조직형태에서 기인하는 바가 크다. 단체협약의 적용대상의 차이는 단체협약의 현실적 기능이나 효과에도 영향을 미치게 된다. 산업별 단체협약은 해당 산업에서 최저기준을 설정하는 역할을 하지만, 기업별 단체협약은 해당 기업에서 정형적・표준적 기준을 설정하는 역할을 하는 점에서 차이가 있다. 우리나라에서 단체협약은 대부분 기업별로 체결되고 있다.

2. 단체협약의 성립요건과 효력

(1) 단체협약의 성립요건

단체협약은 실질적 요건과 형식적 요건을 모두 갖추어야 유효하게 성립한다. 단체협약은 노동조합과 사용자 사이의 계약의 일종이라고 할 수 있기 때문에 다른 계약과 마찬가지로 협약 성립에 관한 당사자 의사의 합치가 있어야 한다. 그런데, 단체협약은 당사자 사이에만 효력을 발생하는 일반적인 계약과 달리 다른 자, 즉 협약체결의 당사자가 아닌 조합원에 대해서도 효력을 미치기 때문에 일반적인 계약과 달리 엄격한 형식적 요건을 추가로 부과하고 있다.

단체협약이 유효하게 성립하려면 당사자의 합의내용을 서면으로 작성하여 당사자 쌍방이 서명 또는 날인하여야 한다(노조법 제31조 제1항). 단체협약의 성립에 있어서 서면작성과 서명날인이라는 요식성을 요구하는 취지는 단체협약의 체결행위가 일정한 기간동안 노사관계를 집단적・계속적으로 규율하는 규범설정행위라는 점을 고려한 때문이다. 합의 내용을 서면화할 것을 요구하는 것은 단체협약의 내용을 명확히 함으로써 장래에 그 내용을 둘러싼 분쟁을 방지하려는 것이고, 서명날인 절차를 거치도록 한 것은 체결당사자를 명확히 함과 아울러 그의 최종적 의사를 확인함으로써 단체협약의 진정성을 확보하고자 하는 것이다. 위의 요건을 갖추지 못한 단체협약에는 효력이 발생하지 않는다는 것이 판례・통설의 입장이다.

협약당사자는 단체협약을 체결한 날로부터 15일 이내에 당사자 쌍방이 연명으로 행정관청에 신고하여야 한다(노조법 제31조 제2항・동법 시행령 제

15조). 이를 신고하지 않은 경우 과태료가 부과되지만(동법 제96조 제2항), 단체협약의 효력에는 영향이 없다. 행정관청은 단체협약 중 위법한 내용이 있는 경우에는 노동위원회의 의결을 얻어 그 시정을 명할 수 있다(노조법 제31조 제3항).

(2) 단체협약의 효력

단체협약의 효력은 '규범적 효력'과 '채무적 효력'으로 나누어진다. 규범적 효력은 첫째, 단체협약에서 정한 근로조건 기타 근로자의 대우에 관한 기준에 위반하는 취업규칙·근로계약 부분을 무효로 하는 강행적 효력과, 둘째, 이것에 의해 무효로 된 부분이나 근로계약에서 정하지 않은 사항에 대해 협약상의 기준이 보충되는 보충적 효력으로 이루어진다(노조법 제33조 참조). 이와 같이 집단적 의사를 근로자의 개별적 의사에 우선시키는 효력은 단체협약을 일종의 법규범으로 취급하는 것으로서, 일반 계약에서는 볼 수 없는 독특한 것이다.

규범적 효력은 사용자와 개별조합원 사이에서 인정된다. 규범적 효력이 적용되는 부분을 규범적 부분이라고 하는데, 규범적 부분은 단체협약에서 '근로조건 기타의 근로자의 대우에 관한 기준'을 정한 조항을 가리킨다. 따라서 임금에 관한 사항(임금액·임금지급방법·지급시기·각종 수당·퇴직금 등)·근로시간에 관한 사항(근로시간의 길이, 시업·종업시간, 휴게시간, 시간외근로 등)·휴일·휴가·재해보상·안전위생 등 좁은 의미의 근로조건을 포함하여, 인사이동·승진·복무규율 등 인사와 관련한 사항이나 후생복리·작업환경 등과 같이 넓은 의미에서 근로조건과 관련이 있는 근로자의 대우에 관한 부분을 포함한다. 작업순서나 작업환경 등과 같이 개별 근로계약에서 규정하기 어려운 사항이라도 근로자의 대우에 중요한 의미를 가지고 개별적 근로관계에 영향을 미치는 사항은 규범적 부분에 속한다.

규범적 부분이 협약당사자가 아닌 조합원과 사용자 사이의 권리의무를 정한 부분이라면, 채무적 부분은 단체협약 중에 협약당사자, 즉 노동조합과 사용자 사이의 권리의무를 정한 부분을 말한다. 채무적 부분에는 협약당사자간의 계약적 효력이 인정되는데 이를 채무적 효력이라고 한다. 즉 채무적 효력은 규범적 부분 이외의 협약내용에 관하여 협약당사자간에 인정되는 계약적 효력이다. 채무적 효력은 협약당사자인 사용자와 노동조합에 대해서만 인정되고 개별 조합원에 대해서는 인정되지 않는다.

채무적 부분에 속하는 것으로는 취업시간중 조합활동에 관한 사항, 노조전임자의 대우에 관한 사항, 노조사무소·게시판 기타 기업시설의 이용에 관한 사항, 숍에 관한 사항, 조합비공제에 관한 사항, 단체교섭절차·쟁의절차에 관한 사항 등이 있다.

3. 단체협약의 효력확장제도

단체협약은 협약당사자 및 그의 구성원만을 구속하므로 비조합원과 제3자의 지위에 있는 외부의 다른 사용자에게는 효력이 미치지 않는 것이 원칙이다. 따라서 어떤 단체협약이 일정한 사업장 또는 지역에 종사하는 대부분의 근로자에게 적용되는 경우에는 소수의 '비조직'근로자에 대해서만 단체협약이 적용되지 않는 결과가 발생하게 되는데, 이는 조직근로자와 전반적인 노사관계에 대해서도 바람직하지 않은 결과를 초래할 수 있다. 그래서 노조법은 단체협약이 일정한 요건을 갖추는 경우에는 당해 협약과 직접 관련이 없는 근로자나 사용자에 대해서도 그 효력이 확장될 수 있는 제도를 마련하고 있는데 이를 단체협약의 효력확장제도라고 한다.

노조법은 '사업장단위의 효력확장제도'(제35조)와 '지역단위의 효력확장제도'(제36조)를 두고 있다.

사업장단위의 효력확장제도는 "하나의 사업 또는 사업장에 상시 사용되는 동종의 근로자의 반수 이상이 하나의 단체협약의 적용을 받게 된 때"에 당해 사업 또는 사업장에 사용되는 "다른 동종의 근로자"에 대하여 협약의 효력을 확장하는 제도이다. 단체협약의 일반적 구속력이라고도 한다.

지역단위의 효력확장제도는 "하나의 지역에 있어서 종업(從業)하는 동종의 근로자의 3분의 2 이상이 하나의 단체협약의 적용을 받게 된 때"에 당해 단체협약당사자의 쌍방이나 일방의 신청 또는 행정관청의 직권에 의해 일정한 절차를 거쳐 당해 지역에서 종업하는 다른 동종의 근로자에게 협약의 효력을 확장하는 제도이다. 단체협약의 지역적 구속력이라고도 한다.

두 제도는 협약의 인적 적용범위를 확장하는 점에서 동일하지만 다음과 같은 점에서 차이가 있다. 첫째, 양자는 확대적용되는 협약외부자의 범위가 다르다. 즉 사업장단위의 효력확장제도는 협약외부의 근로자에 대해서만 확대되지만, 지역단위의 효력확장제도는 근로자뿐 아니라 사용자에 대해서도 효력이 미친다. 둘째, 양자는 효력확장의 요건이 다르다. 전자는 "상시 사용되는 동종의 근로자의 반수이상의 근로자"가 하나의 단체협약을 적용받는 것을 요건으로 하고 있으나, 후자는 "종업하는 동종의 근로자의 3분의 2 이상"일 것을 요건으로 한다. 셋째, 양자는 효력발생절차에서 다르다. 전자의 경우 법문의 요건이 충족되면 자동적으로 단체협약의 효력이 확장되지만, 후자의 경우에는 일정한 절차를 거쳐야 비로소 확장 적용이 있게 된다.

4. 단체협약의 종료와 종료 후의 근로관계

단체협약은 다양한 사유로 종료될 수 있는데, 유효기간의 만료에 의해 종료되는 경우가 대표적이다. 유효기간은 당사자가 임의로 정할 수 있지만 2년을 초과할 수 없다(노조법 제32조 제1항). 노조법이 단체협약의 유효기간을 이처럼 제한하고 있는 이유는 장기간에 걸친 단체협약은 경제적·사회적 환경이나 노사간의 세력관계의 변화에 유연하게 대처하지 못함으로써 오히려 노사간의 안정과 평화를 해칠 수 있기 때문이다.

단체협약의 유효기간 만료시를 전후하여 협약당사자 쌍방이 새로운 단체협약을 체결하고자 단체교섭을 계속하였음에도 불구하고 새로운 단체협약이 체결되지 아니한 때에는 종전의 단체협약은 그 만료일로부터 3월까지 효력이 자동적으로 연장된다(제32조 제3항). 따라서 만료일로부터 3월까지는 당사자간의 특별한 합의가 없어도 기존 협약이 적용되며, 3월이 경과함으로써 무협약상태에 빠지게 된다. 이러한 상태를 피하기 위하여 협약당사자가 미리 협약에 '본협약은 신협약이 성립할 때까지 유효하다'는 취지의 규정을 두는 경우가 있는데 이를 자동연장조항이라고 한다.

자동연장조항은 무협약상태에서 기인하는 혼란을 피하기 위하여 미리 당사자가 합의한 사항이기 때문에 당사자 일방이 기존협약의 연장에 반대하더라도 새로운 협약의 성립시까지는 효력이 있다(노조법 제32조 제3항 단서 전단). 다만 당사자 일방은 6개월 전에 상대방에게 통고하여 종전 단체협약을 해지할 수 있다(동 후단). 이것은 협약유효기간이 부당하게 장기화되는 것을 방지하려는 것, 즉 노사의 세력관계에 걸맞는 새로운 협약질서가 마련될 수 있는 기회를 허용하고자 하는 것이다.

자동연장조항과 유사한 것으로서 자동갱신조항이 있다. 자동갱신조항이란 협약만료일 이전의 일정기간내에 당사자가 협약개폐에 대한 의사표시를 하지 않을 경우 기존 협약과 동일한 내용의 신협약이 체결된 것으로 한다는 취지의 조항을 말한다. 자동갱신조항은 기존협약만료일 이전에 당사자가 그 연장에 대하여 이의를 제기할 수 있다는 점에서 당사자의 의사에 관계없이 기존 협약의 효력이 연장되는 자동연장조항과 다르다. 그러나 협약개폐의 의사표시는 협약에서 정해진 기간내에 하여야 하며, 그 기간이 경과한 후의 의사표시가 있더라도 자동갱신에는 지장이 없다.

자동갱신조항은 당사자간에 기존협약과 동일한 내용의 신협약체결을 위하여 새로 단체교섭을 해야 하는 번거로움을 피하기 위한 것이기 때문에 갱신된 단체협약은 엄격한 의미에서 보면 기존협약의 연장이 아니라 새로 체결된 단체협약이다. 그러므로 자동갱신조항은 노조법 제32조 제3항 소정의 기간제한을 받지 않는다.

단체협약이 종료하면 다른 협약이 체결되기까지 기존협약의 권리의무는 소멸한다. 협약당사자는 이러한 무협약상태(無協約狀態)를 피하기 위하여 협약유효기간이 만료되기 전에 단체교섭을 진행하여 신협약을 체결하는 것이 보통이다. 그러나 협약유효기간의 만료에도 불구하고 신협약을 체결하지 못하는 경우도 있다. 이처럼 무협약상태가 발생한 경우 그 기간 동안 개별 조합원의 근로조건이나 협약당사자간의 관계는 어떻게 규율되는가가 문제된다.

노조법 제32조 제3항에 의하면 단체협약의 만료 후 새로운 협약이 체결되지 못하면 종전의 협약이 그 만료일로부터 3월까지 계속 효력을 갖는다고 규정하여 3월까지는 무협약상태가 제도적으로 방지된다. 문제는 3월이 경과한 후에도 새로운 단체협약이 체결되지 못한 경우 조합원의 근로조건이나 협약당사자 사이의 관계는 어떻게 규율되는가 하는 것이다.

판례에 따르면, 단체협약이 실효되었다고 하더라도 임금, 퇴직금이나 노동시간, 그 밖에 개별적인 근로조건에 관한 부분은 그 단체협약의 적용을 받고 있던 근로자의 근로계약의 내용이 되어 개별적인 근로자의 근로계약의 내용으로서 여전히 남아 있어 사용자와 근로자를 규율한다고 하여 단체협약이 실효한 후에도 개별 조합원의 근로조건과 관련하여서는 종전 단체협약상 기준이 적용된다고 하고 있다.[12]

이에 대하여 사용자와 노동조합간의 권리의무는 협약의 실효와 함께 종료한다는 것이 판례의 입장이다. 예컨대 판례는 노조전임제의 근거규정인 단체협약이 유효기간의 만료로 인하여 효력을 상실한 경우, 원직복귀명령에 불응한 노조전임자를 해고한 것이 부당노동행위에 해당하지 않는다고 하여,[13] 채무적 부분은 단체협약의 유효기간 만료로 인하여 실효한다고 보고 있다.

쟁의행위

1. 의   의

헌법 제33조는 근로자의 단체행동권을 보장하고 있다. 근로자의 단체행동은 근로자의 근로계약상의 의무인 근로제공의무를 집단적으로 이행하지 않는 것이기 때문에 시민법의 입장에서 보면 근로계약상의 채무불이행, 불법행위 또는 형사상 범죄를 구성하는 것이다. 그러나 단체행동권이 헌법상 보장되고 있는 현행법 하에서는, 그것이 정당한 범위에서 행사되는 한 손해배상책임이나 징계책임 또는 형사책임에서 자유롭다. 즉 단체행동권의 헌법적 보장이란 단체행동이 그 본질적 한계를 일탈하지 않는 한 국가나 사용자는 이를 용인하고 그로 인하여 발생하는 손해를 수인(受忍)하여야 한다는 면책(免責)의 법리를 전체 법질서에서 정립한 것이라고 하겠다.

노조법은 이러한 단체행동권보장의 법적 효과로서 민·형사면책을 확인

---

12) 대판 2000.6.8. 98다13747.
13) 대판 1997.6.13. 96누17738.

하고 있다. 즉 노조법 제3조는 민사면책을, 노조법 제4조는 형사면책을, 그리고 노조법 제81조 제1호·제5호는 불이익취급의 금지를 각각 확인적으로 규정하고 있다.

노조법에 의하면 쟁의행위라 함은 "파업·태업·직장폐쇄 기타 노동관계 당사자가 그 주장을 관철할 목적으로 행하는 행위와 이에 대항하는 행위로서 업무의 정상한 운영을 저해하는 것"이라고 정의하고 있다(제2조 제6호). 이에 따르면 단체행동권과 달리 "노동관계 당사자"가 행하는 것이기 때문에 근로자만이 아니라 사용자도 쟁의행위를 할 수 있다. 사용자가 행하는 쟁의행위의 대표적인 유형은 직장폐쇄이다.

이에 대하여 근로자가 행하는 쟁의행위 유형으로는 파업, 직장점거, 태업, 보이콧, 피케팅 등이 있다.

2. 쟁의행위의 정당성

근로자가 행하는 쟁의행위는 모두가 헌법상의 보호, 즉 민사상 면책과 형사성 면책을 받을 수 있는 것이 아니라 그것이 정당한 경우에 한하여 헌법상의 보호를 받을 수 있다는 것이 판례와 학설의 일치된 견해이다. 따라서 어떠한 경우에 쟁의행위가 정당성을 가지는지가 매우 중요하고, 이에 대해서 판례와 학설은 다양한 견해를 보이고 있다.

판례는 쟁의행위의 정당성에 대해 일관적인 기준을 보이고 있다. 이에 따르면, 쟁의행위가 정당하기 위해서는 첫째, 그 주체가 단체교섭의 주체로 될 수 있는 자이어야 하고(노조법 제37조 제2항), 둘째, 그 목적이 근로조건의 향상을 위한 노사 간의 자치적 교섭을 조성하는 데에 있어야 하며, 셋째, 그 시기 및 절차에 있어 사용자가 근로자의 근로조건개선에 관한 구체적인 요구에 대하여 단체교섭을 거부하였을 때 개시하되 특별한 사정이 없는 한 조합원의 찬성결정, 노동위원회의 조정절차 등 법령이 규정한 절차를 거쳐야 하는 한편, 구체적으로는, 사용자가 근로자의 근로조건 개선에 관한 구체적인 요구에 대하여 단체교섭을 거부하거나 단체교섭에서 그와 같은 요구에 반대의 의사표시를 하거나 묵살하고 반대하고 있는 것을 분명하게 하고 있을 경우에 개시할 수 있으며 특별한 사정이 없는 한 법령이 규정한 절차를 밟아야 하고, 넷째, 그 수단과 방법이 사용자의 재산권과 조화를 이루어야 할 뿐 아니라, 다른 기본적 인권을 침해하지 아니하는 등 그 밖의 헌법상의 요청과 조화되어야 한다는 여러 조건을 모두 구비하여야 한다.[14]

이하에서는 쟁의행위의 정당성과 관련하여 주로 문제되는 사례와 이에 대한 판례의 입장을 소개한다.

첫째, 쟁의행위에서 추구되는 목적이 여러 가지이고 그중 일부가 정당하지 못한 경우에 쟁의행위 목적의 정당성을 어떻게 판단하여야 하는지가 문제될 수 있다. 이에 대하여 판례는 쟁의행위는 주된 목적 내지 진정한 목적의 당부에 의하여 그 쟁의행위 목적의 당부를 판단하여야 하므로 부당한 요구사항을 뺐더라면 쟁의행위를 하지 않았을 것이라고 인정되는 경우에만 그 쟁의행위 전체가 정당성을 가지지 못한다고 일관하여 판단하고 있다.[15]

둘째, 이른바 경영권과 관련되는 사항을 목적으로 한 쟁의행위에 대해서는, "정리해고나 사업조직의 통폐합 등 기업의 구조조정의 실시 여부는 경영주체에 의한 고도의 경영상 결단에 속하는 사항으로서 이는 원칙적으로 단체교섭의 대상이 될 수 없고, 그것이 긴박한 경영상의 필요나 합리적인 이유 없이 불순한 의도로 추진되는 등의 특별한 사정이 없는 한, 노동조합이 실질적으로 그 실시 자체를 반대하기 위하여 쟁의행위에 나아간다면, 비록 그 실시로 인하여 근로자들의 지위나 근로조건의 변경이 필연적으로 수반된다 하더라도 그 쟁의행위는 목적의 정당성을 인정할 수 없다"는 입장을 보이고 있다.[16]

---

14) 대판 2000.5.12. 98도3299; 대판 2001.6.12. 2001도1012; 대판 2001.6.26. 2000도2871; 대판 2001.10.25. 99도4837; 대판 2003.11.13. 2003도687; 대판 2003.12.26. 2003두8906 등.

15) 대판 1992.1.21. 91누5204; 대판 2001.6.26. 2000도2871; 대판 2002.2.26. 99도5380; 대판 2003.12.11. 2001도3429; 대판 2003.12.26. 2001도1863; 대판 2005.4.29. 2004두10852; 대판 2007.5.11. 2006도9478; 대판 2008.9.11. 2004도746.

16) 대판 2002.2.26. 99도5380; 대판 2003.11.13. 2003도687; 대판 2003.12.11. 2001도3429; 대판 2003.12.26. 2001도3380; 대판 2005.4.29. 2004두10852; 대판 2007.5.11. 2006도9478.

셋째, 노동조합이 그 기업의 경영상태 및 지불능력에 비추어 객관적으로 불가능한 과다한 요구를 하는 경우 그 정당성이 문제될 수 있는데 판례는 이를 단체교섭 단계에서 조정할 문제이며 쟁의행위의 정당성은 부정되지 않는다고 한 바 있다.[17]

넷째, 노동조합은 단체협약의 유효기간 중에는 협약소정사항의 개폐를 목적으로 하는 쟁의행위를 해서는 안되는데 이를 평화의무라고 한다. 평화의무위반의 쟁의행위가 행해진 경우에 대해 판례는 평화의무는 단체협약에 본질적으로 내재하고 있는 것이기 때문에 평화의무위반의 쟁의행위는 협약질서의 침해로 정당성이 부정된다는 입장을 취하고 있다.[18] 즉 " 노동조합은 단체협약의 유효기간 중에 단체협약에서 정한 근로조건 등에 관한 내용의 변경이나 폐지를 요구하는 쟁의행위를 행하지 아니하여야 할 이른바 평화의무를 지고 있다고 할 것인바, 이와 같은 평화의무가 노사관계의 안정과 단체협약의 질서형성적 기능을 담보하는 것인 점에 비추어 보면, 단체협약이 체결된 직후 노동조합의 조합원들이 자신들에게 불리하다는 이유만으로 위 단체협약의 무효화를 주장하면서 쟁의행위를 한 경우 그 쟁의행위에 정당성이 있다고 할 수 없다"고 하여 평화의무 위반 쟁의행위에 대해 명시적으로 정당성을 부정하고 있다.[19]

다섯째, 쟁의행위는 조합원인 근로자의 민주적인 쟁의의사에 의해 뒷받침되어야 하므로, 노조법은 "조합원의 직접·비밀·무기명투표에 의한 조합원의 과반수의 찬성으로 결정하지 아니하면 쟁의행위를 할 수 없다"고 규정하고 있다(제41조 제1항). 따라서 노조법이 규정하는 찬반투표의 요건을 갖추지 못한 쟁의행위의 정당성 유무가 문제로 된다. 판례는 쟁의행위를 함에 있어 조합원의 직접·비밀·무기명투표에 의한 찬성결정이라는 절차를 거쳐야 한다는 규정은 노동조합의 자주적이고 민주적인 운영을 도모함과 아울러 쟁의행위에 참가한 근로자들이 사후에 그 쟁의행위의 정당성 유무와 관련하여 어떠한 불이익을 당하지 않도록 그 개시에 관한 조합의사의

---

17) 대판 1992.1.21. 91누5204.
18) 대판 1992.9.1. 92누7733.
19) 대판 2007.5.11. 2005도8005.

결정에 보다 신중을 기하기 위하여 마련된 규정이므로 위의 절차를 위반한 쟁의행위는 그 절차를 따를 수 없는 객관적인 사정이 인정되지 아니하는 한 정당성이 상실된다고 하고 있다. 그 이유로서, 조합원 찬반투표를 거치지 아니한 쟁의행위의 정당성을 인정하게 되면 위임에 의한 대리투표, 공개결의나 사후결의, 사실상의 찬성간주 등의 방법이 용인될 우려가 있기 때문이라고 하고 있다.[20]

여섯째, 노조법은 제3자(노동위원회 또는 사적 조정·중재인)에 의한 조정절차를 거치지 아니하면 쟁의행위를 할 수 없도록 하는 조정전치주의를 규정하면서(제45조 제2항·제52조), 조정제도의 실효성을 확보하기 위하여 조정절차 개시후의 일정기간 동안에는 쟁의행위를 금지하고 있다. 즉 조정의 경우 그 신청일로부터 일반사업에 있어서는 10일, 공익사업에 있어서는 15일 동안, 중재의 경우에는 중재에 회부된 날로부터 15일 동안, 그리고 긴급조정 결정이 내려진 경우에는 그 공표일로부터 30일 동안 각각 쟁의행위를 금지하고 있다(제54조·제63조·제45조 제2항 단서·제77조·벌칙 제90조 및 제91조 제1항). 또한 조정안 해석 또는 이행에 관하여 관계당사자가 조정안을 낸 조정위원회 또는 단독조정인에게 의견제시를 요청한 경우에는 요청받은 날로부터 7일 동안 이에 관한 쟁의행위가 금지된다(제60조 제5항·벌칙없음).

이와 같은 절차에 위반한 쟁의행위의 효력에 대해 판례는 "노동쟁의는 특별한 사정이 없는 한 그 절차에 있어 조정절차를 거쳐야 하는 것이지만, 이는 반드시 노동위원회가 조정결정을 한 뒤에 쟁의행위를 하여야만 그 절차가 정당한 것은 아니라고 할 것이고, 노동조합이 노동위원회에 노동쟁의 조정신청을 하여 조정절차가 마쳐지거나 조정이 종료되지 아니한 채 조정기간이 끝나면 조정절차를 거친 것으로서 쟁의행위를 할 수 있다"고 하고 있다.[21] 즉 "노동쟁의는 특별한 사정이 없는 한 그 절차에 있어 조정절차를 거쳐야 하지만, 노동조합이 노동위원회에 노동쟁의 조정신청을 하여 조정절차가 마쳐지거나 조정이 종료되지 아니한 채 조정기간이 끝나면 노동

---

20) 대판(전합) 2001.10.25. 99도4837.
21) 대판 2003.12.26. 2001도1863; 대판 2001.6.26. 2000도2871.

위원회의 조정결정이 없더라도 조정절차를 거친 것으로 보아야 한다"는 것
이 판례의 입장이다.[22]

3. 쟁의행위에 대한 법규상의 제한

쟁의행위에 있어서 폭력·폭행이나 파괴행위는 금지된다(노조법 제4조·
제38조 제1항·제42조 제1항 참조). 이는 쟁의행위의 수단·태양에 있어서의
정당성 상실의 요인이 된다. 현행법제에서는 어떠한 경우에도 생명·신체
의 안전과 생산시설을 침해하는 폭력·폭행이나 파괴행위는 허용될 수는
없으며 이는 단체행동권이 보장된다고 하더라도 마찬가지이다. 다만 쟁의
행위가 실시되는 과정에서 일부 조합원의 행위가 폭력이나 파괴행위에까지
이른 경우에는 행위자의 개별적인 책임은 별론으로 하더라도 쟁의행위 자
체가 반드시 정당성을 상실하는 것은 아닌 것에 유의할 필요가 있다.

"사업장의 안전보호시설에 대하여 정상적인 유지·운영을 정지·폐지
또는 방해하는 행위"는 쟁의행위로 행할 수 없고(제42조 제2항), 또한 "작업
시설의 손상이나 원료·제품의 변질 또는 부패를 방지하기 위한 작업은 쟁
의행위 기간 중에도 정상적으로 수행되어야 한다"(제38조 제2항). 안전보호
시설을 대상으로 하는 쟁의행위가 행해지는 경우, 행정관청은 노동위원회
의 의결을 얻어 그 행위를 중지할 것을 통보하여야 한다. 다만 사태가 급
박하여 노동위원회의 의결을 얻을 시간적 여유가 없을 때에는 그 의결을
얻지 않고 즉시 그 행위를 중지할 것을 통보할 수 있다(제42조 제3항). 그
경우 행정관청은 지체없이 노동위원회의 사후승인을 얻어야 하며, 그 승인
을 얻지 못한 때에는 그 통보는 그때부터 효력을 상실한다(제42조 제4항).
안전보호시설을 대상으로 행해진 쟁의행위에 대해서는 벌칙이 적용된다(제
91조).

판례는 "사업장의 '안전보호시설'에 대하여 정상적인 유지·운영을 정
지·폐지 또는 방해하는 행위를 쟁의행위로서 행할 수 없도록 규정한 노동
조합 및 노동관계조정법 제42조 제2항의 입법목적은 '사람의 생명·신체의

---

22) 대판 2008.9.11. 2004도746, 대판 2001.6.26. 2000도2871, 대판 2003.4.25. 2003도
1378, 대판 2003.12.26. 2001도1863 등도 같은 취지.

안전보호'에 있고, 여기서 '안전보호시설'이라 함은 사람의 생명이나 신체의 위험을 예방하기 위해서나 위생상 필요한 시설"이라고 하여 후자의 입장을 취하면서, 당해 사업장의 성질, 당해 시설의 기능, 당해 시설의 정상적인 유지·운영이 되지 아니할 경우에 일어날 수 있는 위험 등 제반 사정을 구체적·종합적으로 고려하여 안전보호시설에 해당하는지 여부를 판단하여야 한다고 하고 있다.[23] 따라서 성질상 안전보호시설에 해당하고 그 안전보호시설의 유지·운영을 정지·폐지 또는 방해하는 행위가 있었다 하더라도 사전에 필요한 안전조치를 취하는 등으로 인하여 사람의 생명이나 신체에 대한 위험이 전혀 발생하지 않는 경우에는 이 조항(법 제91조 제1호, 제42조 제2항) 위반의 범죄가 성립하지 않는다고 판단하고 있다.[24]

또한 필수유지업무의 정당한 유지·운영을 정지·폐지 또는 방해하는 행위는 쟁의행위로서 이를 행할 수 없다(제42조의2 제2항. 위반시 제89조의 벌칙 적용). 여기에서 '필수유지업무'라 함은 필수공익사업(제71조 제2항 참조)의 업무 중 그 업무가 정지되거나 폐지되는 경우 공중의 생명·건강 또는 신체의 안전이나 공중의 일상생활을 현저히 위태롭게 하는 업무로서 대통령령이 정하는 업무를 말한다(제42조의2 제1항). 이에 따라 시행령 제22조의2와 별표 1에서는 각 필수공익사업에 대하여 필수유지업무를 열거하고 있다.

이와 같이 현행법은 필수공익사업에서의 쟁의행위를 허용하면서 공중의 생명·보건에 대한 침해가능성 등 일정한 요건에 해당하는 업무에 대하여 예외적으로 그 업무의 정지·폐지 또는 방해를 금지하고 있으나, 필수유지업무의 범위 등은 개별 사업의 구체적인 상황에 따라 달라질 수 있으므로 당사자가 합의하여 이를 정하도록 하고 있다. 즉 노동관계 당사자는 쟁의행위기간 동안 필수유지업무의 정당한 유지·운영을 위하여 필수유지업무의 필요 최소한의 유지·운영 수준, 대상직무 및 필요인원 등을 정한 협정(이하 "필수유지업무협정")을 서면으로 체결하여야 한다(법 제42조의3). 필수유

---

23) 대판 2006.10.26. 2005도9825. 같은 취지로 대판 2005.9.30. 2002두7425.
24) 대판 2006.5.12. 2002도3450. 이 사건에서는 열병합발전소의 발전기 등 전기시설, 보일러 등 스팀시설, 소방수 공급시설 등 용수시설, 플랜트 에어 압축기, 계기용 공기 공급시설 등이 쟁의행위로 가동이 중단되었다.

지업무협정의 내용에는 "필수유지업무의 필요최소한의 유지·운영 수준, 대상직무 및 필요인원"에 관한 사항만이 아니라 이러한 취지에 부합하는 한 필수유지업무협정의 유효기간, 개정절차 등 그밖의 사항에 대해서도 합의할 수 있다. 필수유지업무협정에 대해서는 노동관계 당사자 쌍방이 서명 또는 날인하여야 한다(제42조의3).

필수유지업무의 내용, 범위 등에 대해 당사자가 합의하지 못하여 필수유지업무협정이 체결되지 않은 때에는 노동관계 당사자 쌍방 또는 일방은 노동위원회에 필수유지업무의 필요 최소한의 유지·운영 수준, 대상직무 및 필요인원 등의 결정을 신청하여야 한다(제42조의4 제1항). 그 신청을 받은 노동위원회는 사업 또는 사업장별 필수유지업무의 특성 및 내용 등을 고려하여 필수유지업무의 필요 최소한의 유지·운영 수준, 대상직무 및 필요인원 등을 결정할 수 있다(제42조의4 제2항).

그 결정은 노동위원회의 특별조정위원회(제72조 참조)가 담당한다(제42조의4 제3항). 노동위원회의 결정에 대한 해석 또는 이행방법에 관하여 관계 당사자간에 의견이 일치하지 아니하는 경우에는 특별조정위원회의 해석에 따르며, 이 경우 특별조정위원회의 해석은 노동위원회의 결정과 동일한 효력이 있다(제42조의4 제4항). 노동위원회의 결정에 대한 불복절차 및 효력에 대해서는 제69조와 제70조 제2항의 규정이 준용된다(제42조의4 제5항).

위의 노동위원회의 결정이 있는 경우 그 결정에 따라 쟁의행위를 한 때에는 필수유지업무를 정당하게 유지·운영하면서 쟁의행위를 한 것으로 본다(제42조의5).

노동조합은 필수유지업무협정이 체결되거나 제42조의4 제2항의 규정에 따른 노동위원회의 결정이 있는 경우 사용자에게 필수유지업무에 근무하는 조합원 중 쟁의행위기간 동안 근무하여야 할 조합원을 통보하여야 하며, 사용자는 이에 따라 근로자를 지명하고 이를 노동조합과 그 근로자에게 통보하여야 한다. 다만, 노동조합이 쟁의행위 개시 전까지 이를 통보하지 아니한 경우에는 사용자가 필수유지업무에 근무하여야 할 근로자를 지명하고 이를 노동조합과 그 근로자에게 통보하여야 한다(제42조의6).

4. 쟁의행위에 대한 책임

쟁의행위가 정당하면 민사상 책임과 형사상 책임이 면제된다. 따라서 정당한 쟁의행위를 한 근로자에 대해서는 근로계약상 근로제공의무를 이행하지 않은 채무불이행책임을 물을 수 없으며, 쟁의행위로 인하여 손해가 발생한 경우에도 불법행위에 기한 손해배상책임을 물을 수 없다. 나아가 그 근로자에게 징계책임도 물을 수 없다. 또한 업무방해죄, 건조물침입죄, 주거침입죄 또는 퇴거불응죄 등 형사상 책임도 물을 수 없다.

반면 쟁의행위가 정당성을 상실하게 되면 민사상 책임과 형사상 책임을 부담하게 된다. 그 경우 책임의 주체, 범위와 관련하여서는 여러 가지 견해가 대립하고 있다. 민사책임은 노동조합과 조합간부가 부담하고 일반 조합원은 원칙적으로 부담하지 않는다. 이에 대해 형사책임은 노동조합간부와 쟁의행위에 참가한 일반 조합원이 부담한다.

5. 사용자의 쟁의대항수단

사용자가 근로자의 쟁의행위에 대해서 그것이 부당한 경우에는 징계책임이나 민사책임을 묻는 등의 방법으로 대항할 수 있지만, 이러한 방법은 정당한 쟁의행위에 대해서는 불가능하다. 따라서 쟁의행위의 정당성 여하와는 관계없이 쟁의의 대상이 된 쟁점사항에 대한 사용자 입장의 홍보를 비롯하여 쟁의행위기간 동안의 노무부제공에 대응하는 임금삭감 및 직장폐쇄 등의 방법으로 대항할 수 있다. 한편 사용자는 쟁의기간 중에도 조업의 계속을 확보함으로써 쟁의행위의 효과를 약화시키는 것도 대항수단에 포함된다.

대표적인 사용자의 쟁의대항수단은 직장폐쇄이다. 직장폐쇄(lockout)란 사용자가 노동쟁의의 상대방인 근로자들에 대하여 노동쟁의를 자기에게 유리하게 전개시킬 목적으로 노무의 수령을 집단적으로 거부하는 행위를 말한다. 일반적으로는 노무수령의 거부와 함께 근로자들을 사업장 등의 물적 시설과 차단시키는 경우가 많다.

직장폐쇄가 정당하기 위해서는 대항성과 방어성을 갖추어야 한다. 첫째, 직장폐쇄는 시기적으로 노동조합의 쟁의행위가 개시된 이후에만 할 수 있다. 즉 현행법은 집단적 노무수령거부로서의 직장폐쇄를 일반적인 형태로는 인정하지 않으며 근로자가 이미 쟁의행위를 개시한 이후에만 허용하고 있다(노조법 제46조 제1항). 그러므로 근로자의 쟁의행위가 개시되지 않은 상황에서는 비록 교섭국면이 아무리 사용자에게 불리하다고 하더라도 직장폐쇄를 할 수 없다. 요컨대 선제적 직장폐쇄는 허용되지 않으며 대항적 직장폐쇄만 허용된다.

둘째, 직장폐쇄는 근로자측의 쟁의행위로 인한 경제적 손실을 최소화하기 위한 방어목적을 위한 것이어야 한다. 따라서 노동조합 조직력의 약화나 근로조건의 인하 등 적극적 목적을 위해 사용하는 경우에는 방어목적을 벗어난 것으로 평가되어야 한다. 판례에 따르면, 사용자의 직장폐쇄는 노사 간의 교섭태도, 경과, 근로자측 쟁의행위의 태양, 그로 인하여 사용자측이 받는 타격의 정도 등에 관한 구체적 사정에 비추어 형평의 견지에서 근로자측의 쟁의행위에 대한 대항·방위 수단으로서 상당성이 인정되는 경우에 한하여 정당한 쟁의행위로 평가받을 수 있는 것이고, 사용자의 직장폐쇄가 정당한 쟁의행위로 인정되지 아니하는 때에는 적법한 쟁의행위로서 사업장을 점거중인 근로자들이 직장폐쇄를 단행한 사용자로부터 퇴거 요구를 받고 이에 불응한 채 직장점거를 계속하더라도 퇴거불응죄가 성립하지 아니한다고 한다.[25]

직장폐쇄 이외의 사용자의 쟁의대항수단으로는 노동조합의 쟁의행위에도 불구하고 조업을 계속하는 것도 있다.

쟁의행위가 개시되었을 때 사용자에게 조업을 중단하여야 할 의무가 발생하는 것은 아니다. 사용자는 쟁의기간 중에도 여전히 조업의 자유를 갖는다. 사용자가 조업을 계속하기 위하여 많이 사용하는 방법은 이른바 대체근로를 활용하는 것이다. 즉 비조합원이나 쟁의행위에 참가하고 있지 않은 자를 활용하여 조업을 계속하는 것이다. 그런데 조합원의 입장에서 보면 대체근로는 쟁의행위의 실효성을 약화시킬 뿐만 아니라 장기적으로는 고용 자체에 대한 불안요인이기도 하다. 따라서 노조법은 쟁의행위기간 중

---

25) 대판 2007.12.28. 2007도5204.

그 쟁의행위로 중단된 업무의 수행을 위하여 "당해 사업과 관계없는 자를 채용 또는 대체"하거나 "쟁의행위로 중단된 업무를 도급 또는 하도급" 줄 수 없다고 규정하여(제43조 제1항·제2항), 사용자의 대체고용을 인정한 범위에서 제한하고 있다.

부당노동행위

1. 의   의

근로자의 단결권·단체교섭권·단체행동권 등 노동삼권은 국가나 일반 사인(私人)에 의해서도 침해될 수 있지만, 현실적으로 가장 문제가 되는 것은 역시 사용자에 의한 침해이다. 이러한 점을 감안하여 노조법은 근로자 또는 노동조합의 노동삼권 실현 활동에 대한 사용자의 침해 내지 간섭행위를 금지하고 있는데, 이렇게 금지되는 사용자의 행위를 부당노동행위라고 한다(제81조).

노조법은 나아가 부당노동행위로 인하여 피해를 입은 근로자 또는 노동조합이 노동위원회를 통하여 구제를 받을 수 있는 절차, 즉 부당노동행위의 구제절차(제82조 내지 제86조)와 그러한 행위를 한 사용자에 대한 벌칙(제89조 제2호·제90조·제94조·제95조)을 함께 규정하고 있다.

그런데 부당노동행위로서 금지되는 행위는 근로자 또는 노동조합에 의한 노동삼권 실현행위를 방해 또는 침해하는 사용자의 행위이다. 그러므로 부당노동행위제도는 결국 사용자의 노동삼권 침해행위의 금지와 그 구제절차 및 벌칙을 정하고 있는 제도라고 할 수 있다.

2. 내   용

노조법 제81조는 부당노동행위의 유형을 다섯 가지로 정하고 있다. 즉 근로자가 노동조합의 결성, 가입 기타 정당한 조합활동을 한 것을 이유로 불이익을 주는 행위(불이익취급: 제1호), 노동조합에의 가입 여부를 근로자의 고용조건에 연결시키는 행위(반조합계약: 제2호), 노동조합측으로부터의 단체협약체결 기타 단체교섭을 정당한 이유없이 거부하거나 해태하는 행위(단체교섭거부: 제3호), 사용자가 근로자의 조합조직 또는 운영에 지배개입하는 행위와 노동조합의 운영비를 원조하는 행위(지배개입: 제4호), 근로자가 정당한 단체행동에 참가한 것을 이유로 하거나 또는 노동위원회에 사용자의 부당노동행위를 신고 또는 증언하거나 기타 행정관청에 증거를 제출한 것을 이유로 근로자에 대해 불이익을 주는 행위(불이익취급: 제5호) 등의 다섯 가지이다. 이러한 다섯 가지 행위유형 중에서 제1호와 제5호는 하나로 파악하여, 부당노동행위를 불이익취급, 반조합계약, 단체교섭거부, 지배개입 등 네 가지 유형으로 파악하는 것이 일반적인 방식이다.

3. 부당노동행위의 구제

현행 노조법상 부당노동행위를 당한 근로자 또는 노동조합은 원칙적으로 노동위원회를 통한 행정적 구제를 신청할 수 있다. 즉 노조법은 1963년 개정 이래 부당노동행위에 대해 노동위원회라는 전문적인 행정기구에 의한 구제방식을 택하고 있다. 이러한 행정적 구제제도는 법원에 의한 일반 민사소송절차에 비해 신속하고 저렴하게 이루어진다.

현행 노조법상의 행정적 구제절차에는 다음과 같은 특색이 있다.

첫째, 부당노동행위사건을 담당하기 위해 독립적인 행정기구로서 노동위원회가 설치되어 있다(독립성). 노동위원회는 근로자·사용자·공익을 대표하는 노사관계전문가로 구성되어 부당노동행위사건의 심사와 판정에 있어 전문성을 확보하고 있다(전문성).

둘째, 구제절차는 근로자 또는 노동조합의 신청으로 개시되고(신청주의), 신청인과 피신청인인 사용자는 대립하여 자신의 주장을 개진하고 증거를 제출할 수 있다(대심(對審)구조 및 당사자주의). 다만 노동위원회는 직권으로도 심문하거나 조사할 수 있다(직권주의의 병용).

셋째, 노동위원회는 엄격한 증거법칙에 구애됨이 없이 자유로이 심증을 형성할 수 있고(자유심증주의), 부당노동행위의 성립이 인정되면 구제명령을 발한다(행정적 구제명령).

넷째, 구제명령의 내용과 관련하여 노동위원회는 원상회복을 위해 상당한 재량을 가진다(원상회복주의 및 재량주의). 그리고 노동위원회의 결정에 불복하는 자를 위하여 재심절차와 행정소송절차를 두고 있다.

근로자 또는 노동조합은 부당노동행위사건과 관련하여 이러한 행정적 구제절차와는 별도로 사법적 구제를 신청할 수 있다. 헌법 제27조가 모든 국민에 대하여 '법관에 의한 재판을 받을 권리'를 보장하고 있는 이상, 행정적인 구제제도가 마련되어 있다는 것을 이유로 법원에 의한 사법적인 구제를 배제할 수는 없기 때문이다. 사법적 구제절차에 있어서는 일반 민사소송절차가 적용된다.

노동위원회는 지방노동위원회와 중앙노동위원회가 있다. 지방노동위원회는 1심의 역할을, 중앙노동위원회는 2심의 역할을 한다. 부당노동행위의 구제절차는 관할 지방노동위원회에 그 구제를 신청함으로써 개시되는데, 구제신청을 할 수 있는 자는 사용자의 부당노동행위로 인해 권리를 침해당한 근로자 또는 노동조합이다(노조법 제82조 제1항).

피신청인은 원칙적으로는 부당노동행위의 주체로서 사용자이다. 다만 경우에 따라서는 부당노동행위의 주체가 아니라도 구제명령의 내용을 실현하는 사실상의 권한과 능력을 가지는 한 피신청인이 될 수 있다. 판례는 "부당노동행위의 예방·제거는 노동위원회의 구제명령을 통해서 이루어지는 것이므로, 구제명령을 이행할 수 있는 법률적 또는 사실적 권한이나 능력을 가지는 지위에 있는 한 그 한도 내에서는 부당노동행위의 주체로서 구제명령의 대상자인 사용자에 해당한다"고 하고 있다.[26]

부당노동행위의 초심은 부당노동행위가 발생한 사업장의 소재지를 관할하는 지방노동위원회가 관할한다(노동위원회법 제3조 제2항). 둘 이상의 관할 구역에 걸친 사건은 주된 사업장의 소재지를 관할하는 지방노동위원회에서 관장한다(노동위원회법 제3조 제2항).

부당노동행위구제신청은 부당노동행위가 있은 날(계속하는 행위는 그 종료일)로부터 3월 이내에 하여야 한다(노조법 제82조 제2항).

지방노동위원회 또는 특별노동위원회의 구제명령 또는 기각결정에 불복이 있는 관계 당사자는 그 명령서 또는 결정서의 송달을 받은 날부터 10일

---

26) 대판 2010.3.25. 2007두8881.

이내에 중앙노동위원회에 그 재심을 신청할 수 있다(노조법 제85조 제1항). 중앙노동위원회의 재심판정에 대하여 관계 당사자는 그 재심판정서의 송달을 받은 날부터 15일 이내에 행정소송법이 정하는 바에 의하여 소를 제기할 수 있다(같은 조 제2항). 이 기간 내에 재심을 신청하지 아니하거나 행정소송을 제기하지 아니한 때에는 그 구제명령·기각결정 또는 재심판정은 확정된다(같은 조 제3항). 사용자가 행정소송을 제기한 경우에 관할법원은 중앙노동위원회의 신청에 의하여 결정으로써, 판결이 확정될 때까지 중앙노동위원회의 구제명령의 전부 또는 일부를 이행하도록 명할 수 있으며, 당사자의 신청에 의하여 또는 직권으로 그 결정을 취소할 수 있다(같은 조 제5항). 이를 긴급이행명령제도라고 하는데, 구제명령의 실효성을 확보하기 위한 제도이다.

제 10 장

국 제 법*

국제법의 의의

국제법의 정의

　국제법은 아마도 여러 법과목 중 가장 타학문과 밀접하게 관련되어 있는 학문일 것이다. 특히 정치학 및 경제학은 국제법과 불가분의 일체를 이루고 있다고 해도 과언이 아닐 만큼 국제법과 접목되어 있다. 저명한 국제법학자인 헨킨(Louis Henkin) 교수의 역저인 「국제법(International Law)」의 제1장 1절이 "법(학)은 정치(학)이다(First, law is politics)"라는 선언으로부터 시작되고 있는 것은 이러한 이유에서 일 것이다. 실로 국제법은 국제정치 단위들이 정치·경제 활동을 통해 엮어내는 정치·경제과정의 산물인 것이며, 이러한 배경에 대한 끊임없는 이해와 반영이 없이는 국제법의 본질을 파악할 수 없게 된다. 그렇다면, 이렇게 타학문과 밀접하게 관련되어 있는 국제법은 과연 '법'이라 할 수 있는가? 일반적으로 '법'을 이루고 있는 요소들은 형평(fairness), 정의(justice) 및 집행력(enforceability) 등을 들 수 있다. 국제법의 경우 강국에게 유리하게 입법되는 경향이 있고, 국제적인 정의 실현을 위해 국제법이 집행되는 경우가 적으므로 형평성 및 정의실현이라는 법의 요소가 설득력 있게 부각되지 못한다. 또한 국제법의 획일적이고 강제적인 집행력이 국제사회에 일반적으로 수립되어 있지 못한 것이 사실이다. 실로, 국제사회를 일반적으로 규율하고 있는 국제 입법, 행정 및 사법기구는 아직까지 존재하지 않고 있다. 그렇다면, 과연 국제법은 법이

---

* 최원목: 이화여대 법학전문대학원 교수, 국제(통상)법.

아닌 정치·경제학상의 하나의 '사실'적 규범에 불과한 것인가?

이러한 의문에 대한 해답을 구하는 과정에서 우리가 명심할 것은 법은 독립적으로 존재하는 것이 아니고 인간사회를 위해 존재한다는 것이다. 국내법이 국내사회를 위해 존재하듯이 국제법은 국제사회를 위해 존재한다. 그런데, 규범의 집행력이 근본적으로 보장되어 있는 국내사회와는 달리 국제사회는 이것이 일반적으로 결여되어있다. 이렇게 국제사회는 국내사회와는 상이한 환경 하에 놓여있으므로 국제법은 국내법과는 다를 수 있는 것이며, 좀더 적극적 의미에서는 국내법과 달라야만 하는 것이다. 과거 법에 의한 지배의 기치하에 야심차게 출범한 '부전조약' 및 '국제연맹'체제가 당시의 국제사회의 현실과의 부조화 속에서 제 기능을 발휘하지 못한 것과 '하바나헌장'을 위주로 한 '국제무역기구'(ITO) 설립노력이 수포로 돌아간 것은 우리에게 커다란 교훈을 주고 있다.[1]

국제법은 국제사회의 현실을 반영하면서 차츰차츰 발전되어 오고 있으며, 점점 법의 특성인 형평, 정의, 집행력이 보장되는 체제로 이행하고 있다. 전통적으로 약소국들은 국제사회가 힘의 지배에서 법의 지배로 이행하는 것이 바람직함을 인식하고 있다. 아울러, 강대국들도 법의 지배가 결국은 국제체제의 안정성을 높여 자국의 다국적 기업이 활발하게 활동할 수 있는 여건 조성에 도움이 되므로 국제법의 준수 및 강화의 최대 수혜자는 결국 강대국 자신들임을 간과할 수 없는 것이다. 특히, 요즈음과 같이 국가간의 상호작용이 급격히 증가하고 있는 시대에는 국제체제의 안정화에 따른 이익(국제사회의 불확실성 증대의 불이익)이 비례적으로 커지게 된다. 따라서, 국제사회에는 때로는 국제법으로부터 일탈하는 힘의 정치(power politics)를 보이는 경우도 있으나, 결국은 국제법의 지배의 원칙(rule of international law)으로 복귀하려는 강력한 힘이 상존하게 된다. 이러한 '복

---

1) 1928년의 부전조약(전쟁포기에 관한 조약: Treaty Providing for the Renunciation of War as an Instrument of National Policy), 1919년 국제연맹규약 및 1948년의 국제무역기구 헌장(International Trade Organization Charter) 등은 세계평화를 위한 이상주의자(idealist)들의 구상이 반영된 결과이나, 당시의 국제·정치경제 현실의 발전 수준과 괴리된 이러한 구상들이 현실적 규제력을 상실했던 것은 당연한 것이었으며, 국제무역기구는 설립되지도 못한 채 좌초하고 말았다.

귀력'은 법의 지배 원칙에 대한 강대국과 약소국간의 묵시적 합의에서 비롯되는 것이며, 세계화의 심화추세와 더불어 더욱 강해지고 있다.

또한 인류 공통 과제의 출현은 국제법의 법적 성격을 한층 강화시키고 있다. 세계적 교역(global trade)의 증대, 환경보호 및 국제적 인권보호 문제 등은 국제사회가 법규범에 의해 체계적이고 안정적으로 지배될 것을 더한층 요구하고 있으며, 이는 국제법이 새로운 시대적 사명을 지니고 있음을 의미한다. 즉, 국제법이 주권(sovereignty)을 지닌 국가간(among nations)의 관계를 규율함을 벗어나 국제사회와 개인간(between international society and individuals)의 관계에도 본격적으로 주목하게 됨을 말한다. 이제 법의 지배가 국제사회와 국가 사이의 오랜 장막을 뚫고(piercing the national veil) 국제사회를 구성하는 개인들을 향해 나아가고 있는 것이다. 이제 국제통상법의 권위자인 잭슨(John H. Jackson) 교수가 강조하듯이 전통적인 의미의 주권(sovereignty) 개념은 역사의 뒤안길로 접어들고 있으며, 국제 및 국내문제를 규율할 수 있는 권한과 책임을 수많은 국제 및 국내 기관들에 어떻게 합리적으로 배분하는가 하는 권한배분(allocation of power)의 관점에서 국제법의 역할이 논의되고 있는 것이다.

국제법의 역사

이렇게 능동적으로 변화하고 있는 국제법은 어떻게 시작되고 발전되어 온 것일까? 고대 동·서양의 문명사회는 선민사상(superior complex)이 지배하고 있었다. 고대 중국의 유교사상은 중국의 황제를 하늘의 아들이라 여기고 타국가들을 지배하고 다스리는 우월적 존재임을 강조하였다. 이는 이슬람이나 기독교의 경우도 마찬가지여서, 이교도들을 구제받아야 할 열등한 대상으로 취급하였다. 이러한 선민사상은 중세 유럽의 사회에 그대로 이어져 국제사회는 교황을 정점으로 한 통일적인 지배와 복종의 체제를 형성하고 있었다. 이러한 체제하에서 국가간의 평등을 기초로 한 국제법이 자리잡지 못한 것은 당연한 일이었다.

물론 고대 그리스 도시국가간에는 외교관계에 관한 관행, 동맹조약, 전쟁에 관한 기본적 규칙 등 초보적인 국제법의 원칙들이 적용된 예가 있다. 그러나 이것은 도시국가 상호간에만 적용되고 타민족에 대해서는 동일한 규칙에 의해 구속을 받는다는 의식이 없었으므로 단편적인 국제법에 불과했다. 또한 로마의 만민법(*jus gentium*)은 여러 피지배민족의 관습을 참작하여 상이한 문화를 가진 민족에 대해서도 적용될 수 있도록 제정된 법으로 오늘날의 국제법적 요소를 지니고 있었으나, 이는 결국 로마의 법관들에 의해 시행되는 국내법에 불과한 것이었다.

따라서 본격적인 국제법의 출현은 중세의 통일세계의 분열과 이에 이은 국민국가(nation state)의 등장을 기다려야 했다. 1648년 '웨스트팔리아(Westphalia)조약'을 기점으로 서로 다른 종교(구교와 신교)를 지지하는 민족국가들이 유럽에 자리잡게 되고, 이들간의 상호작용이 증가함에 따라 이들은 상호 주권존중의 원칙에 입각하여 국가간의 문제를 각국의 평등한 합의위에서 해결하지 않을 수 없게 되었다. 특히, 지리상 발견에 따른 국제무역의 증가는 국가간의 관계에 적용될 보편적 국제관행들을 하나둘씩 쌓아가고 있었다. 이는 근대적인 의미에서의 국가간의 법(law of nations)으로서의 국제법이 등장하는 기본 토양을 제공하기에 충분한 것이었다.

이러한 시대적 상황을 맞아 정치권력들은 당시 유럽에 새로운 질서를 부여하기 위한 새로운 패러다임을 요구하고 있었고, 이러한 요구는 주요 법사상가들의 국제관계에 대한 학문적 노력을 장려하였다. 우선 상당수의 법학자들은 '자연법사상'(natural law philosophy)을 펼치게 되었다. 그중 그로티우스(Hugo Grotius, 1583-1645)는 토마스 아퀴나스(St. Thomas Aquinas)의 신학으로부터 자연법 사상을 도출하였던 비토리아(Francisco de Vitoria)와 수아레즈(Francisco de Suarez)와는 달리 인간의 보편적 이성으로부터 자연법의 원칙들을 도출해내었다. 그가 도출해낸 가장 중요한 법의 원칙은 "손해를 끼친 자는 배상해야 한다"(restitution must be made for a harm done by one party to another)는 것과 "약속은 지켜져야 한다"(*pacta sunt servanda*)는 것이었다. 그로티우스가 제창한 또다른 국제법의 원칙인 해양자유의 원칙은 오늘날의 공해자유의 원칙으로 이어져 내려오고 있다. 그 후 자연법 사상은 밧텔(E. Vattel)에 의해 근대성을 띠게 되는데, 그는 국가의 고유의 권리(inherent rights)로서의 국가의 주권 또는 국가의 평등권을 자연법의 원리로부터 도출함으로써 국민국가 시대에 적합한 근대적 법사상으로서의 자연법론을 성립시키게 된다. 이러한 밧텔의 이론은 미국독립혁명의 사상적 기반이 되었다.

근대 초기에는 유럽사회에 신생국이 등장하고 국민국가 체제가 아직 확립되지 못하였으므로 이러한 초월적인 자연법에 대한 강조가 필요하였다. 즉, 구제도로부터 탈피하여 새로운 질서를 창출해내기 위해서는 기존의 체제와는 상이한 객관적 제도를 보편적 가치로부터 연역해 낼 수밖에 없었던 것이다. 그러나, 19세기에 접어들면서 국민국가 체제가 확립되고 국가간의 다양한 상호작용을 통해 국제법적 실천이 누적됨에 따라 이제 초월적인 자연법적 논리가 아니라 구체적인 국가간의 관행 및 실정법규가 현실적으로 비중있게 다루어지는 새로운 시대적 환경이 조성되었다. 이러한 상황하에서 자연법 사상은 자연스럽게 퇴조하기 시작했고 그 자리를 메운 것은 '실증주의'(positivism) 사상이었다. 일찍이 그로티우스는 국제법을 자연법(*jus naturale*)과 의사법(*jus gentium* 또는 *jus voluntarium*)으로 구분하여, 후자의 경우를 국가의 행위(conduct)와 의사(will)에 의해 형성된 법이라 보았다. 바로 이 의사법이 이제 시대의 각광을 받게 된 것이었으며, 이러한 의사주의에 입각해 즈우치(Richard Zouche)는 국제법을 "국가간의 법"(*jus inter gentes*)이라고 불렀다.

사실 의사주의는 밧텔의 국가주권 사상에 기인하는 면이 많다. "고유의 권리인 국가주권을 구속하는 것은 국가의 의사 및 관행을 통해서 국가들이 만든 실정법뿐"이라는 그의 사상은 자연법적 원리로부터 도출한 고유한 권리로서의 주권개념과 이를 구속하는 국제법의 효력의 근거를 실증주의적 해석을 통해 도출함으로써 양이론간의 결합을 시도하고 있는 것이다. 이러한 의미에서 밧텔은 자연법론과 실증주의의 다리를 놓는 역할을 하였던 것이다. 이는 또한 민족주의의 심화라는 당시 시대적 상황에 합치하는 이론이었다. 즉 민족은 고유한 것이어서 민족 고유의 의사 이외의 추상적인 국제법으로 구속할 수 없는 것이라는 생각이 당시를 풍미했던 것이다. 또한 이러한 생각은 '적자생존,' '약육강식'의 사고방식을 뒷받침하게 되어 유럽 제국주의의 아시아와 아프리카 식민지 지배를 정당화하는 데까지 활용되었던 것이다. 이러한 의사주의는 20세기의 양차 세계대전이 발발하기 전까지 맹위를 떨치게 되었는데, 국제법의 구속력에 대해서 다음과 같은 이론이 전개되었다. 옐리네크(G. Jellinek)는 국가의 자기제한(국가가 국제법의 구속에 스스로 동의한 것)에서 그 근거를 찾으려고 하였으며, 트리펠(H. Triepel)은 국제법이 국가의 단독의사에 우월한 다수국가의 공동의사이기 때문에 구속력을 갖는 것이라고 하였다.

이러한 유럽에서의 실증주의적 국제법은 동양 및 아프리카에게는 식민주의를 의미했다. 중국과 일본 등이 서양의 열강과 조약을 체결(1842년 남경조약, 1854년 일본의 개항조약)하기 전까지 동양은 국제법의 주체인 국가로서의 지위도 인정받지 못한 서구열강의 침략의 대상에 불과했다. 그 후에도 이 지역에 서구중심의 실증주의 국제법이 적용된 결과는 다수의 불평등 조약의 양산과 식민주의 지배의 횡행이었다.

이러한 적자생존의 국가중심적인 국제법은 양차대전의 참상에 하나의 요인을 제공하게 되었는바, 양차대전 이후 이에 대한 반성으로 실증주의적 국제법이 쇠퇴한 것은 당연한 귀결이었다. 다시금 자연법론이 시대의 각광을 받게 되었고 국제연맹 및 그 뒤를 이은 국제연합은 무력사용의 불법화라는 자연법적인 가치를 향해 국제사회를 조직화시켜 나갔다. 또한, 연합국 측은 2차대전 당시 독일 및 일본군이 저지른 범죄를 응징하기 위해 뉴렌베르크와 동경에 국제군사재판소를 설치하고 이들에게 '인도에 반하는 죄(Crimes against Humanity)'와 '평화에 반하는 죄(Crimes against Peace)'를 적용하였다. 이는 국제법이 전통적인 국가중심적인 패러다임을 넘어서 개인의 인권을 보장하기 위한 가치체계로 발전해나가는 서막을 알리는 것이었다.

이제 현대는 국제기구, 비정부간기구(NGO) 및 개인이 국제관계에서 차지하는 비중이 급격하게 증가하고 있으며, 유럽경제통합, 세계무역기구(WTO) 설립, 국제형사재판소 설립, 포괄적·점진적환태평양경제공동체협정(CPTPP) 체결 등에서 보는 바와 같이 초주권적 노력이 진행되는 국제협력의 시대를 맞이하고 있다. 한편, 아프리카, 구유고, 중동 및 한반도에는 과거 냉전의 산물인 이데올로기 대립 또는 전통적인 민족·종교 분규가 아직 계속되고 있어 과거와 초현대가 병존하고 있는 혼돈양상을 극심하게 드러내고 있다. 이러한 대조적인 두 세계의 병존은 테러리즘이라는 극단적 문제점을 낳았다. 아울러 미국발 신보호무역주의는 무역보복 조치들을 쏟아내 WTO 다자무역규범 체제를 근본적으로 위협하고 있으며, 영국의 EU탈퇴 결정(Brexit)은 다자주의의 효용성에 대한 물음을 던지고 있다. 이는 국제법의 패러다임에 대한 새로운 도전을 의미한다. 도대체 무엇이 자연법적인 가치인가? 보편적인 '인도(Humanity)'와 '평화(Peace)'의 개념은 찾을 수 있는 것인가? 과연 '초현대적 세계'에서 정의하는 자연법적인 가치들을 동시대를 살고있는 '전근대적 세계'에 부과하는 것이 과거 서구열강들이 동양에 대한 식민주의적 지배를 실증주의적 국제법에 의해 합리화했던 것과 다른 것인가? 다자주의로부터의 탈퇴움직임은 원시적인 상호주의적 국제법으로의 회귀를 의미하는 것인가? 실로 현대의 혼돈의 국제질서는 국제법의 기존 패러다임을 혼돈 속으로 몰아넣고 있다.

국제법의 법원

법원(法源; the source of law)이란 어떠한 사회규범이 주어진 법체제하에서 법으로서 인식되고 있는 근거 또는 기준을 말한다. 즉 이러한 근거 또는 기준에 입각해 법은 기타 사회규범(도덕, 관행, 종교윤리 등)과 구별되며 법에만 법적 구속력이 발생하고 있는 것이다. 아직까지 보편적인 국제규범 형성력이나 국제재판소의 강제관할권이 일반적으로 성립되어 있지 않으므로, 가장 중요한 국제법의 법원은 국가간의 '합의'(consent)임은 의심의 여지가 없다. 즉, 국가간의 명시적 합의로서의 조약과 묵시적 합의로서의 관습법이 국제법의 가장 중요한 법원인 것이다. 그동안 많은 국제적 관행들을 다자조약으로 성문화하는 작업이 진행되어 왔으나, 아직까지 많은 국제관계가 관습법에 의해 규율되고 있다. 따라서 국제법은 성문법으로서의 조약과 일종의 불문법으로서의 관습법에 의해 이루어져 있다.

'국제사법재판소규정'(Statute of the International Court of Justice) 제38조는 국제사법재판소의 재판준칙으로서 '조약', '관습법', '법의 일반원칙' 및 '판례와 학설'을 들고 있으며, 당사국의 합의에 의한 '형평과 선'(*ex aequo et bono*)을 규정하고 있다. 이 규정은 직접적으로는 재판준칙을 규정하고 있는 것에 불과하지만, 간접적으로는 법원을 인식할 수 있는 근거로 해석될 수도 있다. 따라서 상기 규정으로부터 조약과 관습법이 국제법의 법원임을 확인할 수 있을 것이다. 법의 일반원칙의 법원성에 대해서는 견해가 갈리고 있으며, 실증주의자들은 이를 부정하는 반면 자연법론자들은 그 법원성을 인정하고 있다. 기타준칙인 학설, 판례, 형평과 선 등은 법의 흠결시 재판의 준칙으로 삼고자 하는 것이므로 국제법의 법원이라 볼 수는 없을 것이다.

상기 규정은 과거 상설국제사법재판소 규약 규정을 그대로 답습한 것이어서 변화된 시대적 배경을 반영하지 못하고 있는 측면이 있다. 현대에는 국제기구의 결의, 규칙, 결정 등이 국제법의 인식 근거로서 더욱 중요해지고 있다.

그러면, 국제법의 법원 상호간 충돌시 상호 효력관계는 어떠한가? 일반적으로 국제법은 국내법과는 달리 조약과 관습법의 효력의 우열은 없다고 본다. 따라서 조약과 관습법이 충돌하는 경우 특별법우선의 원칙 및 신법우선의 원칙이 적용된다. 즉, 대상분야는 같으나 당사자가 다른 조약과 관습법간에는 좀더 소수의 당사자를 규율하고 있는 법(특별법)이 우선하여 적용되게 되고(일반적으로 관습법은 광범위한 당사자를 보유하므로 조약이 특별법일 가능성이 많음), 당사자 및 대상분야가 동일한 조약 및 관습법간에는 나중에 제정된 법(신법)이 우선하게 된다.

그러나, 현대에 제정된 주요 다자조약의 경우 그 효력이 추후 특별법이나 신법의 제정에 의해 상실되는 것을 방지하기 위해 동 보편조약의 효력이 항상 우선한다는 것을 명시하는 경우가 있다. '유엔헌장' 제103조나 'WTO설립협정' 제16조는 이러한 우선조항(Supremacy clause)을 두어 유엔헌장 및 WTO설립협정의 최고성을 확보하고 있다.

조 약 법

 '조약'(treaty)이란 명칭여하를 불문하고 국제법주체들이 법적 구속력을 받도록 체결한 국제법의 규율을 받는 국제적 합의이다. 즉 국제법 주체인 국가와 국제기구가 체결한 합의만이 조약이며, 개인 및 NGO 등이 체결한 것은 조약이 아니다. 또한 일개 정부의 기관이 체결한 합의(기관간 약정: Agency-to-Agency Arrangement)는 그것이 정부 전체나 국가를 대표하는 것이 아닌한 조약이 될 수 없다. 아울러 조약은 국제법에 의한 구속력을 받을 것을 합의한 것이므로 당사자가 정치적인 의도하에 체결한(법적 구속이 아닌 정치적 구속을 의도한) '신사협정'(Gentleman's Agreement)과도 구별된다.

 일반적인 조약체결절차는 전권위임장(full power)을 소지한 국가의 대표가 조약문안에 서명한 후(조약본문의 채택과 인증), 조약체결권자가 이를 검토하여 조약내용에 관한 합의를 최종적으로 확인(비준: ratification)한 후 당사국간 비준서를 상호 교환함으로서 이루어지게 된다. 의회의 동의가 필요한 조약의 경우 비준 전에 의회의 동의를 구하게 된다. 유엔헌장은 유엔 가맹국이 체결한 모든 조약을 사무국에 등록하도록 함으로써 과거 비밀 동맹조약의 체결로 인한 불안정성 증대 등의 역사적 폐해의 재발을 방지하고 있다.

 조약체결의 형식적인 요건을 일견 갖추었을지라도 조약내용 대로의 효력을 인정할 수 없는 중대한 흠결이 있는 경우는 조약이 무효가 된다. 이러한 흠결사유로는 조약이 조약체결권에 대한 국내법규를 위반하여 체결된 경우, 착오, 사기, 국가대표의 부패, 국가대표 또는 국가에 대한 강박(coercion) 등이 있는 경우, 그리고 강행법규에 위반하여 조약이 체결된 경우 등을 들 수 있다. '강행법규'(peremptory norm)란 무력사용, 노예매매, 해적행위, 집단살해 등의 금지의무와 같이 이것으로부터의 일탈이 전혀 허용되지 않는 것으로 국제공동체에 의해 일반적으로 받아들여지고 있는 중대한 규범을 말한다. 따라서 노예제도를 창설하는 조약은 효력이 없는 것이다. 또한 을사보호조약은 국가대표에 대한 강박 등의 흠결이 있었으므로 무효이다.

서명, 비준, 가입 등의 조약의 구속을 받겠다는 동의 표명시에 국가가 자국에 대하여 조약의 일부조항의 효력을 배제 또는 변경하기 위하여 일방적인 선언을 하는 경우가 있으며, 이를 '유보'(reservation)라고 한다. 이러한 유보제도는 다자조약의 경우에 좀더 많은 회원국들이 가입할 여지를 주기 위해 마련된 제도인데, 유보가 남용될 경우 조약의 일체성 및 동질성이 훼손될 우려가 있다. 따라서 유보는 다자조약의 경우 조약의 대상 및 목적에 양립(compatible)할 수 있는 내용에 한해 허용되고 있다.

조약은 당사자간에만 효력이 있는 것이 원칙이나, 제3국에 권리만을 부여하는 내용의 조약의 경우 제3국이 이에 동의하는 것으로 추정되어 제3국에 대한 효력이 발생하게 된다.

조약의 성립과 효력 등에 대한 국제적 합의가 필요하다는 것이 국제적인 공감을 얻음에 따라 '조약법에 관한 비엔나협약'(United Nations Convention on The Law of Treaties)이 1969년에 체결되었다. 이를 통상 비엔나조약법협약이라 부르고 있으며, 동 협약은 상기 내용을 포함한 조약의 성립, 효력, 해석, 변경, 효력 종료 등에 대한 일반적 준칙을 규정함으로써 조약에 관한 광범위한 성문화를 실현하고 있다. 주의할 점은 서면으로 작성된 조약에 한해 비엔나조약법협약이 적용된다는 점이다.[2] 제2차 세계대전 이후의 일반적 경향은 국제법의 법원으로서의 조약의 역할이 강조되고 있다는 점이다. 국제법 주체간의 점증하고 급변하는 상호의존성을 효과적으로 규율하기 위해서는 전통적인 관습법보다는 조약법에 의한 적극적인 법규형성(law-making)이 필요하기 때문이다.

국제관습법

관습법이란 '법으로서 받아들여지는 일반적 관행'을 말한다.[3] 관습법은

---

2) 비엔나조약법협약 제2조.

단순한 국제관행이나 관례와는 구별된다. 이들은 국제법주체들 사이에서 반복적으로 행하여지기는 하나, 아직 그것이 법이라는 인식이 자리잡고 있지 못하다. 이들은 관습법으로 이르는 과도기적인 것에 불과한 것이다. 일반적으로 관습법의 성립요건으로는 다음의 두 가지를 들고 있다.

첫째는 다수의 국가들이 반복적으로 행하는 '공통된 관행'이 존재해야 한다. 실제로 이러한 관행은 신문지상이나 언론매체 또는 국제회의를 통해 드러나는 국가들의 공통된 행위로부터 추론할 수 있는 것이다. 또한 국가의 법규나 판례들도 이러한 관행을 반영한 것들이 있다. 물론 국제법 학자들의 저술이나 국제법원의 판례속에 언급된 사항들을 통해 일반적 관행을 확인할 수도 있다. 그렇다면 이러한 일반적 관행이 성립될 수 있으려면 어떠한 행위를 국가들이 얼마나 오랫동안 따라야 하는 것일까? 이에 대한 일반적인 원칙은 없으나, 국제법원의 경향은 충분히 광범위하고(extensive) 균일한(virtually uniform) 행위가 존재할 경우 비록 단기간의 기간이 경과했을지라도 일반적 관행의 존재를 인정하고 있다.

둘째의 요소로는 '법적 확신'(*opinio juris*)을 들 수 있다. 법적 확신은 국가가 무엇을 행하고 있는가보다는 '왜'(Why) 그것을 반복적으로 행하는가에 초점을 맞춘 개념이다. 따라서, 국가간의 반복적인 관행이 장기간 존재해왔을지라도 이것이 다수의 국가가 법이라 여겨서 따랐던 것이 아닌 경우 관습법은 존재하지 않는 것이다. 실제로 공해상에서 외국선박에 게양된 국기에 대해 경례하는 행위를 비롯한 많은 국제예양적 행위들이 존재한다. 이러한 의전(protocol)적 행위들은 장기간동안 반복적이고 광범위하게 행해져 왔다. 그러나, 대부분의 국가들이 이를 법이라 생각해서 구속되어온 것이 아니고 국가간 우호증진 차원 또는 예절적 차원에서 준수해온 것이다. 따라서 이들을 관습법이라 볼 수는 없는 것이다. 그런데 문제는 법적 확신이 다분히 주관적이고 심리적인 개념이기에 국가라는 무기체의 의사를 심리적으로 파악하기가 곤란하다는 데 있다. 따라서 현대적 경향은 국가의 행위나 상대국의 반응 등의 객관적 요소로부터 법적 확신 여부를 추론해

---

3) 국제사법재판소규정 제38조.

내고 있다. 심지어는 국제재판에서는 일반적인 관행이 존재하면 법적 확신을 추정해버리는 경향도 있어, 이를 부정하는 측이 법적 확신의 부재를 입증해야 하는 경우도 있다.

관습법의 중요성은 명시적으로 조약을 체결한 조약당사국 이외의 국가에게도 국제법이 적용될 수 있는 여지를 제공해주며 조약에서 언급되지 않은 국제적인 관심사들을 규율하는 근거를 제공해준다는데 있다. 따라서 하나의 관습법이 확립된 경우에는 어떤 국가 자신이 그 형성과정에 참가했든 안했든 간에 이에 구속됨이 원칙이다. 다만, 그 관습법의 법적 효력에 대해 '명백하고 일관되게 반대'(clear and consistent objection)해 온 국가에게까지 그 효력을 인정하는 것은 타당하지 않다고 보여진다. 또한 어떤 국가가 역사적으로 그 관행으로부터 일탈(historic departure)해 오고 주변 국가들이 이러한 일탈행위를 용인해 온 경우에도 관습법의 동 국가에 대한 효력은 부정된다고 보아야 한다. 그렇다면, 신생국가의 경우 기존 관습법에 구속되는가? 신생국가가 기존의 국제법질서에 참여하는 이상 기존 질서의 혜택만 누리고 의무만 선택적으로 지지 않을 순 없으므로 관습법의 효력은 신생국가에도 미친다고 보는 견해가 있다. 그러나, 신생국가들은 관습의 형성과정에 참여할 기회가 없었고 동 관행에 대해 반대 또는 일탈할 기회조차 갖지 못했으므로 이들에 대해 관습법의 구속을 강요하는 것은 문제가 있다. 특히 구제국주의 세력이 형성해 놓은 관습법의 효력을 이들을 부정하면서 등장한 신생독립국에 적용한다는 것은 신생국에 가혹할 수가 있다. 따라서 신생국이 관습법에 대해 법적 확신을 형성할 수 있거나 '일관된 반대자'(persistent objector)가 될 수 있는 일정한 기간을 부여하여 그 적용여부를 판단하는 것이 타당할 것이다.

기타 법원

국제사법재판소 규정 제38조는 '문명국가에 의하여 인정된 법의 일반원칙'을 재판의 준칙으로 들고 있다. 이는 국제사법재판소가 조약과 관습법을 적용할 수 없을 때 분쟁을 해결할 수 있는 제3의 준칙이 필요했기 때문이다. 국제법의 경우 조약과 관습이 자리잡고 있지 않은 영역이 많으므로 이러한 제3의 준칙의 역할은 무시할 수 없는 것이다.

그렇다면 법의 일반원칙이란 구체적으로 무엇을 의미하는가? 주권평등, 국내문제불간섭, 해양자유 등과 같은 '국제법'의 일반원칙을 말하는 것인가? 아니면 기판력(*res judicata*)의 원칙, 신의성실(good faith)의 원칙, 손해배상, 금반언(estoppel), 비례의 원칙 등의 '국내법'상의 일반원칙을 의미하는 것인가? 이에 대해 견해가 갈리고 있으나, 법의 일반원칙의 역할이 법의 흠결을 보충하기 위한 것이라면 위 두 가지 다를 의미한다고 해석할 수도 있을 것이다. 그래야만 법의 흠결시 재판소가 의존할 수 있는 재판준칙의 범위가 넓어지기 때문이다.

역사적으로 볼 때, 16~17세기 국제법의 기틀이 마련될 당시에는 국제법의 각종 원칙들을 로마법으로부터 유추해내는 경향을 보였다. 또한 19세기의 국제중재(arbitration)가 활성화되면서 각종 재판의 준칙을 국내법의 공통원칙에 의존하는 경향이 있었다. 국내법의 원칙을 국제재판에 적용하는 경우 문명국가에 보편적으로 행해지고 있는 공통된 원칙(주로 사법상의 원칙)을 국제재판에 적용가능한지 여부를 심사한 후 적용하여야 할 것이다.

한편, 법의 일반원칙의 법원(法源)성에 대한 의문을 제기할 수 있다. 일반적으로 자연법학자들은 법의 일반원칙의 법원성을 긍정하고 있고 이러한 견해는 실증주의자들에 의해 비판받고 있다. 국제사법재판소규정 제38조가 재판소는 "국제법에 따라" 재판한다고 선언한 후, 재판에 적용되는 준칙들을 나열해놓고 있음을 주의할 필요가 있다. 따라서 조약의 문리적 해석을 우선시해야 하는 한 법의 일반원칙이 국제법이 아니라는 견해는 문제가 있다고 보여진다. 이와 관련하여 법의 일반원칙의 정의를 '국제법'의 일반원칙에 한정하는 입장일수록 법의 일반원칙의 법원성을 긍정하는 것이 논리적으로 타당할 것이다. '국내법'의 일반원칙까지를 국제법의 법원이라 보는 것은 무리가 있기 때문이다.

국제법의 주체 - 국가

국가관할권 문제

　미국 세계무역센터 항공기폭파의 주범이 아프리카에서 체포되었다고 하자. 동 폭파로 인해 수많은 국적의 시민들이 피해를 입었으므로 이들의 국적국가들은 범인에 대한 재판관할권을 행사하길 원할 것이다. 또한 동 범인의 국적국은 자국민이 행한 행위에 대해 자국이 재판하길 희망할 수도 있다. 이에 더해 범인을 체포한 아프리카 국가는 자국의 재판권을 주장할 수 있을 것이다. 따라서 어느 국가가 관할권을 행사해야 하는 것일까? 또한, 범인을 체포한 국가는 관할권을 주장하는 타국에 범인을 인도해야 하는 것일까?

　오늘날 국가간의 상호작용이 빈발하고 있고 세계화가 진전됨에 따라 각종 행위는 국제적인 성격을 지니는 경우가 많다. 이러한 국제적 행위에 대해 어느 국가가 관할권을 행사할 수 있는가, 범죄인 인도는 어떻게 해야 하는 것인가, 그리고 행위지의 관할권이 면제되는 것은 어떤 경우인가 등에 대한 의문이 제기되며 이러한 문제를 해결하는 것이 중요한 과제로 대두되고 있는 것이다.

1. 원　칙

　국가가 관할권을 행사하기 위해서는 당해 국가와 행위 또는 사실사이에 일정한 연관성(nexus)이 있어야 한다. 이러한 연관성으로 일반적으로 주장되고 있는 것으로는 행위지, 행위자나 피해자의 국적, 법익 침해, 국제사회 보호 등을 들 수 있다.

(1) 속지주의(territorial principle)

　속지주의란 '행위의 발생지'를 근거로 관할권의 존재여부를 결정하는 견해로서 가장 일반적인 관할권의 결정 준칙이다. 이 견해에 따르면 세계무역센터폭파의 주범은 미국에서 재판을 받아야 할 것이다.

(2) 속인주의(nationality principle)

행위의 실행지의 여하를 불문하고 '관련자의 국적'에 입각하여 관할권을 결정하는 입장이다. 행위자의 국적국이 관할권을 행사하는 것을 '능동적 속인주의'(Active nationality principle)라 하고, 행위로 인한 피해자의 국적국이 관할권을 행사하는 것을 '수동적 속인주의'(Passive nationality principle)라 한다. 이러한 피해자의 국적원칙에 입각하여 관할권을 결정하는 입장은 종래 영미법계의 반대가 심하였으나, 근래에는 테러리즘 혹은 국제적 범죄행위가 빈번해지자 이를 인정하려는 경향이 대두되고 있다.

능동적 속인주의에 의하면 세계무역센터 폭파의 주범은 동 범인의 국적국이 관할권을 보유할 것이고, 수동적 속인주의에 의하면 동 폭파로 인해 희생된 피해자들의 국적국이 관할권을 보유할 것이다.

(3) 보호주의(protective principle)

행위로 피해를 입은 '피해국 자체의 법익침해'를 근거로 하여 관할권을 결정하는 원칙이다. 이때 침해된 법익은 국가안보나 핵심적 경제이익을 침해할 정도의 중대한 것이어야 한다. 즉, 어떠한 행위가 A국내에서 행해지지도 않았고 행위자 및 피해자가 A국 국민이 아닌 경우에도 그 행위로 인해 중대한 법익침해가 A국에 대해 발생하는 경우 A국은 관할권을 행사할 수 있다는 견해이다. 세계무역센터 폭파는 미국의 국가안보 또는 경제적 이익에 막대한 영향을 미쳤으므로 미국은 보호주의에 입각해서 관할권을 주장할 수 있을 것이다.

(4) 보편주의(universality principle)

행위의 성질이 '국제사회 혹은 인류전체에 대한 위법행위'일 경우 그러한 행위에 대해서는 모든 국가가 관할권을 갖는다는 견해이다. 즉, 어떠한 행위가 A국 내에서 행해지지도 않았고 행위자 및 피해자가 A국 국민이 아닌 경우이고 그 행위로 인해 중대한 국가안보 및 경제상의 법익침해가 A

국에 발생하지도 않았는데도 일정한 인류공통의 관심사인 범법행위에 대해서는 A국도 관할권을 행사할 수 있다는 것이다.

이러한 범법행위의 대표적인 예로서는 해적행위와 전쟁범죄를 들 수 있다. 1970년 '항공기불법납치에 관한 헤이그협약'상의 각종 범죄행위와 같이 국제사회에서 보편적으로 비난을 받고 있는 행위에 대해서는 조약자체가 체약국들에게 재판 또는 인도의무를 부과하고 있어서 일종의 보편적 관할권이 성립되어있음은 미래의 추세를 보여주는 것으로 중요한 의미를 갖는다. 최근 테러행위에 대한 국제사회의 보편적 관심 및 이해가 제고되고 있는 것을 고려할 때, 뉴욕 세계무역센터 폭파의 주범의 경우 이를 체포한 국가가 어느 나라이든 간에 보편주의에 입각해 관할권을 주장할 수도 있을 것이다.

그렇다면, 이상의 제원칙간의 우선순위는 없는 것일까? 실제로 하나의 행위에 여러 나라의 국적인이 연루되어 있고 행위발생지도 여러 나라인 경우가 있을 수 있다. 또한 동 행위의 영향을 가장 크게 받는 나라가 행위지 이외의 나라일 수도 있다(예: 아랍국가들이 대이스라엘 무장투쟁운동을 아프리카에서 벌이는 경우, 이스라엘의 국가안보가 관련되어 있음). 이러한 경우 상기 여러 원칙들이 중복되어 적용되게 되어 관할권의 중복이 발생하게 되는 것이다. 일반적으로 속지주의가 가장 기본적이고 손쉬운 관할권판정의 원칙이라 볼 수 있다. 사실, 속지주의 이외는 모두 관할권의 역외적용(extraterritorial application)의 의미를 갖고 있다. 그러나 속지주의에 의한 관할권 결정에 대해 국제법상의 일반적 합의가 성립되어 있지 못하다. 따라서, 여타 원칙들에 의해 관할권을 주장하는 경우가 종종 발생하고 이것이 속지주의와 충돌하면서 국가간 외교마찰로 비화되는 경우를 자주 목격하게 된다. 세계무역센타 폭파범의 경우에도 범죄행위지인 미국뿐만 아니라 범인의 국적국, 피해자의 국적국 및 범인 체포국의 관할권 주장이 경합될 가능성이 있는 것이다. 더 나아가 범인이 여러 나라에서 중복적으로 재판받을 수도 있는 것이다. 이러한 관할권의 경합현상을 해결하기 위해 미국의 '대외관계법'(Foreign Relations Law)은 관련요소를 고려할 때 당해 관할권 행사가 불합리할(unreasonable) 경우에는 그 "관할권 행사를 자제"할 수 있다는 규정

(principle of reasonableness)을 두고 있다. 그러나 이러한 규정은 미국 당국의 일방적 판단에 의한 관할권 경합 해결 방안이므로 그 적용에 한계가 있다. 따라서, 국가간의 조약체결을 통해 관할권의 경합문제를 해결 또는 방지하는 노력이 전개되고 있는 것이다. 그 대표적인 조약이 범죄인 인도조약이다.

2. 범죄인 인도

범죄인 인도조약은 A국에서 중죄를 저지른 범인이 B국에서 발견된 경우 A국의 요청에 의해 B국이 범인을 A국에 인도하는 것을 내용으로 하는 조약이다. 인도되는 범죄인은 통상 외국인이므로 범죄인 인도는 외국인의 강제적 출국에 해당된다고 볼 수 있다. 범죄인 인도에 관한 보편적인 다자조약은 없고 몇몇 지역협약이 존재할 뿐이다. 따라서, 조약상의 의무가 없는 한 범죄인을 인도해야 할 국제법적 의무는 없다. 이를 바꾸어 말하면, 범죄인을 인도하지 않아야 할 의무도 없는 셈이 된다. 따라서 범죄인 인도 여부는 원칙적으로 국가의 재량사항에 해당된다. 우리나라의 경우도 1980년대 후반부터 호주, 미국 등 주요국가와 범죄인 인도조약을 체결하여, 범죄인 인도 문제를 필요에 따라 입법적으로 해결해 오고 있다.

일반적으로 인도대상인 범죄는 1년 이상의 징역에 해당하는 중죄인 경우이며 정치범이나 자국민은 불인도하는 경향이 있다. 또한 당해 범죄가 양국에서 모두 범죄로 성립되어야 한다. 인도의 요청은 국가나 정부의 이름으로 외교채널을 통해 이루어지게 되며 사법당국과 협조를 거쳐 인도의 요건을 검토한 후 범인을 강제 송환하게 된다. 인도된 범죄인에 대해서는 청구원인이 된 특정의 범죄에 대해서만 처벌해야 할 의무가 부과되며, 이는 범죄인 인도제도의 남용을 방지하기 위한 것이다.

3. 관할권 면제

이상과 같은 제반 원칙에 의해 국가의 관할권이 성립되더라도 이는 추상적 의미의 '국가관할권'이 충족되는 것이고 어느 국가 내에서 구체적인 재판의 대상이 되려면 '재판관할권'이 별도로 충족되어야 한다. 재판관할권이 면제되는 대상으로 일반적으로 인정되고 있는 것으로는 외국국가와 그의 외교관을 들 수 있다. 전자의 경우 '국가면제이론'이 문제가 되고 후자의 경우는 '외교특권면제'와 관련이 된다.

전자와 관련된 구체적인 예를 들면, A국 국민이 B국 또는 B국의 외교관과 일종의 거래를 하였는데 문제가 발생한 경우, A국 국민은 A국 법원에 B국을 상대로 제소를 하여 피해의 구제를 받을 수 있는가 하는 문제인 것이다. A국 국민으로서는 자국 법정에서의 재판이 여러모로 유리할 것이나, 이때 A국 법원이 동 제소의 재판관할권 존재여부를 판단하게 되므로 재판관할권이 면제되는 경우는 제소가 부적법 각하될 것이다. 이 경우 A국 국민은 B국 국내법원에 제소를 하는 방안이 남아있게 되나, 이는 재판의 수행상 많은 어려움이 있을 것이다. 따라서 A국 국민은 과연 A국 법원이 재판관할권을 면제할지 여부에 지대한 관심을 기울이게 된다.

(1) 국가면제(State immunity; Sovereign immunity)

국가면제란 법정지국인 자국영역 내에서 외국 및 그 재산에 대하여 제기된 당해 외국을 당사자로 한 소송에서 주권평등원칙에 입각하여 자국관할권의 행사를 면제하여주는 행위를 말한다. 즉, 한 국가는 다른 국가의 법정에 피고로 서지는 않는다는 것이다. 이는 입법관할권까지 면제된다는 취지는 아니고 집행관할권(재판관할권)의 면제여부의 문제이며 민사재판권의 면제여부의 문제이다(일반적으로 국가에 대한 형사재판권은 인정되고 있지 않으므로 형사재판권의 면제여부는 제기되지 않음).

19세기의 '절대적 주권면제이론'에 의하면 국가는 절대적으로 외국의 법정에 피고로 설 수 없다는 원칙이 자리잡았었다. 이 당시의 국가의 기능은 야경국가에 머물고 있었으므로 국가의 행위는 권력적 행위가 대부분을 차지하고 있었다. 따라서 이러한 공권력적 행위에 재판권의 면제를 부여하는 것은 별 문제가 없었다고 볼 수 있다. 그러나, 근래에 이르러 국가의 기능이 다양해짐에 따라 국가는 권력적 행위 이외에도 많은 비권력적 행위(상업적 행위)를 행하고 있다. 따라서 이러한 모든 행위에 재판권면제를 부여하는 것이 타당한가 하는 문제가 제기됨은 당연한 것이었다.

국가면제에 관한 현대적 견해는 '제한적 주권면제이론'이다. 이에 따르면 권력적 행위에만 국가면제를 인정하고 비권력적 상업행위에는 이를 부여하지 않게 된다. 상업적 행위에까지 국가면제를 적용하는 것은 국가와 거래한 사인의 권익을 지나치게 침해하게 되며 또한 사인이 외국과의 거래를 기피하는 결과를 초래할 위험성이 있기 때문이다. 그렇다면 문제는 권력행위와 비권력행위를 구분하는 것인데, 이는 일반적으로 행위의 성질 및 목적을 종합적으로 고려하여 판단하게 된다. 즉, 국가기관이 사적인 목적과 용도로 외국인으로부터 물건을 구매(비권력적 행위)한 후 대금을 지불하지 않은 경우, 그 외국인은 자국내의 법원에 소송을 성공적으로 제기할 수 있게 된다.

비권력적 행위로 인정되어 국가면제가 적용되지 않더라도, 즉 재판이 진행되어 재판에서 승소판결을 받은 경우에도, 이러한 판결을 외국이나 외국기관의 재산에 대하여 집행할 수 있는가(집행권)는 별도의 국가면제의 대상이 된다. 일반적으로 법정지국의 영토내에 있는 외국의 재산이고 상업적 목적에 사용되는 재산이며 당해 청구와의 관련성이 인정된다는 요건을 모두 갖추지 않는 한, 패소한 국가는 판결의 강제집행으로부터 면제되게 된다. 또한, 외국정부가 당해 '재판'에서 국가면제권을 포기하고 소송에 일단 응하는 경우에도 나중에 판결의 '집행'에 대해 국가면제권을 원용할 수 있는 것이다. 따라서, 상기의 예에서 A국 국민이 A국 법원에 B국을 상대로 제소하여 권리구제를 최종적으로 받기 위해서는 이중의 장벽을 넘어야 한다는 것이 된다. 우선 문제가 되는 행위가 비권력적 행위이거나 B국이 국가면제권을 포기하는 경우 재판의 본안심리가 진행될 수 있는 것이고, 이에 A국 국민이 승소하여 A국내의 B국 재산을 대상으로 강제집행할 때 또 한번의 국가면제의 벽이 기다리고 있는 것이다.

국가면제이론은 후술하는 외교면제처럼 국제적으로 공인되어 온 것은 아니고 관습법 및 일부 판례에 의해 인정되어 왔다. 미국, 영국, 캐나다, 호주 등은 제한적 국가면제이론에 입각하여 국내법인 '국가면제법'을 제정하고 있다.

(2) 외교특권·면제(Diplomatic Privilege and Immunity)

국가뿐만 아니라 국제법상 관할권이 면제되는 구체적인 경우가 국가의 대외기관이다. 국가의 대외기관으로는 국가원수, 외교통상부장관, 외교사절 등을 들 수 있다. 이들은 외교교섭 기타의 직무를 수행하기 위하여 외국에서 활동하게 되는데 그 기능 수행 필요상 일정한 특권과 면제를 향유하게 된다.

우선, 이들은 '불가침권'(inviolability)을 누린다. 이들의 신체와 명예는 불가침이므로 일시적인 구속을 제외하고는 체포나 구금되지 않는다. 외교공관의 경우도 불가침권을 누리므로 접수국의 관헌은 화재 등의 긴급한 경우를 제외하고는 외교사절의 동의 없이 공관으로 들어갈 수 없다. 외교문서의 경우에도 불가침권이 적용되므로 간첩행위의 서증이 되는 경우를 제외하고는 외교사절의 공문서 및 개인적인 서류를 압수할 수 없다.

아울러 이들은 '관할권면제'(immunity)의 혜택을 누린다. 접수국의 형사재판 관할권으로부터는 어떠한 예외도 없이 면제된다. 물론 이것이 파견국(외교사절의 본국)의 재판관할권까지 면제해 주지는 않는다. 접수국의 민사 및 행정재판권으로부터는 원칙적으로 면제를 누리나, 외교사절이 피고로서 응소한 경우, 접수국에서 소유하는 부동산에 관한 소송인 경우, 접수국에서 종사하는 영업에 관한 소송의 경우, 접수국에서 개시되는 상속에 관계되는 소송의 경우 등에는 면제되지 않는다. 또한 접수국의 행정관할권으로부터 면제되는 결과 각종 조세 및 관세 면제의 혜택을 향유하게 된다.

외교사절(대사) 및 외교사절단의 직원중 외교직원(기타 외교관)은 외교사절과 동등한 권리를 갖는다. 이들의 가족도 동일세대에 속하는 경우에는 접수국의 국민이 아닌 한 동등한 특권을 누린다. 외교관 이외의 공관구성원(사무 및 기술요원, 역무요원 등)은 기능수행상 필요한 범위내의 공식적 행위에 대해서만 특권면제를 향유한다.

이러한 외교특권 및 면제는 외교사절 개인의 권리가 아니고 파견국가의 권리이므로 파견국은 재판관할권의 면제를 포기할 수 있다. 따라서 외교관이 형사재판의 피고로서 접수국의 법정에 서는 것이 불가능한 것은 아니다. 외교관이 국제적으로 비난받을 만한 심각한 범죄를 저지른 경우 당해 외교관의 파견국이 외교면제권을 포기함으로써 주재국에서 재판받도록 하는 경우를 가끔은 보게 된다.

국가를 대표하는 외교관에 특권·면제를 인정하는 것과 유사한 제도로 영사(consul)에게도 일정한 특권 및 면제가 부여된다. 영사는 정치적 대표성이 없고 재외국민 보호를 중심으로 한 기능적 성격만을 지니고 있기 때문에 외교관처럼 포괄적인 특권·면제를 누리지는 못하나 기능수행상 필요한 범위내에서의 권리를 누리게 된다. 영사는 원칙적으로 경찰권에 복종하는바, 중대한 범죄를 범하고 권한 있는 당국의 결정에 의할 경우에는 체포 또는 미결구금을 면할 수 없다는 점에서 외교관의 권리와 구별된다. 또한 영사는 영사임무 수행을 위한 행위에 한해서만 형사재판권으로부터 면제를 받고 민사소송의 경우에는 공무중의 행위라 할지라도 영사관 등이 파견국을 위하여 계약한다는 뜻을 표시하지 않고 체결한 계약에 관한 것, 접수국에서 차량, 선박 또는 항공기에 의하여 생긴 사고에서 기인하는 손해에 대하여 제3자가 제기한 것에 대해서는 재판관할권의 면제가 인정되지 않는다. 영사관의 경우 화재 등 긴급사태 이외에는 영사관장의 동의 없이 주재국 관헌이 출입할 수 없으나, 기능수행에 방해를 주지 않고 충분한 보상을 지불하는 경우 공공수용의 대상이 될 수 있다는 점에서 외교공관과 구별된다.

이밖에도 '외국군대'의 경우 일반적으로 공무상의 행위의 경우 관할권 면제가 인정된다고 볼 수 있으나, 접수국과의 조약(SOFA)을 맺어 그 구성원의 법적 지위 등에 관한 사항을 규정하는 경우가 많다. 또한 '군함'의 경우 불가침권 및 관할권 면제가 인정되어 군함이 연안국의 법령을 준수하지 않는 경우 군함의 퇴거를 요구할 수 있을 뿐이다. 군함의 구성원의 경우 연안국의 동의를 얻어 상륙하여 행한 공무상의 행위에 대한 관할권 면제가 국제관행상 인정된다. '국제기구공무원'의 경우도 회원국의 영토에서 그 기능수행과 관련하여 특권과 면제를 누리며, 국제기구는 외교적 보호권에 비견되는 직무보호권을 행사하여 이들을 보호한다.

이상과 같은 특권 및 면제는 가끔 일반인들의 분노를 자아내기도 한다. 특히, 외교관이 주재국 국민에게 심각한 피해를 입히고도 재판관할권으로부터 면제되는 것은 주재국 일반국민의 눈엔 일부 부유층이 누리는 특권으로 비추어질 수 있다. 따라서 가끔 이러한 특권을 제한해야 한다는 여론이 형성되기도 한다. 그러나, 주재국 정부는 항상 이러한 압력을 극복해내는 데 주저하지 않는다. 만일 자국에 주재하는 외교관의 특권과 면제를 제한하게 되면, 그 상대국에 파견되어 있는 자국의 외교관의 권한이 그 만큼 제한당하게 되기 때문이다. 결국, 모든 국가는 외교관의 접수국임과 동시에 파견국인 것이다. 따라서, 가장 기본적이고도 강력한 국제법인 '상호주의의 법'(law of reciprocity)에 의해 이러한 특권 및 면제는 유지되고 있는 것이다. 사실, 주재국이 외교관의 비행을 응징하는 유력한 방법은 재판제도를 통해서가 아니라 당해 외교관을 '비우호적인물'(persona non grata)로 선언하여 추방하는 것이다.

(3) 국가면제와 외교면제간의 관계

이상의 외교특권·면제는 전술한 국가면제 제도와 상호 별도로 존재하는 제도이나 종종 중첩되어 문제시될 수도 있다. 즉, 외교관이 행한 공적행위로 인해 피해를 입은 주재국 국민이 당해 외교관 및 그 외교관의 파견국 정부를 상대로 민사소송을 제기한 경우를 생각해볼 수 있다. 이 경우, 당해 외교관은 자신의 행위가 공무중 행위임을 이유로 민사재판 관할권 면제의 혜택을 누리게 된다. 그러나, 파견국 정부는 동 행위가 비권력적 행위에 해당하는 경우에는 국가면제 혜택을 누리지 못하므로 재판을 받게 되는 것이다. 이러한 상이한 결과가 초래되는 이유는 외교특권·면제가 외교관의 신분을 기초로(status-basis) 부여되는 것이라면, 국가면제는 행위의 성질을 기초로(nature of acts-basis) 부여되는 제도이기 때문이다.

국가의 영역

그렇다면 국가 관할권 행사의 기본원칙인 속지주의가 적용될 수 있는 물리적 범위는 무엇인가? 다시 말해 국가의 속지주의적 한계는 어디까지이며, 이들 영역내에서는 어떠한 관할권의 법리가 지배하고 있는가?

1. 영역의 범위 및 취득

'국가영역'(state territory)은 '영토'(land territory)와 '영수'(territorial waters), 그리고 이들의 상공부분인 '영공'(territorial air space)으로 구성된다. 국가영역은 특정 국가에게 귀속되는 공간이기 때문에 국가는 특별한 국제법상의 제한이 없는 한 원칙적으로 그 영역내의 모든 사람과 물건을 지배하며, 타국의 주권적 기능행사를 막을 수 있다. 이러한 포괄성과 배타성을 갖는 국가의 권능을 '영역주권'이라고 한다.

국가의 영역을 취득하는 형태로는 할양(cession), 선점(occupation), 시효(prescription), 정복(subjudication), 첨부(accretion) 등이 있다. 선점이란 무주지역을 타국에 앞서 국가가 영유의사를 갖고 실효적으로 지배하는 것이며, 타국에 이를 통고하는 것이 선점의 요건이 되는지에 관해서는 견해가 갈리고 있다. 독도의 경우 역사적으로 한국의 영토이고 무주지가 아니었으므로 선점의 대상이 될 수 없다고 볼 수 있으나, 일본측은 조선시대 우리나라가 취해온 공도(空島)정책을 기화로 독도를 일본의 한 지방자치단체에 편입하여 선점을 완료하였다고 주장하고 있다.[4] 그러나, 설령 당시 독도를 무주지로 본다 하더라도, 과연 일측의 실효적 지배가 있었는가, 타국에 대한 통고가 있었는가, 그리고 당시 한국의 상황(외교권 박탈)이 이에 항변할 입장에 있지 않았다는 점 등에서 일측의 주장은 성립될 수 없는 것이다. 또한 일측이 한국을 식민지화함으로써 독도를 한국으로부터 정복 또는 할양 받았다고 주장하는 경우에는 한국의 해방시에 미군정에 의해 일측의 독도영유권이 배제된 점[5] 및 일제의 한일합방 과정 자체의 무효성 문제가 강력하게 제기될 수 있는 것이다.

---

4) 1905년 2월 22일의 일본 島根縣고시.
5) 미군정령 SCAPIN 677/1033호는 독도를 일본 영토에서 배제하고 일본함선의 접근을 금지하였다. 그러나 이에 대해 일본측은 샌프란시스코 강화조약(1951)에 상기 내용이 기재되어 있지 않은 점을 들어 반박하고 있다.

2. 국가의 해양관할권의 확장

국가가 해양에 대한 관할권을 주장하기 시작한 것은 중세 말기로 소급된다. 이 당시의 무역로 확보 및 어업권 독점의 필요상 유럽제국들은 일정한 바다의 영유권을 제창한 것이었다. 심지어 15세기에는 지리상발견에 따른 새로운 통상항로를 독점하기 위해 대양의 분할영유가 논해진 적도 있다.6) 이에 대해 그로티우스는 17세기 초반에 '자유해론'(Mare Liberum)을 통해 실효성 없는 해양영유를 반대함으로써 해양자유이용의 이론을 수립하였다. 그 후, 셀든(Selden) 및 빈켈쇼크(Bynkershoek) 등의 학자에 의하여 실효적 지배에 의한 해양의 영유성이 주장되고 각국의 관행이 이를 채택함으로써 점차로 공해와 연안해의 구분을 통한 영해제도의 기본이 확립된 것이다. 따라서, 근대 이후의 주된 논의의 초점은 영해의 범위 및 국가관할권의 확대문제에 주어지게 되었다. 제2차 대전 이후 각국이 해양에 대한 관할권을 경쟁적으로 확대해 나가게 됨에 따라 통일된 해양법체계가 필요하게 되었다. 이에, 수차례의 노력을 거쳐 1882년 제3차 유엔해양법회의에서 '유엔해양법협약'(UN Convention on the Law of the Sea)이 채택되어 해양에 관한 방대한 다자조약 체제가 탄생되게 되었다.

'영해'(Territorial Sea)는 기준선(통상 해안의 간조선)으로부터 12해리 이내의 수역으로서 이에 대해서는 연안국의 주권적 권능이 배타적으로 미친다. 즉, 연안국은 영해에 대하여 경찰권, 연안어업권, 연안무역권, 해양환경보호권, 해양과학조사권 등의 권한을 배타적으로 행사한다. 그러나 영해를 영토에서 분리하여 보유하거나 처분할 수는 없고, 연안국은 그 영해 내에서 타국의 선박에 '무해통항권'(innocent passage)을 인정하여야 하기 때문에 영토에 대한 주권처럼 완전히 배타적인 것은 아니다. 무해통항이란 연안국의 평화와 질서 또는 안전을 해하지 않으며 단순히 영해를 횡단하는 목적으로 계속적이고 신속하게 영해를 통과하는 항행을 말한다. 유엔해양법협약은 제19조 2항에서 무해통항권에 위배되는 항해활동(유해통항)을 나열하

---

6) 1493년 스페인과 포르투갈간에 '토르데실라스 조약'을 체결하여 대서양·태평양·인도양 등의 분할영유를 약속하고 타국민의 항행을 금지시킨 예도 있다.

고 있는바, 이는 무력사용, 항공기의 선상발진, 어로활동, 무기를 사용한 훈련 또는 연습, 연안국에 유해한 정보수집 및 선전행위, 연안국의 법령에 위배되는 물품의 반입 및 사람의 승하선 등이다. 이러한 유해통항 행위에 대해서만 연안국이 제재를 가할 수 있는 것이다. 다만, 군함 및 잠수함에 대해서는 통항의 허가권을 행사하거나 수면부상 통과의무를 부과할 수 있다. 19세기 이래 각국은 영해 외측의 일정수역에서 한정된 특별관할권을 행사하기 위한 법령을 제정하여 왔으며, 이러한 관행은 '접속수역'(contiguous zone) 제도로 정착되었다. 유엔해양법협약은 기준선으로부터 24해리까지의 수역을 접속수역으로 설정할 수 있다고 규정하고 있으며, 연안국은 자국의 영해에서 행해지는 통관, 재정, 출입국관리 또는 위생상의 규칙위반을 미연에 방지하기 위하여 접속수역 내에서 규제권을 행사할 수 있다.

'배타적 경제수역'(Exclusive Economic Zone: EEZ)은 영해를 넘어서 그에 인접한 200해리(기준선으로부터 200해리)까지의 수역으로서, 그 해저, 지하, 상부수역에 미친다. 이 제도는 영해 밖 연안해역의 천연자원에 대한 연안국의 영구적 주권을 주장하기 위해 중남미국가 및 아프리카국가들에 의해 먼저 제창되었다. 이러한 연안국의 주권적 권리 주장과 전통적인 공해자유를 주장하는 해양국간의 이해의 타협으로 연안국의 관할권과 공해자유의 일부가 병존하는 제3의 특별수역으로 탄생된 것이 바로 배타적 경제수역인 것이다. 우선 배타적 경제수역은 공해의 자유를 전제로 한 것이기 때문에 연안국은 타국의 항해, 비행, 해저케이블 설치 및 파이프라인 설치를 방해하지 못한다. 반면에 연안국의 해양자원 관할권이 인정되므로 생물 및 비생물자원에 대한 개발, 탐사이용, 어업권이 배타적으로 연안국에 인정된다. 다만, 이러한 배타성에는 한계가 있어 연안국이 포획하고 남는 어업자원은 지리적 불리국, 개발도상국, 전통적 이해관계국 등에게 배정하고 이동성 어업자원은 지역기구나 관계국간의 합의로 보존토록 하고 있다. 또한, 연안국은 인공섬 등의 구조물을 설치·사용할 수 있으며, 해양환경 보호 및 해양과학조사권을 배타적으로 보유한다.

우리나라는 1996년 200해리의 배타적 경제수역을 선포하였으며, 이에 따라 주변국들의 배타적 경제수역과 중첩되는 해양이 발생하게 되었다. 그

대표적인 것이 동해의 독도주변 수역과 제주도 남부의 수역이다. 이 수역들은 일본의 배타적 경제수역과 중첩이 되고 있어 향후 양 배타적 경제수역간의 경계선을 확정하는 과제를 한·일양국은 지니게 된 것이다.[7] 한·일양국은 배타적 경제수역 경계획정 전에 우선 양국간의 어업활동의 경계선을 획정할 필요가 있었으므로,[8] 양국은 신(新) 한·일어업협정을 체결하게 되었다. 1999년도의 시작과 더불어 서둘러 발효된 신 한·일어업협정은 동해 독도주변과 남해의 제주도 남부수역을 '중간수역'으로 명명하고 양국의 배타적 관할권을 배제하는 체제를 취하고 있다. 즉, 한·일양국이 자국의 관계법령을 타국의 어선에 대해 적용하지 않거나 또는 양국의 공동 관리하에 어업자원을 보존해 나가는 체제를 취한 것이다. 따라서 양국의 어선들은 이러한 공동관리 체제에 따라 동 수역에서 어로활동을 할 수 있게 되었다.

그런데 문제는 동 협정이 독도 및 그 주변수역에 관한 규정을 두지 않음에 따라 독도의 영유권 문제가 학계 및 정치권에서 제기되고 있다는 점이다. 동 협정에 대한 비판론자들은 독도가 한국의 영토라는 전제 위에서 독도주변의 수역의 중간수역 획정이 있었어야 하는데 이에 대한 언급이 없이 독도를 동해중간수역내에 그냥 위치시키고 말았으므로 이는 독도의 영유권에 대한 입장을 확실히 해온 종래의 우리측의 입장보다 후퇴한 것이라 주장하고 있다. 이에 대해, 신 한·일어업협정 옹호론자들은 어업협정이라는 것이 영유권 문제와는 별개의 어업활동에 관한 협정에 불과하므로 어업

---

7) 유엔해양법협약 제74조는 인접국간의 배타적 경제수역 경계선 획정은 양국간의 합의에 의하되 합의에 이르지 못할 경우 해양법상의 분쟁해결절차에 의해 해결할 것을 규정하고 있다. 해양법상의 분쟁해결절차에 의하면 당사국간의 합의에 의해 분쟁해결절차가 개시되게 된다. 해양법당사국은 분쟁해결 수단으로 미리 국제해양법재판소, 국제사법재판소, 중재재판소, 특별중재재판소 중 한 기관을 선택할 수 있으며, 선택이 없는 경우 중재재판을 선택한 것으로 간주된다. 분쟁발발시 구체적인 분쟁해결 수단은 당사국이 합의하여 결정하는 것을 원칙으로 하나, 이러한 합의가 없는 경우에는 선택선언에 의해 동일한 분쟁해결수단이 선택되어 있으면 그 분쟁해결기관의 관할권이 적용되나, 서로 다른 분쟁해결기관이 선택되어 있으면 중재재판에 회부된다. 유엔해양법협약 제XV부 참조.

8) 1998년 1월 일본측이 1965년 체결된 한일어업협정을 폐기해버렸으므로, 양국간의 새로운 어업협정 체제의 수립이 시급히 필요하였다.

협정상의 중간수역제도가 독도의 영유권문제와는 관련이 없음을 강조하고 있다.[9] 이들은 독도문제에 집착하는 경우 어업협정 타결이 불투명해져 양국의 손실이 막대하므로 동해의 분쟁지역을 중간수역 형태로 설정한 것이 최선이었음을 주장하고 있다. 최근 동아시아지역을 중심으로 영유권 분쟁이 심화되는 경향이 있어 각국이 대외 강경론을 펼치는 경향이 있다. 그에 따라 우리나라에서도 한일어업협정에 대한 비판적 견해가 힘을 얻고 있으며, 동해중간수역의 설정과정에서 취한 정부의 미온적 태도를 재고해야 한다는 견해가 대두되고 있다. 아무튼 한·일간의 배타적 경제수역 경계 획정 문제는 양국간의 영토문제와 결부되어 앞으로 지속적인 논란을 불러일으킬 것으로 전망된다.

배타적 경제수역 이원의 바다는 '공해'(High Sea)이다. 유엔해양법협약은 어느 국가도 공해를 영유할 수 없으며 원칙적으로 각국의 자유로운 사용을 위해 개방된다고 규정함으로써 공해자유의 원칙을 확인하고 있다.[10] 따라서 각국은 공해상에서 항해, 상공비행, 어업, 해저 케이블 및 파이프라인 설치, 과학조사의 자유를 누린다. 이러한 공해자유의 원칙에도 불구하고 최근에는 공해에서의 일정한 어족자원의 보호와 관리를 위한 국제협약들이 체결되어 국제사회가 공해상에서의 여러 행위에 대해 일정한 제약을 가하려는 경향이 있다. UN공해어업협정[11]이 그 대표적 예인바, 공해상 경계왕래어족과 고도회유성어족[12]의 보존과 관리를 위한 기본원칙, 지역 수산 기구 가입 및 타국 선박에 대한 승선 검색 등을 규정하고 있다. 우리나라도

---

9) 실제로 새로운 한·일어업협정상에도 이 점이 언급되어 있다(제15조). 또한, 유엔해양법도 인접국가간의 배타적 경제수역 경계획정 전에 잠정조치를 취할 수 있으며 이러한 잠정조치가 최종 경계획정에 어떠한 영향을 주지 못한다고 규정하고 있는바(제74조), 한·일간의 어업협정상의 중간수역이 해양법상의 잠정조치적인 성격을 지닌다고 볼 때, 독도 및 그 주변수역의 영유권 문제가 중간수역 설정에 의해 영향을 받지는 않는다고 볼 수 있다.

10) 유엔해양법협약 제87조.

11) 해양법에 관한 국제연합협약의 경계왕래어족 및 고도회유성어족 보존과 관리에 관한 조항의 이행을 위한 협정(1995년 8월 4일 채택, 2001년 12월 11일 발효).

12) 경계왕래어족(straddling fish stocks): 국가간 EEZ 경계 혹은 EEZ와 공해 경계를 드나드는 어족(대구, 명태 등). 고도회유성어족(highly migratory fish stocks): 여러 국가의 EEZ와 공해를 가로질러 장거리를 이동하는 어족(참치류, 원양성 상어류 등).

이에 가입하고 있는바, 이것은 원양어업 대국인 우리가 책임 있는 조업국으로서 공해상 어업 및 해양생물자원의 지속가능한 활용에 대해 책임을 분담하고, 경쟁 조업국들의 불법 조업에 대한 대처의 국제법적 근거를 마련한 의의가 있다.

공해 하부의 지층은 별도의 제도인 심해저제도가 규율하므로 후술하는 바와 같이 각국은 공해상에서 광물자원에 대한 자유개발권은 지니지 못한다. 또한, 공해상에서는 각국 군함의 '임검권'(right of approach, visit and search)이 인정되므로 공해상의 해적, 노예매매, 불법라디오방송, 국기 허위 게양 등의 행위는 제한을 받게 된다. 또한, 각국의 선박은 공해상에서 해양전선 보호, 해난구조, 해양오염방지 등의 최소한의 의무를 준수해야 한다.

이상과 같은 각종 수역의 밑에는 물론 지층이 형성되어 있다. 따라서 이러한 지층에 대한 관할권이 문제가 된다. 우선, '대륙붕'(Continental Shelf)이란 원래 지질학상의 개념으로서 육지영토의 자연적 연장(natural prolongation)에 해당하는 바다속 지면 및 그 지하를 말한다. 대개 영해 밖 수심 200m까지의 해상(海床) 및 그 아래를 육지영토의 자연적 연장으로 보아 왔으나, 국가에 따라 대륙붕의 범위가 달라지게 되고 해상 개발기술이 발달함에 따라 대륙붕의 범위가 확대되는 문제점을 안게 되었다. 따라서 유엔해양법협약에서는 대륙붕의 범위를 연안으로부터 200해리까지로 설정하여 균일한 수평적 한계를 적용(수심기준 배제)하는 한편, 육지영토의 자연적 연장이 200해리를 넘어 계속되는 경우에는 최대 350해리까지 설정할 수 있게 규정하고 있다. 대륙붕내에서 연안국은 대륙붕을 탐사하고 그 천연자원을 개발하기 위한 주권적 권리를 가진다. 이러한 연안국의 권리는 배타적이어서 어느 국가도 연안국의 명시적인 동의가 없이 이러한 활동을 하거나 권리를 주장할 수 없다.

그런데, 일반적으로 영해기준선으로부터 200해리까지의 수역에는 배타적 경제수역과 대륙붕제도가 공존하고 있음은 흥미롭다. 주의할 점은 배타적 경제수역제도는 수역, 해저 및 그 지하에 걸쳐 골고루 미치는 제도인 반면, 대륙붕제도는 해저 및 그 지하에만 미치는 것이고 생물자원에 관하여는 정착성 생물만을 규율한다는 점이다. 즉, 일반적으로 200해리 이내의 수역에는 배타적 경제수역제도만이 미치고 그 하부지층에는 배타적 경제수역 및 대륙붕제도가 중첩되어 적용된다는 것이다. 이는 해양법제도상의 다소나마 제도적 중복이 있다는 것을 의미한다. 향후 해양법협약의 개정이 논의되면 이러한 중복을 해소하는 것도 하나의 논점이 될 수 있을 것이다.

대륙붕 이원의 해저지층은 '심해저'(Area)제도가 자리잡고 있다. 즉, 일반적으로 공해의 하부지층이 심해저인 것이다. 1967년 '파르도'(Pardo)가 유엔총회에서 국가관할권 이원에 부존되어 있는 심해저 자원을 "인류의 공동유산"(common heritage of mankind)으로 선언하고 인류 전체의 이익을 위하여 국제기구가 관리하여 개발하여야 한다고 주장한 이래, 유엔해양법협약에서 드디어 심해저제도가 성문화되기에 이르렀다. 유엔해양법협약은 모든 협약 당사국을 회원국으로 하는 '국제심해저기구'(the Authority) 및 '국제심해저기업'(the Enterprise)을 설치하고 심해저자원의 탐사개발 및 이용을 총괄하게 하고 있다. 협약은 이러한 국제기구를 통한 다자적 개발방식 이외에 각국의 사기업이 심해저 개발에 참여할 수 있게 하는 병행개발체제를 유지하고 있다. 또한 일정한 금액을 사전 선발투자활동이 지출한 선행투자가(pioneer investor)에게는 배타적 활동권, 생산허가의 우선권 등의 특혜를 부여하는 인센티브시스템을 운영기도 한다. 심해저 제도는 선진국과 개도국의 이해관계가 충돌하는 측면이 많아 향후 인류공동의 유산개념을 중심으로한 공동개발 체제와 시장경제원리에 기반을 둔 민간개발 체제 간의 이익배분 문제를 둘러싼 끊임없는 논란이 전개될 것으로 전망된다.[13]

3. 국가의 영공관할권

'영공'(territorial air space)이란 국가영역(영토와 영해)의 상부 공간으로서, 일찍이 1919년 파리협약은 모든 국가가 그 영역상의 상공에서 완전하고 배타적인 주권을 보유한다고 선언하였다. 이러한 영공주권의 배타성에 의

---

13) 실제로 심해저제도는 한차례의 파란을 겪었다. 유엔해양법협약의 심해저제도에 대한 이행협정이 1994년에 체결되어 당초의 구상과는 달리 선진국의 입장이 크게 반영되었다. 즉, 공동개발체제에 주어진 각종 특혜대우가 철폐되고 민간개발체제에 유리한 각종 제도가 마련되게 되었다.

하여, 영해에서의 무해통항권과 유사한 권리가 영공에는 인정되지 않으며, 따라서, 항공기는 비행 및 착륙시 당해 영역국의 허가를 받아야 한다는 원칙이 자리잡았다.[14]

그 후 1944년 체결된 '시카고협약'(Convention on International Civil Aviation)은 파리협약을 대체하면서 국제민간항공 체제의 기본조약이 되었다. 동 협약에 의하면 '부정기항공'에 무해통항권을 인정하여 영토국의 사전허가를 요하지 않고 있는 반면, '정기항공'에 대해서는 무해통항권을 인정하지 않고 실질사항을 보충협정에 위임했다. 즉, 전세기 항공서비스만 자유화되고 일반인이 일상적으로 접하는 각종 항공기 이용서비스(정기항공)는 아직 각국의 규제하에 놓이게 된 것이다. 이에 보충협정인 '국제항공업무통과협정'(IASTA)은 체약국이 영공을 무착륙으로 통과할 수 있는 자유 및 운송 이외의 목적으로 체약국의 영토에 착륙할 수 있는 자유만을 인정하는 데 그쳤다. 따라서 정기항공의 핵심사안인 승객 또는 화물 운송문제는 다자조약체제에 의해 규율되지 못하고 각국이 필요에 따라 개별적으로 양자협정을 통해 규율하게 되었다.

이에 우리나라는 세계 각국과 양자 조약을 체결하여 항공운수분야를 규율하고 있다. 최근에 한국과 미국간에 새로운 항공운수협정이 체결되었다.[15] 이를 소위 '항공자유화협정'(Open Skies Agreement)이라 부르는데, 동 협정은 과거에 양국이 취항가능한 지점 및 편수를 제한해 오던 것과는 달리 양국내의 전 항공노선에 대한 진입개방 및 전노선에 대한 항공사수 및 운항편수를 무제한으로 허용하고 항공사간의 다양한 제휴와 협력을 가능케 하는 개방체제를 취하고 있다. 이는 한국과 미국간의 국제항로에 존재하는 각종 제한을 철폐하여 항공에 대한 수요와 공급을 시장기능에 맡기는 것을

---

14) 허가를 받지 않고 비행하는 경우가 영공침범인바, 이에 대한 영역국의 대응조치의 한계에 대해서는 특별한 국제법이 존재하지 않고 있으며, 또한 관습법이 존재한다고 볼 수도 없다. 다만 1983년 '대한항공기격추 사건'을 계기로 국제민간항공기구(ICAO)는 영공을 비행하는 타국의 민간항공기에 대한 무력불사용 원칙을 확인하는 규정을 채택한 바 있다.

15) 1998년 6월 체결된 한·미 항공운수협정(Air Transportation Agreement between Korea and the United States).

의미한다. 또한 양국 항공사는 양국노선 및 제3국 노선에서 각종 제휴활동을 통해 양국의 이익을 증대할 수 있다.

사실 미국은 1970년대 후반부터 시작된 국내항공산업의 개방 및 규제완화를 바탕으로 국제항공운수 시장을 개방하기 위한 노력을 전개해 오고 있으며, 1990년대에 접어들면서 세계 여러나라와 항공자유화협정을 체결하거나 체결을 추진하고 있다. 우리나라와의 항공자유화협정 체결도 이러한 노력의 일환인 것이다. 우리나라의 입장에서도 국제항공시장의 자유화는 새로운 기회와 도전을 제공해 주고 있다. 우리 항공사 및 항공산업의 경쟁력을 제고시키고 우리나라가 동북아의 항공운송의 중심지로 발돋움하기 위해서는 항공자유화는 필수적인 요소인 것이다. 따라서 한국은 미국과의 협정체결을 계기로 여타 주요나라들과 항공자유화협정을 맺어나가는 노력을 전개하고 있다. 이는 한 나라를 중심으로 비슷한 내용의 양자조약을 주변국들과 다수 체결함으로써 그 나라입장에서는 다자조약이 없이도 '다자적 통상환경'이 구축되는 효과(hub & spoke effect)를 볼 수가 있는 것이다. 국제사회가 1944년 다자조약 체결을 통한 항공의 자유화에는 실패하였으나, 이제 바야흐로 국제 항공법 체계는 복수국간 유사한 양자조약 체결을 통한 다자적 환경구축의 시대로 접어들고 있는 것이다.

국가의 국제책임

1. 의 의

국가가 국제법을 위반하였을 경우 '국제책임'(state responsibility) 또는 '국가책임'으로 불리는 국제법상의 의무를 부담하게 된다. 이는 일반국제법상의 원칙인 것이고, 국가가 국제법을 위반하지 않은 경우에도 해로운 결과를 낳은 경우 이에 대한 국가책임을 조약상 부담하는 경우도 있다.

이러한 국가책임은 국가의 '국제불법행위'로부터 발생한다. 유엔헌장을 위반하고 무력을 사용한 경우, 자국에 거주하는 외국인의 재산을 보상없이 수용한 경우, 외교관의 특권을 무시하고 외교관을 체포한 경우, WTO협정에 위반한 경우 등이 그 예이다. 또한 개인의 행위로 인한 손해에 대해서도 이에 대한 감독을 소홀히 한 경우 국가책임이 발생한다. 무장폭도들이 A국 주재 외교공관에 난입한 경우 A국이 이에 대한 사전 경계를 소홀히 한 경우에는 A국의 국가책임이 성립하는 것이다.

2. 기본원칙

종래 국가는 국제법을 위반함으로써 직접 피해를 입힌 국가에 대해서만 책임을 지며, 그 밖의 국가에 대해서는 책임을 지지 않는다고 보았다(개별적 책임추구의 원칙). 그러나, 오늘날 강행법규의 존재가 인정되고 이와 맥을 같이하는 국제범죄개념이 확립되어 감에 따라 피해를 입지 않은 제3국이나 국제공동체가 공동으로 책임을 추구하는 경우도 등장하고 있는 것이다.

국제법에서는 피해구제의 수단으로 피해국에 대한 원상회복 또는 손해배상 등의 민사상의 구제수단만을 인정해왔다(민사책임의 원칙). 그러나, 제2차대전 이후 '평화에 대한 죄', '인도에 반한 죄' 등의 국제범죄의 개념이 도입되게 됨에 따라 국가책임은 단순한 민사상의 손해배상을 넘어서 형사적인 의미로 발전하고 있다. 이에 관해서는 후술한다.

3. 성립요건

국가의 국제책임이 성립되기 위해서는 우선 국가의 행위로 인해 국제법 위반행위가 발생해야 한다. 모든 '국가기관의 직무상 행위'는 국가에 귀속된다. 이에는 입법, 행정, 사법기관의 행위를 포함한다. 사법기관의 행위와 관련, 재판의 거부가 문제시되는 경우가 많으며, 이에는 재판자체의 거부는 물론이고 명백한 불공정 판결, 재판절차의 부당지연, 유죄판결의 집행거부 등이 포함된다. 이러한 국가기관원의 직무상 행위인 이상, 설사 국내법상 부여된 권한범위를 초과한 것인 경우에도 국제법상의 국가행위로 본다. 한편, 국가기관이 아닌 '사인의 행위'인 경우 국가가 이를 사전에 상당한 주의로서 방지하지 않은 경우 또는 사후에 적절한 국내적 구제를 부여하지 않은 경우 등과 같이 국가에 귀책사유가 인정되는 경우에 한해 국가책임이 성립하는 것이다.

그러면 이러한 국가기관의 행위 중 어떠한 행위가 국제불법행위에 해당하게 되는가? 일반적으로 국제법 위반행위는 '일반 국제불법행위'와 '국제범죄'로 나누어 볼 수 있다. '일반 국제불법행위'란 국내 민법상의 불법행위와 유사한 것으로서 국가가 국제법적 의무를 위반하는 일반적인 경우를 말한다. 이에 비해 최근에는 '국제범죄'라는 별도의 범주가 확립되어 가고 있다. 국제범죄란 "국제공동체의 기본적 이익의 보호를 위해 너무나도 중요하여 그 위반이 범죄로서 국제공동체 전체에 의해 인정되는 국제의무 위반행위"라 정의되고 있다.[16] 일반적으로 이에는 무력침략, 노예매매, 집단살해, 인종차별, 대기 및 해수의 대규모적 오염 등이 거론되고 있다. 물론 국제범죄도 본질상으로는 일반 국제불법행위에 해당하므로 이에 기한 손해배상 책임이 병행하여 발생한다. 국제법은 가해국의 손해배상책임만이 문제시되는 이러한 일반불법행위 개념에 머물지 않고 국제사회의 전체에 의한 제재가 이루어지는 범죄의 개념을 도입하면서 본격적인 형사적 처벌을 위한 기반을 마련해 온 것이다.

국가기관의 불법행위에 고의 또는 과실이 요구되는가에 대해 종래 견해의 대립이 있어 왔다. 최근에는 무과실책임론이 국내법상에 일반화되고 있어, 국제법의 이론도 이에 영향을 받아 점차로 과실의 요소를 배제해 나가는 추세에 있다.[17]

한편, 모든 경우에 국가의 국제법 위반행위가 국제책임을 발생하는 것은 아니다. 피해자의 동의가 있었거나, 불가항력의 결과인 경우, 정당한 대응조치(countermeasure)인 경우, 자위(self-defence)행위, 유엔에 의한 집단적 조치 등의 정당화 사유가 있는 경우는 위법성이 조각된다고 본다.

4. 해   제

국제청구의 주체는 국가이다. 국가책임의 근거가 되는 손해로는 외국 국가 자체에 대하여 가해진 '직접손해'와 외국인에 가해진 '간접손해'가 있

---

16) 국가책임에 관한 협약 초안 제19조.
17) 이에 국가책임에 관한 협약초안은 고의, 과실을 국가책임의 성립요건으로 규정하고 있지 않다.

다. 전자의 경우 피해국이 가해국에 대해 직접 국제책임을 물을 수 있다. 후자의 경우는 국가책임의 추궁이 피해외국인의 국적국에 의한 외교적 보호권의 행사로 나타나게 된다. 이때 외교적 보호권은 국가자체의 권리이지 국가가 피해자인 국민의 권리를 대리하여 행사하는 것이 아니라고 본다. 즉, 자국민의 손해에 의하여 국가 자신의 손해가 발생한다는 '밧텔(Vattel)의 의제'가 적용되는 것이다. 따라서, 외교적 보호권은 개인이 포기할 수 없는 것이다. 또한 역으로 국가가 외교적 보호권을 포기해도 개인의 권리는 소멸되지 않는다. 이는 한·일 청구권협정(1965)과 관련 흥미로운 시사점을 준다. 비록, 한국과 일본정부가 배상금지불과 국교수립을 조건으로 "한국측의 일본에 대한 청구권을 최종적으로 그리고 완전히 해결"했을지라도 이는 양국간의 외교적 보호권이 소멸되었음을 의미할 뿐, 피해자 개인의 일본에 대한 손해배상청구권은 아직 존속하고 있는 것으로 보아야 한다. 문제는 이러한 청구권의 행사 대상이 누군가라는 점이다. 일제시대 일본기업에 의한 한국인 강제노동 피해자 배상과 관련, 일본정부의 입장은 한·일 청구권협정에 따라 모든 보상금은 물론 배상금까지 한국정부에 지불하였고, 그 결과 청구권협정에 "미수금, 보상금 및 기타 청구권"에 관한 문제가 "최종적으로 해결"되었다고 규정하고 있으므로, 배상금 지불은 한국정부에 대해 청구될 수 있을 뿐이라는 것이다. 이에 대해 한국정부의 입장(2019.9 현재)은 위 협정 조항은 불법행위로 인한 배상금은 포함하지 않으므로, 일본기업에 배상책임이 여전히 존재한다는 것인바, 이 문제에 관한 한·일간 견해차가 해결되지 않고 있어, 무역보복을 주고받는 등 양국간 마찰의 끊임없는 도화선이 되고 있다.

국가의 국제청구가 있는 경우 우선 국제위법행위를 계속 범하고 있는 국가는 위법행위를 중지해야 한다. 이와 아울러 불법행위국은 배상(reparation)을 통하여 국가책임을 해제해야 할 의무가 발생한다. 이러한 배상의 방법으로는 원상회복(restitution), 손해배상(compensation), 사죄 또는 관련자 처벌(satisfaction) 및 재발방지 약속(assurance) 등을 들 수 있다. 다만, 국가가 WTO협정에 위반한 행위를 하여 국제책임이 발생한 경우는 국제위법행위를 중지할 의무만이 발생하게 되고 배상의 문제는 제기되지 않는 것이 WTO협정상의 원칙이다. 이는 통상분쟁의 경우 국제불법행위를 제거하여 국제통상체제의 예측가능성을 높이는 것이 최우선의 목표이므로 미래지향적 문제의 해결을 추구하여 불법행위의 철회만을 요구하는 것이 효과적이라 보았기 때문이다. 한편, 여러 양자투자협정(bilateral investment treaty)이나 FTA 투자규정에 도입되어 있는 분쟁해결제도인 투자자–국가 국제중재제도(Investor-State Dispute Settlement)[18]의 경우는 기본적으로 통상분쟁으로서의 성격을 지니고 있기는 하나, 투자자라는 사인이 직접 투자유치국의 불법적 조치로 입은 투자손실에 대한 배상을 추구하는 성격의 제도이므로, 손해배상(compensation)을 기본 국가책임 해제의 방법으로 채택하고 있다.

국제법의 주체 – 개인

개인은 전통적으로 국제법의 객체로 여겨져 왔다. 그러나, 국제관계 속에서의 개인의 역할이 증대하여 가자 개인을 일방적인 객체로만 여기는 견해는 더 이상 설 곳이 없어져 버렸다. 국제법의 제반절차상의 당사자능력이 국제법주체성의 일측면임을 고려해볼 때, 개인이 국가를 상대로 권리확보를 추구하는 국제인권법의 구조하에서 개인의 국제법 주체성은 부분적으로나마 인정될 수 있는 것이다. 즉, 이제 개인의 국제법 주체성 여부가 아니라, 그 범위와 한계가 무엇인가가 논의의 대상인 것이다. 일반적으로 개인이 국제법상 주체가 된다고 하더라도 국제법의 정립 자체에 참여할 권한은 없는 것이므로 개인의 국제법주체성이 국가의 그것과 동일한 것이라고 볼 수는 없다. 국제법상 개인은 국제법원에의 제소권, 국제기구에 대한 청원권 등을 중심으로 한 권리를 향유하며,[19] 조약상의 각종 의무, 해적행위

---

18) 투자자가 투자유치국 정부를 상대로 직접(투자자의 본국정부를 거치지 않고) 국제중재재판을 요청할 수 있는 제도.

19) 개인은 각종 인권협약에 의한 인권법원에의 제소권, 유엔해양법협약에 의한 심해저분쟁재판부에의 제소권(심해저개발에 참여하고 있는 개인), 유엔행정법원에의 제소권(유엔공무원) 등의 제소권과 신탁통치지역 주민의 청원권(유엔헌장), 노동단체의 노

금지 의무, 전쟁법규 준수, 집단살해 금지, 전시 중립의 의무 등을 진다. 이상과 같이, 국가가 포괄적·능동적인 국제법주체라면 개인은 제한적·수동적 주체로서 국제법 체제 내에서 기능하고 있는 것이다.

외교적 보호

개인은 국적을 기준으로 하여 국민과 외국인으로 나누어진다. 국제법상 국적을 판별하는 의의는 '외교적 보호권'(the right of diplomatic protection)이 어느 나라에 귀속하는가를 판단하는데 있는 경우가 많다. 즉, 개인이 타국의 국제위법행위에 의하여 손해를 입은 경우 그가 속하는 국적국은 국민을 보호할 국제법상의 권리가 생기며, 이것이 바로 국가의 외교적 보호권이다. 이중국적자는 그의 일방 국적국에 의해 손해를 입은 경우에 타방 국적국에 의한 외교적 보호를 받는 식으로 이중국적을 이용할 수는 없다. 또한, 무국적자는 외교적 보호를 받을 수 없게 된다.

외교적 보호권의 행사는 다음의 두 가지 조건이 요구된다. 첫째, 전통적으로 국가의 국제위법행위에 의하여 외국인에게 손해가 발생한 경우 이로써 곧바로 가해국가의 국제책임이 성립하는 것이 아니고, 피해국이 가해국내의 행정상 또는 사법상의 구제절차를 다하였는데도 피해가 구제되지 않은 경우에 비로소 가해국에게 책임이 귀속된다고 본다. 그러므로, 피해외국인의 국적국이 가해국에 대하여 외교적 보호권을 행사하여 손해배상을 청구하기 위해서는 먼저 가해국내에서 인정되는 국내구제절차를 다하는 것이 요구된다. 이를 '국내적 구제완료의 원칙'(principle of exhaustion of local remedy)라 한다. 국내구제를 통하여 피해를 구제할 수 있음에도 불구하고 국제청구로 사건이 쉽게 비화되는 것은 국제관계상 바람직하지 않기 때문이다. 둘째, 피해외국인은 피해를 입었을 때부터 그 국적국이 외교적 보호권을 행사할 때까지 당해 국가의 국적을 계속적으로 보유하는 것이 필요하다(국적계속의 원칙). 이러한 원칙이 없다면 피해자가 피해를 입은 이후 강

동조건위반사실 신고권(ILO헌장), 인권위원회에의 청원권(국제인권규약) 등의 청원권을 누린다.

대국으로 국적을 변경하여 강대국에 의한 권력적 개입을 기도하려 하는 경우가 많아질 것이기 때문이다.

국가의 개인뿐만 아니고 국제기구의 공무원도 외교적 보호를 받아야 할 경우가 있다. 즉, 국제기구의 공무원이 직무상 국제불법행위로 인하여 손해를 입은 경우, 우선 그 국제공무원의 국적국이 외교적 보호권에 입각해 청구를 할 수 있는 권한을 갖게 된다. 이에 더해, 피해자가 소속한 국제기구가 그 배상을 추구할 수도 있으며, 이를 국제기구의 '직무보호권'(the right of functional protection)이라 한다. 국제기구는 그 소속 공무원인 피해자와 직무(function)라는 인연을 지니고 있고 이를 보호할 필요가 있기 때문이다. 이렇게 외교보호와 직무보호가 경합할 경우 어느 것이 우선하는지에 대한 일반원칙은 존재치 않는다. 이를 해결할 수 있는 조약이 필요할 것이다.

외국인의 보호

상기와 같이 외국인에 대해 피해를 입힌 국가는 국내적 구제를 통해 배상을 하여야 하며, 그렇지 않을 경우 그 본국에 의해 외교적 보호권에 입각한 국제청구를 당하게 된다. 그렇다면 외국인은 내국민과 비교하여 어떠한 지위를 누리는 것이며, 국가는 외국인을 어느 정도까지 보호해야 할 의무가 있는 것일까?

일반적으로 국가는 외국인을 자국민과 차별하지 않고 평등하게 대우해야 한다는 입장(내국민대우주의)과 외국인 보호에 관한 국제표준에 입각한 보호를 부여해야 한다(국제기준주의)는 입장이 대립하고 있다. 선진국의 경우 국제기준에 입각한 대우가 곧 내국민대우에 해당할 경우가 많으므로 문제가 없으나, 문제는 후진국들의 경우이다. 즉, 후진국의 경우 외국인에게 내국민대우를 부여하더라도 이것이 국제적 보호수준에 미치지 못하는 경우가 발생하게 되며, 이러한 대우가 과연 국가의 외국인 보호의무에 반한다고 볼 수 있는 것일까? 중국이 중국내에서 마약을 제조한 한국인을 사형시킨 경우 이를 내국민대우(마약을 제조한 중국인도 사형시키고 있으므로)로서 정당화할 수 있는 것인가?

물론, 선진국의 경우에도 일부 분야에 대해 국제표준에 비해 고도의 엄격한 규제를 가하고 있는 경우에는 문제가 될 수 있다. 즉, 외국인에게도 동일한 고도의 규제를 가하면서 이를 내국민대우로 합리화하는 것이 가능한가라는 의문이 제기될 수 있다. 일례로 길거리에 침을 뱉는 경우 징역을 부과하는 일부 선진국이 있다고 하자. 이 나라가 자국내에 체류하는 외국 여행객이 길거리에 침을 뱉은 경우 이를 징역형에 처하면서 이러한 규제조치를 내국민 대우로 합리화하는 경우를 들 수 있다.

또한, 외국인 재산의 수용 또는 국유화조치의 경우 보상의 정도와 관련하여 이러한 내국민대우주의와 국제기준주의간의 대립이 전개되고 있음은 특별한 주의를 요한다. 일반적인 경향은 후진국들은 외국인 재산을 국유화한 경우 국유화국의 국내법에 의한 보상 및 분쟁해결을 주장하고 있으나 (내국민대우주의), 선진국들은 국제표준에 입각한 충분한(adequate) 보상 및 국제적 분쟁해결 절차에 의한 문제의 해결을 주장하고 있다(국제기준주의). 국제교류가 활성화되면서 이러한 외국인의 보호문제를 둘러싼 국가간 분쟁의 여지는 더욱 커지고 있다. 따라서, 이러한 내국민대우와 국제기준주의의 갈등은 향후 더욱 중요한 문제로 대두될 것이다.

난민의 보호

전통적으로 난민이란 "정치적 사상, 인종, 종교, 국적 등을 이유로 국적국으로부터 박해를 받거나 박해받을 현저한 우려가 있다는 충분한 근거가 있는 공포로 인하여 외국에 거류하며 국적국으로의 송환을 희망하지 않고 외국의 비호를 구하는 사람"을 말한다.[20] 즉, 정치적 난민만을 지칭한다. 그러나 최근에는 자연적 혹은 생태학적 재해, 또는 극빈곤을 이유로 떠날 수밖에 없거나 귀환할 수 없는 자와 같은 경제적, 환경적 난민 개념을 인정하자는 견해가 힘을 얻고 있다.

원래 난민의 자격부여 여부는 개별국가의 재량사항이었으나 '난민조약'

---

20) 1951년 '난민의 지위에 관한 협약' 상의 정의.

상 '유엔난민고등판무관'(UN High Commissioner for Refugees: UNHCR)이 총회와 경제사회이사회의 지침에 따라 난민판정에 개입하게 된다. 즉, 난민조약상 당사국은 원칙적으로 유엔난민고등판무관과 협력할 의무를 지게 된다. 그러나 이는 '협력'의무에 불과하므로 결국 난민체류국의 입장이 최종적인 난민판정에 지대한 영향을 미치는 것이 현실이다. 난민은 체류국의 국내법에 따라 난민의 지위가 인정되면 국적국의 외교적 보호가 배제되며, 1차적으로 체류국의 보호를 받고 2차적으로는 유엔난민고등판무관의 보호를 받는다. 기본적으로 난민은 외국인과 동등한 대우를 받으며, 거주 및 이전의 자유가 보장되며 신분증과 여행증명서가 발급된다. 난민은 국가안보나 공공질서상의 이유가 아닌 한 추방되지 않으며, 또한 입국의 적법, 부적법에 관계없이 생명이나 자유가 위협받는 영역으로 송환당하지 않을 권리를 지닌다(강제송환금지, non-refoulement).[21]

우리나라에도 최근 난민 신청건수가 증가하고 있으며, 특히 탈북자의 중국내의 지위문제가 커다란 국제문제로 제기되어 왔다. 중국정부는 탈북자를 식량난 등 경제적 사유에 따른 불법체류자로 보아 국제법상의 난민으로 인정하지 않고 있으며, 따라서 유엔난민고등판무관의 개입도 부인하고 있다. 그러나, 이와 관련하여 최근 유엔이 난민개념 및 보호대상을 경제적·사회적 난민까지 확대하고 있음은 유의할 필요가 있다. 심지어 사실상 난민 인정제도(prima facie determination) 개념도 유엔을 중심으로 주장되고 있는바, 이는 대규모의 집단탈출이 발생하는 경우 개별적으로 난민판정 여부를 심사하는 것이 아니고 대량 탈출을 결과한 객관적 상황에 근거하여 난민지위를 집단적으로 인정해주자는 견해이다. 이러한 난민판정은 집단적 이주와 같은 탈북자의 경우에 적용될 여지가 있는 것이다.

최소한 탈북자의 경우는 인도주의적 관점 및 북한사회의 특수성을 감안하여 본인의 의사에 반해 강제송환해서는 안된다고 보아야 할 것이다.

---

21) 물론, 국가는 외국인에게 입국을 허용해야 할 국제법상 의무가 없으므로 합법적으로 체류국 영토안에 있는 난민이 아닌 한 외부로부터 유입하는 난민의 입국을 거절할 수 있다.

개인의 인권의 국제적 보호

1. 인권개념의 확립

현대 국제법의 가장 중요한 특징 중의 하나는 개인의 인권이 더 이상 '국내문제'(domestic question)라는 관념에서 벗어나 국제법상의 보호대상으로 확립되고 있다는 점일 것이다. 즉, 인권보장이 국가간의 권리·의무에서 파생되는 간접적인 결과물이 아니고 국제법이 직접 개인의 인권보장 의무를 국가에 부과하고 개인도 이를 권리로서 주장할 수 있게 된 것이다. 이제 인권문제를 놓고 국내문제 불간섭 의무를 언급하는 것은 구시대적인 유산이 되고 말았다.

이는 국가주권 개념의 변화에 기인한 바가 크다. 국가간의 모든 관계는 합의에 의해서만 성립되고 국가는 그 동의 없이는 여하한 구속도 받지 않는다는 식의 법실증주의적 합의이론은 이제 국제공동체의 관념이 싹트면서 균열이 생기기 시작했으며, 그 균열 속에서 인권개념이 본격적으로 대두되게 된 것이다. 이제 다수의 인권의무가 국제관습법으로 승격되고 있으며, 인권에 대한 존중은 그 대부분이 '대세적 의무'(obligations erga omnes)로서 인식되고 있다.

유엔헌장은 인간의 기본권에 관한 원칙을 규정하면서[22] 과거의 조약들과는 다른 차원의 태도를 보이고 있다. 즉, 과거의 조약들이 특정 행위 또는 특정 집단의 문제점들만을 치유하는 식의 규정을 두고 있던 데 반해, 유엔헌장은 모든 개인의 인권의 광범위한 보호를 포괄적으로 규정한 최초의 시도라고 볼 수 있는 것이다.

이러한 프로그램적인 유엔 헌장의 규정들을 구체화하는 작업은 1946년 경제사회이사회(ECOSOC)의 보조기관으로 '유엔인권위원회'(Commission on Human Rights)가 설치되면서 본격화하였다. 우선, 1948년 유엔인권위원회의 노력으로 '세계인권선언'(Universal Declaration of Human Rights: UDHR)

---

22) 유엔헌장 전문, 제1조 3항, 제13조 1항, 제55조, 제56조 등 참조.

이 채택되었다. 세계인권선언은 인권을 '경제적·사회적·문화적 권리'와 '시민적·정치적 권리'로 나누어 기술함으로써 이후의 인권협약 탄생의 기초가 되었다. 이어서 유엔인권위원회는 세계인권선언의 규정들을 좀더 구체화하여 구속력 있는 조약형식으로 제정하는 노력을 기울였는데, 그 결과 '경제적·사회적·문화적 권리에 관한 국제인권규약'(International Covenant on Economic, Social and Cultural Rights; ICESCR)과 '시민적·정치적 권리에 관한 국제인권규약'(International Covenant on Civil and Political Rights; ICCPR)이 1996년 유엔총회에서 채택되게 되었다. 전자를 통상 'A규약'이라 부르고 후자를 'B규약'이라 부른다.

2. 국제인권협약을 통한 보호

A규약은 노동의 권리, 노동조건의 보장, 노동조합의 결성, 사회보장권, 교육을 받을 권리 등 사회권적 기본권을 보장하고 있으며, 민족자결권 및 천연자원의 자유처분권과 같은 제3세계 국가들의 관심사항도 아울러 반영하고 있다. 이에 비해, B규약은 생명권의 보장과 사형제도의 원칙적인 금지, 고문의 금지, 공정한 재판을 받을 권리 등 자유권적 기본권, 정치적 기본권 및 청구권적 기본권을 규정하고 있다.

양 조약간의 특성을 살펴보면, A규약은 인권을 프로그램식으로 규정하고 있으나, B규약은 즉각적으로 실행됨을 목표로 하고 있음을 들 수 있다. 따라서 B규약은 조약의 이행감독체계로서 '인권위원회'[23](Human Rights Committee)를 설치하고 '국가간 고발제도'와 '개인의 국가고발제도'와 같은 구체화된 제도를 도입하고 있으나, A규약은 유엔사무총장에 대한 '국가보고서 제출' 의무만을 규정하고 있을 뿐 그 구체적인 절차나 기관을 약정하고 있지 않다.[24] 이하에서는 B규약의 이행감독체계를 좀더 자세히 살펴보기로 한다.

---

23) B규약상의 '인권위원회'(Human Rights Committee)를 전술한 '유엔인권위원회'(Commission on Human Rights)와 구별하기 위해, 후자에는 '유엔'이란 단어를 붙이기로 한다.

24) 그 후, 1985년 경제사회이사회는 '경제적·사회적·문화적 권리위원회'를 설치하여 A규약 이행상황을 감독하고 있다.

　　B규약은 우선 체약국에 대하여 조약상의 의무의 이행상황을 '정기적으로 보고'할 의무를 부여한다. 이 보고는 인권위원회에서 심사하게 되는데 관계국의 의견 청취, 해당국 대표의 답변 청취 등을 거쳐 인권위원회는 당해 체약국에 의견(comments)을 주게 된다.

　　이와 아울러 B규약 가입국 중 특별조항(제41조)을 수락한 국가간에는 '국가간고발제도'가 적용된다. 즉, 한 국가가 다른 국가의 B규약 위반사항을 인권위원회에 고발하게 되면 인권위원회는 12개월 이내에 보고서를 제출하여야 하고 당사국들은 동 보고서 내용을 참고하여 시정조치를 취할 수가 있다. 만일 당사국들이 상호 만족하는 결과가 뒤따르지 않는 경우 '특별 조정위원회'(ad hoc Conciliation Commission)에 문제를 회부할 수가 있다. 조정위원회는 12개월 이내에 당사국에 보고서를 송부하게 된다. 이에 대해 당사국은 그 내용대로 시정조치를 취할지 여부를 인권위원회에 통보해야 한다. 이러한 국가간 고발제도는 특별조항의 상호 수락을 전제로 하고 있고, 조정위원회절차도 당사국의 별도의 합의가 있어야 개시되며, 조정위원회의 최종 보고서가 구속력을 갖지 못하는 등의 특징이 있으며, 이는 이 제도의 효력을 현저히 약화시키고 있다. 더구나, 국가간 고발 절차는 국가간의 우호관계를 깨뜨릴 우려가 있기에 거의 활용되고 있지 못한 실정이다.

　　한편, 'B규약 선택의정서'(Optional Protocol)를 채택한 국가간에는 개인의 HRC('Human Rights Committee')에 대한 청원권이 인정되며, 이를 '개인의 국가고발제도'라고 한다. 즉, 국가로부터 인권침해를 당한 개인은 국내구제를 완료한 후 HRC에 서면으로 청원할 수 있다. 이에 당사국은 6개월 이내에 설명서를 HRC에 제출하여야 한다. 이어서 HRC는 청원서와 설명서를 검토한 후 자신의 견해(view)를 작성하여 당사국 및 청원자에 송부하게 된다. 이러한 개인의 국가고발제도는 구체적인 인권침해 사례를 효과적으로 구제할 수 있는 제도이나, HRC의 최종 '견해'의 법적 구속력 및 당해 국가가 이를 준수하지 않는 경우의 이행수단에 관한 조항이 결여되어 있기 때문에 국가가 자발적으로 이행하지 않는 한 그 실효성이 의문시된다.

3. 유엔인권이사회 활동으로 전환

1967년과 1970년 유엔 경제사회이사회는 유엔인권위원회(Commission on Human Rights)가 특정국 인권상황을 공개 또는 비공개로 토의할 수 있게 하는 결의를 각각 채택하였다.[25] 이에 따라 유엔인권위원회는 공개 및 비공개회의를 매년 개최하여 특정국가의 인권상황에 대한 논의를 진행하고 인권침해에 대한 특별한 조치를 채택할 것을 권고하는 인권결의안을 채택한 바 있다. 단, 인권침해국으로 지목된 나라들도 유엔인권위원회에 참여하고 있는 것에 대한 국제사회의 비판이 제기되었다.

이에 유엔 총회는 2006년 결의로 총회산하에 인권이사회(Human Rights Council)를 설치함과 동시에 유엔인권위원회를 폐지하였다. 이제 유엔의 인권보장 활동의 센터가 경제사회이사회 산하가 아니라 총회 산하기관으로 변경된 것이고 총회가 국제인권보장 활동의 전면에 나선 것이다. 인권이사회는 인권 보호와 증진에 관련된 사항 권고, 인권침해 예방 및 인권침해 상황에 대응, 유엔회원국의 인권 상황을 개별 심의(국가별 정례 인권검토, Universal Periodic Review), 인권 이슈 토의, 인권교육 및 자문, 능력배양 증진, 국제인권법과 관련해 국제연합 총회에 권고 등 광범위한 임무를 수행하도록 되어 있다.

2007년에는 인권이사회가 결의를 채택하여 "인권이나 기본적 자유에 대한 심각한 침해행위가 지속적인 패턴으로 이루어지고 있음을 신빙성 있게 청원한 경우"(consistent patterns of gross and reliably attested violations of all human rights and all fundamental freedoms), 개인이 직접 인권이사회에 청원할 수 있는 제도도 마련한 바 있다.

우리나라는 수차례 이사국으로 선임되어 활발한 활동을 펼치고 있으며, 북한 인권 문제, 일본군 위안부 문제 등과 관련 국제사회의 비판여론을 조성한 바 있다. 이러한 과정에서 국가는 물론 NGO, 국제기구 및 개인의 참여가 직·간접적으로 이루어지므로 유엔인권이사회는 인권보장을 위한 유

---

25) 이를 1235절차(공개) 및 1503절차(비공개)라고 부른다.

엔활동의 중심이 되고 있다.

4. 국제형사재판소의 등장

최근, 개인의 인권침해에 대한 국제법적 보호가 가장 발전된 형태로 실현되고 있으며, 이는 '국제범죄' 개념의 정립과 이와 관련한 '국제형사재판소'(International Criminal Court: ICC)의 설립을 통해 이루어지고 있다. 이제 국제법은 일정한 유형의 인권침해 행위를 국제범죄라 규정하고 이를 국제사회 전체의 이름으로 처벌하는 단계로 발전하고 있다. 즉, 국제사회 전체의 일반이익을 해하는 행위에 대해 국제법이 범죄 구성요건과 그 집행을 포함한 모든 실질적인 면에 있어서 국내법을 매개로 하지 않고 직접 규율해 나가기 시작한 것이다. 이러한 발전은 범죄행위를 범한 국가 입장에서 보면 더 이상 국가면제이론의 혜택을 볼 수 없다는 것을 의미하기도 한다.

이러한 국제범죄 개념은 2차대전 이후 '런던협정'에 따른 뉘른베르크 및 동경 전범재판소에서 국가기관을 구성하는 자연인을 전쟁범죄(war crimes), 평화에 반한 죄(crimes against peace), 인도에 반한 죄(crimes against humanity) 등의 개념에 입각하여 처벌한 데서 기인하는 것이다. 즉, 국제법이 직접 자연인을 처벌한 것이다. 그 후 1990년대 초 유엔안보리의 결의로 구유고 및 르완다 특별형사재판소가 설립되고 이를 통해 국제범죄인들을 재판하면서 국제형사재판소 설립의 기틀이 다져지게 되었다. 1998년 로마회의에서는 '국제형사재판소규정'(Rome Statute of the International Criminal Court)이 채택되고 동 규정이 2002년 7월 발효됨에 따라 이제 국제범죄를 사후적이고 수시적인 차원이 아닌 포괄적이고 상시적으로 규율할 수 있는 체제가 성립한 것이다.

국제형사재판소규정에 의하면 집단학살, 인도에 반하는 죄, 전쟁범죄 및 침략에 관한 범죄를 범한 자연인을 국제형사재판소에서 재판하게 된다. 이 중 인도에 반한 죄(Crimes against Humanity)의 경우가 국제인권법적인 관점에서 보면 핵심적인 항목이 아닐 수 없다. 이는 대량 살인, 종족 말살, 노예화, 추방, 감금, 고문, 성폭행, 박해, 실종, 인종차별 등 각종 인권침해 행위로부터 개인의 인권을 직접적이고 상설적으로 보호할 수 있게 되었음을 의미하는 것이다. 더구나 이러한 인권침해 행위를 유엔안보리 및 규정 당사국이 국제형사재판소에 제소할 수 있음은 물론이고 독립적인 지위의 국제검사(international prosecutor)가 자체적으로 발의하여 재판을 진행할 수 도 있게 되어 있어 개인의 인권보호는 이제 실로 인권보호의 최종단계를 향하여 줄달음치고 있다고 볼 수 있다. 2019년 9월 현재 국제형사재판소규 정 가입국은 우리나라를 포함한 122개국에 이르고 있으나,[26] 그동안 러시 아에 이어 필리핀이 탈퇴하고, 일부 아프리카 국가들이 탈퇴움직임을 보이 고 있어 국제형사재판소 제도 적용의 국가간 형평성 문제와 국제정치적 성 격이 논쟁의 대상이 되고 있다.

국제법 주체간 분쟁의 평화적 해결

기본 구조

1. 국가의 의무

국제법은 국가의 각종 의무를 규정하고 있다. 예를 들면 국제공법 (Public International Law)의 경우 외교관의 특권과 면제를 인정할 의무, 조 약을 준수할 의무, 국가면제를 부여할 의무, 국내문제불간섭의 의무, 공해 의 자유를 보장할 의무, 집단학살을 하지 않을 의무, 국제 강행법규를 준수 할 의무 등 헤아릴 수 없는 많은 의무들이 조약이나 관습법에 의해 부과되 고 있다. 국제통상법(International Trade Law)의 경우에도 국가의 기본적 의 무로서 최혜국대우(Most-Favoured Nation Treatment)의무, 내국민대우(National Treatment)의무, 수량제한철폐의 의무, 투명성(transparency)유지의 의무, 수 출보조금(Export Subsidy) 지급 금지 의무, 지적재산권(International Property Rights)보호의 의무, 관세양허(Tariff Concession)의 의무, 반덤핑절차(Anti-

---

26) 미국, 중국, 러시아, 우크라이나, 인도, 말레이시아, 인도네시아 등의 주요국가들이 가입하지 않고 있다.

dumping Procedure)에 의한 덤핑관세부과의 의무 등 무수한 의무를 규정하고 있다.

대부분의 국제분쟁에서는 국가의 행위가 이러한 각종 의무에 위반하였는지 여부가 쟁점사항으로 제기된다. 즉, 국제법 위반으로 인한 국제책임을 추궁하고 피해의 보상을 받으려는 노력이 국제분쟁의 형태로 나타나는 것이다.

이러한 각종 국제분쟁에 대해 국제법은 역사상 아마도 가장 중요한 포괄적 의무를 하나 더 부과하고 있는데 그것이 바로 '국제분쟁의 평화적 해결 의무'이다.

2. 분쟁의 평화적 해결 의무

현대의 국제법의 가장 중요한 성과는 분쟁을 평화적으로 해결할 의무를 국제사회에 부과하는 데 성공했다는 것일 것이다. 유엔 헌장은 유엔의 가장 중요한 목적 중의 하나가 분쟁의 평화적 수단에 의한 해결임을 선언하고,[27] 제2조 4항에서 회원국에 "무력행사 및 위협(threat or use of force)의 금지"의무를 부과하였다. 이에 대해 유엔헌장 제51조는 국가가 가지고 있는 "본질적인 권리"로서의 "자위권"(self defense)에 대해 규정하고 있다. 따라서 유엔헌장은 자위권의 행사를 제외한 무력사용을 일반적으로 금지하고 있다고 해석될 수 있는 것이다. 그런데 유엔헌장에 의하면 자위권의 행사는 "무력공격이 발생했을 때(if an armed attack occurs)"에 한해 인정되고 있음을 주의할 필요가 있다. 즉, 개별국가의 의무(무력사용의 금지)는 매우 포괄적인데 반해, 이 의무를 위반한 국가의 불법무력행사에 대응하여 조치를 취할 수 있는 국가의 권리(자위권)는 아주 제한되어 있는 것이다.[28] 이는 의무와 권리가 불균형 상태에 있는 것이라 볼 수 있으며 이 불균형을 채울 수 있는 제도적 수단이 필요하게 된다. 이러한 제도적 수단이 바로 유엔헌장 제39조에서 규정하고 있는 국제평화유지에 관한 안전보장이사회

---

27) 유엔헌장 제1조 1항, 제2조 3항 참조.
28) 특히, 무력 위협(threat)에 대해서는 자위권 발동이 전혀 불가능하다는 점을 상기할 필요가 있다.

의 포괄적 권한 및 의무라 볼 수 있다.[29] 즉, 국가의 광범위한 불법무력행사에 대해 안보리가 개입하여 문제를 집단적으로 해결하는 것이 원칙이고 무력공격의 발발과 같은 긴급하고 중대한 불법행위에 한해서만 개별국가의 대응을 허용하게 된다.

3. 평화적 해결 수단

국제연합헌장 제33조 1항은 상기와 같은 분쟁의 평화적 해결원칙에 입각한 분쟁해결 방법으로서 교섭, 사실심사, 중개, 조정, 중재, 사법재판, 지역적 기구 내지는 지역적 절차에 의한 해결, 주선을 포함한 당사국들의 선택하는 기타의 평화적 해결방안 등을 나열하고 있다.

이들을 상호 구별해 보면 아래와 같다.

첫째, 분쟁 당사국간의 '교섭'(negotiation)을 통해 분쟁을 해결할 수 있다. 이는 다른 절차들과는 달리 제3자의 개입 없이 분쟁을 양자간에 간명히 해결할 수 있는 방식이다.

둘째, 제3자가 개입하기 시작하면 분쟁해결은 '주선'(good offices)의 단계로 이행하게 된다. 제3자는 분쟁내용에는 개입함이 없이 분쟁의 양자타결을 독려(각종 편의시설 제공 등으로)하는 역할만을 수행하게 된다.

셋째, 제3자가 분쟁의 내용에까지 개입하여 당사국의 의견을 조정하고 스스로 해결안을 제시하는 것을 '중개'(mediation)라고 한다. 중동전쟁시 미국의 헨리 키신저 국무장관의 역할은 아랍과 이스라엘 측에 적극적으로 평화협상안을 제시하여 이를 타결한 대표적인 중개의 사례로 들 수 있다.

넷째, 때로는 제3자의 역할이 분쟁의 원인이 된 사실관계 파악에만 한정되는 경우가 있다. 사실관계에 대한 오해에서 비롯된 분쟁의 경우 명확히 사실관계를 밝히는 것이 효과적인 분쟁해결 수단이 되는 경우가 많기 때문이다. 이는 주로 제3국인이 참여한 사실심사위원회(commission)를 구성하여 사실조사를 함으로써 이루어지는데 이러한 방식을 '사실심사'(inquiry)

---

29) 유엔헌장 제39조는 안전보장이사회에게 평화에 대한 위협, 평화의 파괴, 침략행위의 존재를 결정하고, 국제평화와 안전의 유지 또는 회복을 위해 권고하거나 강제조치를 취할 수 있는 권한을 부여하고 있다.

라고 한다. 사실심사의 대표적인 예로서는 '도거뱅크'(Dogger Bank) 분쟁을 들 수 있다. 러·일전쟁 당시 영국어선에 대한 러시아함대의 공격이 양국간의 대립양상을 촉발했으나 영국, 러시아, 미국, 프랑스, 오스트리아 해군 장교로 구성된 사실심사위원회가 구성되어 조사한 결과, 사건의 발단을 일본함정으로 오인한 러시아함대의 과실로 결론내림으로써 러시아가 영국에 배상하는 것으로 분쟁이 종결되었다. 이는 대표적인 사실심사의 성공사례이다.

다섯째, 제3자의 개입이 심화되어, 사실심사위원회 구성과 이에 의한 사실조사와 더불어 제3자가 분쟁해결 방안까지 제시하게 되는 방식을 '조정'(conciliation)이라고 부른다. 이는 심사와 중개가 결합된 방식이라 볼 수 있다.

여섯째, 상기와 같은 절차들은 다분히 정치적이고 외교적인 분쟁해결 수단이므로 그 결정이 구속력을 갖지 못한다. 이에 반해, '중재재판'(arbitration) 및 '사법재판'(adjudication)과 같은 사법적/준사법적 분쟁해결 절차는 그 결정이 당사국을 구속한다는 점에서 외교적 수단과 근본적인 차이가 있다. 중재재판과 사법재판을 비교하면, 중재재판은 분쟁발발 이후 비상임의 재판관으로 구성된 재판소에서 당사국들이 정한 법에 의거하여 재판하는 반면, 사법재판은 분쟁발발 이전 미리 정해진 절차와 법에 의해 상설 재판소에서 재판한다는 점에서 차이를 찾아볼 수 있다.

중재재판은 1794년 소위 '제이조약'(Jay Treaty)이 미국과 영국간에 체결됨으로써 본격적인 분쟁해결수단으로 등장하였다. 동 조약에 의해 설치된 중재위원회가 미국의 독립과정에서 발발한 영토의 획정, 재산몰수, 선박 나포 및 이에 대한 각종 배상문제 등을 중재재판으로 해결함으로써, 그 후의 중재재판 제도 발전을 유도하는 계기가 되었다. 이에, 1899년과 1907년 '헤이그조약'은 상설적인 성격의 '국제중재재판소'(The Permanent Court of Arbitration: PCA)를 창설하여 수많은 분쟁을 해결하였다.

그러나, 근래에는 국가들의 관심이 통상·투자 등 경제활동에 관한 분쟁해결만을 위한 특별분쟁해결제도(예: WTO분쟁해결절차, ICSID)들로 집중되고, 아울러 유엔의 발달로 인한 '국제사법재판소'로 옮겨감에 따라 중재재판은 쇠퇴의 일로를 밟고 있다.

4. 국제사법재판소 재판절차

'국제사법재판소'(The International Court of Justice: ICJ)는 유엔의 주요 기구중의 하나이다. 유엔회원국은 국제사법재판소 규정의 회원국이 된다. 그러나 그 직무상의 독립성은 철저히 보장된다. 국제사법재판소에 분쟁을 회부하는 것은 국가이며 개인이나 국제기구는 당사자 적격을 보유하지 못한다. 즉, 개인의 이해가 걸린 분쟁의 경우 그 국적국이 외교적 보호권에 입각하여 재판을 청구하는 형식을 취해야 한다. 유엔총회나 안보리는 유엔 활동과 관련된 법률문제에 관하여 국제사법재판소에 '권고적 의견'(advisory opinion)을 요청할 수 있을 뿐이며, 유엔의 전문기구도 또한 총회의 허가를 받아서 권고적 의견을 요청할 수 있다.

국제사회는 아직 진정한 의미의 국제사법재판을 달성하고 있지 못하다. 즉, 국제사법재판소의 강제관할권(compulsory jurisdiction)은 인정되지 않고 있고 국제사법재판소의 관할권은 분쟁 당사국의 동의에 기초하고 있다. 분쟁이 발발한 경우 당사국이 특정분쟁을 국제사법재판소에 회부하려는 명시적 또는 묵시적인 합의를 하든지, 미리 동 관할권을 수락하는 조약이나 선언을 해놓고 있어야만 국제사법재판소에서 재판을 진행할 수가 있다. 국제사법재판소 규정은 이렇게 재판관할권을 미리 수락할 수 있는 제도[30]를 마련해 놓고 있으나, 이에는 철저한 상호주의가 적용되므로 분쟁의 일방국이 이러한 수락선언을 해놓고 있는 경우에도 타방국이 동일한 선언을 해놓고 있지 않은 경우에는 국제사법재판소의 관할권은 성립되지 않게 된다. 더구나, 이러한 선언을 하는 경우에도 동 선언에 각종 유보를 붙일 수 있게 되어 있어, 각국은 민감한 분쟁사안(주로 영토분쟁)이 국제사법재판소 재판사항이 되는 것을 방지하기 위해서 각종 유보를 붙여 선언을 하는 사례가 많다. 이러한 요인들은 국제사법재판소의 역할을 감소시키게 되고 분쟁의 장기화를 초래하게 된다.

---

30) 이를 선택조항(Optional Clause) 제도라 한다. 국제사법재판소규정 제36조 참조.

아무튼, 이상의 각종 제약조건들을 충족하여 국제사법재판소의 관할권이 성립되면 당사국들은 서면 및 구두진술을 통해 자국의 입장을 변론하게 된다. 재판과정은 세계의 문명형태 및 법체계를 대표하는 15명의 재판관들이 심리하게 되며, 재판소에 분쟁이 회부된 후 판결이 나기까지 평균 2년 반 정도의 기간이 걸린다. 소송 참여 당사국이 자국국적을 가진 재판관이 없을 경우, 당해 사건에 한하여 임시로 재판관을 선임할 수 있는데, 이를 '임시재판관'(ad hoc judge) 제도라 한다. 따라서, 앞으로 우리나라가 분쟁당사국인 분쟁이 국제사법재판에 최초로 회부되면 우리나라 사람이 임시재판관에 임명될 것이다.

국제사법재판소 판결은 법적 구속력을 지니며, 분쟁 당사국을 구속한다. 사건은 일심으로 종결되고 상소는 인정되지 않는다. 일방당사국이 판결을 이행하지 않는 경우, 타방 당사국은 유엔 안보리에 회부할 수 있으며 안보리는 판결 이행 권고 또는 필요한 조치에 관한 결정을 내릴 수 있다. 이는 재판소의 판결 집행을 유엔안보리 제도와 연결시킴으로써 판결의 이행력을 어느 정도 확보하는 효과가 있다. 그러나, 이러한 안보리의 권고 및 결정시 상임이사국의 거부권이 적용된다고 보여지므로, 강대국이 이해관계가 직·간접적으로 관련된 분쟁의 경우 국제사법재판소 판결의 궁극적인 이행은 확보되지 못하고 있다고 볼 수 있다.

이러한 이행의 미확보 및 상술한 강제관할권의 미비로 인해 지금까지 국제사법재판소가 재판한 사건의 수는 소수에 불과하다.[31] 이러한 '국제사법재판소 기피현상'을 해소하기 위해 최근 재판절차를 개선하고 유엔사무총장기금을 설립하여 개발도상국의 제소를 재정적으로 지원하는 등의 개혁 노력이 전개되고 있다. 그 결과 1997년 이후 국제사법재판소에의 제소건수는 다소 증가하는 추세에 있다.[32]

---

31) 1970년대 국제사법재판소가 1년간 다룬 사건은 평균 1~2건이었으며, 탈냉전 이후 국제사법재판소의 역할이 증대된 이후에도 1990~1997년 동안 매년 대략 10건 미만의 분쟁이 국제사법재판소에 회부되었다.

32) 특히 1999년에는 17건, 2008년에는 7건을 기록하고 있다.

5. WTO분쟁해결절차

일방 WTO회원국이 국제통상법(WTO협정)상의 각종 의무를 위반한 경우 국제책임이 발생하게 되고 피해를 입은 타방 회원국은 WTO분쟁해결기구에 국제책임을 추구할 수 있다. 이를 'WTO분쟁해결절차'(WTO Dispute Settlement Procedure)라 한다.

이러한 WTO절차의 가장 큰 특징은 아마도 WTO회원국간의 강제관할권(compulsory jurisdiction)이 성립되어 있다는 것일 것이다. 즉, 당사국간의 합의를 전제로 분쟁해결절차가 진행되는 국제사법재판소절차를 비롯한 많은 국제공법상의 분쟁해결절차와는 달리, WTO협정은 국제통상분쟁에 대해서 일방 국가의 제소로 분쟁해결절차가 진행되어 판결이 내려지는 강제적 방식을 취하고 있다.

이러한 점은 분쟁해결절차의 발전방향과 관련하여 매우 중요한 의미를 지닌다. 국제법원이 강제관할권이 없는 경우는 정작 국제분쟁 해결절차로 이행해야 할 중요하고도 민감한 분쟁들이 국제법원에 회부되지 못하고 양 당사국간의 분쟁의 씨앗으로 남게 되는 경우가 허다하다. 이는 양국관계를 지속적으로 악화시키게 된다. 특히, 국내정치적으로 민감한 사안인 영토분쟁이나, 한 나라가 너무나 큰 잘못을 저지른 것이 명백한 사안인 경우, 즉 이 나라가 국제 분쟁해결 절차에서 패소할 것이 명백한 경우, 이 나라가 피해국의 제소요청을 수락하여 국제분쟁해결 절차로 이행하는 것은 기대하기 어렵다. 즉, 객관적으로 국제분쟁해결절차가 해결하는 것이 여러모로 보아 필요한 분쟁일수록 국제분쟁해결절차에 회부되지 못한다는 말이다. 반면에, 국제법원의 강제관할권이 성립하는 경우는 이러한 분쟁일수록 조속히 국제분쟁 해결절차를 통해 판정을 받게 되는 것이며, 분쟁당사국은 당해 사안을 조속히 뒤로 할 수 있는 것이다.

이러한 차이는 국제사법재판소에 회부되는 분쟁과 WTO분쟁해결기구에 회부되는 분쟁의 양 및 질이 현격한 차이를 보이고 있는 점에서도 확인할 수 있다. WTO분쟁해결절차가 설립된 1995년 이후 매년 평균 35건 이상의 분쟁이 제소되고 있으며 최근에는 그 숫자가 급증하는 추세를 보이고 있다. 또한 분쟁의 질에 있어서도 당사국간에 정치적으로 민감하고 중요도가 높은 분쟁이 WTO에 회부되는 경향을 나타내고 있다. 이는 국제사법재판소의 경우와 대조적인 것이다.

WTO분쟁해결절차의 두 번째 특징은 분쟁해결이 비교적 신속하고 그 절차가 자세히 규정되어 있다는 것이다. 약 2년 반정도(10년 이상이 걸린 예도 있음) 걸리는 국제사법재판소 판결절차에 비해 WTO분쟁해결절차는 대략 1년 반이면 판정을 얻을 수가 있다. 이는 WTO분쟁해결절차가 2심(상소제도)으로 진행되는 것을 감안하면 매우 고무적인 것이라 할 수 있다. 아울러, WTO협정은 분쟁해결절차의 단계별로 상세한 절차적 규정을 두고 있어, 분쟁이 우연히 또는 고의적으로 지연되는 것을 방지하고 있다.[33]

또 다른 WTO분쟁해결절차의 중요한 특징은 판정의 이행이 어느 정도 확보되어 있다는 것이다. WTO분쟁해결절차의 최종판정을 패소국이 이행하지 않는 경우 승소국은 일정한 보복조치를 취할 수 있는 권한을 갖게 된다. 즉, 승소국은 WTO분쟁해결기구의 승인 하에 패소국에 대해 무역보복을 가할 수 있는 것이다. 이러한 점은 국제사법재판소 판정의 궁극적 이행이 전술한 바와 같이 유엔안보리에 의한 집단적 보복에 의존하고 있고 이러한 보복절차가 상임이사국의 거부권의 대상이 되어 그 실효성이 제한되어 있는 것과는 상이한 것이다. 그동안 WTO분쟁해결기구의 판정이 대부분 이행되어온 것을 보면 이러한 WTO의 판정이행체제는 비교적 효과적이라 평가할 수 있다. 이는 단순히 상대국의 보복이 두려워서라기보다는 판결을 이행하지 않는 사례가 누적될 경우 국제통상체제는 무역장벽이 증가하고 불확실성이 확산되는 체제로 변하게 되고 이러한 체제가 주는 위험성을 모든 나라들이 경계하고 있기 때문이다. 과거 상호 무역규제 정책 및 그에 의한 대공황으로 인해 겪은 인류전체의 경제적 고통은 이러한 위험성을 잘 말해주고 있는 것이다.

최근 FTA(자유무역협정)가 국제적으로 확산되고 있는바, FTA에서는 WTO분쟁해결절차를 다소 수정하여 좀더 신속하고, 강력하며, 효과적인 분

---

33) 국제사법재판소의 경우에도 재판규정(Rules)을 보강하여 절차적 규정을 강화하는 노력을 기울이고 있다.

쟁해결을 추구하는 경향이 있다. 즉, 2심절차가 아닌 단심(패널판정)으로 분쟁을 종결하도록 하여 분쟁해결의 기간을 1년 이내로 축소하고, 패소국이 판정을 이행하지 않는 경우의 무역보복을 손쉽게 가할 수 있도록 하여(교차보복의 일반화) FTA당사국간 적극적으로 분쟁해결을 추진하는 것이 일반화되고 있는 것이다. 아울러, FTA의 이행 및 분쟁해결절차에서 투명성 및 대중참여를 강화하기 위해 이해관계자의 서면의견 제출을 허용하고 패널심리 및 패널제출 문서를 원칙적으로 공개하는 경향이 있다.

6. 국제분쟁해결 절차의 미래

그렇다면, 바람직한 국제분쟁 해결절차의 미래는 어떤 것일까? WTO분쟁해결절차나 국제형사재판소 절차처럼 강제관할권이 성립되고 신속하고 효과적인 판정이행이 보장되는 체제임은 두말할 나위가 없다. 각종 국제분쟁이 평화적이고 효과적이며 투명성 있게 해결되는 세계, 모든 종류의 국제범죄행위에 대해 상응하는 처벌과 배상이 이루어지는 세계, 그래서 국제법에 대한 존중과 인권에 대한 자발적 보호가 이루어지는 세계, 강대국과 약소국간의 갈등이 해소되는 세계, 기업인들은 안정되고 예측가능성 있는 환경하에서 마음껏 국제통상활동을 수행할 수 있는 세계, 그것이 우리의 미래의 바람직한 모습이라는 것은 누구나 말할 수 있는 것이다.

그러나, 이러한 세계로 이행하는 방법론에 대해서는 신중한 검토가 필요하다. 하루아침에 국제사회가 선진적인 국내사회처럼 변화하는 것은 아니다. '만국의 만국에 대한 이리'의 상태에 있었던 과거의 국제사회에 '국제연맹'(League of Nations)과 '국제무역기구'(International Trade Organization)라는 이상주의가 하루아침에 정착될 수는 없는 것이었다. 따라서 결과는 이상주의의 패배로 나타났다. 가장 합리적이고 정당한 체제일지라도 그것이 심어진 토양에 맞지 않을 때에는 오래 살지 못하는 법이다. 더구나 최근에는 미국발 신보호주의 열풍이 국제적으로 불고 있어, 미국과 같은 다자주의 세계질서 형성의 핵심국가가 WTO 분쟁해결 절차의 무용론을 제기하며 자국의 무역보복의 실효성을 담보하려 하고 있다. 따라서 WTO 분쟁해결절차는 심각한 존재의 위협에 직면하고 있어, 새로운 형태로의 진화가 불가피해지고 있다.

문제는 어떻게 변화하는 국제환경과 함께 호흡하고 더 나아가서는 이러한 변화를 바람직한 방향으로 점진적으로 유도할 수 있도록 국제법이 이상과 현실을 조화해나가는가에 있다. 어떻게 국가중심적인 체제에서 세계중심적인 체제로 변화해가는 국제현실에 맞게 국가중심적인 토양에서 성장해온 국제분쟁해결절차를 세계중심적으로 발전시켜나갈 수 있는가? 더 나아가서는 이러한 발전이 장기적으로 국제현실의 변화를 바람직한 방향으로 유도해나갈 수 있는 방법은 무엇인가?

이상의 질문들의 해답은 아무래도 '점진주의'에 있는 것 같다. 하나하나 문제를 개선해나가고 여타분야에서의 발전된 분쟁해결절차의 장점들을 흡수해나갈 때, 그리고 이러한 변화에 대한 국제사회의 반응을 고려할 때 바람직한 국제분쟁 해결의 미래는 한 걸음 한 걸음 다가오는 것이다. 물론 '국제연맹'과 '국제무역기구'의 신화는 하나의 밀알로 항상 우리 가슴속에 남아 있어야 할 것이다. 이것은 단순히 국제분쟁해결 측면에서뿐만 아니라 국제법의 전반적인 입법과 집행 차원에서도 명심해야 할 교훈이다. 즉, 이러한 점진주의적 접근을 통한 국제평화의 실현은 가공할 만한 힘을 보유한 두 주인(masters)인 '세계'와 '국가'를 동시에 섬기는 국제법에 남겨진 영원한 과제인 것이다.

제 11 장

경 제 법*

서   설

경제법의 개념

경제법은 어떤 법일까? 자본주의와 사적 자치(자유로운 계약)를 기본으로 하는 경제에서는 경제적 활동의 자유를 보장하여 효율성을 높이는 장점이 있지만, 독과점, 경제력 집중, 소비자 피해 등 폐해도 나타날 수 있다. 이러한 문제를 입법적으로 개선하기 위하여 경제법이 등장하였다. 우리나라 헌법 제119조 제1항도 "대한민국의 경제 질서는 개인과 기업의 경제상의 자유와 창의를 존중함을 기본으로 한다."라고 규정하고, 이와 동시에 제2항은 "국가는 균형 있는 국민경제의 성장 및 안정과 적정한 소득의 분배를 유지하고, 시장의 지배와 경제력의 남용을 방지하며, 경제 주체 간의 조화를 통한 경제의 민주화를 위하여 경제에 관한 규제와 조정을 할 수 있다."라고 규정하고 있다. 이처럼 헌법 제119조 제1항이 시장경제질서를 천명하면서도, 헌법 제119조 제2항을 통하여 경제에 대한 규제와 조정이 가능하도록 하고 있다. 헌법 제119조 제2항에서 지향하는 '경제에 관한 규제와 조정'을 하기 위하여 구체적으로 입법된 법률을 모아서 경제법이라고 부른다.[1]

---

* 정재훈: 이화여대 법학전문대학원 교수, 경제법.
1) 법학입문 '경제법 부분' 초고를 읽고 소중한 의견을 제시해 준 이화여자대학교 법학전문대학원 주현민 학생께 감사한다.

경제법의 범위

경제법에는 어떤 법률이 포함될까? 경제법은 독점규제 및 공정거래에 관한 법률(공정거래법)과 소비자보호법으로 구성되어 있다. 공정거래법은 시장에서 경쟁이 존재해야 효율성이 높아지고 소비자도 혜택을 본다는 전제에서 시장에서 경쟁이 원활하게 이루어지도록 하고 있다. 소비자보호법은 말뜻 그대로 소비자를 보호하기 위한 법으로, 소비자기본법, 약관규제법(약관의 규제에 관한 법률), 할부거래법(할부거래에 관한 법률), 전자상거래법(전자상거래 등에서의 소비자보호에 관한 법률), 방문판매법(방문판매 등에 관한 법률) 등 다양한 법이 포함된다.

경 제 법	
공정거래법	소비자보호법
부당한 공동행위(카르텔, 담합) 시장지배적 지위 남용(독점, 시장지배력) 기업결합 규제(합병, 지배주식 취득) 불공정거래행위(갑질) 재판매가격유지행위 경제력집중(기업집단, 재벌) 공정거래법 특별법	소비자기본법 약관규제법 할부거래법 전자상거래법 방문판매법 기타 소비자보호법

공정거래법

공정거래법의 개요

1. 공정거래법의 개념

공정거래법, 독점규제법, 독점금지법, 경쟁법은 어떻게 다를까? 경제법의 핵심이 되는 법률인 '독점규제 및 공정거래에 관한 법률'은 줄여서 '독점규제법'이라고도 하고 '공정거래법'이라고 한다. 비슷한 성격의 법을 미국에서는 독점금지법(antitrust law)이라고 부르고, 유럽에서는 경쟁법(competition law)이라고 부르고 있다. 이처럼 용어는 다르지만, 시장에서 경쟁을 보호하기 위한 법이라는 공통점을 가지고 있다.

2. 독점금지법의 역사

독점금지법은 다른 법에 비하여 늦게 입법되었는데, 왜 그럴까? 자본주의의 발달과 자유로운 계약(사적 자치)의 폐해가 드러나면서 이를 고치기 위하여 독점금지법이 등장하였다. 우리의 공정거래법도 독점금지법으로 분류할 수 있다. 독점금지법이 가장 먼저 입법된 사례는 1890년 미국의 셔먼법이다. 미국이 유럽보다 산업화가 늦게 진행되면서 대부분 법이 유럽보다 늦게 제정되었으나, 독점금지법은 먼저 입법되었다.

미국은 남북 전쟁 이후에 산업화가 진행된다. '바람과 함께 사라지다'[2]라는 영화를 보면, 대농장으로 대표되던 남부사회와 문화가 남북전쟁을 겪으면서 크게 변하는 모습이 나온다. 실제로 남북전쟁 이후 미국에서 산업화가 본격적으로 시작되면서, 산업화에 필요한 석유나 철강 분야에서 경쟁자를 흡수하는 방식으로 거대 독점 기업이 등장한다. 석유 산업의 록펠러(John Davison Rockefeller), 철강 산업의 카네기(Andrew Carnegie) 등이다. 록펠러나 카네기는 많은 기부를 하여 사회적 공헌을 한 기업가로 유명하지만, 그 당시에는 전형적인 독점 기업의 지배주주이자 경영자였다.

이러한 독과점의 문제를 해결하기 위하여 셔먼(Sherman) 상원의원을 중심으로 법안이 발의되어 1890년 셔먼법이 입법되었다. 셔먼법(Sherman Act)은 제1조에서 카르텔 규제를, 제2조에서 독점(monopoly, 독점사업자의 행위)을 규제하고 있다. 그 이후에 합병이나 주식취득을 통한 기업 확대를 사전에 규제하기 위하여 클레이튼법(Clayton Act)이 입법되면서 기업결합 규제가 시작되었다. 독일이나 일본의 경우에는 2차 대전에서 패전한 후 독

---

2) 1939년 제작된 미국의 영화로 미국 남북전쟁을 배경으로 하고 있다.

점금지법이 입법되었다. 우리나라도 1980년에 공정거래법이 입법되었고, 중국도 산업화가 진행된 2000년 이후 독점금지법이 입법되었다. 대체로 독점금지법은 경제가 발달하고 산업화가 진행된 후 입법되는 경향이 있다.

3. 공정거래법의 중요성

공정거래법이나 공정거래위원회가 자주 언론에 보도되는데, 그 이유는 무엇일까? 공정거래위원회가 담당하는 가장 중요한 법률이 공정거래법이고, 공정거래위원회가 담당하는 업무가 우리 사회와 시장에 미치는 영향이 크기 때문이다. 예를 들어 보자. 기업들이 담합을 해서 가격을 인상하거나, 공정하게 경쟁 입찰을 하지 않고 사전에 담합을 한 경우 사회적으로 문제가 되고 있다(부당한 공동행위). 퀄컴이나 구글 같은 국제적인 거대 기업의 영업방식이 외국의 독점금지법이나 우리 공정거래법에 비추어 정당한지 문제 되고 있다(시장지배적 지위 남용). 기업이 다른 기업을 합병하거나 주식을 취득하여 인수할 때 마지막 단계에서 공정거래위원회로부터 승인을 받지 못하면 합병이나 인수는 무산된다(기업결합). 큰 기업이 작은 기업에 대하여 공정하지 못한 행위를 한 경우, 보통 '갑질'이라고 부른다. 이러한 행위는 특히 하도급, 가맹사업, 유통, 대리점 등에서 자주 문제 되고 있다(불공정거래행위). 재벌이라고도 부르는 대규모 기업집단이 개별시장을 넘어서 경제 전체에서 차지하는 비중이 지나치게 높아지고 있다(경제력 집중). 이런 문제는 모두 경제에 중요한 영향을 미치고 있다. 이를 해결하기 위하여 적극적으로 법을 집행하는 기관이 공정거래위원회이고, 그 기본법이 공정거래법이다.

공정거래법의 기본 개념

1. 관련 시장

공정거래법에서 왜 시장이 중요할까? 공정거래법은 원칙적으로 특정 시장을 전제로 논의를 하고 있다. 예를 들면, 라면 회사들의 카르텔이 문제된 사건에서는 '라면 시장'에서 공정거래법상 문제가 있는지를 조사하였다. 철 강회사인 포스코의 시장지배적 지위 남용이 문제된 사건에서는 '자동차 냉 연강판용 열연코일' 시장 등이 문제되었다. 이를 전문적인 용어로 '관련 시 장(relevant market)'이라고 부른다. 공정거래법은 특정한 시장(관련 시장)을 전제로 분석을 하고 있다. 공정거래위원회의 의결서나 법원의 판결문의 첫 부분에 관련 시장이 나오는 이유도 여기에 있다. 공정거래법 교과서에 관 련 시장에 대한 설명이 많이 나오는 이유이기도 하다.

2. 공정거래법과 경제학

공정거래법은 경제학과 연관성이 있을까? 공정거래법은 경제학, 특히 미시경제학(micro-economics)이나 산업조직론(industrial organization)과 관 련성이 높다. 공정거래법은 특정한 시장을 전제로 논의를 하고 있는데, 시 장에 관하여 연구를 많이 하는 대표적인 학문 분야가 경제학이다. 특히 경 제학은 시장의 범위를 정하거나 경쟁을 제한하는 효과에 대하여 여러 방법 론을 제시하고 있다. 예를 들면, 과실 음료를 생산하는 기업과 탄산 음료를 생산하는 기업이 같은 시장에 있는지가 공정거래법에서 문제될 수 있다. 두 기업이 같은 시장에 있다고 전제할 경우(경쟁자일 경우)와 서로 다른 시 장에 있다고 전제할 경우(경쟁자가 아닐 경우)에 시장에서 차지하는 비중(시 장 점유율)이 달라질 수 있다. 시장 점유율이 달라지면 시장지배력이 있는 지, 시장에서 발생한 남용행위가 위험한지(경쟁제한성) 판단이 달라질 수 있 다. 따라서 공정거래법은 시장을 분석하는 과정에 있어서(시장 획정, market definition) 경제학의 도움을 받고 있다. 이러한 경제학의 영향은 매우 커서, 미국의 경우에는 1977년 실바니아(Sylvania) 대법원 판결[3] 이후에는 독점금 지법 분야에서 경제학이 법학보다 더 큰 영향력을 행사하고 있다는 분석까 지 나오고 있다.

---

3) Continental TV, Inc. v. GTE Sylvania, Inc., 433 U.S. 36 (1977).

부당한 공동행위 및 사업자단체 규제

1. 부당한 공동행위 규제의 개념

부당한 공동행위(카르텔, 담합)는 무엇일까? 경쟁자들은 가격 등 경쟁조건을 어떻게 정하기로 사전에 합의해서는 안 된다. 시장에서 가격이 자연스럽게 시장 메커니즘(market mechanism)에 따라 결정되어야 하고, 시장에 참가하는 사업자가 인위적으로 가격을 조정하는 행위는 경쟁을 저해하는 행위로 허용되지 않는다. 시장에서 가격 경쟁을 해야 소비자에게 유리하다. 가격 경쟁을 하지 않게 되면 가격이 오르거나, 가격이 내려가야 하는데도 내려가지 않는 부정적인 현상이 발생한다. 오래전 저명한 고전 경제학자인 아담 스미스(Adam Smith)도 경쟁자들 사이에서 형성되는 카르텔의 위험성을 지적하였다.

이와 같이 경쟁을 하지 않기로 합의하는 행위를 카르텔 또는 담합이라고 부른다. 이때 경쟁에는 가격뿐 아니라 경쟁에 영향을 미치는 다양한 요소가 포함된다. 공정거래법 제19조 제1항은 '부당한 공동행위'라는 용어를 사용하며 "사업자는 계약·협정·결의 기타 어떠한 방법으로도 다른 사업자와 공동으로 부당하게 경쟁을 제한하는 행위를 할 것을 합의하거나 다른 사업자로 하여금 이를 행하도록 하여서는 아니된다."라고 규정하고 있다. 카르텔 금지는 공정거래법의 중요한 원칙 중 하나이고, 공정거래위원회는 카르텔이 발생하지 않도록 지속적으로 감시하는 조직을 두고 있다.

2. 합의의 증명

공정거래위원회가 카르텔 사건에서 패소하였다는 언론 보도를 볼 수 있는데, 왜 그럴까? 부당한 공동행위는 합의를 통하여 이루어지므로(공정거래법 제19조 제1항), 공정거래위원회는 '합의'를 증명하려고 노력한다. 언론에 공정거래위원회가 소송에서 패소한 사건이 보도되는데, 대부분 공정거래위원회가 합의를 증명하지 못해서 패소한 사건이다. 합의는 경쟁관계에 있는

A 회사와 B 회사가 가격을 인상하기로 의견의 일치를 보는 것처럼 명시적으로 합의를 하는 경우도 있지만, 묵시적으로 합의(tacit collusion)를 하는 경우도 있다. 공정거래위원회는 묵시적 합의를 증명하기 위하여 다양한 정황 증거를 제출해야 한다.

3. 부당성과 경쟁제한성

보통, 법에 위반된다는 결론을 내리려면 그 행위가 위법한지를 판단해야 한다. 예를 들면, 형법에서 절도죄가 성립하기 위하여 위법성이 인정되어야 하는데, 때로는 위법성조각 사유가 있어 위법성이 인정되지 않기도 한다. 민법의 불법행위도 위법성이 인정되어야 한다. 마찬가지로 공정거래법 위반의 경우에도 위법성이 인정되어야 하는데, 공정거래법은 부당한 공동행위의 경우에는 부당한 경쟁제한성(공정거래법 제19조 제1항), 시장지배적지위 남용행위에는 부당성(공정거래법 제3조의2), 불공정거래행위는 공정거래저해성(공정거래법 제23조)이라는 위법성 판단 기준을 두고 있다.

카르텔 중 가격 합의(가격을 인상하기로 하거나, 원재료 가격이 낮아져서 가격을 인하해야 하는데 조금만 인하하기로 합의하는 행위), 수량 합의(시장에 공급하는 판매량을 합의하는 행위), 시장분할 합의(거래지역을 서로 나누어서 경쟁하지 않기로 합의하는 행위), 입찰 합의(입찰에 참여하면서 사전에 경쟁을 하지 않기로 합의하는 행위)는 경성카르텔(hardcore cartel)이라고 부른다. 이러한 유형의 카르텔은 오랫동안 경험(사법적 판단, judicial experience)을 통하여 나쁘다는 것이, 즉 경쟁을 제한한다는 것이 실증된 경우라서 별 의심 없이 위법성을 인정한다. 그러나 그 외의 카르텔은 때로는 경쟁에 도움을 주는, 바꾸어 말하면 경쟁촉진적인 경우도 있을 수 있어, 신중하게 위법성을 판단해야 한다. 법학에서 과거의 선례인 판례가 중요한 것처럼, 경성카르텔에서도 과거 집행 경험이 중요하다. 미국 독점금지법은 위와 같은 경성카르텔을 당연 위법(per se illegal)이라고 보고, 유럽연합에서는 목적 위법(restriction of competition by object)이라고 보는데, 법원의 오랜 경험에 따라 위법성을 인정하게 되면서 등장한 개념이다.

4. 자진신고 제도

언론에 카르텔 사건이 보도될 때, '자진신고'라는 용어가 간혹 사용되는데, 무슨 뜻일까? 자진(自進)신고는 스스로 신고한다는 뜻이다. 세금도 자진납세를 하듯이, 카르텔을 한 사업자가 스스로 공정거래위원회에 카르텔을 하였음을 신고하고 그에 따라 혜택을 받는 제도를 자진신고 제도(leniency)라고 부른다.[4]

카르텔을 한 후 과거의 잘못을 반성하고 자진신고를 하는 경우도 있지만, 대부분은 혜택이 크기 때문에 자진신고를 한다. 카르텔은 적발하기가 어렵다. 그래서 자진신고 제도를 통하여 큰 혜택을 주어 카르텔에 참여한 회사 중 일부가 스스로 신고를 하도록 유도하여 증거를 수집하고 있다. 1순위로 자진신고를 하면 과징금이 면제되고, 형사 고발도 되지 않는다. 2순위로 자진신고하면 과징금의 절반을 줄여주고, 형사 고발을 하지 않는다.

자진신고 제도는 독점금지법을 두고 있는 대부분의 나라가 도입하고 있다. 경제학에서 말하는 게임의 이론(game theory), 죄수의 딜레마(prisoner's dilemma) 등의 이론이 적용된 제도로 볼 수 있다. 공정거래법 제22조의2는 "부당한 공동행위의 사실을 자진신고한 자, 증거제공 등의 방법으로 조사에 협조한 자에 대하여는 시정조치 또는 과징금을 감경 또는 면제할 수 있고, 형사 고발을 면제할 수 있다."라고 규정하고 있다.

5. 사업자단체 규제

주위에서 같은 업종에 종사하는 회사나 개인들이 만든 협회, 협의회 등 단체를 많이 볼 수 있다. 이처럼 2 이상의 사업자가 공동의 경제적 이익을 증진할 목적으로 만든 단체가 사업자단체이다. 공정거래법 제2조 제4호는 「"사업자단체"라 함은 그 형태 여하를 불문하고 2 이상의 사업자가 공동의 이익을 증진할 목적으로 조직한 결합체 또는 그 연합체를 말한다.」라고 규정하고 있다.

---

4) 공정거래법은 공정거래위원회가 조사를 시작하기 전에 신고하는 회사를 자진신고자라고 부르고, 조사를 시작한 후에 신고하는 회사를 조사협조자라고 부른다.

사업자단체는 산업발전을 위해 기여도 하지만, 경쟁을 하는 회사 임직원이 사업자단체를 통하여 서로 접촉하면서 카르텔을 할 위험도 있다. 공정거래법 제26조 제1항은 사업자단체가 부당한 공동행위에 해당하는 행위 등을 하지 못하도록 이를 금지하고 있다.

시장지배적 지위 남용행위

1. 시장지배력과 공정거래법

시장에는 힘이 센 기업이 존재하는데, 시장에서 힘을 '시장지배력(market dominating power)'이라고 부른다. 시장지배력이 있는 기업은 이 힘을 나쁜 방향으로 사용할 가능성이 있다. 마치 영화 '반지의 제왕(the Lord of The Rings)'에서 '반지'를 가진 사람이 반지의 힘을 남용하는 것처럼, 시장지배력이 있으면 이 힘을 나쁜 방향으로 사용할 가능성이 있다.

시장지배력을 어떻게 행사하는 것이 나쁠까? 시장지배력이 있는 사업자가 경쟁자를 시장에서 쫓아내거나(배제 남용, exclusive abuse), 거래상대방에 대하여 높은 가격을 부과하는 등으로 착취하기 위하여(착취 남용, exploitative abuse) 시장지배력을 사용하는 경우가 그에 해당한다. 우리나라에서 현대자동차, 포스코, 농협, 에스케이텔레콤, 네이버 등 큰 기업들이 시장지배력을 남용하였는지가 문제된 사례가 있었다. 미국이나 유럽에서도 마이크로소프트, 구글, 퀄컴 같은 글로벌 기업이 시장지배력을 남용하였는지가 문제되었다.[5] 공정거래법은 시장지배력을 가진 기업이 그 힘을 남용하지 못하도록 감시하는 역할을 한다.

2. 시장지배적 사업자의 개념

시장지배적 사업자는 누구일까? 시장지배적 사업자는 경제학의 독점사업자와 비슷한 개념이다. 시장지배력 사업자는 '시장지배력'이라는 힘을 가

---

5) 마이크로소프트나 구글, 퀄컴 등 글로벌 기업은 우리나라에도 매출이 있으므로 공정거래법이 적용된다.

지고 있다. 원래 시장에서 가격 등은 시장원리로 자연스럽게 결정이 되는데, 시장지배력은 가격 등을 단독으로 결정할 수 있는 힘이고, 이러한 힘을 가진 사업자를 시장지배적 사업자라고 부른다. 시장지배력을 이용하여 나쁜 일(남용행위)을 하는 것이 '시장지배적 지위 남용'이 된다. 공정거래법 제2조 제7호는 「"시장지배적 사업자"라 함은 일정한 거래 분야의 공급자나 수요자로서 단독으로 또는 다른 사업자와 함께 상품이나 용역의 가격·수량·품질 기타의 거래조건을 결정·유지 또는 변경할 수 있는 시장지위를 가진 사업자를 말한다. 시장지배적 사업자를 판단함에 있어서는 시장 점유율, 진입장벽의 존재 및 정도, 경쟁사업자의 상대적 규모 등을 종합적으로 고려한다.」라고 규정하고 있다.

　　시장지배력이 있는지는 어떻게 알 수 있을까? 이미 말한 것처럼, 공정거래법은 특정 시장을 전제로 하는데, 이를 '관련 시장'이라고 한다. 관련 시장은 경쟁이 이루어지는 시장으로, 특정 제품과 그 대체품으로 구성된다. 예를 들어, 자동차와 음료수는 서로 대체관계가 아니라서 하나의 관련 시장에 포함되지 않지만, 사이다와 콜라는 대체관계에 있고 경쟁을 하므로 하나의 관련 시장에 포함된다. 관련 시장에서 차지하고 있는 비율(시장 점유율)이 높으면 시장지배력이 인정될 가능성이 높다. 미국 셔먼법 제정의 원인을 제공한 기업가 록펠러의 경우, 그가 운영한 스탠다드 오일 트러스트(Standard Oil Trust)가 한때 미국 석유 시장에서 90%의 시장 점유율을 가지고 있었다.

　　시장지배적 사업자인지를 판단할 때 시장 점유율뿐 아니라 다양한 요소를 고려한다. 진입장벽(entry barrier)이 그 하나이다. 장벽이라고 하면 콘크리트로 만든 장벽, 예를 들면 독일이 동서독으로 분할되어 있을 때 만들어진 베를린 장벽 같은 구조물을 생각하기 쉬운데, 시장에서는 그 시장에 경쟁자가 들어오기 어려운 요인을 진입장벽이라고 부른다. 담이 높으면 담을 넘기 어려운 것처럼, 진입장벽이 높으면 다른 사업자가 시장에 들어오기 어렵다. 예를 들면, 스마트폰 시장, 철강 시장 등은 기술이 필요하고(기술 진입장벽), 많은 자본을 투여해야 하므로(규모의 경제 진입장벽) 다른 사업자가 그 시장에 들어오기 어렵다. 특허권은 법률에 따라 강력한 보호를 받기 때문에 특허가 없거나 특허를 빌리기(실시하기) 어려운 사업자가 시장에 들어오기 어렵다(특허권 진입장벽).

진입장벽이 높은 상태에서 특정 회사의 시장 점유율이 높으면, 그 회사의 시장 점유율은 안정적이어서 시장지배력이 있는 것으로 볼 수 있다. 실질적인 경쟁이 이루어지기 어렵기 때문이다. 반면, 높은 시장 점유율을 가진 사업자가 있더라도 진입장벽이 낮은 분야에서는 그 점유율이 유지되기 어려우므로 시장지배력이 있다고 보기 어렵다. 수년 전 특정 연예인이 사용했다고 해서 유명했던 '곱창 밴드'나, 신용카드를 넣을 수 있도록 만들어서 인기가 높았던 '스마트폰 케이스'는 다른 사업자가 만들기 쉬운, 바꾸어 말하면 진입장벽이 낮은 제품이어서 특정 회사의 높은 시장 점유율이 오랫동안 유지되지 못하였다.

3. 시장지배적 지위 남용행위의 부당성

시장지배적 사업자의 행위는 어떤 경우에 위법(부당)할까? 시장지배적 사업자의 행위로 문제가 되는 유형으로는 거래거절, 끼워팔기, 배타조건부거래, 사업활동방해 등이 있다. 포스코 판결[6]에서는 잠재적 경쟁자인 현대하이스코에 대한 거래거절(refusal to deal)이 문제되었고, 마이크로소프트 판결[7]에서는 윈도우와 함께 메신저나 인터넷 익스플로러를 한꺼번에 판 끼워팔기(tying)가 문제되었고, 최근 대법원 판결이 선고된 퀄컴 판결에서는 리베이트를 이용해서 자신과 전속거래를 하도록 한 배타조건부거래(exclusive dealing)[8]가 문제되었다.

시장지배적 사업자의 행위가 위법하려면, 부당성을 갖추어야 하는데, 대법원은 부당성을 경쟁제한성으로 이해하고 있다. 경쟁제한성이 인정되려면 시장, 즉 관련 시장에서 경쟁제한효과가 발생하였거나 발생할 우려가 있어야 하고, 경쟁제한의 의도와 목적이 인정되어야 한다. 이러한 법리를

---

6) 대판 2007.11.22. 2002두8626(포스코 사건).
7) 대판 2013.2.15. 2012다79446(MS 사건). U.S. v. Microsoft Corp., 253 F.3d 34 (D.C.Cir. 2001).
8) 대판 2019.1.31. 2013두14726(퀄컴 사건).

선언한 판결이 포스코 판결[9]로 공정거래법의 대표적인 판결이다. 그 동안 공정거래위원회가 시장지배적 사업자 사건에서 패소한 사례가 많은데, 그 이유는 시장지배적 사업자가 거래거절, 사업활동방해 등을 한 사실은 인정되지만, 경쟁제한효과의 발생이나 그 우려, 즉 부당성을 증명하지 못해서이다. 카르텔에서는 경성카르텔에서 경험칙에 따라 위법성이 인정되는 경우도 있으나, 이러한 당연위법이나 그에 유사한 법리는 시장지배적 사업자의 행위에는 적용되지 않는 것이 보통이다.

경쟁제한효과(restraint of competition)는 증명하기가 쉽지 않다. 일반적으로 경쟁제한효과는 시장에서 가격 상승, 생산량 감소, 품질 저하, 혁신 저해, 소비자 선택권 축소 등의 부정적인 현상이 나타났거나 나타날 우려가 있는 경우에 인정된다. 이러한 경쟁제한효과로 인하여 소비자가 피해를 보는, 즉 소비자후생(consumer welfare)의 감소가 발생한다. 경쟁법은 이러한 경쟁제한효과를 방지하기 위한 경제법이다.

불공정거래행위

1. 불공정거래행위 규제의 개념

불공정거래행위는 무엇일까? 우리 공정거래법은 학술상 경쟁법(competition law)에 포함되지만, 엄밀히 말하면 공정거래법은 경쟁법보다 넓은 개념이다. 경쟁법은 시장, 즉 관련 시장에서 경쟁을 보호하는 기능을 하고, 대표적인 규제가 시장지배적 지위 남용 규제, 카르텔 규제, 기업결합 규제 등이다. 그런데 우리 공정거래법은 이러한 경쟁 보호뿐 아니라 거래내용이나 거래방식에 심각한 불공정성이 있을 때 공정거래위원회가 개입할 수 있도록 하는 불공정거래행위 제도(공정거래법 제23조)를 두고 있다.

공정거래법 제23조 제1항은 불공정거래행위의 유형으로 거래거절, 차별적 취급, 경쟁사업자 배제, 부당한 고객유인, 거래강제, 거래상 지위 남용, 구속조건부거래, 사업활동방해, 부당한 지원행위 등을 규정하고 있다. 한편

---

9) 대판 2007.11.22. 2002두8626(포스코 사건).

공정거래법 시행령 제36조 제1항, 시행령 별표 1의2는 더욱 구체적인 유형으로 분류하여 28개 유형의 불공정거래행위를 규정하고 있다. 가장 많이 적용되는 유형은 거래상 지위 남용, 부당한 고객유인, 부당한 지원행위 등이다.

2. 불공정거래행위의 범위

언론에서 보도되는 '갑질 방지'도 불공정거래행위에 포함될까? 그렇다. 시장지배력을 가진 기업이나 시장지배력까지는 아니더라도 더 우월한 힘을 가진 기업이 이를 남용하여 불공정한 거래를 하거나 요구를 하는 경우가 있다. 공정거래법은 이러한 현상(갑질 현상)을 '거래상 지위의 남용'이라고 부른다. 우월한 지위를 이용하여 공정하지 않은 요구를 하는 경우이다. 과거 우리나라에서 일부 우유업체가 대리점에 대하여 유통기한이 임박한 우유를 강제로 구입하도록 해서(구입 강제) 사회적인 문제가 되었다. 그 외에도 대기업이 거래상대방인 중소기업에 대하여 부당한 불이익을 주거나(불이익제공), 금품을 요구해서 문제가 된 적도 있었다(이익제공 강요). 하도급, 가맹사업, 유통, 대리점 등 특수한 분야에서 거래상 지위 남용을 막기 위하여 특별법이 제정되어 있다. 공정거래위원회는 이러한 불공정한 현상을 감시하고, 시정하도록 하는 역할도 맡고 있다. 이 점에서 우리 공정거래위원회는 비교법적으로 많은 권한을 행사하는 경쟁당국(competition authority)에 속한다.

기업결합

1. 기업결합 규제의 개념

기업결합(merger)은 합병과 같은 영어 단어를 사용하고 있으나, 실제 기업결합은 합병보다 넓은 개념이다. 공정거래법 제7조 제1항은 "누구든지 직접 또는 대통령령이 정하는 특수한 관계에 있는 자를 통하여 일정한 거래 분야에서 경쟁을 실질적으로 제한하는 행위를 하여서는 아니된다."라고 규정하며, 세부 유형으로 주식취득, 임원겸임, 합병, 영업양수, 새로운 회사설립 등 5가지를 규정하고 있다. 공정거래법이 규정하고 있는 기업결합의 유형 중 실무상 가장 많은 사례는 주식취득과 합병이다.

2. 기업결합 심사의 중요성

합병이나 지배주식 취득 과정에서 공정거래법이 왜 중요할까? 회사가 다른 회사와 합병을 하거나 주식취득을 통하여 다른 회사의 지배권을 취득하는 것은 상법이나 자본시장법의 적용을 받지만, 당사자의 자산이나 매출이 일정 규모인 경우에는 공정거래위원회에 신고하여 그 심사를 통과해야 합병이나 주식취득이 적법하게 된다. 합병의 당사자는 공정거래위원회에 기업결합을 신고하고, 공정거래위원회는 기업결합을 통하여 경쟁제한성이 발생하는지를 심사하여 경쟁제한적이라고 판단할 때에는 기업결합을 금지하거나 여러 조건을 붙이는 방식으로 시정조치를 내리게 된다(공정거래법 제16조).

국내에서 발생한 기업결합 사건 중에서 현대자동차가 기아자동차의 주식을 취득한 사건,[10] 에스케이텔레콤이 신세기통신의 주식을 취득한 사건 등은 기업결합 심사를 통과하였으나,[11] 2016년 에스케이텔레콤이 씨제이헬로비전의 주식을 취득하는 사건 등은 공정거래위원회가 금지의 시정조치를 내려서 기업결합이 무산되었다.[12] 국제적으로는 항공기 엔진 제조업체인 제너럴 일렉트릭(General Electric)이 하니웰(Honeywell)을 인수한 사건에서 미국에서는 기업결합 심사를 통과하였으나, 유럽연합에서 기업결합이 금지되어 결국 기업결합이 무산되었고, 반도체 회사 퀄컴이 다른 반도체 회사인 엔엑스피(NXP)를 인수하는 사건에서 미국, 유럽연합, 한국 등에서 심사를 통과하였으나, 중국에서 심사가 지연되자 기업결합을 포기하였다. 이와 같이 글로벌 기업의 경우에는 주요 국가에서 모두 기업결합 심사를 통과해야 기업인수가 실질적으로 가능하게 됨에 따라 기업결합 심사에 대

---

10) 공정거래위원회 1999.4.7. 의결 제99-43호.
11) 공정거래위원회 2000.5.16. 의결 제2000-076호.
12) 공정거래위원회 2016.7.18. 의결 제2016-000호.

한 중요도가 점차 높아지고 있다.

3. 기업결합 심사의 필요성

카르텔이나 시장지배적 지위 남용 규제가 있는데도 왜 기업결합 규제를 할까? 합병이나 지배주식 취득 과정에서 공정거래법에 따른 심사를 받는 것은 번거롭다. 특히 오랫동안 준비한 기업결합이 공정거래법 위반으로 금지되는 경우에는 당사자의 손실이 크고, 거래를 위축시키게 된다.

그런데도 독점금지법을 가지고 있는 대부분 국가는 기업결합 심사제도를 두고 있다. 독점금지법을 먼저 도입한 미국의 경우 처음에는 셔먼법에 카르텔 규제와 독점 규제만 두었으나, 이러한 규제만으로 기업결합을 통하여 시장지배적 기업이 등장하는 것을 막을 수 없다고 보아 1914년 클레이튼법을 제정하여 기업결합 심사를 하기 시작하였고, 다른 국가도 이를 받아들였다. 이미 시장지배적인 기업이 탄생하여 경쟁제한적인 행위를 할 것이 예상된다면 사전에 기업결합 심사를 통하여 합병이나 주식을 취득하지 못하도록 방지하는 것이 필요하다는 취지에서 도입된 것으로 볼 수 있다. 이 점에서 시장지배적 지위 남용 규제나 카르텔 규제가 이미 발생한 문제점을 시정하는 규제라면(사후적 규제), 기업결합은 미래를 예측하여 심사하는 규제라는(사전적 규제) 점에서 차이가 있다.

재판매가격유지행위

재판매가격유지행위는 어떤 행위일까? "재판매가격유지행위"란 사업자가 상품 또는 용역을 거래함에 있어서 거래상대방인 사업자 또는 그 다음 거래단계별 사업자에 대하여 거래가격을 정하여 그 가격대로 판매 또는 제공할 것을 강제하거나 이를 위하여 규약 기타 구속조건을 붙여 거래하는 행위를 말한다(공정거래법 제2조 제6호).

예를 들면, 고급화장품을 생산하는 A 사업자가 자신의 화장품을 판매하는 대리점에 특정 가격으로 팔도록 요구하거나, 최고가격을 정하여 그 가격을 초과해서 팔지 못하도록 하거나, 최저가격을 정하여 그 가격 미만으로 팔지 못하도록 하고 이를 위반할 경우 계약해지 등을 하여 강제하는 경우에 재판매가격유지행위가 성립한다. 재판매가격유지행위(resale maintenance practice)에서 '재판매(再販賣)가격'은 A가 대리점에게 판매한 후 다시 대리점이 소매상이나 소비자에게 판매하는 가격이라는 점에서 재판매가격이라고 부르고, 그 재판매가격을 유지하도록 강제하는 행위가 재판매가격유지행위이다.

위의 예에서, 생산자 A가 이미 물건을 판매한 후 그 다음 유통가격을 제한하는 것에 대하여, 초기 미국 법원은 부정적으로 보았다. A가 이미 판매한 물건에 대하여 다시 가격 통제를 하는 것은 사법(보통법, common law)상 허용되기 어렵다는 판단도 하였고, A가 대리점과 이러한 합의를 하는 것은 경쟁자 사이의 카르텔과 비슷하다는 판단도 하였다. 그러나 1960년대 이후 미국 시카고 대학을 중심으로 법경제학(law and economics)이 발달하면서 재판매가격유지 행위에서 상표(brand)의 가치를 유지하기 위하여 가격을 통제하면(intrabrand competition), 판매사업자가 가격할인 경쟁 대신 품질이나 서비스 경쟁을 하여 고가의 상표 가치를 유지하여 다른 상표의 상품과 경쟁할 수 있고(interbrand competition), 판매자 사이에서 무임승차(free riding)를 방지할 수 있다고 보아, 합리적인 이유가 있는 경우에는 재판매가격유지행위를 허용하고 있다.

경제력집중 규제

우리나라 경제는 경제발전 과정상의 이유로 대기업 중심, 재벌 중심 경제가 형성되었다. 앞에서 본 시장지배적 지위 남용, 카르텔, 기업결합 규제가 특정 관련 시장을 중심으로 본다는 점에서 '시장집중'의 문제라면, 재벌이나 대기업이 경제 전체에서 차지하는 비중을 중심으로 보는 경제력 집중은 '일반집중'의 문제로 설명할 수 있다.

공정거래법은 기업집단 제도(공정거래법 제2조 제2호, 제14조), 상호출자 및 순환출자 금지제도(공정거래법 제9조, 제9조의2), 금융보험회사의 의결권 제한 제도(공정거래법 제11조), 중요한 사항의 공시제도(공정거래법 제11조의

3), 지주회사 제도(공정거래법 제8조의2) 등 다양한 경제력 집중 규제 제도를 두어 경제력 집중을 해소하기 위하여 노력하고 있다. 2018년 공정거래법 개정안 마련 과정에서 경제력 집중 문제가 핵심이 될 정도로, 경제력 집중의 해소는 우리 경제에 미치는 영향이 큰 분야이다.

소비자보호법

소비자보호법의 등장

사적 자치의 원칙은 대등한 경제주체를 전제로 한다. 그러나 자본주의의 발달로 인하여 거래 주체 사이에 격차가 크고, 경제적 강자가 경제적 약자에게 불공정한 계약을 일방적으로 강요하는 등의 문제가 드러나면서 사법의 원리에 대한 수정이 필요하게 되었다. 특히 소비자는 기업보다 협상력(bargaining power)이 약하고, 정보가 부족하여 소비자의 권익을 정당하게 보호받지 못하는 경우가 자주 발생한다. 공정거래법과 함께 경제법의 다른 주요한 축인 소비자보호법은 소비자의 실질적인 권익을 보호하고, 계약자유의 원칙과 과실책임의 원칙을 수정하기 위하여 입법되었다.

소비자기본법의 내용

소비자보호의 기초가 되는 소비자기본법은 어떤 내용을 담고 있을까? 소비자기본법은 소비자의 권익을 증진하기 위하여 소비자의 권리와 책무, 국가·지방자치단체 및 사업자의 책무, 소비자단체의 역할 및 자유시장 경제에서 소비자와 사업자 사이의 관계를 규정함과 아울러 소비자정책의 종합적 추진을 위한 기본적인 사항을 규정함으로써 소비생활의 향상과 국민경제의 발전에 기여하기 위하여 제정되었다(소비자기본법 제1조).

소비자의 권리로, 물품 또는 용역으로 인한 생명·신체 또는 재산에 대한 위해로부터 보호받을 권리, 물품 등을 선택함에 있어서 필요한 지식 및 정보를 제공받을 권리, 물품 등을 사용함에 있어서 거래상대방·구입장소·가격 및 거래조건 등을 자유로이 선택할 권리, 소비생활에 영향을 주는 국가 및 지방자치단체의 정책과 사업자의 사업활동 등에 대하여 의견을 반영시킬 권리, 물품 등의 사용으로 인하여 입은 피해에 대하여 신속·공정한 절차에 따라 적절한 보상을 받을 권리, 합리적인 소비생활을 위하여 필요한 교육을 받을 권리, 소비자 스스로의 권익을 증진하기 위하여 단체를 조직하고 이를 통하여 활동할 수 있는 권리, 안전하고 쾌적한 소비생활 환경에서 소비할 권리 등 8개 권리가 규정되어 있다(소비자기본법 제4조).

약관규제법

1. 약관규제법의 도입

많은 기업은 대량으로 이루어지는 거래에 있어 계약의 내용을 미리 정형화한 약관을 사용하여 다수의 고객과 거래를 하고 있다. 그 과정에서 사업자가 고객에 대하여 충분할 설명을 하지 않거나 불공정한 약관을 사용하는 것을 방지하여 거래상대방이나 소비자를 보호하기 위하여 약관의 규제에 관한 법률(약관규제법)이 제정되었다.

2. 약관의 개념

약관이란 무엇일까? "약관"이란 그 명칭이나 형태 또는 범위에 상관없이 계약의 한쪽 당사자가 여러 명의 상대방과 계약을 체결하기 위하여 일정한 형식으로 미리 마련한 계약의 내용을 말한다(약관규제법 제2조 제1호). 약관은 일방당사자(사업자)에 의하여 마련된 것이어야 하고(일방성), 다수의 상대방(고객)과 계약을 체결하기 위한 것이어야 한다(일반성). 약관은 일정한 형식에 의하여(형식성) 미리 마련된 것이어야 한다(사전성).

약관은 ○○약관, 계약서, 약정서, 규정, 규약, 규칙 등 그 명칭이나 형태 또는 범위를 불문한다. 금융·보험약관, 운송약관, 병원이용약관, 아파트·상가·오피스텔 등의 분양·임대차계약서, 체육시설 이용약관 등 주위에서 볼 수 있는 많은 사례가 약관에 해당한다.

3. 약관규제법의 내용

약관규제법은 사업자의 약관 작성과 교부의무를 규정하고 있다. 사업자는 고객이 약관의 내용을 쉽게 알 수 있도록 한글로 작성하고, 표준화·체계화된 용어를 사용하며, 약관의 중요한 내용을 부호, 색채, 굵고 큰 문자 등으로 명확하게 표시하여 알아보기 쉽게 약관을 작성하여야 한다(약관규제법 제3조 제1항). 사업자는 계약을 체결할 때에는 고객에게 약관의 내용을 계약의 종류에 따라 일반적으로 예상되는 방법으로 분명하게 밝히고, 고객이 요구할 경우 그 약관의 사본을 고객에게 내주어 고객이 약관의 내용을 알 수 있게 하여야 한다(약관규제법 제3조 제2항).

사업자는 약관에 정하여져 있는 중요한 내용을 고객이 이해할 수 있도록 설명하여야 한다. 사업자가 설명의무에 위반하여 계약을 체결한 경우에는 해당 약관을 계약의 내용으로 주장할 수 없다(약관규제법 제3조 제3, 4항). 여기서 '중요한 내용'이라 함은 '고객의 이해관계에 중대한 영향을 미치는 사항으로 사회통념상 그 사항의 지·부지가 계약 체결 여부에 영향을 미칠 수 있는 사항'을 말한다.[13] 다만, 설명하는 것이 현저하게 곤란하거나 거래상 일반적이고 공통된 것이어서 고객이 별도의 설명 없이도 충분히 예상할 수 있었던 사항이거나 이미 법령에 의하여 정하여진 것을 되풀이하거나 부연하는 정도에 불과한 사항에 대하여서는 사업자에게 명시·설명의무가 인정된다고 할 수 없고, 또 고객이나 그 대리인이 이미 약관의 내용을 충분히 잘 알고 있는 경우에는 사업자로서는 고객 또는 그 대리인에게 약관의 내용을 따로 설명할 필요가 없다.[14]

약관규제법은 제6조부터 제14조까지 상세한 규정을 두어 불공정한 약관을 무효로 하고 있다. 예를 들면, 약관규제법 제7조(면책조항의 금지)는

---

13) 대판 1994.10.25. 93다39942.
14) 대판 2004.11.25. 2004다28245.

사업자, 이행 보조자 또는 피고용자의 고의 또는 중대한 과실로 인한 법률 상의 책임을 배제하는 조항, 상당한 이유 없이 사업자의 손해배상 범위를 제한하거나 사업자가 부담하여야 할 위험을 고객에게 떠넘기는 조항 등을 무효로 하고 있다. 약관규제법 제9조(계약의 해제, 해지)는 법률에 따른 고객 의 해제권 또는 해지권을 배제하거나 그 행사를 제한하는 조항, 사업자에 게 법률에서 규정하고 있지 아니하는 해제권 또는 해지권을 부여하여 고객 에게 부당하게 불이익을 줄 우려가 있는 조항 등을 무효로 하고 있다. 약 관규제법 제10조(채무의 이행)는 상당한 이유 없이 급부(給付)의 내용을 사 업자가 일방적으로 결정하거나 변경할 수 있도록 권한을 부여하는 조항, 상당한 이유 없이 사업자가 이행하여야 할 급부를 일방적으로 중지할 수 있게 하거나 제3자에게 대행할 수 있게 하는 조항을 무효로 하고 있다.

할부거래법

1. 할부거래법의 도입

대량생산과 대량소비가 이루어지는 현대 사회에 있어 일시불로 대금을 지급하는 경우도 있으나 할부거래를 통하여 대금을 사후에 지급하는 경우 도 많다. 이러한 할부거래를 통하여 생산자의 판매가 증가하고, 소비자는 적은 돈으로 재화나 용역을 구입할 수 있는 장점이 있다. 그러나 할부거래 에서 소비자가 부당한 피해를 보지 않도록 소비자의 권익을 보호할 필요성 도 커서, 할부거래에 관한 법률(할부거래법)이 제정되었다.

소비자가 사업자에게 재화의 대금(代金)이나 용역의 대가를 2개월 이상 의 기간에 걸쳐 3회 이상 나누어 지급하고, 재화 등의 대금을 완납하기 전 에 재화의 공급이나 용역의 제공을 받기로 하는 계약이 할부계약이다(할부 거래법 제2조 제1호). 신용카드 등으로 대금을 지급하는 경우가 증가하면서, 할부계약은 소비자, 사업자, 신용제공자(신용카드 회사) 등 사이에서 이루어 지는 경우가 많은데, 이를 간접할부계약이라고 한다. 예를 들면, A가 공기 청정기를 10개월 할부로 300만 원에 구입하였다면, 10개월에 걸쳐 10회로 나누어 대금을 지급하는 거래이므로 할부거래에 해당한다. A가 대금을 신용카드로 결제하였다면, 구매자, 판매자, 신용카드 회사 사이에서 할부거래가 이루어지므로 간접할부계약이 된다.

2. 할부거래법의 내용

할부거래법은 청약 철회 제도를 규정하고 있다. 원래 민법상 계약이 성립한 후에는 민법 제104조(불공정한 법률행위), 제109조(착오) 등 사유가 있어야 계약의 효력을 부정할 수 있다. 그러나 할부거래법, 방문판매법, 전자상거래법 등 소비자보호법은 충동구매 등을 한 경우 청약철회 기간 내에는 청약철회가 가능하도록 하여 특별하게 소비자를 보호하고 있다. 할부거래법 제8조 제1항은 계약서를 받은 날부터 7일, 그 계약서를 받은 날보다 재화 등의 공급이 늦게 이루어진 경우에는 재화 등을 공급받은 날부터 7일 이내에 할부거래에 관한 청약을 철회할 수 있도록 하고 있어 소비자를 보호하고 있다. 다만, 소비자에게 책임 있는 사유로 재화 등이 멸실되거나 훼손된 경우 등 일정한 경우에는 청약철회가 제한되므로 유의할 필요가 있다(할부거래법 제8조 제2항). 이러한 청약철회 제도는 후술하는 전자상거래법, 방문판매법도 모두 규정하고 있는 기본적인 소비자보호 제도이다.

한편 상조회사와 거래한 소비자 피해가 문제되자, 할부거래법은 2010. 3. 17. 4차 개정을 통하여 선불식 할부거래를 규정하고 있다. "선불식 할부계약"이란 계약의 명칭·형식이 어떠하든 소비자가 사업자로부터 장례 또는 혼례를 위한 용역(제공시기가 확정된 경우는 제외한다) 및 이에 부수한 재화 등의 대금을 2개월 이상의 기간에 걸쳐 2회 이상 나누어 지급하고 재화 등의 공급은 대금의 전부 또는 일부를 지급한 후에 받기로 하는 계약을 말한다(할부거래법 제2조 제2호). 실제로 문제되는 사례는 대부분 장례를 위한 서비스를 제공하는 상조회사와 계약을 하는 경우이다. 선불식 할부거래의 경우에는 소비자의 청약 철회 제도(할부거래법 제24조)와 함께 소비자가 선불식 할부계약을 체결하고, 그 계약에 의한 재화 등의 공급을 받지 아니한 경우에는 그 계약을 해제할 수 있도록 하여 특별히 소비자를 보호하고 있다(할부거래법 제25조).

전자상거래법

1. 전자상거래법의 도입

인터넷의 발달에 따라 많은 거래가 전자상거래의 형태로 이루어진다. 이러한 전자상거래에서 소비자의 권익을 보호하고, 비대면(非對面)거래에서 발생할 수 있는 신뢰의 훼손을 방지하기 위하여 전자상거래 등에서의 소비자보호에 관한 법률(전자상거래법)이 제정되었다. 소비자보호법 중에서는 가장 늦게 입법된 유형에 해당한다.

2. 전자상거래와 통신판매

전자상거래법이 규정하고 있는 전자상거래와 통신판매는 어떻게 다를까? "전자거래"란 재화나 용역을 거래할 때 그 전부 또는 일부가 전자 문서에 의하여 처리되는 거래를 말하고(전자문서 및 전자거래 기본법 제2조 제5호), "전자상거래"란 위와 같은 전자거래의 방법으로 상행위(商行爲)를 하는 것을 말한다(전자상거래법 제2조 제2호). 예를 들어, 인터넷 쇼핑몰을 통한 거래, 인터넷 강의 수강, 온라인으로 소프트웨어나 음악 파일을 다운로드 받는 경우에는 거래 과정에서 종이 문서가 아니라 전자 문서가 사용되므로 전자상거래에 해당한다.

전자상거래법의 다른 중요한 개념으로 통신판매가 있다. "통신판매"란 우편·전기통신, 그 밖에 총리령(시행규칙 제2조)으로 정하는 방법으로 재화 또는 용역(일정한 시설을 이용하거나 용역을 제공받을 수 있는 권리를 포함한다. 이하 같다)의 판매에 관한 정보를 제공하고 소비자의 청약을 받아 재화 또는 용역을 판매하는 것을 말한다(전자상거래법 제2조 제2호). 통신판매는 사업자의 정보제공과 소비자의 청약이 모두 비대면 방식으로 이루어지는 점에서 특징이 있다.

많은 경우에 전자상거래는 통신판매에도 해당한다. 예를 들면, 인터넷이나 스마트폰을 이용하는 인터넷 쇼핑몰(shopping mall), 인터넷 사이버몰

(cyber mall) 등은 전자 문서를 사용하므로 전자상거래이고, 비대면 방식으로 정보제공과 청약이 이루어지므로 통신판매인 대표적인 경우이다. 이와 달리 TV 홈쇼핑 같은 경우에는 비대면 방식으로 정보제공과 청약이 이루어지므로 통신판매에는 해당하지만, 전자 문서를 사용하는지에 따라 전자상거래가 될 수도 있다.

3. 전자상거래법의 내용

통신판매의 경우에는 사업자와 소비자가 서로 직접 만나서 거래를 하지 않는 비대면방식으로 거래를 하므로, 소비자의 권익 보호와 거래의 신뢰 보호 필요성이 높다. 이러한 취지에서, 통신판매업자는 소비자로부터 재화 등의 거래에 관한 청약을 받으면 청약 의사표시의 수신 확인 및 판매 가능 여부에 관한 정보를 소비자에게 신속하게 알려야 하고(전자상거래법 제14조), 사업자와 전자결제업자 등은 전자적 대금지급이 이루어지는 경우 소비자의 청약의사가 진정한 의사 표시에 의한 것인지를 확인하기 위하여 일정한 사항에 대하여 명확히 고지하고, 고지한 사항에 대한 소비자의 확인절차를 대통령령(시행령 제9조)으로 정하는 전자적 대금결제창의 방식에 따라 마련하여야 한다(전자상거래법 제8조 제2항).

통신판매업자는 소비자가 청약을 한 날부터 7일 이내에 재화 등의 공급에 필요한 조치를 하여야 하고, 소비자가 재화 등을 공급받기 전에 미리 재화 등의 대금을 전부 또는 일부 지급하는 통신판매(선지급식 통신판매)의 경우에는 소비자가 그 대금을 전부 또는 일부 지급한 날부터 3영업일 이내에 재화 등의 공급을 위하여 필요한 조치를 하여야 한다(전자상거래법 제15조 제1항). 통신판매업자는 청약을 받은 재화 등을 공급하기 곤란하다는 것을 알았을 때에는 지체 없이 그 사유를 소비자에게 알려야 하고, 선지급식 통신판매의 경우에는 소비자가 그 대금의 전부 또는 일부를 지급한 날부터 3영업일 이내에 환급하거나 환급에 필요한 조치를 하여야 한다(전자상거래법 제15조 제2항). 할부거래법과 마찬가지로 일정한 기간 내에 청약철회도 가능하다(전자상거래법 제17조).

방문판매법

1. 방문판매와 전화권유판매

방문판매 등에 관한 법률(방문판매법)은 실제 거래에서 피해가 큰 방문판매, 다단계판매 등 특수 거래를 규율하기 위하여 제정되었다. 먼저, "방문판매"란 재화 또는 용역(일정한 시설을 이용하거나 용역을 제공받을 수 있는 권리를 포함한다)의 판매(위탁 및 중개를 포함한다)를 업(業)으로 하는 자가 방문을 하는 방법으로 그의 영업소, 대리점, 그 밖에 총리령(시행규칙 제2조)으로 정하는 영업 장소(사업장) 외의 장소에서 소비자에게 권유하여 계약의 청약을 받거나 계약을 체결하여 재화 또는 용역을 판매하는 것을 말한다(방문판매법 제2조 제1호). 다만, 사업장 외의 장소에서 권유 등 총리령(시행규칙 제3조)[15]으로 정하는 방법으로 소비자를 유인하여 사업장에서 계약의 청약을 받거나 계약을 체결하는 경우를 포함한다. 방문판매는 과거보다 비중이 줄기는 했으나, 대면거래의 특성상 소비자가 잘못된 판단을 하거나, 부담을 느낄 수 있는 특성이 있어 보호의 필요성이 높다.

"전화권유판매"란 전화를 이용하여 소비자에게 권유를 하거나 전화회신을 유도하는 방법으로 재화 등을 판매하는 것을 말한다(방문판매법 제2조 제3호). 방문판매, 전화권유판매 등의 경우에 소비자에게 청약철회권을 보장하고(방문판매법 제8조), 방문판매자가 소비자에게 정확한 정보를 제공하여 설명하도록 의무를 부과하고 있다(방문판매법 제7조).

---

15) 시행규칙 제3조(청약의 유인방법) 법 제2조 제1호에서 "총리령으로 정하는 방법"이
란 다음 각 호의 어느 하나에 해당하는 방법을 말한다.
  1. 사업장 외의 장소에서 권유 등의 방법으로 소비자를 유인하여 함께 사업장으로
     이동하는 것
  2. 주된 재화 등의 판매 목적을 숨기고 다른 재화 등의 무료·염가 공급 또는 소득
     기회 제공 등의 방법으로 유인하여 소비자가 사업장에 방문하게 하는 것
  3. 다른 소비자에 비하여 현저하게 유리한 조건으로 재화 등을 판매·공급한다고 권
     유하여 소비자를 사업장에 방문하도록 하는 것

2. 다단계판매

다단계판매는 판매업자에 속한 판매원이 특정인을 해당 판매원의 하위 판매원으로 가입하도록 권유하는 모집방식이 있고, 위와 같은 판매원의 가입이 3단계(다른 판매원의 권유를 통하지 아니하고 가입한 판매원을 1단계 판매원으로 한다. 이하 같다) 이상 단계적으로 이루어지며, 판매업자가 판매원에게 후원수당을 지급하는 방식을 가지고 있는 등 특징을 가지고 있는 다단계판매조직을 통하여 재화 등을 판매하는 행위이다(방문판매법 제2조 제5호). 이러한 다단계판매는 사회적 문제가 되는 불법적인 피라미드 판매로 변질될 가능성이 있으므로, 방문판매법은 소비자의 청약철회권과 함께 다단계판매원의 청약 철회권을 규정하고(방문판매법 제17조), 후원수당의 지급기준(방문판매법 제20조), 다단계판매원의 등록과 탈퇴(방문판매법 제22조), 다단계판매자에게 금지되는 행위(방문판매법 제23, 24조)에 관하여 구체적인 규제를 하고 있다.

3. 계속거래와 사업권유거래

"계속거래"란 1개월 이상에 걸쳐 계속적으로 또는 부정기적으로 재화 등을 공급하는 계약으로서 중도에 해지할 경우 대금 환급의 제한 또는 위약금에 관한 약정이 있는 거래를 말한다(방문판매법 제2조 제10호). 예를 들면, 학습지, 스포츠센터 등 1개월 이상의 기간 동안 재화나 용역이 수회 제공하는 경우가 이에 포함된다.

"사업권유거래"란 사업자가 소득 기회를 알선·제공하는 방법으로 거래상대방을 유인하여 금품을 수수하거나 재화 등을 구입하게 하는 거래를 말한다(방문판매법 제2조 제11호). 예를 들면, 유리한 조건으로 일을 하기 위하여 자격증을 취득해야 한다면서 교재 구입, 학원 수강을 권유하는 경우가 이에 해당한다. 계속거래나 사업권유거래의 경우에는 계약기간 중 언제든지 계약을 해지할 수 있도록 하여 소비자를 보호하고 있다(방문판매법 제31조).

제 12 장

법여성학[*]

서 설

여성의 삶과 법

    법은 사회질서를 유지하고, 정치, 경제, 사회구조에 대한 제도를 창설하고 유지하는 중요한 역할을 하며, 사회구성원의 상반되는 다양한 이해관계에 대한 제 이익을 조정한다. 이러한 법은 한편으로는 그 사회의 시대적 사상을 반영한 인간행위에 대한 사회윤리적 가치기준이며, 다른 한편으로는 그 사회의 변화를 유도하는 영향력을 갖는다. 법은 사람들에게 당연하고 필요한 것으로 받아들여지며, 정당한 것, 정의로운 것으로 인식되므로 법이 갖는 상징적·이념적 의미가 사람들에게 미치는 영향이 매우 크다. 즉, 법은 사회의 산물인 동시에 사회는 법에 의해 영향을 받는다고 할 수 있다. 그러나 법은 독립적이기 보다 법이 제공하는 기능인 사회질서의 한 부분으로 우리 삶의 모든 부분과 연결되어 있다. 또 법은 추상적이므로, 우리는 법이 인간의 삶 속에서 특히 여성의 삶 속에서 구체적으로 어떤 의미를 가지는지에 대하여 아는 것이 중요하다.

    이러한 법의 사회적 기능으로 인해 법이 여성을 어떻게 보고 있는가를 살펴보면 그 사회에서의 여성의 정치, 경제, 사회, 문화 등 모든 영역에서의 사회적 관계와 위치를 알 수 있다.

    또한 여성에 대한 법의 관점과 기준을 변화시킴으로써 사람들의 의식변화와 사회변화를 유도할 수 있다. 즉, 법에 남아있는 여성에 대한 차별을

---

* 김선욱: 이화여대 법학전문대학원 명예교수, 법여성학·행정법, 전 이화여대 총장.

철폐함으로써 사회에서의 남녀불평등 문제를 해소시킬 수 있으며, 여성의 평등권 실현을 위한 여러 가지 법적 제도를 통하여 성평등사회를 구현하는 데 기여할 수 있다.

특히 법을 여성문제와 관련하여 보면 긴 역사 속에 형성된 남녀차별적 사고를 제거하고 인간평등과 기본권사상에 근거한 현대의 민주사회 법이념과 함께 성평등한 사회를 형성하기 위해서는 법의 사회변화를 유도하는 기능이 더 중요해진다.

그러므로 법은 성평등한 사회구조의 변화를 이루기 위한 근거를 제공할 수 있는 원칙의 개발을 위한 비옥한 토양이 될 수 있다. 이를 위한 법이론과 법원칙과 법체계에 대한 근본적인 물음이 기존 법학에 대한 비판으로서, 여성주의적 관점에서 제기되고 있으며, 이러한 새로운 시도가 법여성학 연구의 중요한 내용이 된다.

법의 발전과 여성

고대의 대가족사회에서는 가장(家長)만이 완전한 권리능력을 가졌고 가족구성원은 이에 복종하여야만 했으며, 노예제사회에서는 노예에게는 아예 권리능력이 인정되지 않았다. 또한 중세 봉건사회에서는 직업이나 신분, 재산상태 또는 성별에 따라 권리능력에 차등이 있었으므로 인간의 지배와 구속이 가능했다. 모든 사람에게 평등한 권리능력을 인정하게 된 것은 근대법에 이르러서이다.

그러나 근대법의 평등한 권리능력도 이러한 권리를 행사하고 의무를 이행하기 위해서는 일정한 정신능력을 갖추고 합리적인 판단능력이 있는 것을 전제로 하는데, 이러한 능력을 판단함에 있어 여성은 오랫동안 온전한 법률행위능력을 인정받지 못하였다.

여성에게 법률행위능력이 인정되고, 결혼, 이혼 등의 혼인관계에서의 법적 권리가 인정되기 시작한 것도 그리 오래된 일이 아니다.

영국의 경우 18세기 중엽 보통법시대 부부동체주의를 채택했으나 실제로는 부(夫)중심주의였으며, 1882년 기혼부인재산법에서 처를 법 앞에서 독립된 개인으로 인정하였고, 1935년의 처 및 불법행위자법에서 처의 행위능력을 인정했다. 프랑스에서는 프랑스혁명을 계기로 가부장제 가족제도가 약화되었으며, 민법상의 여성에 대한 차별도 많이 폐지되었으나 처의 무능력제도가 폐지된 것은 1938년이다. 우리나라에서 아내의 무능력제도가 폐지된 것은 신민법이 제정된 1958년부터이다.

또한 여성들이 시민으로서의 기본적 공권인 선거권을 가지게 된 것도 남성들보다 훨씬 뒤의 일이다. 최초로 1893년 뉴질랜드, 1901년 오스트레일리아, 1906년 핀란드, 1913년 노르웨이, 1918년 영국 등에서 여성의 참정권을 인정하였으며, 2차 대전 이후 많은 국가가 여성에게 참정권을 인정하게 되어 지금은 거의 모든 국가가 이를 인정하고 있다. 우리나라는 1948년 제헌헌법에서 남녀에게 동등하게 참정권을 인정하였다.

여성이 참정권을 갖기까지 투쟁한 역사를 보면 모든 사람에게 평등한 권리능력을 인정한다는 법이 여성에게 남성과 동일한 권리능력을 온전하게 부여하기까지는 오랜 세월이 걸렸음을 알 수 있다.

법에 대한 여성주의적 관점

여성주의이론은 하나가 아닌 여러 가지 이론과 관점이 있지만 이들 모두는 여성의 억압상태를 밝히고 그 원인과 결과를 설명하며 여성해방을 위한 전략을 제시한다. 이들 중 법에 대한 주요 비판적 관점을 보면 다음과 같다.

1. 법의 가부장성: 남성중심주의

법을 만들고(입법), 법을 적용하여 재판하고(사법), 법을 집행하는 일(행정)과 법학을 연구하는 일은 거의 남성의 일이었다. 따라서 법에 남성과는 다른 여성의 경험과 여성의 관점이 고려되기는 어려웠다고 할 수 있다. 그러므로 기존의 법과 법학에서의 인간은 남성을 기준으로 한 남성의 가치관에 의해 규정되어 왔으며, 성별 역할분업에 근거한 가부장제의 남녀역할의 차이를 당연한 전제로 하고 있었다.

가부장적 사회에서는 권력의 기초가 되는 다양한 권력자원에 대한 접근이 남성에게 유리하게 제도화되고 결과적으로 남성이 여성에 대하여 지배력을 행사하는 계급적 남녀관계의 구조적 권력관계를 유지하게 된다.

법은 우리 사회에서 남성이 가지는 문화적 지도권의 중요한 부분이며, 문화적 지도권은 지배계급의 사회현실을 보는 특별한 방식이 지배계급에 의해 종속된 자들에게까지 규범적이고 사물의 자연적인 질서의 부분으로 인정된다. 이런 방식으로 법은 지배계급의 위치를 계속 유지시키는 데 기여하게 된다. 따라서 기존 법체계는 법이 차별적 구조와 관계를 인정하는 사회적 가치를 허용하고 정치적 권력, 경제·사회적 자원에 여성의 접근을 통제함으로써 가부장적 사회의 유지에 기여할 수 있다.

이러한 관점에서 법을 보면 법이 규정하고 있는 인간이 얼마나 남성중심적이며, 법이 전제하는 객관성이 얼마나 여성에 대한 사회적 편견을 내포하고 있는지, 법이 지향하는 성중립적이라는 것이 얼마나 성차별적인 것이었는지를 알 수 있다.

2. 공·사 구분의 법과 여성

근대 자유주의 법사상은 개인의 사적 영역은 자율과 자치가 보장되어야 하는 영역으로서 국가는 간섭하지 않아야 한다고 생각했으므로, 대부분 사적 영역에 해당하는 여성의 삶의 영역에 대해서는 국가의 공적 관여인 법의 관여는 취약하였다. 이는 여성을 법으로부터 배제시켰으며 여성의 억압을 조장하거나 억압으로부터 벗어나고자 하는 여성의 요청을 무시하는 결과를 가져왔다. 즉, 가정에서 가사와 육아를 담당하고 있는 대부분의 여성이 사적 영역에 속하게 되므로 여성을 법의 보호로부터 배제하는 결과를 가져왔다.

가정, 가족, 부부에 대한 프라이버시의 보장을 위한 법의 불간섭원칙은 남성인 법제정자, 법적용자, 법집행자에 의해 지지되어 왔다. 즉, 가사노동에 대한 법적 관심이 없었고, 출산이나 육아와 관련된 비용이나 부담은 개인차원의 일이며, 가정에서의 아내와 자녀에 대한 폭력이나 학대는 법이 관여할 사항이 아닌 개인적 갈등이었으며 사적인 일로서 형법 등에 의한 강력한 범죄가 아니면 법이 관여하지 않았다. 그러나 법이 가족에 대하여 규정하지 않고 관여하지 않음으로써 보장된 자유와 자치는 누구의 자유와 자치인가? 사적 영역에 놓인 여성이 실제로 자신의 권리를 평등하게 행사하지 못할 때, 사적 자치의 원칙은 자유권을 행사하는 남성의 권리일 뿐이다. 따라서 여성에게는 부자유와 불선택과 불평등을 초래하는 법률관계가 된다.

남성은 사회에서 그리고 여성은 가정에서의 역할이 적합하며 남성의 삶은 공적이고 여성의 삶은 사적이라고 할 때, 이를 규정하는 기준은 생물학적 기초에서 형성된 문화적 구조의 일부이며, 성은 사회적·문화적 기대와 역할에 기초한 사회적 구성물이고, 사회질서는 법과 제도에 의해 구성되므로 불평등한 사회적 구조는 법, 제도, 정치 등과 직접적인 관련이 있게 된다. 즉, 공적인 것과 사적인 것은 상호 연관되어 있고 상호 영향을 받고 있다. 이러한 인식하에 70년대 초 "개인적인 것은 정치적인 것"이라는 슬로건이 주장되었다. 또 공적인 것과 사적인 것의 구별을 인정하더라도 사회를 공적인 영역과 사적인 영역으로 분리하여 여성의 속성을 사적인 것으로 구별하는 것에 대한 문제를 제기하게 되었다.

최근 가정 내의 성별분업, 가정폭력의 문제, 직장 내의 성차별과 성희롱 문제, 일과 가정의 양립을 위한 문제, 육아문제 등이 사회문제로 인식되어 입법화된 것도 공사영역분리에 대해 문제를 제기해 온 여성주의 이론가의 영향이라고 할 수 있다.

3. 법의 성별 역할분리

법(가족법, 노동법, 사회보장법, 세법, 형법 등)의 곳곳에 내재되어 있는 "여성은 가정, 남성은 일 또는 여성은 사적 영역, 남성은 공적 영역"이라고 하는 성별에 따른 역할분리는 여성을 주부, 어머니, 출산·양육·가사노동의 담당자, 남성에 의한 생계의존자, 경제능력이 없는 자, 육체적으로 남성에 비해 약한 자 등으로 규정하게 된다. 이러한 법은 여성의 보호를 그 입법목적으로 했지만 사실은 여성과 남성에 대한 전통적 성별역할분업을 대전제로 함으로써 사회적으로 성차별을 고착화하게 된다. 이것은 남녀간의 본질적인 차이에 근거한 것이 아니라 성별에 따른 집단적·평균적 차이와 전통적 고정관념에 기초한 역할기대에 근거하는데, 이는 사회적·문화적으로 구성된 것이다.

전통적으로 여성의 삶과 문제는 가정적이고 사적인 것으로 취급되었고 남성의 삶과 문제는 공적인 것으로 취급되어 왔다. 이러한 공·사의 구조적 구분은 사적 영역에 여성을 지정하게 되고, 남성이 지배하는 공적 영역은 남성의 이해와 남성의 삶의 방식으로 구성된다.

이렇게 공·사가 구분되고 여성은 가정이 삶의 영역이 됨으로써 사회로부터 소외되고 사회적 권력과 자원으로부터 차단되게 된다. 이러한 역할분리는 결국 자녀양육과 가사노동에 대한 책임은 여성이 전담하게 되고, 노동시장으로의 여성의 참여를 어렵게 한다. 이는 여성을 경제적으로 남성에 종속되게 하며, 남성의 사회적 일에 대한 평가와 여성의 가정에서의 일에 대한 평가를 달리함으로써 여성의 사회적 불평등 및 가족관계의 불평등을 강화하게 된다.

법여성학의 성립배경

여성운동의 제1의 물결은 1890년대에서 1920년 사이의 미국과 영국에서 있었던 참정권운동을 비롯한 가족법의 개정, 경제적 기회에 대한 법개정 등을 중심으로 한 평등권운동이었다. 이때에는 자유주의적 관점에서 평등은 자연법원칙이므로 법 앞의 평등을 강조하였다. 법 앞의 형식적 평등은 남성과 여성을 비슷하게 하고 남성과 여성의 차이를 축소하는 작업이었다. 1970년대 이후 여성운동의 제2의 물결은 남성과 여성간의 차이를 극소화하는 것으로부터 여성중심의 관점으로 변화하였다. 즉, 법제도를 포함한 모든 제도는 가부장적 권력구조를 반영한 제도이므로 성별역할구분에 따른 억압을 복합적으로 분석함으로써 평등주의를 확대시키고자 했다.

따라서 여성주의자들은 사회에 대한 법기능에 대해 새로운 의문을 제기하기 시작하였다. 기존의 법학에서의 인간은 남성을 기준으로 한 남성의 가치관에 의해 규정되고 있으며, 가부장제의 남녀역할의 차이를 당연한 전제로 하고 있다. 따라서 현재의 가부장적 법체계에서는 법이 차별적 구조와 관계를 인정하는 사회적 가치를 더 허용할 수도 있고 정치적 권력, 경제적·사회적 자원에 대한 여성의 접근을 통제하는 역할을 할 수도 있다. 그러므로 여성주의적 관점으로 모든 법 영역에서 그간 간과되어 온 편파성을 발견해 내고 이를 성차별로 규명하고 그 차별을 제거하기 위한 방안을 모색하는 비판법학으로서의 법여성학이 형성되었다. 즉 지금까지 각 분야별 법 영역에서의 성차별 철폐의 소극적 목표에서 성평등사회 실현이라는 적극적 목표를 갖고 법에 대한 여성학적 연구의 이념과 방법론을 발전시켜 나아가기 시작한 것이다.

미국에서는 이미 1970년대부터 법과대학에서 여성과 법에 관한 연구가 시작되었다. 초기에는 'Women and the Law'라는 명칭으로 시작되었으나 점차 'Feminist Jurisprudence', 'Feminist Legal Thought', 'Feminist Legal Theory' 등의 명칭으로 과목이 개설되었고, 2000년을 전후하여 "Gender and Law", "Gender Jurisprudence", "Gender Legal Studies" 등의 이름으로 변화되고 있다. 법여성학에 관한 여러 논문을 모아서 만든 단행본 교재가 많은 대학 출판부에서 출판되고 있으며, 주요 로스쿨에서 법여성학에 관한 전문학술지들도 출판되고 있다.

우리나라의 경우는 1977년 이화여대에서 여성학이 개설되기 시작하면서 1980년대부터 많은 대학에 여성학 관련과목이 개설되었으며, 이 중 '여성과 법'이라는 교양과목이 많은 대학에서 다루어져 오고 있다. 이화여대는 법학전문대학원이 되면서 학부학생들이 법학과목을 수강할 기회가 적어져 2017년부터 교양과목으로 "법과 젠더"가 신설되었다.

법과대학에 전공과목으로 '법여성학'이 개설된 것은 1997년 이화여자대학교 법과대학이 처음이며, 2001년에는 심화학습과정인 '법여성학 세미나'가 개설되었다. 대학원에 석·박사과정이 개설된 것은 1995년부터이다. 그리고 2009년 3월, 이화여자대학교 법학전문대학원이 개원되면서 「젠더법」 영역이 특성화 전공영역으로 채택되어 'Gender법학', 'Gender법학세미나', '판례의 Gender 연구' 등의 과목이 개설되고 있다.

또한 2001년 설립된 이화여대 법과대학의 젠더법학연구센터는 2008년

젠더법학연구소로 승격되어 많은 학술활동을 해왔고, 2010년부터 "이화젠더법학" 학술지가 간행되고 있다.

그리고 한국젠더법학연구회로 시작한 한국젠더법학회가 2007년 설립되어 학계와 실무 연구자들이 함께 학술활동을 전개해오고 있으며 2009년부터 "젠더법학" 학술지가 출판되고 있다.

법여성학의 연구내용과 과제

(1) 법여성학의 주요 내용은 크게 다음의 두 영역으로 이루어진다고 할 수 있다.

첫째, 법과 성(gender)의 관계에 관한 이론적 주제의 개발과 비판적 연구로 이는 사회관습의 패턴 안에서 판단하는 것이 아니라 기존 판단에 대해 계속 비판하면서 성평등을 규범적인 이상형으로 끌어가고자 한다. 따라서 깊이 뿌리박힌 고정관념, 확고하게 확립된 이론과 학설, 기존의 사고방식, 당연하고 보편적이라고 인식된 사실에 대하여 앞의 여성주의적 관점과 같은 이의를 제기한다. 모든 기존의 성중립적이라는 이론에 대하여 의문을 제기하고, 구체적이고 현실적인 여성의 삶과 체험을 학문적으로 포함시켜 재구성하고자 한다. 둘째, 구체적 법영역에 대하여 앞으로의 법개혁을 생각하면서 여성주의적 분석과 관점을 적용하는 연구로, 예를 들어 가족, 일, 범죄, 재생산자유, 포르노그래피, 성폭력, 성희롱, 가정폭력, 성매매, 육아와 돌봄, 다문화 등에 관한 법이 주제가 될 수 있다.

(2) 법여성학의 궁극적 목표는 성평등의 증진을 추구함으로써 사회에서 여성의 지위를 향상시키고 사회를 변화시키는 것이라고 할 수 있다.

(3) 연구방법은 성(gender)의 분석에 초점을 맞추며, 여성의 사고를 배제하거나 낮게 평가하거나 또는 방해해 왔던 법의 실제를 입증하고 재구성한다. 그리고 여성의 구체적 경험에 근거하고(경험적 분석) 이를 출발점으로 이론을 정립한다. 끝으로 완전한 성평등을 위해 필요한 사회구조의 변화를 추구하는 방법에 의하는데, 기존의 이념적·제도적 구조가 존재하는 한 불가능하므로 기존 법학에 여성의 관점을 추가하는 수준이 아니라 전체적인

구조적 변화를 추구하게 된다.

(4) 남성지배를 종식시키기 위해 필요한 사회변화를 목표로 하는 일련의 연구가 여성학의 과제라면, 법여성학은 법을 통하여 여성의 예속을 종식시키는 데 기여함을 목표로 하는 법학의 한 분야로서 결국 여성의 예속을 강화하는 법규정과 법현실에 대한 법적 비판의 이론화, 법적인 예속에 저항하는 방법을 법적으로 정당화하는 방안 그리고 성평등을 증진시킬 수 있는 법적 대안 등에 관한 연구가 법여성학의 과제라고 할 수 있다.

우리나라 성평등 관련법의 발전사

해방 이후 서양의 법제도가 도입되면서 근대법의 자유와 평등의 법 이념하에 봉건주의, 유교문화, 남존여비 및 가부장제가 부분적으로 약화되었다. 특히 제헌헌법에서 법 앞의 평등, 성에 의한 차별의 금지 및 남녀에게 동등한 참정권이 인정되는 등 법상의 형식적 평등이 이루어지기 시작하였다.

여성참정권은 서구의 많은 나라들에서는 여성운동의 성과로 쟁취한 권리였으나 1945년 UN설립 이후 여성의 보편적 권리로 인정되기 시작했으며, 우리나라는 1948년 제헌헌법에서 남녀에게 동등하게 참정권을 인정함으로써 세계에서 54번째로 여성의 참정권이 인정된 나라가 되었다.

1970년대까지

1948년 제헌헌법 제정이후 관련법을 정비하면서 차별적 법규정의 수정이 이루어졌으나 전통적 미풍양속의 미명 아래 불평등한 법이 계속 존재했다.

1953년 제정된 "근로기준법"은 남녀차별대우금지(제5조)를 규정하고 여자와 소년의 보호에 대하여 특별히 규정하고 있으며, 같은 해 제정된 "형법"은 간통죄를 '배우자 있는 자가 간통한 때'로 개정하여 양벌규정이 되었다.

1958년 제정된 "민법"은 조선민사령에서 아내를 무능력자로 규정하고 아내의 재산관리를 남편이 하도록 하고, 아내의 부정만이 일방적으로 이혼 사유가 되었던 것에서 아내무능력제도를 폐지하고, 재판상 이혼사유를 처의 간통에서 배우자의 간통으로 규정함으로써 부부의 평등을 지향하였다.

1977년에 "민법" 중 "가족법"의 부분개정이 있었는데 주요 내용은 부모의 동의없이 혼인할 수 있는 연령을 남녀 모두 20세로 하고, 소유가 분명치 않은 재산은 부부의 공동소유로 하였고, 친권은 부모가 공동으로 행사하고, 호적에 있는 딸의 상속 몫을 아들과 같게 했으며, 아내의 상속 몫을 장남과 같게 하는 등 남녀평등의 관점에서 개정되었다.

1980년대

1970년대의 경제성장을 바탕으로 여성근로자가 증가하였으며, 이들 여성근로자들의 저임금, 생산직의 여성노동문제가 대두되었다. 따라서 민주화 운동과 함께 여성문제현장에서 활동하는 여성노동운동단체들이 출현하여 활동하게 되었다.

1984년 우리나라가 "여성에 대한 모든 형태의 차별철폐에 관한 협약" (유엔여성차별철폐협약, Convention on the Elimination of All Forms of Discrimination against Women: CEDAW)에 비준, 가입함으로써 동 협약의 유보조항 철회의무와 남녀평등실현을 위한 국가의 의무가 중요해졌고, 1985년 제3차 세계여성회의에서 채택한 나이로비 여성발전미래전략에 대한 이행도 여성계의 중요한 이슈가 되었다.

그리고 국가적 차원에서 여성문제를 다루는 기구들이 만들어졌는데, 한국여성개발원(1983), 여성정책심의위원회(1983), 정무장관(제2)실(1988) 등이 설치되었다. 이들은 여성문제를 조사·연구하고 이에 대한 정책을 제안함으로써 여성관련법(여성입법)의 제·개정에 기여하게 된다.

이 시기에는 기존 법의 성차별적 이데올로기를 규명하여 차별적 법을 개정하고, 남녀불평등한 사회구조와 현실을 개선하기 위한 도구로 법을 사용하기 시작했다.

우선 1987년 헌법 개정에서 제32조 제4항의 여성근로자의 차별금지와 모성보호규정, 제34조 제3항의 여자의 복지와 권익향상을 위한 국가의 의무규정, 제36조 제1항의 혼인과 가족생활에서의 개인의 존엄과 양성의 평등에 대한 규정 등이 신설되었다. 제36조 제1항은 제헌헌법의 제20조에서 "혼인은 남녀동권을 기본으로 하며 혼인의 순결과 보건에 관하여 국가의 보호를 받는다."고 규정했던 조항이고, 1980년 개정시 "모든 국민의 혼인의 순결과 가족의 건강은 국가의 특별한 보호를 받는다."고 규정했던 조항이다.

1987년 고용에 있어서의 남녀의 평등한 기회 및 대우를 보장하고 모성을 보호하며, 여성의 직업능력을 개발하여 근로여성의 지위향상과 복지증진에 기여함을 목적으로 한 "남녀고용평등법"이 제정되었는데 이 법은 동일노동·동일임금의 원칙을 규정하고 벌칙을 강화하는 것을 주요 내용으로 하였다.

1989년 "가족법" 개정이 큰 폭으로 이루어졌다. 호주의 권리, 의무조항을 대폭 삭제하고 호주상속을 호주승계제로 하고 친족의 범위를 부계, 모계 공히 8촌으로 조정하였고, 이혼시 재산분할청구권을 신설하였으며, 친권제도, 재산상속제도, 이혼부부의 자녀양육규정을 개정하는 등 그동안 제기되었던 가족법상의 부모, 부부, 자녀간의 불평등의 문제가 많이 수정되었다. 또한 1989년에는 "모자복지법"이 제정되었다.

1990년대

1989년 개정된 "가족법"이 1991년부터 발효되면서 이와 관련한 가사소송법, 세법 등에 대한 개정이 이루어졌고, "남녀고용평등법"에 근거한 고용상의 평등을 이루기 위한 보육문제의 제기와 함께 1991년 "영유아보육법"이 제정되었다.

특히 "헌법"의 남녀평등이념을 구현하기 위한 국가와 지방자치단체의 책무 등을 규정한 여성정책의 기본법이라 할 수 있는 "여성발전기본법"이 제정되었고, 오랫동안 논의되어온 여성에 대한 폭력에 관한 특별법으로 성폭력특별법과 가정폭력특별법이 제정되었다.

또한 대통령직속의 여성특별위원회가 여성정책을 담당하게 되었고 남녀차별과 성희롱금지 등을 규정한 "남녀차별금지 및 피해구제에 관한 법률"이 제정되어 남녀차별개선사무를 동위원회가 관장하게 되었다.

1994년 국회 내에 여성관련 안건을 심사하는 기구로서 여성특별위원회가 신설되었으며, 상임위원회와 달리 소관부처가 없고 법률안 제안권 및 의결권, 국정감·조사권, 예·결산 예비심사권이 없는 등 제한된 여건 속에서도 여성관련 법률을 심사하여 소관위원회에 의견을 제시하는 등 여성의 복지와 권익의 향상을 위해 활동하였다.

1995년 헌법의 남녀평등이념을 구현하기 위한 국가와 지방자치단체의 책무 등에 관한 사항을 규정함으로써 정치, 경제, 사회, 문화의 모든 영역에 있어서 남녀평등을 촉진하고 여성의 발전을 도모함을 목적으로 "여성발전기본법"이 제정되었다.

1997년 11월 정기국회에서 가정폭력방지와 관련하여 수년간 논의되어 온 "가정폭력방지 및 피해자보호 등에 관한 법률"(이하 '가정폭력피해자보호법'이라 한다)과 "가정폭력범죄의 처벌에 관한 특례법"(이하 '가정폭력처벌법'이라 한다)이 통과되어 1998년 7월 1일부터 시행되었다. 또한 그동안 유엔여성차별철폐협약의 유보조항으로 개정이 논의되어 왔던 "국적법"이 성평등하게 개정되었다.

1998년 정부는 "정부조직법"을 개정하여 그동안 여성정책의 총괄 부서였던 정무장관(제2)실을 폐지하고, 대통령직속의 여성특별위원회를 설치했으며, 또한 법무부, 행정자치부, 교육부, 농림부, 보건복지부에 여성정책담당관을 신설하였다.

그리고 1999년 성별에 의한 차별금지 및 피해구제를 위하여 남녀차별과 성희롱 금지를 주요내용으로 하는 "남녀차별금지 및 구제에 관한 법률"이 제정되었으며, 여성의 기업 활동을 지원하기 위한 "여성기업인지원에 관한 법률"이 제정되었다.

2000년대

2000년대는 여성정책추진부서로 여성부가 신설됨에 따라 정책 전반에 성평등 관점이 반영될 수 있는 토대가 마련되었고, 신설된 국가인권위원회와 함께 여성인권과 차별시정에 대한 정책이 강화되는 계기가 되었다. 또한 정치부문에서의 여성의 대표성 향상을 위한 여성할당제 등의 다양한 적극적 조치들을 포함한 정치관련법의 개정이 이루어져서 여성의 정치참여증진의 계기가 되었고, "공중화장실법" 등 성인지적 시각이 반영되는 입법의 변화와 성주류화를 위한 입법들이 도입되기 시작했다. 그리고 민법상의 남녀차별의 오랜 뿌리인 호주제에 대한 헌법재판소의 헌법불합치 결정에 따라 "민법" 등 호주제관련 법령이 개정되었고, 성매매근절을 위한 특별법이 제정되었으며, 그동안 제정된 성평등 관련법들의 보완이 꾸준히 이루어졌다.

① 2000년: "정당법"을 개정하여 국회의원과 광역지방의회의원선거에서 각 정당은 비례대표의원 후보자의 30% 이상을 여성으로 추천하도록 규정하였다. 또한 청소년의 성매매에 대한 청소년 대상 성매매 규제를 위하여 "청소년의 성보호에 관한 법률"이 제정되었다.

② 2001년: "정부조직법" 개정으로 여성부가 신설되면서 여성정책담당 행정조직이 강화되었고, "국가인권위원회법" 제정을 통해 인권침해 행위 및 평등권 침해의 차별행위에 대한 조사·구제 등을 위하여 국가인권위원회가 설치되어 여성인권의 증진에 기여하게 되었다. 또한 여성농어업인의 육성을 위한 "여성농어업인 육성법"이 제정되었다.

③ 2002년: 정치적 영역에서의 여성의 대표성 향상을 위하여 정치관련법이 개정되었다. "정당법"과 "공직선거법"을 개정하여 광역지방의회의원 비례 50%를 여성으로 의무화하고, 지역구 30% 여성할당정당에 국고보조금을 추가지원하는 "정치자금에 관한 법률"의 개정이 있었다.

또한 여성과학기술인력을 양성하고 그 활용을 촉진하고 지원하기 위한 "여성과학기술인 육성 및 지원에 관한 법률"을 제정하였다.

④ 2003년: 성인지적 시각을 반영하여 공중화장실 설치 시 여성화장실

의 대변기 수는 남성화장실의 대소변기 수의 합 이상이 되게 설치하도록 규정한 "공중화장실 등에 관한 법률"이 제정되었으며, 여성의 복리후생증진을 위해 여성용 생리처리 위생용품에 대한 부가가치세를 면제하도록 "부가가치세법"이 개정되었다. 또한 "교육공무원법"이 개정되어 국공립대 교수임용시 여성할당제가 채택되어 국공립대학에 여성교수의 채용이 확대되는 계기가 되었다. 그리고 "국군간호사관학교설치법"을 개정하여 입학자격을 미혼남녀로 확대하였고, "단기사관학교설치법"도 개정하여 미혼여성들에게도 입학자격을 부여하였다.

⑤ 2004년: 성매매에 대한 사회인식의 변화와 성매매의 근절을 위해 "윤락행위등방지법"이 폐지되고 성매매에 관한 법이 제정되었다. '성매매피해자' 개념을 도입하고, 성매매 공급자와 중간매개체를 차단하기 위해 성매매 목적의 인신매매를 처벌하며, 성매매강요 · 알선 등행위에 대한 처벌강화와 형량을 다양화한 "성매매알선 등 행위의 처벌에 관한 법률"(이하 '성매매처벌법'이라 한다)과 성매매행위를 방지하고 성매매피해자의 보호와 자립지원을 위한 "성매매방지 및 피해자보호 등에 관한 법률"(이하 '성매매피해자보호법'이라 한다)이 제정되었다. 여성의 대표성증진을 위해 정당법을 개정하여 비례대표 국회의원 후보자 중 100분의 50 이상을 여성으로 추천하고, 지역구 국회의원 후보자 중 100분의 30 이상을 여성으로 추천하는 경우에는 보조금을 추가 지급하고, 국고보조금의 10%를 여성정치발전을 위해 사용하도록 하는 "정치자금에 관한법률"을 개정하였다. 그리고 급변하는 현대사회에서 제기되고 있는 다양한 가족문제를 예방 및 해결하고 건강한 가정을 구현하기 위하여 "건강가정기본법"이 제정되었다.

⑥ 2005년: 헌법재판소의 결정에 따라 "민법"이 개정되었다. 호주제관련조항을 삭제하고, 동성동본금혼제도를 근친혼 금지제도로 전환하였고, 친생부인의 소의 제척기간을 합리적으로 조정하도록 규정하였으며 여성에 대한 재혼금지기간을 삭제하였다. 자녀의 성(姓)과 본(本)은 부성승계를 원칙으로 하되 협의에 의해 혼인신고시 모성승계도 가능하고, 가정법원의 허가를 받아 성과 본을 변경할 수 있으며, 혼인 외의 자는 인지전의 성과 본을 사용할 수 있도록 개정하였다. 그리고 양친과 양자의 친족관계를 인정하고,

양친의 성과 본을 따르게 하는 친양자 제도를 도입하였다. 또한 여러 부처에 분산되어 있는 차별시정기능을 국가인권위원회에서 수행하도록 국가인권위원회법이 개정됨으로써 성희롱 및 성차별조사 및 구제업무가 여성부에서 국가인권위원회로 이관되어 남녀차별금지 및 구제에 관한 법률은 폐지되었다. 또한 정부조직법을 개정하여 기존의 여성부가 가족정책의 수립, 조정, 지원 및 영유아보육에 관한 사무도 관장하는 여성가족부로 조직이 개편되었다.

⑦ 2006년: 국가재정운영에 관한 "국가재정법"이 새로 제정되면서 예산이 여성과 남성에게 미치는 영향을 분석하기 위하여 성인지 예·결산제도를 도입하였고, 2010회계연도 예·결산안부터 적용되도록 하였다. 그리고 비례대표자치구·시·군의원선거에서도 여성후보자 추천비율을 50%로 하도록 "공직선거법"을 개정하였다.

⑧ 2007년: "통계법" 상 처음으로 정부승인통계 작성 시 성별구분을 하도록 규정을 신설하였다. 그리고 2005년 호주제가 폐지됨에 따라 기존의 호적제도를 대체하기 위하여 "가족관계의 등록 등에 관한 법률"이 제정되었다. 또한 가정생활과 직장생활을 조화롭게 병행할 수 있는 사회적 분위기와 제도적 장치를 마련하기 위해 "가족친화 사회환경의 조성 촉진에 관한 법률"이 제정되었다. 그리고 여성의 경제활동참여를 늘리고 일·가정양립정책을 강화하기 위하여 기존의 "남녀고용평등법"을 "남녀고용평등과 일·가정양립 지원에 관한 법률"로 변경하였다.

⑨ 2008년: 여성의 생애주기에 맞게 여성의 경제활동을 증진시키기 위하여 "경력단절여성 등의 경제활동촉진법"을 제정하였다. 또한 국제결혼이 증가함에 따라 다문화가족을 지원하기 위해 "다문화가족지원법"이 제정되었다.

2010년대

1995년 제정된 "여성발전기본법"이 여성정책환경과 정책패러다임 변화를 고려하여 "양성평등기본법"으로 전면 개정되었으며, 국가재정법상의 성인지예산제도의 시행(2010)과 "성별영향분석평가법"의 제정 등으로 성주류화관련입법이 체계화되었다.

또한 여성을 대상으로 하는 폭력의 증가로 인해 가정폭력, 성폭력, 성매매 등 개별적 법체계로 발전되어온 여성폭력방지정책을 체계적으로 추진해야 한다는 요구와 데이트폭력, 스토킹 등 새로운 여성폭력에 대응하고 피해자의 2차 피해를 방지하기 위해 "여성폭력방지기본법"이 제정되었다.

그리고 저출산, 고령화, 일·가정양립, 여성의 경력단절, 결혼이주여성, 다양한 가족, 돌봄문제 등 사회이슈와 관련된 젠더관련입법의 제정과 개정이 꾸준히 이루어졌다.

① 2010년: 1994년 제정된 "성폭력범죄의 처벌 및 피해자보호 등에 관한 법률"이 처벌과 보호에 대한 법주관부처의 효율성을 고려하여 "성폭력범죄의 처벌등에 관한 특례법"과 "성폭력방지 및 피해자보호 등에 관한 법률"로 이분화되어 새로 제정되었다.

② 2011년: 성주류화의 중요한 도구인 성별영향평가 제도를 체계적으로 시행하기 위한 "성별영향분석평가법"이 제정되었다.

③ 2012년: "형법" 개정을 통해 성범죄의 객체를 "부녀"에서 "사람"으로 확대하고, 성폭력범죄에 대한 친고죄 및 혼인빙자간음죄를 폐지하였다. 이와 함께 성폭력처벌법상의 친고죄 조항도 함께 삭제하고, '성적 목적을 위한 공공장소 침입죄'를 신설하였다.

또한 "사회보장기본법"을 전면 개정하여 사회보장의 정의에서 출산, 양육을 사회적 위험으로 포함하여 보호할 수 있도록 하고, "아이돌봄지원법"을 제정하여 일정 교육을 이수한 경우 아이돌보미로 활동할 수 있고, 국가와 지방자치단체는 자녀돌봄서비스 비용을 지원할 수 있도록 하였다.

④ 2014년: "여성발전기본법"을 "양성평등기본법"으로 전면개정(2015. 7. 1. 시행 예정)하여 여성발전에서 양성평등으로 정책패러다임을 전환하고 양성평등정책 추진체계 강화, 양성평등 촉진을 위한 시책 구체화, 성주류화 조치 체계화 등에 대해 규정하였다.

⑤ 2015년: 한부모의 증가에 따라 이들의 양육비이행확보를 위해 "양육비이행확보 및 지원에 관한 법률"이 제정되었고 동 법의 이행을 위한 양

육비이행관리원이 신설되게 되었다.

　⑥ 2018년: 여성을 대상으로 하는 폭력의 증가로 인해 성폭력, 가정폭력, 성매매 등 개별적 법률체계 속에서 발전되어 온 여성폭력방지정책을 체계적으로 추진할 필요성이 요구되고 데이트폭력, 스토킹 등 새로운 여성폭력에 대응하여 개인의 존엄과 인권증진에 이바지함을 목적으로 "여성폭력방지기본법"이 제정되었다. 여성폭력방지와 피해자보호, 지원에 관한 국가 및 지방자치단체의 책임을 명백히 하고 여성폭력방지정책의 종합적, 체계적 추진을 위한 기본적 사항을 규정하고 있다. 이 법은 2019년 12월 25일부터 시행된다.

주요 성평등 입법 연대표(CEDAW 관련사항 참조)

1948~1960	헌법 제정(1948), 근로기준법 제정(1953) 신형법 제정(1953), 신민법 제정(1958)
1977	민법 개정
1984	CEDAW 우리나라 비준: 제9조/제16조 제1항 (c), (d), (f), (g) 유보
1987	CEDAW 제1차 국가보고서 심의 헌법 개정 남녀고용평등법 제정
1989	민법 개정 모자복지법 제정
1991	CEDAW 제9조, 제16조 제1항 (c), (d), (f) 유보 철회 영유아보육법 제정
1993	CEDAW 제2차 국가보고서 심의
1994	성폭력범죄의 처벌 및 피해자보호 등에 관한 법률 제정
1995	여성발전기본법 제정
1997	가정폭력방지 및 피해자보호 등에 관한 법 제정 가정폭력범죄처벌에 관한 특례법 제정 국적법 개정
1998	CEDAW 제3, 4차 국가보고서 심의

1999	CEDAW 선택의정서 UN총회 채택 남녀차별금지 및 구제에 관한 법률 제정 여성기업지원에 관한 법률 제정
2000	CEDAW 선택의정서 발효 정당법 개정 청소년성보호에 관한 법률 제정
2001	정부조직법 개정: 여성부 신설 국가인권위원회법 제정 여성농어업인육성법 제정
2002	여성과학기술인육성 및 지원에 관한 법률 제정
2003	공중화장실 등에 관한 법률 제정
2004	성매매방지 및 피해자보호 등에 관한 법률 제정 성매매알선 등 행위의 처벌에 관한 법률 제정 생명윤리 및 안전에 관한 법률 제정 건강가족기본법 제정
2005	남녀차별금지 및 구제에 관한 법률 폐지 정부조직법 개정(2005): 여성가족부 민법개정: 호주제폐지
2006	CEDAW 선택의정서 가입 국가재정법 제정
2007	CEDAW 제5, 6차 국가보고서 심의 가족관계의 등록 등에 관한 법률 제정 특정성폭력범죄자에 대한 위치추적전자장치부착에 관한 법률 제정 가족친화사회환경의 조성촉진에 관한 법률 제정
2008	경력단절여성 등의 경제활동촉진법 제정 다문화가족지원법 제정
2010	성폭력범죄의 처벌 등에 관한 특례법 제정 성폭력방지 및 피해자보호 등에 관한 법률 제정
2011	CEDAW 제7차 국가보고서 심의 성별영향분석평가법 제정(성별영향평가법으로 법명 개정: 2018)
2012	아이돌봄 지원법 제정
2014	여성발전기본법 전면 개정: 양성평등기본법 제정 양육비이행확보 및 지원에 관한 법률 제정
2018	CEDAW 제8차 국가보고서 심의 성폭력방지기본법 제정

성평등 관련판례의 변화

앞에서 살펴본 성평등 관련 법의 변화와 함께 성평등 관련 판례도 다양한 영역에서 변화를 가져왔다. 1980년대 이전에는 주로 가족관계에서 이혼, 상속 등에 관한 사건이 있었으며, 1980년대에 오면서 조기정년제, 성차별적 임금, 채용에서의 여성배제, 고용차별 관행 등과 관련된 고용문제 관련 사건이 제기되기 시작하였다.

1990년대에는 가족관계법에서 재산분할청구권에 관련한 사건이 축적되었고, 성폭력특별법에 근거한 성폭력사건과 성희롱사건이 새롭게 제기되었다. 특히 헌법재판소가 1988년 설치되면서 1990년 이후 형법, 가족법 등 성차별적인 법규정의 위헌여부에 대한 다수의 판결이 나왔다.

그리고 대법원은 2018년 성희롱사건과 성폭력사건에서 "성인지 감수성"을 법원의 심리기준으로 판시함으로써 성희롱, 성폭력 관련소송의 심리에서 법관에게 "성인지 감수성"이 요구됨을 분명히 했다.

1. 주요 헌법재판소 결정

① **형법분야**: 간통죄에 대한 "형법" 제241조의 위헌여부에 대한 결정은 1990년대부터 총 4회에 걸쳐 다루어졌다(헌재 1990.9.10. 89헌마82, 헌재 1993.3.11. 90헌가70, 헌재 2001.10.25. 2000헌바60, 헌재 2008.10.30. 2007헌가17·21, 2008헌가7·26, 2008헌바21·47(병합)). 1993년과 2001년 그리고 2008년까지는 "간통이 사회질서를 해치고 타인의 권리를 침해하는 경우에 해당한다고 보는 우리의 법의식 및 간통 및 상간행위에 대한 사전예방의 강한 요청에 비추어 … (형법상 간통죄) 조항이 과잉금지원칙에 위배하여 개인의 성적 자기결정권, 사생활의 비밀과 자유를 침해한다고 볼 수 없다."고 보아 합헌 결정을 내렸으나, 2015년 헌법재판소는 간통죄 헌법소원(2009헌바17)에서 7:2로 간통죄에 대해 위헌결정을 내렸다(2015.2.26.). 따라서 간통은 형사상의 범죄는 아니며, 민법상 이혼사유의 하나로서 민법상 위법성이 인정되는 불법행위의 하나가 되었다. 헌재는 결정문에서 '부부간의 정조의무

및 여성배우자의 보호는 간통한 배우자를 상대로 한 재판상 이혼청구, 손해배상청구 등 민사상의 제도에 의해 보다 효과적으로 달성될 수 있다.'고 하였다.

혼인빙자간음죄에 대해서 위헌결정(헌재 2009.11.26. 2008헌바58, 2009헌바191(병합))을 내렸다. 이 결정은 2002년 "혼인빙자간음죄는 사회적 약자인 여성의 성적 자기결정권을 보호하려는 정당한 목적이 있고 남성을 자의적으로 차별하여 처벌하는 것이 아니므로 평등의 원칙에 위반되지 않는다."라고 하면서 내린 합헌결정(헌재 2002.10.31. 99헌바40, 2002헌바50(병합) 전원재판부)을 뒤집은 것으로 헌법상의 남녀평등에 반하고 여성의 성적자기결정권을 부인하는 것이 되므로 위헌이라고 결정했다.

그리고 "형법" 제269조와 제270조 낙태죄 처벌 규정에 대해 헌법재판소는 2012년 합헌결정을 내렸으나(헌재 2012.8.23. 2010헌바402). 2019년에는 형법상 자기낙태죄, 의사낙태죄는 태아의 생명을 보호하기 위한 입법목적의 정당성, 수단의 적합성은 인정되나 임신한 여성의 자기결정권을 제한하고 있어 침해의 최소성, 법익의 균형성 원칙에 위배된다고 하여 헌법불합치결정을 내렸다(헌재 2019.4.11. 2017헌바127). 즉, 동일한 생명이라도 법질서가 생명의 발전과정을 일정단계들로 구분하고 상이한 법적효과를 부여하는 것이 불가능하지 않으며 자기결정권에는 여성이 존엄한 인격권을 바탕으로 자율적으로 자신의 생활영역을 형성해 나갈 수 있는 권리가 포함된다고 하였으며, 다만 임신한 여성이 임신유지와 출산여부에 관하여 결정하는 것은 전인적(全人的) 결정으로 이를 실행하기에 충분한 시간이 확보되어야 한다고 결정하였다.

② **가족법분야**: 민법 제809조 제1항 동성동본불혼규정에 대한 헌법불합치 결정(헌재 1997.7.16. 95헌가6 내지 13(병합))을 하였고, 호주제에 관한 민법 제778조, 제781조 제1항 후단, 제826조는 혼인과 가족생활에서 개인의 존엄과 양성의 평등을 규정한 헌법 제36조 제1항에 위반된다고 헌법불합치 결정(헌재 2005.2.5. 2001헌가9,10,11,12,13,14,15, 2004헌가5(병합))을 하였다. 특히 호주제는 부성승계원칙과 성 불변 원칙을 기초로 하고 있어 헌법상의 평등원칙, 혼인과 가족제도에서의 개인의 존엄과 양성평등 보장에

반하며, 우리 사회의 가부장제를 조장, 강화하는 제도임에도 한 쪽에서는 유교를 중심으로 하는 우리 사회의 문화, 관습, 전통을 이유로 유지되어야 할 제도라고 오랜 기간 주장되어 왔었다.

2005년 헌법재판소는 "호주제는 양성평등 및 개인의 존엄에 반한다."고 하면서 헌법불합치 결정을 내렸고, 이에 따라 호주제가 폐지되었다. 이와 관련된 내용을 보면 "자(子)는 부(父)의 성(姓)과 본(本)을 따르고" 부분에 대해 "양계 혈통을 모두 성으로 반영하기 곤란한 점, 부성의 사용에 관한 사회 일반의 의식, 성의 사용이 개인의 구체적인 권리의무에 영향을 미치지 않는 점 등을 고려할 때" 부성주의를 원칙으로 규정한 것은 헌법에 위반되지 않는다고 판시하였으나 "부성의 사용을 강제하는 것이 부당한 것으로 판단되는 경우에 대해서까지 부성주의의 예외를 규정하지 않고 있는 것"은 위헌적이라고 판단하여 헌법불합치 결정을 내렸다. 이와 관련해서 현재 우리나라는 유엔여성차별철폐협약 제16조 제1항 (g) "가족성(姓)에 대한 부부로서의 동일한 권리에 관한 규정"을 유보하고 있다. 2005년 민법 개정으로 예외적으로 혼인신고시 모(母)의 성과 본을 따를 수 있도록 하고 있으나 여전히 부성주의 원칙을 규정하고 있다는 점에서 입법적 개선이 필요하다.

이 외에도 부부재산제도와 관련하여 구 상속세법 제29조의2 제1항 제1호 이혼한 자의 재산분할에 대한 증여세 규정부분에 대한 위헌결정(헌재 1997.10.30. 96헌마14), 부부합산과세에 대한 구 소득세법 규정에 대한 위헌판결(헌재 2005.5.26. 2004헌가6)이 있었다.

③ **병역의무**와 관련해서 군복무가산점제도를 규정하고 있는 제대군인 지원에 관한 법률 제8조 제1항 등에 대한 위헌결정(헌재 1999.12.23. 98헌마363)에서 헌법상 평등권 침해여부에 대해 엄격한 심사기준을 적용하여 위헌결정을 하였다.

남성의 병역의무에 관한 병역법 제3조 제1항에 대해서는 "병역법 제3조 제1항은 '근로', '혼인과 가족생활' 등 우리 헌법이 특별히 양성평등을 요구하고 있는 영역에서의 차별취급을 규정하고 있는 조항이 아닌 점, 국방의 의무의 부담으로 인한 제약을 관련 기본권에 중대한 제한을 초래하는 경우로 볼 수 없는 점, 징집 대상자의 범위를 정하는 문제는 그 목적과 성질상 입법형성권이 광범위하게 인정되어야 하는 영역인 점 등을 고려할 때, 그로 인한 평등권 침해여부는 완화된 심사척도에 따라 자의금지원칙위반 여부에 의하여 판단함이 상당하다."고 하여 합헌결정을 내렸다(헌재 2000.2.2. 2000헌마30; 헌재 2002.2.19. 2002헌마79; 헌재 2010.11.26. 2006헌마328; 헌재 2011.6.30. 2010헌마460; 헌재 2014.2.27. 2011헌마825). 그러나 여성의 병역의무 면제의 근거로서 "집단으로서의 남자는 집단으로서의 여자에 비하여 보다 전투에 적합한 신체적 능력을 갖추고 있으며, … 신체적 능력이 뛰어난 여자의 경우에도 월경이나 임신, 출산 등으로 인한 신체적 특성상 병력자원으로 투입하기에 부담이 큰 점 등"을 들고 있어 성별에 근거한 고정관념을 반영한 측면이 있다.

④ **성매매 알선 등 행위의 처벌에 관한 법률**상 성매매 알선행위에 대한 처벌이 과잉금지원칙에 위배되어 직업선택의 자유를 침해하는가에 대해 합헌으로 결정했다(헌재 2016.9.29. 2015헌바65). 헌법재판소는 성매매 알선행위를 영업으로 하는 경우, 수익을 극대화하는 과정에서 비자발적 성매매 및 착취, 위력행사 등 불법행위가 발생할 가능성이 높고 호객행위나 성매매광고 등 성매매를 외부적으로 드러내어 사회의 건전한 성풍속을 해치므로 성매매영업알선을 단순한 성매매행위자체와는 구별되는 중한 불법성 및 처벌의 필요성이 인정된다고 보고 이를 성매매 유인, 권유 등의 행위와 함께 처벌하고 있다 하더라도 과도한 기본권제한으로 볼 수 없다고 결정했다. 또한 동 법상 성매매 알선행위로 인해 얻은 이익에 대한 몰수조항도 죄형법정주의 명확성 원칙에 위배되지 않는다고 결정했다.

⑤ 이 외에도 구 국민연금법 제63조의 부(夫)의 유족연금 수급자격에 대한 헌법불합치 결정(헌재 2008.11.27. 2006헌가1 전원재판부), 이화여자대학교 법학전문대학원 설치인가 중 여성만을 입학자격요건으로 하는 입학전형계획의 위헌 확인에 대한 합헌 결정(헌재 2013.5.30. 2009헌마514) 등을 통하여 **평등권**에 대한 헌법적 논의가 심화되는 계기가 되었다.

2. 주요 대법원 판결

① 가족관련한 대법원 판례로는 여성에게도 종중구성원의 자격을 인정한 종회회원확인소송(대판(전합) 2005.7.21. 2002다1178; 대판(전합) 2005.7.21, 2002다13850)이 있었다. 종중관련 판결은 "종래의 관습상 종중이 성년인 남자를 종원으로 제한하고 여성에게는 종원의 자격을 부여하지 않는 종래 관습은 … 우리의 전체 법질서에 부합하지 아니하여 정당성과 합리성이 있다고 할 수 없으므로, … 종래의 관습법은 이제 더 이상 법적 효력을 가질 수 없다."라고 판시하여 여성의 종회회원자격을 인정하였다.

② 직장 내에서의 성차별과 관련된 대법원 판례로는 승진, 정년, 해고, 퇴직, 임금 등 고용전반에 걸쳐 다루어졌다. 한국전기통신공사 소속의 여성 교환원의 정년이 다른 직종보다 낮게 되어 있는 것은 여성차별에 해당한다고 한 대법원 판결이 있으며(대판 1988.12.27. 85다카657), 또한 농협사내부부해고 무효확인 소송(대판 2002.11.8. 2002다35379)과 알리안츠 제일생명 사내부부 해고무효확인 소송(대판 2002.7.26. 2002다19292)은 구조조정과정에서 사내부부를 우선해고대상자로 한 소송인데, 농협사건에서는 여성이 제출한 사직서가 진의가 있다고 판결한 반면, 알리안츠 사건의 경우 이는 사실상 성차별적 해고라고 판단한 바 있다. 임금과 관련해서는 현행 남녀고용평등법상 규정되어 있는 동일가치노동 동일임금 원칙의 해석에 관한 소송으로 "남자 근로자의 작업이 특별히 고도의 노동강도나 특별한 기술이 요구된 것은 아니므로 남녀간 임금차별을 정당화할 수 없다."라고 판시하였다(대판 2003.3.14. 2002도3883; 대판 2011.4.28. 2011다6632; 대판 2013.3.14. 2010더101011; 대판 2013.5.9. 2010다23821). 성차별적 정년규정에 관한 소송으로는 입사부터 여성이라는 이유로 동일자격의 남성보다 하위직급에 채용되었을 뿐만 아니라 성차별적인 승진제도를 도입하여 승진하는 데 남자들에 비해 더 긴 시간이 걸려 결과적으로 빠른 정년퇴직을 하게 된 사건으로 대법원이 채용, 승진뿐만 아니라 조기직급정년의 부당성과 성차별을 인정했다는 점에서 의의가 있다(대판 2006.7.28. 2006두3476).

③ 직장 내 성희롱과 관련된 대법원 판례는 서울대 교수가 조교를 성

희롱한 소송(대판 1998.2.20. 95다39533)에서 우리나라 최초로 성희롱에 대한 손해배상책임을 인정한 판결이 있다. 이 판결을 통해 남녀고용평등법, 국가인권위원회법 등 현행법상 성희롱의 개념, 판단기준, 사용자 책임관련 규정이 마련되었다. 이후 제주도 도지사 성희롱에 관한 소송(대판 2006.12.21. 2005두13414), 초등학교 회식자리 성희롱에 관한 소송(대판 2007.6.14. 2005두6461), 성희롱 행위자에 대한 해고의 정당성에 관한 소송(대판 2008.7.10. 2007두22498) 등 성희롱 행위에 대한 손해배상책임, 사용자책임, 성희롱가해자 징계에 대한 정당성 여부에 대한 많은 판결이 축적되고 있다.

최근 대법원은 성희롱 사건에서 '법원이 성희롱 관련 소송을 심리할 때에는 그 사건이 발생한 맥락에서 성차별문제를 이해하고 양성평등을 실현할 수 있도록 성인지 감수성을 잃지 않아야 한다'고 판시하였는데, 이는 대법원이 판결문에서 처음으로 '성인지 감수성'을 다룬 경우로(대판 2018.4.12. 2017두74702) 앞으로 유사사건에 많은 영향을 미칠 것으로 기대된다.

④ 성폭력과 관련된 대법원 판례로는 형법상 강간죄의 객체와 관련된 판결로 부부강간죄 성립을 인정한 판결(대판(전합) 2013.5.16. 2012도14788, 2012전도252)이 있다. 형법 해석상 부부간 강간죄가 계속 부인되어 오다가(대판 1970.3.10. 70도29) 대법원 전원합의체 판결로 "형법 제297조가 정한 강간죄의 객체인 '부녀'에는 법률상 처가 포함되고, 혼인관계가 파탄된 경우뿐만 아니라 혼인관계가 실질적으로 유지되고 있는 경우에도 남편이 반항을 불가능하게 하거나 현저히 곤란하게 할 정도의 폭행이나 협박을 가하여 아내를 간음한 경우에는 강간죄가 성립한다."고 판결했다. "부부 사이에는 민법상 동거의무가 인정되고, 여기에는 성생활을 함께할 의무가 포함되지만 혼인이 개인의 성적 자기결정권을 포기하는 것은 아니므로 폭행이나 협박에 의해 강요된 성관계를 감내하는 것은 부부간 의무에서 제외된다."고 판시하고 있는데, 이 판결은 실질적인 부부관계가 인정될 때에는 남편이 아내와 강제로 성관계했더라도 강간죄가 성립하지 않는다고 했던 종래의 대법원 판례(70도29)를 변경한 것이다.

이 외에도 성전환자의 강간죄 객체 성립을 인정한 판결(대판 2009.9.10. 2009도3580)을 통해 남성에서 여성으로 전환한 사람을 성적 자기결정권의 주체로 인정하였다.

그리고 강간죄의 폭행·협박의 정도와 관련해서 그간의 최협의의 폭행, 협박설을 완화시킨 판결(대판 2005.7.28. 2005도3071)이 있고, 장애인성폭력의 항거불능상태를 인정한 판결(대판 2007.7.27. 2005도2994), 최근 휴대폰 카메라를 통해 촬영한 행위를 성폭력에 해당한다고 한 판결(대판 2008.9.25. 2008도7007; 대판 2011.6.9. 2010도10677), 성폭력피해자의 2차 피해에 대한 국가배상에 관한 판결(대판 2008.6.12. 2007다64365) 등이 있다.

또한 성희롱사건에 이어 성폭력사건을 심리할 때도 피해자 진술의 증명력 판단 등에 있어 '성인지 감수성'을 고려해야 한다고 판결하여 성평등한 심리와 증거판단의 기준을 제시하였다(대판 2018.10.25. 2018도7709).

⑤ 성매매와 관련한 대법원 판례로는 먼저 성매매업소 화재사건에서 국가책임을 인정한 판결(대판 2004.9.23. 2003다49009; 대판 2008.4.10. 2005다48994)이 있다. 감금된 채 성매매행위를 강요받다가 여종업원들이 화재발생으로 인해 사망한 사건으로 소방공무원이 소방법상 규정 위반에 대한 시정조치 등을 명하지 않은 것에 대한 위법성을 인정하여 유족에 대한 국가배상책임을 인정한 판결이다. 이 외에도 선불금 채권 무효에 관한 판결(대판 2013.6.14. 2011다65174), 유사성교행위의 해석과 관련한 판결(대판 2006.10.26. 2005도8130) 등이 있다.

현행법과 성평등

헌   법

현행 "헌법"은 전문에서 "정치, 경제, 사회, 문화의 모든 영역에 있어서 각인의 기회를 균등히 하고, … 국민생활의 균등한 향상을 기하고"라고 규정하고 있으며, 제11조 제1항은 "모든 국민은 법 앞에 평등하다. 누구든지 **성별**, 종교 또는 사회적 신분에 의하여 정치적, 경제적, 사회적, 문화적 생활의 모든 영역에 있어서 차별을 받지 아니한다."라고 규정하고 있다. 이는 법 앞의 평등과 성차별 금지를 선언한 성평등의 원칙조항으로서 1948년 제헌헌법에서부터 보장해 온 내용이다. 성평등에 관한 헌법상의 이 기본원칙의 효력에 의하여 입법권자와 법률적용기관은 평등원칙 준수의무를 가지게 된다. 따라서 성평등원칙에 위배되는 법률, 법령, 관습법 등은 무효이다.

특히 "헌법" 제11조 제1항이 보장하고 있는 평등권은 모든 생활영역에 균등하게 참여할 수 있는 기회를 보장함으로써 기본권 실현의 방법적 기초가 되는 것으로 사생활과 정신생활영역은 물론 정치, 경제, 사회, 문화생활영역에서 인간의 존엄과 가치를 실현시키기 위한 헌법상의 모든 기본권의 보장에 있어서 여성은 남성과 동등하게 모든 기본권의 주체가 된다.

1. 생활영역별 관련규정

성평등의 원칙은 각 생활영역에 따른 개별적 평등조항에서 구체적으로 명문화되어 있다.

(1) 정치적 · 공적 생활영역

"헌법" 제23조, 제24조는 "모든 국민은 법률이 정하는 바에 따라 선거권과 공무담임권을 가진다."고 함으로써 정치적 · 공적 생활영역에서 평등한 참여기회를 보장하는 헌법적 근거이다. 이 헌법정신은 대통령선거, 국회의원선거, 지방자치선거 등에 관한 "공직선거법", "정당법", "국가공무원법", "지방공무원법", "교육공무원법" 등에 규정되고 있다.

(2) 사회적 생활영역

"헌법" 제34조 제3항은 "국가는 여자의 복지와 권익의 향상을 위하여 노력하여야 한다."라고 규정하고 있다. 이는 현실적으로 사회적 약자인 여성에 대한 국가의 의무를 명문화 한 규정으로서 현대 민주주의 국가가 갖는 사회법치국가원칙에 근거한다. 이와 관련되는 법으로는 "국민연금법", "의료보험법", "국민기초생활보장법", "한부모가족지원법", "영유아보육법", "다문화가족지원법", "성매매방지 및 피해자보호 등에 관한 법률" 등의 사회복지 관련법들이 있으며, 여성의 권익향상을 위한 국가의 의무이행을 촉구할 수 있는 헌법적 근거이기도 하다.

(3) 경제적 생활영역

"헌법" 제32조 제4항은 "여자의 근로는 특별한 보호를 받으며 고용, 임금 및 근로조건에 있어서 부당한 차별을 받지 아니한다."고 규정하고 있다. 이는 여성의 신체적·생리적 특성에 따른 모성보호에 근거한 여성의 근로에 대한 특별보호와 근로관계에서의 성차별 금지를 명문화한 규정으로서 이 규정은 여성의 경제적 생활영역에서의 평등을 보장하는 헌법적 근거이다. 이러한 헌법적 기본정신은 "근로기준법", "노동조합법", "고용보험법", "남녀고용평등과 일·가정 양립 지원에 관한 법률" 등에서 구체적으로 나타나고 있다.

(4) 가족생활영역

"헌법" 제36조 제1항은 "혼인과 가족생활은 개인의 존엄과 양성의 평등을 기초로 성립되고 유지되어야 하며 국가는 이를 보장하여야 한다."라고 규정하고 있다. 이는 혼인과 가족생활 관계에서의 평등을 보장하는 헌법적 근거이다. 개인의 존엄, 혼인의 자유, 양성의 평등 등이 보장되는 민주적 가족제도에 대한 하나의 제도적 보장규정이다.

앞에서 살펴 본 바와 같이 "헌법"은 평등원칙의 기본규정인 제11조와 기타 관련 규정에 의하여 성차별 금지와 성평등을 보장하고 있다. 그러나 여성이 가정 내에서 또 각종 사회분야에서 여성이라는 이유로 받고 있는 성차별은 구조적으로 여전히 존속하고 있다.

"헌법"은 그 시대의 생활감각, 시대사상을 최대한 반영하고 현실적인 생활관계를 최대한 표시함으로써 생활규범의 실효성을 가져야 하나 생활규범으로서의 헌법기능이 약화되고, 동시에 사회형성적인 헌법의 규범성이 본래의 과제를 다 하지 못할 때 헌법규범과 헌법현실과의 괴리가 발생한다.

헌법규범과 일상생활의 일치는 정치적·사회적 과제로써 국가는 헌법의 지를 갖고 생활 속에서 성평등이 실현될 수 있도록 적극적인 지원에 관한 구체적인 정책을 수립할 의무를 갖는다. 이러한 국가와 지방자치단체의 헌

법적 의무를 구체화한 법으로 앞에서 생활영역별로 예시한 법 외에 성평등
정책의 기본법인 "양성평등기본법"이 있고 성주류화정책에 관련된 성별영
향평가법 등이 있다.

2. 사회국가원칙: 평등권보장을 위한 국가의 의무

우리 헌법은 사회국가원리를 명문으로 규정하고 있지는 않으나 '사회적
기본권'을 규정함으로써 사회국가원리를 간접적으로 표명하고 있다.

사회국가원리의 평등원칙은 형식적인 평등의 보장이 아니라 실질적인
평등의 보장을 의미한다. 형식적 평등이란 모든 사람이 법적으로 동일한
권리를 갖는다는 것을 의미하며 실제로 모든 사람이 사용할 수 있는지 없
는지에 대한 고려가 없으며, 실질적인 힘의 관계는 입법자에게 중요하지
않다. 그러나 사회국가원리가 의미하는 실질적 평등이란 사회적 약자가 사
회적 강자보다 실제 자유와 권리를 덜 향유하지 않도록 입법자가 배려할
의무를 갖는다.

이러한 사회국가원리는 국가의 사회적 의무성과 기본권의 사회적 기속
성을 그 내용으로 하게 된다. 즉 모든 국가조직은 필요에 따라 사회법적인
제도의 적응을 위한 배려를 해야 할 의무를 갖는다는 것과 기본권은 모든
사람을 위하여 가능한 한 동일한 양의 실질적 자유를 보장하는 것으로 해
석되어야 한다는 것이다. 그러므로 사회국가원칙에서 여성에 대한 평등권
실현의 적극적인 지원에 대한 국가의무가 나오며, 평등권 실현은 국가의
헌법적 의무이므로 여성의 불평등상황을 국가가 그냥 자유로운 해결에 방
치하고 단순히 평등에 반하는 침해만을 소극적으로 다루는 것은 불충분하
다. 평등권 실현은 이보다 더 나아가서 적극적인 국가의 조정과 간섭을 필
요로 한다.

따라서 우리 헌법상의 평등권 조항은 차별금지 뿐만 아니라 여성의 사
실상의 평등권 실현을 포함한다. 그러므로 법적 평등만으로 사회에서 사실
상의 성평등을 이루지 못하는 경우, 즉 사회에서 여성에 대한 구조적 차별
이 존재하는 경우 결과의 평등조건을 위한 임시적 조치로서의 할당제와 같
은 적극적 조치는 정당화될 수 있다. 다시 말하면 사회적 현실이 헌법상의

평등권 명령을 공허하게 만든다면 국가는 사회현실에서 평등권의 결여를 조정하기 위하여 관여해야 하는 의무를 갖는 것이다.

성평등 기준으로서의 국제규범: 유엔여성차별철폐협약

우리나라는 "유엔여성차별철폐협약"을 1984년 비준하였고 동 협약은 조약 제855호로 공표되어 1985년 1월 26일부터 국내법으로서 효력을 발생하고 있으며, 동 협약의 선택의정서도 국회에서 의결되어 2007년 1월 18일부터 효력을 발생하고 있다.

동 협약은 1995년 북경세계여성회의에서 채택한 북경행동강령과 함께 유엔의 여성정책의 근거가 되고 있으며, 우리나라도 이 협약비준 이후 지금까지 8차례의 국가보고서를 제출하고 심의 받으면서 많은 성평등 관련 입법과 정책의 발전을 가져왔다.

1. 협약의 성립배경

"유엔여성차별철폐협약(Convention on the Elimination of All Forms of Discrimination against Women)"은 유엔 설립 이후 유엔헌장을 비롯한 각 부문의 유엔의 인권보호정신이 담긴 많은 일반조약과 여성의 권리에 관한 조약 그리고 1967년의 여성차별철폐선언에 근거하여 1975년의 세계여성의 해와 1975년부터 1985년까지의 '유엔여성 10년'의 선포와 함께 유엔여성 10년의 주요 과제 중의 하나로서 탄생했다.

동 협약 채택의 이유와 목적을 표현하고 있는 전문을 보면 유엔헌장, 세계인권선언, 인권관련협약, 기타 수많은 유엔결의문이 성에 근거한 비차별의 개념 위에 발전되었음을 상기시키면서 그럼에도 불구하고 여성에 대한 차별이 여전히 지속되고 있음을 주목하고 있다. 즉 동 협약은 1967년의 여성차별철폐선언 후 12년 만에 채택되었는데, 선언은 법 상의 평등을 강조하는 추상적 신조를 담았던 것에 비하여 동 협약은 정치, 경제, 사회, 문화, 교육 등 모든 분야에 있어서 여성의 인권과 기본적 자유를 저해하거나 무효화하는 성에 근거한 모든 구별, 배제 또는 억제를 철폐함으로써 여성에게 남성과 동등한 권리를 부여하도록 촉진하기 위한 목적으로 사실상의 평등을 촉구하는 구체적 개념을 담고 있다. 동 협약은 '여성의 권리는 인권'이라는 국제적인 합의의 성과이기도 하다.

동 협약은 평등이념을 바탕으로 한 비차별성 협약으로서 여성에 대한 '대헌장'(Magna Carta)이라고 할 수 있다. 동 협약은 1979년 유엔 제34차 총회에서 채택되었으며 협약 제27조에 의하여 20개국이 비준한 1981년부터 효력을 발생하였다.

또한 1999년 10월 제54차 유엔정기총회에서 권리를 침해받은 개인에 대한 구제절차를 규정한 "유엔여성차별철폐협약 선택의정서(Optional Pro-tocol)"가 채택되었으며, 10개국이 비준한 2000년부터 효력이 발생하고 있다. 이로써 동 협약은 주요 인권협약 중의 하나로서의 역할을 다하고 있다.

2. 협약의 비준상황

2019년 현재 189개국이 동 협약에 비준하고 있는데 이는 최단기간에 가장 많은 국가들이 비준한 국제문서로서 여성의 평등권 실현에 대한 세계적 의지의 표현이라 할 수 있다.

한국은 1984년 12월 27일 비준서를 기탁하고 1985년 1월 7일 동 협약이 조약 제855호로 공표되어 1985년 1월 26일부터 국내법과 같은 효력을 발생하고 있다. 그 당시에는 제9조, 제16조 제1항의 (c), (d), (f), (g)호를 유보하고 있었으나 가족법의 개정으로 1991년 3월에 제16조 제1항의 (c), (d), (f)호에 대한 유보가 철회되었다. 그리고 1997년 국적법의 개정으로 1998년 6월에 제9조에 대한 유보가 철회되었다. 현재는 제16조 제1항 (g)호만이 유보되고 있다.

"유엔여성차별철폐협약"을 국회가 비준하고 조약으로 공포하였다고 하는 것은 "헌법" 제11조 평등권조항의 주관적 기본권의 지위와 객관적 권리를 실질적 헌법상황과 일치시키는 조정적 입법을 결정한 것이며, 기본권 주체인 모든 국가기관이 동 협약 제4조와 헌법상의 평등권명령의 범위 안에서 여성차별철폐를 위하여 필요한 적극적 조치를 실시하는 것이 동 협약상의 의무를 이행하는 것이 된다.

3. 협약당사국의 의무

한 국가가 동 협약에 비준함으로써 당사국이 되었다는 것은 협약의 목적에 동감하며 평등사회구현을 위하여 사실상의 평등실현을 위한 모든 노력을 정부가 하겠다는 정치적 의지를 나타내는 것이다. 따라서 각 국 정부가 이러한 정치적 의지를 갖고 비준하기까지에도 많은 어려움을 겪는다.

협약당사국이 되면 각국 정부는 조약에 맞도록 국내법을 정비하는 조치를 취하면서 여성을 위한 평등의 촉진을 목표로 해야 하므로 협약은 여성의 지위향상을 위한 수단이 되며, 이러한 정부의 노력은 사회의 변화를 가져올 수 있는 유도력을 형성하게 된다. 즉 협약을 비준한 국가는 협약이 규정한 모든 영역에서 남성에게 주어지는 동등한 대우를 여성에게 제공해야 하는 의무를 갖는다. 또한 제2조에 근거하여 여성에 대한 차별을 철폐하는 정책을 적절한 수단에 의해 제재없이 촉구할 것을 동의한 것이다. 따라서 각 당사국은 차별적 법의 폐지, 사실상의 평등실현의 장애 제거, 적극적 조치에 의한 평등의 증진, 남녀의 우열에 근거한 태도, 관습, 편견, 관행 등의 철폐 등을 위한 조치를 수행해야 한다. 동 협약의 완전한 이행을 위하여 어떤 나라에서는 헌법의 개정 또는 새로운 법의 제정 등이 필요하고 또 어떤 나라에서는 특별한 행정개혁이 필요할 수도 있다. 협약 당사국이 된 각 국은 그들 국가의 발전의 차원과 문화, 사회구조에 맞는 방법으로 그들에게 가장 적절한 조치를 취할 수 있다.

이러한 국제법적 기속력에 의하여 국가 내에서의 여성지위향상을 위한 당사국의 정치적 의지를 더욱 강화하게 된다고 할 수 있다. 또한 동 협약을 비준한 당사국은 동 협약 제18조에 근거하여 협약을 이행하기 위하여 취한 법적, 행정적 및 기타 조치들에 대한 국가보고서를 유엔여성차별철폐위원회에 제출할 의무를 갖는다.

4. 협약의 주요 내용

여성에 대한 차별은 인간존엄에 위배되고 사회와 가족의 번영을 저해하는 것이며, 모성은 사회적으로 중요하고 자녀양육은 남녀 그리고 사회 전체가 함께 책임질 필요가 있다는 기본인식하에 정치, 경제, 사회, 문화 등 모든 분야에서 여성에 대한 차별제거를 위해 체약국으로 하여금 모든 적절한 조치를 취하도록 요청하고 있는 동 협약은 전문과 제5부 30개 조항으로 이루어졌으며, 제1조에서 제16조까지는 실체적 규정이고, 제17조부터 제30조까지는 협약의 이행과 관련한 절차적 규정이다.

제1조에서 '여성에 대한 차별'을 정의하고 있고, 제2조에서 제6조까지는 국가의 의무를 제7조에서 제16조까지는 여성의 시민적·정치적·사회적·문화적 권리 및 국적문제 그리고 법률행위능력에 관한 규정과 이들 권리의 평등한 실현을 위한 평등의 사실상의 장애제거, 평등촉진을 위한 적극적 조치 및 편견, 관습, 태도와 행위의 제거 등에 관한 국가의 법적 의무를 규정하고 있다.

5. 유엔여성차별철폐협약 선택의정서

개인이나 집단이 "유엔여성차별철폐협약"에 보장된 권리를 침해당한 경우 유엔여성차별철폐위원회에 진정서를 제출하여 권리구제를 받을 수 있도록 한 선택의정서에 우리나라는 2006년 10월 82번째로 가입하였고, 이에 따라 본 선택의정서는 2007년 1월 18일부터 조약 제1828호로 발효되었다.

선택의정서 비준을 통해 국내법상 성차별에 관한 권리구제에 더 충실해질 것을 요하고, 협약에 규정된 권리의 침해에 대하여 국내법의 구제절차를 다 거쳐도 구제되지 못하는 경우 유엔여성차별철폐위원회에 진정이 가능하다.

본 협약에 규정된 성평등에 대한 권리의 침해를 입은 경우, 국내법 절차에서 권리구제를 받지 못하는 때에는 피해자 개인이나 집단 또는 이들을 대신하여 다른 사람이 유엔여성차별철폐위원회에 진정서를 제출할 수 있다(개인통보절차, individual communication procedure). 또한 협약에 보장된 권리에 대해 "중대하거나 또는 조직적인 침해"(grave or systematic violation)가 있을 때 위원회는 조사를 실시할 수 있다(조사절차, inquiry procedure).

그러므로 우리나라 사법부는 성차별 사안들에 대하여 본 협약의 내용을 반드시 검토하고 치밀하게 해석하여야 할 것이며, 선택의정서의 활용에 대하여는 NGO의 관심도 필요하다.

양성평등기본법

1. 제정 목적과 의의

"양성평등기본법"은 1995년 제정된 "여성발전기본법"을 2014년 전면개정한 법으로 "헌법의 양성평등이념을 실현하기 위한 국가와 지방자치단체의 책무 등에 관한 기본적인 사항을 규정함으로서 정치·경제·사회·문화의 모든 영역에서 양성평등을 실현하는 것"을 목적으로 한다.

동 법은 헌법상의 평등권 명령실현을 위한 국가의 의무를 구체화한 행정법으로서 여성정책에 관한 기본법이다. 기본법은 일반적으로 기본시책이나 계획, 프로그램, 대강, 기술조직 등을 규정하는 법률의 명칭으로 사용되고 있다(예: 환경정책기본법, 사회보장기본법, 농업기본법, 중소기업기본법 등). 이러한 기본법은 효력에 있어서 다른 법률의 상위에 위치한다고 볼 수는 없고 특별법 우선의 원칙, 신법 우선의 원칙이라는 일반원칙에 의한다. 따라서 "양성평등기본법"은 양성평등실현을 위한 개별법에 대해 형식적으로 우월한 효력을 갖지는 않지만 개별법의 해석상의 지침 또는 입법정책적 방향 제시의 기능을 갖는다고 할 수 있다. 더 나아가 기본법으로서의 내용에 비추어 입법권자의 의사를 중시하여 법률해석의 차원에서 그 효력의 우월성을 인정할 수도 있다.

2. 동 법의 주요 내용

6장 53개 조항과 부칙으로 구성된 이 법의 주요한 내용을 보면 양성평등에 대한 정의(제3조), 양성평등기본계획 수립 등(제7조~제10조), 양성평등추진체계(제11조~제13조), 성주류화 조치(제14조~제19조), 적극적 조치 등 양성평등정책 참여를 위한 시책(제20조~제24조), 모·부성의 권리보장(제25조), 일·가정양립지원(제26조), 여성인적자원개발 및 육성(제27조~제28조), 인권보호 및 복지증진 등에 대한 규정(제29조~제34조), 양성평등문화확산

등(제35조~제41조), 양성평등기금(제42조~제44조), 한국양성평등교육진흥원(제46조), 한국여성인권진흥원(제46조의2), 여성인력개발센터(제47조~제49조), 여성사박물관(제50조) 등을 규정하고 있다.

3. 성평등정책상의 의의

"여성발전기본법"이 "양성평등기본법"으로 개정된 의의는 여성정책을 둘러싼 환경변화에 대응하기 위해 정책 패러다임을 여성발전에서 양성평등으로 전환하였다는 점이다. 또한 양성평등정책 추진체계를 강화하여 국무총리 산하에 양성평등정책위원회를 두고 그 밑에 양성평등실무위원회, 분과위원회를 두며 중앙행정기관과 시·도지사에 양성평등정책책임관과 전담전문인력을 두도록 하였다. 그리고 성별영향평가, 성인지 예산, 성인지 통계, 성인지 교육, 국가성평등지수 등에 대한 근거규정을 마련하여 성주류화를 체계화하였다.

양성평등기본법상의 성주류화는 국가재정법에 의한 성인지 예산과 "성별영향평가법"에 의한 국가 모든 정책의 성별영향평가 그리고 "통계법"에 의한 성별통계와 함께 성평등 실현을 위한 국가정책의 주요 시스템이 구축되었다고 할 수 있다.

여성발전에서 성평등으로의 여성정책의 패러다임의 변화와 여성정책환경의 변화를 담고자 한 "양성평등기본법"은 특히 성주류화 관련규정의 체계화와 중앙과 지방의 추진체계의 강화로 성평등정책의 기반을 강화하였다고 할 수 있다.

성주류화 관련법

성주류화(Gender Mainstreaming)는 성평등목표를 이루기 위한 전략으로 1995년 북경세계여성대회에서 성평등촉진과 여성인권보장을 위하여 제안되었고 우리나라도 성주류화 관련제도와 입법이 발전되어 왔다. 성주류화는 여성이 사회 모든 분야에 충분히 참여하고, 각종 정책 및 프로그램에 성평등관점이 통합되어 사회발전의 목표와 원리, 운영방식과 절차가 성평등하게 변화되는 것을 목표로한다. 이를 위하여는 성별영향평가제도, 성인지예산제도, 성별통계제도, 성인지교육등의 제도가 마련되어야 하고 여성의 의사결정참여를 확대하고 국가 모든 정책에 성평등관점이 통합되는 장치가 필요하다.

양성평등기본법은 제14조에서 국가와 지방자치단체는 법령의 제정, 개정 및 적용, 해석, 정책의 기획, 예산 편성 및 집행, 그밖에 법령에 따라 직무를 수행하는 과정에서 성평등관점을 통합하는 성주류화조치를 취하여야 한다고 규정하고 있으며, 제15조 이하에서 성주류화의 4가지 주요도구인 성별영향평가, 성인지 예산, 성인지 통계, 성인지 교육 등을 규정함으로써 성주류화의 실행시스템을 구축하였다. 개별 관련법은 다음과 같다.

1. 성별영향평가법

"성별영향평가"란 중앙행정기관의 장 및 지방자치단체의 장이 정책을 수립하거나 시행하는 과정에서 그 정책이 성평등에 미칠 영향을 분석평가하여 정책이 성평등의 실현에 기여할 수 있도록 하는 것으로 성주류화를 위한 중요한 제도이다.

이 법에 따라 중앙행정기관의 장 및 지방자치단체의 장은 제정·개정을 추진하는 법령(법률·대통령령·총리령·부령 및 조례·규칙을 말함)과 성평등에 중대한 영향을 미칠 수 있는 계획 및 사업 등에 대하여 분석평가를 실시해야 한다. 다만 ① 여성의 지위향상 또는 성평등의 실현을 직접적인 목적으로 하는 경우, ② 정책이 사람에게 미치는 효과가 간접적인 것에 불과하거나 정책 효과가 매우 광범위한 경우 등 정책 효과를 성별에 따라 구별하기가 사실상 불가능한 경우, ③ 국가·지방자치단체의 조직, 업무 처리 절차 등 행정 내부의 운영·관리에 관한 경우, ④ 그 밖에 정책이 성평등에 미치는 영향이 없음이 명백하거나 분석평가의 수행이 불가능한 특별한 사유가 있다고 인정되는 경우에 한하여 성별영향평가에서 제외될 수 있다. 그리고 국가와 지방자치단체는 분석평가의 결과를 "국가재정법" 및 "지방재정법"에 따른 성인지 예산서 및 성인지 기금운용 계획서의 작성에 반영하여야 한다.

여성가족부장관은 ① 시행 중인 법령, ② 동법 5조에 따른 대상 정책 중 여성의 지위 향상과 밀접한 관련이 있는 중앙행정기관 및 지방자치단체 소관 정책, ③ 공공기관이 수행하는 사업 중 여성의 지위 향상과 밀접한 관련이 있는 사업에 특정하여 성별영향평가를 실시할 수 있으며, 특정성별 영향평가를 한 결과 성평등 실현을 위하여 필요하다고 인정하는 경우 관계 중앙행정기관의 장 및 지방자치단체의 장에게 정책개선을 권고할 수 있다.

또한 여성가족부장관은 중앙행정기관 및 지방자치단체의 성별영향평가 추진 실적 및 정책개선 실적을 점검하고 종합 분석한 결과보고서를 작성하여 연 1회 이상 국무회의에 보고하고 국회에 제출하여야 한다.

2. 국가재정법

"국가재정법" 제16조 예산의 원칙규정에서 정부는 예산의 편성 및 집행에 있어서 예산이 여성과 남성에게 미치는 효과를 평가하고, 그 결과를 정부의 예산편성에 반영하기 위하여 노력하여야 함을 규정하고 있다.

정부는 예산이 여성과 남성에게 미칠 영향을 미리 분석한 보고서("성인지(性認知)예산서")를 작성하여야 하며, 성인지 예산서에는 성평등 기대효과, 성과목표, 성별 수혜분석 등을 포함하여야 한다.

또한 여성과 남성이 동등하게 예산의 수혜를 받고 예산이 성차별을 개선하는 방향으로 집행되었는지를 평가하는 보고서("성인지 결산서")를 작성하여야 하는데, 성인지 결산서에는 집행실적, 성평등 효과분석 및 평가 등을 포함하여야 한다.

뿐만 아니라 기금에 대하여도 여성과 남성에게 미칠 영향을 미리 분석한 보고서("성인지 기금운용계획서")를 작성하여야 하고, 여성과 남성이 동등하게 기금의 수혜를 받고 기금이 성차별을 개선하는 방향으로 집행되었는지를 평가하는 보고서("성인지 기금결산서")를 작성하여야 한다.

3. 지방재정법

지방자치단체의 장은 예산이 여성과 남성에게 미칠 영향을 미리 분석한 보고서("성인지 예산서"(性認知 豫算書))를 작성하여야 하고, 여성과 남성이 동등하게 예산의 수혜를 받고 예산이 성차별을 개선하는 방향으로 집행되었는지를 평가하는 보고서("성인지 결산서")를 작성하여야 한다.

4. 통 계 법

2007년 처음으로 성별통계를 규정하게 되었고 2010년 통계중 자연인이 포함된 경우 성별로 구분하여 성별통계를 작성하고 그 보급에 관한 사무를 통계책임관의 사무로 명시하여 성별분리통계의 생산과 보급이 강화되었다.

5. 의사결정과정에 여성의 참여를 확대하기 위한 입법

정치 및 공직에의 여성참여확대를 위한 할당제 등의 적극적 조치를 포함한 다양한 입법과 함께 여성의 참여가 현저히 부진한 의사결정과정에 여성의 참여를 확대하는 것도 성주류화의 중요한 도구이다. 이를 위한 구체적인 법규정들이 마련된 경우로 "국가인권위원회법"(특정성별이 10분의 6을 초과하지 않도록 규정), "노동위원회법"(공익위원을 위촉할 때 여성이 늘어날 수 있도록 노력하여야 함), "농업협동조합법", "수산업협동조합법", "산림조합법"(여성조합원이 30% 이상인 개별조합의 경우 이사중 1명 이상을 여성조합원 중에서 선출하도록 함) 등의 규정을 참조할 수 있다.

영역별 주요 관련법

앞에서 보았듯이 1980년대 후반부터 여성노동문제 해결을 위한 남녀고용평등법 제정, 가부장적 가족제도를 유지하는 호주제의 폐지 등 가족법의 개정, 여성비하와 차별에 근거한 성폭력에 대한 예방과 처벌에 대한 법의 제정, 가정 내에서의 폭력에 대한 예방과 처벌에 대한 법 등 종전에는 법의 관심 밖에 있던 문제들에 법적 관심이 확대되는 경향을 보이는 개별 여성문제에 대응하는 법들이 제·개정되어 왔다. 이들 법은 영역별의 여성문제해결을 위한 법여성학적 연구의 주요 대상이 된다.

1. 고 용: 남녀고용평등과 일·가정 양립 지원에 관한 법률

"헌법"의 평등이념에 따라 고용에 있어서 남녀의 평등한 기회 및 대우를 보장하고 모성을 보호하며 직업능력을 개발하여 근로여성의 지위향상과 복지증진에 기여하기 위하여 1987년 12월 "남녀고용평등법"이 제정되었다. 지난 2007년 법명을 "남녀고용평등과 일·가정 양립 지원에 관한 법률"(이하 '남녀고용평등법'이라 한다)로 변경하여 고용에서 남녀의 평등한 기회와 대우 보장뿐만 아니라 모성보호 및 근로자의 일·가정양립을 지원함으로써 모든 국민의 삶의 질 향상에 이바지하기 위하여 개정되었다.

동 법은 6장과 39개 조항 및 부칙으로 구성되어 있는데, 직·간접차별과 직장 내 성희롱, 적극적 고용개선조치 등에 대한 정의(제2조), 적용범위 확대(제3조), 관계자의 책무(제4조~제5조), 남녀고용평등기본계획 수립(제6조~제6조의2), 남녀고용평등실태조사 실시(제6조의3), 모집과 채용에서의 평등(제7조), 동일가치노동 동일임금 원칙(제8조), 교육, 배치 및 승진 그리고 정년, 퇴직 및 해고 등에서의 차별금지(제10조~제11조), 직장 내 성희롱의 금지 및 예방(제12조~제14조의2), 여성의 직업능력 개발 및 고용촉진(제15조~제17조의2), 적극적 고용개선조치(제17조의3~제17조의9), 출산전후휴가에 대한 지원(제18조), 배우자 출산휴가(제18조의2), 육아휴직(제19조), 육아기 근로시간 단축(제19조의2~제19조의4), 일·가정의 양립을 위한 지원(제20조), 직장어린이집 설치 및 지원(제21조~제21조의2), 근로자의 가족돌봄 등을 위한 지원(제22조의2), 가족돌봄 등을 위한 근로시간 단축(제22조의3~4), 분쟁의 예방과 해결(제23조~제30조) 등을 규정하고 있다.

특히 직장 내 성희롱은 여성에 대한 차별과 폭력으로서 "남녀고용평등법" 외에 "양성평등기본법", "국가인권위원회법", "여성폭력방지기본법"에서 다루고 있다.

고용평등, 여성의 경제활동참여증진, 모성보호와 일·가정 양립지원 등에 관한 관련법으로는 "근로기준법", "노동조합법", "직업훈련기본법", "고용정책기본법", "직업안정법", "근로자직업훈련촉진법", "파견근로자보호 등에 관한 법률", "경력단절여성 등의 경제활동촉진법", "영유아보육법", "아이돌봄지원법” 등이 있다.

2. 가 족: 가족법

가족법은 “민법” 중의 제4편 친족과 제5편 상속을 다루는 “민법”의 일부이다. 우리나라 “민법”은 1958년 제정되어 수 차례의 개정이 있었는데, 그중 가족법과 관련하여서는 최근까지 지속적으로 개정되면서 제정 시부터 제기되었던 가족관계에서 부와 모, 아들과 딸, 남편과 부인 사이의 많은 불평등규정이 계속 수정되어 왔다.

특히 1989년 개정에서 부·모 양계 평등한 친족의 범위규정·상속분에 대한 규정, 여성의 가사노동가치를 인정하는 계기가 된 이혼시의 재산분할청구권 규정, 그리고 이혼시의 자녀양육권 등 많은 불평등한 규정들이 개정되었다. 또한 2005년의 개정은 호주제도가 위헌이라는 헌법재판소의 결정에 따라 호주제도와 관련된 조항 등을 삭제하였으며, 자녀의 성과 본은 부계의 성을 원칙으로 하되 협의에 의해 모의 성과 본을 따를 수 있도록 규정하고, 동성동본금혼제도와 여성에 대한 재혼금지기간도 폐지하였으며 처의 친생부인의 소제기를 인정하였고, 친양자제도를 신설함으로써 가정 내에서의 성평등실현에 커다란 기여를 한 의미 있는 개정이다. 그리고 2007년에는 남녀의 약혼연령 및 혼인적령을 일치시키는 한편, 이혼숙려기간 제도를 도입하고, 이혼 가정 자녀의 양육 환경을 개선하기 위하여 협의이혼시 자녀 양육사항 합의를 의무화 하는 등 현행 규정의 운영상 나타난 일부 미비점을 개선·보완하였다.

호주제의 폐지에 따라 호적법이 “가족관계의 등록에 관한 법률”로 바뀌었고, 다양한 가족관계의 변화에 따라 “건강가정기본법”, “한부모가족지원법”, “다문화가족지원법”, “양육비이행확보 및 지원에 관한 법률” 등이 제정되었다.

3. 젠더폭력 관련법

젠더에 기반한 성폭력, 가정폭력, 성매매 등에 관한 여성폭력은 기존의 형법체계로는 제대로 대처하기 어려우므로 이에 대한 특별법들이 제정되었다.

이 법들은 제정이후 이후 끊임없이 개정되어 오면서 처벌의 강화와 피해자보호를 보강해오고 있으며, 예방을 위한 조치도 강화되고 있다. 특히 피해자에 대한 수사 및 재판절차에서의 인권보호, 친고죄 폐지, 지원시설의 확대, 예방교육의 강화 등을 위한 개정이 이루어져 왔다.

마침내 2018년 여성폭력방지와 피해자보호, 지원에 관한 국가 및 지방자치단체의 책임과 여성폭력방지정책의 종합적, 체계적 추진을 위한 기본적 사항을 규정하는 "여성폭력방지기본법"이 제정되었다(2019년 12월 25일 시행).

(1) 성폭력: 성폭력범죄의 처벌 등에 관한 특례법, 성폭력방지 및 피해자보호 등에 관한 법률

성폭력범죄를 예방하고 그 피해자를 보호하며, 성폭력범죄의 처벌 및 절차에 관한 특례를 규정함으로써 국민의 인권신장과 건강한 사회질서확립을 목적으로 1994년 1월 제정된 동 법은 그 후 몇 번의 개정을 통해 법의 실효성을 증진시켜 왔다. 그러다가 지난 2010년 3월 기존법을 피해자보호법(여성가족부 소관)과 처벌특례법(법무부 소관)으로 분리입법하여 "성폭력범죄 처벌 등에 관한 특례법"과 "성폭력방지 및 피해자보호 등에 관한 법률"이 제정되었다.

우선 성폭력처벌법은 4장과 52개 조항 및 부칙으로 구성되어 있으며 규정 내용은 다음과 같다.

제1장 총칙에서는 동 법의 목적(제1조), 성폭력범죄에 대한 정의(제2조)를 규정하고 있다. 제2장에서는 성폭력범죄의 처벌 및 절차에 관한 특례(제3조~제41조)를 규정하고 있는데 친족관계에 의한 강간(제5조), 장애인에 대한 강간·강제추행(제6조), 13세 미만자에 대한 강간과 강제추행에 대해 가중처벌(제7조), 업무상위력 등에 대한 추행(제10조), 공중밀집장소에서의 추행(제11조), 통신매체를 이용한 음란행위(제13조), 카메라 등을 이용한 촬영(제14조), 고소제한에 대한 예외(제18조) 등에 관한 규정을 두고, 성폭력범죄피해자의 인권보호를 위해 피해자의 신원과 사생활비밀누설금지(제24조),

피의자의 얼굴 등 공개(제25조), 성폭력범죄의 피해자에 대한 전담조사제(제26조), 성폭력범죄에 대한 전담재판부(제28조), 영상물의 촬영 보존 등(제30조), 심리의 비공개(제31조), 전문가의 의견조회(제33조), 신뢰관계 있는 사람의 동석(제34조), 비디오 등 중계장치에 의한 증인심문(제40조) 등을 규정하고 있다. 제3장에서는 신상정보 등록 및 등록정보의 공개 등(제42조∼제49조의2)에 관해 규정하고 있으며 제4장에서는 벌칙(제50조∼제52조)에 관해 규정하고 있다.

　그리고 성폭력을 예방하고 성폭력피해자를 보호·지원하기 위한 성폭력피해자보호법은 4장, 38개 조항으로 구성되었다. 동 법 제1장 총칙에서는 성폭력피해자 지원을 위한 국가 등의 책무(제3조), 성폭력 실태조사(제4조), 성폭력 예방교육(제5조), 성폭력 추방 주간(제6조), 피해자등의 취학·취업 지원(제7조), 피해자에 대한 법률상담 등(제7조의2), 불법촬영물로 인한 피해자에 대한 지원 등(제7조의3), 피해자에 대한 불이익처분의 금지(제8조), 신고의무(제9조) 등의 규정을 통해 성폭력피해자 보호규정을 강화하였고, 제2장에서는 피해자 보호·지원 시설 등의 설치·운영(제10조∼제30조) 등에 관한 규정을 두어 성폭력피해상담소, 성폭력피해자보호시설 및 통합지원센터, 전담의료기관 및 의료비 지원 등에 관한 세부적인 사항을 규정하였다.

(2) 가정폭력: 가정폭력범죄의 처벌 등에 관한 특례법, 가정폭력방지 및 피해자보호 등에 관한 법률

　가정폭력의 문제가 매우 심각함에도 불구하고 가정 내의 문제로 치부되어 사회적으로 방치되어 왔으나 가정폭력은 개인 당사자들이 알아서 해결해야 하는 가정만의 문제가 아니라 사회와 국가가 적극적으로 개입하여 해결해야 할 사회적 과제로 인식되어 1998년 "가정폭력범죄의 처벌 등에 관한 특례법"과 "가정폭력방지 및 피해자보호 등에 관한 법률"이 제정되었다.

　가정폭력처벌법은 가정폭력범죄의 형사처벌절차에 관한 특례를 정하고 가정폭력범죄를 범한 자에 대하여 환경의 조정과 성행의 교정을 위한 보호처분을 행함으로써 가정폭력범죄로 파괴된 가정의 평화와 안정을 회복하고 건강한 가정을 가꾸며 피해자와 가족구성원의 인권을 보호함을 목적으로 하며 5장과 66개 조항과 부칙으로 구성되어 있다.

제1장 총칙에서는 목적(제1조), 가정폭력, 가정구성원, 가정폭력범죄, 가정폭력행위자, 피해자, 가정보호사건, 보호처분, 피해자보호명령사건, 아동에 대한 정의(제2조)를 규정하고 있다. 제2장은 가정보호사건을 규정하고 있는데 주요 내용은 신고의무(제4조), 응급조치(제5조), 고소에 관한 특례(제6조), 임시조치 청구(제8조), 긴급임시조치(제8조의2), 가정보호사건의 처리(제9조), 상담조건부 기소유예제도(제9조의2), 검사, 법원의 송치 및 이송(제11조~제15조), 보호처분의 효력(제16조), 공소시효의 정지 및 효력(제17조), 비밀엄수의무(제18조), 가정보호사건의 조사, 심리(제19조~제39조), 임시조치(제29조), 심리의 비공개(제32조), 피해자의 진술권 등(제33조), 불처분의 결정(제37조), 보호처분에 관한 규정(제40조~제48조), 항고와 재항고에 관한 규정(제49조~제54조) 등이 규정되어 있다. 제3장에서는 피해자보호명령(제55조~제55조의9), 제4장에서는 가정폭력으로 입은 손해에 대한 민사처리특례(제56조~제62조), 그리고 제5장에서는 벌칙과 과태료(제63조~제66조) 등을 규정하고 있다.

"가정폭력방지 및 피해자보호 등에 관한 법률"은 가정폭력을 예방하고 가정폭력피해자를 보호·지원함을 목적으로 22개조로 구성되어 있다. 국가 등의 책무(제4조), 가정폭력 실태조사(제4조의2), 가정폭력 예방교육의 실시(제4조의3), 아동의 취학 지원(제4조의4), 피해자에 대한 불이익처분의 금지(제4조의5) 등을 규정하고 있고, 긴급전화센터(제4조의6), 가정폭력상담소(제5조~제6조), 피해자보호시설(제7조~제8조), 피해자 임대주택우선 입주권부여(제8조의5), 사법경찰관의 현장출동(제9조의4), 상담소, 보호시설에 대한 폐지, 감독, 인가취소 등(제10조~제12조), 비밀엄수의무(제16조), 치료보호(제18조) 등을 규정하고 있다.

(3) 성매매: 성매매알선 등 행위의 처벌에 관한 법률, 성매매방지 및 피해자 보호 등에 관한 법률

성매매에 관해서는 "성매매알선 등 행위의 처벌에 관한 법률"과 "성매매방지 및 피해자 보호 등에 관한 법률"에서 규정하고 있다.

성매매알선 등 행위의 처벌에 관한 법률은 4장과 28개 조항과 부칙으로 구성되었으며 성매매·성매매알선 등 행위 및 성매매피해자의 인권보호를 목적으로 하며 그 내용은 다음과 같다.

우선 성매매를 불특정인을 상대로 금품 그 밖의 재산상의 이익을 수수하거나 이를 약속하고 성교행위, 유사성교행위를 하거나 그 상대방이 되는 것으로 정의하면서, 성매매 알선행위와 성매매 목적의 인신매매, 그리고 성매매피해자 개념을 도입하였다(제2조). 그리고 국가 등의 책무(제3조), 성매매알선 등 행위 등 금지행위(제4조), 성매매피해자의 형사처벌 특례(제6조), 신뢰관계 있는 자의 동석(제8조), 심리의 비공개(제9조), 불법원인으로 인한 채권무효(제10조), 외국인 여성에 대한 특례(제11조), 성매매자에 대한 보호사건의 처리(제12조~제17조), 벌칙(제18조~제28조) 등을 규정하고 있다.

"성매매방지 및 피해자보호 등에 관한 법률"은 38개 조항과 부칙으로 구성되었으며 성매매를 방지하고 성매매피해자 및 성을 파는 행위를 한 자의 보호와 자립의 지원을 목적으로 하며 그 내용은 다음과 같다.

이 법의 목적(제1조), 용어 등에 대한 정의(제2조), 피해자보호에 대한 국가책임규정(제3조), 성매매 실태조사(제4조), 성매매 예방교육(제5조), 성매매 추방주간(제7조), 성매매피해자 등 및 가족의 취학지원(제8조), 지원시설의 업무, 운영(제9조~제14조), 자활지원센터 설치 및 운영(제15조~제16조), 상담소의 설치 및 업무(제17조~제18조), 성매매중앙지원센터의 설치(제19조), 보수교육실시(제20조), 전담의료기관지정(제24조), 상담소의 평가 및 폐쇄 등(제26조~제32조), 벌칙 및 과태료(제36조~제38조) 등이다.

(4) 여성폭력방지기본법

여성폭력방지와 피해자보호, 지원을 위해 제정된 "여성폭력방지기본법"은 5장과 22개 조항으로 구성되어 있다. 동 법은 여성폭력을 "성별에 기반한 여성에 대한 폭력으로 신체적, 정신적 안녕과 안전할 수 있는 권리 등을 침해하는 행위로서 관계법률에서 정하는바에 따른 가정폭력, 성폭력, 성매매, 성희롱, 지속적 괴롭힘행위와 그 밖에 친밀한 관계에 의한 폭력, 정보통신망을 이용한 폭력 등"으로 규정하고 있다(제3조). 따라서 가정폭력,

성폭력, 성매매뿐만 아니라 성희롱, 지속적 괴롭힘행위, 친밀한 관계에 의한 폭력, 정보통신망을 이용한 폭력등에 대하여도 이 법이 적용된다. 이 법은 국가와 지방자치단체의 책임을 명백히 하고 여성폭력방지정책의 종합적, 체계적 추진을 위한 기본적인 사항을 규정하고 있는데, 특히 피해자의 2차피해를 정의하고 국가와 지방자치단체의 2차피해방지대책의무를 규정하고 있다(제18조).

주요 내용을 보면 여성폭력방지정책의 추진기반으로 5년마다 수립해야 하는 여성폭력방지정책기본계획과 연도별시행계획(제7~8조),여성가족부에 두는 여성폭력방지위원회와 시, 도지사 소속의 지방여성폭력방지위원회(제10~11조), 실태조사(제12조), 통계구축(제13조) 등을 규정하고 있으며, 피해자보호와 지원(제14~18조), 예방교육(제19조) 등을 규정하고 있다.

성평등의 관점에서 본 현행법제도의 문제

여성에 대한 차별은 헌법상의 평등권명령과 인간존엄의 원칙에 위반하는 것으로서, 정치적·경제적·사회적·문화적·시민적 및 기타 분야에 있어서 남녀평등의 기초 위에서 인권과 기본적 자유를 인식, 향유 또는 행사하는 것을 저해하거나 무효화하는 효과 또는 목적을 가지는 성에 근거한 모든 구별, 배제 또는 제한을 의미한다. 그러나 많은 경우 여성과 남성은 다르다고 하는 의미는 성차만을 의미하지 않고 위계질서관계를 의미함으로써 불평등을 야기해 왔다. 따라서 여성의 인권과 법적 평등의 실현을 위해서는 여성의 재생산권리의 보장, 성역할을 고정하는 전통과 문화의 수정 및 성에 근거한 차별을 종식시키기 위한 법적 노력이 함께 이루어져야 한다. 이러한 의미에서 볼 때 여성권리에 대한 법규정은 재생산권리의 보장에 관한 여성에 대한 특별한 권리보장 규정과 평등실현을 위한 특별한 지원규정의 두 가지 영역이 있게 된다.

그러나 현재의 가부장적 법체계에서는 여성에 관한 보호와 지원에 관한 규정이 차별적 구조와 관계를 인정하는 사회적 가치를 더 허용하게 할 수도 있고, 정치적·사회적 권력에의 접근을 통제하는 도구가 되는 역기능을 할 수도 있으므로, 법조항의 문자의 수정만이 아니라 법이 담고 있는 정신을 변화시키는 노력이 함께 필요하다.

또한 국제협약은 보호, 교정, 평등으로의 단계적 발전을 이루어 왔는데, 우리는 짧은 기간 동안 한꺼번에 모든 문제가 분출하여 보호, 평등, 지원의 여러 기준이 공존하고 있다. 보호적인 규정들 중에 여성의 재생산기능과 관련하여 필요한 것에 대하여는 보호이기보다 권리화하는 방향으로 변화시켜야 하며, 그 이외의 보호적 규정들은 현재 여성들에게 현실적 이익이 있더라도 평등으로의 방향을 일관성 있게 추구해야 한다. 다만 실질적인 평등권의 실현을 위한 현실적 여건과 장애를 분석하여 차별철폐가 필요한 곳에는 차별의 철폐를, 지원이 필요한 곳에는 지원을 해야 한다. 또한 개인생활에 대한 국가의 개입, 여성의 성적 자기결정권 등에 대하여도 일관성 있는 기준이 필요하다.

특히 2014년 "여성발전기본법"을 전면개정하면서 논의되었던 양성평등과 성평등의 개념논쟁과 2017년 국회 헌법개정특별위원회의 헌법개정 논의에서 제기된 성평등과 양성평등의 개념 대립은 앞으로 더 많은 논의과정을 통해 성평등으로 발전적으로 나아가야 할 과제다.

불평등한 법현실과 평등지위실현을 위한 과제

법현실: 한국여성의 현황

1948년 제헌헌법에서부터의 평등권 규정과 1980년대 이후의 다양한 여성입법의 성과에도 불구하고 현재 우리나라의 고용, 교육, 정치, 행정부문 등 사회 각 분야에서 여성에 대한 차별이 여전히 심하게 존재하고 있다. 평등지위실현을 위하여는 입법뿐만이 아니라 여성의 불평등한 법현실에 관심을 갖고 관련법의 실질적인 이행을 점검하면서 꾸준한 입법의 보완을 연구해야 한다.

1. 여성고용 현황

1960~1970년대의 국가경제발전과 함께 증가해 온 여성의 경제활동참가율은 2019년 현재 53.6%이다. 직업별 종사자를 보면 2018년 현재 전문가 및 관련 종사자가 23.2%, 사무종사자가 20.2%, 서비스·판매종사자가 17.3%로 사무직, 서비스판매직에서 여성근로자가 많고, 관리자, 전문가 등의 비율은 과거에 비해서는 높아지고 있으나 여전히 낮은 수준이다. 종사상 지위별로 보면 2018년 현재 고용이 불안정한 임시직에 여성임금근로자의 25.5%가 있고 저임금직종에 많이 몰려 있어 여성근로자의 평균임금이 2018년 현재 남성의 68.8%에 불과하다.

한 연구에 의하면[1] 성별임금격차는 직업별로는 여성이 많은 서비스종사자가 가장 크고, 근로형태별로는 비정규직이 정규직보다 크다. 근속연수, 사업체규모, 교육연수 등 설명되는 차이로 인한 임금격차는 33.2%이며, 설명되지 않는 차별로 인한 임금격차가 66.8%라고 한다. 또한 근속연수에 따른 차이가 매우 큰데 이는 여성들의 경력단절문제의 심각성을 보여준다.

2018년 맞벌이가구 비율은 46.3%이고, 40대 가구주의 맞벌이 비율이 가장 높으며, 결혼, 임신, 출산 등으로 인한 여성의 경력단절현상은 여전해 여성의 경제활동참가율은 M자 곡선을 나타내고 있다.

2018년 현재, 여성임금근로자는 국민연금에 66.1%, 국민건강보험에 69.0%, 고용보험에 66.6%가 가입되어 있다. 이에 비해 남성임금근로자는 각각 75.2%, 79.5%, 76.7% 가입하고 있어 여성의 사회보험가입율도 낮다. 여성들의 경제적 성취와 성평등실현을 위해 다양한 일·가정 양립지원정책이 실시되고 있으나 이는 대부분 고용보험가입이 필요하므로 많은 여성근로자들은 이들 정책으로부터도 지원을 받을 수 없는 사각지대에 놓이게 되는 문제가 있다.

---

1) 김난주, 2019, "성별임금격차 현황과 시사점", 동일임금의 날 제정을 위한 토론회 자료집, 한국 YWCA연합회, 행동하는여성연대, 국회의원 신용현의원실, pp. 33-45 참조.

2. 여성교육 현황

여성의 학교교육수준도 많이 향상되어 대학교 진학률은 2018년 현재 남성 65.9%, 여성 73.8%로 여성이 더 높게 나타났다. 그러나 여전히 대학교 졸업 후 취업률을 비교해 보면, 여성이 남성보다 낮아 성별격차를 보이고 있다.

그리고 대학생의 전공분야별·성별 분포를 보면 여학생은 주로 교육계, 의약계, 인문계, 예체능계에 많고 공학계는 적다. 이러한 교육에 있어 남녀의 차이는 다시 취업의 기회, 소득의 보장, 삶의 선택가능성에 대한 차이를 가져옴으로써 가정, 직장, 공적 생활에서의 계속적인 차이를 가져오게 된다.

학교교육을 담당하는 교원에 대한 성별 현황을 보면 2018년 현재 여성이 초등학교 76.3%, 중학교 69.7%, 고등학교 52.4%, 대학교 25.7%를 차지하고 있어 고등교육기관으로 갈수록 여성의 비율이 적어지고 있다. 대학교원의 경우도 가정대학 84.7%, 사범계열 49.7%, 의약계열 37%, 인문계열 29.1%, 사회계열 21.5%가 여성이고, 공학계열 5.5%, 농림계열 9.8%, 수산·해양계열은 11.9%가 여성으로 계열별 편차가 여전히 크다.

3. 여성의 정치참여 현황

여성이 정치 및 정책결정직에 참여하는 현황을 보면, 20대 국회의 경우 여성의원은 17%인데, 이는 2019년 국제의원연맹(Inter-Parliamentary Union, IPU)이 발표한 여성국회의원 비율에서 193개국 중 125위이다.

또한 2018년 실시된 제7차 지방선거결과 여성 당선자는 28.3%이다. 시·도지사의 경우 여성은 전체 17명 중 한 명도 당선되지 않았고, 구·시·군의 장은 전체 226명 중 8명(3.5%)이 당선되었다. 시·도의회 의원의 경우 여성은 전체 737명 중 98명(13.3%)을, 구·시·군의회 의원은 2,541명 중 526명(20.7%)이다.

또한 여성공무원은 2018년 현재 전체 공무원의 46.7%를 이루고 있으나 고위직의 비율은 매우 낮아 4급 이상 여성관리자는 14.7%, 2급 이상은 7.7%에 불과하며 주로 8~9급의 하위직에 몰려 있다. 또한 직역별로는 특정직, 기능직 등에 많다.

국제수준과 비교해 보면 2018년 유엔개발계획(UNDP)에서 발표한 성불평등지수(Gender Inequality Index, GII)는 189개국 중 22위에 머무르고 있다. '성불평등지수'는 유엔개발계획이 2010년부터 각 국의 성불평등성을 측정하기 위하여 새로이 도입한 지수로, 기존의 남녀평등지수(Gender-related Development Index, GDI)와 여성권한척도(Gender Empowerment Measures, GEM)의 선진국·엘리트 위주의 지표 선택 문제를 개선하기 위한 것으로 생식 건강, 여성 권한, 노동 참여 지표를 통해 성불평등을 측정한다.

그리고 경제참여도, 교육성취도, 보건수준, 정치참여도 등을 기준으로 산출되는 세계경제포럼(WEF)의 2018년도 성별격차지수(Gender Gap Index, GGI)에서 우리나라는 조사대상국 147개국 가운데 115위로 매우 낮은 실정이다. 경제활동 참여와 기회부분은 124위로 가장 낮았고 교육과 정치권한 부문에서도 100위, 92위를 기록해 하위권이며, 건강평등부분은 87위이다.

국가의 모든 정책을 결정하는 정치 및 정책결정직에 여성과 남성이 평등하게 참여하여 공동의 책임을 함께 질 때 비로소 여성의 인간으로서의 가치와 여성의 삶의 형태가 동등한 권리로 실현될 수 있으므로, 이 분야에 여성이 참여하고 영향력을 행사할 수 있는 기회의 평등한 보장이 이루어져야 한다.

이 문제는 사회구성원의 사회적 권력을 공급하는 주요한 원천은 교육과 경제력이므로 여성의 교육현황과 고용현황의 개선과 깊이 관련된다. 그동안 한국여성의 법적 지위는 불평등한 법의 개정작업을 통하여 많은 발전을 이루었으나, 이러한 법적 평등이 사실상의 평등으로 실현되지 못하고 있는 이유 중의 하나는 법적 평등을 실현하는 힘도 정치적 관계에서 형성되는 권력을 필요로 하는데, 여성들이 이를 결여하고 있기 때문이기도 하다.

평등지위 실현의 과제

지금까지 우리의 법은 미온적인 차별의 금지에서 성차별적 규정의 폐지, 개정을 통하여 법적 평등은 많이 이루어졌다. 그러나 사실상의 평등실현을 위한 적극적 지원은 매우 빈약했다. 이제는 성평등실현을 위하여 평등권에서 평등지위실현으로 옮겨가야 할 단계라고 본다.

1. 적극적 조치의 활성화

법적 평등권은 형식적으로 동등한 권리를 갖는다는 의미일 뿐 각 개인이 각기 다른 생활조건을 가지고 사는 사회에서 법규는 남녀에 대하여 다르게 영향을 미치게 된다. 예를 들어 근로자를 보호하는 노동관계법에서 출산기능을 갖는 여성근로자를 고려하지 않은 법, 즉 아이를 낳지 않고 현실적으로 육아에 대한 부담이 거의 없는 남성근로자를 근로자로 상정하고 만들어진 근로조건에 관한 법은 이 법이 형식적으로는 남녀근로자를 차별하고 있지 않지만 결과적으로는 출산과 육아를 책임져야 하는 여성근로자에게 불평등하게 적용되게 된다. 따라서 여성의 남성과 다른 삶의 상황을 고려하지 않은 법은 입법자의 의도와 관계없이 불평등과 부당함을 야기시키는 결과를 가져온다.

그러므로 평등지위의 실현을 의미하는 실질적 평등의 단계를 이루기 위해서는 평등권의 개념을 사회적 여건에 적응하는 것으로 발전시키면서 부분적으로 동등하지 않은 권리로 동등한 결과 또는 적어도 동등한 기회를 형성할 수 있는 조정적 조치가 적극적 조치로 보완되어야 한다.

그동안 우리나라는 국회의원 및 지방의원의 여성 비율 확대, 관리직 여성공무원 임용확대, 여성공무원의 참여확대를 위한 양성평등채용목표제, 정부 내 각종 위원회에서의 여성참여율 확대, 국공립대여성교수 임용 확대, 여성기업인지원, 여성과학기술인 양성 및 지원 등 공공부문에서 여성의 비율을 높이기 위해 할당제 등의 적극적 조치를 도입·시행해 왔다. 또한 공기업 및 상시근로자 500인 이상 기업은 직종별 여성근로자의 비율이 산업별·규모별로 정한 기준에 미달하는 경우에 적극적 고용개선조치 시행계획을 수립·제출하고 이에 대한 이행을 평가받도록 하고 있다.

2. 성평등한 일·생활균형 제도 보장

우리나라는 여성노동관계법의 중요한 영역으로 모성보호 및 일·가정 양립에 관한 법률을 제·개정해오면서 많은 제도를 새로이 도입하고 개선해 왔으나 이러한 제도도입 및 개선에도 불구하고 일하는 여성의 삶의 갈등과 고충은 줄어들지 못하고 있다. 여성의 일·가정 양립을 수월하게 하여 여성의 고용창출과 돌봄의 공백을 메운다고 해서 노동시장에서의 성차별과 가족 내의 불평등한 돌봄책임의 분배 문제가 해결되지 않는다. 남녀의 역할 변화와 남녀의 삶의 균형의 문제로써 남녀모두의 '균형잡힌 삶' (balanced lives)을 달성하기 위하여 성평등한 일·가정 양립 정책을 넘어 일·생활균형이 실현되어야 한다. 여성만을 대상으로 하는 것이 아닌 남성을 포함한 접근, 돌봄뿐만 아니라 노동을 포함한 삶 전체를 포함한 접근, 개별 제도가 분리된 것이 아닌 총체적 접근이 필요하다.

따라서 성평등한 일·생활균형을 위해서는 출산·양육기의 일시적인 휴가정책이나 양육지원정책만으로 해결할 수 없고, 노동시장에서의 근로시간 줄이기, 적정한 임금, 실효성 있는 차별금지 및 구제, 모·부성권에 대한 충분한 보장, 유연한 근무환경 조성 등 노동시장의 근본적인 근로환경 및 근로조건이 구조적으로 개선되어야 할 것이다.

3. 여성의 법지식 함양

사실상 여성의 평등한 삶을 실현시키기 위해서는 여성들 스스로가 국제 조약 및 국내법상의 여성의 권리를 인식하는 것이 매우 중요하다. 그러므로 이를 위한 프로그램의 개발과 교육이 필요하다.

유엔에서도 각 국에 상존하고 있는 법상, 사실상의 차별을 제거하는 데 있어서의 커다란 장애요인 중의 하나는 여성의 법적 권리를 여성 스스로 인식하지 못하거나 혹은 그 권리가 실행되는 법적·행정적 체계를 제대로 이해하지 못하는 데 있다고 분석하고 있다. 이에 따라 유엔여성지위위원회는 1990년에 나이로비미래전략이행의 제1차 검토 및 평가에 따른 권고에서 첫 번째로 국제조약 및 국내법상의 여성의 권리를 주지시키고 여성의 법률지식을 교육시킬 것을 강조하고 있다. 이러한 교육은 공식·비공식의 교육, 매스미디어 등의 수단을 통한 교육 등의 시행을 위한 기반을 준비해야 하는데, 이를 위하여 법학교육을 받은 여성법률가가 많이 양성되어야 한다.

4. 여성법률구조제도의 확립

여성의 법적 권리가 사실상 실현되기 위해서는 자신의 권리가 침해되었을 때 소송을 통하여 이를 규명하고 보상받음으로써 실질적인 권리의 보장이 가능해져야 한다.

그러나 일반적으로 법률지식에 어둡고 경제적으로 어려운 여성들의 경우 자신의 권리침해를 소송을 통하여 해결하기는 어렵다. 따라서 고용상의 불평등, 성희롱 등 성차별로 인한 권리침해를 이유로 소송을 하고자 하는 여성들이 개별적으로 또는 집단적으로 법적 구제를 지원받을 수 있는 법률구조기금과 기관이 필요하다.

5. 법발전으로의 여성의 참여

법정책에 누가 영향을 미치는가? 법의 제정·개정과 관련하여 대부분의 법안을 관리하고 있는 행정 각부의 4급 이상의 공무원 중 14.7%(2018년 현재)만이 여성이며, 입법권을 행사하는 국회의원 중 여성은 17%(20대 국회의원 기준)뿐이다. 법을 양성평등하게 제정하고, 개정하는 것뿐만 아니라 법적 평등을 사실상의 평등으로 실현시키는 정치적 힘의 형성을 위하여도 여성의 정치 및 정책결정직으로의 참여가 증진되어야 한다.

여성이 정치에 참여함으로써 모든 분야의 정책결정과정에서 여성의 특수한 요구와 권리가 고려될 수 있고 그러한 과정에서 사회구조를 성평등하게 변화시킬 수 있으며, 전반적인 여성의 지위향상을 위한 조건을 형성할 수 있으므로 법적 평등권을 사실상 평등한 지위로 실현하기 위해서는 여성의 정치참여증진이 필수적이다.

또한 여성의 법적 권리가 사실상 실현되기 위해서는 자신의 권리가 침해되었을 때 이를 소송을 통하여 실질적인 권리를 보장받을 수 있어야 하며, 소송을 통한 법적용과 판단에 의해 여성의 법적 권리가 사회적으로 인식되는 데 기여하게 된다. 따라서 법을 적용하는 사람들이 평등한 여성의 권리에 대한 인식과 여성문제에 대한 이해가 있을 때, 법적용을 평등하게 할 수 있으므로 법적용과 법판단 과정에 여성법조인의 참여가 매우 중요하다.

로스쿨 학생의 비율을 보면 2009년에는 여학생 39.4%, 남학생 60.6%였으나 2018년에는 여학생 43.1%, 남학생 56.9%로 여학생의 수가 지속적으로 증가하고 있다.

법조인 중 판사의 경우 1999년 전체 판사 중 6.3%에 불과하던 여성비율이 2018년에 29.7%로 증가하였고, 검사는 1999년 불과 1.5%에서 2018년에는 30.4%로 증가하였다. 2018년 현재, 전체 개업변호사 중 여성변호사는 28.5%이다. 따라서 법조영역에 여성의 참여가 계속해서 증가하고 있지만, 여전히 전체에서 차지하는 비중은 낮다.

그리고 법학을 교육하고 연구하는 법과대학 및 법학과의 교수직에서도 여성의 역할이 매우 중요하다.

6. 실천전략: 여성운동의 지원과 연대

가족법개정에 관하여는 이미 1970년대부터 호주제폐지를 위한 여성연대 등의 오랜 경험이 있다. 또한 1980년대 남녀고용평등법제정, 1990년대 성폭력특별법 제정, 2000년대 가정폭력처벌법, 가정폭력피해자보호법, 성매매방지 및 피해자보호 등에 관한 법률, 성매매알선 등 행위의 처벌에 관한 법률 등 여성운동의 결실로 얻어 낸 많은 법적 성과가 있었다. 법의 제·개정과 관련해서는 행정부와 입법부에 대하여, 법의 적용에 대하여는 사법부에 대하여, 법의 집행에 대하여는 행정부에 대하여 사회압력단체로서의 영향력을 여성운동이 담당해 줄 때 여성의 법적 평등권과 이의 실현이 효과적으로 이루어질 수 있다. 법여성학은 단순히 법적 변화만을 목표로 하는 것이 아니라, 법을 통하여 사회적 변화를 모색하고자 하는 실천법학이므로 사회운동으로서의 여성운동을 이론적으로 지원하는 연대는 필수적이다.

참고 문헌

제 1 장 법의 기초

김정오 외, 법철학: 이론과 쟁점, 제2판, 박영사, 2017.

박은정, 자연법사상, 민음사, 1993.

심헌섭, 법철학 I , 법문사, 1982.

오세혁, 법철학사, 세창출판사, 2004.

드워킨, R., 법의 제국, 장영민 역, 아카넷, 2004.

라드브루흐, G., 법철학, 최종고 역, 삼영사, 1975.

롤스, J., 정의론, 황경식 역, 이학사, 2003.

카우프만, A., 법철학, 김영환 역, 나남, 2007.

켈젠, H., 순수법학, 변종필·최희수 역, 길안사, 1999.

하트, H., 법의 개념, 오병선 역, 아카넷, 2001.

회페, O., 정의, 박종대 역, 이제이북스, 2004.

제 2 장 법의 운용과 실현

심헌섭, "법철학적 법학방법론", 서울대학교 법학, 제24권 1호, 1983.

드워킨, R., 법의 제국, 장영민 역, 아카넷, 2004.

라드브루흐, G., 법학원론, 정희철 역, 양영각, 1982.

라렌츠, 칼, 법학방법론, 허일태 역, 세종출판사, 2000.

카우프만, A., 법철학입문, 허일태 역, 세종출판사, 2000.

치펠리우스, R., 법학방법론, 김형배 역, 삼영사, 1979.

하트, H., 법의 개념, 오병선 역, 아카넷, 2001.

제 3 장 헌 법

권영성, 헌법학원론, 법문사, 2010.

김문현, 사례연구 헌법, 법원사, 2009.

김철수, 헌법학신론, 박영사, 2013.

성낙인, 헌법학, 법문사, 2019.

전광석, 한국헌법론, 집현재, 2019.

정재황, 신헌법입문, 박영사, 2019.

한수웅, 헌법학, 법문사, 2019.

허영, 한국헌법론, 박영사, 2019.

헌법재판소, 헌법재판소 판례집, 1989 – 2019.

헌법재판연구원 편, 주석 헌법재판소법, 헌법재판소 헌법재판연구원, 2015.

제 4 장 행 정 법

김남진, 행정법(I · II), 법문사, 2019.

김남철, 행정법강론, 박영사, 2019.

김동희, 행정법(I · II), 박영사, 2019.

김민호, 행정법, 박영사, 2018.

김유환, 현대 행정법강의, 법문사, 2019.

박균성, 행정법론(상 · 하), 박영사, 2019.

_____, 행정법강의, 박영사, 2019.

박윤흔, 행정법강의(상), 박영사, 2009.

석종현, 행정법원론, 삼영사, 2000.

_____ · 송동수, 일반행정법(상 · 하), 삼영사, 2015.

유지태 · 박종수, 행정법신론, 박영사, 2019.

하명호, 행정법, 박영사, 2019.

홍정선, 신행정법연습, 신조사, 2011.

_____, 행정법원론(상 · 하), 박영사, 2019.

_____, 행정법특강, 박영사, 2019.

제 5 장 민 법

곽윤직, 민법개설, 박영사, 1991.

김주수, 친족상속법, 법문사, 2002.

박병호, 가족법, 한국방송통신대학, 1991.

서울대학교 법학연구소 편, 법학통론, 서울대학교 출판부, 1985.

송덕수, 친족상속법, 제4판, 박영사, 2018.

_____, 기본민법, 제2판, 박영사, 2019.

_____, 물권법, 제4판, 박영사, 2019.

_____, 신민법사례연습, 제5판, 박영사, 2019.

_____, 채권법각론, 제4판, 박영사, 2019.

_____, 민법총칙, 제5판, 박영사, 2020.

_____, 신민법강의, 제13판, 박영사, 2020.

_____, 신민법입문, 제11판, 박영사, 2020.

_____, 채권법총론, 제5판, 박영사, 2020.

제 6 장 상 법

김건식 외, 회사법, 박영사, 2018.

양명조, 회사법개론, 법문사, 2012.

이기수·최병규, 회사법(상법강의 II), 박영사, 2015.

이철송, 상법총칙·상행위, 박영사, 2017.

_____, 회사법강의, 박영사, 2019.

정동윤, 상법(상), 법문사, 2012.

정찬형, 상법강의(상), 박영사, 2018.

제 7 장 형 법

김일수·배종대 편저, 법치국가와 형법, 세창출판사, 1998.

배종대, 형사정책, 홍문사, 2011.

이재상·장영민·강동범, 형법총론, 박영사, 2019.

_____, 형법각론, 박영사, 2019.

정영석·신양균, 형사정책, 법문사, 1999.

레이시, N., 국가형벌론, 장영민 역, 한국형사정책연구원, 2012.

워커, S., 미국형사사법사, 장영민 역, 한국형사정책연구원, 2007.

클라우스 록신, 형법학 입문, 강구진·장영민 공역, 박영사, 1984.

제 8 장 소 송 법

이시윤, 민사소송법입문, 박영사, 2016.

_____, 민사소송법, 박영사, 2019.

이재상·조균석, 형사소송법, 박영사, 2019.

정동윤·유병현, 민사소송법, 법문사, 2010.

황인철 추모문집, '무죄다'라는 말 한 마디, 문학과 지성사, 1995.

Damaska, Mirjan R., The Faces of Justice and State Authority. A Comparative Approach to the Legal Process, New Haven and London: Yale University Press, 1986.

Roxin, Claus, Strafverfahrensrecht, 24. Aufl., München: C. H. Beck, 1994.

제 9 장 노 동 법

김유성, 노동법(I, II), 법문사, 2000, 2005.

김형배, 노동법, 박영사, 2019.

신인령, 한국노동법변천과 법실천과정, 세창출판사, 2007.

───, 노동법판례교재 I, II, 세창출판사, 2007.

임종률, 노동법, 박영사, 2019.

하갑래, 근로기준법, 중앙경제사, 2019.

Otto Kahn─Freund, Labour and the Law, Stevens & Sons, 1977.

제10장 국 제 법

김대순, 국제법론, 삼영사, 2019.

이한기, 국제법강의, 박영사, 2010.

정인섭, 신국제법강의, 박영사, 2018.

Carter, Trimble, International Law, Aspen Law & Business, 1999.

Henkin, Pugh, Schachter, & Smit, International Law, Cases and Materials, 3rd ed., West Publishing, 1993.

John H. Jackson, Sovereignty, the WTO and the Changing Fundamentals of International Law, Cambridge University Press, 2006.

Malanczuk, Peter, Akehurst's Modern Introduction to International Law, Routlege, 1999.

제11장 경 제 법

정재훈, 공정거래법 소송실무, 제2판, 육법사, 2017.

ABA, Antitrust Law Development, 2017.

Jones & Sufrin, EU Competition Law, Oxford, 2016.

Sullivan, the law of antitrust, West, 2016.

제12장 법여성학

김선욱, 21세기의 여성과 여성정책, 박영률출판사, 1996.

_____, "유엔여성차별철폐협약과 한국여성입법정책", 법학논집 제4권 제4호, 이화여자대학교 법학연구소, 2000.

_____, "법학에서의 Gender 연구의 의의와 과제", 법학논집 제6권 제1호, 이화여자대학교 법학연구소, 2001.

_____, "성주류화(Gender – Mainstreaming)와 법", 젠더법학 제1권 제1호, 한국젠더법학회, 2009.

김엘림, "한국 젠더법학의 전개와 과제", 이화젠더법학, 제10권 제2호, 이화여대 젠더법학 연구소, 2018.

로즈마리 통, 이소영 역, 페미니즘 사상, 한신문화사, 2004.

양현아, 평등, 차이, 정의를 그리다, 서울대학교 출판문화원, 2019.

윤후정 · 신인령, 법여성학: 평등권과 여성, 이화여자대학교 출판부, 2001.

이은영 · 장보은, 여성을 위한 법, 박영사, 2019.

장명선, "성평등 입법과제의 현황", 페미니즘 연구, 제17권 제2호, 한국여성연구소, 2017.

조형 외, 양성평등과 한국 법체계, 이화여자대학교 출판부, 1996.

최일숙, "미국 여성주의 법학의 소개", 젠더법학 제1권 제1호, 한국젠더법학회, 2009.

캐롤 길리건, 다른 목소리로, 허란주 역, 철학과 현실사, 1994.

통계청, 2019 통계로 보는 여성의 삶, 2019.

한국여성단체연합, 한국여성단체연합 30년의 역사, 당대, 2017.

한국여성의정, 여성국회의원 70년 – 한국의 여성정치를 보다 – 제3편 입법편, 여성의정, 2018.

Bowman, Cynthia Grant etc., *Feminist Jurisprudence, Cases and Materials(4th)*, West, 2010.

Dahl, Tove Stang, *Women's Law: An Introduction to Feminist Jurisprudence*, Oxford University Press, 1986.

Levit, Nancy, Verchick, Robert R. M., Minow, Martha, *Feminist Legal Theory(2th)*, New York University Press, 2016.

찾아보기

ㅈ

ㅊ

■ **집필자 소개** (가나다순)

송 덕 수
　서울대 및 동 대학원 졸업, 법학박사
　이화여대 법학전문대학원 교수, 민법 담당

김 상 일
　서울대 및 동 대학원 졸업, 법학박사
　이화여대 법학전문대학원 교수, 민사소송법 담당

김 선 욱
　이화여대 및 동 대학원, 독일 콘스탄쯔대학교 졸업, Dr. jur.
　이화여대 법학전문대학원 명예교수, 전 이화여대 총장, 법여성학·행정법 담당

김 현 철
　서울대 및 동 대학원 졸업, 법학박사
　이화여대 법학전문대학원 교수, 법철학 담당

옥 무 석
　서울대 및 한양대대학원 졸업, 법학박사
　이화여대 법학전문대학원 교수, 상법 담당

이 승 욱
　서울대 및 동 대학원 졸업, 법학박사
　이화여대 법학전문대학원 교수, 노동법 담당

장 영 민
　서울대 및 동 대학원 졸업, 법학박사
　이화여대 법학전문대학원 명예교수, 법철학·형법 담당

정 재 훈
　서울대, 미국 컬럼비아대 법과대학원, 고려대 대학원 졸업, 법학박사
　이화여대 법학전문대학원 교수, 경제법 담당

최 승 원
　서울대 및 동 대학원 졸업, 법학박사
　이화여대 법학전문대학원 교수, 행정법·IT법 담당

최 원 목
　서울대 및 동 대학원, 미국 조지타운법과대학원 졸업, S.J.D., 미국변호사
　이화여대 법학전문대학원 교수, 국제(통상)법 담당

최 희 경
　이화여대 및 동 대학원 졸업, 법학박사
　이화여대 법학전문대학원 교수, 헌법 담당

법학입문 [제6판]

1998년 3월 10일	초판 발행	
2003년 3월 5일	제2판 발행	
2006년 3월 5일	제3판 발행	
2011년 9월 5일	제4판 발행	
2014년 9월 5일	제5판 발행	
2020년 1월 15일	제6판 발행	

저 자 송 덕 수 외 10인

발행인 배 효 선

발행처 도서출판 法 文 社

주 소 10881 경기도 파주시 회동길 37-29
등 록 1957년 12월 12일/제2-76호(윤)
전 화 (031)955-6500~6 FAX (031)955-6525
E-mail (영업) bms@bobmunsa.co.kr
(편집) edit66@bobmunsa.co.kr
홈페이지 http://www.bobmunsa.co.kr
조 판 법 문 사 전 산 실

정가 30,000원 ISBN 978-89-18-91077-2